D1663125

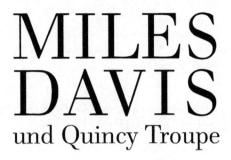

MILES DAVIS
und Quincy Troupe

DIE AUTOBIOGRAPHIE

Aus dem Amerikanischen von
Brigitte Jakobeit

Hoffmann und Campe

Die Originalausgabe erschien unter dem
Titel *Miles. The Autobiography* bei
Simon and Schuster, New York, London, Toronto, Sydney, Tokio
Copyright © 1989 by Miles Davis

Verlag und Übersetzerin danken *Konrad Heidkamp* für die Mitwirkung
an der Übersetzung und diskographische Hinweise.

CIP-Titelaufnahme der Deutschen Bibliothek

Davis, Miles
Die Autobiographie / Miles Davis u. Quincy Troupe.
– 2. Aufl., 21.–25. Tsd. – Hamburg : Hoffmann u. Campe, 1991
    Einheitssacht.: Miles, the autobiographie <dt.>
    ISBN 3-455-08357-9
NE: Troupe, Quincy [Bearb.]

Deutsche Ausgabe
Copyright © 1990 by Hoffmann und Campe Verlag, Hamburg
Schutzumschlaggestaltung: Lo Breier unter Verwendung
eines Fotos von Gilles Larrain
Satz: Fotosatz Otto Gutfreund, Darmstadt
Druck und Bindung: Ebner Ulm
Printed in Germany

MILES DAVIS

Hör mal. Das wahnsinnigste Gefühl in meinem Leben – jedenfalls in Hemd und Hose – hatte ich, als ich Diz und Bird 1944 das erste Mal zusammen in St. Louis, Missouri, gehört habe. Ich war achtzehn und hatte gerade den Abschluß an der Lincoln High School hinter mir. Das war in East St. Louis, Illinois, auf der anderen Seite des Mississippi.

Ich hörte die beiden zum ersten Mal in B's Band und dachte: „Mein Gott, das gibt's nicht! Das ist zuviel." Es war so unglaublich, daß man es mit der Angst zu tun bekam. Weißt du, Bird, Dizzy, Buddy Anderson, Gene Ammons, Lucky Thompson und Art Blakey – alle zusammen in einer Band, ganz zu schweigen von B: Billy Eckstine persönlich. Mann, es war das Schärfste. Es ging mir durch und durch. Ich hatte die Musik überall in meinem Körper, genau das wollte ich hören. So wie diese Band die Musik brachte, das war's. *Nichts* anderes wollte ich hören. Und ich steh oben und spiel mit ihnen.

Von Diz und Bird hatte ich schon gehört, ich stand auf ihre Musik – besonders auf die von Dizzy. Ich spielte ja selbst Trompete. Aber ich stand auch auf Bird. Ich hatte eine Platte mit Dizzys „Woody'n You" und eine von Jay McShann, *Hootie Blues*, auf der Bird mitspielte. Da hatte ich Diz und Bird zum ersten Mal gehört, und ich konnt's nicht fassen, wie sie spielten. Sie waren einfach unglaublich. Außerdem hatte ich eine Platte von Coleman Hawkins, eine von Lester Young und eine von Duke Ellington mit Jimmy Blanton am Baß. Die war auch unheimlich scharf. Das war's schon. Mehr Platten hatte ich nicht. Aber Dizzy war mein Vorbild. Ich versuchte immer wieder, jedes einzelne Solo von Diz auf diesem Album nachzuspielen. Wie gesagt, Dizzy war damals mein Vorbild, aber Clark Terry, Buck Clayton, Harold Baker, Harry James, Bobby Hackett und Roy Eldridge fand ich auch nicht schlecht. Später wurde dann Roy zu meinem großen Vorbild auf der Trompete. Aber 1944 war es Diz.

Billy Eckstine war also mit seiner Band in der Stadt. Sie waren nach St. Louis gekommen und sollten in einem Laden spielen, der sich Plantation Club nannte. Der gehörte wie üblich diesen weißen Gangstern. St. Louis war damals eine richtige Gangsterstadt. Als sie B sagten, er solle außen rumgehen und wie alle anderen Schwarzen den Hintereingang benutzen, ignorierte er die Scheißkerle einfach und ging mit der ganzen Band durch den Vordereingang. B ließ sich von keinem was vorschreiben. Er fluchte ständig und konnte beim geringsten Anlaß dem Nächstbesten eine reinhauen. So war das. Vergiß das ganze Playboy-Image. B war ein ganz Harter. Genau wie Benny Carter. Jeder, der die beiden irgendwie unhöflich behandelte, wurde von ihnen sofort fertiggemacht. Aber so zäh Benny auch war – und das war er –, B war noch zäher. Die Gangster warfen B dann sofort raus und holten George Hudson, der Clark Terry in seiner Band hatte. Also zog B mit seinen Jungs ans andere Ende der Stadt in den Riviera Club von Jordan Chambers, einen Club nur für Schwarze. Der Riviera Club lag an der Ecke Delmar/Taylor, in einem Schwarzenviertel von St. Louis. Jordan Chambers war damals der einflußreichste schwarze Politiker in St. Louis, und er hatte B angeboten, mit der Band rüberzukommen.

Als sich herumsprach, daß sie im Riviera und nicht im Plantation spielten, packte ich meine Trompete, ging hin und wollte sehen, ob ich was aufschnappen oder vielleicht bei der Band einsteigen könnte. Mit einem Freund kam ich zum Club und ging rein, um mich mal umzusehn und bei den Proben zuzuhören. Zu der Zeit hatte ich in St. Louis schon den Ruf, daß ich ganz ordentlich spielen könnte, die Türsteher kannten mich also und ließen uns durch. Kaum waren wir drin, rennt dieser Typ auf mich zu und fragt, ob ich ein Trompetenspieler sei. „Ja", sage ich, „das bin ich." Dann fragt er, ob ich einen Gewerkschaftsausweis habe. „Ja", antworte ich, „einen Ausweis hab ich auch." Darauf sagt der Typ: „Komm, wir brauchen einen Trompeter. Unserer ist krank geworden." Er nimmt mich mit auf die Bühne, stellt die Noten vor mich hin, und ich soll mit

8

der übrigen Band spielen. Eigentlich konnte ich Noten lesen, aber mit dem, was da vor mir stand, hatte ich Probleme. Probleme, weil ich bloß auf das hörte, was die anderen spielten. Der Typ, der auf mich zugestürzt war, war Dizzy. Zuerst hatte ich ihn nicht erkannt. Aber dann begann er zu spielen, und ich wußte, das muß er sein. Ich konnte die Noten einfach nicht lesen – von spielen kann erst recht keine Rede sein –, ich hörte nur Bird und Diz.

Aber verdammt, es ging nicht nur mir so: Jedesmal, wenn Diz oder Bird spielte, besonders Bird, ging der ganzen Band einer ab. Bird war einfach einsame Spitze. Sarah Vaughan war auch dabei, sie ist auch so ein geniales Miststück. Damals wie heute. Sarah sang, wie Bird und Diz spielten, und die beiden bliesen wie der Teufel! Für sie war Sarah das dritte Horn. Verstehst du? Sie sang „You Are My First Love", und Bird spielte das Solo drüber. Mann, das muß man gehört haben!

Birds Soli dauerten damals nie länger als acht Takte. Aber was er in diesen acht Takten brachte, war eine Sache für sich. Wenn er loslegte, ließ er jeden in einer Staubfahne hinter sich. Ich hab schon gesagt, daß ich dabei das Spielen vergaß, aber ich erinnere mich auch, daß die anderen Musiker manchmal ihren Einsatz verpaßten, weil sie nur noch Bird zuhörten. Sie standen einfach oben auf der Bühne, mit offenem Mund. Bird war damals wirklich der Größte.

Wenn Dizzy spielte, passierte das gleiche. Und bei Buddy Anderson auch. Er hatte dieses Ding drauf, diesen Stil, den ich so mochte. Und das alles 1944, alles auf einen Schlag. Diese Motherfucker waren ungeheuerlich. Der ganze Laden kochte. Und vielleicht kannst du dir vorstellen, wie die erst für ihre Leute im Riviera spielten. Die Schwarzen in St. Louis lieben ihre Musik, aber sie wollen sie richtig. Jetzt *weißt* du, was im Riviera abging. Sie räumten wirklich alles ab.

Bs Band veränderte mein Leben. Mir wurde an Ort und Stelle klar, daß ich St. Louis verlassen und nach New York City gehen mußte, wo sich all diese verdammten Musiker herumtrieben.

Aber sosehr ich Bird auch damals verehrte, ohne Dizzy wäre ich nicht da, wo ich heute bin. Ich sag's ihm immer wieder, und er lacht nur. Als ich zum ersten Mal in New York war, hat er mich überallhin mitgeschleppt. Dizzy war damals ganz schön daneben. Er ist es heute noch. Aber damals war das was anderes. Er streckte zum Beispiel den Frauen auf der Straße die Zunge raus, und, ob du's glaubst oder nicht – weißen Frauen. Ich weiß, was das heißt, ich bin schließlich aus St. Louis, und er streckt Weißen einfach die Zunge raus, weißen *Frauen*, obwohl es keine Folgen hatte. Ich dachte: „Diz muß verrückt sein." Aber das war er nicht. Nicht wirklich. Er war anders, aber nicht verrückt.

Mit Diz bin ich auch zum ersten Mal in meinem Leben in einem Aufzug gefahren. Am Broadway, irgendwo mitten in Manhattan, nahm er mich in diesen Aufzug mit. Er fuhr einfach gern mit Aufzügen, machte sich über alle lustig, spielte verrückt und jagte den Weißen eine Heidenangst ein. Er war ein irrer Typ. Wenn ich in seinem Haus war, paßte Lorraine, seine Frau, auf, daß keiner allzulange blieb, außer mir. Sie lud mich auch jedesmal zum Essen ein. Manchmal aß ich mit und manchmal nicht. Mit dem Essen war ich schon immer komisch. Jedenfalls konnte Lorraine einem deutlich zu verstehen geben: „Häng hier nicht rum!" Und dann sagte sie zu Diz: „Was machen diese ganzen Scheißkerle in meinem Haus? Schmeiß sie raus, und zwar sofort!" Ich stand also auf, wollte auch gehen, und sie sagte: „Du nicht, Miles, du kannst dableiben, aber die anderen Idioten sollen verschwinden." *Was* sie an mir fand, weiß ich nicht, aber irgendwas war's.

Die Leute waren so verrückt nach Dizzy, daß sie einfach in seiner Nähe sein wollten. Aber ganz egal, wer sonst noch da war, Dizzy nahm mich immer mit. Er sagte: „Los, Miles, komm mit." Dann gingen wir zu seiner Agentur oder sonstwohin, fuhren vielleicht im Aufzug rauf und runter, oder er streckte weißen Frauen die Zunge raus, einfach so. Er machte eben solch verrückten Scheiß.

Seine Lieblingsbeschäftigung war, bei dem Fernsehstudio

vorbeizuschaun, aus dem anfangs die „Today Show" gesendet wurde. Dave Garroway war damals der Moderator. Das Studio lag direkt an der Straße, und die Leute konnten die Show durch die riesige Glasscheibe vom Bürgersteig aus sehen. Das war in New York. Dizzy ging mit mir hin, stellte sich genau vor die Scheibe, während die Show übertragen wurde – es war eine Live-Sendung–, dann streckte er dem Schimpansen, der in der Show mitmachte, die Zunge raus und schnitt ihm Grimassen. Mann, er brachte den Schimpansen – ich glaub, er hieß Fred Muggs – so weit, daß der völlig ausflippte. Der Affe kreischte, hüpfte auf und ab, fletschte die Zähne, und niemand in der Show wußte, was zum Teufel in ihn gefahren war. Der Schimpanse brauchte Dizzy bloß zu sehen, und schon drehte er durch. Dizzy war wirklich wunderbar, und ich liebte ihn – ich liebe ihn bis heute.

Das Gefühl dieser Nacht im Jahr 1944 – ich bin oft nahe dran gewesen, es mit meiner Musik einzufangen, aber ich hab's nie ganz geschafft. Ich war schon ganz nahe dran und hab's doch nie erreicht. Ich such es immer, ich will es wieder hören und spüren. Die Musik, die ich jeden Tag spiele, ist immer ein Versuch, dieses Gefühl wiederzufinden. Da stand ich also, ein halbes Kind, noch nicht ganz trocken hinter den Ohren und hing mit all diesen großartigen Musikern herum, die noch heute meine Idole sind. Ich war völlig weg. Mann, genau das war's.

KAPITEL 1

Meine erste Kindheitserinnerung ist die an eine Flamme. Eine blaue Flamme, die aus einem Gasofen schießt, den irgendjemand angezündet hat. Vielleicht hab ich selber an dem Ofen rumgespielt. Ich weiß es nicht mehr. Auf jeden Fall erinnere ich mich, wie sehr mich das Zischen der blauen Flamme, dieser Blitz aus dem Brenner, erschreckt hat. Ich hab keine Ahnung, warum ich mich gerade daran erinnere, aber es ist meine früheste Erinnerung; davor ist alles Nebel, verstehst du, ein einziges Geheimnis. Aber diese Flamme hab ich so klar im Kopf wie Musik. Ich war drei Jahre alt.

Ich sah diese Flamme und spürte die Hitze ganz dicht vor meinem Gesicht. Zum ersten Mal in meinem Leben hatte ich Angst, richtige Angst. Aber irgendwie war es auch wie ein Abenteuer, ein seltsames Glücksgefühl. Ich glaube, dieses Erlebnis hat mir Dimensionen eröffnet, die mir vorher unbekannt waren. Es hat mich an eine Grenze gebracht, an den äußersten Rand vielleicht, wo alles möglich ist. Ich weiß es nicht und hab bisher noch nicht so genau drüber nachgedacht. Diese Angst war geradezu eine Einladung, eine Aufforderung, mich auf etwas Unbekanntes einzulassen. Von diesem Augenblick an hatte ich meine Lebensphilosophie und meine Grundsätze, an die ich mich halten konnte. Sicher bin ich mir nicht, aber ich glaube, so war's. Wer weiß? Was zum Teufel wußte ich damals schon? Seitdem hab ich jedenfalls das Gefühl, ich muß vorwärtsgehen, weg von dieser glühend heißen Flamme.

Besonders viel fällt mir nicht aus meiner Kindheit ein – und im Grunde genommen denke ich auch nicht gern zurück. Aber eine Sache weiß ich noch: Ein Jahr nach meiner Geburt tobte ein schlimmer Tornado über St. Louis und machte es dem Erdboden gleich. Irgendwie erinnere ich mich doch noch dran – wenigstens ganz dunkel. Vielleicht bin ich deshalb so ein hitziger Typ, vielleicht steckt etwas von diesem Tornado, von seiner gewalttätigen, schöpferischen Kraft in mir. Etwas von seinem riesigen Atem. Denn zum Trompetespielen brauchst du schließlich einen starken Atem. Ich glaub nun mal an geheimnisvolle und übernatürliche Dinge, und ein Tornado ist ganz bestimmt geheimnisvoll *und* übernatürlich.

Ich wurde am 26. Mai 1926 in Alton, Illinois, geboren, einer kleinen Stadt am Mississippi, ungefähr fünfundzwanzig Meilen nördlich von East St. Louis. Ich bekam den Namen meines Vaters, und der trug den Namen seines Vaters. Dadurch wurde ich Miles Dewey Davis der Dritte, aber für meine Familie war ich der „Junior". Ich haßte ihn immer, diesen Spitznamen.

Mein Vater stammte aus Arkansas. Er wurde auf einer Farm groß, die seinem Vater gehörte, Miles Dewey Davis dem Ersten. Mein Großvater war Buchhalter, und er machte seine Sache so gut, daß er sogar für Weiße arbeitete und damit einen Haufen Geld verdiente. Um die Jahrhundertwende kaufte er fünfhundert Morgen Land in Arkansas. Wenig später waren genau die weißen Leute gegen ihn, denen er vorher die Bücher führen durfte. Sie jagten ihn davon. Ihrer Meinung nach gehörte es sich nicht für einen Schwarzen, so viel Land und so viel Geld zu besitzen. Ein Schwarzer durfte nicht erfolgreich sein, wenigstens nicht erfolgreicher als sie. Und daran hat sich bis heute nicht viel geändert.

Solange ich denken kann, litt mein Großvater unter den Schikanen der Weißen. Mein Onkel Frank, sein Sohn, mußte sogar als Leibwächter herhalten, um ihn zu beschützen. Mein Vater und mein Großvater behaupteten, daß die Davises den anderen immer ein Stück voraus waren. Und das glaubte ich ihnen. Die Leute aus unserer Familie waren immer etwas Besonderes, erzählten sie: Künstler, Geschäftsleute, Selbständige oder Musiker, die in den alten Zeiten, vor dem Ende der Sklaverei, für die Plantagenbesitzer spielten. Diese Davises spielten sogar klassische Musik. Deshalb war's nach der Sklavenbefreiung für meinen Vater mit der Musik vorbei, denn mein Großvater sagte: „Sie lassen die Schwarzen nur noch in Kneipen und Spelunken spielen." Sie, damit meinte er die Weißen, wollten keinem Schwarzen mehr zuhören, der klassische Musik spielte. Sie sollten nur noch Spirituals singen oder den Blues. Ob das wahr ist, weiß ich nicht, aber so hat's mein Vater erzählt.

Mein Großvater riet meinem Vater auch das: „Sobald du Geld bekommst, zähl es nach und achte drauf, ob's stimmt, egal, woher du's hast oder von wem du's hast. Wenn's ums Geld geht, kannst du niemandem trauen, nicht mal deiner eigenen Familie." Einmal gab er meinem Vater angeblich tausend Dollar und schickte ihn damit zur Bank. Die Bank war dreißig Meilen entfernt, und es waren fast vierzig Grad im Schatten – Sommer in Arkansas. Mein Vater mußte die ganze Strecke reiten, und als er bei der Bank ankam, zählte er das Geld. Aber es waren nur neunhundertfünfzig Dollar. Er zählte es noch mal: wieder dasselbe Ergebnis. Neunhundertfünfzig Dollar. Also drehte er um, machte sich vor Angst fast in die Hosen, weil er fünfzig Dollar verloren hatte und er genau wußte, wie mein Großvater in Geldsachen war. Zu Hause ging er zu meinem Großvater und erzählte ihm von den fünfzig Dollar. Der stand einfach da, schaute ihn an und sagte: „Hast du das Geld gezählt, bevor du losgeritten bist? Bist du sicher, daß es gestimmt hat?" Und mein Vater sagte nein, er habe es nicht gezählt. „Richtig", antwortete mein Großvater, „ich hab dir auch nur neunhundertfünfzig Dollar gegeben. Du hast nichts verloren. Aber hab ich dir nicht gesagt, du sollst das Geld zählen, das du kriegst – egal von wem, sogar von mir? Da sind die fünfzig Dollar. Zähl sie. Und dann mach dich gleich wieder auf den Weg und bring das Geld auf die Bank, wie ich's dir gesagt hab." Allein diese Vorstellung: Die Bank ist dreißig Meilen weg, und es ist knallheiß. Doch mein Großvater blieb eisenhart. Aber manchmal *muß* man so sein. Diese Lektion hat mein Vater nie vergessen, und er gab sie an seine Kinder weiter. Also zähl ich noch heute *jeden* Dollar.

Mein Vater wurde, ebenso wie meine Mutter, Cleota Henry Davis, im Jahr 1900 in Arkansas geboren. Er ging dort zur Schule. Mein Vater und seine Geschwister übersprangen die High School und gingen direkt aufs College. Er absolvierte das

Arkansas Baptist College, die Lincoln University in Pennsylvania und das College für Zahnmedizin an der Northwestern University, konnte am Ende also drei akademische Abschlüsse vorzeigen. Ich seh mich noch, wie ich in seinem Büro auf diese Scheißdinger an der Wand starre: „Verdammt noch mal, hoffentlich verlangt er das nicht von *mir*." Irgendwo gab's auch ein Bild von seiner Abschlußklasse an der Northwestern, und darauf waren nur drei schwarze Gesichter zu zählen. Damals war er gerade vierundzwanzig. Sein Bruder Ferdinand studierte in Harvard und in Berlin. Er war ein oder zwei Jahre älter als mein Vater, besuchte ebenfalls nie die High School und ging direkt aufs College, nachdem er die Aufnahmeprüfung mit Auszeichnung bestanden hatte. Er war ein unheimlich intelligenter Bursche und erzählte mir oft von Cäsar, Hannibal und über die Geschichte der Schwarzen. Er reiste in der ganzen Welt herum. Im Vergleich zu meinem Vater war er eher ein Intellektueller, ein Frauenheld und Spieler. Außerdem gab er eine Zeitschrift heraus, die sich *Color* nannte. Er war so klug, daß ich mir in seiner Gegenwart immer ziemlich dämlich vorkam, und dieses Gefühl hatte ich sonst bei keinem anderen Erwachsenen. Onkel Ferdinand war was Besonderes. Ich war sehr gern in seiner Nähe und hörte mir die Geschichten über seine Reisen und seine Frauen an. Außerdem war er immer unheimlich scharf angezogen. Ich hing so oft bei ihm rum, daß meine Mutter sich dauernd aufregte.

Nach seinem Abschluß an der Northwestern heiratete mein Vater meine Mutter. Sie spielte Geige und Klavier. Ihre Mutter war Orgellehrerin in Arkansas, über ihren Vater hat sie nie viel geredet, deshalb weiß ich auch ziemlich wenig über ihre Familie. Allerdings hab ich sie auch nie danach gefragt. Aber was ich so mitbekam, schienen die mir ziemlich spießig und ein bißchen überheblich.

Meine Mutter war eine wunderschöne Frau, und sie hatte unglaublich viel Stil. Sie sah aus wie Carmen McRae, ein bißchen Karibik, mit nußbrauner, glatter Haut, hohen Backenknochen und glänzendem Haar. Große, schöne Augen. Mein

Bruder Vernon und ich sahen aus wie sie. Sie trug Nerze, Diamanten und hatte die verrücktesten Hüte. Sie war eine hinreißende Schönheit, und ihre Freundinnen fand ich genauso hinreißend. Sie war immer todschick angezogen. Rein äußerlich ähnele ich meiner Mutter. Von ihr habe ich meinen Tick für Kleider und mein Gefühl für Stil; vielleicht stammt sogar meine künstlerische Begabung von ihr. Aber ich hab mich nie besonders gut mit ihr verstanden, und ich glaube, wir haben nur gestritten. Möglicherweise lag es daran, daß wir beide starke, unabhängige Persönlichkeiten waren. Ich liebte sie, sie war schon ungewöhnlich. Noch nicht mal kochen konnte sie. Trotzdem, ich liebte sie, auch wenn wir kein enges Verhältnis hatten. Sie hatte ihre Vorstellungen von dem, was ich tun und lassen sollte, und ich hatte meine. So war ich schon damals. Im großen und ganzen glich ich wohl mehr meiner Mutter als meinem Vater. Obwohl auch einiges von ihm in mir steckt.

Mein Vater ließ sich zuerst in Alton, Illinois, nieder. Dort wurden meine Schwester Dorothy und ich geboren. Dann zogen wir nach East St. Louis, Ecke 14te und Broadway, wo er über Daut's Drugstore eine Zahnarztpraxis eröffnete. Anfangs wohnten wir oben, hinter seiner Praxis.

Das war übrigens auch in East St. Louis, als diese wahnsinnigen Weißen 1917 bei Rassenunruhen fast die gesamte schwarze Bevölkerung umbrachten. St. Louis und East St. Louis waren – und sind es heute noch – Städte mit großen Fleischfabriken, Städte, in denen Kühe und Schweine aus Texas oder sonstwoher für Lebensmittelgeschäfte, Supermärkte und Restaurants verarbeitet wurden. Bei den Rassenunruhen ging's darum, daß die weißen Arbeiter in den Abpackbetrieben durch schwarze ersetzt werden sollten. Daraufhin drehten die Weißen durch und richteten ein Blutbad unter den Schwarzen an. Und genau in dem Jahr kämpften Schwarze im Ersten Weltkrieg für die Vereinigten Staaten, für den Sieg der Demokratie. Drüben schickten sie uns in den Krieg, und hier brachten sie uns einfach um. Ganz schön pervers. Diese Erinnerung beeinflußt noch heute meine Einstellung gegenüber den meisten Weißen. Natürlich gibt es da Ausnahmen. Aber wie sie damals die Schwarzen umbrachten – sie machten sie nieder wie Schweine oder Straßenköter, erschossen Frauen und Kinder in ihren Häusern. Sie zündeten die Häuser an, ließen die Leute drin verbrennen und hängten einige an Laternenpfählen auf. Die Schwarzen, die das überlebt hatten, konnten es nie vergessen. Als wir nach East St. Louis kamen, erzählten mir die Leute, was diese wahnsinnigen Weißen mit ihnen gemacht hatten.

Vernon, mein jüngerer Bruder, wurde in dem Jahr geboren, als die Börse zusammenkrachte und die reichen Weißen anfingen, reihenweise aus den Fenstern der Wall Street zu springen. Das war 1929. Wir lebten gerade zwei Jahre in East St. Louis. Meine ältere Schwester Dorothy war damals fünf. Wir waren drei – Dorothy, Vernon und dazwischen ich. Wir standen uns immer sehr nahe, auch wenn wir öfters stritten.

Wir lebten in einem sehr schönen Viertel. Es war eine richtig hübsche kleine Stadt mit Reihenhäusern wie in Philadelphia oder Baltimore. Heute sieht es in dem Viertel völlig anders aus. In unserer Nachbarschaft wohnten Juden, Deutsche, Armenier und Griechen, es gab keine Rassentrennung. Schräg gegenüber an der Ecke lag der Golden Rule's Grocery Store, der Juden gehörte. Auf der einen Seite war eine Tankstelle, an der dauernd Krankenwagen mit heulender Sirene vorbeifuhren. Nebenan wohnte der beste Freund meines Vaters, Dr. John Eubanks, ein Arzt. Dr. Eubanks und seine Frau, Alma oder Josephine hieß sie, ich weiß nicht mehr so genau, waren so hellhäutig, daß sie fast für Weiße durchgingen. Sie war eine zierliche Lady mit gelblichem Teint wie Lena Horne und hatte schwarze glänzende Locken. Meine Mutter schickte mich öfters zu ihnen rüber, um irgendwas zu holen, und dann saß sie da, mit übereinandergeschlagenen Beinen – ein irres Bild. Sie hatte Wahnsinnsbeine und zeigte sie auch. Aber eigentlich sah sie von Kopf bis Fuß toll aus! Doch davon abgesehen, es war Onkel Johnny – so nannten wir Dr. Eubanks –, der mir meine erste Trompete schenkte.

18

Neben dem Drugstore, über dem wir wohnten, war eine Bar. Sie gehörte John Hoskins, einem Schwarzen, den alle nur Onkel Johnny Hoskins nannten. Er spielte immer Saxophon im hinteren Teil der Bar. Dort trafen sich die Alten aus der Nachbarschaft, tranken, redeten und hörten der Musik zu. Später habe ich dort ein- oder zweimal gespielt. Ein Stück weiter unten war ein hübsches Restaurant, das dem schwarzen Thigpen gehörte. Bei ihm gab's ganz gutes Soul food*. Daneben war das Textilgeschäft einer Deutschen. Diese Geschäfte lagen alle am Broadway, zum Mississippi runter. Dann war da noch das Deluxe Theatre, ein kleines Kino an der 15ten in Richtung Bond Street. In der 15ten, die parallel zum Fluß verlief, lagen alle möglichen Läden von Schwarzen, Juden, Deutschen, Griechen oder Armeniern, denen damals die meisten Wäschereien gehörten.

Drüben an der Ecke 16te und Broadway war ein griechisches Fischgeschäft, wo man die besten Lachs-Sandwiches in East St. Louis kaufen konnte. Ich war mit Leo, dem Sohn des Besitzers, befreundet. Wir waren ungefähr sechs Jahre alt, und jedesmal, wenn wir uns sahen, rauften wir. Er starb, als das Haus seiner Eltern abbrannte. Ich kann mich noch erinnern, wie sie ihn auf einer Bahre heraustrugen und seine Haut in Fetzen herunterhing. Er sah aus wie ein verbrannter Hot dog. Es war grausig, ein verdammt entsetzlicher Anblick. Als mich später mal jemand darauf ansprach und mich fragte, ob Leo etwas zu mir gesagt hätte, als sie ihn raustrugen, antwortete ich: „Er sagte nicht: Hallo, Miles, wie geht's, wie wär's mit einem kleinen Ringkampf?, er sagte überhaupt nichts." Jedenfalls versetzte mir das Ganze einen ziemlichen Schock, da wir ungefähr gleich alt waren und Leo ein netter kleiner Bursche war, mit dem ich viel angestellt hatte.

Zuerst ging ich in die John Robinson School, die an der 15ten, Ecke Bond Street lag. Meine Schwester Dorothy besuchte ein

---

* *Soul food:* traditionelle Küche der Schwarzen, die sich regional unterscheidet; oft aus Innereien und einfachen Gemüsen bestehend.

Jahr lang eine katholische Schule und wechselte dann an meine Schule. In der ersten Klasse lernte ich meinen ersten richtigen Freund kennen. Er hieß Millard Curtis, und wir waren jahrelang unzertrennlich. Später, als ich mich mehr für Musik interessierte, hatte ich natürlich Musiker als Freunde, denn Millard spielte nicht selber. Aber ihn kannte ich am längsten, und wir machten so viel zusammen, daß wir fast wie Brüder waren. Ich bin mir ziemlich sicher, daß Millard auch bei meinem sechsten Geburtstag dabei war. Vor allem erinnere ich mich aber an Velma Brooks, dieses süße kleine Mädchen auf meiner Party. An sie und noch eine Menge anderer hübscher Mädchen mit kurzen Kleidern. Es waren keine weißen Kinder da, außer vielleicht Leo und seine Schwester – ich weiß es nicht mehr.

Aber *eigentlich* erinnere ich mich so genau daran, weil ich auf dieser Party meinen ersten Kuß von einem Mädchen bekam. Ich küßte zwar alle Mädchen, aber Velma Brooks küßte ich am längsten. Mann, war die süß. Natürlich mußte meine Schwester Dorothy wieder alles verderben, indem sie zu meiner Mutter rannte und ihr erzählte, ich würde Velma Brooks ununterbrochen abknutschen. Meine Schwester hat mir immer solche Sachen eingebrockt; sie verpetzte mich oder meinen Bruder Vernon wegen jeder Kleinigkeit. Meine Mutter forderte daraufhin meinen Vater auf, reinzugehn und mich gefälligst davon abzuhalten, die kleine Velma zu küssen. Aber er sagte: „Wenn er einen Jungen wie Junior Quinn küssen würde, dann wär das ein Grund, sich aufzuregen. Aber wenn er Velma Brooks küßt, ist das keiner; dafür ist der Junge doch da. Solange er nicht Junior Quinn küßt, ist alles in Ordnung."

Meine Schwester zog beleidigt ab und fauchte noch über ihre Schulter zurück: „Na gut, soll er sie doch weiter da drin abküssen; aber eigentlich sollte es ihm irgendjemand verbieten, bevor er ihr ein Baby macht." Meine Mutter verdrosch mich dann noch, daß mir Hören und Sehen verging.

Diesen Tag werde ich nie vergessen. Ich weiß noch, daß ich damals das Gefühl hatte, niemand würde mich mögen, weil sie mich dauernd für irgendwas verprügelten. Vernon rührten sie nie an. Er hatte nie die Chance, ein richtiger Kerl zu werden, weil meine Schwester, meine Mutter und alle anderen ihn von Anfang an wie eine kleine schwarze Puppe behandelten. Sie verwöhnten ihn von vorn bis hinten. Wenn Dorothys Freundinnen bei uns waren, badeten sie ihn, kämmten sein Haar und putzten ihn wie eine kleine Spielzeugpuppe raus.

Bevor ich in die Musik einstieg, interessierte ich mich nur für Sport – Baseball, Football, Basketball, Schwimmen und Boxen. Ich war ein kleiner, schmächtiger Kerl mit unglaublich dürren Beinen – meine Beine sind noch heute dünn. Aber ich ließ mich von niemandem einschüchtern, der größer oder stärker war als ich. Ich war nie ein ängstlicher Typ. Wenn ich jemanden mochte, dann mochte ich ihn eben. Und wenn ich jemanden nicht mochte, mochte ich ihn eben nicht. Ich weiß nicht, warum, aber so ist es. So war ich immer. Ob ich jemanden mag oder nicht, hat für mich was mit Ausstrahlung und Spiritualität zu tun. Manche Leute halten mich deshalb für arrogant, aber ich war schon immer so; in der Beziehung hab ich mich kaum verändert.

Millard und ich nutzten jede Gelegenheit, um bei einer Football- oder Baseballmannschaft mitzumachen. Wir spielten auch oft Indian Ball, eine Art Baseball, bei dem drei bis vier Jungs zu einer Mannschaft gehörten. Oder richtiges Baseball auf einem verlassenen Gelände oder dem Innenfeld eines Baseballplatzes. Ich war Shortstop* und spielte mir immer den Arsch ab. Ich konnte ziemlich gut fangen und schlagen, obwohl ich, weil ich ziemlich klein war, nicht allzu viele Homeruns** schaffte.

Manchmal spielten wir auch Football auf dem kleinen Grasstreifen zwischen Bürgersteig und Randstein. Mann, wir kämpften bis zum Umfallen, schlugen uns die Köpfe auf und bluteten wie geschlachtete Schweine. Unsere Beine sahen so übel aus, daß unsre Mütter fast regelmäßig in Ohnmacht fielen. Aber es hat Spaß gemacht, Mann, unheimlich viel Spaß.

* *Shortstop:* Spieler beim Baseball, der zwischen dem zweiten und dritten Mal steht.
** *Homerun:* Schlag über die Spielfläche hinaus, der einen bis maximal vier Gratispunkte bringt.

Ich ging gern schwimmen und liebte das Boxen und mach beides heute noch unheimlich gern. Boxen war und ist meine große Leidenschaft. Ich steh einfach drauf. Ich kann's nicht erklären. Wie alle andern verfolgte ich jeden Kampf von Joe Louis. Wir drängten uns ums Radio und warteten darauf, daß uns der Sprecher wieder mal einen K.-o.-Sieg von Joe beschrieb. Und wenn das passierte, rastete die ganze schwarze Gemeinde von East St. Louis völlig aus, feierte den Sieg in den Straßen, trank, tanzte und machte einen Höllenlärm. Aber es war ein fröhlicher Lärm. Wenn Henry Armstrong einen Kampf gewann, passierte das gleiche – nur nicht ganz so laut. Er stammte aus St. Louis auf der anderen Seite des Flusses, und deshalb war er der schwarze Lokalmatador, der Held unserer Stadt. Aber Joe Louis war der Größte.

Obwohl ich so ins Boxen vernarrt war, ließ ich mich als Junge nie auf ernsthafte Fights ein. Wir schlugen nur auf den Körper und auf die Brust, das war's auch schon. Wir waren ganz normale Kids, die größer wurden und ihren Spaß hatten.

Natürlich gab's auch Banden in East St. Louis, schlimme Banden wie die Termites. Und drüben in St. Louis sah's noch übler aus. Es war nicht ganz einfach, in East St. Louis aufzuwachsen, weil da eine Menge Typen rumschwirrte, schwarze und weiße, die bei jeder Kleinigkeit zulangten. Erst als Jugendlicher ließ ich mich dann auf diese Fights ein. Ich gehörte auch zu keiner Gang, weil ich schon damals eigentlich nur auf Musik stand. Dafür gab ich sogar den Sport auf. Aber versteh mich nicht falsch, natürlich hab ich mich mit Arschlöchern und Idioten geschlagen, vor allem, wenn sie „Buckwheat"* zu mir sagten, nur weil ich klein, dürr und schwarz war. Ich haßte diesen Namen, und jeder, der mich so nannte, mußte dafür bezahlen. Ich haßte das Wort, weil ich den Sinn nicht mochte, das, wofür es stand, dieses unglaublich dumme Sippen-Image, das die Weißen von den Schwarzen hatten. *Ich* war nicht so, das

---

* *Buckwheat:* Buchweizenkorn; hier: Figur des kleinen, dummen schwarzen Jungen aus der TV-Serie „The little rascals" (dt.: „Die kleinen Strolche").

wußte ich, und auch, daß ich aus einer Familie stammte, die sich sehen lassen konnte. Wenn mich also jemand so nannte, dann wollte er sich über mich lustig machen. Eins war mir damals schon klar: Wenn du was auf dich hältst, mußt du kämpfen. Und das tat ich ziemlich oft. Aber nie in einer Gang. Ich glaube nicht, daß ich arrogant bin, ich bin nur selbstsicher. Ich weiß, was *ich* will, und wußte immer, was ich wollte, solange ich zurückdenken kann. Mich kann man nicht einschüchtern. Aber eigentlich mochten mich damals alle, obwohl ich ein ziemlich stiller Typ war; das ist bis heute so.

In den Schulen ging's genauso rauh zu wie auf den Straßen. Am Ende unserer Straße war eine Schule nur für Weiße, ich glaub, sie hieß Irving School und war immer blitzblank. Aber schwarze Kinder durften nicht rein; wenn wir in unsre Schule wollten, mußten wir immer außen rumgehn. Wir hatten gute Lehrer an der John Robinson School, zum Beispiel die Turner-Schwestern. Sie waren die Urenkel von Nat Turner* und genauso rassenbewußt wie er. Die brachten uns bei, daß wir stolz auf unsre Herkunft sein sollten. Die Lehrer waren wirklich nicht schlecht, aber die Schulen für Schwarze waren völlig heruntergekommen mit kaputten Toiletten und Dreck überall. Sie stanken wie die Pest, Mann, wie die offenen Scheißgruben in den armen Gegenden Afrikas. Ich brachte keinen Bissen runter in diesem Dreck, mir drehte sich richtig der Magen um – sogar noch heute, wenn ich bloß dran denke. Wir schwarzen Kinder wurden wie Vieh behandelt. Ein paar Leute, mit denen ich zur Schule ging, behaupten zwar, so schlimm sei's nicht gewesen, aber ich hab's so in Erinnerung.

Deshalb besuchte ich meinen Großvater in Arkansas so gern. Mann, dort unten konntest du barfuß über die Felder laufen, ohne in einen Scheißhaufen zu treten, der dir wie in der Grundschule klebrig und stinkend am Fuß hing.

Als wir noch sehr klein waren, setzte meine Mutter mich,

---

* *Nat Turner* (1800–1851). Religiös-visionärer Führer einer Sklavenrevolte in Virginia, die nach kurzer Zeit niedergeschlagen wurde. Turner wurde gemeinsam mit zwanzig anderen Sklaven hingerichtet.

meinen Bruder und meine Schwester in den Zug, um unseren Großvater zu besuchen. Sie steckte uns Namensschilder an und gab uns Brathühnchen mit auf den Weg. Noch bevor wir den Bahnhof verlassen hatten, waren die Hühnchen weg. Den Rest der Strecke mußten wir hungern. Wir verputzten sie immer zu schnell und wurden nicht schlauer, lernten einfach nie, die Hühnchen langsam zu essen. Es war viel zu gut, um sich's einzuteilen. Auf der ganzen Fahrt zu meinem Großvater saßen wir dann sauer und hungrig im Zug und heulten. Wenn ich dann erst mal bei ihm war, wollte ich nicht mehr weg. Von ihm bekam ich mein erstes Pferd.

Mein Großvater hatte eine Fischzucht in Arkansas, wo wir von früh bis spät angelten und eimerweise Fische rauszogen. Wir futterten andauernd gebratenen Fisch, und eins kannst du mir glauben: Dieser Fisch war der reine Wahnsinn. Den ganzen Tag trieben wir uns rum. Ritten auf Pferden. Gingen abends früh ins Bett. Standen morgens früh auf. Und das jeden Tag. Mann, es war immer was los auf der Farm. Mein Großvater war ungefähr einsachtzig groß, hatte braune Haut und große Augen; ein bißchen wie mein Vater, nur größer. Meine Großmutter hieß Ivy, aber wir nannten sie Miss Ivy.

Wir konnten dort Dinge anstellen, die in einer Stadt wie St. Louis unmöglich waren. Eines Morgens ging ich mit Onkel Ed aufs Feld. Onkel Ed war der jüngste Bruder meines Vaters, aber sogar ein Jahr jünger als ich. Ich muß etwa zehn gewesen sein und er neun. Wir zerschlugen fast alle Wassermelonen meines Großvaters, hackten eine nach der anderen auf, bis keine mehr heil war. Dann nahmen wir das Innere raus, bissen ein paar Stücke ab und ließen den Rest liegen. Danach, als wir wieder im Haus waren, lagen wir auf dem Boden und lachten uns halbtot. Als Großvater dahinterkam, sagte er nur: „Das Reiten kannst du jetzt eine Woche lang vergessen." Das hat mich für immer davon geheilt, Wassermelonen aufzuhacken.

Als ich ungefähr neun war, besorgte ich mir einen Job. Ich trug am Wochenende Zeitungen aus, um Geld zu verdienen. Nicht, daß ich's nötig gehabt hätte, denn mein Vater verdiente zu der Zeit 'ne ganze Menge. Aber ich wollte mein eigenes Geld haben und meine Eltern nicht dauernd bitten müssen. Ich war schon immer unabhängig, wollte immer auf eigenen Füßen stehen. Viel hab ich nicht verdient, vielleicht fünfundsechzig Cents in der Woche, aber die gehörten mir. Davon konnte ich mir Süßigkeiten kaufen. In der einen Tasche hatte ich Bonbons, in der andern Murmeln. Die Bonbons tauschte ich gegen Murmeln und die Murmeln gegen Bonbons, Brause und Kaugummi. Irgendwie hab ich damals gelernt, daß man Geschäfte machen muß – ich weiß nicht, von wem, vielleicht von meinem Vater. Ich erinnere mich noch, daß es während der Depression vielen Leuten ziemlich dreckig ging. Aber meiner Familie nicht, denn mein Vater war ein guter Geschäftsmann.

Der alte Piggease gehörte auch zu meinen Kunden. Bei ihm konnte man die besten Barbecues in East St. Louis kaufen. Sein Laden lag, wie die anderen Barbecue-Shops, in der Gegend vom Broadway und der 15ten. Mr. Piggease' Barbecues waren so super, weil er sein Fleisch direkt aus den Schlachthäusern von St. Louis und East St. Louis bezog. Seine Barbecue-Sauce war einsame Spitze. Mann, das Zeug war so gut, daß mir heute noch das Wasser im Mund zusammenläuft. Keiner wußte, wie er seine Sauce machte und was alles drin war. Er hat's keinem verraten. Dazu gab's noch eine Sauce zum Brot, die war genauso irre wie seine Fisch-Sandwiches. Und seine Lachsbrötchen waren fast so gut wie die von Leos Vater.

Mr. Piggease verkaufte seine Barbecues in einer einfachen Baracke, in die höchstens zehn Leute paßten. Er hatte sich den Grill und den Kamin aus Ziegelsteinen gebaut, und überall in der 15ten hing der Geruch der Holzkohle. Gegen Abend holte sich jeder ein Sandwich oder eins von diesen unverschämt guten Barbecue-Stücken. So um sechs Uhr rum war das Zeug fertig. Punkt sechs stand ich vor ihm und gab ihm seine Zeitungen, den *Chicago Defender* und den *Pittsburgh Courier*, beides schwarze Zeitungen. Ich kaufte mir zwei Schweineschnauzen. Eine kostete fünfzehn Cents, aber weil mich Mr. Piggease mochte und für einen fähigen Burschen hielt, kam ich mit zehn Cents weg.

Je nachdem, wie er in Stimmung war, kriegte ich sogar noch ein Extra-Stück, ein Rippenende oder ein Schweinsohr-Sandwich – daher kam auch sein Spitzname: „Mr. Pig Ears". Manchmal spendierte er mir noch süßen Potato Pie oder kandierte Yamsfrüchte und ein Glas Milch. Das Ganze packte er zwischen frische warme Brotscheiben und legte es auf Pappteller, die das köstliche Aroma in sich aufsaugten. Dann wickelte er alles in altes Zeitungspapier ein. Mann, war das gut. Zehn Cents für einen Lachs, fünfzehn Cents für eine Schweinsschnauze. Ich kriegte also meine Portion, setzte mich hin und unterhielt mich kurz mit ihm, während er hinterm Ladentisch stand und mit jedem ein bißchen plauderte. Ich hab viel von Mr. Piggease gelernt, aber vor allem hat er mir beigebracht – genauso wie mein Vater –, daß man überflüssiges Gequatsche vermeiden sollte.

Aber am wichtigsten war für mich mein Vater. Er war schon was Besonderes. Er sah gut aus, hatte ungefähr meine Größe, war vielleicht etwas rundlicher. Als er älter wurde, gingen ihm die Haare aus – was seinem Aussehen nicht gerade guttat. Er war gebildet, mochte schöne Dinge, Kleider und Autos, genau wie meine Mutter.

Mein Vater war für Rassentrennung, für strikte Rassentrennung. Leute wie er wurden damals als „Race Man" bezeichnet. Er war absolut kein „Onkel Tom"-Typ. Ein paar seiner afrikanischen Studienkollegen an der Lincoln University saßen später auf wichtigen Regierungsposten in ihren Ländern oder wurden sogar Präsident, wie Nkrumah aus Ghana. Deshalb hatte mein Vater immer enge Beziehungen zu Afrika. Er stand Marcus Garvey* näher als der Politik der NAACP**. Für ihn war Garvey der richtige Mann für das schwarze Volk, weil er es in den zwanziger Jahren geschafft hatte, daß sich die Schwarzen

---

* *Marcus Garvey:* amerikanischer, schwarzer Politiker (1887–1940), der für strikte Rassentrennung und die Rückkehr der Schwarzen nach Afrika eintrat.

** *NAACP:* „National Association for the Advancement of Colored People" (Nationale Vereinigung zur Förderung Farbiger). Wurde 1909 gegründet und vertrat vorwiegend die Interessen der ärmeren Schichten gegenüber den Integrationsbestrebungen der schwarzen Mittelklasse.

zusammenschlossen. Mein Vater fand das sehr wichtig und verabscheute die Art, wie Leute wie William Pickens von der NAACP über Garvey herzogen. Pickens war ein Verwandter von uns, ich glaub, ein Onkel meiner Mutter, und wenn er durch St. Louis kam, rief er sie an und schaute vorbei. Er hatte damals einen hohen Sekretärsposten in der NAACP.

Meine Mutter hatte eine ganz andere politische Meinung als mein Vater; sie wollte zwar auch, daß die Schwarzen mehr Rechte erhielten, aber sie vertrat da eher die Ansicht der NAACP. Mein Vater war ihr zu radikal, besonders später, als er in die Politik ging. Auch wenn mein Gefühl für Stil und Kleidung von meiner Mutter kommt, glaube ich doch, daß meine Einstellung, mein Selbstverständnis, mein Selbstvertrauen und mein Rassenstolz hauptsächlich von meinem Vater stammen. Natürlich war meine Mutter auch sehr stolz. Aber meine Ansichten bestimmte größtenteils mein Vater.

Er ließ sich wirklich von keinem was gefallen. Einmal kam dieser weiße Kerl in seine Praxis, der ihm immer das Gold und den ganzen Kram verkaufte. Das Wartezimmer war brechend voll. Wenn mein Vater grade jemanden behandelte, hing ein Schild über der Anmeldung, auf dem stand „Nicht stören". Das Schild war nicht zu übersehen, aber nachdem der Typ ungefähr eine halbe Stunde gewartet hatte, sagte er zu mir – damals war ich vielleicht vierzehn oder fünfzehn und arbeitete an dem Tag an der Anmeldung: „Ich hab keine Zeit mehr, ich geh jetzt rein." Ich sag ihm: „Auf dem Schild steht ‚Nicht stören'. Können Sie nicht lesen, was da steht?" Er ignoriert mich einfach und marschiert in den Raum, wo mein Vater die Leute behandelt. Also, das Wartezimmer ist voll mit Schwarzen, die genau *wissen*, wie mein Vater auf solche Unverschämtheiten reagiert. Sie grinsen, lehnen sich zurück und warten gespannt, was jetzt wohl passiert. Der Kerl mit dem Gold ist noch nicht mal richtig drin, als mein Vater ihn schon anschnauzt: „Was zum Teufel hast du hier zu suchen? Bist du blind? Du blödes, weißes Arschloch! Verpiß dich!" Der Mann war auf der Stelle wieder draußen und glotzte mich blöd an. Als er zur Tür rausging, rief ich ihm nach: „Ich hab Ihnen gesagt, Sie sollen da nicht rein, Idiot." Das war das erste Mal, daß ich einen Weißen beleidigte, der älter war als ich.

Bei einer anderen Gelegenheit suchte mein Vater nach einem Weißen, der mir nachgerannt war und mich als Nigger beschimpft hatte. Er nahm seine geladene Schrotflinte mit. Er hat ihn nicht gefunden, aber ich möchte nicht wissen, was passiert wäre, wenn er ihn erwischt hätte. Mein Vater war schon ein starker Typ, aber er hatte auch ein paar Macken. Zum Beispiel weigerte er sich, bestimmte Brücken von East St. Louis nach St. Louis rüber zu benutzen. Denn ihm reichte es schon, sagte er immer, daß er wüßte, wer sie gebaut hatte: Gauner, die wahrscheinlich keine besonders stabilen Brücken bauen, sondern am Baumaterial sparen und das Geld lieber in die eigene Tasche stecken würden. Er glaubte tatsächlich, daß diese Brücken eines Tages im Mississippi landen würden. Das glaubte er bis zu seinem Tod und wunderte sich oft, daß sie immer noch dastanden. Er war eben auch nicht perfekt. Aber er war ein stolzer Mann, und für einen Schwarzen war er seiner Zeit wahrscheinlich weit voraus. Er spielte damals sogar schon Golf, und ich machte seinen Caddy auf dem Golfplatz drüben im Forest Park in St. Louis.

Neben Dr. Eubanks, seinem besten Freund, und einigen anderen prominenten Schwarzen gehörte mein Vater zu den wichtigsten Männern in der schwarzen Gemeinde von East St. Louis, und zwar weil er Arzt war und sich mit Politik beschäftigte. Er hatte ziemlich viel Macht und Einfluß in East St. Louis. Ein Teil dieses Ansehens kriegten seine Kinder ab, und wahrscheinlich wurden mein Bruder, meine Schwester und ich nur deshalb von vielen Leuten − schwarzen Leuten − in East St. Louis als was Besonderes behandelt. Natürlich haben sie uns nicht die Füße geküßt oder so. Aber sie hielten uns für was Besseres. Sie erwarteten, daß wir was aus uns machten. Aus dieser Sonderstellung stammt vermutlich unsere positive Selbsteinschätzung. Für Schwarze ist das wichtig, besonders für junge Schwarze, die sich genug negatives Zeug anhören müssen.

Wenn es um Disziplin ging, war mein Vater unerbittlich. Er bleute uns ein, daß wir auf unser Zeug aufpassen sollten. Aber er schlug mich nie, nicht ein einziges Mal. Am schlimmsten regte er sich einmal über mich auf, als ich ungefähr neun oder zehn war und er mir ein Fahrrad gekauft hatte, ich glaub, mein erstes Fahrrad. Da ich nie auf ihn hörte, fuhr ich mit dem Rad immer die Treppen runter, die von unsrer Wohnung in den Hinterhof führten. Einmal hatte ich dabei eine Vorhangstange quer im Mund. Ich raste diese steilen Treppen so schnell nach unten, daß ich nicht mehr bremsen konnte und voll gegen die Garagentür knallte. Die Vorhangstange schob sich so tief in meine Mundwinkel, daß sie aufplatzten. Als er erfuhr, was vorgefallen war, drehte er vollkommen durch, und ich dachte, er würde mich umbringen.

Ein anderes Mal kochte er vor Wut, als ich den Schuppen in Brand setzte und dabei fast auch das Haus abgebrannt wäre. Er sagte kein Wort, aber wenn Blicke töten könnten, gäb's mich heute nicht mehr. Später, als ich älter war, fuhr ich mit dem Auto rückwärts quer über die Straße und setzte es an einen Telefonmast. Ein paar Freunde hatten mir das Fahren beigebracht, aber mein Vater ließ mich nicht ans Steuer, weil ich keinen Führerschein hatte. Aber eigensinnig, wie ich nun mal war, ließ ich es drauf ankommen. Als er von dem Schaden hörte, tat er überhaupt nichts, er schüttelte nur den Kopf.

Aber er konnte auch sehr komisch sein, wenn ich etwas anstellte. Als ich ungefähr elf oder zwölf war und gerade anfing, mich für Klamotten zu interessieren, nahm er mich mit nach St. Louis und staffierte mich aus. Es war Ostern, und mein Vater wollte, daß seine Kinder einen ordentlichen Eindruck in der Kirche machten. Er fährt also mit mir nach St. Louis und kauft mir einen grauen Zweireiher, ein Paar Thom McAn-Stiefel, ein gelbes, gestreiftes Hemd, eine schicke Lederkappe und eine lederne Geldbörse, in die er dreißig Pennies steckt. So kann man sich sehen lassen, oder? Als wir zurück sind, geht mein Vater nach oben, um etwas aus seinem Büro zu holen. Mir brennen die dreißig Pennies im

Geldbeutel, den er mir gerade gekauft hat. Ich muß dieses Geld einfach ausgeben – scharf und geleckt wie ich dastehe, oder? Ich geh also in Daut's Drugstore und sage Mr. Dominic, dem Besitzer, er soll mir für fünfundzwanzig Cents gefüllte Schokoladensoldaten geben – zu der Zeit mein absoluter Favorit. Für einen Penny gab's drei süße Schokoladensoldaten, ich bekam also fünfundsiebzig Stück. Ich pack die Riesentüte mit den Süßigkeiten, bau mich vor dem Büro meines Vaters auf, scharf wie 'ne Rasierklinge, und schling die süßen Soldaten in einem Affenzahn runter. Ich stopf so viele in mich rein, daß mir schlecht wird und ich sie Stück für Stück wieder auskotze. Dorothy, meine Schwester, sieht mich und denkt, ich spucke Blut. Sie rennt zu meinem Vater und erzählt's ihm. Er kommt runter und sagt: „Dewey, was machst du da? Du bist in meiner Praxis. Die Leute kommen hier rein und werden denken, ich hätte jemanden beim Bohren umgebracht und die ganze Schokolade für getrocknetes Blut halten. Also hau ab nach oben."

Im nächsten Jahr kleidete mich mein Vater an Ostern wieder für die Kirche ein – ein blauer Anzug mit kurzen Hosen und Kniestrümpfen. Auf dem Weg zur Kirche traf ich ein paar meiner Freunde, die gerade im alten Fabrikgebäude spielten. Sie wollten, daß ich mitmachte, und ich sagte meiner Schwester, ich käme später nach. Ich geh in die Fabrik, und plötzlich ist es so dunkel, daß ich nichts mehr sehe. Ich stolpere, fall in eine Pfütze und krieche mit meinen guten neuen Kleidern auf dem Boden rum. Und das an Ostern! Du kannst dir vorstellen, wie mir zumute war. So konnte ich nicht in die Kirche. Ich ging direkt wieder nach Hause, und mein Vater blieb wieder mal ruhig. Er sagte nur: „Solltest du's noch mal wagen hinzufliegen, wenn du eigentlich nicht hinfliegen sollst, dann tret ich dir in deinen verdammten Hintern. Du hättest genausogut in Säure oder sowas fallen können. Du könntest jetzt tot sein. Also laß das in Zukunft bleiben." Und ich ließ es bleiben.

Es ging ihm gar nicht so sehr um die Kleider. Es störte ihn überhaupt nicht, daß ich sie versaut hatte. Es ging ihm nur um *mich*. Ich hab nie vergessen, daß er nur um mich besorgt war.

Deshalb sind wir immer gut miteinander klargekommen. Er stand hundertprozentig zu mir, ganz gleich, was ich wollte, und ich glaube, daß sein Vertrauen mir mein Selbstvertrauen gegeben hat.

Meine Mutter dagegen verdrosch mich bei der geringsten Kleinigkeit. Das Verprügeln steckte so tief in ihr drin, daß sie einmal, als sie sich krank fühlte, meinen Vater aufforderte, mich zu verprügeln. Er brachte mich in ein Zimmer, schloß die Tür und sagte, ich solle so schreien, als ob er mich schlagen würde. „Tu so, als ob du verprügelt wirst", ich erinnere mich genau an diese Worte. Und daran, daß ich wie am Spieß losbrüllte und er dasaß und mich eisern anstarrte. Mann, das war ganz schön komisch. Aber wenn ich's mir heute genau überlege, wären mir die Schläge fast lieber gewesen als die Art, wie er durch mich hindurchsah, als wäre ich ein Nichts. Denn damit gab er mir das *Gefühl*, als wäre ich ein Nichts. Dieses Gefühl war schlimmer, als Schläge jemals sein können.

Meine Eltern verstanden sich nie besonders gut. Sie waren immer verschiedener Meinung. Seit meiner frühesten Kindheit gingen sie sich beim geringsten Anlaß an die Kehle. Das einzige, was sie einmal wirklich zusammenschweißte, war später, als ich an der Nadel hing. Plötzlich waren ihre Streitereien wie weggewischt, und sie setzten alles dran, mich zu retten. Aber sonst stritten sie sich immer wie Hund und Katze.

Meine Mutter hatte die Angewohnheit, irgendwas zu nehmen, damit nach meinem Vater zu werfen und ihm ziemlich ausgefallene, gemeine Dinge an den Kopf zu schmeißen. Manchmal drehte er dann auch durch, griff sich den nächstbesten Gegenstand – das Radio, die Tischglocke, irgendetwas – und schmiß damit nach ihr. Dann schrie sie: „Dewey, willst du mich umbringen?" Nach einer dieser Auseinandersetzungen rannte mein Vater nach draußen, um sich zu beruhigen. Als er zurückkam, ließ ihn meine Mutter nicht mehr rein – und er hatte seinen Schlüssel vergessen. Er stand draußen und brüllte, sie solle die Tür öffnen, aber sie blieb hart. Es war eine von diesen Glastüren, durch die man durchsehen konnte. Er war so wütend, daß er ihr mit der Faust durch das Glas direkt ins Gesicht schlug. Sie verlor dabei sogar ein paar Zähne. Am besten verstanden sie sich, wenn sie nicht zusammen waren, aber meistens machten sie sich das Leben zur Hölle, bis sie schließlich die Scheidung einreichten.

Das Problem waren vor allem ihre unterschiedlichen Charaktere. Aber das war's nicht allein. Sie führten die typische Arzt-Hausfrau-Beziehung, d. h., er war selten zu Hause. Uns Kinder störte das nicht besonders, weil wir immer beschäftigt waren. Aber für meine Mutter war es ganz schön hart. Als er dann in die Politik ging, war er noch seltener da. Dazu kam noch, daß sie dauernd über Geld stritten, obwohl mein Vater eigentlich ziemlich wohlhabend war. Zumindest für einen Schwarzen.

Ich erinnere mich noch, als er sich für den Posten eines Bundesabgeordneten von Illinois zur Wahl stellte. Er kandidierte, weil er eine Feuerwehrstation in Millstadt einrichten wollte, wo er eine Farm besaß. Einige Weiße boten ihm Geld an, damit er nicht kandidierte, aber er lehnte es ab und verlor. Meine Mutter war außer sich, daß er das Geld nicht genommen hatte, mit dem sie eine Reise oder was Ähnliches hätten machen können. Später konnte sie ihm nicht verzeihen, daß er fast sein ganzes Vermögen beim Spielen verlor; tatsächlich verspielte er über eine Million Dollar. Außerdem konnte sie die radikale Politik nicht ausstehen, die mein Vater vertrat. Später, nach ihrer Trennung, sagte sie mir allerdings, daß sie völlig anders mit meinem Vater umgehen würde, wenn sie noch mal von vorn anfangen könnte. Aber da war's schon zu spät.

Damals schien es so, als ob die Probleme unsrer Eltern uns Kinder nie beeinflußten. Heut seh ich das anders. Irgendwie mußte es uns beeinflussen, obwohl ich nicht genau sagen kann, wie. Aber damals war es für mich nur lästig, sie ständig streiten zu sehen. Wie gesagt, ich verstand mich nicht besonders gut mit meiner Mutter und hab ihr deshalb, glaub ich, die Schuld für alle Probleme zugeschoben. Ich weiß noch, daß Corrine, die Schwester meines Vaters, meiner Mutter auch die Schuld gab; sie mochte meine Mutter nie.

Tante Corrine war ziemlich reich, aber alle hielten sie für etwas seltsam. Ich auch. Aber sie und mein Vater verstanden sich gut. Doch obwohl sie dagegen war, daß mein Vater und meine Mutter heirateten, soll sie – wie Leute mir später erzählten – am Hochzeitstag gesagt haben: „Oh Gott, steh dieser armen Frau bei, denn sie weiß gar nicht, worauf sie sich da einläßt."

Tante Corrine hatte einen Doktor in Metaphysik oder so was Ähnlichem. Ihr Büro lag gleich neben dem meines Vaters. An der Tür hing ein Schild „Dr. Corrine, Wahrsagerin, Heilkundige", dazu war eine offene Hand abgebildet. Sie sagte den Leuten die Zukunft voraus. Wenn sie in ihrem Büro war, zündete sie überall Kerzen an und rauchte diese komischen Zigaretten. Mann, sie saß hinter diesen Rauchwolken und faselte wirres Zeug. Die Leute hatten Angst vor ihr, und manche hielten sie für eine Hexe oder irgendeine Voodoo-Frau. Sie mochte mich. Aber sie muß geglaubt haben, *ich* sei seltsam, denn sobald ich ihr Büro betrat, fing sie an, sämtliche Kerzen anzuzünden und Zigaretten zu rauchen. Ist das nicht irre? Sie hielt *mich* für seltsam.

Wir hatten schon als Kinder einiges für künstlerische Dinge übrig, besonders Vernon und ich, aber auch Dorothy. Bevor ich mich nur noch für Musik interessierte, führten wir unsere eigenen Talentshows auf. Ich war ungefähr neun oder zehn, als ich anfing, auf der Trompete von Onkel Johnny zu spielen. So oft ich konnte, spielte ich, und Dorothy begleitete mich auf dem Klavier. Vernon tanzte dazu. Es machte viel Spaß. Dorothy konnte ein paar Kirchenlieder, sonst nichts. Meistens führten wir Parodien auf – komische Stückchen, weißt du –, Talentwettbewerbe, wo ich den Preisrichter mimte. Mann, ich hab ihnen nichts geschenkt. Vernon konnte schon immer ganz gut singen, zeichnen und tanzen. Er sang meistens, und Dorothy tanzte. Zu der Zeit schickte meine Mutter sie zum Tanzunterricht. Mit solchem Blödsinn vertrieben wir uns die Tage. Aber später wurde ich ernsthafter, besonders, wenn's um meine Musik ging.

Mit sieben oder acht hörte ich regelmäßig eine Radiosendung, die „Harlem Rhythms". Dadurch kam ich zum ersten Mal näher an Musik ran. Die Sendung lief jeden Tag um Viertel vor neun, und deshalb kam ich oft zu spät in die Schule. Ich *mußte* diese Sendung hören, Mann, ich mußte es einfach. Meistens brachten sie schwarze Bands, und manchmal, wenn sie weiße Bands spielten, schaltete ich aus, wenn sich's nicht grade um Musiker wie Harry James oder Bobby Hackett handelte. Das Programm war wirklich Spitze. Keine große schwarze Band fehlte, und ich weiß noch, wie fasziniert ich den Schallplattenaufnahmen von Louis Armstrong, Jimmie Lunceford, Lionel Hampton, Count Basie, Bessie Smith, Duke Ellington und einem Haufen anderer großartiger Typen zuhörte. Daraufhin nahm ich – mit neun oder zehn Jahren – privaten Musikunterricht.

Aber ich kann mich auch noch an den Sound, an die Musik unten in Arkansas, bei meinem Großvater erinnern. Besonders Samstagabend in der Kirche. Mann, dieses Zeug ging dir durch bis auf die Knochen. Ich war etwa sechs oder sieben. Wir liefen abends die dunklen Landstraßen entlang, und plötzlich diese Musik, die aus dem Nichts zu kommen schien, aus diesen gespenstischen Bäumen, von denen die Leute behaupteten, es lebten Geister drin. Wir liefen also am Straßenrand entlang – vielleicht war mein Onkel dabei oder mein Cousin James –, und irgendjemand spielte Gitarre genau wie B. B. King. Dann sangen ein Mann und eine Frau, und sie erzählten davon, wie man sich fühlt, wenn man am Ende ist. Verdammt, das war Musik, besonders, wenn die Frau sang. Ein Teil davon ist immer in mir geblieben. Verstehst du, was ich meine? Diese *Art* von Sound in der Musik, dieser Blues, die Kirche, dieser schmutzige, harte Klang, dieser südliche, ländliche Midwestern-Rhythmus. Auf diesen gepenstischen Landstraßen in Arkansas, nachts, als die Eulen rauskamen und heulten, ist mir das, glaub ich, ins Blut übergegangen. Und als ich meine ersten Musikstunden nahm, muß ich schon irgendeine Vorstellung davon gehabt haben, wie meine Musik klingen sollte.

Musik ist schon 'ne komische Sache, wenn ich's mir genau überlege. Denn wann und wo sie für mich anfing, kann ich nicht genau sagen. Aber ich glaube, es muß was mit dieser Straße in Arkansas und mit den „Harlem Rhythms", dieser Radiosendung, zu tun haben.

KAPITEL 2

Als ich zwölf war, war Musik schon die wichtigste Sache in meinem Leben. Wahrscheinlich war mir damals gar nicht klar, wie wichtig sie für mich noch werden würde, aber wenn ich heute zurückdenke, weiß ich, wie entscheidend sie damals war. Ich spielte zwar immer noch Baseball und Football und trieb mich auch weiter mit Millard Curtis und Darnell Moore rum. Aber meine Trompetenstunden nahm ich sehr ernst, und ich dachte an nichts anderes. Ich weiß noch, wie ich mit zwölf oder dreizehn in Camp Vanderventer, einem Pfadfinderlager bei Waterloo, Illinois, war. Der Pfadfinderführer, Mr. Mays, wußte, daß ich Trompete spielte. Ich durfte zum Zapfenstreich und zum Wecken blasen. Ich war vielleicht stolz, daß er ausgerechnet mich vor allen anderen aussuchte. Anscheinend hab ich schon damals ganz brauchbar gespielt.

Richtige Fortschritte machte ich allerdings erst, nachdem ich von der Attucks Junior High School an die Lincoln High School gewechselt war. Die Lincoln hatte beides, Unter- und Oberstufe. Ich besuchte die Unterstufe und blieb dort bis zum Abschluß. An der Schule unterrichtete auch mein erster großer Lehrer, Elwood Buchanan. Neben meinem Vater spielte Mr. Buchanan damals die wichtigste Rolle in meinem Leben. Er war ohne Zweifel die Person, die mich damals endgültig zur Musik gebracht hat. Ich wollte Musiker werden. Nichts anderes.

Mr. Buchanan war ein Patient meines Vaters und ging öfters mit ihm einen trinken. Mein Vater erzählte ihm, wie begeistert ich von Musik und ganz besonders vom Trompetenspielen war. Also erklärte er sich bereit, mir Stunden zu geben. Das war's. Er gab mir schon Unterricht, als ich noch auf die Attucks ging. Und später, als ich auf der Lincoln war, paßte er immer auf mich auf, damit ich keinen Blödsinn machte.

Zu meinem dreizehnten Geburtstag schenkte mir mein Vater eine neue Trompete. Meine Mutter wollte, daß ich eine Geige bekam, aber mein Vater überstimmte sie. Es gab einen Riesen-krach zwischen ihnen, aber meine Mutter beruhigte sich bald. Den eigentlichen Anstoß für die neue Trompete dürfte Mr. Buchanan gegeben haben, denn er wußte, daß ich unbedingt spielen wollte.

Ungefähr in dieser Zeit begannen die wirklich harten Ausein-andersetzungen mit meiner Mutter. Bis dahin war es immer nur um Kleinigkeiten gegangen. Aber irgendwie wurde es immer schlimmer. Eigentlich weiß ich heute gar nicht, wo das Problem lag. Vielleicht hatte es was damit zu tun, daß sie nie geradeaus mit mir redete. Sie wollte mich immer noch wie ein Baby behan-deln, genau wie meinen Bruder Vernon. Vermutlich ist Vernon deshalb homosexuell geworden, weil ihn die Frauen – meine Mutter, meine Schwester und meine Großmutter – dauernd wie ein Mädchen behandelten. Aber ich hätte mir diese Scheiße nicht gefallen lassen. Entweder, man redete direkt mit mir, oder man ließ es bleiben. Jedesmal, wenn wir Schwierigkeiten hatten, sagte mein Vater zu ihr, sie solle mich in Ruhe lassen. Meistens hielt sie sich dran, aber wir hatten wirklich ein paar richtig böse Auseinandersetzungen. Trotzdem kaufte sie mir einmal zwei Platten, eine von Duke Ellington und eine von Art Tatum. Ich hörte sie mir dauernd an, und sie waren für meine musikalische Entwicklung unheimlich wichtig.

Da mir Mr. Buchanan schon an der Attucks Trompetenunter-richt gegeben hatte, war ich schon ziemlich gut, als ich zur Lin-coln kam. Die Band an der Lincoln High School unter der Lei-tung von Mr. Buchanan war einfach stark. Ein paar von den Kids hackten immer auf mir rum, weil ich der Kleinste und Jüngste in der Band war. Aber ich war auch ganz schön frech, spielte den Leuten alle möglichen Streiche – warf mit Papierkügelchen oder haute ihnen auf den Kopf, wenn sie grade nicht herschauten. Naja, eben alberner Kinderkram, nichts Ernstes.

Alle schienen damals meinen Sound zu mögen, den ich wohl von Mr. Buchanans Spiel übernommen hatte. Damals spielte ich Kornett. Ich glaub, ich war der einzige, der ein eigenes Kornett besaß. Red, Frank und alle, die in der Band spielten, liehen sich immer das Instrument von Mr. Buchanan aus. Doch obwohl alle älter waren und ich noch ziemlich viel lernen mußte, unterstützten sie mich, lobten meinen Ton und die Art, wie ich spielte. Sie sagten immer, ich würde auf dem Instrument viel Phantasie beweisen.

Bei Mr. Buchanan durften wir nur Märsche und solchen Mist spielen. Ouvertüren, richtig gute Hintergrundmusik, Märsche von John Philip Sousa. Er ließ uns nie was anderes spielen, aber wenn er mal kurz aus dem Übungsraum ging, probierten wir ein bißchen Jazz. Mr. Buchanan brachte mir bei, Töne ohne Vibrato zu spielen. Das war das schärfste, was ich von ihm lernte. Anfangs spielte ich nämlich gern mit Vibrato, weil die meisten Trompeter das auch so machten. Als ich eines Tages in diesem Stil spielte, unterbrach Mr. Buchanan die Band und sagte zu mir: „Hör mal zu, Miles. Komm hier nicht mit diesem Harry James-Zeug an, mit diesem ganzen Vibrato-Mist. Hör auf, die Noten zu schütteln, bring sie nicht zum Zittern, dazu hast du noch genug Zeit, wenn du alt bist. Spiel klar, entwickle deinen *eigenen* Stil, du kannst es. Du hast genug Talent, um deine eigene Trompete zu spielen."

Mann, das hab ich nie vergessen. Aber damals hat's mich verletzt und geärgert. Ich mochte einfach die Art, wie Harry James spielte. Aber danach fing ich an, James zu vergessen, und mußte Mr. Buchanan recht geben. Schließlich meinte er es nur gut mit mir.

In der High School-Zeit beschäftigte ich mich auch immer mehr mit meiner Kleidung. Ich legte Wert auf mein Aussehen, wollte hip sein, denn allmählich schauten mir die Mädchen nach – obwohl ich als Vierzehnjähriger noch nicht viel mit ihnen anfangen konnte. Ich stand damals auf den Stil von Fred Astaire und Cary Grant und erfand so eine Art hipenschwarzen Engländer-Look: Brooks Brothers-Anzüge, Schnürstiefel, Hochwasserhosen, Hemden mit hohen Stehkragen, die von Stärke so steif waren, daß ich meinen Hals kaum bewegen konnte.

Zu den wichtigsten Erlebnissen auf der High School gehörte

für mich – neben dem Unterricht bei Mr. Buchanan – der Auftritt unserer Band in Carbondale, Illinois, wo ich den Trompeter Clark Terry kennenlernte. Er wurde mein Vorbild. Er war älter als ich und ein Saufkumpan von Mr. Buchanan. Jedenfalls fuhren wir nach Carbondale runter, um zu spielen. Ich sah den Burschen, ging direkt zu ihm hin und fragte ihn, ob er Trompeter sei. Er drehte sich um und fragte mich, woher ich das wüßte. Ich sagte ihm, daß ich's an seiner Embouchure sehen könnte. Ich hatte meine Schuluniform an und Clark seinen tollen Mantel und einen scharfen, wunderschönen Schal um den Hals. Er trug diese scharfen Schnürstiefel und einen scharfen Hut, schräg zur Seite gekippt. Außerdem, erklärte ich ihm, sähe ich an seinen schrillen Klamotten, daß er Trompeter sei. Er lächelte leicht und sagte irgendwas. Dann wollte ich ein paar Sachen übers Trompetespielen wissen, aber er schaute mich kaum an und gab mir zu verstehen, daß er gar nicht dran denkt, „über Trompeten zu quatschen, wenn so viele hübsche Mädchen hier rumschwirren". Clark fuhr damals wirklich voll auf Frauen ab, im Gegensatz zu mir, und deshalb war ich ganz schön gekränkt. Bei unserer nächsten Begegnung war das dann eine völlig andere Geschichte. Doch dieses erste Treffen mit Clark, hip wie er war, hab ich nie vergessen. Damals beschloß ich, daß ich genauso hip sein wollte, wenn nicht noch mehr, sobald ich's erst mal geschafft hatte.

Zu der Zeit hing ich oft mit meinem Freund Bobby Danzig rum. Bobby war ungefähr so alt wie ich und ein höllisch guter Trompeter. Wir waren immer unterwegs, hörten uns Musik an und stiegen überall ein, wo's nur möglich war. Wir waren unzertrennlich, fuhren beide auf Klamotten ab und waren fast immer der gleichen Meinung. Bobby nahm nie ein Blatt vor den Mund. Er putzte jeden Idioten auf der Stelle runter. Wir gingen in irgendeinen Club, hörten uns eine Band an, und wenn der Bläser falsch dastand oder das Schlagzeug nicht richtig aufgebaut war, sagte Bobby: „Komm, wir haun ab, Mann, das Arschloch hat nichts drauf. Schau dir bloß an, wie der Drummer sein Schlagzeug hingestellt hat – völlig daneben. Schau dir an, wie der Trompeter dasteht. Ist ja zum Kotzen. Der Arsch kann sich doch nicht in der Haltung auf die Bühne stellen und spielen! Laß uns raus hier!"

Mann, Bobby Danzig war ein toller Typ. Aber er war nicht nur ein guter Trompeter, er war ein noch viel besserer Taschendieb. Er stellte sich in einen der Straßenbahnwagen, die damals in St. Louis verkehrten, und an der Endstation hatte er 300 Dollar in der Tasche – wenn er einen guten Tag erwischte, sogar noch mehr. Wir lernten uns mit sechzehn kennen und traten gemeinsam in die Gewerkschaft ein. Bobby war mein erster Musikerfreund, mit dem ich immer rumzog. Mit ihm ging ich auch ins Riviera, um bei Billy Eckstine vorzuspielen. Später war ich mit Clark Terry gut befreundet, aber er war sechs Jahre älter als ich, und daher hatten wir noch nicht die gleiche Wellenlänge. Dagegen stand Bobby auf die gleichen Sachen wie ich. Ich war allerdings weniger aufs Klauen spezialisiert. In der Beziehung war er der Größte.

Nachdem ich eine Zeitlang Unterricht bei Mr. Buchanan hatte, bekam ich einen neuen Lehrer an der High School, einen Deutschen namens Gustav. Er war ein großartiger Trompeter. Gustav lebte in St. Louis und spielte die erste Trompete beim St. Louis Symphony Orchestra. Er machte auch hervorragende Trompetenmundstücke, und ich benutze noch heute eins von ihm. Gustav unterrichtete auch einen Trompeter namens Levi Maddison. Levi war sein Meisterschüler und, Mann, er war unglaublich. In den vierziger Jahren kam 'ne Menge großer Trompeter aus St. Louis, und Levi war einer der Größten, wenn nicht sogar *der* Größte. Aber er war ziemlich verrückt, lief in der Gegend rum und lachte andauernd vor sich hin. Die Leute sagten, er lacht soviel, weil er völlig verzweifelt ist. Ich hab keine Ahnung, *warum* Levi verzweifelt war, ich weiß nur eins, er konnte Trompete spielen. Ich schaute ihm gern zu. Wenn er spielte, sah es aus, als sei die Trompete ein Teil von ihm. Aber alle Trompeter aus St. Louis spielten so – Harold „Shorty" Baker, Clark Terry und ich. Wir alle hatten „dieses St. Louis-Ding".

Wenn Levi lächelte, hatte er immer diesen verrückten Ausdruck in den Augen. Diesen entrückten Blick. Er war abgedreht und mußte öfters für ein paar Tage in die Klapsmühle. Er hat nie jemandem was getan, war nie gewalttätig. Aber wahrscheinlich wollten die Leute damals kein Risiko eingehen. Jedesmal, wenn ich später nach St. Louis kam, besuchte ich Levi. Es war nicht leicht, ihn zu finden. Aber wenn ich ihn dann aufgetrieben hatte, bat ich ihn, die Trompete anzusetzen, weil es einfach wunderschön war, wie er sie hielt. Und er tat mir jedesmal den Gefallen, mit einem breiten Lächeln im Gesicht. Und dann war er plötzlich verschwunden. Man sagte, eines Tages hätte er gelacht und nicht mehr aufgehört. Sie brachten ihn in die Klinik, und er kam nie wieder raus. Zumindest hat ihn niemand mehr gesehen. Levis Klang auf der Trompete war fast wie meiner, nur etwas runder – er lag ungefähr zwischen dem von Freddy Webster und meinem. Und Levi hatte diese unvergleichliche Ausstrahlung, wenn er sein Horn an die Lippen setzte. Man hatte das Gefühl, daß man gleich was hören würde, was man noch nie zuvor gehört hatte. Diese Haltung hatten nur ganz wenige. Dizzy zum Beispiel und vielleicht auch ich selbst. Aber Levi war *der* Typ, er war unglaublich. Wenn er nicht durchgedreht und in der Klapsmühle gelandet wäre, würden die Leute noch heute von ihm reden. Da bin ich sicher.

Gustav sagte mir immer, ich sei der schlechteste Trompeter, den er kennt. Aber später, als Dizzy mit einem Loch in der Lippe zu Gustav ging, um mit ihm über ein anderes Mundstück zu reden, erklärte Gus, daß ich sein bester Schüler gewesen sei. Mir persönlich hat er das nie gesagt.

Vielleicht glaubte Gus einfach, ich würde mich mehr anstrengen, wenn er mich als seinen schlechtesten Schüler bezeichnete. Vielleicht wollte er damit das Beste aus mir rausholen. Keine Ahnung. Es hat mich auch nicht interessiert. Meinetwegen konnte er sagen, was er wollte, solange er mir in der halben Stunde für die zwei Dollar fünfzig was beibrachte. Gus war ein Techniker. Er konnte in einem Atemzug die chromatische Tonleiter zwölfmal rauf und runter spielen. Er war schon toll. Aber als ich meine Stunden bei ihm nahm, besaß ich auch schon einiges Vertrauen in meine Fähigkeiten. Schließlich stand fest, daß ich Musiker werden wollte, und deshalb konzentrierte ich mich voll darauf.

Während ich noch zur High School ging, war ich öfters mit einem Pianisten namens Emmanual St. Claire „Duke" Brooks unterwegs. Man nannte ihn „Duke", weil er jedes Stück von Duke Ellington kannte und spielte. Er trat öfters mit dem Bassisten Jimmy Blanton auf, und zwar im Red Inn, einem Lokal, das gleich gegenüber von unsrer Wohnung lag. Duke Brooks war nur zwei oder drei Jahre älter als ich, aber er hatte einen ziemlich großen Einfluß auf mich, weil er vollkommen auf die neue Musik abfuhr, die damals grade aufkam.

Duke Brooks spielte wie Art Tatum, einfach Spitze. Er brachte mir Akkorde und alles mögliche bei. Er lebte in East St. Louis und hatte ein eigenes Zimmer im Haus seiner Eltern, neben der Veranda. Als ich die High School besuchte, ging ich immer um die Mittagszeit zu ihm und hörte ihm zu. Die Schule lag nur zwei oder drei Blocks weit weg. Soweit ich mich erinnere, war er mein erster Freund, der ziemlich oft Gras rauchte. Ich selber mochte Marihuana nie. Aber damals, zu der Zeit, war ich noch völlig unbedarft, ich trank nicht mal.

Duke kam um, als er irgendwo in Pennsylvania auf einen fahrenden Zug aufsprang. Er landete in einem Waggon mit Kies und Sand. Der Scheiß rutschte, und er erstickte drunter. Das muß 1945 gewesen sein. Manchmal fehlt er mir, und ich denke noch heute hin und wieder an ihn.

Allmählich fing ich an, in diesen fließenden langen Läufen zu spielen, die damals in St. Louis üblich waren. Ich hatte zusammen mit Duke und Nick Haywood, einem Drummer, eine kleine Gruppe. Wir versuchten, so ähnlich wie die schwarzen Jungs in Benny Goodmans Band zu spielen. Benny hatte einen schwarzen Pianisten, Teddy Wilson. Aber Duke spielte viel geiler als Teddy Wilson. Er spielte damals wie Nat „King" Cole. Er war wirklich glatt.

An neue Platten kamen wir damals nur ran, wenn wir genug

Geld für die ausrangierten Scheiben aus den Musikboxen hatten, die damals für fünf Cents verkauft wurden. War kein Geld da, mußte man sich eben an die Musikbox stellen und genau zuhören. Ich spielte damals immer nach Gehör. Unsere kleine Gruppe brachte Stücke wie „Airmail Special", und zwar genau mit den Akzenten, die damals hip waren. Duke war ein so wahnsinniger Pianist, daß er mich beim Spielen mit seinen schnellen Läufen einfach mitriß.

Zu der Zeit besaß ich in der Gegend von East St. Louis schon einen gewissen Ruf als vielversprechender Trompeter. Die Leute – besonders Musiker – fanden, daß ich spielen konnte, aber ich war noch nicht eitel genug, um in der Öffentlichkeit so aufzutreten. Aber im stillen dachte ich, daß ich genauso gut spielen könnte wie jeder andere. Wahrscheinlich sogar noch besser. Denn wenn's darum ging, Noten zu lesen und mich an ganze Parts zu erinnern, hatte ich ein regelrecht fotografisches Gedächtnis. Ich vergaß nichts. Durch meine Arbeit mit Mr. Buchanan und meinen Umgang mit Jungs wie Duke Brooks und Levi Maddison wurden auch meine Soli immer besser. Eigentlich lief alles bestens. Ein paar der besten Musiker in der Umgebung von East St. Louis wollten, daß ich bei ihnen mitspielte. Allmählich hielt ich mich für den Größten.

Möglicherweise traute ich mich nicht, das laut zu sagen, weil Mr. Buchanan noch immer schwer dahinter war, daß ich besser wurde. Er machte mir oft das Leben schwer, auch dann noch, als Frank Gully die High School verlassen hatte und er mich als Ersatz für ihn aussuchte. Manchmal war ihm mein Klang zu dünn, oder er behauptete, er könne mich überhaupt nicht hören. Aber so war er immer – streng, besonders, wenn er jemanden für begabt hielt. Als ich noch jünger war und alle glaubten, ich würde Zahnarzt werden, sagte er schon zu meinem Vater: „Doc, aus Miles wird kein Zahnarzt. Der wird Musiker." Er muß also schon damals was gespürt haben. Später erklärte er mir mal, das Entscheidende sei meine Neugier gewesen und daß ich immer alles über Musik wissen wollte. Das hat mir viel Auftrieb gegeben.

Duke Brooks, Nick Haywood, ein paar andere Jungs und ich spielten öfters in Huff's Beer Garden. Manchmal kam Frank Gully dazu. Wir verdienten uns ein Taschengeld fürs Wochenende, aber es war kaum der Rede wert. Wir machten solche Gigs nur zum Spaß. Wir spielten überall in East St. Louis, wo sich 'ne Gelegenheit bot, egal, ob bei irgendwelchen sozialen Vereinen oder Kirchenfesten. Manchmal verdienten wir sechs Dollar am Abend. Wir übten auch im Keller bei uns zu Hause. Mann, wir machten da vielleicht einen Krach. Einmal schaute mein Vater sogar bei Huff's rein, um uns spielen zu hören. Am nächsten Tag meinte er, er hätte nur das Schlagzeug gehört. Auf jeden Fall versuchten wir uns an sämtlichen Melodien von Harry James. Allerdings verließ ich die Band kurz darauf, weil mir das Ganze, abgesehen von Dukes Pianospiel, wenig brachte.

Da ich nur Musik im Kopf hatte, war ich nie in irgendwelche Bandenkriege oder ähnliches verwickelt. Aber ich hatte auch immer weniger Zeit für Sport. Ich nutzte jede Gelegenheit zum Üben und versuchte verzweifelt, auch noch Klavierspielen zu lernen. Ich konnte allmählich improvisieren und ging völlig im Jazz auf. Ich wollte so wie Harry James spielen können. Ein paar Typen, die noch nicht soweit waren, lachten mich aus, weil ich so auf die neuere Musik abfuhr. Aber ich kümmerte mich einen Dreck um sie. Ich *wußte*, daß ich auf dem richtigen Weg war.

So ungefähr mit sechzehn hatte ich die Möglichkeit, ein paar Gigs außerhalb zu spielen – Belleville, Illinois, und ähnliche Städtchen. Meine Mutter erlaubte mir, am Wochenende zu spielen. Zusammen mit einem Typ namens Pickett spielten wir Sachen wie „Intermezzo", „Honeysuckle Rose" und „Body and Soul". Ich spielte nur die Melodien, weil an der Musik sonst nichts Aufregendes dran war. Natürlich sprang nur ein Taschengeld dabei raus, aber ich lernte ständig dazu. Pickett spielte diese Art Roadhouse-Musik – manche nannten es auch Honky-Tonk, du weißt schon. Diesen Scheiß, den sie in schwarzen „Bucket of blood-Clubs" spielen. Der Name „Bluteimer" stammt von den Schlägereien, die in diesen Clubs abliefen. Aber mit der Zeit hatte ich die Nase voll, jedesmal fragen zu müssen, wann ich richtig loslegen dürfte – ob ich das geile Zeug spielen dürfte, auf das ich immer mehr stand. Wenig später stieg ich bei Pickett aus.

Mit sechzehn oder siebzehn konnte ich auch schon chromatische Tonleitern spielen. Als ich damit anfing, blieb allen in der Lincoln High School die Spucke weg, und sie fragten, was ich da machen würde. Seitdem war ich für sie was Besonderes. Duke und ich begannen damals auch damit, bei Jam Sessions in Brooklyn, Illinois, oberhalb von East St. Louis, einzusteigen. Der Bürgermeister von Brooklyn war einer der besten Freunde meines Vaters, daher durfte ich sogar in Clubs spielen, für die ich eigentlich noch zu jung war. Auf den Mississippi-Flußdampfern, die zwischen New Orleans und St. Louis fuhren, trat 'ne Menge guter Musiker auf. Sie saßen immer in diesen Nachtclubs in Brooklyn rum, die durchgehend geöffnet waren. Mann, in diesen Läden war die Hölle los, besonders an den Wochenenden.

East St. Louis und St. Louis waren Provinzstädte, in denen richtige Provinzler lebten. Beide Städte sind total spießig, und besonders die Weißen aus der Umgebung sind *richtige* Bauerntrampel und rassistisch bis auf die Knochen. Die Schwarzen aus dieser Ecke waren zwar auch ziemlich ungehobelt, aber trotzdem irgendwie hip. Sie wußten damals wirklich, was Stil ist – wahrscheinlich bis heute. Die Schwarzen aus der Gegend von St. Louis und East St. Louis sind irgendwie anders als Schwarze aus andern Ecken. Damals lag's wahrscheinlich daran, daß viele Leute aus New Orleans – besonders schwarze Musiker – hier verkehrten. St. Louis liegt auch nicht weit von Chicago und Kansas City entfernt. Und so brachten die Leute eben die verschiedensten Stile aus diesen Städten nach East St. Louis.

Die Schwarzen waren damals richtig hip. Wenn in St. Louis nachts die Läden dichtmachten, zogen die Leute nach Brooklyn weiter und hörten dort Musik und machten einen drauf. Tagsüber schufteten sie sich in den Schlachthäusern von East

St. Louis und St. Louis den Arsch ab. Deshalb waren sie nach der Arbeit richtig geladen. Sie wollten was Anständiges hören und hätten jeden auf der Stelle gekillt, der ihnen irgendwelchen blöden Mist vorgesetzt hätte. Sie ließen sich von keinem ihren Spaß und ihre Musik versaun. Daher spielte ich gern in Brooklyn. Die Leute hörten dir richtig zu. Und wenn du nichts Vernünftiges gebracht hast, haben sie's dir ziemlich schnell klargemacht. Ich mochte Ehrlichkeit schon immer und kann Leute nicht ausstehen, die anders sind.

So um diese Zeit verdiente ich ein bißchen Geld, nicht viel. Meine Lehrer an der Lincoln wußten, wie ernst es mir mit der Musik war. Einige hatten mich am Wochenende in Brooklyn oder bei irgendwelchen Jam Sessions gehört. Aber ich achtete darauf, daß die Schule nicht drunter litt, denn sonst hätten mich meine Eltern nicht mehr spielen lassen. Also ackerte ich noch intensiver.

Mit sechzehn lernte ich Irene Birth kennen. Sie ging mit mir zur Lincoln. Irene hatte hübsche Füße, und für hübsche kleine Füße hatte ich schon immer eine Schwäche. Sie war ungefähr einsfünfundsechzig groß und wog so um die hundert Pfund, eine schlanke Frau mit einer wirklich guten Figur – wie eine Tänzerin. Ihre Haut hatte einen gelblichen Ton, weißt du, sehr hell, aber sie war nicht so hell wie eine Weiße. Irene war schön und hip, hatte einen tollen Körper – aber am besten gefielen mir ihre Füße. Sie war etwas älter als ich, ich glaub, sie wurde am 12. Mai 1923 geboren, und war ein paar Klassen über mir. Wir mochten uns, und sie war meine erste richtige Freundin.

Irene wohnte oben am Goose Hill, einem Viertel in St. Louis, wo die Abpackbetriebe lagen und die Stallungen, in die sie die Kühe und Schweine trieben, wenn sie mit den Zügen ankamen. Es war ein Viertel voll mit armen Schwarzen. Immerzu hing ein gräßlicher Gestank von verbranntem Fleisch und Haar in der Luft. Ein Gestank von Mist und Kuhscheiße, vermischt mit diesem Verwesungsgeruch. Ein sonderbarer, abartiger Geruch. Jedenfalls mußte ich 'ne ganz schöne Strecke zurücklegen, um Irene zu besuchen. Meistens ging ich zu Fuß hin, allein oder mit meinem Freund Millard Curtis, der es inzwischen zu einem richtigen Star im Football und Basketball gebracht hatte; ich glaube, er war sogar Mannschaftskapitän im Football-Team. Ich war richtig verknallt in Irene. Bei ihr hatte ich meinen ersten Orgasmus. Ich weiß noch, wie's mir zum ersten Mal durch die Eier rauschte, und ich dachte, ich müßte pinkeln, und bin aufgesprungen und ins Bad gerannt. Davor hatte ich einen feuchten Traum gehabt, in dem ich über ein Ei gerollt war und es zerdrückte. Mann, ich hatte noch nie sowas erlebt wie diesen ersten Fick.

Am Wochenende fuhren Irene und ich immer mit der Straßenbahn über die Brücke, rüber nach St. Louis. Wir gingen an der Ecke Sarah und Finney aus – die damals im reichsten Schwarzenviertel von St. Louis lagen –, ins Comet Theatre, das beste schwarze Kino in der Stadt. Das Ganze kostete uns zusammen ungefähr vierzig Cents. Meine Trompete nahm ich überallhin mit, denn ich stellte mir immer vor, ich könnte vielleicht irgendwo spielen. Ich wollte jederzeit bereit sein, wenn sich eine Möglichkeit ergab, und manchmal klappte es.

Irene tanzte in einer Gruppe. Sie konnte wirklich tanzen – im Gegensatz zu mir. Aber mit ihr konnte ich aus irgendeinem Grund doch; sie holte das Beste aus mir raus und schaffte es, daß ich nicht durch die Gegend stolperte und wie ein Idiot aussah. Wenn sie mit mir tanzte, sah's wirklich aus, als würde ich was davon verstehn. Aber eigentlich tanzte ich nicht gern, weil ich damals ziemlich schüchtern war.

Irene wuchs bei ihrer Mutter auf, einer anständigen Frau, die stark und schön wie Irene war. Ihr Vater, Fred Birth, war ein Glücksspieler, ein richtig großer Bursche. Irenes jüngerem Halbbruder, Freddie Birth, gab ich Trompetenstunden. Er konnte ganz gut spielen, aber ich war streng zu ihm, genauso streng wie Mr. Buchanan zu mir. Nach meinem Abgang von der Lincoln School spielte Freddie die erste Trompete in der Schulband. Heute ist er Direktor an einer Schule in East St. Louis. Freddie jr. ist ein wirklich netter, angenehmer Typ.

Irene hatte noch einen jüngeren Bruder, William. Er war

ungefähr fünf oder sechs, und ich mochte ihn sehr. William war ein richtig niedlicher, kleiner Lockenkopf, aber er war mager und hustete ständig. Er hatte sich eine böse Lungenentzündung oder was ähnliches geholt. Deshalb kam dieser Doktor, der sich William ansehn wollte. Irene wußte, daß ich mal dran gedacht hatte, Arzt zu werden – in die Fußstapfen meines Vaters zu treten, allerdings nicht als Zahnarzt, sondern als praktischer Arzt –, deshalb bat sie mich, dabeizusein. Der Doktor kam, warf einen kurzen Blick auf William und sagte graderaus und völlig ungerührt, daß da nichts mehr zu machen sei. William würde den nächsten Tag nicht mehr erleben. Mann, ich rastete fast aus. Ich konnte lange nicht verstehn, wie er sowas einfach dahinsagen kann, so völlig kalt. William starb am nächsten Morgen, zu Hause, in den Armen seiner Mutter. Der Doktor hatte ihn nicht mal ins Krankenhaus bringen lassen, und das hat mir wirklich den Rest gegeben.

Kurz danach fragte ich meinen Vater, wie ein Arzt sowas tun könnte: sich den kleinen William ansehn, seiner Familie erzählen, daß er den nächsten Tag nicht mehr erlebt, und überhaupt nichts dagegen unternehmen. Mein Vater wußte, daß ich das fragte, weil mich der Arztberuf interessierte, und sagte: „Wenn du bei manchen Ärzten mit einem gebrochenen Arm ankommst, schneiden sie ihn dir lieber ab, anstatt ihn zu richten. Das würde ihnen zu viel Mühe machen, also schneiden sie ihn ab. Der Doktor von William ist einer von dieser Sorte, Miles. Davon laufen genug rum. Solche Leute, Miles, haben sich ihren Beruf nur wegen des Prestiges und des Geldes ausgesucht. Sie gehen nicht darin auf wie ich oder ein paar meiner Freunde. Wenn man wirklich krank ist, sollte man nicht zu solchen Leuten gehen. Die einzigen, die das tun, sind arme Schwarze. Aber solche Ärzte wie der kümmern sich einen Dreck um sie. Deshalb hat er sich so kalt gegenüber William und seiner Familie verhalten. Die Leute interessieren ihn überhaupt nicht, verstehst du?"

Ich nickte. Aber eins kann ich dir sagen, Mann, das Ganze hat mich völlig durcheinandergebracht. Später fand ich raus, daß dieser Arzt ein riesiges Haus hatte, daß er reich war und sogar ein eigenes Flugzeug besaß. Den ganzen Scheiß hat er sich auf Kosten von Leuten zugelegt – armen Schwarzen –, die ihm scheißegal waren. Das machte mich fast krank. Damals beschloß ich, Arzt zu werden. Ich wollte versuchen, das Leben von solchen Leuten wie William zu retten. Aber du weißt ja, wie das Leben so spielt. Du möchtest dies oder jenes werden. Und dann taucht plötzlich was Neues auf und schiebt das Alte beiseite, besonders, wenn man jung ist. Die Musik trieb mir die Medizin einfach aus dem Kopf. Aber vielleicht war die Musik bei mir schon immer auf Platz eins. Mir schwebte vor, daß ich Musiker werden wollte, und wenn ich's mit vierundzwanzig nicht geschafft hätte, dann wollte ich entscheiden, was anderes zu machen. Bei diesem anderen dachte ich an Medizin.

Aber wir waren bei Irene. Williams Tod brachte Irene und mich enger zusammen. Danach waren wir fest befreundet, und Irene begleitete mich überallhin. Meine Mutter mochte Irene, mein Vater dagegen mochte sie nie. Warum, weiß ich wirklich nicht. Vielleicht dachte er, sie wäre nicht gut genug für mich. Vielleicht fand er sie zu alt und dachte, sie würde mich verführen. Ich weiß nicht, aber es hat meine Gefühle für sie nie beeinflußt. Ich stand zu Irene.

Sie war's auch, die mir Mut machte, bei Eddie Randle anzurufen und nach einem Job in seiner Band zu fragen. Damals war ich siebzehn. Die Blue Devils von Eddie Randle warn 'ne heiße Band, Mann, die konnten sich den Arsch abspielen. Ich war grade bei Irene, als sie mich ermutigte, also ließ ich mir das Telefon geben und rief ihn an. Als er abnahm, sagte ich: „Mr. Randle, ich hab gehört, Sie brauchen einen Trompeter; mein Name ist Miles Davis."

Er sagte: „Ja, ich such einen Trompeter. Komm rüber und laß mich mal was hören." Ich ging in den Rhumboogie Club im Zentrum von St. Louis. Er lag über dem Elks Club im zweiten Stock, nach hinten versetzt, eine lange, enge Treppe hoch. Der Club gehörte zur schwarzen Gemeinde und war immer mit

Schwarzen vollgepackt, die wirklich was von Musik verstanden. Da spielte Eddie Randle. Seine Band wurde auch als Rhumboogie Orchestra angekündigt. Ich spielte mit einem andern Trompeter vor und kriegte den Job.

Die Blue Devils brachten richtig heiße Tanzmusik, und zwar so gut, daß 'ne Menge andrer Musiker vorbeikamen, egal, welchen Stil sie selber spielten. Eines Abends tauchte Duke Ellington auf, hörte Jimmy Blanton, den großen Bassisten, der an diesem Abend bei uns mitmachte, und engagierte ihn auf der Stelle.

Clyde Higgins spielte bei den Blue Devils am Altsaxophon, er war einer der Besten, die ich jemals gehört hatte. Seine Frau Mable spielte Klavier. Sie war großartig, als Musikerin und als Frau. Mable war unglaublich fett und Clyde genau das Gegenteil, dünn wie ein Strich. Aber Mable war einfach eine wunderbare Person. Sie zeigte mir viele Sachen auf dem Klavier und brachte mich damit ein ganzes Stück weiter.

Eugene Porter war ebenfalls ein wahnsinniger Altsaxophonist, fast genausogut wie Clyde. Er war jünger als Clyde, gehörte aber nicht zur Band, sprang höchstens mal ein. Eddie Randle selber spielte 'ne heiße Trompete. Aber Clyde Higgins war einfach unglaublich. Als er mit Eugene Porter zur Audition von Jimmie Luncefords Band ging, spielte er alle an die Wand. Stell dir Clyde als winzigen, kohlschwarzen Mann vor, er sah aus wie ein Affe. Viele Bands, die vor weißem Publikum spielten, engagierten damals am liebsten hellhäutige Musiker, und Clyde war ihnen meistens zu dunkel. Als Clyde sich bei Lunceford als Saxophonspieler vorstellte, haben ihn alle ausgelacht und ihn „den kleinen Affen" genannt, erzählte Eugene mir später. Sie ließen ihn die komplizierteste Musik aus ihrem Repertoire vorspielen. Doch großartig, wie Clyde nun mal war, spielte er's runter, als wär's ein Kinderspiel. So zumindest hat's Eugene erzählt. Als Clyde durch war, kriegten die Jungs von Luncefords Band die Klappe nicht mehr zu. Also fragte Lunceford: „Na, wie hat's euch gefallen?" Keiner sagte was. Trotzdem kriegte nicht Clyde den Job, sondern Eugene, der besser aussah, hellere Haut hatte und auch ein guter Saxophonist war. Aber an Clyde Higgins kam er lange nicht ran. Eigentlich hätte Clyde den Job verdient, erzählte er immer. Aber so war das damals.

Die Zeit bei Eddie Randle war eine der wichtigsten Stationen in meiner Karriere. Bei ihm konnte ich richtig loslegen, ich fing an, Stücke zu schreiben und zu arrangieren. Ich wurde musikalischer Leiter der Band, denn die übrigen Jungs mußten tagsüber arbeiten und hatten keine Zeit, sich um die Musik zu kümmern. Ich setzte die Probentermine an und übte mit der Band die Stücke ein. Im Programm vom Rhumboogie traten auch Tänzer, Komiker und Sänger auf. Manchmal mußte die Band diese Vorstellungen begleiten, und ich war dafür verantwortlich. Wir fuhren öfters rum und spielten in der Umgebung von St. Louis und East St. Louis. Dabei traf ich 'ne Menge anderer toller Musiker. Ich lernte viel in der Band von Eddie Randle und verdiente mehr als jemals zuvor. Ungefähr fünfundsiebzig oder achtzig Dollar die Woche.

Insgesamt war ich ein Jahr bei Eddie Randle, ich glaub, von 1943 bis 1944. Ich nannte ihn „Bossman", denn für mich war er das – der Boss, der eine straffe Truppe führte. Wir spielten die Hits der damaligen Zeit und Arrangements von Benny Goodman, Lionel Hampton, Duke Ellington und all diesen phantastischen Stars. Ernie Wilkins, der für die Blue Devils arrangierte, als ich in der Band war, und auch Jimmy Forrest kamen aus Eddie Randles Band. Also muß man sagen, daß Eddie eine großartige Truppe leitete. Dazu gab's in der Umgebung von St. Louis noch 'ne Menge anderer scharfer Bands, zum Beispiel die Jeter-Pillars-Band oder die Band von George Hudson, der außerdem noch ein irrer Trompeter war. St. Louis ist die Stadt der Trompeter, genau wie New Orleans, vielleicht liegt das an den vielen Marschkapellen, die's dort gibt. Aber heute soll's völlig anders sein.

Im Rhumboogie traf ich auch Clark Terry wieder; aber diesmal lief unser Treffen völlig anders ab. Er kam nämlich rein, um *mich* zu hören. Als er mir sagte, wie toll ich sei, antwortete ich ihm: „Yeah, Motherfucker, heute kommst du und quatschst mich an. Damals, in Carbondale, hast du mich einfach links liegenlassen; ich bin der Kleine, den du damals abgewimmelt hast." Wir mußten beide lachen und waren von da an enge Freunde. Aber daß ausgerechnet er mir erzählt, daß ich wirklich was drauf hätte, ging mir damals runter wie nichts. Ich hatte zwar schon einiges Selbstvertrauen, aber daß Clark so was sagte! Später hingen Clark und ich oft in St. Louis und Umgebung rum, spielten bei Jam Sessions mit, und sobald es sich bei den Leuten rumsprach, daß Clark und ich an einem bestimmten Abend irgendwo mitmachten, war es dort brechend voll. Clark Terry verschaffte mir erst den richtigen Einstieg in die Jazz-Szene von St. Louis, weil er mich immer mitnahm, wenn er irgendwo jammte. Durch Clark kam ich auch aufs Flügelhorn, auf dem ich eine Zeitlang spielte; ich nannte meins immer „mein fettes Mädchen", weil es ein bißchen diese Form hatte.

Aber Clark profitierte auch von mir, denn er lieh sich öfters mein Flügelhorn aus und behielt es dann für ein paar Tage, da ich lieber auf der Trompete spielte. Also fing er an, Flügelhorn zu spielen, und das tut er heute noch. Für mich ist er einer der Besten auf diesem Instrument, wenn nicht sogar *der* Beste. Jedesmal, wenn ich mir damals ein neues Horn zulegte, ging ich zu Clark, damit er es einstellte und die Ventile einrichtete. Er konnte die Dinger einstellen wie kein anderer. Er drehte und spielte ein bißchen an den Federn, und schon war die Mechanik weicher, und das Horn klang völlig verändert. Clark war ein Zauberer. Er verwendete immer diese „Heim"-Mundstücke, die Gustav entworfen hatte, weil sie sehr dünn und lang waren und einen satten, runden, warmen Sound abgaben. Alle Trompeter aus St. Louis spielten mit diesen Dingern. Wenn ich meins mal verlor, besorgte ich mir bei Clark ein neues. Er trieb irgendwo in St. Louis immer eins für mich auf.

Wie schon gesagt, als ich bei Eddie Randle spielte, kamen viele große Musiker vorbei, um uns zu hören – Typen wie Benny Carter und Roy Eldridge, der Trompeter Kenny Dorham, der extra aus Austin, Texas, kam, um mich spielen zu hören. Und dann traf ich „The President", Lester Young. Er war aus Kansas City gekommen, um in St. Louis zu spielen. In seiner Band war Shorty McConnell an der Trompete, und manchmal bin ich mit meinem Horn dahin, wo sie auftraten, und stieg ein. Mann, mit Prez zu spielen, das war schon was. Ich lernte viel von seinem Saxophonspiel. Und ich versuchte tatsächlich, einige seiner Saxophonläufe aufs Trompetespielen zu übertragen.

Dann schaute „Fats" Navarro vorbei, der grade aus Florida oder New Orleans kam. Kein Mensch kannte ihn, aber dieser Motherfucker konnte spielen wie kein anderer. Er war – wie ich – ziemlich jung, hatte aber schon ein bestimmtes Konzept für sein Instrument. Fats spielte in der Band von Andy Kirk und Howard McGhee, der ebenfalls ein phantastischer Trompeter war. Einmal jammten wir zusammen, es war unglaublich, und die Leute flippten an dem Abend völlig aus. Das muß so um 1944 gewesen sein. Nachdem ich diese Band gehört hatte, wurde Howard mein Vorbild, und er ersetzte damit eine Zeitlang Clark Terry – aber nur, bis ich Dizzy hörte.

Damals lernte ich auch Sonny Stitt kennen. Er spielte in der Band von Tiny Bradshaw und kam nach jedem Set im Rhumboogie vorbei, um uns zu hören. Als unser Set zu Ende war, ging Sonny Stitt auf mich zu und haute mich an, ob ich nicht mit Tiny Bradshaws Band auf Tour gehn wollte. Mann, Aufregung ist überhaupt kein Ausdruck, ich konnt's kaum erwarten, nach Hause zu kommen und meine Eltern zu fragen, ob sie's mir erlaubten. Außerdem hatte Sonny mir gesagt, ich sähe aus wie Charlie Parker. Alle Typen in der Band hatten ihr Haar eingefettet und glatt nach hinten gekämmt, trugen verrückte Klamotten – Smokings und weiße Hemden – und benahmen sich, als wären sie die Allergrößten. Verstehst du? Ich war vollkommen weg vor Begeisterung. Aber als ich nach Hause kam und meine Eltern fragte, sagten sie nein, weil ich noch nicht mit der Schule fertig war. Ich hätte sogar nur 60 Dollar verdient, das waren 25 Dollar weniger als bei Eddie Randle's Blue Devils. Aber ich glaub, es war einfach die Vorstellung, mit einer großkalibrigen Band unterwegs zu sein, die mich am meisten beeindruckte. Außerdem waren sie so hip und trugen so ausgeflipptes Zeug. Jedenfalls kam es mir damals so vor. Ich bekam noch andere Angebote: von Illinois Jacquet, den McKinney's Cotton Pickers und A. J. Sullivan. Die mußte ich vorerst auch ablehnen, bis zu meinem High School-Abschluß. Mann, ich wollte mich beeilen und die Schule beenden, damit es endlich mit der Musik weiterging und ich mein eigenes Leben führen konnte. Ich war immer noch ein ziemlich ruhiger Typ. Redete nicht viel. Aber innerlich veränderte ich mich. Ich stand total auf Klamotten – sah aus, wie aus dem Ei gepellt, oder, wie man in St. Louis sagte, „cleaner than a broke-dick dog"*.

Musikalisch lief's bestens für mich, dafür lief's zu Hause weniger gut. Meine Eltern lagen sich nur noch in den Haaren und standen kurz vor der Trennung. Ungefähr 1944 gingen sie auseinander, das genaue Jahr hab ich vergessen. Meine Schwester Dorothy fing gerade am Fisk-College zu studieren an, und ungefähr zu dieser Zeit merkten die Leute in East St. Louis, daß Vernon homosexuell war. Damals war das noch was andres als heute.

Mein Vater hatte sich eine drei Hektar große Farm in Millstadt, Illinois, gekauft, bevor er und meine Mutter sich trennten. Sie konnte es nicht ausstehen, nur von Pferden, Kühen und all den prämierten Schweinen umgeben zu sein, die mein Vater dort züchtete. Meine Mutter mochte das Landleben viel weniger als mein Vater. Aber er verbrachte trotzdem viel Zeit draußen auf der Farm, und das hat ihre Trennung wahrscheinlich noch beschleunigt. Meine Mutter kochte nie und machte auch nichts im Haus. Also hatten wir einen Koch und ein Mädchen. Aber auch das schien sie nicht besonders glücklich zu machen. Ich war gern in Millstadt – dort konnte ich reiten und alles mögliche anstellen. Es war friedlich und wunderschön, und ich mochte so was schon immer. Eigentlich erinnerte es mich an die Farm meines Großvaters, nur war die in Millstadt größer. Das Haus war weiß, mit Säulen im Kolonialstil. Es hatte ungefähr

---

* *Cleaner than a broke-dick dog:* ungefähr: sauber wie ein kastrierter Hund.

zwölf oder dreizehn Zimmer, zwei Stockwerke und ein Gästehaus. Ein wirklich wunderschöner Ort mit viel Rasen, Bäumen und Blumen.

Nachdem sich meine Eltern getrennt hatten, wurde es immer schlimmer zwischen meiner Mutter und mir. Ich war bei ihr geblieben, aber anscheinend gab's überhaupt nichts, worin wir uns einig waren, und da mein Vater nicht da war, um sie mir vom Leib zu halten, hatten wir ziemlich oft lautstarke Auseinandersetzungen. Ich wurde allmählich selbständig und unabhängig, aber der eigentliche Grund für die Probleme mit meiner Mutter war die Beziehung zu Irene Birth, meiner Freundin.

Meine Mutter mochte Irene, aber als Irene dann schwanger war, hatte sie die Schnauze voll. Sie wollte, daß ich aufs College gehe, und das war jetzt nicht mehr so einfach. Mein Vater mochte Irene auch nicht, obwohl er später einen ganz guten Draht zu ihr bekam. Als ich erfuhr, daß Irene schwanger war, ging ich zu ihm, sagte es ihm, und er meinte: „So? Na und? Ich werd schon dafür sorgen."

„Nein, Dad", antwortete ich, „so geht's nicht. Ich will selber dafür sorgen. Schließlich hab ich das Kind gemacht, und ich bin Kerl genug, mich jetzt drum zu kümmern." Er überlegte 'ne Weile und sagte dann: „Hör zu, Miles. Vielleicht ist es nicht mal dein Baby, denn ich kenn ein paar Nigger, mit denen sie rumgemacht hat. Lauf also nicht durch die Gegend und bilde dir ein, du wärst der einzige. Da gibt's noch andere, viele andere." Ich wußte, daß Irene noch was mit einem andern Typen hatte. Er hieß Wesley – seinen Nachnamen hab ich vergessen – und war älter als ich. Ich wußte auch, daß sie was mit einem Drummer namens James hatte – einem winzig kleinen Typen –, der immer in der Gegend von East St. Louis spielte; manchmal sah ich sie mit ihm. Aber eigentlich war Irene in Ordnung, auch wenn die Männer hinter ihr her waren. Mein Vater erzählte mir also nichts Neues. Aber ich war überzeugt, daß das Baby von mir stammte und daß es richtig war, daß ich dazu stand. Mein Vater war stinksauer, daß Irene schwanger war. Ich glaube, deshalb sind sie sich nie so nahe gekommen, wie sie's unter normalen Umständen gekonnt hätten; das stand immer zwischen ihnen. Jedenfalls machte ich im Januar 1944 meinen Abschluß an der Lincoln, obwohl ich mein Diplom erst im Juli kriegte. In diesem Jahr wurde Cheryl, unsre Tochter, geboren.

Inzwischen verdiente ich so um die fünfundachtzig Dollar pro Woche in Eddie Randles Band und bei andern Leuten. Davon legte ich mir ein paar Brooks Brothers-Anzüge zu, leistete mir sogar ein neues Horn, es ging mir also nicht allzu schlecht. Nur die Probleme mit meiner Mutter wurden immer unerträglicher, und mir war klar, daß ich da was unternehmen und mich außerdem um meine Familie kümmern mußte. Irene und ich waren nie gesetzlich verheiratet, aber wir lebten trotzdem wie Eheleute. Und dadurch kapierte ich langsam, was in so einer Beziehung abläuft. Außerdem beschäftigte ich mich ernsthaft mit dem Gedanken, aus St. Louis wegzugehen und nach New York zu ziehen.

Marghuerite Wendell (die später die erste Frau von Willie Mays wurde) arbeitete im Rhumboogie an der Kasse. Wir waren gut befreundet. Sie stammte aus St. Louis und war eine der tollsten Frauen, die mir je begegnet sind. Sie kam öfters zu mir und sagte, daß all ihre Freundinnen mich für einen gutaussehenden Typen hielten. Das war mir allerdings ziemlich egal. Genau das aber machte die Luder noch schärfer drauf, mich ins Bett zu kriegen. Verstehst du? Ich erinnere mich noch an diese eine Frau, Ann Young. Eines Abends kam sie zu mir und erklärte, sie wolle mich mit nach New York nehmen und mir eine Trompete kaufen. Sie war, wie sich herausstellte, die Nichte von Billie Holiday. Ich sagte, ich hätte 'ne neue Trompete und bräuchte außerdem niemanden, der mich mit nach New York nähme, da ich sowieso dorthin ginge. Die Schlampe flippte völlig aus und sagte zu Marghuerite, ich wäre blöd. Marghuerite lachte nur, denn sie kannte mich ja.

Dann gab's diese Tänzerin, Dorothy Cherry, sie war die Schönheit in Person. Sie sah so irre aus, daß ihr die Typen jede Nacht Rosen schickten. Jeder wollte sie ficken. Sie war eine

Nachtclubtänzerin, und wir spielten im Rhumboogie immer nach ihrem Akt. Wie auch immer, eines Nachts ging ich an ihrer Garderobe vorbei, und sie rief mich rein. Sie hatte einen tollen, strammen Arsch, lange Beine und langes Haar; eben eine schöne Frau, ein bißchen wie eine Indianerin. Dunkel, mit einem phantastischen Körper und einem wunderschönen Gesicht. Ich war damals ungefähr siebzehn und sie etwa dreiundzwanzig oder vierundzwanzig. Jedenfalls will sie, daß ich ihr einen Spiegel unter ihre Pussi halte, während sie sich die Schamhaare abrasiert. Also hielt ich ihr den Spiegel und dachte mir nichts dabei. Es klingelte, und die Pause war zu Ende. Die Band mußte wieder auf die Bühne. Ich erzählte unserem Drummer, was passiert war, und er schaute mich ziemlich zweifelnd an und fragte: „Und was hast du gemacht?" Ich erklärte ihm, daß ich ihr eben einfach den Spiegel gehalten hatte. Und er: „Das war alles? Mehr hast du nicht gebracht?"

„Ja, das war alles", sagte ich. „Was hätt ich sonst machen sollen?" Der Drummer, der ungefähr sechsundzwanzig oder siebenundzwanzig war, schüttelte den Kopf und lachte los. „Du willst doch nicht sagen, daß sie von all den geilen Typen in dieser Band ausgerechnet *dich* den Spiegel halten läßt? Oh, Mann, ist *die* ein Miststück!" Dann suchte er sich gleich einen, dem er's erzählen konnte. Danach schauten mich die Jungs in der Band ziemlich merkwürdig an. Aber ich hatte mir nur gedacht, so läuft das eben im Show-Business – einer hilft dem anderen aus der Klemme.

Aber später, als ich drüber nachdachte, daß mich dieses hübsche Flittchen den Spiegel halten ließ und ich dabei auf ihre süße Pussi schauen mußte, fragte ich mich doch – was hatte die eigentlich vorgehabt? Ich kriegte es nie raus. Aber sie sah mich auf diese raffinierte Art an, mit der Frauen Männer taxieren, die noch ein bißchen unschuldig sind. Als ob sie sich fragen würde, wie du's wohl fändest, wenn sie dir alles beibringen würden, was sie wissen. Aber ich hatte damals keinen Schimmer von Frauen – außer von Irene –, und ich bekam's nicht mit, wenn mich eine anmachte.

Nach meinem Abgang von der High School konnte ich tun und lassen, was ich wollte, zumindest ein Jahr lang. Ich hatte vor, auf die Juilliard School of Music in New York City zu gehen. Aber vor September kam ich nicht rein und mußte außerdem noch ein Vorspielen hinter mich bringen, damit sie mich aufnahmen. Also beschloß ich, so oft wie möglich zu spielen, bevor ich an die Juilliard ging.

Im Juni 1944 stieg ich bei Eddie Randle aus und spielte von da an bei einer Gruppe aus New Orleans, den Adam Lambert's Six Brown Cats. Sie spielten modernen Swing und hatten Joe Williams, den großartigen Jazzsänger – der damals noch völlig unbekannt war –, in der Band. Ihren Trompeter, Tom Jefferson, hatte das Heimweh nach New Orleans gepackt, als sie grade in Springfield, Illinois, spielten. Er ging wieder zurück. Ich sollte für ihn einspringen, und sie bezahlten mich ganz gut. Also fuhr ich mit ihnen nach Chicago – ich war noch nie vorher dagewesen.

Nach ein paar Wochen kehrte ich wieder nach Hause zurück, denn mir gefiel überhaupt nicht, was die Band spielte. Das war genau, als Billy Eckstine mit seiner Gruppe nach St. Louis kam und ich die Chance hatte, zwei Wochen lang bei ihnen mitzuspielen. Das gab mir wirklich den letzten Anstoß, nach New York zu gehen und die Juilliard School zu besuchen. Meine Mutter wollte, daß ich wie meine Schwester Dorothy aufs Fisk ginge. Danach lag sie mir mit den Fisk Jubilee Singers in den Ohren und wie toll der Musikbereich am Fisk-College sei. Aber nachdem ich Charlie Parker, Dizzy Gillespie, Buddy Anderson (der Trompeter, für den ich in St. Louis einsprang; er hatte Tuberkulose, ging zurück nach Oklahoma und spielte nie wieder), Art Blakey, Sarah Vaughan und Mr. B persönlich gehört und sogar mit ihnen gespielt hatte, *wußte* ich, daß ich nach New York mußte, dort, wo was los war. Aber vorher mußte mein Vater erstmal die Angelegenheit mit meiner Mutter klären, denn obwohl Juilliard als Musikschule weltweit bekannt war, ließ sich meine Mutter davon nicht beeindrucken. Sie wollte, daß ich das Fisk-College besuche, damit meine Schwester auf mich aufpassen konnte. Aber darauf hatte ich keinen Bock.

East St. Louis und St. Louis gingen mir damals auf die Nerven, es war deprimierend. Ich mußte einfach woanders hin, auch wenn's vielleicht ein Fehler war. Endgültig wurde mir das klar, als Clark Terry in die Navy eintrat und wegging. Eine Zeitlang war ich so down, daß ich sogar dran dachte, mich auch bei der Navy zu melden, damit ich in dieser tollen Band mitspielen konnte, die sie da oben bei den Great Lakes hatten. Mann, Clark machte da mit, Willie Smith, Robert Russell, Ernie Royal und die Marshall-Brüder, außerdem noch 'ne Menge Typen, die vorher in der Band von Lionel Hampton und Jimmie Lunceford gespielt hatten. Sie waren vom Dienst freigestellt, mußten an keiner Übung teilnehmen, sie mußten nur Musik machen. Sie gingen zur Grundausbildung, das war's. Aber letztendlich sagte ich mir, scheiß drauf, denn schließlich waren Bird und Dizzy nicht dort, und ich wollte nur eins, irgendwo in ihrer Nähe sein; so standen die Dinge, sie waren in New York, also mußte ich meinen Arsch dorthin bewegen. Allerdings war ich 1944 schon wirklich nahe dran, zur Navy zu gehen, nachdem ich mit der High School fertig war. Manchmal frag ich mich, was wohl passiert wäre, wenn ich bei der Navy und nicht in New York gelandet wäre.

Im Frühherbst 1944 verließ ich East St. Louis und zog nach New York. Ich mußte noch das Vorspielen hinter mich bringen, damit sie mich an der Juilliard nahmen. Ich schaffte es mit Glanz und Gloria. Die zwei Wochen in Bs Band hatten mir gutgetan, allerdings war ich doch etwas getroffen, als B mich nicht im Regal Theatre in Chicago mitspielen ließ. B hatte mich durch Marion Hazel ersetzt, da Buddy Anderson nicht mehr zurückkam. Mein Selbstvertrauen bekam einen kleinen Knacks. Aber bevor ich nach New York ging, spielte ich noch in der Umgebung von St. Louis und East St. Louis, und das baute mich wieder etwas auf. Außerdem hatten mir Dizzy und Bird gesagt, ich könnte jederzeit vorbeikommen, wenn ich in den Big Apple käme. Ich wußte, daß ich in St. Louis nichts mehr dazulernen konnte, es war höchste Zeit, daß es weiterging. Ich packte also mein Zeug zusammen und setzte mich in einen Zug nach New York City. Ich war mir sicher, daß ich für die Jungs da oben so einiges auf Lager hätte. Ich hatte nie Angst vor neuen Sachen, und ich hatte keine Angst, als ich nach New York kam. Aber mir war klar, daß ich alles bringen mußte, wenn ich bei den großen Jungs landen wollte. Mir war klar, daß ich *genau das* tun würde. Im Trompetespielen kann ich's mit jedem aufnehmen, dachte ich.

KAPITEL 3

*I*m September 1944 kam ich in New York an, und nicht erst 1945, wie viele Jazzschreiber behaupten. Der Zweite Weltkrieg ging gerade zu Ende. Viele Jungs waren drüben und kämpften gegen die Deutschen und die Japaner, und einige kamen nicht mehr zurück. Ich hatte Glück; der Krieg war fast aus. In New York liefen viele Soldaten in Uniform rum. Ich erinnere mich noch genau daran.

Ich war achtzehn und noch nicht ganz trocken hinter den Ohren, zumindest, was Frauen und Drogen anging. Aber ich vertraute schon auf meine Fähigkeiten als Musiker, als Trompeter, und ich war mir sicher, in New York zurechtzukommen. Trotzdem, diese Stadt war eine regelrechte Offenbarung, besonders diese riesigen Gebäude, der Krach, die Autos und die verrückten Leute, die an jeder Ecke standen. Der Rhythmus von New York war schneller als alles, was ich bisher erlebt hatte; ich hatte mir eingebildet, St. Louis und Chicago wären hektisch, aber sie waren nichts im Vergleich zu New York City. Das war das erste, woran ich mich gewöhnen mußte, diese irrsinnig vielen Leute. Aber das Tollste war, mit der U-Bahn rumzufahren, es ging alles so schnell.

Zuerst wohnte ich im Claremont Hotel, es lag am Riverside Drive, gegenüber von Grant's Tomb. Das Zimmer hatte mir die Juilliard School besorgt. Dann suchte ich mir ein Zimmer in der 147sten und Broadway, in einer Pension, die den Bells gehörte, Leute aus St. Louis und außerdem Bekannte meiner Eltern. Es waren nette Leute, und ich hatte ein großes sauberes Zimmer, das mich einen Dollar die Woche kostete. Mein Vater hatte das Schulgeld und die Miete bezahlt und mir außerdem noch ein bißchen Taschengeld zugesteckt. Ich hatte genug, um ein oder zwei Monate über die Runden zu kommen.

In der ersten Woche machte ich mich auf die Suche nach Bird und Dizzy. Mann, ich suchte die beiden Typen überall, mein ganzes Geld ging dabei drauf, und ich fand sie trotzdem nicht. Ich mußte zu Hause anrufen und meinen Vater um Geldnachschub bitten. Er schickte mir was. Ich war noch clean, rauchte nicht, trank nicht, nahm kein Dope. Meine einzige Droge war die Musik. Als die Kurse an der Juilliard anfingen, fuhr ich immer mit der U-Bahn zur 66sten, wo die Schule lag. Mir gefiel's dort auf Anhieb nicht. Der Scheiß, den sie dort erzählten, war mir zu weiß. Außerdem interessierte mich die Jazz-Szene viel mehr; das war ja der *wirkliche* Grund, warum ich nach New York gekommen war, ich wollte in die Musikszene, die sich in der Gegend vom Minton's Playhouse in Harlem und in der 52sten Straße abspielte. In der Musikszene hieß sie einfach nur „Street". Studieren an der Juilliard School war ein Tarnmanöver, eine Zwischenstation, ein Vorwand, den ich benutzte, um mit Bird und Diz auf Tuchfühlung zu kommen.

Auf der 52sten lief mir auch wieder Freddie Webster über den Weg, den ich in St. Louis kennengelernt hatte, als er in Jimmie Luncefords Band spielte. Mit ihm zusammen ging ich in den Savoy Ballroom in Harlem und hörte mir die Savoy Sultans an. Sie waren unglaublich gut. Aber eigentlich wollte ich Bird und Dizzy finden, und obwohl mir alles ganz gut gefiel – deswegen war ich nicht nach New York gekommen.

Das zweite, wonach ich suchte, waren Reitställe. Ich hatte schon fast mein ganzes bisheriges Leben die Pferde meines Vaters und Großvaters geritten, und ich liebte dieses Gefühl von Freiheit beim Reiten einfach. Ich vermutete, die Ställe wären im Central Park und lief den ganzen Park ab, von der 110ten bis zur 59sten. Vergeblich. Eines Tages fragte ich schließlich einen Polizisten, und er sagte, die lägen irgendwo in der Gegend um die 81ste oder 82ste. Ich ging hin und ritt dort öfters. Die Stallburschen glotzten mich ganz schön an; denen kam es vermutlich seltsam vor, daß ein Schwarzer zum Reiten vorbeikam. Aber das war mir egal, das war ihr Problem.

Dann ging ich nach Harlem, um mir das Minton's genauer anzusehen, es lag an der 118ten, zwischen St. Nicholas und der Siebten Avenue. In der Nähe vom Minton's war das Cecil Hotel, in dem viele Musiker abstiegen. Es war eine verrückte Szene. Den ersten abgedrehten Kerl traf ich an der Ecke St. Nicholas und 117te, einen Typen namens „Collar". Es war im Dewey Square, einem kleinen Park, in dem die Musiker rumsaßen und sich volldröhnten. Collars richtigen Namen kriegte ich nie raus. Er stammte aus St. Louis und galt dort als Dexedrin-König. Wenn Bird durch St. Louis kam, besorgte ihm Collar Dexedrin, Muskatnuß und solchen Scheiß. Jedenfalls steht Collar da plötzlich in Harlem, geschniegelt und gebügelt, im weiß gemusterten Hemd, schwarzen Anzug aus Seide und das Haar glatt nach hinten bis auf die Schultern runtergekämmt. Er sagte, er wolle versuchen, im Minton's als Saxophonist anzukommen. Allerdings hatte er schon in St. Louis nicht allzuviel gebracht. Er war einfach auf das Musikerleben scharf. Trotzdem, er war ein *wirklich* verrückter Bursche, aber er hat's nie geschafft. Im Minton's ist Collar niemandem groß aufgefallen.

Das Minton's und das Cecil Hotel waren erstklassige Etablissements mit viel Stil. Wer sich dort aufhielt, gehörte zur Crème der schwarzen Gesellschaft in Harlem. Im Graham Court, diesem tollen, vornehmen Gebäude gegenüber vom Dewey Square, lebten die etablierten Schwarzen – du weißt schon, Ärzte, Anwälte und Chefetagen-Nigger-Typen – in riesigen, sagenhaften Appartements. Viele Leute kamen aus den benachbarten Vierteln, zum Beispiel aus Sugar Hill, ins Minton's, weil die Gegend damals erstklassig war. Erst ab 1960, als sich die Drogenszene dort richtig breitmachte, ging's bergab.

Wer ins Minton's kam, hatte Anzug und Krawatte an, denn jeder wollte wie Duke Ellington oder Jimmie Lunceford aussehen. Mann, sie waren einfach unglaublich scharf. Der Eintritt war frei, nur an den Tischen mit den weißen Leintüchern und den kleinen Blumenvasen in der Mitte mußte man zwei Dollar zahlen. Das Minton's war ein angenehmer Ort, viel angenehmer als die Clubs an der 52sten; es paßten ungefähr 100 bis 125 Leute rein. Man ging hauptsächlich zum Abendessen hin, und die Gerichte zauberte Adelle, eine großartige schwarze Köchin. Das Cecil Hotel war auch eine angenehme Adresse, wo viele

Musiker von außerhalb abstiegen. Die Preise waren anständig und die Zimmer groß und sauber. Außerdem hingen immer ein paar hochkarätige Zuhälter und Prostituierte rum: Wenn also ein Typ Lust zum Vögeln hatte, kaufte er sich 'ne schöne Frau und ein Zimmer, um sich's richtig besorgen zu lassen.

Das Minton's war damals *der* Härtetest für alle Newcomer in der Jazzszene – und nicht die Street, wie's heute manchmal heißt. Im Minton's bekam ein Musiker *wirklich* seine ersten Zähne, und *danach* ging er runter in die Street. Verglichen mit dem Minton's war die 52ste Straße ein Kinderspiel. In die 52ste ging man, um Geld zu machen, um sich den weißen Musikkritikern und dem weißen Publikum zu zeigen. Aber wer sich unter Musikern einen Namen machen wollte, ging rauf ins Minton's. Im Minton's ging's ans Eingemachte, viele Musiker fielen durch und verschwanden einfach von der Bildfläche – man hörte nie wieder was von ihnen. Aber es brachte auch 'ne Menge guter Musiker raus, die's ohne das Minton's nie geschafft hätten.

Im Minton's lief mir Fats Navarro wieder über den Weg, und wir spielten dort oft zusammen. Milt Jackson war dabei und der Tenorsaxophonist Eddie „Lockjaw" Davis, der die Hausband leitete. Du mußt dir vorstellen, daß all die wahnsinnigen Musiker wie Lockjaw, Bird, Dizzy und Monk – die „Kings of Minton's" – nie das gängige Zeug spielten, weil sie die Typen los werden wollten, die nicht spielen konnten. Und davon gab's einige.

Wer im Minton's auf der Bühne stand und nichts brachte, der mußte nicht nur damit rechnen, daß die Leute ihn ignorierten und ausbuhten, es konnte ihm sogar passieren, daß er rausflog. Eines Abends war da so ein Typ, der einfach nur Scheiße spielte, aber trotzdem raufging und sein Ding durchzog – irgendwelchen Mist –, der sich zurechtgestylt hatte, um irgendwelche Flittchen aufzureißen, und irgendeinen Kram spielte. Im Publikum saß ein ganz normaler Typ von der Straße, der einfach nur gute Musik hören wollte, und als dieses blöde Arschloch auf die Bühne geht, um zu spielen, steht er seelenruhig auf, schnappt sich diese Null auf der Bühne, schleppt ihn nach draußen, in den Durchgang zwischen Cecil Hotel und Minton's, und tritt diesen Motherfucker in den Arsch. Das war *echt* gut. Dann sagte er dem Kerl, daß er seinen Arsch erst wieder auf die Bühne bewegen sollte, wenn er was Anständiges spielen könnte. So war's im Minton's. Entweder, du hast was gezeigt, oder du hieltst die Füße still – dazwischen gab's nichts.

Das Minton's Playhouse gehörte einem Schwarzen, Teddy Hill. In seinem Club fing der Bebop an, es war sozusagen das Musiklabor für den Bebob. Und *nachdem* er im Minton's seinen Schliff bekommen hatte, zog er runter in die 52ste Straße – ins Three Deuces, ins Onyx, ins Kelly's Stable –, wo ihn dann die Weißen zu hören kriegten. Aber eins darf man bei all dem nicht vergessen: Egal, wie gut die Musik unten in der 52sten war, so heiß und neu wie oben im Minton's war sie nie. Für die Weißen mußte man das neue Scharfe immer erst flau machen, damit sie's verdauen konnten, denn die *echte* Sache schmeckte ihnen nicht. Versteh mich jetzt nicht falsch, natürlich gab's *ein paar* Weiße, die in Ordnung waren und mutig genug, um rauf ins Minton's zu kommen. Aber die konnte man an zehn Fingern abzählen.

Ich hasse es, wie die Weißen eine Sache verkaufen, wenn *sie* sie erst mal entdeckt haben. Meistens passiert das sowieso erst ziemlich spät, und mit der Entstehung hatten sie nie was zu tun. Aber sie führen sich auf, als wäre die ganze Sache auf ihrem Mist gewachsen. Dann aber wollen sie den *ganzen* Verdienst einstecken und versuchen, jeden Schwarzen abzulinken. Genau das haben sie mit Teddy Hill und dem Minton's Playhouse gemacht. Der Bebop war plötzlich der letzte Schrei, und die weißen Musikkritiker spielten sich auf, als hätten sie ihn – und natürlich uns – unten in der 52sten entdeckt. Diese verdammte Unehrlichkeit dreht mir echt den Magen um. Und wenn du's mal laut und deutlich aussprichst oder mit diesem rassistischen Scheiß nicht einverstanden bist, heißt es gleich, du bist ein Radikaler, ein schwarzer Unruhestifter. Dann bist du für sie gestorben. Aber die Musiker und die Leute, die den Bebop und die Wahrheit wirklich liebten und schätzten, wissen genau, daß die *eigentliche* Sache oben in Harlem, im Minton's abging.

Ich war jeden Abend nach dem Unterricht in der Street oder im Minton's. Aber nach Bird und Dizzy suchte ich ein paar Wochen lang vergeblich. Ich weiß noch, wie klein mir das Three Deuces vorkam, als ich zum ersten Mal dort war; ich hatte es mir viel größer vorgestellt. In der Jazz-Szene hatte es einen derartig guten Ruf, daß ich dachte, es müßte dort stinkvornehm sein. Die Tische für die Gäste standen zusammengequetscht, und die Bühne war so winzig, daß kaum ein Klavier drauf paßte, ganz zu schweigen von 'ner Band. Das Ganze kam mir vor wie ein Loch in der Wand. Ich fand, East St. Louis und St. Louis hätten da weitaus schärfere Clubs zu bieten. Vom Club selber war ich enttäuscht, allerdings nicht von der Musik, die's dort zu hören gab. Don Byas war der erste, den ich im Three Deuces hörte, er war ein Spitzen-Tenorsaxophonist. Ich stand da und lauschte voll Ehrfurcht, wie er auf dieser Minibühne all das wahnsinnige Zeug spielte.

Dann erfuhr ich endlich, wo ich Dizzy erreichen konnte. Jemand gab mir seine Nummer, und ich rief ihn an. Er erinnerte sich an mich und lud mich in sein Appartement in der Siebten Avenue in Harlem ein. Es war ein tolles Gefühl, ihn wiederzusehen. Aber auch Dizzy hatte Bird in der Zwischenzeit nicht gesehn und wußte nicht, wie oder wo ich ihn erreichen könnte.

Auf meiner Suche nach Bird landete ich im Onyx Club, oben in der 52sten, wo gerade Coleman Hawkins spielte. Mann, das Onyx war brechend voll, alle wollten Hawk hören, der dort regelmäßig auftrat. Da ich niemanden kannte, stand ich am Eingang rum, um vielleicht ein bekanntes Gesicht zu sehen, verstehst du, vielleicht irgend jemanden aus Bs Band. Aber niemand tauchte auf.

Als „Bean" – so nannten wir Coleman Hawkins – Pause machte, stellte er sich zu mir – bis heute ist mir nicht klar, warum. War wohl einfach ein verdammt glücklicher Zufall. Jedenfalls wußte ich, wen ich vor mir hatte, also stellte ich mich

66

vor und erzählte ihm, daß ich in St. Louis in Bs Band mitgespielt hatte, in New York auf die Juilliard School ging, aber eigentlich Bird suchte. Ich erzählte ihm, daß ich mit Bird spielen wollte und der mir gesagt hatte, ich sollte bei ihm vorbeischaun, wenn ich in New York sei. Bean grinste und sagte, ich wär noch ein bißchen zu jung, um mich mit jemandem wie Bird abzugeben. Mann, war ich sauer über diesen Quatsch. Ich wollte nichts davon hören, auch nicht von jemandem, den ich liebte und bewunderte wie Coleman Hawkins. Ich kriegte einen richtigen Wutanfall und weiß noch, daß ich Coleman Hawkins ins Gesicht sagte: „Schon gut. Weißt du nun, wo er ist, oder nicht?"

Mann, ich glaub, Hawk war geschockt, von einem jungen kleinen Motherfucker wie mir so angequatscht zu werden. Er schaute mich nur an, schüttelte den Kopf und sagte, am ehesten würde ich Bird oben in Harlem finden, im Minton's oder im Small's Paradise. Bean sagte: „Bird jammt gern in solchen Clubs." Er drehte sich um und sagte dann noch im Weggehen: „Ich geb dir einen guten Rat, mach dein Studium an der Juilliard fertig und vergiß Bird."

Dann hörte ich, daß Bird Freunde in Greenwich Village hatte. Ich ging runter und klapperte die Cafés in der Bleecker Street ab. Traf Künstler, Schriftsteller und all diese langhaarigen, bärtigen Beatnik-Poeten. In meinem ganzen Leben hatte ich noch nicht solche Leute getroffen. Das Village war 'ne richtige Lehre für mich.

Mit der Zeit lernte ich auf meinen Streifzügen durch Harlem, das Village und die 52ste Leute wie Jimmy Cobb und Dexter Gordon kennen. Dexter nannte mich „Sweetcakes", weil ich immer Milchshakes trank und Kuchen, Pie und Weingummis futterte. Ich freundete mich sogar mit Coleman Hawkins an. Er mochte mich, paßte auf mich auf und half mir, so gut er konnte, Bird zu finden. Inzwischen nahm Bean mir ab, daß es mir mit der Musik ernst war. Aber noch immer keine Spur von Bird. Nicht mal Diz wußte, wo er sich rumtrieb.

Eines Tages las ich in der Zeitung, daß Bird bei einer Jam

67

Session im Heatwave spielen sollte, einem Club an der 145sten in Harlem. Ich fragte Bean, ob er glaube, daß Bird dort auftauchen würde. Bean lächelte bloß auf seine glatte, verschmitzte Art und meinte: „Ich wette, daß nicht mal *Bird* weiß, ob er dort sein wird oder nicht."

An dem Abend ging ich rauf ins Heatwave, einen dreckigen kleinen Club in 'ner dreckigen Gegend. Ich hatte sogar mein Horn dabei, für den Fall, daß ich Bird treffe, er mich wiedererkennt und möglicherweise mitspielen läßt. Bird war nicht da, aber ich traf ein paar andere Musiker. Ich suchte mir einen Platz und beobachtete die Bühne. Mann, ich saß fast die ganze Nacht da und wartete auf Bird, aber er tauchte nicht auf. Also beschloß ich rauszugehn und ein bißchen frische Luft zu schnappen. Ich stand vor dem Club, an der Ecke, als ich plötzlich von hinten seine Stimme höre: „Hey, Miles! Ich hab gehört, du suchst mich!"

Ich drehte mich um, und da stand Bird. Er sah schlimm aus. Er hatte diese ausgebeulten Klamotten an, die aussahen, als ob er seit Tagen drin geschlafen hätte. Sein Gesicht war völlig aufgedunsen, seine Augen geschwollen und rot. Aber er war cool auf seine verrückte Art, die er sogar an sich hatte, wenn er wegen der Drogen schlecht drauf war. Außerdem strahlte er dieses Selbstvertrauen aus, das Leute besitzen, die *wissen*, wie gut sie sind. Aber mir war egal, wie er aussah, schlecht oder sogar kurz vorm Abkratzen, für mich sah er in dieser Nacht gut aus, nachdem ich ihn solange gesucht hatte; ich war einfach glücklich, daß er vor mir stand. Und als er sich auch noch daran erinnerte, woher er mich kannte, war ich der glücklichste Mensch auf der Welt.

Ich erzählte ihm, wie schwer es gewesen war, ihn zu finden, aber er grinste nur und meinte, er sei halt viel unterwegs. Er nahm mich mit ins Heatwave, wo ihn jeder wie den King begrüßte – und er war der King. Er hatte seinen Arm um meine Schultern gelegt, und deshalb behandelten auch mich alle mit ziemlich viel Respekt. In dieser ersten Nacht spielte ich nicht mit, ich hörte nur zu. Mann, ich war vielleicht verblüfft, wie

Bird sich veränderte, sobald er sein Horn ansetzte. Von einer Sekunde zur andern verwandelte sich der abgefuckte, kaputte Typ in jemand, der plötzlich seine ganze Kraft und Schönheit zeigte. Es war kaum zu glauben. Zu der Zeit war er vierundzwanzig, aber wenn er nicht spielte und nicht auf der Bühne stand, sah er älter aus. Er konnte wie ein Gott spielen, selbst wenn er so besoffen war, daß er fast umkippte oder vor lauter Heroin fast einschlief. Bird war einfach unglaublich.

Nachdem ich mich in dieser Nacht bei Bird eingeklinkt hatte, war ich die nächsten Jahre immer in seiner Nähe. Dizzy und er wurden meine wichtigsten Lehrer und beeinflußten mich am meisten. Bird wohnte sogar eine Zeitlang bei mir, bis Irene kam. Sie zog im Dezember 1944 nach New York. Plötzlich – wie aus heiterem Himmel – stand sie da und klopfte an meine Tür. Meine Mutter hatte sie geschickt. Also besorgte ich Bird in derselben Pension ein Zimmer, an der Ecke 147ste und Broadway.

Allerdings wußte ich damals nicht viel mit Birds Lebensstil anzufangen – seinem Trinken, Fressen und seinen Drogengeschichten. Ich mußte tagsüber zur Schule gehen, und er lag fertig in der Gegend rum. Aber er brachte mir viel bei – Akkorde und alles mögliche –, und das übte ich dann in der Schule am Klavier.

Fast jeden Abend ging ich mit Diz oder Bird in einen Club, stieg bei irgendeiner Band ein und zog mir alles rein. Mit Freddie Webster ging ich öfters runter in die 52ste und hörte atemlos zu, mit welcher Geschwindigkeit Dizzy durch die Tempi rasen konnte. Das war so großartig, daß man es fast schon mit der Angst zu tun bekam. Dizzy fing dann an, mir öfters Sachen auf dem Klavier vorzuspielen, und das brachte mich in meinem Gefühl für Harmonien schon ein ganzes Stück weiter.

Bird stellte mich auch Thelonious Monk vor. Die Art, wie Monk in seinen Soli Räume schuf und wie er eigenartig klingende Akkordprogressionen benutzte, haute mich völlig um und machte einen ungeheuren Eindruck auf mich. Ich sagte immer: „Verdammt, was treibt dieser Motherfucker da eigentlich?" Die Art, wie Monk Pausen setzte, beeinflußte später meine eigenen Soli ziemlich stark.

Der Unterricht an der Juilliard School ging mir inzwischen richtig auf die Nerven. Ich war im Symphonie-Orchester der Schule, aber da spielten wir Trompeter alle 90 Takte mal zwei Noten. Ich wollte und brauchte mehr. Außerdem wußte ich, daß kein weißes Symphonieorchester jemals einen kleinen schwarzen Kerl wie mich engagieren würde, egal, wie gut ich war oder wieviel Ahnung ich von Musik hatte. Außerdem waren sie an der Schule so verdammt rassistisch und nur auf weißen Mist fixiert. Ihre Vorurteile ärgerten mich und machten mich rasend.

Ich erinnere mich noch an einen Kurs in Musikgeschichte. Die Lehrerin war eine Weiße. Sie stand vor der Klasse und erklärte, daß die Schwarzen den Blues spielen, weil sie arm sind und Baumwolle pflücken müssen. Deshalb seien sie traurig, und daher käme der Blues, von ihrer Traurigkeit. Meine Hand schoß hoch wie der Blitz, ich stand auf und sagte: „Ich komme aus East St. Louis und habe einen reichen Vater, er ist Zahnarzt. Ich spiel aber auch den Blues. Mein Vater hat in seinem ganzen Leben keine Baumwolle gepflückt, und ich bin heute früh kein bißchen traurig aufgewacht und hab dann einen Blues gespielt. Da steckt schon ein bißchen mehr dahinter." Die Tante wurde richtig grün im Gesicht und sagte kein Wort mehr. Mann, was die uns da erzählt hat, kam aus einem Buch, das jemand geschrieben haben muß, der keine Ahnung von dem hatte, worüber er sich ausließ.

Für mich waren Leute wie Fletcher Henderson und Duke Ellington die wahren Genies, sie schrieben die besten musikalischen Arrangements in Amerika. Diese Frau hatte keine Ahnung, wer diese Leute waren, und *ich* hatte keine Zeit, sie darüber aufzuklären. Schließlich sollte sie mir was beibringen! Deshalb schaute ich dauernd auf die Uhr und überlegte, was ich am Abend mache und wann Bird und Diz wohl losziehn, anstatt den Lehrern zuzuhören. Ich konnte nur dran denken, nach Hause zu gehn, mich fürs Bickford's an der Ecke 145ste und Broadway umzuziehn, mir dort einen Teller Suppe für 50 Cents zu leisten, damit ich genug Kraft hatte, am Abend irgendwo zu spielen.

Jeden Montagabend jammten Bird und Dizzy im Minton's, und dann wollten jedesmal so an die tausend Typen rein, um einfach nur zuzuhören oder mit Bird und Dizzy zu spielen. Aber die meisten Musiker, die ein bißchen Ahnung hatten, dachten nicht im entferntesten daran einzusteigen, wenn Bird und Dizzy jammten. Wir saßen nur im Publikum, wollten zuhören und lernen. Als Rhythmusgruppe hatten die beiden Kenny Clark am Schlagzeug, manchmal auch Max Roach, den ich auch dort kennenlernte. Curly Russell spielte am Baß, und Monk saß am Piano. Mann, die Zuhörer haben sich um die Plätze geprügelt. Wenn du mal kurz raus bist, war dein Platz weg, und dann ging die Streiterei wieder von vorn los. Es war unglaublich. Die Luft war richtig elektrisch geladen.

Im Minton's lief das Ganze folgendermaßen ab: Du bist mit deinem Horn reingegangen und hast gehofft, daß Bird und Dizzy dich zum Spielen auf die Bühne holen. Wenn das der Fall war, dann warst du gut beraten, die Sache nicht in den Sand zu setzen. Ich hab sie nicht in den Sand gesetzt. Mein erster Auftritt war zwar nicht berauschend, aber ich spielte mir den Arsch auf meine Art ab, denn mein Stil war anders als der von Dizzy, auch wenn er mich damals schon ziemlich beeinflußt hatte. Die Leute paßten auf jede Reaktion von Bird und Diz auf: Wenn sie dir zulächelten, nachdem du fertig warst, dann hattest du deine Sache gut gemacht. Als ich das erste Mal mit ihnen spielte, lächelten sie mir zu, und von da an gehörte ich zu den Insidern der New Yorker Musikszene. Danach war ich ein vielversprechender Star. Ich konnte jederzeit bei den großen Jungs einsteigen. Das alles ging mir durch den Kopf, während ich die Kurse an der Juilliard absaß.

Jedenfalls konnte ich nach 'ner Zeit im Minton's einsteigen, wann immer ich wollte, und die Leute kamen, um *mich* zu hören. Ich machte mir einen Namen. Aber eins überraschte mich doch in New York: Anfangs dachte ich, alle Musiker hätten unwahrscheinlich viel Ahnung von Musik. Deshalb war ich ganz schön schockiert, als ich merkte, daß mir beim Zuhören von den älteren Hasen nur Dizzy, Roy Eldridge und der langhaarige Joe Guy was brachten. Über Musik wußte ich viel mehr als die meisten anderen. Außerdem fiel mir nach einiger Zeit auf, daß viele schwarze Musiker keine Ahnung von Musiktheorie hatten. Bud Powell gehörte zu den wenigen, die spielen, komponieren und Noten lesen konnten. Viele ältere Musiker waren der Meinung, daß einen Theorieunterricht nur dazu bringe, wie die Weißen zu spielen, daß einem das Gefühl für die eigene Musik verlorengehe, wenn man irgendwas nur theoretisch lernt. Ich konnte es kaum glauben, daß all die Jungs wie Bird, Prez, Bean nie eine Bibliothek oder eine Bücherei betraten und sich irgendwelche Partituren ausliehen, um auf dem laufenden zu bleiben. Ich ging oft in die Bibliothek und lieh mir die Partituren von großartigen Komponisten wie Strawinski, Alban Berg oder Prokofieff aus. Ich wollte genau wissen, was in der Musik möglich ist. Wissen ist Freiheit, und Ignoranz ist Sklaverei, und für mich war's unvorstellbar, daß man so nah an der Freiheit war und sie nicht nutzte. Mir wollte es nie in den Kopf, warum Schwarze nie die Vorteile ausgenutzt haben, die sie eigentlich hatten. Dahinter steckt diese Ghettomentalität, die den Leuten eingibt, daß sie bestimmte Sachen nicht tun dürfen, weil sie allein den Weißen vorbehalten sind. Wenn ich darüber mit anderen Musikern redete, schauten sie mich irgendwie komisch an. Verstehst du. Ich ging also meinen eigenen Weg und sagte nichts mehr dazu.

Damals war ich mit Musikern wie Fats Navarro – den alle nur „Fat Girl" nannten – unterwegs und mit Freddie Webster. Außerdem war ich mit Max Roach befreundet und J. J. Johnson, dem brillanten Posaunisten aus Indianapolis. Wir wollten alle unseren Meister machen, unseren Dr. phil. an der „Minton's University of Bebop" unter der Leitung der Professoren Bird und Diz.

Eines Abends, nach einer Jam Session, ging ich nach Hause und war grade eingeschlafen, als es klopfte. Ich stand völlig verschlafen auf und stolperte wütend zur Tür. Ich öffnete, und da standen J.J. Johnson und Benny Carter mit Bleistift und Papier in der Hand. Ich fragte: „Was wollt ihr Arschlöcher mitten in der Nacht?"

J.J. sagte: „‚Confirmation'. Miles, summ mir ‚Confirmation' vor."

Die Jungs hatten nicht mal „Hallo" gesagt, verstehst du? Bird hatte grade „Confirmation" geschrieben, und alle Musiker liebten diese Nummer. Und dieser Verrückte steht da vor mir um sechs Uhr morgens. Grade hatten J.J. und ich in einer Jam Session „Confirmation" durchgespielt. Und jetzt will er, daß ich ihm die Melodie vorsumme.

Also fing ich an, verschlafen, wie ich war, das Stück in F-Dur zu summen, der Tonart, in der es geschrieben ist. Danach sagt J.J. zu mir: „Miles, du hast 'ne Note vergessen. Wo ist diese Note geblieben? Welche Note in dem Stück war das noch mal?" Ich dachte nach und sagte ihm die Note.

Er sagte: „Danke, Miles", schrieb irgendwas auf und verschwand wieder. J.J. war ein komischer Kerl. Solche Dinger hab ich öfters mit ihm erlebt. Er glaubte, ich müßte Birds Technik verstehen, weil ich an die Juilliard School ging. Mir blieb das jedenfalls unvergeßlich, und wir lachen noch heute drüber. Aber so standen die Leute auf Birds und Dizzys Musik. Wir lebten Tag und Nacht damit.

Fat Girl und ich stiegen oft im Minton's mit ein. Er war unglaublich groß und fett, bis er dann kurz vor seinem Tod furchtbar dünn wurde. Wenn ihm nicht gefiel, was jemand im Minton's spielte, dann drängte er den Typen einfach vom Mikrofon weg. Er drehte sich bloß zur Seite und blockte ihn ab, egal, wer's war. Dann gab er mir durch ein Zeichen zu verstehn, daß ich spielen sollte. Die Typen wurden richtig sauer auf Fat Girl, aber das interessierte ihn nicht. Und wenn er mit einem so umsprang, dann wußte der genau, daß er eben nicht spielen konnte. Deshalb war auch niemand lange sauer auf ihn.

Aber der wirklich wichtige Mann in dieser ersten Zeit war für mich Freddie Webster. Was Freddie damals auf seinem Horn brachte, mochte ich unheimlich gern. Er spielte ein bißchen wie die Trompeter aus St. Louis, mit einem vollen, melodiösen Sound, er spielte nie eine Note zuviel, nie diese wahnsinnig schnellen Tempi. Freddie mochte – wie ich – Stücke im mittleren Tempo oder Balladen. Ich liebte seinen vollen, warmen, weichen Sound. Ich versuchte immer, wie Freddie zu spielen, aber ohne Vibrato und „Notenflattern". Obwohl er ungefähr neun Jahre älter war als ich, konnte ich ihm vieles zeigen, was ich an der Juilliard School lernte: Technik, Komposition – eben theoretisches Zeugs –, das, wofür Juilliard gut war. Freddie stammte aus Cleveland und wuchs mit Tadd Dameron auf. Wir waren wie Brüder und hatten viel gemeinsam. Wir waren sogar gleich groß und tauschten öfters unsere Anzüge.

Freddie hatte viele Frauen. Das war sein Ding, neben Musik und Heroin. Mann, die Leute kamen immer angelaufen und erzählten mir, daß Freddie ein gewalttätiger Bursche ist, der immer mit 'ner 45er rumläuft. Aber wer ihn gut genug kannte, wußte, daß da nichts dran war. Natürlich hat er sich von keinem was gefallen lassen, aber er lief nicht rum und hat die Leute blöd angemacht. Freddie war geradeheraus und nahm eben kein Blatt vor den Mund. Er war nicht ganz einfach, aber wir kamen gut miteinander klar. Nachdem Bird ausgezogen war, wohnte er sogar eine Zeitlang bei mir. Wir waren so dick befreundet, daß ich oft seine Miete zahlte. Ich teilte alles mit ihm. Mein alter Herr schickte mir ungefähr vierzig Dollar die Woche, das war damals ein ganz schöner Batzen Geld. Und was ich davon nicht für meine Familie ausgab, teilte ich mit Freddie.

Das Jahr 1945 war ein Wendepunkt in meinem Leben, es passierte 'ne ganze Menge. Erstmal fing ich in diesem Jahr zu trinken und zu rauchen an, da ich ständig mit Musikern unterwegs war und in vielen Clubs rumhing. Außerdem spielte ich immer häufiger mit neuen Musikern. Ich und Freddie, Fat Girl, J.J. und Max Roach jammten überall in New York und Brooklyn, wo immer wir konnten. Bis zwölf oder ein Uhr morgens spielten wir unten in der 52sten. Wenn wir da fertig waren, gingen wir rauf ins Minton's, Small's Paradise oder ins Heatwave und spielten, bis sie dichtmachten – bis vier, fünf oder sechs Uhr morgens. Nach den Jam Sessions saßen Freddie und ich zusammen und redeten über Musik, Musiktheorie und über verschiedene Trompetenspielweisen. Die trübseligen Kurse an der Juilliard School überstand ich nur noch im Halbschlaf, sie langweilten mich zu Tode, besonders die Chor-Kurse. Ich saß nur da, gähnte und dämmerte vor mich hin. Dann, nach der Schule, hockte ich wieder mit Freddie zusammen, und wir redeten weiter über Musik. Ich schlief kaum noch. Und Irene war ja auch noch da, und da hatte ich schon manchmal meine Pflicht als Ehemann zu erfüllen, du weißt schon, mußte bei ihr sein und diesen ganzen Scheiß. Cheryl brüllte dann immer. Es war grauenhaft.

1945 tauchten Freddie Webster und ich überall dort auf, wo Diz und Bird spielten. Wir hatten das Gefühl, uns würde was Entscheidendes entgehn, wenn wir auch nur einen Abend verpassen würden. Wir analysierten alles, was die beiden spielten. Wir waren richtige Klangwissenschaftler. Es brauchte bloß eine Tür zu quietschen, und wir konnten sofort die richtige Tonhöhe angeben.

Einer meiner Lehrer war William Vachiano. Er stand auf solchen Mist wie „Tea für Two" und wollte immer, daß ich ihm sowas vorspielte. Wir hatten Auseinandersetzungen, die in der New Yorker Musikerszene richtig legendär wurden, da Vachiano als der beste Lehrer für fortgeschrittene Studenten galt – zu denen auch ich gehörte. Aber wir lagen uns oft in den Haaren. Ich sagte immer: „Hey, Mann, Sie sind dazu da, um mir was beizubringen, also tun Sie das und hören mit diesem Scheiß auf." Daraufhin wurde Vachiano stinksauer und lief knallrot an. Aber ich behielt immer das letzte Wort.

Aber erst wenn ich mit Bird spielte, holte ich wirklich das Letzte aus mir raus. Mit Dizzy konnte ich dasitzen und reden, essen und rumziehn, weil er einfach ein wirklich netter Typ ist. Dagegen war Bird ein gieriges Arschloch. Wir hatten uns nie viel zu sagen. Wir spielten gern zusammen, aber das war's. Bird *sagte* einem nie, was man spielen sollte. Man konnte nur was von ihm lernen, wenn man zuschaute und das Zeug ausprobierte. Wenn man allein mit ihm war, redete er nie über Musik. Nur als er bei mir wohnte, haben wir ein paar Mal drüber gesprochen, und ich konnte einiges aufschnappen, aber das meiste hab ich gelernt, indem ich ihm beim Spielen zuhörte. Dagegen redete Dizzy *gern* und viel über Musik, und ich hab dabei viel von ihm gelernt. Vielleicht war Bird die Seele der Bebop-Bewegung, aber Dizzy war ihr Kopf, er gab ihr die Form und hielt alles zusammen. Er war immer auf der Suche nach jungen Musikern, besorgte uns Jobs und den ganzen Scheiß, er redete mit uns, und es spielte nie eine Rolle, daß er neun oder zehn Jahre älter war als ich. Er behandelte einen nie von oben herab. Die Leute machten Dizzy immer runter, weil er sich so verrückt aufführte. Aber er war nicht richtig verrückt, er war einfach nur ein komischer Kerl. Außerdem kannte sich Dizzy wirklich mit der Geschichte der Schwarzen aus. Er spielte schon afrikanische und kubanische Musik, bevor das populär wurde. Tagsüber war Dizzys Appartement – in der Siebten Avenue, Nr. 2040 in Harlem – der Treffpunkt für viele Musiker. Ich war oft da, genauso wie Kenny Dorham, Max Roach und Monk. Manchmal wurden es so viele, daß seine Frau Lorraine die Leute rausschmiß, die ihr nicht paßten.

Wenn Monk dort war, schaute ich ihm zu, wie er seine progressiven Akkorde spielte und wie er seine seltsamen Pausen setzte. Aber erst durch Dizzy lernte ich richtig Klavier spielen. Wenn Dizzy übte, Mann, dann sog ich alles auf. Aber andrerseits zeigte ich Dizzy auch manches, was ich an der Juilliard School gelernt hatte, zum Beispiel die Zigeunermoll-Tonleitern. Bei der Zigeunermoll-Tonleiter wechselst du nur die Vorzeichen, wo du eine Note einen halben Ton erhöht oder erniedrigt haben willst. Und so hast du zwei Erniedrigungs- und ein Erhöhungszeichen, klar? Das heißt, wenn du F und As spielen willst, dann wird das F zum Fis. Dann setzt du irgendwo die Note ein, die du haben willst, wie in der Zigeuner-C-Molltonleiter. Das Ganze sieht ziemlich seltsam aus, weil du zwei # e und ein b hast. Damit

76

hast du die Möglichkeit, melodische Ideen zu entwickeln, ohne die Grundtonart zu wechseln. Das brachte ich Dizzy bei, manches beruhte also auf Gegenseitigkeit, auch wenn ich weitaus mehr von ihm gelernt habe.

Mit Bird konnte es eigentlich ganz toll sein, denn er war ein echtes Genie, was seine Musik anging, und dann wieder konnte er unheimlich komisch sein, wenn er in diesem britischen Akzent redete, den er sich zugelegt hatte. Aber trotzdem war's mit ihm nicht einfach, weil er einen dauernd linkte und einem irgendwas abschwatzte, um seinen Drogenkonsum zu finanzieren. Er lieh sich ständig Geld von mir und kaufte sich Heroin, Whisky oder was er gerade brauchte. Er brauchte alles. Und wenn er einen Schuß nötig hatte, Mann, dann hat Bird alles angestellt, um an ihn ranzukommen. Er hat mir oft das Blaue vom Himmel runter erzählt, und sobald er draußen war, rannte er um die Ecke und erzählte irgendeinem andern die gleiche Trauerstory, wie dringend er ein bißchen Geld bräuchte, um sein Horn im Pfandhaus auszulösen. Er zahlte nie irgendwas zurück, in der Beziehung war's die Hölle mit Bird.

Einmal blieb er in meinem Appartement, während ich zur Schule mußte, und als ich zurückkam, hatte der Idiot meinen Koffer versetzt. Er saß auf dem Fußboden und döste in seinem Heroinrausch vor sich hin. Ein anderes Mal versetzte er seinen eigenen Anzug, um an Heroin zu kommen, und lieh sich meinen aus, weil er im Three Deuces spielen sollte. Ich war ein ganzes Stück kleiner als er, also stand Bird mit einem Anzug auf der Bühne, bei dem die Ärmel zehn Zentimeter überm Handgelenk und die Hosen zehn Zentimeter über den Knöcheln endeten. Ich hatte damals nur diesen einen Anzug, mußte also zu Hause bleiben, bis er seinen wieder aus dem Leihhaus hatte. Aber, Mann, Bird rannte einen ganzen Tag lang so rum, bloß für ein bißchen Heroin. Später hörte ich, Bird hätte in dieser Nacht gespielt, als ob er in einem Smoking auf der Bühne gestanden hätte. Deshalb liebten ihn alle, und jeder fand sich mit seinem Scheiß ab. Er war der größte Altsaxophonist, den es je gegeben hat.

Ich weiß noch, wie wir einmal zur Street runterfuhren, um dort zu spielen, und Bird mit dieser weißen Nutte auf dem Rücksitz im Taxi neben mir saß. Er hatte sich schon reichlich mit Heroin vollgepumpt und verspeiste ein Hühnchen – sein Lieblingsessen –, trank Whisky und sagte der Nutte, sie soll runter und seinen Schwanz lutschen. Also, ich war damals noch nicht an solche Schweinereien gewöhnt – ich trank selten und hatte grade angefangen zu rauchen –, und mit Drogen hatte ich definitiv noch nichts zu tun, weil ich grade neunzehn war und von sowas noch nicht viel Ahnung hatte. Bird jedenfalls merkte, daß ich ziemlich nervös wurde, wie die Alte an seinem Schwanz lutschte und alles, und wie er ihre Möse leckte. Er fragt mich, ob irgendwas mit mir nicht in Ordnung ist und ob mich seine Fummelei stört. Ich sage, daß ich mich schon etwas unwohl fühle bei diesem ganzen Rumgemache vor meiner Nase, daß sie wie ein Hund mit ihrer Zunge an seinem Schwanz leckt und schmatzt und daß er zwischen jedem Bissen stöhnt. „Doch, das stört mich wirklich", sage ich. Und weißt du, was dieser Motherfucker zu mir sagt? Wenn es mich stört, soll ich wegschaun und mich nicht drum kümmern. Ich konnt's kaum fassen, daß er das wirklich zu mir sagte. Das Taxi war ziemlich eng, und wir zu dritt auf dem Rücksitz, wo sollte ich da bitte meinen Kopf hindrehn? Was mache ich also? Ich stecke meinen Kopf aus dem Autofenster, kriege aber immer noch alles mit, was bei den beiden abläuft, wie Bird bei der ganzen Aktion mit schmatzenden Lippen an dem gebratenen Hühnchen nagt. Aber Bird war eben 'ne Nummer für sich.

Ich bewunderte Bird als großartigen Musiker, als Menschen allerdings weniger. Er behandelte mich wie seinen Sohn, er und Dizzy waren richtige Vaterfiguren für mich. Bird sagte mir immer wieder, daß ich mit jedem spielen könnte. Manchmal schob er mich fast auf die Bühne, damit ich mit Leuten spielte, für die ich selbst mich noch nicht für gut genug hielt, mit Coleman Hawkins beispielsweise oder Benny Carter oder Lockjaw Davis. Ich hätte mir zwar schon zutrauen können, bei den meisten einzusteigen, aber ich war eben erst neunzehn und hatte das Gefühl, ich sei noch zu jung für bestimmte Leute – obwohl da nicht viele in Frage kamen. Aber Bird baute mich auf, indem er mir erzählte, er habe früher in Kansas City das gleiche durchgestanden. Im Mai 1945 machte ich meine erste Plattenaufnahme mit Herbie Fields.* Mann, ich war so nervös, daß ich kaum spielen konnte – nicht mal im Ensemble, denn ich hatte kein einziges Solo. Leonard Gaskin war am Baß, und, soweit ich mich erinnere, war ein Sänger namens Rubberlegs Williams dabei. Aber ich wollte diese Platte möglichst schnell vergessen und weiß nicht mehr, wer bei der Aufnahme sonst noch mitspielte.

Zur selben Zeit erhielt ich auch mein erstes wichtiges Club-Engagement. Einen Monat lang war ich in der Band von Lockjaw Davis unten im Spotlite, auf der 52sten. Er wußte, was ich konnte, denn ich hatte im Minton's öfters bei ihm mitgespielt. Ungefähr zur selben Zeit – vielleicht war's auch etwas früher – fing ich an, bei Coleman Hawkins im Downbeat Club auf der 52sten einzusteigen. Billie Holiday war die Attraktion der Band. Billie und Joe Guy, der Trompeter in Beans Band, hatten gerade geheiratet. Manchmal waren sie vom Heroin so high und so ins Ficken vertieft, daß Joe einfach seinen Gig verpaßte. Billie übrigens auch. Daher setzte mich Hawk immer ein, wenn Joe nicht auftauchte. Ich checkte jeden Abend im Downbeat ab, ob Joe da war. Wenn nicht, spielte ich den Set.

Ich spielte gern mit Coleman Hawkins und als Begleitung für Billie. Beide waren große, kreative Musiker. Keiner spielte wie Bean. Er hatte so einen großen, weiten Sound. Lester Young dagegen hatte diesen leichten Sound, und Ben Webster wiederum spielte diese zickigen Akkorde rauf und runter, weißt du, wie auf einem Klavier, das er ja auch beherrschte. Aber mit der Zeit gefiel ich Hawk immer besser. Joe, der das merkte, riß sich zusammen und erschien zu allen Sets. Dann ergab sich der Gig mit Lockjaw. Nach diesem Gig kriegte ich 'ne Menge Engagements in der Street. Allmählich kapierten die Weißen, die

* Miles Davis: *First Miles* (Savoy SJL 1196).

79

weißen Musikkritiker, daß der Bebop eine großartige Sache war. Es wurde viel über Bird und Dizzy geredet und geschrieben, aber nur, wenn sie in der Street auftraten. Natürlich war auch das Minton's im Gespräch, allerdings erst, nachdem die Street für die Weißen salonfähig geworden war und sie einen Haufen Geld ausgeben konnten, um die neue Musik zu hören. So um 1945 spielten viele schwarze Musiker unten in der 52sten, aber nur, um Geld zu machen und in den Medien aufzutauchen. Für die Musiker wurden zu der Zeit das Three Deuces, das Onyx, der Downbeat Club, Kelly's Stable – alle Clubs auf der 52sten – wichtiger als die Clubs oben in Harlem. Trotzdem paßte vielen Weißen nicht, was da plötzlich in der 52sten passierte. Sie hatten keine Ahnung, was sich in der Musik tat, und dachten, die Nigger aus Harlem würden sie allmählich überrennen. Daher gab's in der Bebop-Szene oft Spannungen zwischen Schwarzen und Weißen. Die schwarzen Männer gingen plötzlich mit schönen, reichen, weißen Frauen aus. Überall waren sie hinter den Niggern her, diesen schwarzen, scharfen Hipsters. Klar, daß der neue Scheiß vielen Weißen, besonders den Männern, nicht paßte.

Es gab damals eine Handvoll weißer Musikkritiker – wie Leonard Feather und Barry Ulanov, beide Mitherausgeber des Musikmagazins *Metronome* –, die was vom Bebop verstanden, ihn mochten und gute Sachen drüber schrieben. Aber die übrigen weißen Kritikerärsche haßten das, was wir machten. Sie kapierten nichts von der Musik. Und sie verstanden die Musiker nicht und haßten sie. Aber trotzdem drängelten sich die Leute in den Clubs, und die Gruppe von Dizzy und Bird im Three Deuces war die heißeste Sache in ganz New York.

Bird selber war fast sowas wie ein Gott. Überall zog er die Leute an. Er hatte eine richtige Fangemeinde. Ständig waren alle möglichen Frauen und hochkarätigen Dope-Dealer um Bird herum, und er wurde mit Geschenken überhäuft. Bird nahm das ganz selbstverständlich. Er nahm und nahm. Allmählich ging es damit los, daß er bei einem Set, manchmal sogar bei einem Gig einfach nicht auftauchte. Dizzy drehte dann ziemlich durch, denn obwohl er vielleicht ein bißchen verrückt war, er organisierte alles und kümmerte sich immer ums Geschäft. Dizzy hielt nichts davon, einen Gig sausen zu lassen. Also setzte er sich mit Bird hin, bat ihn, sich zusammenzureißen, und drohte, daß er sonst alles hinschmeißen würde. Aber es war vergeblich. Dizzy stieg schließlich aus, und das war das Ende der ersten großen Gruppe im Bebop.

Dizzys Ausstieg schockierte die ganze Musikwelt und viele Musiker, die so auf diese Band standen. Allen war klar, daß es vorbei war mit dieser großartigen Musik, daß man Dizzy und Bird nun nur noch auf Platte hören konnte oder wenn sie wieder irgendwann einmal wieder zusammenkommen sollten. Viele hofften darauf – ich eingeschlossen, obwohl ich Dizzys Platz einnahm.

Nachdem Dizzy die Band im Three Deuces verlassen hatte, dachte ich, Bird würde jetzt mit einer Band oben in Harlem spielen, aber er tat's nicht, wenigstens nicht gleich. Die Clubbesitzer auf der 52sten fragten Bird, wer Dizzy ersetzen würde. Einmal war ich mit Bird in einem Club, als der Eigentümer ihm diese Frage stellte. Bird drehte sich zu mir um und sagte: „Hier steht mein neuer Trompeter, Miles Davis." Ich hab Bird oft aufgezogen und gesagt: „Wenn ich nicht in die Band eingestiegen wäre, hättest *du* nicht mal einen Job, Mann." Dann lächelte er, denn für einen guten Joke und eine große Klappe hatte Bird immer was übrig. Manchmal allerdings wurde es nichts mit den Jobs, weil ich mitspielte, denn die Besitzer wollten Bird und Dizzy zusammen. Aber das Three Deuces engagierte uns trotzdem im Oktober 1945. In der Gruppe spielten Bird, Al Haig am Piano, Curly Russell am Baß, Max Roach oder Stan Levey am Schlagzeug und ich. Die Rhythmusgruppe war dieselbe geblieben. Der Gig im Three Deuces dauerte ungefähr zwei Wochen. Im Unterhaltungsteil trat Baby Lawrence auf. Er steppte kurze Soli im Wechsel mit der Band, er war einfach scharf. Baby war der tollste Steptänzer, den ich jemals gesehen, vielmehr gehört hab, denn wenn er steppte, hörte es sich wie ein Schlagzeug an.

Bei diesem ersten richtigen Gig mit Bird war ich so aufgeregt, daß ich fast jeden Abend kündigen wollte. Ich hatte zwar schon ein paar Mal mit Bird gespielt, aber dies war schließlich mein erster bezahlter Gig mit ihm. Dauernd fragte ich ihn: „Wozu brauchst du mich eigentlich?" Denn Bird selber spielte so verdammt gut. Wenn Bird eine Melodie spielte, spielte ich drunter, ließ ihn den Ton vorgeben, überließ ihm die Melodie und die gesamte Führung. Wie hätte es schließlich ausgesehen, wenn ich versucht hätte, den König der Musik zu führen? Ich Bird führen? Unmöglich. Mann, ich schwitzte Blut und Wasser und war nahe dran, alles hinzuschmeißen. Manchmal tat ich so, als wollte ich aussteigen, weil ich dachte, er würde mich feuern. Ich wollte ihm zuvorkommen. Aber Bird machte mir immer Mut und sagte, daß er mich bräuchte und er meinen Stil möge. Ich blieb dabei und lernte. Ich konnte alles, was Dizzy gespielt hatte. Wohl deswegen engagierte mich Bird – aber auch, weil er einen anderen Trompetensound wollte. Manche von Dizzys Sachen konnte ich spielen, andere wieder nicht. Also spielte ich bestimmte Tempi nicht, denn ich hatte bald raus, daß ich meinen eigenen Sound auf dem Instrument finden mußte.

Diese ersten zwei Wochen mit Bird waren echt hart, aber sie haben mir sehr geholfen. Ich war neunzehn und spielte mit dem größten Altsaxophonisten der Musikgeschichte. Das war ein irres Gefühl. Eigentlich hätte ich Angst haben müssen, statt dessen nahm mein Selbstvertrauen zu, selbst wenn's mir damals gar nicht bewußt war.

Doch was ich damals über den Jazz lernte, lernte ich nicht von Bird, sondern von Dizzy und Monk und vielleicht noch von Bean. Weißt du, Bird war ein Solist. Er spielte sein eigenes Ding. Irgendwie stand er völlig für sich allein. Man konnte nichts von ihm lernen, man konnte ihn höchstens kopieren. Und das wiederum konnten nur Saxophonspieler, aber auch die ließen es bleiben. Sie konnten – wenn überhaupt – nur versuchen, Birds Ansatz zu übernehmen, sein Konzept. Aber was er auf dem Saxophon spielte, dieses Feeling, ließ sich auf der Trompete nicht rüberbringen. Man konnte die Noten nachspielen, aber der Sound war anders. Sogar große Saxophonisten schafften das nicht. Sonny Stitt versuchte es, wenig später Lou Donaldson und nach den beiden Jackie McLean. Aber Sonny spielte eher im Stil von Lester Young. Ich finde, Jackie und Lou kamen Bird im Sound am nächsten, aber nicht in dem, *was* sie spielten. Aber wie Bird konnte keiner spielen, damals nicht und heute nicht.

Abgesehen von meinen Vorbildern Dizzy und Freddie Webster, war meine Musik damals hauptsächlich von Clark Terry beeinflußt. Und von Thelonious Monk mit seinem Gefühl für Harmonien. Wie Monk Akkorde spielte, war einfach das Größte. Aber ich glaube, Dizzy hat mich am meisten beeinflußt. Kurz nachdem ich in New York war, fragte ich Dizzy nach einem Akkord, und er sagte: „Warum setzt du dich nicht hin und spielst ihn auf dem Klavier?" Also setzte ich mich hin. Weißt du, ich wollte bestimmte Akkorde lernen, die ich schon genau im Kopf, aber einfach noch nicht gespielt hatte. Denn als ich bei Bird einstieg, kannte ich jeden Ton, den Dizzy auf der Trompete gespielt hatte. Ich hatte das Zeug rauf und runter, vorwärts und rückwärts geübt. Ich wußte, *was* Dizzy spielte, konnte es bloß nicht so hoch spielen, weil meine Chops* nicht so gut entwickelt waren und ich Musik nicht in diesen hohen Registern *hörte*. Für mich hörte sich meine Musik in den mittleren Registern immer besser und klarer an.

Eines Tages fragte ich Dizzy: „Mann, warum kann ich nicht so spielen wie du?" Darauf sagte er: „Du spielst wie ich, *wirklich*, aber du spielst alles eine Oktave niedriger. Du spielst genau die gleichen Akkorde." Dizzy hat sich alles selbst beigebracht, trotzdem wußte er alles über Musik. Als er mir sagte, daß ich eher niedriger, im mittleren Register höre, leuchtete mir das ein, ich hörte oben eben nichts. Das ist heute übrigens anders, nur damals nicht. Kurz nach diesem Gespräch kam Dizzy zu mir, als ich grade ein Solo gespielt hatte, und sagte:

---

* *Chops*: Allgemein: technische und physische Fähigkeiten von Musikern, bei Bläsern insbesondere auf Ansatz, Atemkapazität und Backenmuskulatur bezogen.

„Miles, es hört sich gut an; deine Chops sind viel besser als beim ersten Mal." Damit meinte er, daß ich höher und kräftiger als früher spielte.

Wenn ich eine Note spiele, muß sie sich für mich gut anhören. So hab ich's immer gehalten. Und die Note mußte im gleichen Register wie der Akkord liegen, zumindest war's damals so. In der Zeit des Bebop spielten alle irrsinnig schnell. Aber mir gefiel es nie, die Tonleitern rauf und runter zu rasen. Ich versuchte immer, nur die wichtigsten Noten in einem Akkord zu spielen, ihn aufzubrechen. Wenn ich mir die anderen Musiker anhörte, die immer die Tonleitern und Noten runterspielten, blieb überhaupt nichts hängen.

Musik ist immer Stil. Angenommen, ich spielte mit Frank Sinatra, dann würde ich versuchen, so zu spielen, wie er singt, oder zumindest seinen Gesang zu unterstreichen. Aber ich würde mich nicht hinstellen und Frank Sinatra mit halsbrecherischem Tempo begleiten. Ich hab damals viel über Phrasierung gelernt, indem ich mir Frank, Nat „King" Cole und sogar Orson Welles genau angehört habe. Solche Leute sind einfach unschlagbar in der Art, wie sie mit der Stimme eine musikalische Linie, einen Satz oder eine Phrase formen. Eddie Randle sagte mir oft, ich solle entweder eine Phrase spielen und dann atmen oder nach meinem eigenen Atemrhythmus spielen. So, wie Harry „Sweets" Edison Frank Sinatra begleitet hat, genauso muß man hinter einem Sänger spielen. Sobald Frank aufhörte zu singen, setzte Harry ein. Ein bißchen davor und ein bißchen danach, aber nie gleichzeitig; man darf nie *gleichzeitig* mit dem Sänger spielen. Man spielt dazwischen. Und wenn man den Blues spielt, muß das Feeling rüberkommen; man muß es spüren.

Das alles hatte ich bereits in St. Louis gelernt, deshalb wollte ich auch schon immer anders als die meisten Trompeter spielen. Natürlich wollte ich auch so hoch und schnell wie Dizzy spielen, einfach um mir zu beweisen, daß ich's kann. Viele Typen haben mich deshalb in der Bebop-Zeit runtergemacht, denn sie waren für alles taub – außer für Dizzys Spiel. Das war's, was Trompetespielen für sie bedeutete. Und wer wie ich daherkam und was anderes ausprobierte, der riskierte eben, daß man ihn abschrieb.

Aber Bird wollte was andres, nachdem Dizzy die Band verlassen hatte. Er suchte einen Trompeter mit einem anderen musikalischen Konzept und einem anderen Sound. Er wollte genau das Gegenteil von dem, was Dizzy gemacht hatte, wollte jemanden, der seinen Sound ergänzte, der ihn verstärkte. Deshalb wollte er mich. Er und Dizzy waren sich in ihrer Spielweise sehr ähnlich, beide waren schnell wie die Teufel, rasten die Tonleitern hoch und runter, daß man sie manchmal nicht auseinanderhalten konnte. Als Bird dann mit mir spielte, hatte er plötzlich den Raum, den er brauchte, er mußte keine Angst mehr haben, daß Dizzy ihm auf den Fersen war. Dizzy ließ ihm keinen Raum. Sie spielten brillant zusammen, und was sie brachten, war unschlagbar. Aber ich ließ Bird genug Raum, und genau das wollte er nach Dizzy. Nachdem wir schon länger im Three Deuces gespielt hatten, wollten einige Leute immer noch lieber Diz statt mich hören. Ich konnte das verstehn.

Kurz darauf spielte die Band unten im Spotlite Club. Bird ersetzte Al Haig am Piano durch Sir Charles Thompson und engagierte Leonard Gaskin am Baß für Curly Russell. Allerdings spielten wir dort nicht lange, weil die Polizei das Spotlite und ein paar andere Clubs auf der 52sten wegen irgendwelcher Drogengeschichten und gefälschter Alkohollizenzen dicht machte. Aber der eigentliche Grund, warum sie die Läden für ein paar Wochen schlossen, ist für mich, daß sie einfach die Nigger da unten raushaben wollten. Es gefiel ihnen nicht, daß die Schwarzen mit ihren reichen, schönen, weißen Frauen rummachten.

Dieser Teil der 52sten Straße bestand bloß aus einer Reihe von drei- bis vierstöckigen, rot-braunen Backsteinhäusern. Es war keine besonders tolle Gegend. Früher hatten in dem Block zwischen der Fünften und Sechsten Avenue die reichen Weißen gewohnt. Irgendjemand hat mir erzählt, daß es damit während der Prohibition vorbei war, als die reichen Weißen wegzogen und kleine Geschäfte und Clubs unten in den Häusern aufmachten. Während der vierziger Jahre, als aus den großen Bands 'ne Menge kleiner Gruppen hervorging, wurden diese Clubs richtig beliebt. Für Big Bands waren sie zu klein. Auf die Bühne paßte kaum eine Fünf-Mann-Combo, geschweige denn eine mit zehn oder zwölf Leuten. Diese Clubs schufen eine neue Art von Musikern, die sich in kleinen Bands wohl fühlten. Das war die musikalische Atmosphäre, als ich anfing, in der Street zu spielen.

Aber die kleinen Clubs wie das Three Deuces, das Famous Door, das Spotlite, der Yacht Club, Kelly's Stable und das Onyx zogen auch Gauner und großspurige Zuhälter, viele Prostituierte, Hipsters und Drogenhändler an. Glaub mir, solche Typen – und zwar schwarze und weiße – gab's in der Street wie Sand am Meer. Diese Motherfucker machten, was sie wollten. Jeder wußte, daß sie die Bullen geschmiert hatten, und solange die Gauner weiß waren, war alles in Ordnung. Aber mit der Musik zogen auch die schwarzen Typen aus dieser Szene mit nach unten, zumindest ziemlich viele. Und das paßte den weißen Bullen gar nicht. Aber mit den schwarzen Musikern hatte das Ganze nicht viel zu tun, denn die Drogen- und Lizenzgeschichte war eigentlich nur ein Deckmantel für den wahren Grund, nämlich den Rassismus. Aber damals hätte das keiner zugegeben.

Jedenfalls ging Bird mit der Gruppe ins Minton's nach Harlem, nachdem sie das Spotlite dichtgemacht hatten. Da oben begann ich viel besser zu spielen. Ich weiß nicht, warum, vielleicht lag's an dem schwarzen Publikum, dem ich mich viel näher fühlte. Beschwören kann ich's nicht. Ich weiß nur, daß mein Selbstvertrauen wuchs, und obwohl Bird jeden Abend stehende Ovationen und wilde Begeisterungsstürme erntete, mochten die Leute anscheinend auch das, was ich spielte. Ich kriegte sogar auch ein paar Mal stehende Ovationen. Und Bird lächelte, wenn ich spielte, genau wie die übrigen in der Band. Ich hatte immer noch Schwierigkeiten mit Stücken wie „Cherokee" oder „A Night in Tunisia", Stücke, die bei Dizzy richtig kochten, weil sie für seine Spielweise wie geschaffen waren. Aber ich war gut genug, um die Stücke durchzuspielen, ohne daß die Leute was von meinen Schwierigkeiten bemerkt hätten. Aber wenn Freddie Webster oder Dizzy auftauchten, spürten sie, daß ich Probleme mit diesen Stücken hatte, aber sie haben mich deswegen nie runtergeputzt, obwohl sie mir zu verstehen gaben, daß sie's wußten.

Viele Leute zogen hinter der Band nach Harlem rauf – Weiße eingeschlossen. Vielleicht war das auch ein Grund, warum die Clubs auf der 52sten nicht lange geschlossen blieben, denn die weißen Besitzer jammerten dauernd, daß ihnen das ganze Geld durch die Nigger in Harlem flötenginge. Jedenfalls öffneten die Läden in der Street wieder, kurz nachdem Bird oben spielte und die Weißen dort hinkamen. Wenn's überhaupt was gibt, was die Weißen zusammenschweißt, dann die Tatsache, daß sie's nicht ertragen können, wenn Schwarze das Geld machen, das ihrer Meinung nach *ihnen* zusteht. Die dachten wirklich, sie hätten die schwarzen Musiker *gepachtet*, weil sie das Geld für sie einsteckten. Irgendwie muß es sich also rumgesprochen haben, daß diese neue Spielregel den Brieftaschen der weißen Clubbesitzer nicht guttat – wenn sie ihre Geschäfte an Harlem abtreten mußten. Aber irgendwie war was anders geworden, als die Clubs wieder aufmachten; in der kurzen Zeit, in der wir nicht da waren, waren der Zauber und die Energie verloren gegangen. Vielleicht lieg ich falsch, aber für mich war das der Anfang vom Ende der Street. Es war an sich nur noch eine Frage der Zeit.

Freddie Webster war der erste, dem ich im Herbst 1945 erzählte, daß ich die Juilliard School verlassen wollte. Freddie war ein starker, netter Typ. Er meinte, ich solle lieber erst meinen Vater anrufen und es ihm sagen. Ich hatte nämlich vor, erst aufzuhören und es danach meinem Vater zu sagen. Aber jetzt dachte ich über die ganze Sache nochmal nach. Dann meinte ich zu Freddie: „Ich kann meinen alten Herrn nicht anrufen und sagen: ‚Hör mal zu, Dad, ich arbeite da mit 'n paar Typen namens Bird und Dizzy zusammen, und deshalb hör ich

mit der Schule auf.' Sowas kann ich nicht machen. Ich muß
nach Hause und es ihm persönlich sagen." Freddie fand das
richtig, und genauso hab ich's dann auch gemacht.

Ich setzte mich in den Zug, fuhr zurück nach East St. Louis,
ging in seine Praxis, wo das Schild „Nicht stören" an der Tür
hing. Natürlich war er schockiert, als ich auftauchte, aber
solche Sachen brachten ihn nicht aus der Fassung. Er sagte nur:
„Miles, was zum Teufel suchst du hier?"

„Hör zu, Dad", sagte ich. „Die Musik ändert sich, es passiert
einiges in New York, und da will ich dabeisein, mit Bird und
Diz. Ich bin zurückgekommen, weil ich dir sagen will, daß ich
an der Juilliard School aufhöre. Die bringen mir nur weißes
Zeugs bei, und das interessiert mich nicht."

„Okay", antwortete er, „solange du weißt, was du tust, ist alles
in Ordnung. Was immer du vorhast, mach es gut."

Dann sagte er mir was, das ich nie vergessen werde: „Miles,
hörst du den Vogel da draußen? Das ist 'ne Spottdrossel. Sie hat
keine eigene Stimme, sie macht nur die Stimmen der anderen
nach, und das willst du nicht. Wenn du dein eigener Herr sein
willst, mußt du deine eigene Stimme finden. Darum geht's. Sei
also nur du selbst. *Du* mußt *wissen*, was *du* zu tun hast, und ich
vertrau deiner Entscheidung. Und mach dir keine Sorgen, ich
schick dir weiter Geld, bis du auf eigenen Füßen stehen
kannst."

Mehr sagte er nicht, und dann behandelte er seinen Patienten
weiter. Mann, das war was. Meiner Mutter paßte das überhaupt
nicht, aber inzwischen wußte sie schon, daß es sinnlos war, was
zu sagen, wenn ich mich für irgendwas entschieden hatte.
Eigentlich kamen wir uns sogar näher. Auf einem meiner
Abstecher nach Hause hatte ich mitbekommen, daß meine
Mutter einen sauberen Blues auf dem Klavier spielen konnte.
Ich sagte ihr, daß es mir gefiele, was sie da spielte, und daß ich
bisher nicht gewußt hätte, daß sie auch sowas könne. Sie
lächelte kurz und sagte: „Weißt du, Miles, es gibt vieles, was du
von mir nicht weißt." Wir lachten beide und merkten zum
ersten Mal, daß das stimmte.

Meine Mutter war eine wunderschöne Frau – vom Aussehen her und später, als sie älter war, von ihrer Ausstrahlung her. Ihre Haltung war großartig. Schon ihr Gesicht war eine Haltung. Das hab ich von ihr übernommen, und je älter sie wurde, desto enger wurde unser Verhältnis. Aber so wichtig die Musik auch für mich war, meine Eltern gingen so gut wie nie in Nachtclubs, nicht mal, wenn ich einen Auftritt hatte.

Bevor ich an der Juilliard aufhörte, befolgte ich Dizzys Rat und nahm ein paar Klavierstunden. Ich nahm auch kurz Unterricht in klassischer Trompete bei Musikern des New York Philharmonic Orchestra, und das brachte mich auch ein Stück weiter.

Wenn ich sage, daß mir die Juilliard School nichts brachte, meine ich damit, sie konnte mir nur soweit helfen, daß mir klar wurde, was ich wirklich spielen wollte. An der Schule hatte ich nichts mehr zu suchen. Eigentlich hab ich noch nie in meinem Leben eine Entscheidung bedauert. Manchmal vielleicht, aber nicht oft. Aber als ich im Herbst 1945 Juilliard verließ, ließ mich das ziemlich kalt. Schließlich spielte ich mit den größten Jazzmusikern der Welt, was sollte ich da bereuen? Nichts. Und ich bereute nichts. Schaute nie zurück.

KAPITEL 4

*U*m den Herbst 1945 rum nahm
Teddy Reig, der Produzent von
Savoy Records, Kontakt mit Bird auf, weil er mit ihm eine Platte
für sein Label aufnehmen wollte. Bird sagte zu und fragte mich,
ob ich mitmachen wollte; bei einigen Stücken saß Dizzy am
Piano, Thelonious Monk und Bud Powell wollten oder konnten
nicht, und Bud kam mit Bird sowieso nie besonders gut aus.
Schließlich spielte Sadik Hakim bei den Stücken Klavier, bei
denen Dizzy aussetzte, Curly Russell war am Baß, Max Roach
am Schlagzeug und Bird am Altsaxophon. Die Platte hieß
Charlie Parker's Reboppers.* Es war eine großartige Platte,
zumindest sagten das viele, und durch sie verschaffte ich mir
endgültig einen Namen in der Bebop-Bewegung.

Aber diese Platte erst mal fertig zu kriegen – Mann, das war
'ne Wahnsinnsgeschichte. Ich weiß noch, daß Bird „Ko-Ko"
spielen wollte, ein Stück, das auf den Harmonien von „Cherokee" aufbaute. Bird *wußte*, daß ich schon früher Probleme mit
„Cherokee" hatte. Als er mich also aufforderte, „Ko-Ko" zu
spielen, sagte ich einfach „nein" und weigerte mich. Deshalb ist
bei „Ko-Ko", „Warmin' up a Riff" und „Meandering" Dizzy an
der Trompete, denn ich wollte mich nicht blamieren. Ich war
einfach noch nicht soweit, Stücke in dem Tempo von „Cherokee" zu spielen, und ich stand auch dazu.

Bei dieser Aufnahmesitzung passierte eine komische Sache.
Als Dizzy diese wunderbaren Soli blies, schlief ich auf dem
verdammten Fußboden ein und verpaßte das ganze Wahnsinns-
zeug, das er spielte. Später hörte ich's auf Platte und konnte nur
den Kopf schütteln und lachen. Was Dizzy an dem Tag gebracht
hatte, war einfach sagenhaft gut.

Aber der Gig selbst war ziemlich merkwürdig, weil ständig
irgendwelche Gauner und Dealer vorbeikamen, die irgendwas

---

* Charlie Parker: *The Complete Charlie Parker*, Vol. 1 (BYG 529 129).

von Bird wollten. Und dann verschwand Bird mit einem Dealer in der Toilette und kam erst ein oder zwei Stunden später wieder raus. In der Zwischenzeit saßen alle rum und warteten, bis Bird sich ausgeschlafen hatte. Dann tauchte er völlig abgedreht auf. Aber wenn Bird erst mal high war, spielte er sich einfach den Arsch ab.

Als die Platte erschien, wurde ich von einigen Kritikern ziemlich verrissen, besonders von einem Typen im *Down Beat*. Ich hab seinen Namen vergessen, aber ich weiß noch, daß er irgendwas in der Richtung schrieb, ich hätte alle Fehler von Dizzy kopiert, und das sei letztendlich nicht gut für mich. Eigentlich geb ich überhaupt nichts auf Kritiker, aber damals war ich ganz schön getroffen, denn ich war noch so jung, und die Platte war sehr wichtig für mich, ich wollte einfach gut sein. Aber Bird und Diz sagten, ich sollte mir über diesen Kritikerscheiß keine Gedanken machen, und ich hielt mich dran; mir war wichtig, was *sie* – Bird und Dizzy – von meiner Musik hielten. Vielleicht stammt meine Abneigung gegenüber Musikkritikern aus dieser Zeit, als sie mich so runtermachten, wo ich noch so jung war und noch so viel zu lernen hatte. Sie waren eiskalt und zeigten keine Spur von Mitleid. Ich fand's nicht richtig, einen, der so jung und unerfahren ist, derart gnadenlos zu verreißen und ihm kein bißchen Mut zu machen.

Aber so gut sich – musikalisch gesehen – mein Verhältnis zu Bird auch entwickelte, unsere private Beziehung wurde immer schlechter. Bird lebte, wie erwähnt, eine Zeitlang bei mir, aber bestimmt nicht so lange, wie viele Schreiber behauptet haben. Weißt du, ich hatte ihm ein Zimmer im selben Haus besorgt, in dem ich mit meiner Familie wohnte. Aber er kam dauernd runter in unser Appartement, lieh sich Geld und alles mögliche, aß bei uns mit und gab dann besoffen auf der Couch oder dem Fußboden seinen Geist auf. Außerdem schleppte er dauernd alle möglichen Frauen und Gauner, Dealer und drogengeile Musiker an.

Eins verstand ich bei ihm nie, nämlich, warum er immer diesen destruktiven Scheiß machte. Mann, Bird wußte es doch besser. Er war ein Intellektueller. Er las Romane, Gedichte, historische Bücher, diesen ganzen Kram. Und er konnte mit fast jedem über alles mögliche reden. Schließlich war er doch nicht dumm oder ungebildet oder ein Analphabet. Er war wirklich sensibel. Aber er hatte diesen unglaublich zerstörerischen Zug an sich. Er war ein Genie, und die meisten Genies sind gierig. Aber er redete immer viel über Politik und verarschte die Leute unheimlich gern, indem er sich dumm stellte und sie dann auflaufen ließ. Besonders gern machte er das mit Weißen. Und wenn sie dann kapierten, daß er sie reingelegt hatte, konnte er sich richtig amüsieren. Er war schon ein spezieller Typ – ein sehr vielschichtiger Mensch.

Aber am schlimmsten war, daß er es ausnutzte, daß ich ihn als großartigen Musiker liebte und achtete. Er erzählte den Dealern immer, daß sie von mir das Geld bekämen, das *er* ihnen schuldete. Und dann kamen diese Kerle manchmal bei mir vorbei und sahen aus, als würden sie mich jeden Augenblick umbringen. Der Scheiß war echt gefährlich. Schließlich sagte ich ihm und den anderen Idioten, sie sollten sich nicht mehr blicken lassen. Das spitzte sich so zu, daß Irene wieder nach East St. Louis zog, aber sie kam wieder nach New York, als Bird nicht mehr so oft auftauchte. Ungefähr um die Zeit lernte er Doris Sydnor kennen und zog bei ihr ein, irgendwo in der Manhattan Avenue. Aber bevor Irene nach New York zurückkam, wohnte Freddie Webster einige Zeit bei mir, und wir redeten oft die ganze Nacht durch. Mit ihm konnte man viel besser klarkommen als mit Bird.

Zwischen den Gigs mit Bird spielte ich im Herbst 1945 ein paar Mal mit Coleman Hawkins und Sir Charles Thompson im Minton's. Bean behandelte mich immer gut, fast wie seinen Sohn. Er stammte aus Saint Joseph, Missouri, einer kleinen Stadt in der Nähe von Kansas City, die Stadt, in der Bird aufwuchs. Wir – Bird, ich und Bean – kamen alle aus dem Mittleren Westen. Ich glaub, das hat viel damit zu tun, daß wir musikalisch auf der gleichen Wellenlänge sendeten und in vielem übereinstimmten – zumindest, was Bird betraf. Irgendwie dachten und fühlten wir ähnlich. Bean war ein lieber Kerl, einer der wunderbarsten Menschen, die ich je getroffen habe, und er brachte mir viel über Musik bei. Außerdem überließ er mir oft seine Klamotten. Wenn ich ihn fragte, wieviel er für eine Jacke oder ein Hemd wollte, verlangte er fünfzig Cent oder so. Er kaufte seine Kleidung in diesem hipen Laden am Broadway, in der Nähe der 52sten, und dann gab er sie mir fast umsonst. Einmal bekam ich von Bean sogar einen dieser verrückten Mäntel für ungefähr zehn Dollar. Als wir mal in Philly waren, lernte ich durch Bean auch diese beiden Typen, Nelson Boyd und Charlie Shaw, kennen. (Ich glaub, Charlie war ein Drummer). Jedenfalls nähte sich Charlie seine Anzüge selber, und manchmal machte er auch einen für Bean. Mann, diese Anzüge waren einsame Spitze. Ich sagte zu ihm: „Verdammt, Charlie, warum machst du mir nicht auch so einen Anzug?" Er meinte, ich sollte einfach den Stoff besorgen, und dann würde er mir einen nähen, umsonst. Und ich bekam einen irren Zweireiher, den ich überhaupt nicht mehr auszog. Auf vielen Fotos, die zwischen 1945 und 1947 gemacht wurden, trug ich diese Charlie Shaw-Anzüge. Danach ließ ich mir meine Anzüge immer anfertigen, wenn ich genug Geld hatte.

Als ich mit Bean spielte, lernte ich auch Thelonious Monk näher kennen. Er war auch in der Band, ebenso wie Denzil Best, der am Schlagzeug saß. Ich mochte Monks Komposition „'Round Midnight" unheimlich gern und wollte sie unbedingt richtig bringen. Also ging ich jeden Abend zu ihm und fragte: „Monk, wie hab ich's heute gespielt?" Und er sagte immer todernst: „Es war nicht in Ordnung." Das gleiche am nächsten Abend und am nächsten und am nächsten und am nächsten. So ging das eine ganze Zeitlang.

„So spielt man's nicht", sagte er und schaute mich manchmal richtig unglücklich und verzweifelt an. Als ich ihn dann eines Abends wieder fragte, antwortete er: „Yeah, genauso spielt man's."

Mann, ich war glücklicher als 'ne Made im Speck. Ich hatte

endlich den richtigen Sound getroffen. Es war eins der schwierigsten Stücke. „'Round Midnight" war unglaublich schwierig, weil es so eine komplizierte Melodie hatte, die man zu einem Ganzen verbinden mußte. Man mußte es so spielen, daß die Harmonien und Akkordwechsel ebenso zu hören waren wie die Höhen; es war eins der Stücke, die du hören mußt, um sie zu lernen. „'Round Midnight" war nicht eine der gängigen, achttaktigen Melodien; es endete einfach in einer Art Moll-Tonart. Es ist ein hartes Stück, und es dauert lange, bis man's kann und im Kopf behält. Ich kann's immer noch, aber ich spiel's heute nicht mehr allzuoft, außer, wenn ich allein übe. Was mir damals solche Probleme machte, waren diese Harmonien. Ich mußte die Melodie im Kopf haben, sie spielen und so improvisieren, daß Monk sie hören konnte.

Übers Improvisieren lernte ich das meiste von Bean, Monk, Don Byas, Lucky Thompson und Bird. Aber Bird war ein so großartiger und einfallsreicher Improvisator, daß er die Stücke völlig umkrempelte. Wenn du dich mit Musik nicht ausgekannt hast, wußtest du nie, wo zum Teufel Bird grade war. Weißt du, Bean, Don Byas, Lucky Thompson hatten alle den gleichen Stil: Sie spielten erst ihre bekannten Soli runter, und dann improvisierten sie. Du konntest die Melodie immer mithören, wenn sie improvisierten. Aber wenn Bird spielte, war das 'ne völlig andere Welt, was total anderes, es war jedesmal was ganz Neues. Er war der Größte unter den Großen.

Oder andersrum gesagt: Es gibt Maler, und dann gibt es *die* Maler unter den Großen. Meiner Meinung nach gab es in diesem Jahrhundert zwei: Picasso und Dalí. Für mich war Bird das, was mein Lieblingsmaler Dalí für mich war. Ich mochte Dalí, weil er bei der Darstellung des Todes so viel Phantasie zeigte. Genau das war meine Vorstellungswelt. Außerdem gefiel mir der Surrealismus in seinen Bildern. Dalís Surrealismus hatte immer noch ein besonderes Moment – wenigstens für mich –, es war einfach anders; weißt du, zum Beispiel ein Männerkopf in einer Brust. Und Dalís Bilder hatten immer irgendwie einen raffinierten Strich. Bei Picasso dagegen war, abgesehen von seinen kubistischen Bildern, eher dieser afrikanische Einfluß zu spüren, und da kannte ich mich selbst gut aus. Deshalb war Dalí für mich viel interessanter, durch ihn hab ich gelernt, Dinge auf eine neue Weise zu sehen. Bird war für mich genauso – in der Musik.

Bird beherrschte ungefähr fünf oder sechs verschiedene Stile. Zum Beispiel einen wie Lester Young; einen wie Ben Webster; einen, den Sonny Rollins immer „Picken" nannte, wenn ein Bläser ganz kurze Phrasen spielt (heute verwendet Prince diesen Stil). Als Komponist und Pianist war Monk ganz ähnlich; nicht genau wie Bird, aber fast.

Ich denke oft an Monk, denn seine Musik paßt zu diesen neuen Rhythmen, die viele junge Musiker heute spielen – Prince, mein heutiger Stil, Sachen in der Richtung. Er war ein großartiger Musiker, ein Neuerer, besonders, was seine Kompositionen und Arrangements angeht.

Mann, Monk war aber auch ganz schön komisch, wenn er seine Beine und Füße immer im Takt bewegte. Ich schaute ihm unheimlich gern beim Spielen zu, denn an seinen Füßen konnte man immer sehen, ob er richtig dabei war. Wenn sich seine Füße bewegten, war er's; wenn nicht, war er's nicht. Man hatte das Gefühl, als wär man in der Kirche und würde geheiligte Musik hören; verstehst du, der Takt und die Rhythmen. Seine Betonung, seine Rhythmen und die Art, wie er an eine Melodie ranging, erinnern mich oft an die heutige karibische Musik. Viele Leute sagten, daß Monk nicht so gut Klavier spielen konnte wie Bud Powell, weil sie Bud wegen seiner Schnelligkeit für den besseren Techniker hielten. Es ist ganz großer Blödsinn, sie danach zu beurteilen, denn ihre Stile waren völlig verschieden. Monk spielte wirklich hipes Zeug, genau wie Bud Powell. Aber sie waren unterschiedlich. Bud lag eher auf der Linie von Art Tatum, und auf Art standen alle Bebop-Pianisten. Monk ging eher in Richtung Duke Ellington, der dieses Stride-Piano-Ding draufhatte. Aber man konnte den Stil von Monk immer auch bei Bud raushören. Beide waren irre Pianisten, sie hatten nur unterschiedliche Stile.

Vielleicht hört sich's komisch an, aber eigentlich standen Monk und ich uns sehr nahe – musikalisch gesehen. Er zeigte mir immer seine Stücke, und wenn ich irgendwas nicht verstand, erklärte er's mir. Ich mußte immer lachen, wenn ich seine Sachen hörte, weil sie so komisch und verschroben waren. Monk hatte viel Humor – musikalisch gesehen. Er war ein wirklich innovativer Musiker, der seiner Zeit voraus war. Einen Teil seiner Musik könnte man heute auf den Fusion-Stil und andere populäre Richtungen übertragen; vielleicht nicht auf alle, aber zumindest auf die, wo's fetzig und funkig abgeht. Weißt du, dieses schwarze Rhythmus-Ding, das James Brown so gut drauf hat. Monk hatte genau das, und es steckt überall in seinen Kompositionen.

Monk war ein ernsthafter Musiker. In der Zeit, als ich ihm zum ersten Mal begegnete, war er angeblich oft abgedreht, randvoll mit Dexedrin. Zumindest wurde das erzählt. Aber zu der Zeit, als ich so viel von ihm lernte, war er nicht so oft high. Monk war ein großer und kräftiger Kerl, ungefähr einsfünfundachtzig groß und um die zweihundert Pfund schwer. Er ließ sich von keinem was gefallen.

Monk war zwar ein großartiger Musiker, aber mir gefiel einfach nicht, wie er *mich* begleitete, wie er mit Akkorden den Rhythmus spielte. Um mit Monks brüchiger Musik zurechtzukommen, der Art, wie er Räume schuf, mußte man schon wie Coltrane spielen. Dieses Zeug war einfach wahnsinnig. Es war die absolute Krönung der besten Musik. Aber es war eben sehr eigen.

Monk war ein ruhiger Typ. Manchmal führte er mit Bean tiefschürfende Gespräche. Bean machte sich immer einen Spaß daraus, Monk wegen allem möglichen Scheiß aufzuziehen. Und Monk nahm's einfach hin, weil er Bean liebte. Außerdem war er wirklich sanft, schweigsam und zurückhaltend, ein wunderbarer, gelassener Mensch – obwohl er einen so drohend ansehen konnte und so riesig und kräftig war. Hätte Monk umgekehrt Bean dauernd provoziert, dann wäre der ziemlich sauer geworden.

Ich hab mir eigentlich nie Gedanken drüber gemacht, aber wenn ich mir's jetzt so überlege, gab's kaum einen Kritiker, der Monks Musik verstanden hat. Mann, ich hab bei Monk mehr über Komposition gelernt als bei irgendeinem anderen auf der 52sten. Er zeigte mir alles; er setzte sich einfach ans Klavier und spielte es mir vor. Aber bei Monk mußte man schnell sein und zwischen den Noten lesen können, da er einem nie besonders viel erklärte. Er machte seine Sache auf seine eigene, merkwürdige Art. Wenn du deine *eigene* Sache und das, was *er* dir *gezeigt* – und nicht erklärt – hat, nicht völlig ernst genommen hast, dann konntest du nur noch sagen: „Wie? Wie war das jetzt? Wie hat er das gemacht?" Und wenn du erstmal an dem Punkt warst, konntest du's vergessen. Hattest den Anschluß verpaßt. Das war's dann. Es war aus und vorbei. Monk war einer, der keine halben Sachen hinnehmen konnte und wollte. Und mich hielt er für jemand, dem's ernst war, und deshalb gab er mir alles, was er konnte – und das war ganz schön viel. Obwohl ich mit Monk privat nie viel zu tun hatte – er war sowieso ein Typ, der selten rumhing–, war er für mich doch ein musikalischer Lehrer. Ich glaube wirklich nicht, daß er das alles auch für einen andern gemacht hätte. Aber, obwohl er ein wunderbarer Mensch war, konnte er auf Leute, die ihn nicht kannten, auch sehr merkwürdig wirken, genauso wie ich selbst in späteren Jahren.

Als ich bei Bird spielte, wurden Max Roach und ich wirklich dicke Freunde. Zusammen mit J. J. Johnson zogen wir nächtelang durch die Straßen, bis wir morgens bei Max oder bei Bird landeten. Irgendwie waren wir alle auf dem gleichen Trip – Milt Jackson, Bud Powell, Fats Navarro, Tadd Dameron oder Monk, und manchmal sogar Dizzy. Wir halfen uns immer gegenseitig. Und wenn irgendeiner was brauchte, egal, ob's Geld war oder mal 'ne Ermutigung, dann bekam er's. Am Anfang, als wir bei Bird spielten, zog mir Max, wenn er meinte, daß ich was falsch gemacht hatte, die Ohren lang, bis ich's kapiert hatte. Und umgekehrt war's genauso.

Aber am meisten Spaß hatten wir bei den Jam Sessions, die

überall in Harlem und Brooklyn abgingen. Wir stiegen ein, wo wir konnten, genauso wie andre Typen in unserem Alter. Bisher war ich nur mit älteren Musikern zusammen gewesen, die mir was beibringen konnten. Jetzt, in New York, war ich mit ein paar Jungs in meinem Alter unterwegs, von denen ich was lernen konnte und die mich verstanden. Früher war ich selten mit Jüngeren zusammen. Musikalisch war ich ihnen einfach zu weit voraus, und ich konnte von ihnen nichts lernen; meistens war's umgekehrt.

New York war damals völlig anders, denn man konnte einfach losgehn und bei irgendeiner Jam Session einsteigen. Und im Gegensatz zu heute mußte man auch keinen großen Namen haben, damit sie einen mitspielen ließen. Außerdem lagen die Clubs alle dicht zusammen, egal, ob in der 52sten oder oben in Harlem in der Gegend der Siebten Avenue – im Lorraine's, Minton's oder im Small's Paradise. Die Clubs waren nicht so weit verstreut wie heute. Für uns war das Wichtigste, zur Musikszene zu gehören. Ich glaub nicht, daß das auch heute noch so ist.

In der Musik hab ich schon immer gern was aufs Spiel gesetzt, und später, als ich älter war, auch im Leben. Aber 1945 riskierte ich nur in der Musik was. Max Roach war damals genauso. Wir galten beide als die schärfsten Newcomer. Max war für alle der neue Kenny Clarke, der zu der Zeit die Nummer Eins unter den Bebop-Drummern war und den alle nur „Klook" nannten. Und ich galt bei allen als der neue Dizzy Gillespie. Keine Ahnung, ob da was dran war, jedenfalls haben das die Musiker behauptet und viele Leute, die auf Bebop standen.

Die Kritiker machten mich noch immer runter. Ich glaube, das hatte viel mit meiner Art zu tun. Ich hab nämlich nie den Clown gespielt und mich selber verleugnet, um irgendjemand in den Arsch zu kriechen, schon gar keinem Kritiker. Denn *wen* die Kritiker am liebsten mögen, hängt eben davon ab, ob der nett zu ihnen ist. Außerdem waren die meisten weiß und dran gewöhnt, daß die schwarzen Musiker nett zu ihnen waren, damit sie dann was Gutes über sie schrieben. Deshalb krochen ihnen viele in den Arsch, machten auf der Bühne den Affen und spielten lieber den Entertainer als ihr Instrument.

Ich liebe Dizzy wirklich, genauso, wie ich Louis „Satchmo" Armstrong liebte, aber ich hab's immer gehaßt, wie sie fürs Publikum grinsten und herumalberten. Mir ist schon klar, *warum* sie's machten – sie wollten Geld verdienen und waren vom Typ her Entertainer *und* Trompeter. Sie mußten ihre Familien durchbringen, und sie spielten eben gern den Clown. Ich hab nichts dagegen, wenn's ihnen Spaß macht. Aber *mir* gefiel es nicht, und ich hatte es ja auch nicht *nötig*, daß es mir gefiel. Ich hab einen anderen sozialen Hintergrund als die beiden und stamme außerdem aus dem Mittleren Westen, während sie aus dem Süden kommen. Deshalb gibt es ein paar Unterschiede in unsrer Einstellung den Weißen gegenüber. Ich war außerdem jünger als die beiden und mußte nicht die ganze Scheiße durchmachen, um im Musikgeschäft anzukommen. Sie hatten schon 'ne Menge Türen für Leute wie mich geöffnet, und deshalb war ich der Meinung, daß ich mich nur auf mein Horn zu konzentrieren brauchte – was andres wollte ich auch nicht. Ich hab mich nie – wie die beiden – als Entertainer gesehen. Ich wollte es auch nie sein, nur damit irgendein rassistischer, weißer Musikanalphabet ein paar nette Sachen über mich schreibt. Nie, in keinem Fall hätte ich meine Grundsätze so billig verkauft. Ich wollte als guter Musiker akzeptiert werden, und dazu mußte man nicht grinsen, sondern einfach gut spielen. Und das hab ich gemacht, damals genauso wie heute. Das können die Kritiker schlucken, oder sie können's bleiben lassen.

Viele Kritiker mochten mich damals also nicht – heute ist's nicht viel anders –, denn sie hielten mich für einen arroganten, kleinen Nigger. Vielleicht war ich's auch, keine Ahnung, aber eins weiß ich, ich mußte ja nicht über meine Musik schreiben, und wenn sie's nicht konnten oder wollten, dann scheiß drauf. Jedenfalls dachten die andern genauso, ob das Max oder Monk, J. J. oder Bud Powell war. Und diese Einstellung uns selbst und unserer Musik gegenüber brachte uns noch näher zusammen.

Zu der Zeit wurden wir immer bekannter. Die Leute gingen überallhin, wo wir spielten – du weißt schon, in Harlem oder unten in der Street und manchmal sogar in Brooklyn. Und auch 'ne Menge Frauen kam immer wieder, um Max und mich zu sehen. Aber ich war mit Irene zusammen, und damals war ich noch der Meinung, daß ein Mann nur eine Frau haben sollte. Ich hab lange an diesen Mist geglaubt, bis ich dann heroinsüchtig wurde und mir nichts andres übrigblieb, als mich von Frauen aushalten zu lassen. Damals glaubte ich allerdings dran: ein Mann – eine Frau. Aber für diese oder jene hatte ich schon eine Schwäche, zum Beispiel für Annie Ross oder Billie Holiday.

Da die Street Ende 1945 immer noch dicht war, entschlossen sich Dizzy und Bird, nach Los Angeles zu fahren. Billy Shaw, Dizzys Agent, hatte dort einen Nachtclubbesitzer – ich glaub, er hieß Billy Berg – davon überzeugt, daß der Bebop an der Westküste wie 'ne Bombe einschlagen würde. Dizzy gefiel die Idee, den Bebop in Kalifornien bekanntzumachen, aber er war weitaus weniger begeistert davon, sich wieder auf Birds Eskapaden einlassen zu müssen. Zuerst legte er sich quer, aber als es hieß, daß Bird ein Teil des Deals ist, gab er schließlich nach. In der Gruppe waren also Dizzy, Bird, Milt Jackson am Vibraphon, Al Haig am Klavier, Stan Levey am Schlagzeug und Ray Brown am Baß. Ungefähr im Dezember 1945 fuhren sie mit dem Zug nach Kalifornien.

Da in New York nichts mehr los war, beschloß ich, eine kleine Erholungspause in East St. Louis einzulegen. Ich gab mein Appartement an der 147sten, Ecke Broadway auf. Irene und Cheryl lebten jetzt bei mir, und wir brauchten dringend eine größere Wohnung. Ich wollte mich drum kümmern, wenn ich wieder in New York war. Kurz vor Weihnachten kamen wir in East St. Louis an.

Im Januar spielte Benny Carter mit seiner Big Band im Riviera in St. Louis. Ich hörte mir die Band an, und da ich Benny kannte, ging ich hinter die Bühne. Er freute sich, mich wiederzusehen und fragte, ob ich in seiner Band spielen wollte.

Bennys Band war in Los Angeles zu Hause. Da Bird und Dizzy dort waren, rief ich sofort Ross Russell an, Birds Agent in New York, und sagte ihm, daß ich nach L.A. ginge und Bird und Dizzy treffen wolle. Er gab mir Birds Nummer, ich rief an und erzählte ihm, daß ich komme. Ich wollte Bird einfach wiedersehen und ihre Musik hören. Aus keinem andern Grund rief ich an. Aber Bird redete plötzlich davon, daß ich mich der Band anschließen und mit ihm und Dizzy zusammenspielen sollte. Er erzählte, daß er einen Plattenvertrag mit Dial Records anleiert, daß Ross Russell alles vorbereitet und ich bei den Aufnahmen mitspielen soll. Ich war geschmeichelt, wie er das sagte; daß er mich so hoch einschätzte. Wer wäre nicht unheimlich glücklich, wenn dir der beste Typ in der Musikszene erzählt, daß du toll bist und du bei ihm mitspielen sollst. Aber wenn du's mit Bird zu tun hattest, liefst du immer Gefahr, daß er dich übern Tisch ziehn wollte, und zwar aus Gründen, die nicht unbedingt was mit Musik zu tun hatten. Ich hab nie und nimmer dran gedacht, Dizzys Platz zu übernehmen. Ich liebte Dizzy. Ich wußte, die beiden hatten in letzter Zeit Probleme miteinander gehabt, aber ich hoffte, daß sich das wieder einrenken würde.

Was ich aber nicht wußte, war, daß Bird und Ross Russell schon darüber geredet hatten, mich in die Band zu nehmen. Bird suchte einen Trompeter mit einem andren Stil als Dizzys. Er suchte jemand mit einem relaxten Stil, der mehr in den mittleren Registern spielt, jemanden wie mich. Das erfuhr ich aber erst, als ich in Los Angeles war.

In Los Angeles spielten wir im Orpheum Theatre. Nach diesem Gig löste Benny Carter die Band bis zum nächsten Job vorübergehend auf. Benny stellte eine kleine Band zusammen, und wir spielten in Clubs außerhalb von L.A. und machten auch eine Radioübertragung. Benny war ein netter Kerl, und mir gefiel *sein* Stil, aber mit dem der andern konnte ich nichts anfangen. Die erste Zeit in L.A. wohnte ich mit Benny zusammen, und daher war's nicht ganz leicht, ihn jetzt einfach so im Stich zu lassen. Er war ein wahnsinnig guter Musiker, aber ihm fehlte das Selbstvertrauen. Manchmal wollte er von mir wissen, ob er wie Bird klingt, und dann sagte ich: „Nein, du klingst wie Benny Carter." Mann, wenn ich ihm das sagte, lachte er sich immer krank.

Noch in der Zeit, als ich bei Benny Carter war, spielte ich mit Bird im Finale, einem Club, der die ganze Nacht geöffnet hatte. Das Finale war an der South San Pedro in Little Tokyo, einem Japaner-Viertel in Los Angeles, das gleich neben einem Schwarzenviertel lag. Es war ein kleiner Club im zweiten Stock eines Hauses, und sie übertrugen von dort immer live im Radio. Bird hatte Foster Johnson – einen ehemaligen Vaudeville-Tänzer, der den Club leitete – dazu überredet, die Band dort spielen zu lassen. Bird war am Alt, ich an der Trompete, Addison Farmer – der Zwillingsbruder des Trompeters Art Farmer – am Baß, Joe Albany am Piano und Chuck Thompson am Schlagzeug.* Im Finale stiegen immer wieder gute Musiker ein, wie zum Beispiel Howard McGhee – der später den Club leitete –, Sonny Criss am Alt, Art Farmer, der Bassist Red Callender und sein Schützling, dieser verrückte, wunderbare Motherfucker Charlie Mingus.

Mann, Charlie Mingus war verrückt nach Bird, sowas hatte ich noch nie gesehn. Vielleicht war nur Max Roach genauso verrückt nach ihm. Mingus kam fast jeden Abend vorbei, um Bird zu hören, er kriegte nie genug von ihm. Mingus selber spielte Baß – und wie. Jeder, der ihn hörte, wußte sofort, daß er mal groß rauskommt. Uns war klar, daß er unbedingt nach New York kommen mußte. Und das machte er.

Die Musik in Bennys Band langweilte mich immer mehr. Es war keine Musik. Ich erzählte meinem Freund Lucky Thompson, daß mich das Ganze krank machte. Er sagte, ich soll aufhören und bei ihm wohnen. Lucky war ein Spitzen-Saxophonist, den ich im Minton's kennengelernt hatte. Er kam aus Los Angeles, hatte dort ein Haus, und ich zog bei ihm ein.

Inzwischen war's Anfang 1946, Irene saß in East St. Louis

* Charlie Parker: *Yardbird in Lotusland* (Spotlite SPJ 123).

und war mit unserm zweiten Kind, Gregory, schwanger. Langsam mußte ich mir überlegen, wie ich zu Geld kam, um meine Familie zu unterstützen. Bevor ich bei Benny aufhörte, fragte er mich noch, ob ich mehr Geld bräuchte. Er hatte erfahren, daß ich unzufrieden war. Aber ich sagte ihm nur: „Vergiß es, Mann, ich will nur weg." Er war ziemlich getroffen, und ich hatte ein schlechtes Gewissen, weil er mich ja mit nach Kalifornien genommen hatte und fest mit mir rechnete. Es war das erste Mal, daß ich so plötzlich eine Band verließ. Ich verdiente zwar rund hundertfünfundvierzig Dollar die Woche, aber das Spielen in dieser Band war 'ne richtige Qual. Er hätte mir noch so viel zahlen können, mit diesen beschissenen Neal Hefti-Arrangements, die seine Band spielte, wär ich nie glücklich geworden.

Nachdem ich bei Benny ausgestiegen war, hatte ich keinen Cent in der Tasche. Also wohnte ich eine Zeitlang bei Lucky, und dann zog ich zu Howard McGhee. Wir wurden dicke Freunde, und ich hab ihm einiges übers Trompetespielen und über Musiktheorie beigebracht. Howard lebte mit Dorothy, einem weißen Mädchen, zusammen. Sie war wunderschön, sah aus wie ein Filmstar. Ich glaub, sie waren verheiratet, keine Ahnung. Jedenfalls versorgte sie Howard mit einem neuen Auto, einem soliden Taschengeld und nagelneuen Anzügen. Mann, Howard war ein spezieller Typ. Dorothy hatte 'ne Freundin, eine schöne blonde Frau, die wie Kim Novak aussah, nur noch schöner. Sie hieß Carol und war eins von George Rafts Mädchen. Sie war öfters bei Howard, und er wollte uns zusammenbringen. Bis dahin hatte ich vielleicht mit zwei oder drei Frauen was gehabt. Inzwischen rauchte ich ab und zu, aber eigentlich konnte ich noch nicht mal richtig fluchen. Und da kommt Carol extra meinetwegen vorbei, und ich kümmere mich überhaupt nicht um sie. Sie saß nur rum und schaute mir beim Üben zu. Mehr machte ich nicht.

Nachdem sie weg war, kam Howard zurück, und ich sage zu ihm: „Howard, Carol war da."

„Und weiter?" fragt er.

„Und weiter?" sage ich. „Was meinst du mit ,und weiter'?"

„Was hast du gemacht, Miles?"

„Nichts", sage ich, „nichts hab ich gemacht."

„Paß mal auf, Miles", sagt Howard, „das Mädchen hat Geld. Wenn sie herkommt, heißt das, daß sie dich mag. Also mach was mit ihr. Denkst du vielleicht, sie fährt zu Lucky und dann hierher und drückt auf die Hupe ihres Cadillacs nur so aus Spaß? Wenn sie das nächste Mal kommt, dann mach was. Kapiert, Miles?"

Wenig später tauchte sie wieder auf und drückte auf die Hupe von ihrem neuen Cadillac. Ich ließ sie rein, und sie fragte, ob ich irgendwas brauche. Draußen der Cadillac mit offenem Verdeck, drinnen sie, scharf wie 'ne Bombe. Bis zu der Zeit hatte ich noch nie mit weißen Mädchen rumgemacht, und wahrscheinlich war mir das Ganze deshalb ein bißchen unheimlich. Vielleicht hatte ich in New York mal ein weißes Mädchen geküßt, aber ich war noch nie mit einem im Bett. Ich sagte ihr, daß ich nichts brauche. Also ging sie wieder. Als Howard zurückkam, erzählte ich ihm, daß Carol da war und wissen wollte, ob ich was brauche.

„Und weiter?" fragte Howard.

„Ich hab ihr gesagt, daß ich nichts brauche. Ich will kein Geld oder sonstwas."

„Bist du verrückt, du Arsch", sagte Howard. „Wenn sie noch mal vorbeikommt und du erzählst mir wieder diesen Scheiß und hast danach keinen Cent, Mann, dann schneid ich dir deine verdammte Nase ab. Hier kriegen wir keine Jobs. Die schwarze Gewerkschaft will uns nicht, weil wir zu modern sind. Die weiße Gewerkschaft will uns nicht, weil wir schwarz sind. Und da kommt dieses weiße Flittchen und will dir Geld geben, du hast keins und sagst ‚nein'. Wenn du nochmal so 'n Scheiß machst, stech ich dich ab, du blöder Schwätzer, hörst du? Also halt dich dran, ich mein's verdammt ernst."

Ich wußte, daß Howard ein netter, umgänglicher Typ war, aber er konnte es nicht ausstehen, wenn jemand Mist baute. Als Carol das nächste Mal kam und mir Geld anbot, sagte ich „ja" und nahm's. Als ich's Howard erzählte, meinte der: „Gut." Ich dachte später oft an Howard und was er gesagt hatte, denn diese Geschichte – daß ich von ihr Geld bekomme – war mir peinlich. Solche Sachen war ich bis dahin einfach nicht gewöhnt. Aber ich war tatsächlich zum ersten Mal in meinem Leben richtig blank. Danach schenkte mir Carol immer Pullover und so'n Scheiß, da es nachts ziemlich kalt in Los Angeles wurde. Aber diese Unterhaltung mit Howard hab ich nie vergessen. Ich erinnere mich noch heute fast an jedes Wort, und das passiert mir nicht allzuoft.

Nachdem ich bei Benny ausgestiegen war, hängte ich mich an Bird und spielte ein paar Wochen mit ihm. Howard McGhee kümmerte sich ein bißchen um Bird, der auch kurz bei ihm wohnte, als das Engagement mit Dizzy in Billy Bergs Club zu Ende war. Die Musik von Diz und Bird hatte in Los Angeles groß eingeschlagen, aber Dizzy wollte trotzdem nach New York zurück. Er kaufte für die ganze Band – einschließlich Bird – die Rückflugtickets, und alle waren froh wegzukommen. Nur Bird setzte in letzter Minute sein Ticket in Bargeld um und kaufte sich dafür Heroin.

Etwa im März 1946 legte Ross Russell den Termin für die Aufnahmesitzung für Dial Records fest. Ross paßte auf, daß Bird nüchtern war, und verpflichtete mich, Lucky Thompson am Tenor, einen Typ namens Arv Garrison an der Gitarre, Vic McMillan am Baß, Roy Porter am Schlagzeug und Dodo Marmarosa am Piano.

Zu der Zeit soff Bird ständig billigen Wein und spritzte Heroin. An der Westküste kam der Bebop nicht so gut an wie in New York, und die Leute hielten unsre Musik für ziemlich seltsam. Für Bird war's am schlimmsten. Er hatte kein Geld, sah schlecht und abgerissen aus, aber wer ihn *kannte*, wußte, daß er ein irrer Typ war, dem sowas völlig egal war. Aber die andern sahen in Bird nicht den Star, sondern einen kaputten, besoffenen Typen, der diesen eigenartigen Scheiß auf der Bühne spielte. Viele nahmen dieses Gerede von Bird, dem Genie, nicht ernst, sie ignorierten ihn einfach, und ich glaub, das hat sein Selbstvertrauen ziemlich angekratzt. In New York war Bird ein König, hier war er nur irgendein kaputter, komischer, betrunkener Nigger, der abgedrehte Musik spielte. Los Angeles lebt davon, seine Stars zu feiern, und Bird sah nun weiß Gott nicht wie ein Star aus.

Aber bei dieser Aufnahmesitzung für Dial riß sich Bird zusammen und spielte sich die Finger wund. Ich erinnere mich noch, daß wir die Nacht vor der Aufnahme im Finale übten. Wir redeten die halbe Nacht drüber, welche Stücke wir aufnehmen wollten und wer was spielen sollte. Es gab keine richtigen Proben für die Session, und die Musiker waren stinksauer, weil sie Stücke spielen sollten, die sie kaum kannten. Bird war nie dran interessiert, den Leuten zu sagen, was er von ihnen erwartete. Er suchte sich nur Typen, von denen er glaubte, daß sie seinen Kram spielen konnten, und damit hatte sich's. Es gab keine Noten, höchstens ein paar Melodieskizzen. Bird wollte nur spielen, kassieren, abhauen und sich Heroin kaufen.

Bird spielte den Musikern immer die Melodie vor, die er im Kopf hatte, und die mußten sie sich merken. Er war wirklich spontan, verließ sich allein auf seinen Instinkt. Er hielt sich nicht an die westlichen Vorstellungen von kollektivem Spiel, wo alles durchorganisiert wird. Bird war ein großartiger Improvisator. Für ihn hatten große Musik und große Musiker immer was mit Improvisation zu tun. Sein Motto war: „Vergiß die Noten auf dem Papier." Spiel, was in dir ist, spiel's gut, dann wird schon alles stimmen – genau das Gegenteil der westlichen Vorstellung von komponierter Musik.

Ich mochte diese Methode von Bird, und ich lernte viel daraus. Meine eigenen musikalischen Konzepte bauten später auch darauf auf. Es ist irre, wenn die Sache dann auch funktioniert, Mann. Aber wenn du mit Typen spielst, die nicht kapieren, was da abläuft, oder die mit dieser Freiheit nicht umgehn können und das spielen, was *sie* wollen, dann läuft's schief. Genau solche Typen aber erwischte Bird immer wieder, sie kamen mit diesem Konzept nicht klar. Aber so machte er das: bei Schallplattenaufnahmen und bei Live-Auftritten. Und darum ging's im Finale am Abend vor der Session.

Die Aufnahme fand in Hollywood statt, in einem Studio, das Radio Recorders hieß.* Wir spielten „A Night in Tunisia", „Yardbird Suite" und „Ornithology". Im April brachte Dial „Ornithology" und „A Night in Tunisia" auf einer 78er-Schallplatte raus. Bird nahm auch das Stück „Moose the Mooche" auf; er nannte es nach dem Typen, der ihm immer das Heroin beschaffte. Ich glaub, Bird hat ihm dafür sogar die Hälfte der Tantiemen für das Stück abgetreten. (Wahrscheinlich war das sogar irgendwie in Birds Vertrag festgelegt.) Bird war genial bei dieser Session. Alle andern spielten gut – ausgenommen ich. Es war meine zweite Plattenaufnahme mit Bird, und ich hab keine Ahnung, warum ich nicht so spielte, wie ich's gekonnt hätte. Vielleicht war ich nervös. Nicht, daß ich schlecht gespielt hätte, aber ich war einfach schon besser gewesen. Ross Russell – ein blöder Schwätzer, mit dem ich nie gut auskam, weil er ein Parasit war, der Bird wie ein Vampir aussaugte –, sagte irgendwas in der Richtung, daß ich unsauber gespielt hätte. Dieser aufgeblasene weiße Klugscheißer. Er war nicht mal Musiker, woher wollte er also wissen, was Bird wollte. Ich hab ihm gesagt, er kann mich am Arsch lecken.

Bei der Session spielte ich mit Dämpfer, damit sich's anders als Dizzy anhörte. Aber sogar mit dem Dämpfer klang ich noch wie er. Ich war richtig sauer, weil ich eigentlich meinen eigenen Sound haben wollte und immer das Gefühl hatte, daß ich ganz nahe dran war. Ich wollte unbedingt meinen eigenen Stil haben, auch wenn ich erst neunzehn war. Ich behielt das alles für mich und machte statt dessen lieber Augen und Ohren auf, um weiter zu lernen.

Nach dieser Session, irgendwann Anfang April, schloß die Polizei das Finale, das zu der Zeit von Howard und Dorothy McGhee geführt wurde. Howard wurde dauernd von den weißen Bullen schikaniert, weil er mit einer Weißen verheiratet war. Als dann auch noch Bird in ihrer Garage wohnte, sich dauernd besoff und Zuhälter, Dealer und Gauner dort rumhin-

* Charlie Parker: *Charlie Parker on Dial*, Vol. 1 (Spotlite 101).

gen, wurden die Bullen langsam hellhörig und machten Druck. Sie mischten sich wirklich ein, wo's nur ging. Aber die beiden waren ein zähes Pärchen und ließen sich dadurch nicht einschüchtern. Die Polizei machte das Finale schließlich dicht, weil dort angeblich mit Dope gehandelt wurde – was auch stimmte. Aber sie haben dort nie jemanden verhaftet; es wurde also nur auf den Verdacht hin geschlossen.

Für Jazzmusiker – vor allem für schwarze – gab's wenig Auftrittsmöglichkeiten. Man konnte also kaum was verdienen. Da mein Vater mir wieder ein bißchen Geld schickte, ging's mir allerdings nicht allzu schlecht. Aber besonders gut ging's mir auch nicht. Zu der Zeit kam man in Los Angeles nur schwer an Heroin ran. Mir war das egal, weil ich ja nichts nahm, aber Bird war voll drauf. Und da er ein richtig schlimmer Junkie war, hatte er massive Entzugserscheinungen. Eines Tages war er wie vom Erdboden verschwunden. Keiner wußte, daß er bei Howard wohnte und dort einen „Cold Turkey" machte. Aber als Bird clean war, ersetzte er das Heroin lediglich durch Unmengen von Alkohol. Ich weiß noch, wie er mir einmal erzählte, daß er mit dem Heroin aufhören wollte und schon eine Woche nicht mehr gedrückt hatte. Aber auf dem Tisch standen zwei Fünf-Liter-Flaschen Wein, der Abfalleimer war vollgestopft mit leeren Whisky-Flaschen, auf dem Tisch lagen überall Benzedrin-Tabletten, und der Aschenbecher quoll von Zigarettenkippen über.

Bird hatte auch vorher schon viel getrunken, aber bei weitem nicht so viel wie jetzt nach dem Entzug. Er trank alles, was ihm zwischen die Finger kam. Er liebte Whisky, und kaum hatte er sich eine Flasche besorgt, war sie auch schon wieder leer. Und Wein kippte er noch schneller runter. Howard erzählte mir später mal, daß Bird seinen „Cold Turkey" nur mit Portwein überstanden hatte. Und dann schluckte er Tabletten, hauptsächlich Benzedrin, die seinen Körper völlig kaputtmachten.

Im Mai 1946 wurde das Finale wieder geöffnet. Irgendwie blieb mir der Monat in Erinnerung. Bird nahm für mich Howard an der Trompete, dazu waren Red Callender, Dodo Marmarosa und Roy Porter in der Band. Man konnte Tag für Tag sehn, wie Bird körperlich zugrunde ging, aber er spielte trotzdem einfach gut.

Ich war jetzt öfter mit jüngeren Musikern aus Los Angeles zusammen, mit Mingus, Art Farmer und natürlich Lucky Thompson – für mich der wichtigste Mensch während der Zeit an der Westküste. Im April spielte ich, glaub ich, nochmal mit Bird, aber ich bin mir nicht sicher. Man kriegte kaum einen Job, und so im Mai oder Juni hatte ich die Schnauze von Los Angeles voll. Die Szene war zu lahm. Ich konnte nichts mehr dazulernen.

Art Farmer traf ich zum ersten Mal im Gewerkschaftsbüro der Schwarzen in der Innenstadt von Los Angeles. Ich stand mit ein paar Typen rum, die mich über die neue Musik, den Bebop, ausfragten und wissen wollten, wie's in New York so ist. Was man eben so fragt. Ich hab ihnen einiges darüber erzählt. Ich erinnere mich noch genau an diesen schweigsamen Typ, der etwas beiseite stand – er war nicht älter als siebzehn oder achtzehn –, mich beobachtete und jedes Wort gierig aufnahm. Das war Art Farmer. Danach spielte ich mit seinem Zwillingsbruder und erfuhr, daß Art auch Trompete und Flügelhorn spielte. Wir redeten öfters mal über Musik. Ich mochte ihn, weil er ein wirklich netter Kerl war und für jemanden in seinem Alter wirklich spielen konnte. Später, als er nach New York kam, lernte ich ihn besser kennen. Aber zum ersten Mal traf ich ihn in Los Angeles.

Im Sommer 1946 spielte ich zusammen mit Mingus in der Band von Lucky Thompson im Elk's Ballroom, weiter südlich an der Central Avenue, wo die Schwarzen aus Watts hingingen. Das waren vielleicht ein paar Provinzler. Aber die Musik gefiel ihnen trotzdem, weil sie dazu tanzen konnten. Lucky hatte den Laden drei Abende in der Woche gebucht und kündigte die Gruppe ungefähr so an: „Lucky Thompsons All Stars, Gast-Solist der brillante junge Trompeter Miles Davis, zuletzt bei Benny Carter." Mann, das war schon komisch. Lucky Thompson war vielleicht ein Typ. Der Gig dauerte ungefähr drei oder vier Wochen, und dann verließ Lucky mit der Band von Boyd Raeburn die Stadt.

Zu der Zeit spielte ich bei einer Platte von Mingus mit, die er *Baron Mingus and His Symphonic Airs* nannte.* Mingus war ja ein verrückter, genialer Mensch, aber den Titel der Platte hab ich nie verstanden. Einmal wollte er ihn mir erklären, aber ich glaub, sogar *er* wußte nicht so recht, was er damit meinte. Aber Mingus machte keine halben Sachen. Und wenn er sich zum Narren machte, dann gründlich. Vielen gefiel es nicht, daß Mingus sich selber Baron nannte, aber mir war's egal. Vielleicht war Mingus ein bißchen verrückt, aber er war seiner Zeit voraus.

Charlie Mingus war ein knallharter Mann, der sich von keinem was gefallen ließ. Und das bewunderte ich an ihm. Viele Leute mochten ihn nicht, aber sie waren zu feige, es ihm ins Gesicht zu sagen. Im Gegensatz zu mir. Ich ließ mich nicht dadurch einschüchtern, daß er so kräftig war. Er war ein höflicher, netter Bursche, der keiner Fliege was tat, solange man ihn nicht anmachte. Passierte das aber doch, dann war was los! Wir haben uns dauernd gestritten und angebrüllt. Aber Mingus drohte mir nie Schläge an. Nachdem Lucky Thompson 1946 aus Los Angeles wegging, wurde Mingus dort mein bester Freund. Wir redeten dauernd über Musik und übten sehr oft zusammen.

Um Bird machte ich mir wirklich Sorgen, weil er soff wie ein Loch und immer fetter wurde. Seine körperliche Verfassung war so schlecht, daß er – zum ersten Mal, seit ich ihn kannte – wirklich miserabel spielte. Anfangs reichte ihm noch ein Viertelliter Whisky am Tag, mittlerweile war er schon bei einem Liter angekommen. Weißt du, Junkies haben so ihre Gewohnheiten. Erst mal brauchen sie ihren Stoff. Dann können sie aktiv werden, Musik machen, singen oder sonstwas. Aber in Kalifornien mußte Bird seine Gewohnheiten ändern. Wenn du

---

* Charles Mingus: *Baron Mingus and His Symphonic Airs* (Fentone; Schellack; vergriffen).

irgendwo neu bist und nicht weiter das bekommst, was du brauchst, suchst du dir was anderes – für Bird war's Alkohol. Bird war ein Junkie. Ans Heroin hatte sich sein Körper zwar gewöhnt, aber nicht an die Alkoholmengen, die er jetzt dauernd trank. Er drehte einfach durch. Das lief in Los Angeles so und später in Chicago und Detroit.

Das war ganz deutlich zu sehn, als Ross Russell im Juli 1946 wieder eine Aufnahmesitzung für Dial Records organisierte, bei der Bird kaum noch einen vernünftigen Ton spielen konnte. Howard McGhee, der bei der Session Trompete spielte, stellte die Band zusammen. Bird war einfach erbärmlich; nichts haute bei ihm richtig hin. Los Angeles hatte ihn geschafft. Er fühlte sich allein gelassen, hatte keine Drogen, trank literweise Whisky und schluckte Benzedrin-Tabletten. Er war ausgebrannt, und ich glaubte wirklich, daß es mit ihm vorbei war. Verstehst du, ich dachte einfach, er stirbt. In derselben Nacht ging er nach dem Set zurück in sein Hotelzimmer und betrank sich so, daß er mit der Zigarette einschlief und dabei sein Bett in Brand setzte. Er löschte das Feuer, rannte nackt auf die Straße, und die Polizei verhaftete ihn. Sie dachten, er wäre verrückt, und brachten ihn ins Camarillo State Hospital. Dort blieb er sieben Monate. Wahrscheinlich rettete das sein Leben, obwohl sie dort ziemlich viel Scheiße mit ihm anstellten.

Als sie Bird einlieferten, war die ganze Szene schockiert, besonders in New York. Aber am entsetzlichsten war, daß sie ihn in Camarillo mit Elektroschocks behandelten. Einmal setzten sie ihn so unter Strom, daß er sich fast die Zunge abbiß. Ich konnte nicht verstehen, warum sie ihn mit E-Schocks behandelten. Angeblich sollte ihm das helfen. Aber bei einem Künstler wie Bird trugen die Schocks höchstens dazu bei, ihn noch mehr zu zerstören. Das gleiche machten sie mit Bud Powell, als er krank war, und ihm half es genausowenig. Bird war in so schlechter Verfassung, daß ihm die Ärzte sagten, wenn er sich noch einmal eine schwere Erkältung oder eine Lungenentzündung holte, würde er sterben.

Nachdem Bird von der Szene verschwunden war, übte ich oft

mit Mingus. Er schrieb Stücke, die wir zusammen mit Lucky probten. Mingus war's scheißegal, in welcher Besetzung sie gespielt wurden. Hauptsache, er konnte dauernd seinen Kram hören. Ich stritt mich oft mit ihm wegen dieser abrupten Harmoniewechsel in seinen Stücken. „Mingus, du bist so stinkfaul, Mann, daß du nie modulierst. Du spielst – Bam! – einfach den Akkord. Das ist ja manchmal ganz schön, aber verdammt, doch nicht immer!"

Dann lächelte er nur und sagte: „Miles, spiel doch einfach das, was ich geschrieben hab." Und das machte ich. Für die damalige Zeit klang das Zeug ziemlich seltsam. Aber Mingus war ähnlich wie Duke Ellington, seiner Zeit voraus.

Plötzlich, von einem Tag auf den anderen, fing Mingus mit dieser eigenartig klingenden Musik an. In der Musik ist nichts „falsch". Du kannst alles spielen, jeden Akkord. Wie das Zeug von John Cage, mit diesen eigenartigen Klängen und Geräuschen. Musik ist für alles offen. Ich ärgerte Mingus öfters: „Mingus, warum spielst du so?" „My Funny Valentine" spielte er zum Beispiel in Dur, obwohl's eigentlich in d-Moll steht. Aber er sah mich nur mit seinem süßen Lächeln an und machte genauso weiter. Mingus war schon was Besonderes, Mann, ein wahres Genie. Ich liebte ihn.

Im Sommer 1946, ich glaub, Ende August, kam Billy Eckstine mit seiner Band nach Los Angeles. Bisher hatte er Fats Navarro als Trompeter in der Band, aber der war ausgestiegen, weil er in New York bleiben wollte. Da B von Dizzy wußte, daß ich in L.A. bin, fragte er mich, ob ich bei ihm mitspielen will. „Hey, Dick" – B nannte mich immer Dick –, „bist du jetzt soweit, Motherfucker?"

„Yeah", sagte ich.

„Dick, ich zahl dir 200 Dollar die Woche, ob wir spielen oder nicht. Aber erzähl's bloß keinem", sagte er. „Sonst tret ich dir in den Arsch."

„Okay", sagte ich und strahlte übers ganze Gesicht.

Bevor ich aus New York wegging, hatte B mich schon gefragt, ob ich bei ihm mitspielen wollte. Er wollte mich unbedingt haben. Deshalb zahlte er mir jetzt soviel. Aber damals spielte ich lieber in kleinen Gruppen, und außerdem hatte mir Freddie Webster gesagt: „Miles, wenn du bei B spielst, ist das dein Ende. Wenn du bei ihm einsteigst, bist du als kreativer Musiker tot. Weil du nämlich nicht mehr das machen kannst, was *du* willst. Du kannst nicht mehr spielen, was *du* willst. Sie gehn runter nach South Carolina, und das stehst du nicht durch. Du bist kein Grinser. Du bist kein Onkel Tom-Typ, und irgendwann rastest du aus, und die weißen Burschen da unten knallen dich einfach ab. Laß es bleiben. Sag ihm einfach, daß du nicht willst."

Und das machte ich, weil Freddie der wichtigste Mensch für mich war, außerdem war er sehr intelligent. Als ich Freddie sagte, daß B sich schließlich auch nichts gefallen läßt und mir nicht ganz klar ist, warum sie ihn dann da unten im Süden nicht auch abknallen, antwortete Freddie: „Miles, hör mal zu. B ist ein Star und macht das große Geld. Du aber nicht. Stell dich noch nicht auf die gleiche Stufe mit ihm." Deshalb sagte B jetzt zu mir: „Na, Dick, bist du jetzt soweit, Motherfucker?" Er wollte mich damit aufziehn, daß ich in New York abgelehnt hatte. Aber er respektierte meine Entscheidung von damals.

Bei B spielten Sonny Stitt, Gene Ammons und Cecil Payne im Saxophonsatz, Linton Garner – Erroll Garners Bruder – saß am Piano, Tommy Potter war am Baß und Art Blakey am Schlagzeug. Hobart Dotson, Leonard Hawkins, King Kolax und ich waren im Trompetensatz.* B war damals einer der berühmtesten Sänger in den Vereinigten Staaten und stand mit Frank Sinatra, Nat „King" Cole, Bing Crosby und ein paar anderen auf einer Stufe. Für schwarze Frauen war er ein Sexsymbol, ein Star. Das war er auch für weiße Frauen, auch wenn die ihn nicht so liebten und seine Platten kauften wie die schwarzen Frauen.

Aber B sah sich selbst eher als Künstler und weniger als Star.

---

* Billy Eckstine and His Orchestra: *Mr. B and the Band* (Savoy SJL 2214; vergr.).

Wenn er die Band aufgegeben hätte und nur als Sänger aufgetreten wäre, hätte er viel Geld machen können. Seine aktuelle Band spielte – genauso wie seine früheren – sehr exakt und diszipliniert. Sie holten aus jedem Stück das Letzte raus, und wenn B mit seinen Nummern durch war, legten sie richtig los. Dann stand er mit seinem breiten Grinsen da und genoß seine Band. Die Musik von Bs Band kam auf Schallplatte nie richtig rüber. Die Plattenfirma war vor allem an B als Sänger interessiert und konzentrierte sich deshalb auf ihn und die populäre Musik. Er mußte den populären Scheiß machen, um die Band durchzubringen.

Damals lösten sich grade die meisten Big Bands aus Geldgründen auf. Und B hatte immerhin auch ein Neunzehn-Mann-Orchester. Eines Tages, als die Band eine Woche keinen Job hatte, brachte mir B mein ganzes Geld vorbei. „B, ich kann das Geld nicht nehmen", sagte ich, „wenn die übrigen Jungs keinen Cent kriegen."

B lächelte nur, steckte das Geld ein und bot mir nie wieder sowas an. Es war nicht so, daß ich das Geld nicht brauchen konnte; ich hätte es meiner Familie geben können, Irene zum Beispiel, die mit den beiden Kindern in East St. Louis lebte. Aber ich konnte es einfach nicht nehmen, wenn ich wußte, daß die andern leer ausgingen.

Wenn wir nicht grade bei Tanzveranstaltungen und ähnlichem Scheiß überall in Los Angeles auftraten, teilten wir uns in kleine Gruppen auf und spielten in Clubs wie dem Finale. Wir blieben ungefähr zwei oder drei Monate in Los Angeles, bevor wir uns im Spätherbst 1946 langsam nach New York zurückspielten, mit Zwischenstation Chicago.

Kurz bevor ich mit der Band Kalifornien verlassen wollte, war Mingus stinksauer auf mich. Seiner Meinung nach ließ ich Bird, der immer noch im Camarillo lag, einfach im Stich. Er fragte mich, wie ich ohne Bird nach New York zurückgehen könnte. Er flippte völlig aus. Ich konnte nichts dazu sagen, also hielt ich den Mund. Dann sagte er, Bird wäre doch sowas wie mein „Papa". Ich erklärte ihm, daß ich nichts für Bird tun könnte. Ich weiß noch, wie ich zu ihm sagte: „Hör mal zu, Mingus. Bird sitzt in 'ner Heilanstalt, und niemand weiß, *wann* er da rauskommt. Oder weißt du's, Mann? Bird ist völlig fertig, kapierst du das nicht?" Mingus hörte nicht auf: „Ich hab's dir schon gesagt, Miles, Bird ist dein musikalischer Vater. Du bist ein Arschloch, Miles Davis. Der Mann hat dich *gemacht.*" Darauf sagte ich: „Halt's Maul, Mingus. Mich hat nicht irgendein Motherfucker gemacht, Nigger, sondern mein *richtiger* Daddy. Vielleicht hat mir Bird geholfen, das hat er bestimmt. Aber der Arsch hat mich nicht *gemacht*, Mann. Also hör mit dem Blödsinn auf. Ich hab die Schnauze voll von dem Hollywood-Mist in Los Angeles. Ich muß wieder nach New York, wo wirklich was passiert. Und mach dir mal keine Gedanken über Bird, Mingus. Denn Bird *wird's* verstehn, auch wenn *du's* nicht kapierst."

Es tat mir wirklich weh, so mit Mingus zu reden, weil ich ihn liebte und sehn konnte, daß ihn meine Abreise sehr verletzte. Er gab's auf, mich zum Bleiben zu überreden. Ich glaub, dieser Streit war ein richtiger Bruch in unserer Freundschaft. Wir spielten danach zwar noch öfter zusammen, aber es war nie mehr wie früher. Trotzdem waren wir immer noch Freunde, auch wenn ein paar Schreiber in ihren Büchern was andres behaupten. Mit mir hat keiner von diesen Leuten darüber geredet. Woher wollen die wissen, wie *ich* zu Charlie Mingus stand? Später sind wir getrennte Wege gegangen, wie andre Leute auch. Aber er war mein Freund, Mann, und *er* wußte es. Wir hatten vielleicht Auseinandersetzungen, aber die hatten wir schon immer, sogar schon vor diesem Streit über Bird.

Als ich in der Band von B spielte, schnupfte ich zum ersten Mal Kokain. Hobart Dotson, der Trompeter, der direkt neben mir saß, brachte mich drauf. In Detroit, auf unserm Rückweg nach New York, gab er mir unverschnittenen Koks. Ich kann mich noch genau an dieses Gefühl erinnern. Plötzlich wurde alles heller, und ich spürte einen wahnsinnigen Energiestoß. In der Band von B nahm ich auch zum ersten Mal Heroin. Gene

Ammons, ein Saxophonist in der Band, gab's mir. Ich nickte gleich ein und wußte nicht mehr, was passierte. Mann, war das ein komisches Gefühl. Aber ich war unheimlich relaxed. Damals dachten viele, sie könnten so gut wie Bird spielen, wenn sie Heroin nahmen. Deshalb fingen viele Musiker damit an. Vielleicht hab ich auch gehofft, daß mich sein Genius küßt. Trotzdem war es ein sehr großer Fehler, sich auf die ganze Scheiße einzulassen.

Als Sarah Vaughan um die Zeit die Band verließ, übernahm die Sängerin Ann Baker ihren Platz. Sie war eine gute Sängerin. Sie war auch die erste Frau, die mir klarmachte, daß „ein steifer Schwanz kein Gewissen" hat. Sie kam immer in mein Hotelzimmer und ging gleich zur Sache. Sie war schon was Besonderes.

Wir waren immer mit dem Bus unterwegs, und wenn B jemand erwischte, der mit offenem Mund schlief, schüttete er ihm Salz rein und weckte ihn auf. Mann, wir starben fast vor Lachen, wenn das arme Schwein hustete und würgte und ihm die Augen rausquollen. Mann, B hatte wirklich seine eigene Art von Humor.

B sah damals so irre aus, daß die Frauen wie die Fliegen an ihm klebten. Er sah so gut aus, daß er mich manchmal fast an ein Mädchen erinnerte. Viele hielten B für einen sanften Typen, weil er so hübsch war. Aber B war einer der härtesten Typen, die ich jemals getroffen habe. Einmal saßen wir im Bus vor dem Hotel – es war irgendwo in Cleveland oder Pittsburgh – und warteten auf B. Wir waren schon eine Stunde zu spät dran. Endlich kam B mit 'ner wunderschönen Frau aus dem Hotel. „Hey, Dick", sagte er zu mir, „das ist meine Frau."

Sie sagte sowas Ähnliches wie: „Ich hab einen Namen, Billie, sag ihm, wie ich heiße." B drehte sich zu ihr um und sagte: „Halt's Maul, du Schlampe!" Er verprügelte sie, daß ihr Hören und Sehen verging. „Paß auf, du Arschloch", sagte sie zu B, „wenn du nicht so hübsch wärst, würd ich dir deinen verdammten Hals brechen, du aufgeblasener Bastard."

B stand nur da, lachte und sagte: „Halt's Maul, du Flittchen.

Wart bloß ab, wenn ich mal wieder Zeit hab. Dann schlag ich dich grün und blau." Die Frau war stinksauer.

Später, in New York, nachdem die Band sich aufgelöst hatte, traf ich mich öfters mit B, und wir hingen in der Street rum. Ich schnupfte damals Kokain, und deshalb kaufte B soviel von dem Zeug, wie man nur reinkriegen konnte. Es wurde in kleinen Tütchen verkauft. B zählte die Tütchen und fragte: „Wieviel hast du, Dick?"

Als ich jünger war, hatte ich das gleiche Problem wie B – mein Gesicht war zu hübsch. Die Leute sagten immer, ich hätte Augen wie ein Mädchen. 1946 sah ich noch so jung aus, daß ich in Schnapsläden nach meinem Alter gefragt wurde, wenn ich für mich oder jemand anderen eine Flasche Whisky besorgen wollte. Ich erzählte ihnen dann, daß ich zwei Kinder hätte, und trotzdem wollten sie meinen Ausweis sehn. Von B lernte ich auch, wie man mit Leuten umgeht, mit denen man nichts zu tun haben will. Man muß ihnen nur klarmachen, daß sie sich verpissen sollen. Alles andere ist Zeitverschwendung.

Auf dem Rückweg nach New York kamen wir durch Chicago, Cleveland, Pittsburgh und ein paar andere Städte, die ich vergessen hab. Von Chicago aus fuhr ich nach Hause zu meiner Familie und sah zum ersten Mal meinen Sohn. Es war ungefähr an Weihnachten, und deshalb blieb ich über die Feiertage. Danach war die Band noch zwei Monate zusammen, bis sie sich im März 1947 auflöste. Es gab ein paar gute Nachrichten: Das *Esquire*-Magazin hatte mich zum New Star an der Trompete gewählt, wahrscheinlich wegen der Musik, die ich bei Bird und B gespielt hatte. Dodo Marmarosa wurde New Star am Piano und Lucky Thompson am Tenorsaxophon – und sie hatten auch bei Bird gespielt. Es war ein hartes Jahr, aber auch ein gutes.

A

KAPITEL 5

ls ich zurück in New York war, hatten die Clubs auf der Street wieder aufgemacht. In der Zeit zwischen 1945 und 1949 war die 52ste Straße sowas wie ein Lehrbuch über die Zukunft der Musik. Manchmal spielten in einer einzigen Nacht Coleman Hawkins und Hank Jones, Art Tatum, Tiny Grimes, Red Allen, Dizzy, Bird, Bud Powell und Monk. Man konnte hingehen, wo man wollte, überall bekam man nur großartige Musik zu hören. Es war unglaublich. Heute findet man so tolle Leute nicht mehr an einem Ort gleichzeitig. Das ist vorbei.

Aber damals war die 52ste wirklich irre. Die Leute drängelten sich überall, und die Clubs waren nicht größer als das Wohnzimmer in einem Appartement. Sie waren wahnsinnig klein und brechend voll. Die Clubs lagen auf beiden Seiten der Straße, einer neben dem andern. Das Three Deuces war gegenüber vom Onyx, und schräg gegenüber davon war wiederum ein Dixieland-Club. Mann, wenn man da reinging, fühlte man sich wie in Tupelo, Mississippi. Lauter weiße Rassisten. Im Onyx-Club, der Jimmy Ryan gehörte, konnte dir das auch passieren. Auf der anderen Straßenseite, neben dem Three Deuces, lag der Downbeat-Club und gleich anschließend Clark Monroe's Uptown House. Jeden Abend traten Leute wie Erroll Garner, Sidney Bechet, Oran „Hot Lips" Page oder Earl Bostic auf. In andern Clubs gab's wieder ganz anderen Jazz. Eine starke Szene. Das kann ich dir sagen, sowas wird's nicht nochmal geben.

Auch Lester Young tauchte in der 52sten auf. Ich hatte Prez schon in St. Louis kennengelernt, als er im Riviera auftrat. Er nannte mich immer „Midget". Lester hatte den Klang und den Ansatz von Louis Armstrong, nur auf dem Tenorsaxophon. Billie Holiday hatte den gleichen Sound und Stil; genauso wie Budd Johnson und dieser weiße Typ, Bud Freeman. Ich mag diesen Stil, diese fließende Art zu spielen und zu singen. Das

118

füllt die Melodie aus. Dieser Stil hat so eine Weichheit im Ansatz und betont die einzelne Note. Ich lernte diese Art zu spielen von Clark Terry. Ich spielte lange Zeit wie Clark, bis mich Dizzy und Freddie beeinflußten und ich meinen eigenen Stil gefunden hatte. Aber Lester Young brachte mich auf diesen fließenden Stil.

Eine Zeitlang machte ich überhaupt nichts und nahm dann im März 1947 eine Platte mit Illinois Jacquet auf.* Er hatte einen verdammt guten Trompetensatz mit mir, Joe Newman, Fats Navarro und zwei anderen Trompetern – ich glaub, es waren Illinois' Bruder Russell Jacquet und Marion Hazel. An der Posaune spielten Dickie Wells und Bill Doggett, und der Jazzkritiker Leonard Feather saß am Klavier. Es war schön, wieder mit Fats zu spielen.

Aber der große Renner war damals Dizzy mit seiner Big Band und seinem Bebop. Er hatte Walter Gil Fuller als musikalischen Leiter seiner Band verpflichtet. Gil, der früher für B arrangierte, war ein irrer Typ, und deshalb war man unheimlich gespannt, was Dizzys Band bringen würde. Im April verschaffte Billy Shaw, Dizzys Manager, der Big Band ein Engagement im McKinley Theatre oben in der Bronx. Ich erinnere mich so gut an den Gig, weil Gil Fuller den besten Trompetensatz zusammenstellte, der meiner Ansicht nach jemals in einer Band gespielt hat: ich, Freddie Webster, Kenny Dorham, Fats Navarro und Dizzy persönlich. Max Roach war am Schlagzeug. Kurz vor dem Gig kam Bird wieder nach New York und stieg mit ein. Er war im Februar aus der Camarillo-Klinik entlassen worden und hing danach noch in Los Angeles rum, nahm zwei Platten für Dial auf und fing wieder zu drücken an. Es waren zwei schreckliche Platten, die Ross Russell da mit Bird aufgenommen hat. Warum ließ Ross Bird das machen? Mann, genau deshalb konnte ich Ross Russell nie ausstehen. Er war ein schleimiger Arsch, der Bird nur aussaugte. Jedenfalls war Bird, als er nach

---

* Illinois Jacquet and His Orchestra: *The Aladdin Sessions* (Aladdin 0688226g; vergr.).

New York zurückkam, nicht so schlecht drauf wie in Los Angeles. Er trank noch nicht allzuviel und hing noch nicht so an der Nadel wie später. Aber er hatte immer sein Quantum weg.

Aber Mann, dieser Trompetensatz – und eigentlich die ganze Band –, es war unglaublich, verstehst du? Diese Musik füllte einfach alles aus, sie war in jedem einzelnen, im ganzen Raum. Ich hatte noch nie sowas Aufregendes und Intensives erlebt, außer vielleicht, als ich zum ersten Mal in der Band von B in St. Louis spielte. Ich seh die Leute am ersten Abend noch vor mir, wie sie zuhörten und tanzten wie die Verrückten. Es lag eine ungeheure Spannung in der Luft, jeder wartete drauf, was als nächstes gespielt wurde. Es ist kaum zu beschreiben. Es war elektrisierend, magisch. Ich war unheimlich glücklich, daß ich in dieser Band war. Ich hatte das Gefühl, jetzt hab ich's geschafft, ich spiele in einer Band, in der jeder ein Musikgott ist, und ich bin einer davon. Ich fühlte mich geehrt, war aber gleichzeitig bescheiden. Allen ging es nur um die Musik. Und das ist ein wunderschönes Gefühl.

Dizzy wollte die Band clean halten und befürchtete, daß Bird einen schlechten Einfluß auf die Musiker haben könnte. Am ersten Abend nickte Bird auf der Bühne immer wieder ein und spielte nur seine Soli runter. Er hielt's nicht für nötig, irgendwen zu begleiten. Sogar die Leute im Publikum machten sich darüber lustig, als Bird auf der Bühne schlief. Da Dizzy von Bird sowieso schon genug hatte, warf er ihn nach diesem ersten Gig raus. Bird redete daraufhin mit Gil Fuller und versprach ihm, daß er clean bleiben will, und bat Gil, mit Dizzy zu sprechen. Gil ging zu Dizzy und versuchte ihn zu überreden. Ich ging ebenfalls zu Dizzy und sagte ihm, Bird könnte doch für ein bißchen Geld Stücke für die Band schreiben; ich glaub, es waren nicht mehr als hundert Dollar die Woche. Aber Dizzy blieb stur, sagte, er hätte kein Geld für Bird, und wir müßten eben ohne ihn auskommen.

Dizzys Band spielte ein paar Wochen im McKinley Theatre. Während dieser Zeit stellte Bird eine neue Gruppe zusammen und fragte mich, ob ich mitmachen wolle. Und ich wollte. Die

Clubs auf der Street waren wieder geöffnet, Bird war „back in town", und die Clubbesitzer wollten Bird. Alle waren sie hinter ihm her. Sie setzten wieder auf kleine Gruppen und wußten, daß Bird für ein volles Haus sorgte. Für ein vierwöchiges Engagement im Three Deuces bekam er achthundert Dollar die Woche. Er holte mich, Max Roach, Tommy Potter und Duke Jordan am Klavier. Max und mir zahlte er hundertfünfunddreißig Dollar die Woche, Tommy und Duke hundertfünfundzwanzig, und so kassierte er soviel wie noch nie: 280 Dollar die Woche. Mir war's egal, daß ich fünfundsechzig Dollar weniger bekam als damals bei B; ich wollte nur eins, mit Bird und Max spielen und gute Musik machen.

Ich hatte ein gutes Gefühl bei der Sache. Birds Augen waren wieder klar und hatten nicht diesen abgedrehten Ausdruck wie in Kalifornien. Er war schlanker und schien mit Doris glücklich zu sein. Sie hatte ihn in Kalifornien abgeholt, als er aus Camarillo entlassen wurde, und war mit ihm wieder nach New York gekommen. Mann, Doris liebte ihren Charlie Parker wirklich. Sie hätte alles für ihn getan. Bird war bereit loszulegen. Unser Engagement begann im April 1947; wir spielten im selben Programm wie das Lennie Tristano-Trio.

Es war toll, wieder mit Bird zu spielen, weil er damals einfach das Beste aus mir rausholte. Seine Kreativität und seine musikalische Phantasie waren einfach unbegrenzt. Jeden Abend machte er die Rhythmusgruppe verrückt. Angenommen, wir spielten einen Blues. Bird stieg im elften Takt ein. Wenn die Rhythmusgruppe blieb, wo sie war, und Bird weiterspielte, klang es plötzlich so, als ob die Rhythmusgruppe auf 1 und 3 statt auf 2 und 4 betont. Damals konnte keiner bei Bird mithalten – außer vielleicht Dizzy. Jedesmal wenn Bird davonzog, schrie Max zu Duke hinüber, er solle ihm bloß nicht folgen, weil er das sowieso nicht könne und dadurch den Rhythmus versauen würde. Und Duke machte immer wieder den gleichen Fehler, wenn er nicht aufpaßte. Verstehst du, wenn Bird mit einem seiner unglaublichen Soli anfing, mußte die Rhythmusgruppe da bleiben, wo sie war, und den Rhythmus durchziehen.

Am Ende kehrte Bird dann wieder zurück – genau zum richtigen Zeitpunkt – und lag wieder auf dem Rhythmus. Als ob er es ausgerechnet hätte. Das Problem war, daß er es keinem erklären konnte. Wenn du mit Bird gespielt hast, mußtest du dich einfach von der Musik tragen lassen, mußtest du musikalisch mit allem rechnen. Ich lernte also, das zu spielen, was ich wußte, und dehnte es aus – *über* das, was mir eigentlich bewußt war.

Ungefähr eine Woche vor dem ersten Auftritt bestellte uns Bird zu Proben ins Nola-Studio. Keiner konnte es richtig glauben, denn Bird hatte sowas noch nie gemacht. Zum ersten Probentermin waren alle da, nur Bird nicht. Nachdem wir ein paar Stunden gewartet hatten, leitete ich schließlich die Proben.

Dann der erste Abend im Three Deuces: Es ist brechend voll. Wir hatten Bird eine Woche lang nicht gesehen, aber bis zum Umfallen geprobt. Und jetzt kommt dieser Nigger rein, grinst und erkundigt sich in seinem gekünstelten englischen Akzent, ob's losgehn kann. Als wir auf die Bühne gehn, fragt er: „Was spielen wir eigentlich?" Ich sag's ihm, er nickt, zählt den Takt vor und spielt jedes der verdammten Stücke in genau der Tonart, in der wir's geprobt haben. Er spielte wie ein Gott. Verpaßte nicht einen Einsatz, nicht eine Note, spielte nicht einmal in der falschen Tonart. Uns blieb die Spucke weg. Und jedesmal, wenn er merkte, wie verblüfft wir ihn anstarrten, setzte er sein „Hat-jemand-dran-gezweifelt?"-Lächeln auf.

Nach dem ersten Set kam er zu uns und sagte: „Jungs, ihr habt wirklich ganz nett gespielt, außer an den paar Stellen, wo ihr aus dem Takt gekommen seid und ein paar Noten verpaßt habt." Wir schauten den Arsch an und lachten nur. Solchen unglaublichen, wunderbaren Scheiß brachte Bird auf der Bühne. Man wartete schon richtig drauf und war eigentlich nur überrascht, wenn *nichts* in der Art kam.

Bird blies oft mit kurzen, kraftvollen Atemstößen. Kraftvoll wie ein Besessener. Später spielte Coltrane in dieser Art. Jedenfalls fand Max Roach sich dann manchmal zwischen dem Beat wieder. Und ich wußte überhaupt nicht mehr, was zum Teufel Bird da machte, denn ich hatte sowas noch nie gehört. Armer

Duke Jordan und armer Tommy Potter, sie waren völlig verloren – genau wie jeder andere, nur noch verlorener. Wenn Bird so spielte, hatte man das Gefühl, zum ersten Mal Musik zu hören. Später versuchte ich mit Sonny Rollins, und dann mit Trane etwas Ähnliches, wir spielten kurze, harte Phrasen. Aber bei Bird hörte sich das ungeheuerlich an. Ich hasse Wörter wie „ungeheuerlich", aber auf Bird traf es zu. Er war dafür berüchtigt, wie er verschiedene Noten und Phrasen kombinierte. Ein normaler Musiker hätte versucht, das Ganze logischer zu entwickeln – nicht so Bird. Was er spielte – wenn er drauf war und *wirklich* spielte –, war beängstigend, und ich hörte das jeden Abend! Aber wir konnten uns nicht die ganze Nacht hinstellen und sagen: „Wie? Hast du *das* gehört!", denn sonst hätten *wir* nichts mehr spielen können. Also zwinkerten wir uns nur noch zu, wenn er wieder sowas Ungeheuerliches brachte. Aber mit der Zeit war's ein Job wie jeder andere auch, mit diesem Wahnsinnstypen zu spielen. Es war fast unwirklich.

Ich probte mit der Band und hielt sie zusammen. Und dabei lernte ich, was es heißt, eine großartige Band zu leiten. Für die Leute damals war es die beste Bebop-Band weit und breit. 1947 war ich noch nicht mal einundzwanzig, und ich war stolz, der musikalische Leiter dieser Band zu sein.

Bird redete nie über Musik; nur einmal diskutierte er mit einem Freund von mir, einem klassisch ausgebildeten Musiker. Bird sagte, mit Akkorden könnte man alles anstellen. Ich war andrer Ansicht und sagte, daß man zum Beispiel im fünften Takt eines Blues in B kein D spielen kann. Er meinte, es geht. Am nächsten Abend im Birdland spielte Lester Young genau das, aber er bog das D. Bird stand auch dabei und sah mich mit diesem „Ich-hab's-dir-doch-gesagt"-Blick an, den er immer aufsetzte, wenn er dich widerlegen konnte. Mehr sagte er nicht dazu. Er hatte es selber schon gespielt und wußte, daß es geht. Aber *wie* es geht, zeigte er keinem. Entweder, man fand es selber raus oder eben nicht.

Auf diese Art lernte ich viel von Bird. Ich hörte genau zu, welche Phrasen er spielte und welche er wegließ. Aber ich redete nie viel mit ihm, höchstens mal 'ne Viertelstunde – außer, wir stritten um Geld. Und obwohl ich ihm einmal klipp und klar sagte: „Bird, komm mir nicht auf die krumme Tour", probierte er es immer wieder.

Ich mochte die Art, wie Duke Jordan Klavier spielte, nie, genauso wenig wie Max, aber Bird behielt ihn trotzdem in der Band. Ich und Max wollten Bud Powell am Klavier. Aber es hätte sowieso nicht geklappt, weil sich Bird und Bud nicht verstanden. Wenn Bud bei einem Gig auftauchte – todschick, mit schwarzem Hut, weißem Hemd, schwarzem Anzug, schwarzer Krawatte, schwarzem Regenschirm –, redete er nur mit mir oder Monk. Bird versuchte, ihn jedesmal zu überreden, in die Band einzusteigen. Aber Bud sah ihn nur an und nahm einen Schluck. Für Bird hatte er nicht mal ein Lächeln übrig. Er saß immer im Publikum, stockbesoffen und bis oben hin voll mit Heroin. Bud hob zu weit ab und kam nie mehr runter – genau wie Bird. Aber er war ein genialer Pianist, der beste aller Bebop-Pianisten.

Max wollte immer auf Duke Jordan losgehn, weil der das Tempo versaute. Es machte ihn so rasend, daß er Duke einfach zusammenschlagen wollte. Duke hörte nie richtig zu. Er spielte vor sich hin, Bird legte los, und Duke kam aus dem Rhythmus. Wenn ich ihm dann nicht den Takt vorzählte, drehte Max durch. Dann schrie er Duke an: „Geh mir bloß aus den Augen, du Motherfucker, du versaust schon wieder das Tempo."

Bei einer Plattenaufnahme für Savoy im Mai 1947 ersetzten wir Duke Jordan durch Bud Powell. Die Platte hieß, glaub' ich, *Charlie Parker All Stars**, und mit Ausnahme von Duke Jordan spielte die reguläre Band. Ich schrieb „Donna Lee" für das Album, meine erste Komposition, die auf Schallplatte rauskam. Als sie veröffentlicht wurde, stand Birds Name hinter dem Titel. Aber es war nicht Birds Schuld. Die Plattenfirma hatte einen Fehler gemacht, und schließlich verlor ich keinen Cent dadurch.

---

* Charlie Parker: *The Complete Charlie Parker*, Vol. 2 u. 3 (BYG 529130/131).

Bird war zwar noch immer bei Dial Records unter Vertrag, als
er die Platte für Savoy aufnahm, aber sowas hielt Bird nie davon
ab, das zu machen, was er wollte. Er ging mit dem, der ihm
Geld gab. 1947 nahm Bird vier Platten auf, bei denen ich
mitspielte, ich glaube, drei für Dial und eine für Savoy. In
diesem Jahr war er musikalisch unheimlich produktiv, manche
hielten 1947 für sein größtes Jahr. Keine Ahnung, ob das
stimmt, außerdem geb ich solche Bewertungen nicht gern ab.
Ich weiß nur, daß er damals großartige Musik gemacht hat.
Und auch noch danach.

Durch „Donna Lee" lernte ich Gil Evans kennen. Er hatte
das Stück gehört und wollte es für das Claude Thornhill Orchestra arrangieren. Er erfuhr von Bird, daß die Komposition von
mir ist. So traf ich Gil zum ersten Mal. Er wollte die Original-
melodie, und ich gab sie ihm unter der Bedingung, daß er mir
dafür eine Abschrift des Claude-Thornhill-Arrangements von
„Robin's Nest" besorgt. Er beschaffte sie mir, und nachdem wir
eine Zeitlang geredet und uns gegenseitig abgetastet hatten,
merkte ich, daß ich die Art mochte, wie er schrieb, und er, daß
er die Art mochte, wie ich spielte. Wir hatten die gleichen
Klangvorstellungen, obwohl mir überhaupt nicht gefiel, was
Thornhill aus Gils Arrangement zu „Donna Lee" machte. Für
meinen Geschmack war es zu langsam und maniert. Aber ich
konnte hören, was in Gils Arrangements und Bearbeitungen
steckt, und daher störte es mich nur wenig, wie sie „Donna
Lee" dann letztendlich spielten.

Jedenfalls war die Platte mit Bird für Savoy meine bis dahin
beste Aufnahme. Ich hatte mehr Selbstvertrauen, entwickelte
meinen eigenen Stil und löste mich langsam von Dizzys und
Freddie Websters Einfluß. Aber zu meinem eigenen Ton fand
ich vor allem, als ich mit Bird und Max im Three Deuces
spielte. Jeden Abend stiegen andere Musiker ein, und wir
mußten uns ständig auf verschiedene Stile einstellen. Bird
mochte das, und ich eigentlich auch – aber nur von Zeit zu Zeit.
Ich hätte lieber den Sound der Gruppe weiterentwickelt, als
jede Nacht mit einem Haufen zusaammengewürfelter Typen

gespielt. Aber Bird behielt diese Tradition aus Kansas City auch im Minton's bei oder im Heatwave oben in Harlem; er mochte es einfach und fühlte sich wohl dabei. Aber wenn jemand einstieg, der die Stücke nicht kannte, war es eine echte Qual. Meine Gigs auf der 52sten mit Bird brachten mir meine erste Aufnahmesitzung als Bandleader ein. Die Platte hieß *Miles Davis All Stars* und erschien bei Savoy. Charlie Parker spielte Tenorsaxophon, John Lewis Piano, Nelson Boyd Baß und Max Roach Schlagzeug. Ich schrieb und arrangierte vier Stücke für diese Platte, die wir im August 1947* aufnahmen: „Milestones", „Little Willie Leaps", „Half Nelson" und „Sippin' at Bell's", ein Stück über eine Bar in Harlem. Außerdem spielte ich bei einer Platte von Coleman Hawkins mit. 1947 hatte ich also genug zu tun.

Inzwischen war Irene mit den beiden Kindern wieder in New York, und wir hatten draußen in Queens eine Wohnung gefunden, die viel größer war als unsre alte. Ich schnupfte Koks, trank, und ab und zu rauchte ich mal. Marihuana mochte ich nie. Aber Heroin nahm ich damals noch nicht. Tatsache ist, daß Bird mir einmal sagte, er reißt mir den Arsch auf, wenn er mich jemals mit Heroin erwischen sollte. Nur die Frauen, die ständig bei der Band rumhingen, machten mir langsam Probleme. Aber so richtig interessierten sie mich damals noch nicht. Ich war so mit Musik beschäftigt, daß mir sogar Irene egal war.

Einmal gab's ein Konzert im Lincoln Square, einem Tanzsaal, der an der Stelle lag, wo heute das Lincoln Center steht. Dabei waren Art Blakey, Kenny Clarke, Max Roach, Ben Webster, Dexter Gordon, Sonny Stitt, Charlie Parker, Red Rodney, Fats Navarro, Freddie Webster und ich. Das Konzert ist mir noch in Erinnerung, weil es eines der letzten von Freddie Webster in New York war. Als Freddie 1947 starb, war ich völlig fertig. Aber jedem ging's so, besonders Diz und Bird. Webs –

---

* Charlie Parker: *The Complete Charlie Parker*, Vol. 3 (BYG 529131).

wie wir ihn nannten – starb in Chicago an einer Überdosis Heroin, die eigentlich für Sonny Stitt gedacht gewesen war. Sonny holte aus jedem den letzten Cent raus, um an seinen Stoff zu kommen. Genau das gleiche machte er in Chicago, als er dort mit Freddie spielte. Wen auch immer er dort gelinkt hatte, der Typ zahlte es ihm heim und drehte ihm schlechten Stoff an, wahrscheinlich Batteriesäure oder Strychnin. Keine Ahnung, was es war. Jedenfalls gab Sonny das Zeug an Freddie weiter, er setzte sich einen Schuß damit und starb. Ich kam lange über seinen Tod nicht hinweg. Wir waren fast wie Brüder gewesen, ich und Freddie. Ich denke heute noch an ihn.

Im November 1947 fuhren wir mit der Band nach Detroit. Wir sollten dort im El Sino Club auftreten, aber das Ganze platzte wegen Bird. Immer wenn Bird außerhalb von New York war, hatte er Schwierigkeiten, an Heroin ranzukommen. Dann trank er unheimlich viel – genau wie an diesem Abend – und konnte nicht mehr spielen. Er stritt sich mit dem Manager vom El Sino und haute ab. Dann ging er ins Hotel zurück und war so wütend, daß er sein Saxophon aus dem Fenster schmiß. Billy Shaw kaufte ihm ein anderes, ein nagelneues Selmer.

Nachdem wir wieder in New York waren und mit J. J. Johnson eine Platte aufgenommen hatten*, fuhren wir nach Detroit zurück, um den nicht eingehaltenen Vertrag mit dem El Sino zu erfüllen. Diesmal lief alles glatt, und Bird spielte sich den Arsch ab. In Detroit machte ihm Terry Reig das Angebot, noch eine Platte für sein Savoy-Label aufzunehmen. Billy Shaw – Birds Co-Manager –, der viel Einfluß auf Bird hatte, sagte ihm, er solle sich von kleinen Plattenfirmen wie Dial lösen und sich an große Labels wie Savoy halten. Jeder wußte, daß die American Federation of Musicians, die Gewerkschaft, aufgrund von Vertragsstreitigkeiten mit den Plattenfirmen zu einem Aufnahmeboykott aufgerufen hatte. Und da Bird immer knapp bei Kasse war, unterschrieb er schnell bei Savoy und ging gleich ins Studio.

---

* Charlie Parker: *Charlie Parker on Dial*, Vol. 6 (Spotlite 106).

Nach dieser Platte mit dem Titel *Charlie Parker Quintet** fuhr Bird nach Kalifornien, um bei Norman Granz' Jazz at the Philharmonic-Tour durch den Südwesten mitzumachen. Weihnachten verbrachte ich in Chicago bei meiner Schwester und ihrem Mann, Vincent Wilburn. Dann fuhr ich zurück nach New York und spielte wieder mit Bird. Er hatte einen Abstecher nach Mexiko gemacht, um Doris zu heiraten, ließ dafür ein Konzert sausen und trieb damit Norman Granz zur Weißglut. Bird war der Star der Tournee. Er war die *Haupt*attraktion, und als er bei diesem Konzert nicht auftauchte, wurden die Leute sauer und ließen ihre Wut an Norman aus. Aber sowas interessierte Bird nicht. Außerdem schaffte er es doch immer wieder, daß die Leute ihm alles verziehen.

Nach der Philharmonic-Tour strotzte Bird vor Selbstvertrauen. Vom *Metronome*-Jazzmagazin war er grade zum besten Altsaxophonisten des Jahres gewählt worden, und ich hatte ihn noch nie so glücklich gesehen. Wir spielten wieder im Three Deuces, und die Warteschlange vor dem Club wurde jeden Abend länger. Aber ich hatte das Gefühl, daß Bird immer dann durchdrehte, wenn an sich alles ganz gut für ihn lief. Irgendwie schien er Angst vor einem normalen Leben zu haben; dann hätten die Leute ihn möglicherweise für spießig gehalten. Es war tragisch, weil er ein Genie war und ein wirklich lieber Mensch sein konnte, wenn er wollte. Aber das Heroin machte ihn auf die Dauer fertig. Überall, wo wir hingingen, waren die Dealer nicht weit. 1948 hatte er nichts mehr im Griff.

1948 sollten wir in der Argyle Show Bar in Chicago spielen. Kurz vor dem Auftritt warteten wir wieder mal auf Bird. Als er schließlich auftauchte, war er vollgeknallt mit Heroin und Alkohol und konnte nicht spielen. Er schlief fast auf der Bühne ein. Ich und Max gaben jeweils vier Takte vor, um ihn aufzuwecken. Das Stück war eigentlich in F, aber Bird war bei einem ganz anderen Stück. Duke Jordan, der sowieso nicht spielen konnte, begleitete natürlich Birds falsche Melodie. Es war so

---

* Charlie Parker: *The Complete Charlie Parker*, Vol. 4 (BYG 529132).

grauenhaft, daß sie uns rauswarfen. Bird verließ den Club und pinkelte in eine Telefonzelle, die er in seinem Rausch für die Toilette hielt. Der weiße Clubbesitzer sagte uns, wir könnten unser Geld im Gewerkschaftsbüro der Schwarzen abholen. Ausgerechnet da – in diesem knallharten Gewerkschaftsbüro in Chicago. Und wir waren völlig blank. Mir war's egal, weil meine Schwester in Chicago lebte und ich zu ihr gehn konnte; sie hätte mir Geld geliehen. Aber was sollten die andern machen? Jedenfalls meinte Bird, daß wir uns am nächsten Tag vor dem Gewerkschaftsbüro treffen, um unser Geld abzuholen.

Bird marschierte also ins Büro des Gewerkschaftspräsidenten Gray und verlangte sein Geld. Man darf nicht vergessen, daß diese Typen Birds Musik sowieso nicht ausstehen konnten. Sie hielten ihn für einen überbewerteten Junkie, völlig abgedreht, so in der Art, verstehst du? Gray greift also in die Schublade und zieht eine Kanone raus. Er sagt, wir sollen verdammt schnell verschwinden, oder er würde uns abknallen. Also hauen wir *verdammt* schnell ab. Auf dem Weg nach draußen sagt Max zu mir: „Mach dir keine Sorgen. Bird kriegt das Geld schon." Max glaubte, Bird könnte alles schaffen. Bird wollte zurückgehn und den Kerl verprügeln, aber Duke Jordan hielt ihn davon ab. Dieses schwarze Arschloch Gray hätte Bird glatt erschossen, denn er war ein übler Typ und kümmerte sich einen Dreck darum, wer Bird war.

Aber Bird rächte sich an dem Clubbesitzer vom Argyle, als wir im selben Jahr nochmal dort auftraten. Nachdem er sein Solo beendet hatte, stellte Bird mitten im Stück sein Saxophon ab, verließ die Bühne und ging raus ins Foyer. Er marschierte in die Telefonkabine und pinkelte. Und er pißte nicht wenig. Es lief aus der Kabine und über den verdammten Teppich. Dann kam er lächelnd raus, zog den Reißverschluß hoch und ging wieder auf die Bühne. Vor den Augen des weißen Publikums. Und dann spielte er wieder wie ein Wahnsinniger. An diesem Abend war Bird weder high noch sonstwas; er hatte dem Clubbesitzer in seiner Sprache deutlich gemacht, daß er sich nie wieder mit ihm anlegen soll – ohne ein Wort dabei zu verlieren.

Der Typ sagte keinen Ton und tat, als ob er nichts bemerkt hätte. Er zahlte Bird aus. Aber von dem Geld sahen wir keinen Cent.

Zu der Zeit ging's mit der 52sten bergab. Die Leute kamen immer noch wegen der Musik, aber überall wimmelte es von Bullen. Es trieben sich viele Zuhälter und Gauner rum, und daher zwang die Polizei die Clubbesitzer, ihre Revuen zu säubern. Sie verhafteten einige Musiker und einen großen Teil der Gauner. Die Leute wollten zwar Birds Band hören, aber anderen Gruppen ging's nicht besonders gut. Einige Clubs auf der Street hatten nämlich den Jazz aus ihrem Programm gestrichen und boten jetzt Striptease-Shows an. Außerdem hatte sich das Publikum seit dem Ende des Kriegs verändert. Früher waren viele Soldaten in der Street, die sich einfach nur amüsieren wollten. Jetzt waren die Leute abweisender und unfreundlicher.

Der Abstieg der Street und der noch immer andauernde Aufnahmeboykott waren ein schwerer Schlag für die Musikszene. Die Musik wurde nicht mehr auf Schallplatten veröffentlicht. Wer den Bebop nicht in den Clubs hörte, vergaß ihn einfach. Wir traten regelmäßig im Onyx* und im Three Deuces auf. Aber Bird kam nie mit dem Geld rüber, und das nervte uns mit der Zeit immer mehr. Früher war Bird ein Gott für mich, aber das hatte sich inzwischen geändert. Ich war einundzwanzig, hatte eine Familie, wurde 1947 im *Esquire* zum New Star unter den Trompetern gewählt und stand mit Dizzy an erster Stelle im *Down Beat* Poll der Kritiker. Nicht, daß ich größenwahnsinnig wurde, aber mir war langsam klar, wo *ich* musikalisch stand. Es war nicht in Ordnung, daß Bird uns nicht auszahlte. Er respektierte uns nicht, und das wollte ich nicht mehr hinnehmen.

Einmal fuhr ich mit Max von Chicago zu einem Gig nach Indianapolis. Unterwegs hielten wir irgendwo in Indiana an einem kleinen Diner, in dem auch Schwarze essen durften. Wir sitzen da, essen, kümmern uns um nichts, als vier weiße Kerle

* Charlie Parker: *Bird on 52nd Street* (Original Jazz Classics OJC 114).

reinkommen und sich direkt uns gegenüber hinsetzen. Sie trinken Bier, werden langsam besoffen, reden und lachen brüllend – die typischen, versoffenen Hillbillies. Da ich aus East St. Louis bin, kannte ich diese Sorte, aber Max, der aus Brooklyn stammt, war völlig ahnungslos. Ich wußte, daß es dumme Arschlöcher sind. Und wenn sie Bier trinken, wird's noch schlimmer, stimmt's? Jedenfalls lehnt sich einer zu uns rüber und fragt: „Na Jungs, was treibt ihr denn so?" Max ist zwar intelligent, kapiert aber überhaupt nicht, was hier gespielt wird. Er dreht sich zu dem Typen und antwortet lächelnd: „Wir sind Musiker." In Brooklyn kennt man diese Hinterwäldler-Scheiße nicht. Dann sagt der weiße Typ: „Wenn ihr so toll seid, warum spielt ihr dann nicht was für uns?" Als er das sagte, *wußte* ich, was als nächstes kommt. Ich packte also die Tischdecke und schmiß sie, mit allem, was draufstand, diesen Idioten über den Schädel, bevor sie überhaupt reagieren konnten. Max warf auch irgendwelche Sachen und schrie. Die Jungs waren so geschockt, daß sie nur mit offener Klappe dasaßen und kein Wort rausbrachten. Als wir nach draußen gingen, sagte ich zu Max: „Nächstes Mal ignorierst du sie einfach; wir sind hier nicht in Brooklyn."

Als ich in Indianapolis ankomme, um dort diesen Abend aufzutreten, bin ich total geladen. Und da kommt Bird nach dem Gig und erzählt uns, er hätte kein Geld, und wir müßten bis zum nächsten Gig warten, weil ihn der Clubbesitzer nicht bezahlt hat. Alle schlucken es, nur ich und Max gehen rauf in Birds Zimmer. Seine Frau Doris ist auch da, und als wir reingehn, seh ich, wie Bird ein Bündel Geldscheine unters Kopfkissen steckt. Er platzt sofort los: „Ich hab kein Geld. Das hier ist für was andres. Ich zahl euch aus, wenn ich wieder in New York bin."

Max sagt: „Okay, Bird, wie du meinst."

Darauf sag ich: „Los, Max, er reißt sich schon wieder unser Geld untern Nagel. Er bescheißt uns."

Max zuckt nur mit den Schultern und schweigt. Weißt du, er hielt immer zu Bird, egal, was der machte. Ich sag' nochmal: „Ich will mein verdammtes Geld, Bird."

Darauf Bird, der mich immer Junior nannte: „Du kriegst keinen Penny, Junior, nichts, überhaupt nichts."

Max sagt: „Yeah, ich versteh das, ich kann warten, yeah, ich versteh das. Ich find's in Ordnung, Miles, weil Bird uns doch alles beigebracht hat."

Ich schnappte mir eine Bierflasche, schlug den Hals ab und sagte ihm, diesmal mit der großen Scherbe in der Hand: „Du Arsch, gib mir mein Geld, oder ich bring dich um." Und dabei packte ich ihn am Kragen.

Blitzschnell griff er unters Kissen und gab mir mein Geld. Dabei sagte er mit einem scheißfreundlichen Grinsen: „Jetzt dreht er durch. Hast du das gesehn, Max? Miles ist sauer auf mich, und das nach allem, was ich für ihn getan habe."

Max nahm gleich wieder für Bird Partei und sagte: „Miles, Bird hat dich nur getestet, um zu sehen, wie weit du gehst. Yeah, er hat's nicht so gemeint."

In dem Moment überlegte ich mir zum ersten Mal ernsthaft, die Band zu verlassen. Bird, der dauernd high war und uns nicht bezahlte, und ich, der wie ein Pferd ackerte und die Band zusammenhielt. Ich war mir langsam zu schade, mich so behandeln zu lassen. Und dazu noch seine Frau Doris, die mich immer an Olive Oyl* erinnerte. Ich kann's nicht leiden, wenn Leute mit mir reden, die nichts im Kopf haben. Besonders, wenn sie die gleiche Scheiße verzapfen wie Weiße, die den Boß spielen. Genauso war Doris. Sie war nett und alles, hielt immer zu Bird, aber sie spielte gern den Boß, besonders gegenüber Schwarzen. Wenn wir zu irgendeinem Gig fuhren, schickte Bird sie mit den Fahrkarten zum Bahnhof. Und da stand dann diese Zicke – in ihrem Olive-Oyl-Look – mitten auf der Penn-Station und spielte sich auf wie die Herrscherin über eine Gruppe großartiger Musiker, als ob sie unsre Mutter wäre. Ich ließ mich nicht gern von häßlichen Frauen wie ihr Eigentum behandeln. Aber Doris genoß es, von schönen, schwarzen Männern umgeben zu sein. Sie war im siebten Himmel. Und Bird schwebte

---

* Freundin von „Popeye", aus der gleichnamigen Comic-Serie (dt.: „Olivia").

irgendwo anders oder versuchte es zumindest. Er war einfach
gefühllos.

Als es mit der 52sten bergab ging, verlagerte sich die Jazz-
Szene in die 47ste und Broadway. Dort lag auch das Royal
Roost, das einem Typ namens Ralph Watkins gehörte. 1948
überredete ihn Monte Kay, ein Konzert mit Symphony Sid als
Produzenten zu veranstalten. Monte Kay war ein junger, weißer
Typ, der sich in der Jazz-Szene rumtrieb. Damals gab er sich
immer als hellhäutiger Schwarzer aus. Aber als er zu Geld kam,
war er plötzlich wieder ein Weißer. Als Produzent von schwar-
zen Musikern hat er Millionen verdient und lebt heute in
Beverly Hills. Jedenfalls organisierte Sid an einem Dienstag ein
Konzert mit mir, Bird, Tadd Dameron, Fats Navarro und Dexter
Gordon.

Zu der Zeit lernte ich Dexter Gordon kennen. Dexter lebte
seit 1948 in New York und er, Stan Levey und ich waren oft
zusammen. Ich hatte Dexter zum ersten Mal in Los Angeles
getroffen, und mit Stan wohnte ich 1945 kurz zusammen, wir
waren also gute Freunde. Stan und Dexter nahmen Heroin,
aber ich war noch clean. Dexter lief immer super-hip und
elegant durch die Gegend und trug diese breitschultrigen Anzüge, die damals modern waren. Ich hatte immer noch meinen
dreiteiligen Brooks-Brothers-Anzug, den ich für wirklich hip
hielt. Im St. Louis-Stil, verstehst du? Die Nigger aus St. Louis
hatten nämlich den Ruf, in Kleiderfragen absolute Spitze zu
sein. Deshalb konnte mir keiner was vormachen.

Aber für Dexter war mein Stil alles andre als hip. Er sagte mir
dauernd: „Jim (damals benutzten viele Musiker den Namen
Jim), so, wie du aussiehst, kannst du nicht mit uns rumlaufen.
Warum ziehst du nicht was andres an, Jim? Besorg dir was
Vernünftiges. Du solltest mal zu F&M gehn" – das war ein
Geschäft am Broadway.

„Wieso, Dexter, ist doch ein scharfer Anzug? Ich hab einen
Haufen Geld dafür hingelegt."

„Miles, darum geht's nicht, der Scheiß ist nicht heiß. Das hat
nichts mit Geld zu tun, ich rede von Hipness, Jim, und der

133

Scheiß, den du anhast, ist meilenweit davon entfernt. Wenn du hip sein willst, Miles, dann leg dir ein paar Anzüge mit breiten Schultern und Mr.-B-Hemden zu."

Darauf sagte ich, total beleidigt: „Aber Dexter, Mann, ich trag doch anständige Klamotten."

„Ich weiß schon, Miles, daß du sie für hip hältst, sind sie aber nicht. Ich kann mich mit keinem sehn lassen, der so spießig rumläuft wie du. Und du spielst in Birds Band? Der hipsten Band der Welt? Mann, du müßtest es eigentlich besser wissen."

Ich war gekränkt. Ich bewunderte Dexter schon immer und hielt ihn für super-hip – für einen der verrücktesten und schärfsten jungen Typen in der ganzen Musikszene. Und dann sagte er eines Tages: „Mann, warum läßt du dir keinen Schnurrbart wachsen? Oder einen Bart?"

„Wie denn, Dexter? Mir wachsen doch sowieso nirgends Haare, außer auf dem Kopf, ein paar unter den Armen und um den Schwanz rum. Meine Familie hat viel indianisches Blut in den Adern, und Niggern und Indianern wachsen keine Haare im Gesicht. Meine Brust ist glatt wie eine Tomate, Dexter."

„Gut, Jim, aber du mußt irgendwas unternehmen. So, wie du aussiehst, kannst du nicht mit uns rumziehn, du blamierst mich nur. Warum besorgst du dir nicht wenigstens einen anständigen Zwirn, wenn dir schon keine Haare wachsen?"

Ich sparte mir also 47 Dollar zusammen, ging zu F&M und kaufte mir einen grauen Anzug mit breiten Schultern, der aussah, als wär er mir viel zu groß. Diesen Anzug trug ich 1948 auf allen Fotos von Birds Band und auch auf meinem eigenen Pressefoto, dem mit dieser Dauerwelle. Nachdem ich diesen Anzug von F&M hatte, kam Dexter vorbei, grinste sein übliches breites Grinsen, schlug mir auf den Rücken und sagte: „Yeah, Jim, jetzt siehst du nach was aus, jetzt bist du hip. Du kannst mitkommen." Er war schon ein irrer Typ.

Allmählich leitete nur noch ich Birds Band, denn er ließ sich nie sehen, außer, wenn Auftritte waren und er sein Geld kassierte. Jeden Tag übte ich mit Duke Akkorde und hoffte, daß er den Scheiß kapiert, aber er konnte die Musik einfach nicht hören. Wir kamen nie miteinander klar, aber Bird wollte ihn nicht rauswerfen, und ich konnt's nicht, weil es nicht meine Band war. Ich und Max wollten Bud Powell. Aber Bird hielt zu Duke. Doch die Sache mit Bud hatte auch einen Haken. Vor einigen Jahren war er in den Savoy Ballroom in Harlem gegangen, ganz in Schwarz wie immer. Er hatte seine Jungs aus der Bronx dabei, die, damit gab er immer an, „jeden fertigmachen würden". Er geht also ins Savoy, keinen Cent in der Tasche, und der Rausschmeißer, der ihn kennt, erklärt ihm, daß er ohne Geld nicht reinkommt. Das sagt er einem Bud Powell, dem besten jungen Pianisten auf der ganzen Welt, und Bud weiß das. Also geht er einfach an dem Arsch vorbei. Der Rausschmeißer macht das, wofür er bezahlt wird. Er schlägt ihm mit einem Revolver auf den Kopf und zertrümmert ihm die Schädeldecke.

Danach fing Bud zu drücken an, als gäb's kein Morgen mehr. Das war das Allerletzte, was er hätte tun sollen, denn es machte ihn verrückt. Und obwohl er noch nie was vertragen konnte, soff er plötzlich wie ein Loch. Bud drehte langsam durch, bekam Anfälle und redete wochenlang mit keinem Menschen, nicht mal mit seiner Mutter und seinen besten Freunden. Schließlich schickte ihn seine Mutter 1946 in die psychiatrische Abteilung des Bellevue in New York City, wo sie ihn mit Elektroschocks behandelten. Sie dachten wirklich, er ist verrückt.

Nach diesen Elektroschocks war Bud nicht mehr derselbe – nicht als Musiker und nicht als Mensch. Bevor er ins Bellevue eingeliefert worden war, hatte alles, was er spielte, einen bestimmten Dreh; in seiner Musik war immer etwas Besonderes. Mann, aber statt ihm seine Kreativität zu nehmen, indem man ihm Elektroschocks verpaßte, hätte man ihm lieber die Hände abschneiden sollen. Manchmal hab ich mich gefragt, ob diese weißen Ärzte ihm absichtlich Elektroschocks gaben, um ihn von sich selbst abzuschneiden, genauso, wie sie's mit Bird machten. Aber Bird und Bud waren verschieden. Bird war zäh, Bud war weich. Bird überstand die Elektroschocks, Bud nicht.

Bevor das alles passierte, war Bud der Größte. Er war das fehlende Glied in der Gruppe, das sie zur vielleicht besten Bebop-Band aller Zeiten gemacht hätte. Mit Max, der Bird antreibt, und Bird, der Bud treibt – Mann, ich darf's mir gar nicht vorstellen. Al Haig, der Pianist, den Bird 1948 in die Band reinnahm, spielte ganz gut. Er war in Ordnung. Und auch John Lewis spielte recht brauchbar. Aber Duke Jordan nahm uns nur Platz auf der Bühne weg. Und Tommy Potter würgte immer den Baß, als ob er seinem Todfeind den Hals umdrehn will. Wir sagten ihm immer: „Tommy, laß die Frau los!" Obwohl Tommys Rhythmusgefühl nicht schlecht war. Aber wenn wir Bud gehabt hätten... Okay, es ist nicht passiert, aber es wäre möglich gewesen.

Aus irgendeinem Grund vertraute mir Buds Mutter, sie mochte mich. Aber damals war ich bei allen möglichen Leuten beliebt. Manchmal denke ich, es hatte vielleicht was damit zu tun, daß ich früher Zeitungsjunge in East St. Louis war. Da lernt man, mit allen möglichen Leuten zu reden. Buds Mutter mochte mich also, weil ich mich immer mit ihr unterhielt, wenn wir uns trafen. Nachdem Bud so krank geworden war, ließ sie ihn immer mit mir ausgehn. Sie wußte, daß ich kaum trank und keine Drogen nahm, wie die Typen, mit denen er sonst rumhing.

Manchmal besuchte ich ihn und brachte ihm eine Flasche Bier mit – mehr konnte er nicht vertragen, ohne daß es ihm gleich in den Kopf stieg. Er nippte ein paarmal und sagte keinen Ton. Er saß immer vor dem Klavier in ihrem Appartement oben an der St. Nicholas in Harlem. Dann bat ich ihn, „Cherokee" zu spielen, und es war genial. Am Klavier war er wie ein Vollbluthengst, auch als er krank war. Aber egal, wie großartig er über „Cherokee" oder andere Stücke improvisierte, nachdem er krank war, konnte er nie wieder wie früher spielen. Aber irgendwas nicht spielen können, Mann, Bud wußte überhaupt nicht, was das bedeutet. Bird war genauso. In der Beziehung waren sich Bird und Bud ähnlich.

Als ich in Harlem wohnte, kam Bud manchmal in unser

Appartement in der 147sten, er setzte sich hin und sagte keinen Ton. Einmal schaute er zwei Wochen lang jeden Tag vorbei. Sagte kein Wort, weder zu mir, zu Irene noch zu den Kindern. Er saß nur rum und starrte mit seinem liebenswerten Lächeln in die Luft.

Jahre danach gingen wir auf Tournee, ich, Bud und Lester Young – es war 1959, das Jahr, in dem Lester starb. Bud schwieg wieder vor sich hin; er saß nur da und lächelte. Er lächelte immer Charlie Carpenter, einen Musiker, an. Bis Charlie schließlich fragte: „Bud, worüber lächelst du denn dauernd?" Bud verzog keine Miene und sagte: „Über dich." Lester Young platzte fast vor Lachen, weil Charlie *wirklich* ein trauriger Typ war, und darüber hatte Bud die ganze Zeit gelächelt.

Nachdem sie Bud aus der Klapsmühle entlassen hatten, kam er eines Abends in die Street, um sich Birds Band anzuhören. In der Pause gingen wir nach draußen, und da stand er – clean und nüchtern, in seinem üblichen schwarzen Outfit. Weißt du, es war nicht so, daß Bird Buds Spielweise nicht mochte. Er wollte ihn nicht in der Band, weil er ihm „zu abgedreht" war – wie er mir und Max einmal erklärte. Kannst du dir das vorstellen? Bird sagt über einen anderen, er ist „zu abgedreht"? So abgedreht wie er selber?

Max und ich sagten zu Bud: „Bud, bleib hier stehn, wir kommen gleich wieder. Geh nirgendwo hin." Er grinste uns nur an und sagte nichts. Wir rannten in den Club, spielten unsern Set und sagten zu Bird: „Bud steht draußen, er ist völlig clean."

Bird sagte: „Oh, yeah. Glaub ich nicht."

Wir sagten: „Los, Bird, schau's dir selber an." Wir gingen mit Bird auf die Straße. Bud stand noch am selben Auto wie vorher – aber er sah aus wie ein Zombie. Er schaute Bird an, und seine Augen drehten nach oben weg. Dann rutschte er langsam an dem Wagen nach unten auf den Boden. „Bud, wo warst du?" fragte ich. Er murmelte nur etwas von der White Rose Tavern gleich um die Ecke. So schnell hatte er sich betrunken.

In der Band gab's immer mehr Probleme. Bird versetzte dauernd sein Saxophon und mußte sich von andern Leuten

welche leihen. Es war so schlimm, daß ein Typ aus dem Three
Deuces – ich glaub, er war eine Art Hausmeister – jeden Tag
zum Leihhaus marschierte, um Birds Horn auszulösen. Nach
dem Gig brachte er es dann wieder zurück. Eines Abends kam Bird zu spät ins Three Deuces und ging in
die Garderobe, wo er Sardinen und Cracker auspackte. Der
Clubbesitzer wollte, daß er sich beeilt, aber Bird kaute genüß-
lich und grinste wie ein Idiot. Der Clubbesitzer wurde immer
ungeduldiger, und Bird bot ihm ein paar Cracker an. Mann, war
das eine komische Szene. Ich lachte mich halbtot. Zu der Zeit
verarschte er sämtliche Clubbesitzer, und das vergaßen die ihm
nie. Danach spielten wir nie wieder im Three Deuces. Vom
September bis Dezember '48 traten wir im Royal Roost auf.*
Für uns war's nicht schlecht, weil Symphony Sid seine Live-
Übertragungen aus dem Roost brachte und wir so mehr Leute
erreichten.

Um die Zeit nahm Bird mit seiner Gruppe die erste Platte in
diesem Jahr 1948 auf.** Ich brachte Bird dazu, für diese Sitzung Duke Jordan durch John Lewis zu ersetzen. Duke war
stinksauer auf mich, aber es war mir gleich, *was* er davon hielt,
denn mir ging's nur um die Musik. Auch Curly Russell war mit
dabei.

Etwa im Dezember 1948 übernahm Al Haig endgültig den
Platz von Duke Jordan. Persönlich hatte ich nichts gegen Al,
aber ich fand, daß John Lewis und Tadd Dameron bessere
Pianisten waren. Mit seiner Entscheidung für Al Haig wollte
Bird vermutlich zeigen, daß er zu bestimmen hatte, und nicht
ich. Wir redeten jetzt noch weniger als früher miteinander.
Später holte Bird noch Curly Russell für Tommy Potter. Dann
überlegte er sich's wieder anders und ersetzte Curly durch
Tommy.

Kurz danach stellte ich eine Gruppe – ein Nonett – für das
Roost zusammen: mit Max Roach, John Lewis, Lee Konitz,

---

* Charlie Parker: *Bird at the Roost* (RCA Savoy 70541).
** Charlie Parker: *The Complete Charlie Parker*, Vol. 4 u. 5 (BYG 529132/133).

Gerry Mulligan, Al McKibbon am Baß und Kenny Hagood als Sänger. Dazu kamen Michael Zwerin an der Posaune, Junior Collins am Waldhorn und Bill Barber an der Tuba. Ich arbeitete schon länger mit Gil Evans an diesem Projekt, er hatte die Arrangements geschrieben. Seit Sommer 1948 arrangierte Gil nicht mehr für Claude Thornhill. Er hatte gehofft, für Birds Gruppe arbeiten zu können. Aber Bird nahm sich nie die Zeit, um sich mal Gils Sachen anzuhören. Seit Gil ein Appartement in der 55sten Straße hatte, war Gil für Bird nur jemand, der ihm ein angenehmes Plätzchen bot, wo er essen, trinken und scheißen konnte und es nicht weit zur 52sten hatte. Als er sich endlich Gils Musik anhörte, gefiel sie ihm. Aber zu der Zeit wollte Gil nicht mehr mit Bird arbeiten.

Gil und ich hatten schon einige Sachen ausprobiert, und es lief richtig gut. Ich suchte nach einer Besetzung, in der ich mehr in dem Stil spielen konnte, den ich mir vorstellte, da meine Musik langsamer und nicht so dicht wie die von Bird war. Meine Gespräche mit Gil über subtilere Formen der Instrumentierung brachten mir sehr viel. Wir sprachen mit Gerry Mulligan darüber, eine Band aus neun Musikern zusammenzustellen. Bevor ich mich an dem Ganzen beteiligte, hatten Gil und Gerry schon entschieden, welche Instrumente sie in der Gruppe verwenden wollten. Aber das Konzept, die musikalische Interpretation und die Auswahl der Stücke gingen auf meine Vorstellungen zurück.

Ich mietete die Übungsräume, setzte die Probentermine fest und kümmerte mich um alles. Die Sache mit Gil und Gerry lief seit dem Sommer 1948 nebenbei, bis wir endlich im Januar 1949 ins Studio gingen. Ich besorgte uns ein paar Engagements und stellte für die Plattenaufnahme den Kontakt zu Capitol Records her. Aber durch die Zusammenarbeit mit Gil kam ich erst richtig zum Komponieren. Ich spielte Gil die Kompositionen auf dem Klavier in seinem Appartement vor.

Bei der Besetzung des Nonetts wollte ich anfangs Sonny Stitt am Altsaxophon. Da Sonny fast wie Bird klang, dachte ich sofort an ihn. Aber Gerry Mulligan wollte Lee Konitz, weil er einen zarten Sound hatte, nicht diesen harten Bebop-Klang. Gerry meinte, daß dieser Sound die Platte und die Band gegenüber allen anderen abhebt. Er befürchtete, daß mit mir, Al McKibbon, Max Roach und John Lewis die Bebopper zu stark vertreten wären und dann dabei nichts Neues rauskäme. Deshalb befolgte ich seinen Rat und verpflichtete Lee Konitz. Eigentlich wollten wir noch J. J. Johnson, aber er tourte gerade mit der Illinois Jacquet Band. Dann dachte ich an Ted Kelly, der bei Dizzy Posaune spielte. Aber er war zu beschäftigt und hatte keine Zeit. Also entschieden wir uns für einen Weißen, Michael Zwerin, der noch jünger war als ich. Ich hatte ihn im Minton's kennengelernt, wo er eines Abends bei uns einstieg. Ich fragte ihn, ob er am nächsten Tag zu den Proben in Nolas Studio kommen könnte. Er kam und war in der Band.

Das Ganze war ursprünglich nur als Experiment gedacht, als gemeinsames Experiment. Dann fielen plötzlich viele schwarze Musiker über mich her und warfen mir vor, ich würde weiße Musiker verpflichten, während sie keine Arbeit hätten. Ich machte ihnen klar, daß ich einen Typ, der so gut wie Lee Konitz ist – und über ihn regten sie sich besonders auf, weil es viele schwarze Altsaxophonisten gab –, jederzeit engagieren würde und es mir scheißegal sei, ob er grün ist und Feuer spuckt. Ich verpflichte einen Typen wegen seiner Musik und nicht wegen seiner Hautfarbe. Als ich ihnen das erklärte, regten sich viele wieder ab. Aber ein paar waren deswegen weiter sauer.

Jedenfalls verschaffte uns Monte Kay für zwei Wochen ein Engagement im Royal Roost. Am Eröffnungsabend ließ ich ein Plakat vor dem Roost anbringen, auf dem stand: „Miles Davis Nonett; Arrangements von Gerry Mulligan, Gil Evans und John Lewis". Ich mußte wie der Teufel mit Ralph Watkins, dem Besitzer des Roost, darum kämpfen, das Plakat aufzuhängen. Zuerst war er von dem Ganzen sowieso nicht begeistert, weil er nicht einsah, warum er neun Typen bezahlen sollte, wenn's auch mit fünf geht. Aber Monte Kay überzeugte ihn schließlich. Ich mochte Watkins nicht besonders, aber ich rechnete es ihm hoch an, daß er es riskierte. Wir spielten Ende August, Anfang September 1948 zwei Wochen im Roost,* mit dem Orchester von Count Basie als Starattraktion im Programm. Viele hielten unsre Musik für seltsam. Ich weiß noch, daß Barry Ulanow vom *Metronome*-Magazin von dem Ganzen etwas verwirrt war. Count Basie hörte jeden Abend zu, und er mochte die Musik. Er sagte zu mir, sie sei „langsam und seltsam, aber gut, wirklich gut". Viele Musiker waren auch der Meinung, eingeschlossen Bird. Pete Rugolo von Capitol Records fragte mich, ob wir für Capitol eine Platte machen wollten, wenn der Aufnahmeboykott vorbei sei.

Aber grade zu der Zeit steckte Gil in einer Krise. Er brauchte eine Woche, um acht Takte zu schreiben. Schließlich schaffte er es, schrieb ein Stück, das er „Moon Dreams" nannte und ein paar Teile von „Boplicity", die beide auf *Birth of the Cool* veröffentlicht wurden.** Das *Birth of the Cool*-Album entstand in einigen Sessions, in denen wir den Sound von Claude Thornhills Band nachahmen wollten. Wir wollten diesen Sound, aber im Unterschied zu Thornhill mit möglichst wenig Leuten. Für mich mußte der Klang die Stimmlagen eines Quartetts umfassen: mit Sopran-, Alt-, Bariton- und Baßstimmen. Wir brauchten Tenor, Contra-Alt und Baß. Ich übernahm die Sopran-, Lee Konitz die Altstimme. Mit dem Waldhorn hatten wir eine andere Stimmlage, die Baßtuba übernahm die Baritonstimme. Ich und Lee – Sopran und Alt – spielten in den oberen Lagen. Oder wir verwendeten das Waldhorn für die Alt-, das Baritonsaxophon für die Bariton- und die Baßtuba für die Baßstimme. Für mich war die Gruppe wie ein Chor, ein Chor aus vier Stimmen. Viele verwenden das Baritonsaxophon für die tiefen Lagen, aber die Tuba ist dafür eigentlich besser geeignet, weil sie ein Baßinstrument ist. Ich wollte, daß die Instrumente wie menschliche Stimmen klangen, und das gelang mir.

Manchmal spielte Gerry Mulligan die gleiche Stimme wie

---

* Miles Davis and His Tuba Band: *Pre-Birth of the Cool* (Cicala Jazz BJL 8003).
** Miles Davis: *Birth of the Cool* (Capitol ECJ 70056).

Lee Konitz, dann wie ich oder wie Bill Barber, der mit seiner Tuba immer in den tiefen Registern blieb. Manchmal spielte Gerry in höheren Stimmlagen, und dann wieder verstärkte er nur den Sound.

Januar 1949 ging das Nonett für einen Tag ins Studio. Kai Winding war an Michael Zwerins Stelle getreten, der zurück aufs College mußte, Al Haig kam für John Lewis und Joe Shulman für Al McKibbon. Bei dieser ersten Session nahmen wir „Jeru", „Move", „Godchild" und „Budo" auf. Da Pete Rugolo die schnellen und mittelschnellen Stücke zuerst aufnehmen wollte, spielten wir keins von Gils langsamen Arrangements. Die erste Session lief völlig reibungslos. Die Leute von Capitol Records fanden die Aufnahmen so gut, daß sie „Move" und „Budo" schon einen Monat später als 78er rausbrachten, und dann, im April, „Jeru" und „Godchild". Es folgten noch zwei Sessions, eine im April 1949, die andere 1950. Es gab immer wieder Veränderungen in der Besetzung, nur ich, Gerry Mulligan, Lee Konitz und Bill Barber spielten bei allen Sessions.

Gil und ich schrieben „Boplicity", gaben allerdings Cleo Henry – meine Mutter – als Komponisten an, denn das Stück sollte bei einem anderen Musikverlag erscheinen.

Birth of the Cool wurde zu einem Sammlerstück, vielleicht als Reaktion auf die Musik von Bird und Dizzy. Bird und Diz spielten diese schrägen, wirklich schnellen Sachen, aber wer nicht genauso schnell hörte, dem entging der Humor und das Gefühl in ihrer Musik. Ihr Sound war nicht weich, und es fehlten die Harmonien, die man auf der Straße vor sich hin summte, um sein Mädchen aufs Küssen einzustimmen. Der Bebop hatte nicht die Menschlichkeit eines Duke Ellington. Man konnte sich nicht mal die Melodien merken. Bird und Diz waren großartig, phantastisch, aggressiv – aber nicht weich. *Birth of the Cool* war da anders – man konnte jede Feinheit hören und trotzdem mitsummen.

Birth of the Cool hatte seine Wurzeln in der schwarzen Musik. Das Ganze kam von Duke Ellington. Eigentlich wollten wir

142

einen Sound wie Claude Thornhill, aber der wiederum hatte sich sein Zeug von Duke Ellington und Fletcher Henderson geholt. Und Gil Evans war ein großer Fan von Duke und Billy Strayhorn *und* der Arrangeur von *Birth of the Cool*. Duke und Billy benützten die gleiche Verdopplung der Akkorde wie wir. Deshalb holte sich Duke immer Musiker mit einem Sound, den man sofort wiedererkennt. Wenn sie Soli spielten, erkannte man sie sofort an ihrem Sound. Aber auch wenn sie im Satz spielten, konnte man sie an ihrer Phrasierung raushören. In bestimmten Akkorden lag einfach ihre Persönlichkeit. Genau das machten wir in *Birth*, und vermutlich kam die Platte deshalb so gut an. Die Weißen wollten damals eine Musik, die sie verstehen konnten, der sie ohne Mühe *zuhören* konnten. Der Bebop war keine weiße Sache, und so hatten viele Schwierigkeiten zu hören, was in dieser Musik passierte. Er war ausschließlich schwarz. Aber *Birth* konnte man nicht nur summen, es spielten auch Weiße mit, und zwar in wichtigen Positionen. Den weißen Kritikern gefiel das. Sie fühlten sich geschmeichelt, daß *sie* anscheinend auch mal an der neuesten Entwicklung beteiligt waren. Für sie war's wie ein zusätzlicher warmer Händedruck. Wir spielten uns etwas sanfter in die Ohren der Leute als Bird und Diz, bewegten uns in Richtung Mainstream. Mehr war's nicht.

Ende 1948 war meine Beziehung zu Bird in einer Sackgasse gelandet, aber ich hoffte immer noch, er würde sich ändern, denn ich spielte einfach wahnsinnig gern mit ihm. Aber je berühmter er wurde, desto mehr arbeitete er als Solist und ließ die Band im Stich. Auf diese Art verdiente er natürlich mehr Geld, aber schließlich waren wir seine Gruppe und hatten ziemlich viel für ihn geopfert. Bei Auftritten stellte er uns kaum noch vor, und sobald er sein Solo beendet hatte, verließ er die Bühne, ohne uns eines Blickes zu würdigen. Er zählte nicht mal mehr das Tempo vor, und deshalb wußten wir oft nicht, *was* wir spielten.

Eigentlich hätte er nur auf die Bühne gehn und spielen sollen. Aber er mußte sich auch noch zusätzlich als Spielverderber aufführen. Einmal, im Three Deuces, sah er mich mit diesem genervten, verzweifelten Blick an, den er immer aufsetzte, wenn ihm irgendwas nicht paßte – es konnte an dir liegen, daran, daß der Dealer nicht aufgetaucht war, daß ihm seine Frau den Schwanz nicht anständig geleckt hatte, es konnte am Clubbesitzer, irgend jemandem im Publikum liegen, es konnte alles mögliche sein – aber was es war, das wußtest du nie. Denn Bird versteckte seine Gefühle immer hinter einer Maske. Der perfektesten Maske, die ich je gesehn habe. Jedenfalls schaute er mich an, beugte sich zu mir rüber und sagte, daß *ich* zu laut spiele. *Ich* – bei dem weichen Ton, den ich hatte? Ich dachte, jetzt muß er *wirklich* verrückt geworden sein – mir zu erzählen, daß *ich* zu laut spiele. Ich sagte nichts dazu, was zum Teufel hätte ich denn auch sagen sollen? Es war immerhin *seine* Band.

Bird hatte immer behauptet, die Vorstellung, nur als Entertainer gesehn zu werden, sei ihm ein Greuel. Aber langsam machte er sich selbst zu einem richtigen Spektakel. Mir gefiel es nicht, daß die Weißen nur in den Club kamen, weil Bird sich wie ein Narr aufführte, und wie sie drauf warteten, daß er irgendwas Blödes bringen würde, worüber sie sich amüsieren konnten. Vielleicht war Bird auch am Anfang schon ein bißchen verrückt, aber er verhielt sich bestimmt nicht so idiotisch wie jetzt. Ich weiß noch, wie er einmal ein Stück mit dem Titel „Suck You Mama's Pussy" ankündigte. Aber die Leute dachten, sie hätten sich verhört. Es war nur noch peinlich. Ich war nicht nach New York gekommen, um mit einem Clown zu arbeiten.

Aber daß er die Band aus Lust und Laune aufs Spiel setzte, während ich in seiner Abwesenheit dauernd mit ihr probte – nur um die Weißen lachen zu hören, weil sie irgendwas witzig finden –, das war mir zuviel. Es machte mich wütend, ich verlor jede Achtung vor ihm. Vielleicht liebte ich Charlie Parker nicht als Mensch, sondern nur als *Musiker* – aber dann als schöpferischen, innovativen Musiker und Künstler. Und jetzt verwandelte er sich vor meinen Augen in einen Schmierenkomödianten.

Aber es gab andere Möglichkeiten für mich. Sogar der Meister persönlich, Duke Ellington, mochte meine Musik. Ich hatte ihn bisher nur auf der Bühne gesehen und kannte alle seine Platten. Aber ich liebte ihn wirklich, seine Musik, seine Einstellung und seinen Stil. Also fühlte ich mich sehr geschmeichelt, als er eines Tages einen Typen vorbeischickte und mir ausrichten ließ, Duke Ellington wolle mit mir reden. Der Typ, Joe hieß er, glaub ich, erzählt mir, daß Duke mich mag, die Art, wie ich mich kleide und mich gebe. Mann, das von einem seiner Idole zu hören, war ganz schön berauschend für einen zweiundzwanzig Jahre jungen Mann. Das stieg mir so zu Kopf, daß mein Ego richtig abhob. Joe gab mir die Adresse von Dukes Büro, das im alten Brill Building, Ecke Broadway und 49ste lag.

Ich geh also zu Duke, geschniegelt und gebügelt, steig die Treppen zu seinem Büro hoch, klopf an die Tür, und da sitzt Duke, in Shorts, mit 'ner Frau auf dem Schoß. Mann, ich war geschockt. Der coolste, hipste, schärfste Typ in der Musikszene und dann sowas. Er grinst mich an und sagt, daß er mich für den Herbst eingeplant hat und mich gern in seinem Orchester hätte. Mann, das haute mich fast um. Ich war wahnsinnig glücklich, echt geschmeichelt. Es haute mich einfach um, daß mich eins meiner Idole danach fragt, ob ich in seine Band will, die tollste Band auf der Musikszene. Daß er überhaupt an mich dachte, von mir gehört hatte und meinen Stil mochte – es war einfach zuviel.

Aber leider mußte ich ihm einen Korb geben, weil ich noch die Aufnahmen zu *Birth of the Cool* abschließen mußte. Das sagte ich ihm, und es stimmte auch. Aber der wahre Grund war der, daß ich mich nicht selbst in eine musikalische Schublade packen wollte und auch nicht Abend für Abend dieselbe Musik spielen wollte. Ich hatte ganz andere Pläne, obwohl ich Duke liebte und ihn immer respektierte. Ich sagte ihm noch, daß er eins meiner Idole ist, ich mich geschmeichelt fühlte, daß er an mich gedacht hat, und er es mir hoffentlich nicht übelnähme. Er sagte, ich bräuchte mir keine Sorgen machen, und ich sollte

145

den Weg gehen, der für mich am besten ist. Ich traf Duke nie wieder, redete nie wieder mit ihm, und manchmal frage ich mich, was geschehen wäre, wenn ich sein Angebot angenommen hätte. Ich werd's nie erfahren.

Gil und ich wurden durch unsere Zusammenarbeit bei *Birth of the Cool* richtig enge Freunde. Ihm war es gleichgültig, welche Hautfarbe jemand hatte, und ich hatte bisher keinen Weißen kennengelernt, der so dachte. Gil war ein Mensch, den man gern um sich hatte, denn er bemerkte Dinge, die keinem andern auffielen. Er liebte die Malerei und erklärte mir viel. Oder er hörte sich eine Orchestrierung an und sagte: „Miles, hör dir das Cello an. Wie hätte man die Stelle anders spielen können?" Dauernd brachte er dich dazu, über solches Zeug nachzudenken. Er versenkte sich richtig in die Musik und entdeckte in ihr Dinge, die jeder andere überhört hätte. Jahre später rief er mich mal um drei Uhr nachts an und sagte: „Wenn du mal ganz unten bist, Miles, dann hör dir ‚Springsville' an." Dann hängte er auf. Gil war ein Denker, und das mochte ich sofort an ihm.

Zum ersten Mal traf ich ihn, als ich in Birds Band spielte und er zu einem Gig kam. Er hielt eine Tüte mit Rettichen in der Hand, die er immer mit Salz bestreute und aß. Und da stand dieser große, schlanke, weiße Typ aus Kanada, hiper als hip. Weißt du, *solche* Weißen kannte ich nicht. Aus East St. Louis kannte ich Schwarze, die mit 'ner Tüte Schweinsschnauzen-Sandwiches in irgendein Kino, einen Club oder sonstwohin gingen, sie auspackten und eins nach dem andern aßen. Aber ein Weißer, mit Rettichen aus der Tüte, mit Salz, in einem Nachtclub? Mitten auf der schicken 52sten, mit all den superhipen schwarzen Musikern, ihren Röhrenhosen oder engtaillierten Zoot-Anzügen, stand Gil und hatte eine Mütze auf. Mann, er war wirklich Spitze.

In Gils Kellerappartement in der 55sten hingen viele Musiker rum. Es war immer so dunkel, daß man nie wußte, ob's Tag oder Nacht war. Ein paar Typen waren ziemlich oft da: Max, Diz, Bird, Gerry Mulligan, George Russell, Blossom Dearie,

John Lewis, Lee Konitz und Johnny Carisi. Er hatte ein riesiges Bett, das viel Platz wegnahm, und eine verdammt komische Katze, die einem ständig zwischen den Beinen rumlief. Wir saßen da, redeten über Musik oder diskutierten über irgendwas. Ich weiß noch, daß Gerry Mulligan sich damals dauernd über irgendwelchen Scheiß aufregte. Ich war genauso, und deshalb hatten wir uns öfters in den Haaren. Nicht ernsthaft, nur um uns gegenseitig abzutasten. Und Gil war wie eine Mutter für uns. Er kühlte uns ab, weil er selbst so cool war. Wir waren unheimlich gern bei ihm, weil er uns viel beibrachte – menschlich wie musikalisch. Ich glaub, Bird wohnte sogar 'ne Zeit bei ihm. Gil kam sogar dann noch mit Bird klar, wenn ihn keiner mehr ertragen konnte.

Jedenfalls bewegte ich mich in eine andre Richtung – weg von Bird. Als im Dezember 1948 die Kacke schließlich am Dampfen war, wußte ich schon ziemlich genau, was ich wollte und vorhatte. Zum endgültigen Knall kam es kurz vor Weihnachten. Bird und ich saßen im Three Deuces und stritten uns um Geld. Er verputzt grade einen Zentner Brathühnchen, säuft, ist randvoll mit Heroin, und ich hab seit mehreren Wochen keinen Cent gesehn. Und er sitzt da wie ein Buddha und grinst. Ich frag ihn, wo mein Geld bleibt, und er ißt seelenruhig sein Hühnchen weiter – als wär ich eine Fata Morgana. Ich pack diesen Arsch also am Kragen und sag ihm sowas Ähnliches wie: „Rück mit dem Geld raus, Motherfucker, und zwar sofort, oder ich bring dich um, und ich mach keinen Scheiß, Nigger." Er steht auf und kommt wirklich schnell mit dem Geld rüber, nicht mit dem ganzen, aber ungefähr der Hälfte.

Etwa eine Woche später, kurz vor Weihnachten, spielten wir im Royal Roost*. Bevor wir auf die Bühne gingen, hatte ich wegen der anderen Hälfte der Gage Streit mit Bird. Während des Auftritts führt sich Bird wieder wie ein Idiot auf, schießt mit einer Kinderpistole auf Al Haig und läßt am Mikrofon die Luft aus 'nem Ballon raus. Alle lachen, und er lacht mit, weil er

---

* Charlie Parker: *Bird at the Roost* (RCA Savoy 70541).

sowas für witzig hält. Ich ging einfach von der Bühne. Auch Max verließ an diesem Abend die Band. Wir spielten danach zwar noch kurze Zeit bei Bird, aber nur solange, bis Joe Harris und mein alter Freund Kenny Dorham unsern Platz übernahmen.

Als ich die Band verließ, schrieben viele, daß ich auf Nimmerwiedersehen von der Bühne gegangen wäre. Das stimmt nicht. Ich ließ Bird nicht mitten in der Arbeit im Stich. Das ist nicht mein Stil; sowas ist nicht professionell, und mir war es immer sehr wichtig, professionell zu arbeiten. Aber ich hatte Bird gezeigt, daß mich das Ganze krank macht und langweilt, daß ich gehn will, und schließlich ging ich *wirklich*.

Kurz danach wollte Norman Granz, daß Max und ich für fünfzig Dollar am Abend bei einer Tournee mit Jazz at the Philharmonic mitmachten, bei der auch Bird mitspielte. Ich lehnte ab. Als er Max fragte, wurde Max so sauer, daß er Norman eins aufs Maul hauen wollte. Aber ich sagte: „Max, du brauchst nur ‚nein‘ zu sagen, du mußt dem Arsch nicht mit Schlägen drohen.“ Max war so sauer, weil Norman unsere Musik normalerweise überhaupt nicht mochte. Außerdem stimmte die Kohle nicht. Aber Norman wollte Bird in seinem Programm haben, und Bird sollte sich mit den anderen Musikern wohl fühlen. Sie suchten einen Schlagzeuger, einen Pianisten, einen Bassisten, und mich wollte Bird als Trompeter. Norman hatte schon Erroll Garner am Klavier verpflichtet, aber Bird hätte sowieso mit *jedem* Pianisten gespielt, wenn der nur die Tasten traf. Aber Erroll konnte spielen, und das war immerhin schon was. Es fiel mir schwer, Birds Angebot abzuschlagen. Aber damals „nein“ zu sagen war für mich die Bestätigung, daß ich meinen eigenen Weg ging und wußte, was ich wollte.

Nachdem ich bei Bird aufgehört hatte, wechselte ich nur die Straßenseite und bekam drüben im Onyx Club einen Job. Ich hatte Sonny Rollins am Tenorsaxophon, außerdem Roy Haynes am Schlagzeug, Percy Heath am Baß und Walter Bishop am Piano. Ich versuchte nicht zurückzuschauen.

Später spielte ich noch zwei- oder dreimal mit Bird und

machte einige Plattenaufnahmen mit ihm. Ich trug ihm nichts nach. Ich wollte einfach nicht mehr in seiner Scheiße stecken. Als Red Rodney 1950 Kenny Dorham ersetzte, erzählte ihm Bird, wie leid es ihm tat, daß er uns so behandelt hatte. Von Kenny hörte ich das gleiche, und sogar Bird sagte es uns öfters. Allerdings hielt ihn das nicht davon ab, mit jeder Band, die nach uns kam, den gleichen Mist zu veranstalten.

Für den Januar 1949 stellte *Metronome* eine All-Star-Gruppe zusammen, um eine Platte aufzunehmen, sobald der Boykott beendet war – er sollte am ersten Werktag 1949 aufgehoben werden. Die Gruppe bestand aus mir, Dizzy und Fats Navarro an der Trompete, J. J. Johnson und Kai Winding an der Posaune, Buddy DeFranco an der Klarinette, Bird am Altsaxophon, Lennie Tristano am Piano, Shelly Manne am Schlagzeug und einigen andern. Pete Rugolo leitete die Session, und RCA nahm sie auf: die *Metronome All Stars.**

Bird verhielt sich bei der Session ziemlich merkwürdig. Er bestand darauf, mehrere Aufnahmen zu machen, weil er angeblich die Arrangements nicht kapierte. Aber er kapierte den Scheiß sehr wohl. Er wollte nur mehr Geld machen. Die Gewerkschaft hatte nämlich in dem neuen Vertrag ein Drei-Stunden-Limit festgesetzt – was drüber hinausging, waren Überstunden. Also überzog Bird mit seinen zusätzlichen Takes das Limit um ungefähr drei Stunden, und jeder bekam mehr Geld. Später nannten sie ein Stück danach: „Overtime".

Abgesehen von mir, Fats und Dizzy, war es eine Scheißplatte. Da es so viele Solisten waren und die Zeit auf den 78er-Platten begrenzt war, durfte jeder nur ein paar Takte spielen. Aber der Trompetensatz war 'ne Klasse für sich. Ich und Fats hingen uns an Dizzy ran und imitierten seinen Stil. Wir kamen so nahe an ihn ran, daß sogar *er* kaum wußte, wann er aufhörte und wir anfingen. Mann, diese Trompetenläufe fetzten durch den ganzen Raum. Es war unglaublich. Danach kapierten viele Musiker, daß ich Dizzys Zeug genauso spielen konnte wie meinen

* Dizzy Gillespie: *Dizzy Gillespie*, Vol. 1 u. 2 (RCA Jazz Tribune PM 42408).

eigenen Stil. Jetzt respektierten mich auch die hundertprozentigen Dizzy-Verehrer.

Kurz nach dem Job im Onyx spielte ich mit der Band von Tadd Dameron im Royal Roost.* Tadd war ein großartiger Arrangeur und Komponist und außerdem ein perfekter Pianist. Es war ein festes Engagement, das ich brauchte, um meine Familie über Wasser zu halten. Fats Navarro war früher Tadds regulärer Trompeter, aber er hing jetzt voll an der Nadel und nahm ständig ab. Er war ewig krank und spielte seine Jobs immer seltener. Eigentlich schrieb Tadd viele Kompositionen für Fat Girls Trompete, aber als Fat Girl im Januar 1949 kaum noch spielen konnte, übernahm ich seinen Platz.** Er schaute ab und zu vorbei und spielte auch manchmal, aber nicht mehr so wie früher.

Gleich nach dem Roost ging ich in die Band von Oscar Pettiford. Er hatte ein paar großartige Musiker dabei: Lucky Thompson, Fats Navarro, Bud Powell und mich. Aber diese Band war keine echte Einheit. Jeder spielte diese elend langen Soli und versuchte, den nächsten auszustechen. Es war beschissen und beschämend, denn eigentlich hätte die Band viel mehr bringen können.

Mit Kai Winding an der Posaune spielte die Band im Three Deuces. Zu der Zeit, im Januar 1949, eröffneten die Besitzer des Three Deuces, Sammy Kaye und Irving Alexander, einen neuen Club am Broadway, das Clique. Das Jazzpublikum war von der 52sten an den Broadway abgewandert, und die beiden hofften, daß es dort besser liefe. Aber nach sechs Monaten mußten sie wieder schließen. Die neuen Besitzer verpachteten den Laden, und genau an der Stelle öffnete im Sommer 1949 das Birdland.

Anfang 1949 gingen Tadd und ich mit einer Gruppe nach Paris, wo wir im selben Programm wie Bird spielten. Es war mein erster Trip außerhalb der Staaten, und er veränderte

* Tadd Dameron: *Tadd Dameron Big Ten* (Beppo 503; vergr.).
** Tadd Dameron and His Orchestra: *Bebop Professors* (Capitol ECJ 50073).

meine Lebenseinstellung grundlegend. Ich liebte Paris und die Art, wie die Leute mich dort behandelten. Ich hatte mir ein paar neue Anzüge machen lassen, ich war also top, Mann.

In der Band spielten Tadd, Kenny Clarke, James Moody und Pierre Michelot, ein französischer Bassist. Unsere Band war der Höhepunkt beim Paris Jazz Festival – neben Sidney Bechet.* Dort lernte ich Jean-Paul Sartre, Pablo Picasso und Juliette Gréco kennen. Ich war noch nie so glücklich in meinem Leben. Außer vielleicht damals, als ich Bird und Diz zum ersten Mal in Bs Band hörte oder als ich mit Dizzys Big Band in der Bronx spielte. Aber damals ging's um Musik. Das hier war anders. Ich lebte. Ich verliebte mich in Juliette. Irene war mir sehr wichtig, aber dieses Gefühl hier hatte ich noch nie erlebt.

Ich traf Juliette bei einer unserer Proben. Sie kam rein, setzte sich und hörte zu. Ich wußte nicht, daß sie eine berühmte Sängerin war. Sie sah nur toll aus, wie sie dasaß – langes, schwarzes Haar, ein wunderschönes Gesicht, schmal, stilvoll, so anders als die Frauen, die ich kannte. Sie hatte eine ganz eigene Art, sich zu geben. Also fragte ich einen Typen, wer sie ist.

Er sagte: „Was willst du von ihr?"

Ich sagte: „Was meinst du damit, was ich von ihr will? Ich möchte sie kennenlernen."

Darauf sagte er: „Sie ist eine von diesen Existentialisten."

Und ich sagte ihm: „Mann, scheiß drauf. Es ist mir egal, was sie ist. Das Mädchen ist schön, und ich will sie kennenlernen."

Schließlich hatte ich keine Lust mehr zu warten, daß ich ihr vorgestellt wurde. Als sie das nächste Mal bei den Proben auftauchte, winkte ich ihr mit dem Zeigefinger, und sie kam zu mir. Als wir endlich miteinander redeten, sagte sie, daß sie eigentlich keine Männer mag, aber daß ich ihr gefiel. Danach waren wir unzertrennlich.

Es war ein völlig neues Gefühl. Die Freiheit, in Frankreich zu sein und als Mensch behandelt zu werden. Als wichtiger

---

* Miles Davis & Tadd Dameron: *The Miles Davis/Tadd Dameron Quintet* (Columbia JC 34804).

Mensch. Sogar der Sound unsrer Band und der Musik waren hier besser. Die Gerüche waren anders. In Paris gewöhnte ich mich an den Duft von Parfüm, und die Stadt selbst war für mich der Duft von Kaffee. Später stellte ich fest, daß man diesen Duft auch in den Morgenstunden an der französischen Riviera erleben kann. Ich habe nie wieder solche Düfte empfunden. Es war ein bißchen wie Kokosnuß mit Limone, in Rum vermischt. Fast tropisch. Jedenfalls schien sich für mich in Paris alles zu verändern. Ich sagte die Songs sogar auf französisch an.

Juliette und ich bummelten Hand in Hand an der Seine entlang, küßten uns, sahen uns in die Augen, küßten uns wieder und streichelten unsere Hände. Es war wie ein Zauber, fast, als wäre ich hypnotisiert, als wäre ich in Trance. Sowas war mir noch nie passiert. Ich war immer so mit Musik beschäftigt, daß ich nie Zeit für irgendwelche Romanzen hatte. Musik war mein Leben, bis ich Juliette traf. Sie zeigte mir, was es bedeutet, einen Menschen und die Musik zu lieben.

Juliette war wahrscheinlich die erste Frau, die ich als gleichwertigen Menschen liebte. Sie war wunderbar. Wir mußten uns durch Zeichen und Körpersprache verständigen. Sie konnte kein Englisch, und ich kein Französisch. Wir sprachen mit unseren Augen, Händen, so in der Art. Wenn man so miteinander spricht, weiß man, daß es der andere ehrlich meint. Man muß sich auf Gefühle verlassen. Es war April in Paris. Yeah, und ich war verliebt.

Kenny Clarke entschied sich an Ort und Stelle, in Paris zu bleiben, und sagte mir, daß ich verrückt bin, wenn ich in die Staaten zurückgehe. Sartre, Juliette und ich gingen jeden Abend aus. Wir saßen in Straßencafés, tranken Wein, aßen und unterhielten uns. Juliette bat mich zu bleiben. Und sogar Sartre sagte: „Warum heiratet ihr zwei nicht?" Aber ich entschied mich anders. Ich blieb ein oder zwei Wochen, verliebte mich in Juliette und Paris, und dann ging ich wieder.

Es war ein trauriger Abschied am Flughafen. Kenny hatte mich begleitet. Mann, ich war so deprimiert, wieder in dieses Land zurückzukommen, daß ich im Flugzeug kein Wort rausbrachte. Ich hatte nicht geahnt, daß mich das alles so treffen würde. Ich war so deprimiert, und als ich wieder in den Staaten war, hing ich plötzlich an der Nadel, noch bevor es mir selbst richtig klar war. Es sollte vier Jahre dauern, bis ich davon loskam. Zum ersten Mal in meinem Leben verlor ich jede Kontrolle und steuerte im rasenden Tempo auf den Tod zu.

KAPITEL 6

A
ls ich im Sommer 1949 in die Staaten zurückkehrte, war es so, wie mir Kenny Clarke gesagt hatte – nichts hatte sich verändert. Ich weiß nicht, *warum* ich gehofft hatte, daß irgendwas anders wäre; vielleicht, weil in Paris für mich alles so gut gelaufen war. Aber ganz tief im Inneren wußte ich, daß in den Vereinigten Staaten alles beim alten geblieben war. Nur ein paar Wochen Frankreich – und ich lebte plötzlich in der falschen Annahme, alles sei möglich, daß vielleicht ein Wunder geschehen wäre. In Paris hatte ich kapiert, daß nicht alle Weißen gleich sind, manche hatten Vorurteile, manche nicht. Irgendwie war mir das schon bewußt, nachdem ich Gil Evans und ein paar andere Leute kennengelernt hatte, aber richtig verstanden hab ich's erst in Paris. Das war eine wichtige Einsicht für mich, denn plötzlich sah ich, was politisch um mich rum passierte. Jetzt fielen mir Dinge auf, die ich vorher nie beachtet hatte, politische Sachen – was sie tatsächlich mit den Schwarzen machten. Natürlich wußte ich schon einiges durch meinen Vater darüber. Aber ich war immer so sehr mit Musik beschäftigt, daß ich mich nie dafür interessiert hatte. Bloß wenn's mich buchstäblich direkt anging, kümmerte ich mich drum.

Adam Clayton Powell aus Harlem und William Dawson aus Chicago waren zu der Zeit die mächtigsten schwarzen Politiker – Adam sah ich öfters in Harlem, weil er Musik mochte. Ralph Bunche hatte grade den Friedensnobelpreis bekommen. Joe Louis war seit Jahren Weltmeister im Schwergewicht – er war der Held der Schwarzen, aber auch von vielen Weißen. Sugar Ray Robinson stand ihm an Popularität nicht viel nach. Die beiden hingen oft in Harlem rum. Ray hatte oben in der Siebten Avenue einen Club. Jackie Robinson und Larry Doby spielten Baseball in der Oberliga. Es tat sich was für die Schwarzen in diesem Land.

Ich war nie besonders politisch, aber ich wußte, wie die

Weißen mit den Schwarzen umgingen, und es fiel mir schwer, in die ganze Scheiße zurückzukommen, durch die ein Schwarzer in diesem Land von den Weißen getrieben wird. Es ist trostlos zu sehen, daß man gegen solche Sachen machtlos ist.

In Paris wurde alles, was wir spielten, bejubelt und akzeptiert – egal, ob's gut oder schlecht war. Das ist natürlich auch nicht richtig, aber so war's, und dann kamen wir zurück und kriegten nicht mal 'nen Job. Internationale Stars und kriegten keine Jobs. Die bekamen weiße Musiker, die mein *Birth of the Cool*-Ding kopierten. Mann, das tat mir weh bis ins Mark. Wir hatten hier und da mal 'nen Gig und übten in diesem Sommer, glaub ich, mit einem achtzehn Mann starken Orchester, aber das war's schon. 1949 war ich erst dreiundzwanzig Jahre alt, aber ich wollte damals wohl einfach mehr. Langsam verlor ich meine Disziplin, die Kontrolle über mein Leben, es ging abwärts. Es war nicht so, daß ich nicht gewußt hätte, was mit mir passierte. Ich wußte es genau, aber es war mir egal. Ich besaß so viel Selbstvertrauen, daß ich wirklich glaubte, alles unter Kontrolle zu haben, selbst als ich schon gar keine mehr hatte. Aber manchmal spielt einem der Verstand einfach einen Streich. Ich glaub, als ich plötzlich so durchhing, waren viele überrascht, die mich für einen konsequenten Typen gehalten hatten. Ich war selbst auch überrascht, wie schnell ich schließlich alle Beherrschung verlor.

Ich erinnere mich, daß ich nach meiner Rückkehr aus Paris begann, mich ständig oben in Harlem rumzutreiben. Dope spielte 'ne große Rolle in der Musikszene, und viele Musiker waren voll auf Droge, besonders auf Heroin. In bestimmten Kreisen galt es als hip, wenn jemand Heroin spritzte. Ein paar von den jüngeren Typen wie Dexter Gordon, Tadd Dameron, Art Blakey, J. J. Johnson, Sonny Rollins, Jackie McLean und ich selbst fingen ungefähr zur selben Zeit an, schwer auf Heroin abzufahren. *Trotz* der Tatsache, daß Freddy Webster an schlechtem Stoff draufgegangen war. Alle nahmen Heroin: Bird, Sonny Stitt, Bud Powell, Fats Navarro, Gene Ammons, ganz zu schweigen von Joe Guy und Billie Holiday. Sie hingen nur noch an der Nadel. Und es gab auch viele weiße Musiker, die ständig drückten: Stan Getz, Gerry Mulligan, Red Rodney und Chet Baker. Aber die Presse versuchte es damals so darzustellen, als wär's nur eine Sache der schwarzen Musiker. Allerdings war ich nie auf dem Trip, daß ich wie Bird spielen könnte, wenn ich Heroin spritze. Ich weiß, daß sich das 'ne Menge Musiker einbildeten, Gene Ammons war zum Beispiel einer davon. Das hat mich nicht zum Heroin gebracht. Ich wurde süchtig, weil mich Amerika nach meiner Rückkehr aus Frankreich so deprimierte. Das war der Grund, und weil ich Juliette vermißte.

Und dann gab's Kokain, das bei den Latinos groß angesagt war. Typen wie Chano Pozo waren schwer auf Koks. Chano spielte Percussion in Dizzys Band. Er war ein schwarzer Kubaner und damals der wahnsinnigste Conga-Spieler in der Szene. Aber er war ein brutaler Kerl. Er besorgte sich Stoff von irgendwelchen Leuten und bezahlte nicht. Die Leute hatten Angst vor ihm, denn er war ein übler Schläger, der jeden auf der Stelle fertigmachte. Er war ein großer Kerl, bösartig und hatte immer ein großes Messer dabei. Er schikanierte alle. Chano kam 1948 um, nachdem er einem Latino, einem Koks-Dealer, eins über den Schädel gegeben hatte, oben in Harlem, im Rio-Café, an der Lenox Avenue in der Nähe der 112ten und 113ten Straße. Der Bursche wollte sein Geld, und Chano schlug ihm einfach ins Gesicht. Der Dealer holte seine Knarre raus und erschoß Chano. Mann, daß er so abtrat, hat alle ziemlich schockiert. Das passierte noch, bevor ich nach Paris ging, aber es war typisch für die ganze Drogenszene.

Meine ständige Dopesuche oben in Harlem brachte mich noch weiter von meiner Familie weg. Ich hatte Irene und den Kindern ein Appartement in Jamaica, Queens, besorgt, dann in St. Albans. Ich fuhr also dauernd mit meinem 1948er Dodge-Kombi hin und her – Sonny Rollins nannte ihn immer den „Blue Demon".

Irene und ich hatten sowieso kein richtiges Familienleben zusammen. Es fehlte dauernd am Geld, um uns groß was zu leisten, mit den zwei Kindern und allem andern. Wir gingen nie aus. Manchmal starrte ich zwei Stunden in die Luft und dachte einfach nur an Musik. Dann bildete sich Irene ein, ich würde an irgend 'ne andere Frau denken. Wenn sie Haare auf meiner Anzugjacke oder auf meinem Mantel fand, warf sie mir vor, ich hätte mit einer anderen rumgevögelt. Aber das stimmte nicht. Ich kaufte Coleman Hawkins öfters mal Klamotten ab. Er war ein berüchtigter Frauenheld, der alle möglichen Haare auf seinen diversen Jacken hatte. Das war ein Grund, warum mir Irene immer Frauengeschichten vorwarf, und wir hatten deshalb dauernd Streit, wegen nichts. Das ging mir ganz schön auf den Geist. Ich mochte Irene wirklich. Sie war ein richtig netter Kerl, eine gute Frau, aber nicht für mich. Sie hatte Klasse und war schön. Ich war derjenige, der was anderes suchte. Ich war es, der damit anfing, im großen Stil Mist zu bauen – nicht sie. Nachdem ich Juliette Gréco begegnet war, wußte ich irgendwie, was ich bei einer Frau suchte. Wenn's schon nicht Juliette war, dann mußte es jemand mit ihrer Lebenseinstellung, ihrem Stil sein, sowohl im Bett als auch sonst. Sie war unabhängig, hatte ihren eigenen Willen, und das gefiel mir.

Im Grunde genommen ließ ich Irene mit den Kindern zu Hause sitzen, weil ich einfach nicht dasein wollte. Ich kam mir so mies vor, daß ich meiner Familie kaum noch ins Gesicht sehen konnte – das war ein Grund, warum ich gar nicht mehr nach Hause ging. Irene hatte so viel Vertrauen in mich gesetzt, sie glaubte so an mich. Gregory und Cheryl, die Kinder, waren noch klein und wußten nicht genau, was eigentlich los war. Aber Irene wußte es. Man konnte es in ihren Augen lesen.

Ich überließ es Betty Carter, der Sängerin, sich um Irene zu kümmern. Ich weiß nicht, was sie getan hätte, wäre Betty nicht gewesen. Ich glaube, Betty Carter mag mich noch heute nicht besonders gern wegen der Art und Weise, wie ich damals mit Irene umgegangen bin. Ich kann's ihr nicht übelnehmen, denn ich war ein unzuverlässiger Arsch, wenn's um meine Familie ging. Ich ließ Irene nicht absichtlich so gemein sitzen, aber ich war krank vom Heroin und meinen Träumen von der Frau, die ich wollte – und das war alles, woran ich denken konnte.

Wenn du dauernd Heroin nimmst, vergeht dir jede Lust am Sex, zumindest war's bei mir so. Leuten wie Bird dagegen war es offenbar egal, ob sie auf Heroin waren oder nicht – anscheinend wollten sie immer Sex. Ich ging gern mit Irene ins Bett – genauso wie mit Juliette. Aber als ich süchtig war, dachte ich nicht mal mehr an Sex, und ich fand nichts mehr dran, wenn ich mit 'ner Frau zusammen war. Meine einzige Sorge war, wie ich wieder an Stoff kommen könnte.

Am Anfang spritzte ich mir das Heroin noch nicht in die Venen, sondern ich schnupfte alles, was ich in die Finger bekam. Eines Tages stand ich an dieser Ecke in Queens, und die Nase lief mir und alles. Ich fühlte mich, als hätte ich Fieber oder 'ne Erkältung. „Matinee", ein Dealer, mit dem ich befreundet war, kam vorbei und fragte, was mit mir los sei. Ich erzählte ihm, daß ich jeden Tag Heroin und Koks geschnupft hatte und daß ich heute noch nicht in Manhattan gewesen sei, wo ich mir den Stoff normalerweise besorgte. Matinee schaute mich wie einen armen Irren an und sagte mir, daß ich süchtig bin.

„Was soll das heißen, süchtig?" fragte ich.

„Deine Nase läuft, du hast Schüttelfrost, du bist schwach", antwortete Matinee. „Du bist verdammt süchtig, Nigger." Dann besorgte er mir ein bißchen Heroin in Queens. Ich hatte dort noch nie was gekauft. Ich schnupfte das Zeug, das mir Matinee besorgt hatte, und es ging mir blendend. Das Zittern war vorbei, meine Nase lief nicht mehr, und ich fühlte mich nicht mehr schwach. Ich schnupfte weiter, aber als ich Matinee das nächste Mal traf, sagte er: „Miles, schmeiß dein bißchen Geld doch nicht fürs Schnupfen raus. Dann wird's dir immer schlechtgehn. Spritz dir das Zeug, dann geht's dir viel besser." Das war der Anfang von einer Horrorshow, die vier Jahre dauern sollte.

Nach 'ner Zeit brauchte ich das Dope, denn ich wußte, daß ich mich krank fühlte, wenn ich nichts hatte. Das war dann, als hätte man die Grippe. Die Nase lief, die Glieder taten verdammt weh, und wenn man dann nichts in die Venen spritzte, fing die Kotzerei an. Es war grauenvoll. Und diese Situation wollte ich um jeden Preis vermeiden.

Anfangs spritzte ich nur, wenn ich allein war. Dann fing ich an rumzuhängen. Ich, ein Steptänzer namens Leroy und ein Typ, den wir Laffy nannten, trieben uns in der 110ten, 111ten und 116ten Straße in Harlem rum. Wir lungerten in Bars rum, im Rio, im Diamond, im Sterling's, in LaVant's Billardsalon, an solchen Plätzen. Den ganzen Tag über spritzten wir abwechselnd Heroin und schnupften Koks. Wenn ich nicht mit Leroy unterwegs war, zog ich mit Sonny Rollins oder Walter Bishop durch die Gegend – und bald darauf mit Jackie McLean und Philly Joe Jones.

Wir kauften uns Heroinkapseln zu drei Dollar das Stück und spritzten es gleich. Wir verbrauchten vier oder fünf Kapseln am Tag, je nachdem, wieviel Geld wir hatten. Meistens gingen wir rüber in Fat Girls Appartement im Cambridge Hotel an der 110ten Straße, zwischen der Siebten und Lenox; manchmal drückten wir auch bei Walter Bishop. Wir mußten zu ihm, wenn wir an unser Besteck kommen wollten – unsre Nadeln und was immer wir grade benutzten, um uns die Arme abzubinden, damit die Venen rauskamen, in die wir das Zeugs drückten. Manchmal waren wir so high, daß wir unser Besteck einfach liegenließen. Dann machten wir uns auf den Weg zum Minton's, zu den Steptänzern, die sich dort ihre Duelle lieferten.

Ich sah und hörte Steptänzern unheimlich gern zu. Ihr Klakken klingt wie Musik. Das sind schon fast Drummer, und allein vom Rhythmus ihrer Taps kannst du viel lernen. Tagsüber trafen sie sich immer vorm Minton's, in der Nähe vom Cecil Hotel, und forderten sich gegenseitig auf dem Bürgersteig raus. Ich erinnere mich ganz besonders an die Duelle zwischen Baby Laurence und einem unheimlich großen, dürren Kerl namens Ground Hog. Baby und Ground Hog waren beide Junkies, und sie steppten oft vorm Minton's, um das Geld für ihre Drogen zusammenzukriegen, denn die Dealer schauten ihnen auch gern zu. Sie gaben ihnen den Shit gratis, wenn sie sich richtig ins Zeug legten. Meistens stand 'ne Menge Leute um sie rum, und sie tanzten wie die Wahnsinnigen. Mann, Baby Laurence war so unglaublich, man kann's einfach nicht beschreiben. Aber Ground Hog hat sich von Baby nichts vormachen lassen. Er war wirklich hip und sah immer pieksauber aus, mit seinen Anzügen und allem. Barney Biggs war ein anderer toller Steptänzer, genau wie ein Typ namens L. D. oder Fred und Sledge und die Step Brothers. Die meisten dieser Jungs waren drogensüchtig, obwohl ich mir bei den Step Brothers nicht sicher bin. Jedenfalls, wenn du nicht „in" warst, hattest du keine Ahnung, was da vorm Minton's abging. Von Fred Astaire und anderen weißen Tänzern redeten diese Jungs, als wären sie nichts – und sie waren auch tatsächlich nichts im Vergleich zu ihnen. Aber sie waren schwarz und brauchten sich keine Hoffnungen zu machen, daß sie jemals den Durchbruch schafften und durchs Tanzen zu Geld und Ruhm kommen würden.

Ungefähr zu der Zeit wurde ich richtig bekannt, und 'ne ganze Reihe Musiker küßte mir den Hintern, als wär ich unheimlich wichtig. Ich fuhr total drauf ab, ob ich jetzt so oder so auf der Bühne stehen sollte, ob ich meine Trompete nach unten oder oben halten sollte. Sollte ich das oder jenes tun, mit dem Publikum reden, mit dem rechten oder dem linken Fuß den Takt klopfen? Sollte ich nur den Fuß in meinem Schuh bewegen, damit keiner was sieht? Solcher Scheiß ging mir dauernd im Kopf rum, als ich grade vierundzwanzig war. Außerdem war ich in Paris draufgekommen, daß ich gar nicht so schlecht spielte, wie mir einige von diesen alten Motherfuckern gesagt hatten. Mein Ego war viel größer als vor meiner Abreise. Ich hatte mich von einem wirklich schüchternen Jungen in einen selbstbewußten Mann verwandelt.

1950 war ich wieder nach Manhattan gezogen und wohnte im Hotel America, unten in der 48sten Straße. Viele Musiker lebten hier, Clark Terry zum Beispiel, der jetzt endgültig in New York blieb. Clark spielte damals in der Band von Count Basie und war deshalb viel unterwegs. Baby Laurence hing auch ständig in dem Hotel rum, genau wie viele andre Junkies.

Mein Vater, Miles Dewey
Davis, aufgenommen bei
seiner Promotions-Feier
an der Northwestern
University Dental
School.

Meine Mutter,
Cleota Henry Davis,
war eine schöne Frau.
Ihr Gefühl für Stil
hat mein Leben
beeinflußt.

Ich, meine Schwester Dorothy, mein Bruder Vernon und meine Mutter.

Ein Foto aus der Zeit, als ich anfing, Trompete zu spielen.

4

5

Einige personifizierte Klischees von Schwarzen, gegen die ich mit meiner gesamten Karriere protestiert habe. Ich mochte Louis Armstrong (5), aber ich konnte sein ständiges Grinsen nicht ertragen. Beulah (6), Buckwheat (7) und Rochester (8) bestimmten bei zu vielen Weißen ihr Bild von Schwarzen.

7

6

8

9

Mein Vater bewunderte an Marcus Garvey, wie er die Schwarzen zur Solidarität ermutigte.

Billy Eckstine, „Mr. B". Daß ich 1944 in seiner Band mitspielen durfte, war die größte musikalische Erfahrung meines Lebens.

izzy Gillespie. Dizzy war Bs ompeter und mein Vorbild. Wir arden gute Freunde und sind es s heute geblieben (s. Abb. 108).

12 Mein erster professioneller Auftritt, mit Eddie Randle's Blue Devils 1944 in St. Louis. Ich sitze in der zweiten Reihe ganz rechts.

Clark Terry war der bekannteste Trompeter in St. Louis. Er half mir, als ich noch ganz am Anfang meiner Karriere stand (13).

14

13

Charlie Christian spielte die elektrische Gitarre wie ein Trompeter und beeinflußte so meine Art zu spielen (14).

Einige andere Künstler, die meinen Stil zu spielen prägten: Nat „King" Cole (15),
Frank Sinatra (16) und Orson Welles (17).

Der wichtigste Jazz-Club in New York, Minton's Playhouse in Harlem.
Dort entstand der Bebop, bevor er in der 52sten Straße auftauchte.
Thelonius Monk, links, war einer der großen Pioniere des Bebop.

Die 52ste Straße zur Zeit des Bebop (19).
Birds Band spielte oft im Three Deuces (20).
Auf der Bühne stehen Tommy Potter am
Baß, Bird, ich und Duke Jordan am Klavier.
Max Roach am Schlagzeug ist nicht
zu sehen, aber er war immer dabei und
hatte den Rhythmus im Griff.

Zwischen den Auftritten
mit Bird spielte ich mit
einigen anderen großen
Musikern wie Coleman
Hawkins. Bean stammte
wie Bird und ich aus
dem Mittleren Westen,
vielleicht war das der
Grund, warum wir so gut
miteinander auskamen.

Billie's Bounce, eine alte Savoy-Aufnahme, die
Bird und ich mit den Charlie Parker's Reebop-
pers einspielten.

Max Roach und ich waren wie Brüder, als wir
bei Bird spielten (s. Abb. 109).

25

26

Bud Powell spielte mit mir in einigen von Birds Formationen. Er war ein schöner Mensch und ein Wahnsinns-Pianist (25).

Nach meinen Auftritten mit Bird wuchs mein Bekanntheitsgrad, und ich gründete eine Band, die sich Miles Davis All Stars nannte. Bird und ich spielten immer noch zusammen, aber jetzt leitete ich ab und zu die Band, weil Bird oft unzuverlässig war (26).

27

Mit Fats Navarro (links) und Kai Winding. Ich ersetzte „Fat Girl" in Tadd Damerons Band, als Fat drogenabhängig wurde und nicht mehr spielte.

Sonny Stitt war für mich erste Wahl am Alt-Saxophon bei den Aufnahmen zu *Birth of the Cool*. Er spielte ähnlich wie Bird, war aber auch heroinabhängig.

28

29

Dexter Gordon. Dexter brachte mich drauf, wie wichtig es ist, hip auszusehen. Für mich war er damals der schärfste Typ weit und breit.

31

BUDO
(Bud Powell-Miles Davis)
MILES DAVIS
And His Orchestra
Miles Davis, Trumpet: Kai Winding, Trombone:
Junior Collins, French Horn; Lee Konitz,
Alto Saxophone; Gerry Mulligan, Baritone
Saxophone; Bill Barber, Tuba; Al
Haig, Piano; Joe Shulman,
Bass; Max Roach, Drums

Bop
Instrumental

15404

30

„The Birth of
the Cool". Wir
nahmen „Budo"
(31) im Januar 1949
für Capitol auf (32).
Diese Aufnahme brachte Kumpel wie Gerry
Mulligan, Lee Konitz und Kai Winding zusammen. Al Haig (33) saß am Klavier. Ich bewegte
mich weg vom harten Klang des Bebop. Gil
Evans, der diese Aufnahmen arrangierte, war
stark von Duke Ellington (34) beeinflußt.

32

33

34

35

36

38

Tadd Dameron (hier mit Sarah Vaughan
[35]) und ich gastierten 1949 in Paris.
Dort lernte ich Juliette Gréco kennen (36).
Kenny Dorham (37) nahm meinen Platz
als Trompeter in Birds Band ein, als ich
die Gruppe endgültig verließ. Kenny Clark
(38) war der Schlagzeuger in unserer Band
in Frankreich, wo all diese Fotos aufgenommen wurden.

37

Im Bop City in San Francisco 1951. Ich stehe rechts hinten bei Dizzy am Klavier. Vorne, mit der gestreiften Krawatte, sitzt Jimmy Heath.

Ein Auftritt im Hi Hat in Boston. Der Typ am Mikrofon ist Symphony Sid, ein Mistkerl, den ich nie leiden konnte.

41

Die „First Ladies" des Jazz. Billie Holiday (41) war fast schon am Ende ihrer Karriere angelangt, als ich sie kennenlernte. Ella Fitzgerald (42) war unvergleichlich. Sarah Vaughan (43) sang in Birds Band, aber nicht zu meiner Zeit.

42

43

Sonny Rollins. Als ich ein Junkie war, hingen wir oft zusammen in Harlem herum.

Ahmad Jamal. Ich mochte seine unbeschwerte und zurückhaltende Art. Er beeinflußte meine Art zu spielen außerordentlich.

Ich bewunderte Boxer, und Sugar Ray Robinson war einer der größten. Ich schaute oft in seinem Club in Harlem vorbei.

Jackie McLean. Er war mein bester Kumpel in meiner schlimmsten Drogenzeit Anfang der fünfziger Jahre.

Ich boxte gern. Um richtig trainieren zu können, beschloß ich, aus dem Junkie-Leben auszusteigen.

49

51

50

Ich glaube nicht, daß es je wieder eine Band gegeben hat, in der zwei Saxophonisten wie Cannonball Adderley (49) und John Coltrane (50, 51) spielten.
Abb. 52 zeigt Trane, Cannonball, den Pianisten Bill Evans und mich.

52

Inzwischen war ich voll auf Heroin und zog öfters mit Sonny Rollins und seiner Sugar Hill Harlem-Clique rum. Dazu gehörten neben Sonny der Pianist Gil Coggins, Jackie McLean, Walter Bishop, Art Blakey (der eigentlich aus Pittsburgh stammte, aber oft in Harlem auftauchte), Art Taylor und Max Roach, der aus Brooklyn kam. In dieser Zeit traf ich John Coltrane zum ersten Mal, als er grade in einer von Dizzys Bands mitspielte. Ich glaub, es war oben in einem Club in Harlem. Sonny war bei den jüngeren Musikern in Harlem wahnsinnig beliebt. Jeder mochte Sonny Rollins, ob in Harlem oder sonstwo. Er war eine Legende, für die jüngeren Musiker fast schon ein Gott. Manche sagten sogar, daß er genausogut Saxophon spielt wie Bird. Ich weiß nur eins: Er spielte *fast* so gut. Er war ein aggressiver, kreativer Bläser, mit ungewöhnlichen musikalischen Ideen. Aber er konnte nicht nur gut spielen, er war auch ein Super-Komponist. (Später allerdings ließ er sich von Coltrane beeinflussen, und das veränderte seinen Stil. Ich glaube, Sonny wäre heute ein noch größerer Saxophonist, wenn er so weitergemacht hätte wie am Anfang – aber er ist auch heute noch ein *sehr* großer Musiker.)

Sonny war grade von einem Gig aus Chicago zurückgekommen. Er kannte Bird, und Bird mochte Sonny wirklich gern. Wir nannten ihn immer „Newk", weil er genauso aussah wie Don Newcombe, der Pitcher bei den Brooklyn Dodgers. Eines Tages saß ich mit Sonny in einem Taxi, nachdem wir uns etwas Dope besorgt hatten. Der weiße Taxifahrer drehte sich um, sah Sonny an und sagte: „Mensch, du bist doch Don Newcombe!" Mann, der Kerl war total verblüfft. Ich war auch überrascht, weil mir der Gedanke vorher noch nie gekommen war. Und dann nahmen wir den Kerl richtig hoch. Sonny erzählte, wie raffiniert er an diesem Abend seine Würfe auf Stan Musial plazieren würde, den großen Hitter bei den St. Louis Cardinals. Sonny war ganz gut drauf und versprach dem Taxifahrer, daß er ihm Karten auf seinen Namen zurücklegen lassen würde. Der Taxifahrer behandelte uns daraufhin wie Götter.

Ich hatte einen Job im Audubon Ballroom und fragte Sonny,

ob er nicht mitspielen wollte. Er sagte zu. John Coltrane und Art Blakey spielten auch in der Band. Alle drei – Sonny, Art und Coltrane – hingen schwer an der Nadel, und da ich dauernd mit ihnen zusammen war, rutschte ich noch tiefer rein. Zu der Zeit war Fats Navarro ein richtig bemitleidenswerter Junkie. Lena, Fat Girls Frau, machte sich andauernd Sorgen um ihn. Sie war eine Weiße, und sie hatten eine kleine Tochter, Linda. Fat Girl war ein witziger Typ, und bevor ihm die Drogen zusetzten, klein und fett. Aber dann war er nur noch Haut und Knochen und lief mit diesem schrecklichen Husten rum, der ihm durch den ganzen Körper ging. Es schüttelte ihn buchstäblich von oben bis unten durch, wenn er hustete. Es war ein trauriges Bild, wenn man ihn so sah. Mann, er war so ein wunderbarer Mensch und ein großartiger Trompeter. Ich mochte ihn sehr. Manchmal hing ich mit ihm rum, und wir spritzten zusammen. Ich, Fat Girl und Benny Harris, ein anderer Trompeter, den Fat Girl nicht ausstehen konnte. Ich wußte es zwar, aber für mich war Benny in Ordnung. Wenn wir high waren, saßen wir da und redeten über Musik, über die alten Zeiten im Minton's, als Fat Girl jeden zur Tür rausblies, der reinwollte. Ich erklärte ihm irgendwelches Zeugs übers Trompetespielen – technischen Kram –, denn Fat Girl war ein Naturtalent, und daher zeigte ich ihm eben andere Sachen. Beispielsweise konnte er auf Teufel komm raus keine Balladen spielen. Ich sagte ihm, er müsse weicher spielen oder mal ein paar Akkorde umkehren. Er nannte mich immer „Millie". Fat Girl redete dauernd davon, alles zu ändern, vom Heroin wegzukommen, aber er tat es nie. Er hat's nie gepackt.

Fat Girl machte im Mai 1950 seine letzte Platte. Ein paar Monate nach diesem Gig starb er, mit nur siebenundzwanzig Jahren. Es war traurig, ihn bei diesem letztenmal zu hören, wie er versuchte, Noten zu treffen, die er früher so selbstverständlich gespielt hatte. Die Platte hieß, glaub ich, *Birdland All-Stars*, denn dort wurde sie aufgenommen. Bei der Session waren J. J. Johnson, Tadd Dameron, Curly Russell, Art Blakey, Fat Girl, ein Saxophonist namens Brew Moore und ich dabei. Später machte ich 'ne Platte mit Sarah Vaughan, zusammen mit Jimmy Jones' Band.* So um die Zeit rum war ich noch in 'ner andern All Star-Band mit Fat Girl, ich glaub, das war das letzte Mal, daß wir zusammen spielten.

Ich weiß noch, daß in dieser Band jeder wahnsinnige Soli hinlegte, aber sobald wir zusammenspielen sollten, ging alles daneben. Wenn ich mich richtig erinnere, kannte einfach niemand die Arrangements, die aus Dizzys Big-Band-Buch stammten. Die Besitzer vom Birdland wollten die Gruppe „Dizzy Gillespie's Dream Band" nennen, aber darauf ließ Dizzy sich nicht ein, denn er wollte keinem auf die Füße treten. Dann wollten sie „Symphony Sid's Dream Band" draus machen. Ist das nicht wieder typisch weiß, so 'ne rassistische Scheißidee? Aber sogar Sid war zu hip und zu cool, um da mitzumachen. Also hieß das Ganze schließlich „Birdland Dream Band". Ich glaube, sie haben von der Band eine Platte aufgenommen. Danach trat ich im Black Orchid Club auf, der meistens nur Onyx Club genannt wurde. Das war etwa im Juni 1950. Ich weiß das, weil Fat Girl im Juli starb.

Im Spätsommer dieses Jahres machten die Clubs in der 52sten Straße dicht, Dizzy löste seine Big Band auf, und es sah so aus, als ob die Musikszene auseinanderfiele. Ich redete mir ein, daß es für all diese Ereignisse einen ganz bestimmten Grund geben mußte, obwohl ich keinen nennen konnte. Weißt du, ich bin ein sehr intuitiver Mensch. Ich konnte schon immer Dinge voraussagen. Nur bei meiner Drogenkarriere hat's mit dem Voraussagen nicht geklappt. Meine Zahl ist die Sechs, die perfekte Sechs, und das ist die Zahl des Teufels. Ich glaub, daß ich viel vom Teufel in mir habe. Nachdem ich das rausgefunden hatte, wurde mir auch klar, daß es mir schwerfällt, jemanden länger als sechs Jahre zu mögen – sogar Frauen. Ich weiß nicht, was es ist, meinetwegen kannst du's Aberglauben nennen. Aber ich persönlich glaube, daß dieses ganze Zeug stimmt.

Im Jahr 1950 lebte ich seit fast sechs Jahren in New York, also

---

* *Sarah Vaughan with The Miles Davis All Stars* (CBS Sony SONP 50228).

hab ich mir gedacht, daß mir diese ganze verdammte Scheiße einfach passieren mußte und daß ich anscheinend nichts dagegen tun konnte. Schon vom ersten Moment an, als mir klar war, daß ich drogensüchtig war, wollte ich damit aufhören. Ich wollte nicht wie Freddie Webster oder Fat Girl enden. Aber es sah so aus, als ob ich's nicht schaffen würde.

Das Heroin veränderte meine ganze Persönlichkeit: Aus dem netten, ruhigen, ehrlichen, verantwortungsvollen Miles wurde das genaue Gegenteil. Es war dieser Zwang, an Stoff zu kommen, der mich so verwandelte. Ich hätte alles angestellt, damit's mir bloß nicht schlechtging, und das hieß, daß ich nur noch dem Heroin nachrannte, Tag und Nacht.

Schließlich besorgte ich mir das Geld für meine Sucht von Prostituierten. Ich war ihr Zuhälter, noch bevor mir richtig bewußt war, was ich da machte. Sowas nenne ich heute einen „Berufs-Junkie". Das war mein Lebensinhalt. Sogar meine Jobs suchte ich danach aus, ob ich leicht an Drogen kam oder nicht. Ich verwandelte mich in einen Zuhälter erster Klasse, denn ich brauchte jeden Tag mein Heroin, egal, wie und von wem.

Ich linkte sogar Clark Terry, um an Geld für Drogen zu kommen. Ich hockte auf dem Bürgersteig, irgendwo in der Nähe vom Hotel America, wo Clark wohnte, und zerbrach mir den Kopf, wie und wo ich Geld auftreiben könnte, als Clark vorbeikam. Meine Nase lief, und meine Augen waren knallrot. Er spendierte mir ein Frühstück, nahm mich hinterher mit auf sein Hotelzimmer und sagte, ich soll mich ein bißchen ausruhn. Clark mußte mit Count Basie auf Tour und war gerade im Aufbruch. Er sagte mir noch, wenn's mir wieder besser ginge, könnte ich einfach raus und sollte nur die Tür hinter mir zumachen, aber ich könnte bleiben, solange ich wollte. So eng waren wir befreundet. Er wußte, wie's um mich stand, konnte sich aber nicht vorstellen, daß ich ihn irgendwie anscheißen würde. Richtig? Falsch.

Clark war kaum weg, um seinen Bus zu kriegen, als ich schon seine Schubladen und Schränke durchwühlte und alles mitnahm, was ich tragen konnte. Brachte ein Horn und einen

Haufen Klamotten direkt ins Pfandhaus, und was ich dort nicht los wurde, verkaufte ich sonstwo. Sogar Philly Joe Jones drehte ich ein Hemd an, in dem er Clark später über den Weg lief. Hinterher erfuhr ich, daß Clark gar nicht den Bus genommen hatte. Er hatte zwar gewartet, aber der Bus kam ewig nicht. Deshalb kehrte er ins Hotel zurück, um zu sehn, wie's mir ging, und fand die Tür weit offen. Clark telefonierte mit seiner Frau Pauline in St. Louis und sagte ihr, daß sie meinen Vater anrufen und ihm sagen sollte, in welch mieser Verfassung ich war. Aber als sie ihn anrief, sagte mein Vater ihr richtig die Meinung.

„Mit Miles ist nur eins nicht in Ordnung, und das sind diese verdammten Musiker wie Ihr Mann, mit denen er sich rumtreibt", sagte er zu ihr. Mein Vater glaubte einfach an mich und wollte sich nicht eingestehen, daß ich in großen Schwierigkeiten steckte. Deshalb schob er die Schuld auf Clark. Mein Vater dachte nämlich, daß ich vor allem durch Clark in die Musikszene geraten wäre.

Aber Clark kannte meinen Vater, er wußte, wo er herkam, und vor allen Dingen verzieh er mir, was ich ihm angetan hatte. Ihm war klar, daß ich dazu nur fähig war, weil ich krank war. Trotzdem mied ich eine Zeitlang jeden Ort, von dem ich dachte, Clark könnte mir dort über den Weg laufen. Als wir uns dann schließlich doch mal wieder trafen, entschuldigte ich mich, und es war, als wäre nichts geschehen. Das nenn ich einen guten Freund. Jedesmal, wenn er mich später in einer Bar traf, bestellte er sich von meinem Wechselgeld einen Drink und nahm es als Abzahlung für das, was ich ihm gestohlen hatte. Mann, das war verdammt komisch.

Irene und ich waren mit unseren Mietzahlungen im Hotel America in Rückstand. Ich hatte schon einen Haufen Zeug versetzt, darunter auch mein eigenes Horn, und lieh mir deshalb eine Trompete von Art Farmer für zehn Dollar die Nacht. Einmal mußte er selber spielen und konnte sie mir nicht leihen, ich wurde richtig sauer. Und wenn er mir das Horn lieh, kam er immer dort vorbei, wo ich spielte, und nahm es gleich wieder mit. Er traute mir nicht so weit, um's mir über Nacht zu lassen.

Auch meine Ratenzahlungen für den Wagen waren ständig überfällig. Die Leute, von denen ich den „Blue Demon" gekauft hatte, waren dauernd hinter mir her und wollten ihn wiederhaben. Ich war also immer auf der Suche nach einem sicheren Ort, wo ich ihn parken konnte. Alles brach zusammen.

1950 fuhr ich mit Irene und den Kindern im „Blue Demon" zurück nach East St. Louis. Wir sagten uns, daß wir ein bißchen Abstand von New York bräuchten und dann alles wieder auf die Reihe kriegen würden. Aber im Grunde genommen spürte ich, daß es zwischen uns vorbei war. Ich weiß nicht, wie Irene darüber dachte, aber ich weiß *sicher*, daß sie all den Mist, den ich baute, satt hatte und darunter litt.

Kaum hatten wir in East St. Louis den „Blue Demon" vor dem Haus meines Vaters abgestellt, kam die Kreditgesellschaft und holte den Wagen ab. Alle wunderten sich drüber, aber keiner sagte was. Bei mir zu Hause liefen zwar Gerüchte um, daß ich was mit Drogen zu tun hätte, aber man war sich nicht sicher. Die Leute in East St. Louis hatten wenig mit Drogensüchtigen zu tun und wußten deshalb nicht, wie Süchtige aussahen oder sich verhielten. Für sie war ich einfach Miles, der merkwürdige Musikersohn von Dr. Davis, der in New York unter all diesen anderen merkwürdigen Musikern lebte. Zumindest dachte ich, daß die Leute so dachten.

Von einem Freund erfuhr ich, daß Irene von einem anderen Typen schwanger war. Diesmal war ich sicher, daß es nicht von mir sein konnte, denn wir schliefen nicht mehr miteinander. Dieser Freund erzählte mir, daß er sie gesehen hatte, wie sie mit irgendeinem Kerl aus einem Hotel in New York gekommen war. Wir waren nicht gesetzlich verheiratet, brauchten also keine Scheidung einzureichen. Wir hatten letztendlich nicht mal irgendwelche Auseinandersetzungen oder sowas in der Art; es war einfach vorbei.

Weißt du, Irene war mir nach New York gefolgt, und auch dort ließ sie mich nicht aus den Augen. Sie war überall dabei, zum Beispiel, wenn ich zu Onkel Ferdinand (dem Bruder meines Vaters) ins Greenwich Village ging. Onkel Ferd war ein

Trinker. Ich hing öfters mit ihm und ein paar seiner schwarzen Journalistenkollegen rum. Sie schluckten viel, und es gefiel mir nicht besonders, wenn Irene diese Typen und meinen Onkel besoffen rumtorkeln sah. Einmal fragte mich meine Mutter, was ich in New York so getrieben hätte. Als ich ihr erzählte, daß ich bei Onkel Ferd gewesen war, sagte sie: „Oh, da haben sich zwei gefunden; der Einäugige unter den Blinden." Meine Mutter wollte mir damit zu verstehen geben, daß wir sehr ähnliche Persönlichkeiten waren – süchtig. Aber als sie mir das sagte, war die Musik noch mein „Ding". Später war's das Heroin, und da verstand ich, was sie mir sagen wollte.

Irene blieb jedenfalls in East St. Louis, und dort wurde 1950 Miles IV geboren. Ich ging wieder nach New York zurück und fand einen Job in Billy Eckstines Band. Sie spielten oben in Los Angeles, und ich ging mit. Ich brauchte ein regelmäßiges Einkommen und hatte außerdem nichts Besseres zu tun. Ich mochte Bs Musik nicht, aber Art Blakey spielte mit und noch ein paar Musiker, die ich gut fand. Ich dachte mir also, daß ich so lange durchhalte, bis ich wieder drauf wäre.

In Los Angeles fand unser letzter Auftritt auf dieser Tournee statt, es war eine dieser endlosen Busfahrt-Geschichten, wo wir von einer Stadt in die nächste fuhren. Wir wußten nie, wo wir unterwegs Stoff auftreiben sollten, und da ich nicht mehr regelmäßig an gutes Dope rankam, dachte ich, ich wär nicht mehr süchtig. Einmal, als ich mit Dexter Gordon, Blakey und Bird – er war, glaub ich, auch dabei – auf dem Weg zum Burbank-Flughafen war, wollte Art anhalten und was von einem Typen kaufen, den er kannte. Am Flughafen wurden wir von den Bullen verhaftet. Sie hatten uns vor dem Haus des Dealers beobachtet und verfolgt. Sie schoben uns in ihren Wagen und sagten: „Schon gut, wir wissen genau, wer ihr Burschen seid und was ihr treibt." Sie waren alle weiß und korrekt bis auf die Knochen. Sie fragten nach unseren Namen. Ich nannte ihnen meinen, Bird nannte ihnen seinen, Dexter ebenfalls, aber als Blakey dran war, sagte er, er heiße Abdullah Ibn Buhaina – sein moslemischer Name. Der Polizist, der alles aufschrieb, sagte:

„Laß den Scheiß und sag mir deinen verdammten amerikanischen Namen, deinen richtigen Namen!" Blakey sagt ihm also, daß er ihm doch schon den richtigen Namen gegeben hat. Der Bulle wurde stinksauer, nahm uns fest und brachte uns ins Gefängnis. Ich glaub wirklich, er hätte uns laufen lassen, wenn Blakey ihm seinen richtigen Namen gegeben hätte. Aber so saßen wir im Knast, und ich mußte meinen Vater anrufen, damit er mich rausholte. Er telefonierte mit einem Freund in L.A., einem Zahnarzt, mit dem er zur Schule gegangen war, Dr. Cooper, und der setzte sich mit einem Rechtsanwalt namens Leo Branton in Verbindung. Branton kam vorbei und holte mich raus.

Die Polizei bemerkte die alten Nadeleinstiche in meinem Arm, aber zu der Zeit nahm ich nichts. Das erklärte ich Leo Branton, und darauf sagte er mir was, das mir fast das Blut stocken ließ. Art, meinte er, hätte der Polizei gesagt, daß *ich* Drogen nähme, damit er leichter davonkäme. Ich konnt's nicht glauben, aber einer der Bullen bestätigte es. Ich hab Art nie drauf angesprochen, und hier erwähne ich es zum ersten Mal öffentlich.

Das war das erste Mal, daß ich wegen 'ner Sache verhaftet wurde und im Gefängnis landete. Und dieser Scheiß gefiel mir ganz und gar nicht. Sie demütigen einen, man fühlt sich so verdammt hilflos hinter diesen Gitterstäben, wo dein Leben plötzlich in den Händen von irgendwelchen Leuten liegt, denen du scheißegal bist. Ein paar dieser weißen Wärter sind total rassistisch, sie treten eher nach dir als nach irgendwas anderem oder schlagen dich genauso schnell tot wie 'ne Fliege oder 'ne Küchenschabe. Diese Zeit im Knast hat mir die Augen geöffnet, es war eine richtige Offenbarung.

Nachdem ich wieder draußen war, blieb ich noch 'ne Zeitlang bei Dexter in Los Angeles. Wir spielten ein paarmal, aber meistens hingen wir rum. Dexter drückte unheimlich viel, und er war am liebsten zu Hause, wo er wirklich guten Stoff kriegte. Ich fing also auch wieder zu drücken an.

Art Farmer hatte ich schon getroffen, als ich das erste Mal in

L.A. war. Als ich ihn 1950 wiedersah, lernte ich ihn besser kennen. Nachdem ich eine Weile bei Dexter gewohnt hatte, fand ich ein Zimmer im Watkins Hotel, das an der West Adams in der Nähe der Western Avenue lag. Ich traf Art, und wir redeten viel über Musik. Ich glaub, ich habe ihn damals auf Clifford Brown aufmerksam gemacht, den ich irgendwo gehört hatte. Ich hielt ihn für gut und dachte, Art würde ihn auch mögen. Damals war Clifford noch nicht berühmt, aber den Musikern aus der Gegend von Philly war er ein Begriff. Art war und ist ein wirklich netter Typ, sehr ruhig und außerdem ein wahnsinniger Trompeter.

Gegen Jahresende erschien diese Geschichte im *Down Beat*, in der stand, wie die Musikszene durch Heroin und Drogen ruiniert würde, und sie erwähnten auch, daß Art Blakey und ich in Los Angeles erwischt worden waren. Naja, danach wußte jeder Bescheid, und ich kriegte kaum noch ein Engagement. Die Clubbesitzer legten mich auf Eis.

Von L.A. hatte ich bald die Nase voll, und so ging ich wieder zurück in den Osten. Ich schaute kurz zu Hause vorbei und fuhr dann weiter nach New York. Aber auch dort lief nichts, außer, daß ich wieder mit Sonny Rollins und den Sugar Hill-Jungs drückte. Keine Gigs.

Das Warten auf die Verhandlung in L.A. war hart, denn kaum einer glaubte, daß ich unschuldig war. Um die Weihnachtszeit kriegte ich endlich einen Job mit Billie Holiday im Hi-Note in Chicago. Das Ganze dauerte zwei oder drei Wochen, und mir ging's unheimlich gut.

Es war 'ne tolle Erfahrung. Während des Gigs lernte ich Billie und Anita O'Day, die weiße Jazzsängerin, richtig gut kennen. Billie war eine unheimlich süße, wunderbare, äußerst kreative Person. Sie hatte so einen sinnlichen Mund und trug immer eine weiße Gardenie im Haar. Ich fand sie nicht nur wunderschön, sondern auch sexy. Aber sie war krank wegen all der Drogen, die sie ständig nahm, und ich verstand das, denn ich war selbst krank. Trotzdem war sie ein herzlicher, angenehmer Mensch. Jahre später, als es ihr richtig schlechtging, besuchte ich sie öfters zu Hause in Long Island und half ihr, wo ich konnte. Ich nahm meinen Sohn Gregory mit, den sie sehr mochte, und dann saßen wir da, redeten stundenlang und tranken einen Gin nach dem anderen.

Bob Weinstock, ein junger weißer Typ, hatte grade Prestige, ein neues Jazz-Label, gegründet. Er wollte eine Platte mit mir machen und suchte mich deshalb. Er konnte mich nirgends finden, wußte aber, daß ich aus der Gegend von St. Louis kam. Als er dort geschäftlich unterwegs war, rief er sämtliche Davises, die in den Telefonbüchern von East St. Louis und St. Louis standen, an, bis er meinen Vater am Apparat hatte, der ihm sagte, daß ich in Chicago arbeitete. Es war kurz nach Weihnachten 1950, als er mich im Hi-Note aufstöberte, wo ich mit Billie spielte. Wir schlossen einen Ein-Jahres-Vertrag, der im Januar beginnen sollte, wenn ich wieder in New York wäre. Es sprang nicht viel Geld dabei raus – ich glaub, etwas um die 750 Dollar –, aber ich hatte die Möglichkeit, mir 'ne eigene Gruppe zu suchen, ein paar Sachen zu komponieren, die ich aufnehmen wollte, und ich konnte mir was zur Seite legen. Die restliche Zeit in Chicago verbrachte ich damit, mir zu überlegen, mit wem ich die Platten machen wollte.

Im Januar 1951 wurde ich freigesprochen, und ich war ungeheuer erleichtert. Aber der Schaden war nicht mehr gutzumachen. Mein Freispruch machte keine Schlagzeilen im *Down Beat*, im Gegensatz zu meiner Verhaftung; für die Clubbesitzer war ich nur noch einer von vielen Junkies.

Ich dachte, daß mir die Nonett-Aufnahmen zu mehr Anerkennung verhelfen würden, das traf auch zu, aber nur bis zu einem gewissen Grad. Die Leute von Capitol Records machten mit den Platten nicht das Geld, das sie sich versprochen hatten, deshalb waren sie an weiteren Aufnahmen dieses Materials nicht interessiert. Ich hatte keinen Exklusiv-Vertrag mit Capitol und konnte daher bei Prestige unterschreiben. Noch immer hatte ich nicht die Anerkennung gefunden, die ich meiner Ansicht nach verdient gehabt hätte. Schon Ende 1950 wurde ich von den Lesern des *Metronome*-Magazins in die All Star

Band gewählt. Außer mir und Max waren alle in dieser Band weiß. Noch nicht mal Bird schaffte es – Lee Konitz lag vor ihm. Es war ein komisches Gefühl, daß sie mich vor Dizzy wählten. Die weißen Musiker nannten jetzt das, was sie spielten, „Cool Jazz". Vermutlich sollte das eine Alternative zum Bebop sein oder zur schwarzen Musik oder zum „Hot Jazz", was für die Weißen nämlich nichts anderes als schwarz bedeutete. Aber es war die gleiche alte Geschichte, schwarzes Zeug wurde wieder mal ordentlich ausgeschlachtet.

Bird trennte sich 1950 von Doris Sydnor – „Olive Oyl" – und lebte dann mit Chan Richardson. Doris gegenüber war Chan 'ne Verbesserung; zumindest war sie ein hübsches Ding und verstand was von der Musik und den Musikern. Bei Doris war das nie so. Bird sah nicht besonders gut aus – ich allerdings auch nicht. Er hatte ziemlich zugenommen und wirkte viel älter, als er eigentlich war. Das harte Leben setzte ihm allmählich zu. Aber Bird war jetzt nach Manhattan in die östliche 11te Straße gezogen, und es lief ganz gut für ihn. Er hatte einen neuen Plattenvertrag bei Verve, einem großen Label, und er fragte mich, ob ich im Januar 1951 mit ihm aufnehmen wollte. Ich sagte zu und freute mich drauf. Ich war gespannt auf das neue Jahr, ich wollte im Leben und mit meiner Musik vorankommen, und der Vertrag mit Prestige gab mir wieder Schwung. 1950 war das schlimmste Jahr in meinem Leben. Ich bildete mir ein, daß es nur noch bergauf gehen könnte. Denn ganz unten war ich schon.

KAPITEL 7

New York sah mich in Hochstimmung wieder. Da ich keine eigene Wohnung hatte, zog ich bei Stan Levey, dem Schlagzeuger, ein, bis ich wieder auf eigenen Füßen stand. Mitte Januar 1951, so um den Siebzehnten, spielte ich dann bei drei Aufnahmesessions mit: morgens bei Bird für Verve Records, dann bei meiner eigenen für Prestige und später bei einer Aufnahme für Sonny Rollins. Bei Birds Session waren außer mir und Bird noch Walter Bishop am Piano, ein Typ namens Teddy Kotick am Baß und Max Roach am Schlagzeug mit von der Partie. Bird war an diesem Tag in guter Form und spielte großartig. Alle anderen auch. Die Musik hatte einen lateinamerikanischen Einschlag und hörte sich interessant an. Es war eine der am besten organisierten Sessions, die Bird bisher auf die Beine gestellt hatte.* Alles ging glatt, obwohl es – wie immer – kaum Proben gegeben hatte. Ich dache noch, jetzt würde für Bird alles gut laufen. Er schien glücklich zu sein, und das war ein gutes Zeichen.

Nach der Session mit Bird zog ich gleich weiter, um meine erste Platte unter eigenem Namen bei Prestige zu machen. Ich hatte Sonny Rollins, Bennie Green, John Lewis, Percy Heath und Roy Haynes für die Aufnahme engagiert. Bob Weinstock, der Produzent, war zuerst gar nicht begeistert, daß ich Sonny mit reinnahm. Er hielt ihn für unerfahren, aber ich überzeugte ihn soweit, daß er Sonny sogar noch für denselben Tag einen eigenen Aufnahmetermin gab.

Ich spielte nicht besonders gut bei dieser Aufnahme**, weil ich noch von der Session mit Bird geschafft war. Es war ein kalter und matschiger Tag, ein Tag, an dem der Schnee sich nicht entscheiden kann, ob er wirklich Schnee sein will; ein

* Charlie Parker: *Bird on Verve*, Vol. 5 (Verve 817446-1).
** Miles Davis: *Miles Davis and Horns* (Prestige PRLP 7025).

ekelhafter, rauher Tag. Ich hatte wieder mit dem Drücken angefangen, daher waren mein Körper und meine Chops nicht in bester Verfassung. Aber die anderen waren ganz gut – besonders Sonny in einigen Stücken. Bob Weinstock wußte, daß ich ein Junkie war, aber er war bereit, was zu riskieren, damit ich schließlich doch noch die Kurve kratzen konnte.

Da John Lewis nach meiner Session wegmußte, spielte ich bei Sonny am Klavier.* Die Besetzung war dieselbe wie bei meiner Plattenaufnahme. Am Schluß zogen mich die andern damit auf, daß ich bei Sonny am Klavier besser gespielt hätte als bei meiner eigenen Platte auf der Trompete. Danach ging's mir ziemlich gut. Ich war in New York, spielte wieder und hatte einen Vertrag für zwei weitere Platten. Ich erinnere mich noch gut, wie ich mit Sonny durch den Schneematsch in Richtung Harlem marschierte, um etwas Heroin zu kaufen, und dabei dachte: „Könnte ich bloß diese Scheißsucht loswerden, dann wäre alles in Ordnung." Aber davon war ich noch weit entfernt. Ich war ganz unten und wußte es.

Um meine Einkünfte aufzubessern und meine Sucht zu finanzieren, fing ich an, für 25 oder 30 Dollar Musik von Platten zu transkribieren – die ersten acht Takte einer Melodie. Es war eine leichte Arbeit, und ich konnte die Aufträge in ein paar Stunden erledigen. Sobald ich das Geld hatte, ging ich nach Harlem und besorgte mir Stoff. Aber bald reichte auch das nicht mehr aus, um meinen Bedarf zu decken. Meine körperliche Verfassung war schlecht, und ich kriegte kaum Gigs, bei denen ich regelmäßig spielen konnte; mein Ansatz war miserabel. Die Trompete verlangt einem ziemlich viel ab. Wenn man gut spielen will, muß man körperlich fit sein. Früher war ich immer nach der letzten Mode angezogen; jetzt trug ich jeden Fetzen, nur um irgendwie meinen Körper zu bedecken. Manchmal fiel mir ein, wie cool ich ausgesehen hatte, bevor diese ganze Heroinscheiße anfing, mein welliges, nach hinten gekämmtes Haar, das mir bis auf die Schultern fiel. Verdammt,

---

* Sonny Rollins: *First Recordings* (Bellaphon BJS 4057).

niemand hätte sagen können, daß ich nicht scharf aussah. Aber als ich nur noch fürs Heroin lebte, brach das alles zusammen – auch meine Haltung –, und ich konnte es mir nicht mal mehr leisten, mir beim Friseur die Haare legen zu lassen; dafür war kein Geld übrig. Mein Kopf sah nach einiger Zeit schlimm aus, die Haare waren ausgefranst und standen ab wie Nadeln. Ich sah aus wie ein aufgescheuchtes Stachelschwein. Die fünf Dollar, die's mich gekostet hätte, um mein Haar richten zu lassen, verfütterte ich an das Monster in meinem Arm. Ich schoß mir Heroin in die Venen, damit das Monster da drin nicht hungrig wurde und mich krank machte. 1951 war ich noch nicht soweit, um mir einzugestehen, daß ich krank war, ich mußte also noch weiter diese lange, dunkle, eisglatte Straße der Sucht hinunter.

Ein paar Tage nach der Aufnahme für Prestige ging ich wieder ins Studio, um mit den *Metronome All Stars* des Jahres 1951 für Capitol Records aufzunehmen. Die Session war nicht der Rede wert – professionell, aber mehr auch nicht. Es passierte nichts Weltbewegendes. Ich weiß noch, daß sie Lennie Tristano pushen wollten und daß wir ein paar Stücke von George Shearing aufnahmen. Alles in allem waren auf der Platte nur einige Minuten, die straff gegliedert und arrangiert waren. Bei der Atmosphäre konnte auch nichts rauskommen. Es war nichts als Publicity-Scheiße, um weiße Musiker groß rauszubringen, und Max und ich – die einzigen Schwarzen unter den elf Musikern – waren das Aushängeschild. Eigentlich spielte das keine Rolle, sieht man mal davon ab, daß die weißen Musiker das meiste Geld machten. Jeder wußte schließlich, wo wirklich was passierte, nämlich bei den schwarzen Musikern. Ich steckte mein Geld ein und ging rauf, um mir Stoff zu besorgen.

Ungefähr einen Monat später spielte ich mit meiner Band im Birdland. Ich hatte Sonny Rollins, Kenny Drew, Art Blakey, Percy Heath und Jackie McLean dabei. Bud Powell hatte mir Jackie empfohlen, weil er ihn kannte und voll auf ihn abfuhr. Ich hatte Jackie schon öfter gesehen, da er aus Sugar Hill oben in Harlem stammte. Er war mit Sonny Rollins befreundet, der ebenfalls aus dieser Ecke um die Edgecombe Avenue kam. Bei dem Birdland-Gig war Jackie noch nicht mal zwanzig, aber er konnte sich schon den Arsch abspielen. Am ersten Abend war er so aufgeregt und high, daß er plötzlich, nach sieben oder acht Takten seines Solos, von der Bühne rannte und durch den Hinterausgang verschwand. Die Rhythmusgruppe spielte trotzdem weiter, nur die Zuhörer standen mit offenem Mund da und wunderten sich, was jetzt verdammt noch mal los war. Ich ging auch von der Bühne und wollte mal nach Jackie sehen, obwohl ich schon ahnte, daß es am Heroin lag. Ich wußte, daß Jackie auch drauf war. Oscar Goodstein, der Besitzer vom Birdland, kam gleich hinter mir her. Da stand Jackie mit Schaum vorm Mund und kotzte sich das Hirn raus, in 'ne Mülltonne. Ich fragte, ob alles in Ordnung sei, und er nickte. Ich sagte ihm, er soll sein Horn putzen und wieder reingehn und spielen. Wir konnten die Rhythmusgruppe immer noch hören. Oscar stand völlig angeekelt daneben und sagte zu Jackie: „Hier, Kleiner, wisch dir dein Gesicht ab." Dann warf er ihm ein Handtuch zu, drehte sich um und ging vor uns in den Club zurück. Jackie kam wieder rein und spielte wie ein Wahnsinniger. An diesem Abend war er unglaublich.

In derselben Nacht, nach dem Gig, fuhr ich nach Long Island, wo ich bei Stan Levey wohnte, und dachte über Jackie nach. Am nächsten Tag rief ich ihn an und sagte ihm, er solle vorbeikommen und ein paar Stücke mit mir durchspielen. Er kam, und danach bot ich ihm an, in die Band zu kommen, die ich grade zusammenstellte – Art Blakey, Sonny Rollins, Percy Heath und Walter Bishop. Von kurzen Unterbrechungen abgesehen, wohnten wir von da an zwei oder drei Jahre lang zusammen.

Jackie und ich hingen oft rum, drückten und gingen in der 42sten Straße ins Kino. Nachdem ich bei Stan Levey ausgezogen war, wohnte ich meistens in irgendwelchen Hotels mit Prostituierten zusammen, die mir das nötige Geld fürs Heroin gaben. Eine Zeitlang lebte ich im University Hotel, unten an der 20sten Straße, dann hin und wieder im Hotel America an

175

der 48sten Straße. Jackie und ich fuhren immer völlig high mit der U-Bahn und lachten uns halbtot über die altmodischen Schuhe und Klamotten, die die Leute anhatten. Wir brauchten bloß jemanden anzusehen, und sobald er uns komisch vorkam, brüllten wir los. Mann, Jackie war ein lustiger Typ, und er verarschte die Leute nach Strich und Faden. Manchmal, wenn ich zu high war, um noch nach Hause zu gehen, übernachtete ich bei ihm und seiner Freundin in der 21sten Straße. Wir gingen auch öfters ins Stillman's Gym und schauten den Boxern beim Training zu, aber meistens zogen wir rum, kauften uns Dope und spritzten. Als wir uns zusammentaten, war ich fast fünfundzwanzig und hatte schon einiges hinter mir. Jackie war erst neunzehn und war noch nie rausgekommen. Ich hatte schon einen Namen, deswegen schaute Jackie zu mir auf, behandelte mich mit viel Respekt, wie einen Lehrer.

Ich war auch viel mit Sonny Rollins zusammen. Wir waren öfters im Bell's, oben in Harlem (das Stück „Sippin' at Bell's" hab ich dieser Bar gewidmet). Es war eine Top-Bar am Broadway mit irgend 'ner 140er Nummer, und die Leute dort waren total clean. Oder wir hingen bei Sonny rum, in seinem Appartement am Edgecombe. Wenn wir high waren, bewunderten wir den tollen Ausblick auf den Park gegenüber seiner Wohnung. Man konnte sogar das Yankee-Stadion sehen.

Ich liebte Harlem – das Rumhängen in den Clubs oder im Park an der 155sten und St. Nicholas, das Schwimmen mit Max im Colonial Pool an der Bradhurst in der Nähe der 145sten. Es gab so viele Plätze, wo wir richtig high werden konnten, sogar zu Hause bei Art Taylor. Seine Mutter – eine richtig nette Lady, die ich sehr mochte – arbeitete den ganzen Tag, und so konnten wir treiben, was wir wollten.

Wenn wir high waren, schauten wir manchmal bei Bud Powell vorbei, setzten uns hin und hörten ihm zu. Da saß er, lächelte übers ganze Gesicht und sagte kein Wort. Oder wir gingen in den Nachtclub von Sugar Ray Robinson. Da war immer die Hölle los, ganz zu schweigen vom Small's Paradise,

Lucky's und den vielen verrückten Clubs. Ich verbrachte also viel Zeit in Harlem und jagte mir den Stoff rein. Meine Freundin hieß Heroin.

Nach dem Birdland-Gig nahm ich als Co-Leader eine Platte mit Lee Konitz für Prestige auf.* Max Roach und George Russell waren bei dieser Sitzung dabei und noch ein paar andre Jungs, an die ich mich nicht mehr erinnere. Wir spielten ein paar Kompositionen und Arrangements von George; er war schon immer ein interessanter Komponist. Soweit ich mich erinnere, waren die Aufnahmen ganz gut, aber nicht besonders aufregend.* Für mich war's ein Job wie jeder andre, um an Geld zu kommen. Bei den Clubbesitzern stand ich auf der schwarzen Liste; es gab nur einen, der mich öfters engagierte, Oscar Goodstein vom Birdland.

Im Juni spielte ich mit J. J. Johnson, Sonny Rollins, Kenny Drew, Tommy Potter und Art Blakey im Birdland. Ich glaub, sie nahmen sogar eine Session für ihre Samstagnacht-Sendung im Radio auf.** Wir spielten alle gut, obwohl meine Chops immer noch nicht in Ordnung waren. Im September hatten dann Eddie „Lockjaw" Davis und ich eine Band fürs Birdland zusammen, in der Charlie Mingus, Art Blakey, Billy Taylor und ein Tenorsaxophonist namens George „Big Nick" Nicholas mitspielten. Die Musik war toll. Ich spielte wieder viel besser.**

Ich mochte diesen kraftvollen Stil von Lockjaw schon immer, vom ersten Moment an, als ich ihn im Minton's hörte. Wer mit Lockjaw spielte, der tat gut daran, immer voll dazusein, denn in der Beziehung verstand er keinen Spaß, genausowenig wie Big Nick. Nick kam nie groß raus, aber damals kannte ihn jeder in der Szene; ich weiß nicht, warum Nick nie berühmt wurde. Jedenfalls mit all dieser Energie um mich rum konnte ich in diesen Sets plötzlich härter spielen als jemals zuvor. Lockjaw zählte zu den alten Hasen in der Musikszene. Genau wie Big Nick, der eine großartige Hausband im Small's Paradise Club

* Lee Konitz & Miles Davis: *Ezz-Thetic* (Prestige NJ 8295).
** Miles Davis: *Miles Davis At Birdland 1951* (Ozone 7; vergr.).

in Harlem leitete und auch mit Dizzy spielte. Außerdem trat er regelmäßig mit Monk und Bird in dem Club auf. Bei diesen Jungs durfte ich keinen Mist bauen, denn sie schmissen jeden raus, der halbe Sachen brachte. Auch wenn ich damals noch so high war, wußte ich doch, daß ich einen Ruf zu verteidigen hatte, wenn ich mit diesen Jungs spielte. Bei diesem Gig kam ich wieder in Übung und spielte so gut ich konnte.

Es war auch schön, wieder mit Mingus zu spielen. Nachdem er das Red Norvo-Trio verlassen hatte, bekam er keine Engagements, machte die ganze Zeit nichts mehr und hing in New York rum. Er spielte mal hier und dort, und ich dachte, der Gig im Birdland könnte ihm wieder auf die Beine helfen. Unsere musikalischen Vorstellungen gingen zwar manchmal auseinander, aber ich war glücklich, wieder mit ihm zu spielen, denn er war immer ein ideenreicher, energiegeladener und phantasievoller Musiker.

Meine zweite Session für Prestige sollte im Oktober 1951 stattfinden, und ich wollte eine bessere Platte abliefern als beim ersten Mal. Außerdem plante Prestige, bei dieser Aufnahme eine neue Technik zu verwenden, den sogenannten „Microgroove“. Bob Weinstock erklärte mir, daß ich damit das Drei-Minuten-Limit der 78er-Platte überschreiten könnte. Wir könnten unsre Soli beliebig ausdehnen wie bei Live-Auftritten in Clubs. Ich sollte einer der ersten Jazzmusiker sein, der Platten mit 33⅓ Umdrehungen aufnahm. Bis dahin war diese Technik ausschließlich für Live-Aufnahmen verwendet worden, und ich war ganz schön erstaunt über die Möglichkeiten, die sich jetzt boten. Ich hatte diesen Drei-Minuten-Krampf bei den 78er-Platten sowieso längst satt. Für wirklich freie Improvisationen war da nie Raum; man mußte möglichst schnell in sein Solo reinkommen, und dann war's auch schon wieder vorbei. Ira Gitler sollte der Produzent dieses Albums sein. Ich holte mir Sonny Rollins, Art Blakey, Tommy Potter, Walter Bishop und Jackie McLean für diese Session; es war Jackies Plattendebüt.*

* Miles Davis: *Diggin' with the Miles Davis Sextet* (Prestige PRLP 7012).

Dieser Set war meine beste Aufnahme seit langem. Ich hatte geübt und mit der Band geprobt, alle kannten also das Material und die Arrangements. Sonny und Jackie McLean spielten sich den Arsch ab. Das Album hieß *Miles Davis All Stars*, aber viele nannten es einfach nur *Dig*. Wir spielten „My Old Flame", „It's Only a Paper Moon", „Out of the Blue" und „Conception". Mingus war mit seinem Baß mit mir ins Studio gekommen; er spielte bei „Conception" ein paar Sachen im Hintergrund. Er wurde auf dem Album nicht erwähnt, weil er exklusiv bei Verve unter Vertrag war. Charlie Parker kam ebenfalls vorbei und setzte sich in den Tonraum. Jackie McLean war schon nervös, weil's seine erste Platte war, aber als er auch noch Bird sah, flippte er völlig aus. Bird war sein Vorbild, er ging also rüber zu ihm und fragte ihn, was er hier mache, und Bird erklärte ihm mehrmals, daß er einfach nur zuhören wolle. Mann, Jackie muß mindestens tausendmal gefragt haben. Aber Bird verstand das und blieb cool. Jackie wollte, daß Bird abhaut, damit er wieder ruhig werden kann. Aber Bird sagte ihm, wie gut sein Sound sei, und machte ihm so Mut. Nach einiger Zeit war Jackie relaxed und spielte wie ein Wahnsinniger.

Ich mochte die Musik auf *Dig*, weil mein Sound wirklich für sich stand. Er war mit keinem andern vergleichbar, und ich hatte auch wieder mehr Volumen – besonders in „My Old Flame" –, das einen wirklich melodischen Ansatz erfordert. Ich gefiel mir auch auf „It's Only a Paper Moon" und „Bluing". Das neue Langspielformat war wie für meine Musik gemacht. Aber als wir das Studio verließen, wartete draußen wieder der alte Bullshit auf mich.

Ich stand wie in einem dichten Nebel, war immer high und hielt mir Frauen, die mich mit ihrem Geld für den Rest des Jahres 1951 und Anfang 1952 über Wasser hielten. Eine Zeitlang schickte ich einen ganzen Stall voller Nutten auf die Straße. Ich lebte in Hotels und zog dann wieder aus. Aber es war anders, als die meisten Leute glaubten; diese Frauen wollten mit jemandem zusammensein, und mit mir waren sie's gern. Ich ging mit ihnen essen und alles. Manchmal trieben wir's auch im Bett, aber nicht oft, weil das Heroin meinen Hunger nach Sex vertrieben hatte. Ich behandelte die Prostituierten wie jeden andern Menschen auch. Ich respektierte sie, und dafür gaben sie mir Geld für den Stoff. Die Frauen hielten mich für einen anständigen Kerl, und zum ersten Mal in meinem Leben hielt ich mich auch dafür. Wir waren eher wie 'ne große Familie als irgendwas anderes. Aber sogar das Geld, das ich von ihnen kriegte, reichte nicht. Ich war immer wieder knapp bei Kasse.

Aber so um 1952 war mir klar, daß ich irgendwas unternehmen mußte, um von den Drogen wegzukommen. Ich hatte schon immer eine Schwäche fürs Boxen gehabt und dachte, vielleicht reißt mich das raus. Wenn ich jeden Tag ein bißchen trainieren würde, vielleicht wäre das 'ne echte Chance, um meinen Affen loszuwerden. Ich kannte Bobby McQuillen, einen Trainer von Gleason's Gym, das mitten in Manhattan lag. Manchmal saßen wir zusammen und redeten übers Boxen. McQuillen war früher einer der besten Boxer im Weltergewicht, bis er einen Typen im Ring killte, daraufhin aufhörte und als Coach und Trainer anfing. Eines Tages – ich glaub, es war Anfang 1952 – fragte ich ihn, ob er mit mir trainieren würde. Er antwortete, daß er sich's überlegen will. Dann, nach einem Boxkampf im Madison Square Garden, ging ich wieder zu Bobby, traf ihn in der Garderobe und wollte wissen, ob er mit mir trainieren will oder nicht. Bobby schaute mich angewidert an und sagte, daß er keine Süchtigen trainiert. Ich stand total high vor ihm und sagte, ich sei kein Süchtiger – dabei kippte ich fast um. Er sagte mir, daß ich ihm nichts vormachen kann und daß ich besser nach St. Louis zurückgehn und die Sache loswerden soll. Dann schickte er mich aus der Garderobe.

Noch nie hatte jemand in dem Ton mit mir geredet, und schon gar nicht über meinen Drogenkonsum. Mann, Bobby gab mir das Gefühl, als wär ich ein Nichts. Ich war ständig unter Musikern, die fast alle auf Droge waren. Und auch wenn sie nichts nahmen, sagten sie nichts dazu. Aber daß ich mir sowas anhören mußte, war schon was, Mann.

Nachdem mir Bobby das gesagt hatte, rief ich in einem klaren Moment meinen Vater an und bat ihn, zu kommen und mich rauszuholen. Dann hängte ich den Hörer ein und setzte mir die nächste Spritze.

Eines Abends spielte ich im Downbeat Club. Ich schaute ins Publikum, und da war mein Vater – er stand da in einem Regenmantel – und sah mich an. Es ging mir wirklich nicht gut, ich schuldete einigen Leuten Geld und spielte mit geliehenen Trompeten. Ich glaub, an dem Abend hatte ich die von Art Farmer. Der Clubbesitzer besaß ziemlich viele Leihscheine von mir, die ich ihm als Bürgschaft hinterlegt hatte, wenn ich mir Geld lieh. Ich war tatsächlich in mieser Verfassung und wußte es. Mein Vater wußte es auch. Er schaute mich so angeekelt an, daß ich mir wie ein Stück Dreck vorkam. Ich ging rüber zu Jackie und sagte: „Mann, da unten steht mein Vater. Bring den Set zu Ende, ich muß ein bißchen mit ihm reden." Jackie sagte: „Okay" und grinste mich breit an. Ich muß ziemlich komisch ausgesehn haben.

Ich ging von der Bühne, und mein Vater folgte mir in den Umkleideraum. Der Besitzer kam auch rein. Mein Vater sah mir direkt in die Augen und sagte mir, wie schrecklich ich aussehe und daß er mich noch am selben Abend mit nach St. Louis zurücknehmen würde. Der Besitzer meinte, daß ich die Woche noch zu Ende spielen müßte, aber mein Vater sagte, daß ich überhaupt nichts zu Ende spiele und daß er sich jemanden suchen soll, der meinen Platz einnimmt. Ich einigte mich mit dem Besitzer auf J. J. Johnson, den ich auf der Stelle anrief. Er war einverstanden und wollte mich an der Posaune ersetzen.

Dann brachte der Besitzer die Sache mit den Leihscheinen zur Sprache. Mein Vater schrieb ihm einen Scheck aus, drehte sich zu mir um und sagte, ich soll mein Zeug packen. Ich sagte: „Okay", daß ich aber nochmal raus müßte und der Band Bescheid geben will. Er sagte, daß er auf mich wartet.

Nachdem das Set vorbei war, zog ich Jackie McLean auf die Seite und sagte ihm, daß J. J. mich für den Rest der Woche ersetzen würde. „Ich ruf dich an, wenn ich zurück bin, aber mein alter Herr ist hergekommen, um mich abzuholen. Bleibt mir nichts andres übrig, als mitzugehn." Jackie wünschte mir viel Glück, und mein Vater und ich fuhren mit dem Zug zurück nach East St. Louis. Ich fühlte mich wieder wie ein kleiner Junge, der mit seinem Daddy geht. Dieses Gefühl hatte ich noch nie zuvor, und wahrscheinlich hab ich's seitdem auch nie wieder gehabt.

Auf der Rückfahrt sagte ich, daß ich mit dem Dope aufhören würde und daß ich nur ein bißchen Ruhe bräuchte und es mir guttäte, zu Hause zu sein, wo ich nicht an Dope rankäme. Mein Vater lebte in Millstadt auf seiner Farm, aber er hatte sich noch eine Wohnung drüben in St. Louis gekauft. Ich blieb einige Zeit auf der Farm, ritt viel und versuchte einfach zu relaxen. Aber der Scheiß ging mir schnell auf die Nerven, und außerdem machten sich die ersten Entzugserscheinungen bemerkbar. Also suchte ich mir Leute, die mir sagen konnten, wo ich Heroin bekam. Im Handumdrehn hing ich wieder an der Nadel und pumpte meinen Vater dauernd an, mal um zwanzig, mal um dreißig Dollar.

So um die Zeit tat ich mich mit Jimmy Forrest zusammen, einem Tenorsaxophonisten aus St. Louis. Er war auch ein Junkie und wußte, wo's den besten Stoff gab. Wir spielten oft im Barrelhouse, einem Club draußen an der Delmar in St. Louis.* Es kamen meistens nur Weiße raus, und hier lernte ich dieses junge, schöne, reiche weiße Mädchen kennen, dessen Eltern eine Schuhfabrik besaßen. Sie mochte mich sehr und hatte viel Geld.

Eines Tages merkte ich, daß ich wieder was brauchte, und deshalb ging ich zu meinem Vater ins Büro, um ihn wieder mal anzupumpen. Er wollte mir nichts geben, da meine Schwester Dorothy ihm erzählt hatte, daß ich's sowieso in Heroin umsetzte. Zuerst wollte er nicht glauben, daß ich immer noch an

* Miles Davis & Jimmy Forrest: *Live at the Barrel*, Vol. 1 u. 2 (Prestige PRLP 7858/7860).

der Nadel hing, weil ich ihm ja gesagt hatte, daß ich aufhören wollte. Aber nachdem er von Dorothy wußte, daß ich lüge, wollte er mir keinen Cent mehr geben.

Mann, danach drehte ich völlig durch. Ich fing an, ihn zu beschimpfen und warf ihm alles mögliche an den Kopf. Sowas hatte ich noch nie zuvor gemacht. Und obwohl mir eine innere Stimme sagte, ich soll damit aufhören, war dieser Drang nach Heroin stärker als die Scheu, meinen eigenen Vater zu beschimpfen. Er ließ mich einfach fluchen, ohne was zu sagen oder zu machen. Die Leute in seiner Praxis saßen völlig schokkiert und mit offenem Mund da. Ich beschimpfte ihn so übel und laut, daß ich nicht mal merkte, wie er mittendrin telefonierte. Bevor ich wieder bei mir war, standen diese zwei riesigen schwarzen Motherfucker vor mir, packten mich und brachten mich ins Gefängnis nach Belleville, Illinois, wo ich eine Woche blieb – tobend, auf „turkey" und ewig kotzend. Ich dachte, ich würde draufgehn. Aber ich ging nicht drauf und glaubte zum ersten Mal, daß ich durch einen „cold turkey" davon loskommen könnte; ich mußte mich nur dazu entschließen.

Da mein Vater auch Sheriff in East St. Louis war, hatte er es so arrangiert, daß meine Verhaftung nicht offiziell bekannt wurde, damit sie nicht auf mein Vorstrafenregister kommt. Im Knast lernte ich einiges übers Klauen von all den Kriminellen, die dort waren. Einmal hatte ich sogar einen Fight mit einem Typen, der mich dauernd blöd anmachte. Also schlug ich ihn auf der Stelle k. o., und danach hatte ich Ruhe. Dann aber, als sie rauskriegten, daß ich Miles Davis war, hatten sie *echt* Respekt, denn viele kannten meine Musik. Danach kam mir keiner mehr in die Quere. Endlich war ich wieder draußen. Das erste, was ich machte, war losrennen und high werden. Aber inzwischen hatte sich mein Vater eine andre Lösung für mein Problem überlegt; er wollte mich wegen Drogensucht ins staatliche Gefängnis bringen, und von dort aus sollte ich mich zum Entzug anmelden. Als ich ihn so beschimpft hatte, glaubte er, ich hätte den Verstand verloren und bräuchte wirklich Hilfe. Und in dem Moment mußte ich ihm recht geben.

Wir fuhren in seinem neuen Cadillac mit seiner zweiten Frau Josephine (ihr Mädchenname war Hanes) runter nach Lexington, Kentucky. Ich hatte meinem Vater versprochen, daß ich dort ein Reha-Programm mitmache, weil's mir wirklich dreckig ging. Außerdem wollte ich ihn nicht enttäuschen; ich hatte ihn schon genug enttäuscht. Ich hatte vom Heroin den Hals wirklich gestrichen voll. Nachdem ich aus dem Gefängnis war, hatte ich nur einmal gedrückt, vielleicht dachte ich deshalb, jetzt sei der richtige Zeitpunkt, es zu versuchen und clean zu werden.

In Lexington erfuhr ich, daß ich mich freiwillig eintragen mußte, da offiziell ja nichts gegen mich vorlag. Aber das brachte ich nicht über mich, ich *konnte* und *wollte* mich keinem Gefängnis, keiner Rehabilitation ausliefern; Scheiße, ich würde mich doch nicht *freiwillig* bei irgend so 'nem Laden melden. Ich war nie vom Gefängnis begeistert, und da ich seit zwei Wochen nicht mehr gespritzt hatte, dachte ich, daß ich vielleicht schon übern Berg war. Ich redete mir jetzt ein, daß ich das Ganze hier jetzt nur für meinen Vater machte, nicht für mich. Schließlich überzeugte ich ihn, daß ich okay sei, also gab er mir ein bißchen Geld. Er warf mir nicht mal vor, wie ich ihn beschimpft hatte – er erwähnte es nie wieder –, denn er wußte, ich war krank. Aber eins spürte ich: Als ich mich nicht in Lexington anmeldete, machte er sich Sorgen – obwohl er keinen Ton sagte –, ich sah den Kummer in seinem Gesicht, als wir uns verabschiedeten. Er wünschte mir alles Gute und fuhr mit seiner Frau weiter nach Louisville, um ihren Vater zu besuchen. Und ich machte mich auf den Weg nach New York.

Unterwegs rief ich Jackie McLean an und sagte ihm, daß ich wiederkäme. Ich hatte schon mit Oscar Goodstein vom Birdland einen Auftritt klargemacht, also mußte ich jetzt eine Gruppe zusammentrommeln. Ich wollte Jackie und Sonny Rollins dabeihaben, aber von Jackie erfuhr ich, daß Sonny im Gefängnis saß, wegen Drogen oder irgendwas. Jedenfalls erklärte ich Jackie, daß Connie Kay am Schlagzeug spielt, ich aber noch einen Pianisten und einen Bassisten fürs Birdland suche. Jackie trieb Gil Coggins und Connie Henry für diesen Gig auf. Als ich wieder in New York war, wohnte ich bei Jackie und hing bald wieder an der Nadel; zuerst nur ab und zu, aber dann, bevor ich's richtig merkte, war ich wieder voll drauf. Ich hatte mich selber reingelegt und mir eingebildet, ich wäre davon runter, weil ich anfangs nur wenig drückte. Ich war stinksauer auf mich, daß ich mich nicht in Lexington angemeldet hatte. Trotzdem war ich irgendwie glücklich in New York, denn im Grunde genommen war mir klar, daß ich entweder von den Drogen wegkommen oder sterben mußte, und da ich noch nicht sterben wollte, stellte ich mir vor, daß ich irgendwann clean würde, es war nur 'ne Frage der Zeit. Die Erfahrung mit dem „cold turkey" im Gefängnis gab mir irgendwie die Sicherheit, daß ich's schaffe, wenn ich mich drauf einlasse. Aber dieses Sich-drauf-Einlassen war härter als alles, was ich mir überhaupt vorstellen konnte.

Symphony Sid stellte in New York grade eine Konzerttournee zusammen und fragte mich, ob ich mitmachen wolle. Ich sagte zu, denn ich brauchte dringend Geld. Im Mai sollte ich im Birdland mit der Gruppe anfangen, die ich mit Hilfe von Jackie McLean auf die Beine gestellt hatte.*

Wir hatten keine Zeit für Proben, da ich grade zurückgekommen war, und das hörte man. Aber eins weiß ich noch, daß Bird an einem Abend im Publikum saß und alles, was Jackie spielte, beklatschte, sogar wenn's falsch war – was nicht oft vorkam –, da Jackie sich bei diesem Auftritt den Arsch abspielte. Einmal rannte Bird nach einem Set zu Jackie und küßte ihn auf den Hals oder auf die Wange. Aber mich ließ Bird die ganze Zeit links liegen. Ich hab mich nicht drüber geärgert, es kam mir nur irgendwie komisch vor, weil sich Bird vorher noch nie so verhalten hatte. Ich fragte mich, ob er vielleicht sauer war, denn er zählte zu den ganz wenigen, die bei Jackie klatschten. Jackie spielte gut, aber er spielte nicht *so* verdammt gut. Ich fragte mich, warum Bird das machte, ob er mich damit fertigmachen wollte oder mich neben Jackie einfach schlecht aussehen lassen

* Miles Davis: *Miles Davis and His All Stars* (Ozone 8; vergr.).

wollte, indem er ihm zujubelte und mich ignorierte. Aber Birds Applaus für Jackie hatte zur Folge, daß ein Haufen Kritiker sich plötzlich mehr für Jackie interessierte. Dieser eine Abend brachte ihn wirklich in die Schlagzeilen der Musikmagazine.

Obwohl Jackie wie ein Wahnsinniger spielen konnte, hatte er doch noch Probleme mit seiner Disziplin und Schwierigkeiten bei bestimmten Stücken. Kurz nach dem Birdland-Gig hatten wir einen Riesenkrach im Aufnahmestudio, wegen der Art, wie er „Yesterdays" oder „Woody'n You" *nicht* spielte. Jackie war von Natur aus begabt, aber damals war er ein faules Arschloch. Wenn ich sagte, er solle ein bestimmtes Stück spielen, antwortete er mir einfach: „Das kann ich nicht."

„Was heißt hier, das kann ich nicht? Dann lern es", sagte ich.

Daraufhin erzählte er irgendeinen Quatsch von Stücken, die aus 'ner anderen Zeit seien, daß er ein „junger Kerl" sei, der gar nicht einsehe, daß er „den ganzen alten Scheiß" lernen müßte.

„Mann", sagte ich, „Musik ist zeitlos; Musik ist Musik. Mir gefällt das Stück, und das ist *meine* Band, du bist in meiner Band, ich spiel dieses Stück, also lern es gefälligst und lern besser überhaupt *alle* Stücke, ob sie dir gefallen oder nicht. Üb sie."

Im Jahr 1952 machte ich meine erste Platte für Alfred Lions Blue-Note-Label (ich hatte keinen Exklusiv-Vertrag mit Prestige). Ich glaub, es war meine einzige Platte in diesem Jahr.* Bei der Aufnahmesession spielten Gil Coggins am Piano, J. J. Johnson Posaune, Oscar Pettiford am Baß, Kenny Clarke – der aus Paris gekommen war – saß am Schlagzeug und Jackie am Alt. Ich fand, daß ich auf diesem Album ziemlich gut spielte; wie alle anderen auch. Als wir „Yesterdays" aufnahmen, kam mir Jackie wieder mit demselben Scheiß. Ich brach das Ganze ab und putzte ihn so eiskalt runter, daß ich dachte, er fängt gleich an zu heulen. Er spielte es nie richtig, also sagte ich ihm, er solle bei diesem Stück aussetzen.

Einmal hatten ich und Jackie, Art Blakey, Percy Heath und,

---

* Miles Davis: *Miles Davis*, Vol. 1/2 (Blue Note BLP 1501/1502).

ich glaub, Hank Jones am Piano einen Gig in einem Club in Philadelphia. Jedenfalls kommen Duke Ellington, Paul Quinichette, Johnny Hodges und noch ein paar Typen aus Dukes Band rein. Ich sagte mir: „Mann, jetzt oder nie." Also kündige ich „Yesterdays" an. Zusammen mit Jackie spielte ich das Thema, dann kam mein Solo, und dann gab ich ihm ein Zeichen, daß er dran war. Normalerweise ließ ich ihn bei „Yesterdays" gar nicht spielen, aber er hatte mir wieder versprochen, daß er's lernen wollte. Ich wollte sehen, ob er Wort gehalten hatte.

Er machte wieder mit der Melodie rum und versaute alles, verstehst du? Nach dem Set ging ich ans Mikrofon und stellte die Band einzeln vor – damals hab ich diesen Quatsch noch gemacht –, und als Jackie dran war, sagte ich: „Ladies und Gentlemen, Jackie McLean. Ich weiß wirklich nicht, *wie* er an seine Union Card gekommen ist – er hat ‚Yesterdays' noch nie richtig gespielt." Nun, dem Publikum war wohl nicht ganz klar, ob das ein Scherz war, ob es Jackie jetzt Beifall klatschen oder ihn ausbuhn sollte. Hinterher kam Jackie in die Gasse hinterm Club gerannt, wo Art und ich uns grade einen Schuß setzten, und sagte: „Miles, das war nicht in Ordnung, Mann, mich so vor Duke zu blamieren, Mann, wo Duke mein verdammter musikalischer Daddy ist, du Motherfucker!" Er heulte!

„Halt's Maul, Jackie, du bist nichts als ein großes, verdammtes Baby! Redest immer irgendwelchen Scheiß, daß du ein junger Kerl bist und deshalb diese alte Musik nicht lernen kannst. Zum Teufel damit und mit dir dazu! Ich hab dir gesagt, Musik ist Musik. Also lern deine Stücke besser, oder du bist nicht mehr lange bei mir in der Band, hörst du?"

Jackie wurde ganz ruhig, und dann erzählte ich ihm eine wahre Geschichte aus den Tagen, da ich bei B in der Band war und seinen Laufburschen spielen mußte, während er mit irgend'ner tollen Frau rumsaß. Erklärte Jackie, wie B immer rief: „Wo ist Miles?" und mich seine Anzüge holen ließ oder wie ich nachsehen mußte, ob seine Schuhe geputzt waren, oder er mich losschickte, um Zigaretten zu holen; wie ich bei B anfangs auf 'ner Coke-Kiste sitzen mußte, als ich im Trompetensatz spielte. Und das alles, weil er der Bandleader war und ich der Jüngste in der Band, ein Kid. Und wie ich so mein Lehrgeld gezahlt hab, weil er der Leader war und er sowas mit mir anstellen konnte. „Also erzähl du mir nicht", sagte ich zu Jackie, „was ich *zu* dir oder *über* dich sagen soll, Mann, denn du hast noch nicht mal angefangen, dein Lehrgeld zu zahlen. Du bist ein verwöhnter Balg, und du wirst entweder lernen, wie man diese Musik spielt, oder du fliegst aus meiner Band raus." Jackie stand vor mir wie vom Schlag getroffen, aber er sagte nichts.

Wenn ich später, als Jackie nicht mehr in der Band war, bei einem seiner Auftritte auftauchte, spielte er jedesmal ein paar von diesen älteren Stücken, vor allem „Yesterdays". Nach dem Set kam er dann zu mir und fragte mich, wie er gespielt habe. Inzwischen war er ein richtiger Meister, der alles aus einem Stück rausholte! Also antwortete ich: „Für einen jungen Kerl warst du ganz gut", und er lachte sich halbtot. Wenn sie ihn fragten, wo er Musik studiert hatte, antwortete er: „An der Universität von Miles Davis." Ich denke, das sagt alles.

Irgendwann in diesem Jahr nahm ich John Coltrane als Ersatz für Jackie. Eigentlich wollte ich zwei Tenorsaxophone und ein Alt verwenden, aber ich konnte mir keine drei Bläser leisten. Also engagierte ich Sonny Rollins und Coltrane am Tenor für einen Gig im Audubon Ballroom (wo Malcolm X später ermordet wurde). Ich weiß noch, wie nervös Jackie wurde, als ich ihm erzählte, daß ich Trane an seiner Stelle mitnehmen würde: Er dachte, ich wollte ihn feuern. Aber ich konnte einfach keine drei Bläser bezahlen, und nachdem ich ihm erklärt hatte, daß es nur für einen Abend war, beruhigte er sich. Sonny war an diesem Abend unerbittlich, er machte Trane die Hölle heiß, genau wie's Trane ein paar Jahre später mit ihm gemacht hat.

Nach diesen Auseinandersetzungen war die Freundschaft zwischen Jackie und mir nie wieder wie früher. Jackie konnte die Art, wie ich ihn runtergemacht hatte, nie ganz vergessen; irgendwie trennten sich unsre Wege, und er verließ die Band, obwohl wir noch ein paarmal danach zusammen spielten.

Jackie machte mich mit vielen Musikern bekannt, wie zum Beispiel Gil Coggins. Er war ein unglaublicher Pianist. Aber er entschied sich, als Grundstücksmakler zu arbeiten, da ihm das Musikerleben und das unregelmäßige Einkommen damals nicht gefielen. Gil war ein netter, bürgerlicher Typ, der mehr an seine Sicherheit dachte. Aber ich mochte die Art, wie er spielte, und wenn er dabeigeblieben wäre, hätte er bestimmt zu den besten Pianisten gezählt. Als Jackie ihn mir vorstellte, nahm ich ihn überhaupt nicht ernst. Dann begleitete er mich bei „Yesterdays", und ich war völlig weg. Später lernte ich durch Jackie auch den Bassisten Paul Chambers, den Schlagzeuger Tony Williams und Art Taylor kennen. Jackie und Sonny brachten mich auch mit vielen Jungs aus der Sugar Hill-Clique zusammen. Und die Musiker von Sugar Hill konnten damals wirklich spielen. Sie waren total hip.

Außer den paar Gigs, die ich ab und zu spielte, verbrachte ich meine Zeit damit, mir Drogen reinzuziehn. 1952 war wieder ein schreckliches Jahr; irgendwie schienen die Jahre nach dem Höhepunkt von 1949 immer schlimmer zu werden. Zum ersten Mal fing ich auch an, an mir selbst zu zweifeln, an meinen Fähigkeiten und meiner Disziplin; zum ersten Mal fragte ich mich, ob ich's in der Musik wirklich zu was bringen könnte, ob ich die innere Kraft hätte, wieder hochzukommen.

Viele weiße Kritiker redeten weiterhin über diese weißen Jazzmusiker, die uns nachahmten, als ob sie die Größten oder sonstwas wären. Schrieben über Stan Getz, Dave Brubeck, Kai Winding, Lee Konitz, Lennie Tristano und Gerry Mulligan, als ob sie Götter wären. Einige dieser weißen Typen waren Junkies wie wir, aber darüber verlor keiner ein Wort. Daß weiße Musiker auch Junkies waren, wurde zum ersten Mal bekannt, als Stan Getz verhaftet wurde, weil er in eine Apotheke einbrechen wollte, um sich Drogen zu besorgen. Der Scheiß kam in die Schlagzeilen und war schnell vergessen; danach waren wieder die schwarzen Musiker die Junkies.

Ich will damit nicht sagen, daß diese Typen keine guten Musiker waren, das waren sie sicher. Aber es kam nichts Neues von ihnen, das wußten sie, und in dem, was grade angesagt war, waren sie auch noch nicht mal die Besten. Was mich aber noch mehr ärgerte, waren die Kritiker, die jetzt dauernd von Chet Baker in Gerry Mulligans Band redeten, als wäre Jesus Christus noch mal auferstanden. Und daß er den gleichen Sound hätte wie ich – so schlecht wie ich, als ich ein fürchterlicher Junkie war. Manchmal fragte ich mich, ob er wirklich besser spielte als wir: ich, Dizzy und Clifford Brown, der grade erst im Kommen war und – meiner Meinung nach – alle jungen Musiker um Längen hinter sich ließ. Aber Chet Baker? Mann, ich fand nichts an ihm. Weißt du, die Kritiker behandelten mich langsam, als wär ich einer von den alten Jungs, als wär ich nur noch 'ne Erinnerung – und dazu noch eine schlechte –, und ich war 1952 grade sechsundzwanzig Jahre alt. Aber manchmal dachte ich sogar selber, ich hätte meine Karriere schon hinter mir.

KAPITEL 8

Symphony Sid hatte mich im Früh-sommer 1952 für eine Tournee verpflichtet – es sollte durch mehrere Städte gehn. In Sids Tourneeband spielte ich Trompete, Jimmy Heath – Percys Bruder – Tenor, J. J. Johnson Posaune, Milt Jackson Vibraphon, Percy Heath Baß und Kenny Clarke Schlagzeug. Da Zoot Sims irgendwie verhindert war, ersetzten sie ihn durch Jimmy Heath. Ich hatte Jimmy kennengelernt, als ich bei Bird spielte und wir 1948 im Downbeat Club in Philly ein Engagement hatten. Bird lieh sich immer das Horn von Jimmy aus, da sein eigenes im Pfandhaus war. Jimmy wartete, bis der Gig zu Ende war, und holte sich's gleich wieder, weil Bird zuzutrauen war, daß er sein Horn auch noch versetzte. Bird fuhr jeden Abend mit dem Zug nach New York zurück, da Philly für Junkies ein hartes Pflaster war; die Polizei buchtete jeden Süchtigen auf der Stelle ein.

Jimmy hatte kleine Füße und trug immer Wahnsinnsschuhe. Und er war irre angezogen. Er stammte aus Philly, und ich besuchte ihn jedesmal, wenn ich unten war. Seine Mutter mochte Jazzmusiker. Percy und Jimmy hatten noch einen Bruder; er hieß Albert oder „Tootie", wie ihn seine Musikerfreunde nannten, und spielte Schlagzeug. Die Heath-Brüder waren 'ne richtige Musikerfamilie. Ihre Mutter konnte wahnsinnig gut kochen, und deshalb hingen dauernd viele Musiker bei ihnen rum. Jimmy hatte eine Big Band, aus der Coltrane kam. Die Heaths waren tolle Jungs, hip und alles.

Außerdem war Jimmy voll auf Heroin, wir drückten also schon zusammen, bevor er bei der Symphony Sid-Tour einstieg. Ich weiß, daß er auch oft mit Bird drückte. Vielleicht hab ich sogar Jimmy für die Band empfohlen, weil ich jemanden brauchte, der genauso auf Heroin war wie ich. Zu der Zeit hatten nämlich alle andern in der Band damit aufgehört. Und da Zoot – der auch süchtig war – abgesagt hatte, war ich der einzige.

Eigentlich wollten wir alle noch einen zusätzlichen Namen neben The Symphony Sid All Stars, aber wir konnten da nichts machen, wenn wir unser Geld wollten. Wegen seiner Radio-Übertragungen aus dem Birdland war Sid bekannter als wir. Er war die Stimme in der Nacht, die den Leuten diese großartige Musik ins Haus brachte, die dann ihr Leben veränderte. Er war also berühmt, und jeder dachte, er hätte uns alle entdeckt, *er* wäre der Grund, daß diese Musik überhaupt existiert. Vielleicht kamen die *Weißen* wirklich nur zu den Konzerten, weil ein Weißer wie Sid was damit zu tun hatte. Aber die *Schwarzen* kamen, um *uns* spielen zu sehn, und in den meisten Shows waren sowieso nur Schwarze. Sid zahlte uns so um die 250, 300 Dollar die Woche, das war damals eine ganz schöne Summe. Aber er steckte zwei- bis dreimal soviel ein nur für seinen Namen und dafür, daß er ein paar Worte sagte. Wir waren alle ganz schön sauer.

Wir spielten in Atlantic City. Bei diesem Gig hatten wir keinen Pianisten, weil Milts Vibraphon irgendwie völlig ausreichte, es war also musikalisch eine ganz interessante Besetzung. Wenn jemand *unbedingt* ein Klavier wollte, dann begleitete entweder ich oder einer der andern Jungs ihn auf dem Klavier. Wenn wir auf das Klavier verzichteten, konnte jeder, der spielte, regelrecht dahinschlendern, spielen, was er wollte, nur in Begleitung von Baß und Schlagzeug und mit diesem leeren Raum im Rücken, den sonst das Klavier ausfüllte. Es war, als würde man an einem schönen sonnigen Tag die Straße entlangtrödeln, und nichts und niemand kommt einem in die Quere. Das verstand *ich* unter Dahinschlendern und dazu die eigene Phantasie spielen lassen. Das Spielen ohne Klavier befreite die Musik. Auf dieser Tour stellte ich fest, daß ein Klavier manchmal stört, daß man drauf verzichten kann, wenn man einen luftigeren, freieren Sound will.

Als nächstes spielten wir im Apollo Theatre an der 125sten Straße in Harlem, ein Wahnsinns-Gig. Mann, es war brechend voll mit Niggern, die unsre Musik liebten – liebten, verstehst du? Ich weiß noch, daß ich mich an dem Abend beinahe selbst übertraf, ich spielte so gut wie lange nicht mehr, weil die Leute einfach so großartig waren. Mann, da standen wir mit unseren glatt nach hinten gelegten Haaren, und ich hatte meinen Anzug aus dem Leihhaus geholt. Mir soll also niemand erzählen, daß wir nicht *die* Nummer waren. Ich hatte mir meine Haare bei Rogers oben am Broadway machen lassen. Ich war high und verdiente eine anständige Stange Geld, was konnte ein Nigger mehr wollen?

Dann ging die Tour richtig los, nach Cleveland, nach Detroit in den Graystone Ballroom und so weiter, und da wurde es wirklich hart, denn Jimmy und ich hatten Schwierigkeiten, an unser Heroin zu kommen. Es waren eher Tanzveranstaltungen als Konzerte, und Sid sagte die Show an. Mehr tat er nicht, außer Geld einstecken und uns auszahlen.

Im Mittleren Westen war kaum an Dope zu kommen, oder nur nach langer Suche. Manchmal kamen wir zu den Gigs zu spät, und die übrige Band mußte ohne uns anfangen. In den Pausen war's das gleiche. Ich und Jimmy fanden irgend jemand im Publikum, der was hatte, und dann rannten wir zurück in unser Hotelzimmer, spritzten uns das Zeug und kamen zu spät zurück. Nach 'ner Zeit wurden die andern Jungs in der Band sauer und sagten uns, wir sollten uns zusammenreißen. Percy, Jimmys Bruder, machte ihm das Leben besonders schwer. Aber auf mich gingen sie alle los. Sie hatten keine Lust mehr, mich und Jimmy ständig zu decken.

Und dann fing noch der ganze Bullshit zwischen Sid und den Musikern an. In Buffalo tauchte Sid nicht auf, und so teilten wir seine 200 Dollar unter uns. Als wir ihm das Geld später nicht geben wollten, brachte er die Sache sogar vor die Gewerkschaft, aber er verlor. In Chicago erfuhren wir, daß er die Show für zweitausend Dollar verkauft hatte, uns erzählte er aber, er hätte nur siebenhundert Dollar dafür gekriegt. Milt Jackson bekam die Unterhaltung zwischen Sid und dem Clubbesitzer zufällig mit. Nun ist Sid der Agent für die Show, also erhält er seinen Agentenanteil, der damals zwischen fünf und zehn Prozent lag, außerdem ist er der Ansager der Show –

und, so dachte er, der Star –, also kriegt er dafür auch noch Geld. Das steckt er alles ein und dazu noch die *ganzen* eintausenddreihundert Dollar, also die Differenz zwischen siebenhundert und zweitausend Dollar. Das wandert alles in seine Tasche.

Dagegen verdienen wir ungefähr fünfhundert Dollar bei einem Auftritt, die wir unter sechs Leuten teilen müssen, und er macht seine zweihundert Dollar pro Show, bloß für die Ansage, ein bißchen Rumlaufen und Wichtigtuerei. Das halten wir ihm vor, er streitet alles ab und meckert, wie undankbar wir sind. Ist das nicht typisch weiß? Als wir wieder in New York waren, hatten wir von Sids linker Tour alle die Schnauze gestrichen voll. Wir haßten ihn nicht; wir wollten bloß nichts mehr mit ihm zu tun haben.

Am Ende der Tour, in New York, wollte J. J. fünfzig Dollar, die Sid ihm noch schuldete. Sid ließ ihn abblitzen. Er war ein arroganter Arsch. Also schlug J. J. ihm einfach sein falsches Gebiß aus dem Mund; die zwei wälzten sich ordentlich auf dem Boden rum. Ich selbst war nicht dabei, aber Milt erzählte es mir, als wir wieder mal high und etwas zu spät dorthin kamen. Dann rief Sid nach diesen Gangstern, die gleich in den Club kamen, um J. J. fertigzumachen, vielleicht wollten sie ihn sogar umbringen. Wir standen alle da, als sie nacheinander reinmarschierten, als kämen sie grade aus einem Gangsterfilm. Große Hüte, Zigarren, schwarze Anzüge und so 'n Scheiß. Sie sahen aus, als könnten sie's mit jedem aufnehmen. Sie fragten, ob ich J. J. sei, und ich antwortete, wenn sie J. J. auch nur ein Haar krümmen wollten, dann nur über *meine* Leiche. Wir standen alle hinter J. Sid, der an allem schuld war, beruhigte die Gemüter und gab J. das Geld, aber bis dahin war's ziemlich brenzlig.

Zu der Zeit ging ich mit Susan Garvin, einem weißen Mädchen; sie war blond, hatte große, schöne Brüste und sah aus wie Kim Novak. Später schrieb ich „Lazy Susan" für sie. Sie war gut zu mir, denn sie gab mir immer Geld. Susan war einfach 'ne tolle Frau, und sie liebte mich. Ich mochte sie auch gern, obwohl wir – wegen meiner Sucht – nicht oft miteinander ins Bett gingen, aber wenn wir drin waren, konnte ich's immer genießen. Ich hatte auch andere Mädchen, die mir Geld gaben, einen ganzen Stall voll. Außerdem traf ich mich noch mit diesem reichen weißen Mädchen, das ich in St. Louis kennengelernt hatte. Sie war nach New York gekommen, um mich mal wiederzusehen. Ich nenn sie hier „Alice", denn sie lebt noch, und ich will sie nicht in Schwierigkeiten bringen; außerdem ist sie verheiratet. Beide waren toll, und beide gaben mir Geld. Aber Susan mochte ich besonders, und mit ihr ging ich immer in die Clubs.

Ansonsten passierte 1952 nicht allzuviel. Ich versuchte immer noch, mein Leben auf die Reihe zu kriegen. Zu der Zeit war eine Geschichte im Umlauf, die Cecil Taylor in die Welt gesetzt hat, ich kann mich nicht erinnern, daß dieser Scheiß jemals passiert ist. Es ging um Joe Gordon, einen wirklich tollen Trompeter aus Boston, wo auch Cecil Taylor herkommt. Cecil jedenfalls behauptet, daß Joe eines Abends im Birdland bei mir einstieg und daß ich einfach von der Bühne ging, weil er so gut war. Bird soll hinter mir hergerannt sein und gesagt haben: „Mann, du bist Miles Davis; sowas darfst du dir von keinem gefallen lassen." Angeblich bin ich daraufhin wieder auf die Bühne und hab einfach nur rumgestanden. Irgend jemand schrieb, daß mich dieser Typ auf die Palme brachte, weil ich ihn aus meiner eigenen „verzerrten Perspektive des Jahres 1952" betrachtete. Ich kann mich wirklich an sowas überhaupt nicht erinnern. Vielleicht ist was Ähnliches passiert, aber ich glaub's nicht. (Joe Gordon kam 1963 bei einem Feuer um, und man hat nie besonders viel von ihm gehört, außer einmal, als er bei Thelonious Monk auf einem Album mitspielte. Er kann also diese Story nicht mehr bestätigen, und der andere Typ, Cecil Taylor, haßte mich, weil ich irgendwann mal gesagt habe, daß er nicht spielen kann. Er würde wahrscheinlich alles mögliche behaupten, um mir das heimzuzahlen.)

Das Jahr 1953 begann für mich ganz gut. Ich machte eine

Platte für Prestige* mit Sonny Rollins (der wieder aus dem Gefängnis raus war), Bird (der auf dem Album als „Charlie Chan" auftauchte), Walter Bishop, Percy Heath und Philly Joe Jones am Schlagzeug (mit ihm hing ich zu der Zeit oft rum). Da Bird bei Mercury exklusiv unter Vertrag war, mußte er ein Pseudonym verwenden. Er hatte mit dem Drücken aufgehört, denn seitdem Red Rodney verhaftet und wieder ins Gefängnis nach Lexington gesteckt worden war, dachte Bird, die Polizei würde ihn beobachten. Anstelle seiner Riesendosis Heroin trank er jetzt wahnsinnige Mengen an Alkohol. Ich weiß noch, daß er bei der Probe mehr als einen Liter Wodka runterkippte, und als der Toningenieur das Band laufen ließ, war Bird schon völlig weggetreten.

Die Session lief ab, als gäbe es zwei Bandleader. Bird behandelte mich wie seinen Sohn oder wie ein Mitglied *seiner* Band. Aber das war *meine* Session, und das mußte ich ihm erst mal klarmachen. Es war nicht einfach, weil er mir dauernd wegen der einen oder andern Sache auf die Nerven ging. Schließlich war ich so sauer auf ihn, daß ich ihn mir richtig vornahm und ihm sagte, daß ich mich bei seinen Aufnahmesessions nie so aufgeführt hätte. Daß ich mit seinem Scheiß immer professionell umgegangen bin. Und weißt du, was dieser Arsch zu mir sagt? Irgend so 'n Scheiß wie: „All right, Lily Pons... um Schönheit zu schaffen, müssen wir Schmerzen erleiden – aus der Auster kommt die Perle." Das sagte er in diesem nachgemachten britischen Akzent. Dann schlief der Arsch ein. Ich wurde wieder so stinksauer, daß mir alles danebenging. Ira Gitler, der die Platte für Bob Weinstock produzierte, kam aus dem Tonraum und sagte mir, was *ich* spiele, wäre nicht mal mehr Scheiße. Da hatte ich die Schnauze so gestrichen voll, daß ich anfing, mein Horn einzupacken und abzuhaun. Aber dann sagte Bird: „Hey, Miles, was is 'n los?" Ich erzählte ihm, was Ira gesagt hatte, und er meinte: „Hör auf, Miles, laß uns ein bißchen Musik machen." Danach spielten wir ein paar richtig

* Miles Davis: *Collectors' Items* (Prestige PRLP 7044).

196

gute Sachen. Ich glaub, diese Platte machten wir im Januar 1953. Wenig später nahm ich noch eine Platte für Prestige auf.* Bob Weinstock hatte sich bei den Aufnahmen zum letzten Album ziemlich über Bird aufgeregt, daher stellte er eine Gruppe aus etwas „seriöseren" Musikern zusammen, zumindest im Studio; Typen, die nicht high waren und verrückt spielten. Aber die Junkies in dieser Band waren ich und Zoot, wir waren an dem Tag schon vor der Session voll drauf. Letztendlich war's eine ziemlich gute Platte, auf der jeder ganz brauchbar spielte. Auf dem Album gab's kaum ein Solo, wir spielten hauptsächlich arrangierte Teile. Aber ich war wieder besser als in der Zeit davor.

Kurz darauf machte ich ein weiteres Album für Blue Note.** An diese Session erinnere ich mich, weil Jimmy Heath und ich fieberhaft überlegten, wie wir noch schnell ein bißchen Dope von Elmo Hope kaufen könnten. Hope war Pianist und dealte hin und wieder. Er wohnte in der 46sten Straße, in der Gegend, wo die Aufnahme stattfand. Jimmy und ich waren ziemlich am Boden, denn unsre Monster waren wieder hungrig. Wir gingen zu Alfred Lion, der Produzent und Besitzer von Blue Note war, und sagten ihm, daß Jimmy sich Blättchen für sein Horn besorgen muß. Dann sagte ich zu Alfred, daß ich Jimmy begleite, um ihm beim Tragen der Schachtel zu helfen. Mann, jeder weiß, daß 'ne Schachtel mit Blättchen nicht größer als ein Stück Seife ist, und jeder weiß auch, daß man keine zwei Typen braucht, um sowas Kleines zu tragen. Ich hab keine Ahnung, ob Alfred uns das abgenommen hat oder sich einfach damit abgefunden hat, daß wir so waren, wie wir nun mal waren. Bei der Platte waren wir total high.

Wir nahmen auch ein Stück von Jimmy Heath auf. Es hieß „CTA", die Anfangsbuchstaben des Namens seiner Freundin Connie Theresa Ann; sie war halb Chinesin, halb Schwarze, eine schöne Frau. Einmal spielten Philly Joe, Jimmy und ich in

---

* Miles Davis: *Miles Davis and Horns* (Prestige PRLP 7025).
** Miles Davis: *Miles Davis*, Vol. 1/2 (Blue Note 1501/1502).

Philly, in der Reynold's Hall – ich hatte die schöne weiße Susan dabei, Jimmy hatte Connie dabei und Philly Joe sein hübsches puertoricanisches Mädchen. Die drei waren bildschön, und allen blieb bei ihrem Anblick die Spucke weg. Wir nannten sie immer die „United Nations Girls".

1953 nahm ich noch eine Platte für Prestige auf.* Außerdem stieg ich als Ersatz bei Dizzy ein, als er mit seiner Band eine Aufnahme im Birdland machte. Der Job im Birdland dauerte zwei Tage, und dazwischen fand die Aufnahmesession statt, meine Chops waren also wieder in Ordnung, weil ich regelmäßig spielte. Es war eine Quartettaufnahme – ich, Max Roach, John Lewis und Percy Heath. Da ich der einzige Bläser war, konnte ich meine Soli länger ausdehnen. Bei einem Stück, ich glaub, es war „Smooch", spielte Charlie Mingus Klavier.

Aber die Sessions im Birdland machten mich wahnsinnig, nicht wegen der Musiker in der Band, die waren richtig toll, sondern wegen dieses Sängers Joe Carroll, der dauernd den Clown spielte. Ich liebe Dizzy, aber ich haßte immer diesen albernen Scheiß, den er für die Weißen abzieht. Das hier war *sein* Job, und es war *seine* Band. Aber zwei Abende diesen Joe Carroll zu sehn, Mann, das drehte mir richtig den Magen um. Aber ich brauchte das Geld, und für Dizzy hätte ich alles getan. Ich beschloß trotzdem an Ort und Stelle, daß ich mich nie wieder für so einen Bullshit hergeben würde. Wenn die Leute mich hören wollten, dann sollten sie meine Musik zu hören bekommen, und sonst nichts.

Meine Sucht wurde immer schlimmer. Zu der Zeit mußte ich vor Polizisten regelmäßig meine Ärmel hochrollen, und die suchten dann nach frischen Einstichen. Deshalb begannen Junkies damit, sich das Zeug in die Beinvenen zu spritzen. Mann, es war peinlich, wenn dich die Bullen von der Bühne zogen und durchsuchten. In L.A. und Philly waren sie besonders scharf, und sobald du sagtest, daß du Musiker bist, hielt dich jeder weiße Polizist für einen Junkie.

* Miles Davis: *Blue Haze* (Prestige PRLP 7054).

Ich kam nur mit der Hilfe von Frauen über die Runden; wenn ich irgendwas dringend brauchte, dann gaben sie's mir. Wenn die Frauen nicht gewesen wären, dann weiß ich nicht, wie ich alles überstanden hätte, ohne jeden Tag zu klauen wie viele Junkies. Aber sogar trotz dieser Unterstützung drehte ich ein paar Dinger, die mir später leid taten, wie das mit Clark Terry oder Dexter Gordon, dessen Gage ich kassierte, um mir davon Heroin zu kaufen. Solche Sachen machte ich immer wieder. Ich versetzte alles mögliche, manchmal sogar das Zeug von andern Leuten, und dann war's weg – Trompeten, Kleider, Schmuck –, ich trieb nie genug Geld auf, um die Sachen wieder auszulösen. Doch ich mußte nie stehlen und damit Gefahr laufen, ins Gefängnis zu wandern. Aber nach dieser Geschichte im *Down Beat* über Art und mich und der Story von Allan Marshall in *Ebony*, in der Cab Calloway diesen Mist über uns Junkies erzählt hat und in der mein Name neben einem Haufen anderer auftauchte, hätten wir uns genausogut ins Gefängnis setzen können. Denn danach konnten wir nirgendwo mehr einen Job landen.

Wir hatten's mit unsrer Musik schon schwer genug, aber als Süchtige dazustehn machte die Sache noch schlimmer. Die Leute sahen mich mit andern Augen an, als ob ich dreckig oder sonstwas wäre. Sie schauten mich voller Mitleid und Horror an, das hatten sie früher nie getan. In diesem Artikel erschien ein Bild von mir und Bird. Ich hab Allan Marshall und Cab Calloway auch später nie verziehn, was sie da über uns verbreitet haben, denn dieser Scheiß hat viel Schmerz und Leid über uns alle gebracht. Viele, die er da erwähnt hat, haben sich von den Folgen seiner Story nicht mehr erholt, denn er war damals sehr bekannt, und alle hörten auf das, was er sagte.

Ich bin immer der Meinung gewesen, daß man Rauschgift legalisieren sollte, damit das Problem etwas mehr von der Straße wegkommt. Warum, frag ich mich, muß jemand wie Billie Holiday daran zugrunde gehn, daß sie versucht, ihre Sucht loszuwerden und einen neuen Anfang zu machen? Man hätte ihr die Drogen geben müssen, vielleicht ein Arzt, damit sie

sie sich nicht auf Umwegen beschaffen mußte. Das gleiche gilt für Bird.

Einmal stand ich nachts, irgendwann im Frühling oder Sommer 1953, draußen vorm Birdland. Es war kurz nach oder während der Zeit, als ich bei Dizzy spielte. Manche Leute behaupten, dieser Vorfall wäre 1953 in Kalifornien passiert; sie irren sich, das Jahr stimmt zwar, aber der Ort nicht. Es war in New York. Ich stand völlig abgehoben vor dem Birdland, döste vor mich hin, hatte dreckige Klamotten an, als Max Roach auf mich zuging, mich ansah und sagte, daß ich „gut aussehe". Dann steckte er mir ein paar neue Hundert-Dollar-Noten in die Tasche, verstehst du? Und er steht vor mir, cleaner als ein Motherfucker, sieht nach 'ner Million Dollar aus, denn er hatte sich im Griff.

Nun waren Max und ich fast wie Brüder, klar? Mann, der Scheiß ging mir so an die Nieren, daß ich, anstatt das Geld zu nehmen, loszugehn und mir davon was zu besorgen, wie ich's normalerweise getan hätte, daß ich statt dessen meinen Vater anrief und ihm sagte, ich würde nach Hause kommen, um es noch mal zu probieren. Mein Vater stand immer hinter mir, also sagte er, ich soll kommen. Ich setzte mich in den nächsten Bus nach St. Louis.

In East St. Louis traf ich mich öfters mit Alice, meiner Freundin. Aber wie immer, nach kurzer Zeit langweilte ich mich zu Tode und fing wieder zu drücken an. Nicht viel, aber mehr, als eigentlich gut für mich war. Ende August, Anfang September 1953 rief Max Roach aus New York oder Chicago an und erzählte, daß er mit Charlie Mingus nach Los Angeles führe und dort für Shelly Manne bei den Howard Rumsey's Lighthouse All Stars einspringe. Er kam durch East St. Louis und wollte mich gern mal sehn. Also sagte ich, er soll ruhig vorbeikommen, und sie könnten in Millstadt, bei meinem Vater, übernachten. Sie waren richtig geschockt, wie groß die Farm war, daß mein Vater ein Mädchen, einen Koch und den ganzen Scheiß hatte, daß er Kühe, Pferde und sogar prämierte Schweine besaß. Ich staffierte Max und Mingus mit seidenen

Pyjamas aus. Jedenfalls war ich froh, sie zu sehn. Max war clean wie immer und fuhr einen nagelneuen Oldsmobile, denn zu der Zeit machte er richtig Geld. Außerdem ging er mit einem reichen Mädchen, das ihm viel zusteckte.

Wir blieben die ganze Nacht auf und redeten über Musik. Mann, hatten wir einen Spaß. Und als die beiden so dasaßen, merkte ich, wie sehr mir die Jungs aus der New Yorker Musikszene fehlten. Damals konnte ich mit meinen alten Freunden in East St. Louis nicht mehr viel anfangen, obwohl sie für mich immer noch wie Brüder waren. Ich hielt's nicht mehr länger in dieser Stadt aus; ich paßte nicht mehr hierher, irgendwie gehörte ich zu New York. Als Max und Mingus am nächsten Morgen aufbrechen wollten, beschloß ich, mit ihnen zu gehen. Mein Vater gab mir ein bißchen Geld, und wir fuhren nach Kalifornien.

Die Fahrt nach Kalifornien war 'ne Sache für sich. Mingus und ich stritten uns die ganze Zeit, und Max vermittelte. Irgendwie steckten wir plötzlich mitten in dieser Diskussion über die Weißen, und Mingus flippte einfach aus. Damals konnte Mingus die Weißen nicht riechen, nichts Weißes ausstehn, besonders die Männer nicht. Wenn's um Sex ging, konnte er sich zwar schon mal mit einem weißen oder orientalischen Mädchen einlassen, aber daß er ein weißes Mädchen mochte, hatte noch lange nichts damit zu tun, wie sehr er den weißen männlichen Amerikaner haßte oder die WASPs*, wie manche auch sagen. Dann sprachen wir plötzlich über Tiere. Kurz zuvor hatte Mingus von den Weißen als Bestien geredet. Jetzt wollte Mingus über echte, lebende Tiere reden. „Wenn dir ein Tier übern Weg läuft", sagte er, „und du fährst in deinem neuen Auto, und es steht plötzlich vor dir, würdest du das Steuer rumreißen, damit du's nicht überfährst, und lieber deinen Wagen kaputtfahren, würdest du versuchen zu bremsen, oder würdest du's einfach überfahren? Was würdest du machen?"

* *WASP*: „White Anglo-Saxon Protestant"; eher abfällige Bezeichnung für die Mehrheit der weißen US-Amerikaner.

„Also ich würd das Vieh überfahren", antwortete Max, „was soll ich denn sonst machen? Bremsen und selber draufgehn, wenn vielleicht einer hinter mir fährt, oder mein neues Auto zu Schrott fahren lassen?"

„Da siehst du's", sagte Mingus zu ihm, „du denkst genauso wie die Weißen, haargenauso. Ein Weißer würde das arme Tier auch überfahren, es wär ihm egal, ob er's umbringt oder nicht. Ich? Ich würde lieber mein Auto zu Schrott fahren, bevor ich ein kleines, wehrloses Tier überfahre." Und so ging's die ganze Fahrt nach Kalifornien.

Irgendwo mitten in der Wildnis, ich glaub, in Oklahoma, hatten wir dann die Brathühnchen aufgegessen, die uns der Koch meines Vaters mitgegeben hatte, also hielten wir an, um uns irgendwas Eßbares zu besorgen. Wir schickten Mingus los, weil er sehr hellhäutig war und die Leute ihn für einen Fremden halten konnten. Uns war klar, daß wir in dem Lokal nichts zu essen kriegten, daher sagten wir ihm, er soll uns ein paar Sandwiches rausholen. Mingus steigt aus und geht in das Restaurant. Dann sag ich zu Max, daß wir ihn vielleicht doch nicht allein hätten reinschicken sollen, weil er ganz schön verrückt ist.

Plötzlich stürzt Mingus aus dem Restaurant, total aufgebracht. „Diese weißen Arschlöcher wollen uns nichts zu essen geben; ich spreng ihnen den Scheißladen in die Luft!"

„Mensch, setz dich hin", sagte ich. „Mingus, komm schnell hier rein und halt ein einziges Mal dein verdammtes Maul. Wenn du noch ein Wort sagst, hau ich dir 'ne Flasche übern Schädel. Wegen deiner großen Klappe sind wir kurz davor, im Gefängnis zu landen."

Er beruhigte sich und hielt 'ne Zeitlang den Mund. Denn ihm war klar, daß sie in der Ecke einen Schwarzen nur zu sehen brauchten und ihn schon abknallten. Und das konnten sie sich erlauben, weil sie das Gesetz waren. So ging's die ganze Fahrt über, bis wir in Kalifornien waren, wo Mingus herkam.

Ich kannte Mingus doch nicht so gut, wie ich dachte. Mit Max war ich schon auf Tour gewesen, und wir hatten da gemeinsame Erfahrungen. Aber mit Mingus war ich noch nie irgendwohin gefahren und wußte nur, wie er auf der Bühne war. Obwohl wir ja damals in Kalifornien diese Meinungsverschiedenheit wegen Bird gehabt hatten. Ich war ein ruhiger Typ und redete nicht gern viel, und Max war genauso. Aber Mingus? Mann, dieser Idiot konnte nie den Mund halten. Einmal redete er über irgendwelchen tiefsinnigen Scheiß, aber dann wieder ließ er Sachen los, die leichter waren als der Pimmel von 'ner Fliege. Nach 'ner Zeit ging mir das ganze Gequatsche einfach auf die Nerven, und da drohte ich ihm mit der Flasche, ich hab's nicht mehr ausgehalten. Aber Mingus war ein starker Kerl, ich glaub also nicht, daß er Angst vor mir hatte. Allerdings war er wenigstens eine Zeitlang ruhig – dann fing er wieder an zu reden.

Als wir in Kalifornien ankamen, waren wir völlig geschafft, wir setzten Mingus ab, und ich ging mit Max in sein Hotel. Max spielte in Hermosa Beach im Lighthouse, das nur einen Block vom Meer entfernt lag. Eines Tages lieh Max seinen Wagen an Mingus aus, und Mingus fuhr einen Reifen kaputt. Rate mal, wie er ihn kleingekriegt hat? Er wollte einer Katze ausweichen und knallte dabei an einen Hydranten. Mann, ich hab mich fast totgelacht, denn das war genau der Scheiß, über den wir auf der Fahrt geredet hatten. Aber Max war fuchsteufelswild, und sie fingen ihren Streit wieder von vorn an.

Aber in Kalifornien passierten auch ein paar erfreuliche Sachen. Ich stieg einige Male im Lighthouse ein, und daraus machten sie eine Platte.* Chet Baker galt zu der Zeit als der schärfste junge Trompeter in der Jazz-Szene. Er kam aus Kalifornien. Wir spielten am selben Tag bei einer Session im Lighthouse. Das war unsre erste Begegnung, und es sah aus, als ob's ihm peinlich wäre, daß er im *Down Beat* grade zum besten Trompeter des Jahres 1953 gewählt worden war. Ich glaub, er wußte, daß Dizzy und viele andre Trompeter das eher verdient gehabt hätten. Persönlich hab ich's ihm nicht übelgenommen, aber ich war auf die Leute sauer, die ihn gewählt hatten. Chet

---

* Miles Davis and the Lighthouse Stars: *At Last* (Contemporary/Boplicity COP 001).

war ein anständiger und cooler Typ und ein guter Trompeter. Aber wir wußten beide, daß er so einiges von mir kopiert hatte. Also sagte er mir nach unsrer ersten Begegnung, daß er ziemlich nervös geworden war, als er mich im Publikum entdeckt hatte.

Die zweite gute Sache auf diesem Trip war, daß ich Frances Taylor begegnete. Sie sollte später meine Frau werden – die erste Frau, die ich offiziell heiratete. Ich legte etwas mehr Wert auf mein Äußeres als in New York, hatte also ein paar nette Klamotten am Leib und eine anständige Frisur. Eines Tages kommt Buddy vorbei – dieser Goldschmied, mit dem ich viel unterwegs war – und holt mich ab. Er will grade ein Schmuckkästchen, ein Geburtstagsgeschenk von einem weißen reichen Typen, bei diesem Mädchen abgeben, die bei Katherine Dunham tanzte. Buddy sagt mir, daß die Tänzerin 'ne scharfe Puppe namens Frances ist, die ich unbedingt sehn muß.

Als wir am Sunset Boulevard eintreffen, kommt Frances die Treppen runter, und Buddy gibt ihr das Päckchen mit dem Schmuck. Sie nimmt es, schaut mich dabei an und lächelt. Ich hatte scharfe Klamotten an. Sie war so schön, daß mir fast die Luft wegblieb, also hol ich ein Stück Papier raus, schreib meinen Namen und meine Telefonnummer drauf, reich's ihr rüber und sag ihr, daß sie nicht so starren soll. Sie wurde rot, und als wir gingen, stieg sie die Treppe hoch und schaute mir über ihre Schulter nach. Ich wußte, daß sie mich sofort mochte. Buddy schwärmte noch auf dem ganzen Rückweg von ihr und schwor drauf, daß ich ihr gefallen hatte.

Zu der Zeit ging Max mit diesem wunderschönen Mädchen Sally Blair, und die trieb ihn zur Verzweiflung. Sie war eine schöne Frau, stammte aus Baltimore und sah aus wie Marilyn Monroe in Braun. Dauernd hatte er Ärger mit ihr. Bei Max mußte ich mich immer schwer zurückhalten, denn in manchen Dingen war er sehr empfindlich. Normalerweise interessierte sich Max nie für andere Frauen, wenn er mit jemand fest zusammen war. Aber Sally machte ihn wahnsinnig mit ihrem Scheiß, und so schaute er sich allmählich nach einer anderen um.

Er hatte Julie Robinson (sie ist heute mit Harry Belafonte verheiratet) kennengelernt und mochte sie sehr. Er erzählte mir, daß Julie eine Feundin hätte, die ich unbedingt kennenlernen müßte. Er redete dauernd davon, wie toll dieses Mädchen sei. Also sagte ich okay, bring uns zusammen.

Damals war ich so von mir überzeugt, daß ich dachte, ich könnte jede Frau haben. Wir gehn also los, um die beiden abzuholen, und da steht Frances. Als sie mich sieht, sagt sie: „Du warst doch bei Buddy, als er mir diesen Schmuck in mein Motel brachte." Ich sag nur: „Richtig." Frances und ich sind uns sofort nah. Max ist verblüfft. Er erklärt mir, das sei genau das Mädchen, von dem er mir erzählt habe. Es war einfach Zufall, daß ich sie schon vorher kennengelernt hatte. Aber nachdem Max uns zusammengebracht hatte, spürte ich, daß irgendwas zwischen uns passieren mußte, und ihr ging's genauso.

Bei diesem ersten Treffen saß Max mit Julie vorn in seinem Auto, während Frances, Jackie Walcott, eine andere Tänzerin, und ich hinten saßen. Wir fuhren ein bißchen in der Gegend rum, als Julie plötzlich sagte, daß sie mal schreien will. Max sagte: „Erlaubt ist, was gefällt, schrei, wenn du willst." Also fing Julie zu schreien an, so laut sie konnte.

Ich sagte zu Max: „Mann, bist du wahnsinnig? Weißt du nicht, wo wir hier sind? Wir sind in Beverly Hills, und wir sind schwarz und sie weiß. Die Polizei schlägt uns grün und blau. Also hör mit dem blöden Scheiß auf." Das tat sie dann auch, und in dieser Nacht ging's noch schwer rund. Wir fuhren zu B, feierten mit ihm und hörten uns seine Sprüche an. Das ging dann ungefähr so: „Dick, wo hast du diese breitärschigen Engelchen aufgegabelt. Mann, das sind ja richtige Maulesel." B veralberte uns die ganze Zeit. Es war 'ne Riesenparty.

Bald hatte ich eine Quelle ausgemacht, wo ich mein Heroin herbekam, und so tauchte ich ständig völlig high im Lighthouse auf. Das war Max lästig. Für ihn lief zu der Zeit alles richtig gut. Meine Sucht zog mich wieder runter, aber ich wollte es mir immer noch nicht eingestehen. Jedenfalls bin ich mit Max draußen im Lighthouse – ich glaub, es war an seinem Geburtstag. Wir stehn im Freien. In East St. Louis hatte ich Judo-Unterricht genommen, und ich wollte ihm zeigen, wie ich jemandem ein Messer wegnehme, der mich abstechen will. Ich geb ihm also ein Messer und sag ihm, er soll so tun, als ob er mich erstechen will. Und während Max mit dem Messer rummacht, nehm ich's ihm ab und schmeiß ihn über meine Schulter. „Mann, Miles, das ist was", sagt Max. Ich steck das Messer in die Tasche zurück und vergeß das Ganze.

Später standen wir an der Bar und tranken. Max sagte: „Du zahlst." Ich sagte aus Spaß: „Du hast das Geld, und du hast Geburtstag, also zahlst du." Der Barkeeper hörte diese Unterhaltung. Er mochte mich nicht, und als Max wieder auf die Bühne ging, sagte er: „Komm schon, Mann, ich will mein Geld." Ich sagte ihm, daß Max zahlen würde, wenn der Set zu Ende sei. Es ging hin und her, bis der Barkeeper schließlich meinte: „Wenn ich hier fertig bin, tret ich dir mal richtig in den Arsch." Er ist ein Weißer, okay? Max kommt zurück und sagt zu dem Kerl: „Warum sagst du sowas? Er macht doch gar nichts." Max zahlt, aber der Bursche ist schon auf hundertachtzig. Max lacht und schaut mich an, als will er sagen: „Oho, du sollst doch so 'n gefährlicher Typ sein. Mal sehen, wie du diese Nuß knackst." Dann geht er wieder auf die Bühne und spielt seinen letzten Set. Der Typ faselt immer noch rum, daß er mich in den Arsch tritt, also sag ich zu ihm: „Du brauchst nicht zu warten, bis du mit deiner Arbeit fertig bist, Motherfucker. Du kannst gleich *jetzt* aufhören, und wir regeln die Sache hier." Und dieser Idiot springt direkt über die Theke. Ich hatte gesehn, daß er Linkshänder war, und so konnte ich ausweichen, gab ihm eins an den Schädel und schleuderte ihn mitten in die Zuschauer. Max stand auf der Bühne und grinste entgeistert. Die Leute schrien und rannten in Deckung. Ein ganzer Haufen von Typen, die mit dem Barkeeper befreundet waren, fielen über mich her, und irgendeiner rief die Polizei. Max blieb die ganze Zeit auf der Bühne. Er spielte einfach immer weiter.

Bevor mir die Typen was Ernsthaftes tun konnten, machte der Rausschmeißer dem ganzen Mist ein Ende. Die Polizei kam. Außer Max und mir waren nur Weiße in dem Club. Damals durfte sich ein Schwarzer im Lighthouse nicht mal sehn lassen. Die Polizei nahm mich mit auf die Wache, und ich erklärte ihnen, daß der Typ mich einen „verdammten schwarzen Nigger" genannt hatte – was auch stimmte – und daß er zuerst zugeschlagen hatte. Dann fiel mir dieses Messer ein. Ich kriegte eine Heidenangst, denn wenn sie das gefunden hätten, wäre mein Arsch im Gefängnis gelandet. Aber sie durchsuchten mich nicht. Schließlich fiel mir mein Onkel William Pickens ein, der ein hohes Tier bei der NAACP war. Das erzählte ich den Polizisten, und sie ließen mich laufen. Erst jetzt kam Max in der Wache an und nahm mich mit zurück. Ich war stinksauer und sagte: „Du Motherfucker, läßt mich einfach so von denen mitnehmen." Und Max lachte sich einen Ast ab.

Es wurde immer schlimmer mit mir, und sogar Max hatte meinen Scheiß allmählich satt. Ich rief meinen Vater an – wieder mal – und bat ihn, mir das Busgeld für die Heimfahrt zu schicken. Diesmal war ich entschlossen, davon loszukommen, ich hatte nichts anderes mehr im Sinn.

Als ich in East St. Louis ankam, ging ich direkt zu meinem Vater auf die Farm in Millstadt. Meine Schwester kam aus Chicago runter, und wir machten zu dritt einen langen Spaziergang. Schließlich sagte mein Vater: „Miles, wenn es eine Frau wäre, die dich so quält, dann könnte ich dir sagen, such dir 'ne andere oder laß sie laufen. Aber bei dieser Drogensache kann ich nichts mehr für dich tun, mein Sohn, als dir meine Liebe und Unterstützung zu geben. Den Rest mußt du allein machen." Nachdem er das gesagt hatte, drehten er und meine Schwester sich um und ließen mich allein. Er hatte ein Gästehaus, in dem ein Zwei-Zimmer-Appartement war, und dorthin ging ich. Ich schloß die Tür hinter mir ab und blieb drin, bis der „Cold Turkey" vorüber war und ich die Sucht loshatte.

Ich war krank. Ich wollte schrein, aber ich konnte nicht, denn dann wäre mein Vater rübergekommen, um zu sehn, was mit mir los war. Also mußte ich es in mir behalten. Ich hörte, wie er draußen immer vorbeiging, stehen blieb und horchte, um zu hören, was passierte. Dann war ich völlig still. Ich lag im Dunkeln und schwitzte wie verrückt.

Es ging mir so wahnsinnig schlecht. Mir tat alles weh, alles war steif, mein Genick, meine Beine, jedes einzelne Glied in meinem Körper. Es war wie eine Arthritis oder eine wirklich böse Grippe, nur schlimmer. Das Gefühl ist einfach unbeschreiblich. Alle Glieder sind entzündet und steif, aber du kannst sie nicht berühren, denn wenn du's tust, mußt du schreien. Es kann dich also niemand massieren. So einen Schmerz habe ich später erlebt, als mir ein künstliches Hüftgelenk eingesetzt wurde. Es ist ein brutales Gefühl, gegen das du machtlos bist. Eigentlich möchtest du sterben, und wenn dir einer garantieren würde, daß du alles in zwei Sekunden hinter dir hast, dann würdest du's tun. Du würdest den Tod als Geschenk gegen das Leben als Qual eintauschen. An einem Punkt war ich soweit, daß ich aus dem Fenster springen wollte – das Appartement befand sich im zweiten Stock –, damit ich wenigstens bewußtlos wäre und ein bißchen schlafen könnte. Aber dann dachte ich, daß ich mir bei meinem Glück wahrscheinlich nur mein verdammtes Bein breche und dann dort draußen liege und noch mehr leide.

Das Ganze dauerte so sieben oder acht Tage. Ich konnte nichts essen. Alice, meine Freundin, besuchte mich, und wir fickten, und verdammt, wenn's dadurch nicht noch schlimmer wurde. Ich hatte seit zwei oder drei Jahren keinen Orgasmus mehr gehabt. Der Schmerz fuhr mir durch die Eier in alle Glieder. So ging das noch einige Tage weiter. Dann trank ich Orangensaft, aber ich kotzte ihn wieder aus.

Eines Tages war's dann vorbei. Einfach so. Vorbei. Endgültig vorbei. Ich fühlte mich besser, gut und rein. Ich ging raus in die klare, süße Luft, rüber zu meinem Vater, und als er mich sah, lächelte er, und wir umarmten uns und weinten. Er wußte, daß ich's endlich gepackt hatte. Dann setzte ich mich hin und futterte alles in mich rein, was rumstand, denn ich war hungrig wie ein Wolf. Ich glaub nicht, daß ich jemals soviel gegessen habe, vorher nicht und seitdem nicht. Dann überlegte ich mir, wie ich mein Leben wieder in Ordnung bringen könnte – und das würde weiß Gott keine leichte Aufgabe sein.

KAPITEL 9

D a mir New York noch zu gefährlich war, ging ich nach Detroit. Wenn ich dort einen Rückfall erlitt, dann wäre das Heroin in dieser Stadt wenigstens nicht so rein wie das in New York. Allein das würde mir schon helfen, und ich brauchte jede Hilfe.

Ich blieb ungefähr sechs Monate in Detroit. Ich lebte immer noch von der Zuhälterei und hielt mir zwei oder drei Mädchen. Sogar Sex machte mir wieder Spaß. Eins der Mädchen war eine Designerin, und sie half mir, wo sie konnte. Einmal brachte sie mich in ein Sanatorium zu einem Psychiater. Er fragte, ob ich jemals onaniert hätte, und ich sagte „nein". Er wollte es nicht glauben und riet mir, lieber jeden Tag zu onanieren, statt Dope zu spritzen. Ich dachte mir, daß er vielleicht sein eigenes gottverdammtes Selbst in die Klapsmühle stecken sollte, wenn das alles war, was er mir zu sagen hatte. Onanieren als Heilmittel gegen die Sucht? Scheiße, ich dachte, der Motherfucker spinnt.

Es war verdammt hart, endgültig mit der Sucht zu brechen. Ich schaffte es zwar, aber es dauerte sehr lange, weil ich offenbar nicht von heute auf morgen damit aufhören konnte. Ich nahm hier und da mal was, redete mir dabei ein, ich sei clean, und dann ging's wieder von vorne los.

Manchmal hing ich tagelang in einem Hotel rum und aß überhaupt nichts. Nur Freddie Frue, ein total abgerissener Freund von mir, kam immer vorbei und brachte mir mein tägliches Care-Paket. Freddie Frue – so nannten wir ihn alle – war meine Dope-Connection in Detroit. Wegen solcher Typen wie Freddie war es unheimlich schwer, davon runterzukommen. Und ich war einfach zu schwach, auch wenn ich mich immer wieder zusammenriß und mir sagte, daß ich von der Sucht loskommen will. Ich überlegte mir sogar, ob mir eine Heirat helfen könnte, und dachte dabei an Irene. Also fuhr ich nach East St. Louis und fragte meinen Vater, ob er uns trauen würde. Aber dann überlegte ich's mir nochmal. Bevor ich so einen Blödsinn machte, ging ich lieber wieder nach Detroit zurück.

Dort hatte ich ein nettes, junges Mädchen kennengelernt. Sie war wirklich süß und bildhübsch. Aber ich behandelte sie wie den letzten Dreck – genau wie alle anderen Frauen zu der Zeit auch. Ohne Geld brauchten sie sich gar nicht erst blicken zu lassen, denn mir saß immer noch dieser gefräßige Affe im Genick. Er hatte seinen Griff zwar schon gelockert, aber noch nicht losgelassen. Ich dachte immer noch wie ein Junkie.

Einmal sagte mir dieser Typ Clarence, der in Detroit eine große Nummer im Lotteriegeschäft war: „Mann, was machst du bloß mit diesem Mädchen? Sie ist doch wirklich ein nettes Ding und gibt dir alles. Warum behandelst du sie so mies?" Ich schaute ihn an und sagte: „Wovon redest du überhaupt?"

Verstehst du, Clarence war ein großer Gangster, der überall seine Jungs sitzen hatte. Er trug immer 'ne Knarre bei sich, und ich stell mich hin und werd pampig. Er schaute mich sehr komisch an, so, als würd er sich überlegen, ob er mich abknallen soll. Aber er respektierte mich, weil er auf Musik stand und mich gern spielen hörte. Er sagte: „Ich hab dich *gefragt*, warum du dieses Mädchen so mies behandelst. Hast du jetzt kapiert, wovon ich rede?"

Aber ich kann nur an den nächsten Schuß denken und sage: „Fuck you. Was ich mache, geht dich überhaupt nichts an."

Er sah mich an, als ob er mir in der nächsten Sekunde an den Hals springt. Aber plötzlich war nur noch Mitleid in seinen kalten Augen. Er musterte mich, als wäre ich ein Straßenköter, der sich verlaufen hat. „Mann, du bist so verdammt erbärmlich, ein so bemitleidenswerter und jämmerlicher Arsch, daß du gar nicht verdienst zu leben. Du bist ein dreckiger Junkie, du armseliger Motherfucker. Und wenn's bloß für irgendwas gut wäre, würd ich dir so in den Arsch treten, daß du nicht mehr weißt, wo Detroit liegt. Aber laß dir soviel gesagt sein: Wenn du die Lady noch mal so mies behandelst, wird deinem kleinen Junkie-Arsch noch ein bißchen mehr passieren!" Er drehte sich rum und ging raus.

Mann, war ich getroffen, denn er hatte mit jedem einzelnen Wort recht. Wenn du voll drauf bist, ist dir alles egal, denn du hast nur eins im Kopf: aufzupassen, daß du über die Runden kommst, daß es dir nicht schlecht geht. Aber nachdem mich Clarence so beschämt hatte, wollte ich ernsthaft versuchen, clean zu werden.

Der Stoff in Detroit war schlecht, weil er so gestreckt war – die Art von Stoff, von der Philly Joe immer sagte: „Da hättest du dir genausogut ein Stück Schokolade kaufen und das Geld sparen können." Aber mit der Zeit merkt man den Unterschied nicht mehr, es sind nur ein paar neue Löcher mehr im Arm. Ich machte es nur noch wegen dieses verdammten Gefühls, das man hat, wenn man sich die Nadel reindrückt. Und dann, schlagartig, wollte ich keine neuen Löcher mehr in meinen Armen. Ich hörte auf.

Ein Grund, warum ich jetzt wirklich clean blieb, waren die Musiker in Detroit. Sie bewunderten mich, und viele waren selber clean, deshalb wollte ich es auch bleiben. Ich spielte schon seit mehreren Monaten im Blue Bird als Gastsolist in der Hausband von Billy Mitchell. Tommy Flanagan saß am Klavier und Elvin Jones am Schlagzeug. Wir waren eine heiße Band, und die Leute kamen massenweise. Betty Carter war öfters da und stieg mit Yusef Lateef, Barry Harris, Thad Jones, Curtis Fuller und Donald Byrd ein. Musikalisch gesehen, war Detroit eine wirklich starke Stadt.

Nur eine Sache, die in Detroit passiert sein soll, möchte ich nochmal richtigstellen. Als Max Roach mit Clifford Brown und seiner neuen Gruppe in die Stadt kam – Richie Powell spielte Klavier, Harold Land Tenorsaxophon und George Morrow Baß –, fragte er mich, ob ich bei ihnen in der Baker's Keyboard Lounge einsteigen wollte. Angeblich soll ich eines Abends völlig durchnäßt ins Baker's reingestolpert sein, wäre mit meinem Horn in einer braunen Papiertüte auf die Bühne gegangen und hätte angefangen, „My Funny Valentine" zu spielen. Es hieß, Brownie – so nannten wir Clifford – hätte die Band mitten im Stück unterbrochen und mich nur aus Mitleid spielen lassen. Danach wäre ich wieder von der Bühne gestolpert und im Regen verschwunden. Vielleicht gäb das 'ne ganz nette Film-szene ab, aber so war's nicht. Erstens mal würde ich niemals bei einem Gig von Max und Brownie auftauchen und, ohne zu fragen, einfach einsteigen. Zweitens hätte ich meine Trompete niemals in einer verdammten braunen Papiertüte durch den Regen geschleppt, weil mir mein Instrument dafür zu wichtig ist. Außerdem wär ich Max nie so abgerissen vor die Augen getreten, mit meinem Horn in 'ner Papiertüte. Dazu habe ich zuviel Stolz.

In Wirklichkeit war es so, daß Max mich vorher gefragt hatte, ob ich im Baker's mitspielen wollte, weil er es mochte, wenn ich wie Freddie Webster spielte. Ich konnte genau wie Freddie in diesem flatternden, singenden Ton in den unteren Lagen ssssummen. Es war das einzige Mal, daß ich in dieser Band spielte. Ich hab keine Ahnung, wer diese Geschichte aufge-bracht hat. Sie ist einfach erfunden. So high konnte ich gar nicht sein, auch wenn ich ein Junkie war; schließlich war ich auf dem Weg, clean zu werden.

Eigentlich war es aber das Beispiel von Sugar Ray Robinson, das mir dabei half, endgültig vom Heroin wegzukommen; ich sagte mir immer, wenn er so diszipliniert sein kann, kann ich es auch sein. Ich liebte Boxen schon immer, aber bei Sugar Ray war es noch mehr: Er war ein großartiger Kämpfer mit viel Klasse und sah außerdem scharf aus – ein richtiger Frauentyp. Bei ihm lief einfach alles richtig. Tatsächlich war Sugar eines meiner wenigen Vorbilder. Wenn er in den Zeitungen abgebil-det war, wie er aus Limousinen stieg und schöne Frauen im Arm hatte, sah er aus wie einer von den oberen Zehntausend. Aber wenn er sich auf einen Kampf vorbereitete, hatte er nie irgendwelche Frauen um sich, und sobald er mit seinem Geg-ner im Ring stand, war das Lächeln verschwunden, das alle Leute von den Bildern kannten. Sobald er im Ring stand, war er total ernst, ganz Boxer.

Ich nahm mir vor, genauso zu sein, mich ernsthaft und diszipliniert um meine Sache zu kümmern. Es war Zeit für mich, wieder nach New York zu gehen und von vorn anzufangen. Und in meinem Kopf hatte ich das Vorbild von Sugar Ray. Er war's, der mir das Gefühl gab, daß ich wieder stark genug für New York City war. Sein Beispiel half mir, über ein paar wirklich harte Tage wegzukommen.

Im Februar 1954 kam ich nach New York zurück. Zum ersten Mal seit langer Zeit ging's mir gut. Meine Chops waren wieder in Ordnung, weil ich jeden Abend gespielt hatte und endlich vom Heroin los war. Ich fühlte mich stark – musikalisch und körperlich. Ich war bereit. Zuerst besorgte ich mir ein Hotelzimmer. Dann rief ich Alfred Lion von Blue Note Records und Bob Weinstock von Prestige an und erzählte ihnen, daß ich wieder aufnehmen könne, daß ich die Sucht los sei und ich einige Platten machen wolle, und zwar mit einem Quartett – Piano, Baß, Schlagzeug und Trompete –, und beide freuten sich darüber.

Die Szene in New York hatte sich inzwischen verändert. Das MJQ – Modern Jazz Quartet – war damals groß angesagt; diese Art von Cool Jazz, dieses Kammerjazz-Ding kam ziemlich groß raus. Die Leute redeten immer noch von Chet Baker, Lennie Tristano und George Shearing, von dem Zeug, das aus *Birth of the Cool* entstanden war. Dizzy spielte noch genauso großartig wie immer, aber Bird war völlig am Ende – fett, müde, und wenn er sich überhaupt noch sehen ließ, spielte er schlecht. Die Manager vom Birdland erteilten ihm sogar Hausverbot, nachdem er mit einem der Besitzer eine lautstarke Auseinandersetzung hatte. Dabei war das Birdland nach ihm benannt!

In New York wollte ich nur eins: Musik machen, Platten aufnehmen und alles nachholen, was ich in der ganzen Zeit versäumt hatte. Meine ersten zwei Platten in diesem Jahr – *Miles Davis Vol. 2* für Blue Note und *Miles Davis Quartet* für Prestige – waren sehr wichtig für mich. Da der Vertrag mit Prestige noch nicht in Kraft getreten war, konnte ich die Blue Note Session machen.* Ich hatte sie dringend nötig, denn ich

---

* Miles Davis: *Miles Davis*, Vol. 2 (Blue Note 1502).

war immer noch knapp bei Kasse. Ich hatte Art Blakey am Schlagzeug, Percy Heath vom Modern Jazz Quartet am Baß und einen jungen Typen namens Horace Silver am Klavier, der mit Lester Young und Stan Getz gespielt hatte. Ich glaub, Art Blakey machte mich auf Horace aufmerksam, denn er kannte ihn ziemlich gut. Horace wohnte im selben Hotel wie ich – im Arlington Hotel an der 25sten in der Nähe der Fünften Avenue. Horace hatte ein Klavier in seinem Zimmer, auf dem ich meine Songs spielte und komponierte. Er war etwas jünger als ich, drei oder vier Jahre. Ich mochte die Art, wie er Klavier spielte; er hatte diesen „funky" Stil, der mir damals so gut gefiel. Er heizte mir richtig ein, und mit Art Blakey am Schlagzeug konntest du sowieso nichts anderes als loslegen; du mußtest einfach voll dasein und spielen. Auf diesem ersten Album ließ ich Horace bei „Well, You Needn't" wie Monk spielen, und bei „It Never Entered My Mind" spielte er eine Balladenbegleitung.

Bei Bob Weinstock hatte ich für Prestige einen Drei-Jahres-Vertrag unterzeichnet. Ich habe Bob immer hoch angerechnet, was er für mich früher getan hatte. Er war das Risiko mit mir eingegangen, als alle andern in der Plattenindustrie mich abgeschrieben hatten – außer Alfred Lion, der mir gegenüber auch immer sehr fair war. Für die ersten Prestige-Platten hatte mir Bob damals nicht viel Geld gegeben – es waren so um die 750 Dollar pro Platte. Außerdem wollte er alle Verlagsrechte, die ich ihm aber nicht überließ. Aber mit dem bißchen Geld konnte ich damals, 1951, wenigstens einen Teil meines Heroinbedarfs decken, und zudem lernte ich dabei, was man haben muß, wenn man ein guter Bandleader sein und *gute* Platten machen will. Bob und ich verstanden uns, obwohl er mir immer erzählen wollte, was ich zu tun hatte und wie ich *meine* Platten machen mußte, und deshalb sagte ich ihm oft: „Ich bin der Musiker, und du bist der Produzent, also erledige du den technischen Teil und überlaß mir den kreativen Kram." Wenn er das immer noch nicht kapierte, sagte ich einfach: „Verpiß dich, Bob, verpiß dich auf der Stelle und laß uns in Ruhe." Hätte ich ihm das nicht gesagt, dann gäb's heute keine Aufnahmen von Sonny Rollins, Art Blakey (und später Trane und Monk) in ihrem typischen Stil, denn Bob wollte immer, daß sie bei diesen Sessions für Prestige anders spielten.

Die meisten weißen Plattenproduzenten wollten immer einen weißen Sound, und wenn das Schwarze nicht ganz verschwinden sollte, mußte man Schritt für Schritt drum kämpfen. Bob dachte an irgendwelchen müden, pseudo-weißen Scheiß. Aber nach einiger Zeit hat er sich geändert – das muß ich ihm zugute halten. Er bezahlte nie anständig – auch später nicht, als wir all die unglaublichen Meisterwerke machten. So wurden Jazzmusiker damals behandelt – besonders die schwarzen. Und den meisten ergeht's heute nicht viel besser.

Irgendwie kam mir mein Horn abhanden, und ich mußte mir ein paarmal die Trompete von Art Farmer leihen. Ich benutzte sie zum Beispiel bei „Blue Haze" auf dem *Miles Davis Quartet*-Album für Prestige.* Wir nahmen unten an der 31sten Straße auf. Ich erinnere mich noch genau an die Session, weil ich bei „Blue Haze" darauf bestand, daß die Lichter ausgeschaltet wurden, damit jeder in die Stimmung kam, die ich mir für dieses Stück vorstellte. Als ich ihnen sagte, sie sollen die Lichter ausmachen, meinte irgendjemand: „Wenn es dunkel ist, können wir Art und Miles nicht mehr erkennen." Bei dieser zweiten Session für Prestige im April ersetzte ich Art Blakey durch Kenny Clarke am Schlagzeug, denn ich wollte diesen besonderen Besenstrich. Keiner brachte ihn so weich wie Klook. Da ich bei dieser Session mit Dämpfer spielte, wollte ich einen weichen Klang im Hintergrund, aber einen swingenden weichen Klang.

Bei dieser Session war Rudy Van Gelder Toningenieur. Rudy wohnte drüben in Hackensack, New Jersey, und wir nahmen in seinem kleinen, engen Wohnzimmer auf, wo auch viele andere Prestige-Platten entstanden. Später richtete sich Rudy ein anderes großes Studio ein. Jedenfalls hatte ich mir die ganze Zeit über Art Farmers Horn ausgeliehen, und es gab nie Probleme, bis wir einmal am selben Abend spielen mußten. Wir hatten

* Miles Davis: *Blue Haze* (Prestige PRLP 7054).

einen richtigen Streit wegen *seines* Horns. Ich zahlte ihm zehn Dollar Leihgebühr und bildete mir ein, ich hätte die Exklusiv-Rechte an *seinem* Horn.

Noch im selben Monat machte ich *Walkin'* für Prestige, und, Mann, dieses Album veränderte mein ganzes Leben und war der Anfang meiner zweiten Karriere.* Für diese Session holte ich mir J. J. Johnson und Lucky Thompson, denn ich wollte einen vollen Sound: Lucky für dieses Ben Webster-Ding und J. J. mit seinem dicken, fetten Ton für den Bebop-Sound. Percy Heath spielte am Baß, Art am Schlagzeug und Horace am Piano. Das musikalische Konzept zu diesen Aufnahmen entstand ausschließlich im Arlington Hotel, entweder bei mir oder bei Horace, und die meisten Stücke spielten wir zum ersten Mal auf dem alten Klavier von Horace. Nach dieser Session wußten wir, daß uns was Großes gelungen war – sogar Bob Weinstock und Rudy waren davon begeistert. Aber wir konnten noch nicht ahnen, welche Wirkung dieses Album haben sollte. Diese Musik war ein Wahnsinn, Mann, mit Horace, der sein „funky" Piano drunterlegte, und Art, der uns mit seinen harten Rhythmen antrieb. Es war einfach scharf. Ich wollte der Musik das Feuer und die Improvisationslust des Bebop zurückgeben; aber ich wollte auch dieses „funky" Blues-Ding in der Musik, und das brachte Horace Silver mit rein. Und mit mir, J. J. und Lucky als Bläsern drüber mußte die Sache einfach abgehn.

Genau zu der Zeit brachten Capitol Records die anderen *Birth of the Cool*-Aufnahmen raus, die wir 1949 und 1950 aufgenommen hatten. Capitol veröffentlichte acht der zwölf Aufnahmen auf einer einzigen Langspielplatte und nannte das Album *Birth of the Cool*. Es war das erste Mal, daß die Aufnahmen unter diesem Titel veröffentlicht wurden. „Budo", „Move" und „Boplicity" erschienen nicht auf der Platte, und darüber war ich ziemlich sauer. Aber durch die Veröffentlichung und durch den eingängigen Titel *Birth of the Cool* wurden plötzlich wieder viele Leute – besonders die weißen Kritiker – auf mich

* Miles Davis All Stars: *Walkin'* (Prestige PRLP 7076).

aufmerksam. Ich dachte wieder dran, mir eine feste Band zu suchen und auf Tour zu gehen. Ich wollte Horace Silver am Piano, Sonny Rollins am Tenor, Percy Heath am Baß und Kenny Clarke am Schlagzeug. Aber ich kriegte das Ganze nicht so schnell auf die Reihe, weil Sonny wegen seiner Drogengeschichten dauernd im Gefängnis saß. Doch auf lange Sicht waren das meine Pläne.

Zu der Zeit liebte ich auch den Klavierstil von Ahmad Jamal. Dorothy, meine Schwester, hatte mich 1953 auf ihn aufmerksam gemacht. Sie rief mich aus einer Telefonzelle in der Persian Lounge in Chicago an und sagte: „Junior, hier spielt grade ein Pianist; er heißt Ahmad Jamal, und ich glaub, er wird dir gefallen." Daraufhin hörte ich ihn mir einmal an und war begeistert von seinem raumschaffenden Stil, der Leichtigkeit seines Anschlags, seinem Understatement und der Art, wie er Noten, Akkorde und ganze Passagen phrasierte. Außerdem mochte ich die Stücke, die er spielte, wie „Surrey with a Fringe on Top", „Just Squeeze Me", „My Funny Valentine", „I Don't Wanna Be Kissed", „Billy Boy", „A Gal in Calico", „Will You Still Be Mine", „But Not for Me" – alles Standards. Aber ich mochte auch einige seiner Originalstücke wie „Ahmad's Blues" und „New Rhumba". Ich liebte sein lyrisches Pianospiel und die Sparsamkeit, mit der er die Ensemblestimmen seiner Gruppen arrangierte. Ich hab Ahmad Jamal immer für einen großen Pianisten gehalten, der nie die Anerkennung gefunden hat, die er eigentlich verdient hätte.

Allerdings beeinflußte er mich um diese Zeit noch nicht so stark. Im Sommer 1954 nahm ich lediglich „But Not For Me" in das Prestige Album mit auf.* Die anderen Stücke bei dieser Session stammten alle von Sonny Rollins. Sonny war ein irrer Typ. Brillant. Er beschäftigte sich gerade mit Afrika, und so drehte er das Wort Nigeria einfach um und nannte ein Stück „Airegin". Ein anderes Stück von ihm hieß „Doxy". Er brachte die Stücke meistens mit ins Studio und schrieb sie dort um. Es

---

* Miles Davis: *Bag's Groove* (Prestige PRLP 7109).

war oft nicht mehr als ein Stück Papier, auf dem ein Takt, eine Note, ein Akkord oder ein Akkordwechsel stand. Jedesmal, wenn wir ins Studio gingen und ich ihn fragte: „Wo bleibt das Stück?", antwortete er: „Ich hab's noch nicht geschrieben", oder: „Es ist noch nicht fertig." Also fing ich schon mal mit dem an, was er hatte, während er sich in irgendeine Ecke verzog und irgendwelche Noten auf Papierschnitzel kritzelte. Nach 'ner Weile kam er dann und sagte: „Okay, Miles, ich hab's." Auf diese Art ist sein Stück „Oleo" entstanden. Der Titel stammte von „Oleomargarine", einem billigen Butterersatz, den damals fast jeder kaufte. Ich spielte mit Dämpfer, und wir ließen die Baß-Stimme weg; wenn die Bläser aufhörten, setzte Horace auf seinem Klavier ein. Deshalb ist dieses Stück so einzigartig.

Bei der Platte spielten wir auf eine Art, die wir „Picken" nannten. Wir teilten die Riffs auf, wie bei einem Chichi-Riff, und sprangen blitzschnell in den Rhythmus rein und raus. Das Ganze ging aber nur mit einem sehr guten Schlagzeuger. Wir hatten Kenny Clarke, und für diesen Stil gab's keinen besseren als Klook.

Obwohl ich mit dem Heroin aufgehört hatte, nahm ich hin und wieder Kokain, denn ich dachte, es mache nicht süchtig; ich konnte jederzeit damit aufhören, ohne daß es mir dann schlechtging. Wenn man kreativ sein mußte und lange im Studio war, wirkte es besonders gut, und deshalb besorgten wir uns für diese Session flüssiges Koks. Es war eine tolle Session, und mein Selbstvertrauen wuchs mit jedem Tag. Aber eigentlich war ich enttäuscht, daß ich mir keine feste Band leisten konnte, denn die Leute, die ich jetzt im Studio hatte, hätten bestimmt eine großartige Band abgegeben. Kenny spielte beim MJQ, und Percy, Art und Horace wollten eventuell in einem Jahr eine eigene Gruppe gründen. Um mich über Wasser zu halten, zog ich daher mit Philly Joe von Stadt zu Stadt und spielte mit einheimischen Musikern. Philly fuhr immer voraus und trommelte ein paar Jungs zusammen, dann kam ich nach, und wir spielten den Gig. Aber das ging mir auf die Nerven, denn die Musiker kannten die Arrangements nicht, und oft nicht mal die Stücke. Es lief immer noch nicht so, wie ich's mir vorstellte.

Als ich drogensüchtig war, behandelten mich die Clubbesitzer und die Kritiker wie ein Stück Dreck. Jetzt, im Jahr 1954, fühlte ich mich wieder stark und war clean; ich mußte mir ihren blöden Bullshit nicht länger gefallen lassen. Dieses Gefühl steckte tief in mir, es war nicht bloß eine Laune oder ein Gedanke. In mir hatte sich ziemlich viel Ärger aufgestaut über Dinge, die mir in den letzten vier Jahren passiert waren; ich vertraute kaum jemandem mehr, und das konnte man spüren. Egal, wo wir auftraten, ich war knallhart zu diesen Typen: Zahl mich aus, und dann spiel ich. Ich hatte keine Lust, vor irgendwem zu kriechen und diese Grins-Show abzuziehn. Zu der Zeit gab ich's sogar auf, meine Stücke anzusagen, weil ich der Meinung war, daß nicht der *Name* von einem Stück wichtig war, sondern unsre Musik. Wenn die Leute die Stücke ohnehin kannten, warum sollte ich sie dann ansagen? Ich redete auch nicht mehr mit dem Publikum, denn die Leute waren schließlich nicht gekommen, um mich reden, sondern um mich spielen zu hören.

Viele hielten mich für reserviert, und das war ich auch. Aber vor allem wußte ich nicht, wem ich trauen konnte. Mein Mißtrauen gehörte zu meiner Haltung. Aufgrund meiner Drogenvergangenheit versuchte ich mich zu schützen, indem ich nicht mit allzu vielen Leuten in engen Kontakt kam. Aber wer mich gut kannte, wußte, daß ich nicht so war, wie sie mich in den Zeitungen darstellten.

Inzwischen hatte ich Bobby McQuillen davon überzeugt, daß ich jetzt clean genug war, um bei ihm Boxstunden zu nehmen. Sooft ich konnte, ging ich zum Training, und Bobby brachte mir das Boxen bei. Er nahm mich schwer in die Mangel. Wir wurden sogar Freunde, aber vor allem blieb er mein Trainer, denn ich wollte boxen wie er.

Bobby und ich sahen uns öfters einen Kampf an und trainierten in Gleason's Gym im Zentrum oder in Silverman's Gym oben in Harlem, an der 116ten Straße, Ecke Achte Avenue.

Auch Sugar Ray trainierte dort immer, und sobald er auftauchte, hörten alle andern auf und schauten ihm zu.

Bobby konnte dir alles über den Swivel erzählen, so nenne ich es jedenfalls, wenn man in den Hüften pendelt und mit den Beinen tänzelt und dabei jemandem einen Schlag versetzt. Auf diese Weise hat der Schlag viel mehr Wucht. Bobby war wie Blackburn, der Trainer von Joe Louis, der Joe beibrachte, wie er beim Punchen tänzeln mußte. Deshalb konnte Joe jeden mit einem einzigen Schlag zu Boden schicken. Ich kann mir vorstellen, daß Bobby es sogar von Joe gelernt hat, denn die zwei kannten sich und stammten beide aus Detroit. Johnny Bratton boxte genauso. Und Sugar Ray beherrschte den Swivel ebenfalls. Das war nur eine der Bewegungen, die alle berühmten Boxer bei ihren Kämpfen verwendeten.

Es ist eine Bewegung, die du immer wieder üben mußt, bis du sie drin hast, bis sie wie ein Reflex kommt, instinktiv. Es ist wie bei einem Musikinstrument; du mußt ständig üben, immer und immer wieder. Viele Leute sagen mir, daß ich den Verstand eines Boxers habe, daß ich wie ein Boxer denke, und wahrscheinlich stimmt's. Ich bin ein aggressiver Mensch, wenn's um Dinge geht, die mir wichtig sind, wie zum Beispiel meine Musik oder Dinge, die ich durchsetzen will. Sobald ich das Gefühl habe, daß mir jemand unrecht tut, kämpfe ich – auch mit meinem Körper. So bin ich immer gewesen.

Boxen ist eine Wissenschaft für sich, und ich schau mir wahnsinnig gern einen Kampf zwischen zwei Jungs an, die genau wissen, was sie machen. Wenn zum Beispiel ein Boxer seinen Jab in die Seite des Gegners plaziert. Entkommt der Junge dem Jab, weicht nach rechts oder links aus, dann mußt du wissen, auf welche Seite er geht, und in dem Moment zum Schlag ausholen, wenn er seinen Kopf bewegt, damit er genau in deiner Schlaglinie landet. Das ist Wissenschaft und Präzision und nicht irgendwelche blinde Drescherei, wie manche behaupten.

Bobby brachte mir den Stil von Johnny Bratton bei, den wollte ich beherrschen. Im Boxen ist Stil genauso wichtig wie in der Musik. Joe Louis hatte seinen Stil, genau wie Ezzard Charles, Henry Armstrong, Johnny Bratton und Sugar Ray Robinson – und später Muhammad Ali, Sugar Ray Leonard, Marvin Hagler, Michael Spinks und Mike Tyson. Und der „Peek-a-Boo"-Stil von Archie Moore war eine Sache für sich.

Bei allem, was du tust, mußt du Stil haben – beim Schreiben, in der Musik, in der Malerei, in der Mode, beim Boxen, bei allem. Manche Stile sind glatt, kreativ, phantasievoll, innovativ – manche sind's nicht. Der Stil von Sugar Ray hatte das alles, er war der präziseste Boxer, den ich je gesehen hab. Bobby McQuillen erzählte mir, daß Sugar Ray Robinson seinen Gegner in den ersten zwei bis drei Runden jeweils vier oder fünf Fallen stellte, nur um zu sehen, wie sein Gegner reagierte. Ray tastete den andern ab, blieb aber selbst außer Reichweite, und so konnte er abschätzen, wann sein Gegner reif für den K. o. war. Und der wußte überhaupt nicht, was los war, bis er, BANG!, plötzlich Sterne gezählt hat. Bei einem anderen Gegner schlug er vielleicht ein paarmal absichtlich daneben, um ihn dann – BANG! – hart in die Rippen zu treffen. Das machte er vielleicht in der ersten Runde. Anfang der zweiten Runde schlägt er dem Trottel gegen den Kopf, aber erst, nachdem er ihn noch acht- oder neunmal hart in die Seite getroffen hat. Vielleicht knallt er ihm auch vier- oder fünfmal eine Gerade an den Kopf. In der vierten oder fünften Runde weiß der Junge überhaupt nicht mehr, was Ray als nächstes bringt. Außerdem kann er vor Schmerzen ohnehin nicht mehr richtig denken.

Sowas lernst du nicht von allein. Das ist eine Sache, die dir jemand beibringt, genau wie dir jemand beibringt, ein Musikinstrument *richtig* zu spielen. Wenn du dein Instrument dann *richtig* beherrschst, kannst du dich hinstellen und spielen – die Musik, den Sound, wie du's hörst und hören willst. Aber zuerst mußt du lernen, dich nicht anzählen zu lassen, die Sache einfach laufen zu lassen – in der Musik und im Boxen. In der Musik haben mir das Dizzy und Bird beigebracht; genauso wie Monk, Ahmad Jamal und Bud Powell.

Als ich Sugar Ray damals in der 116ten Straße öfters beim

Training zusah, stand auch immer ein alter Schwarzer dabei, den alle „Soldier" nannten. Seinen richtigen Namen hab ich nie erfahren. Abgesehen von seinem Trainer, war Soldier der einzige Typ, von dem Ray sich was sagen ließ. Sobald Ray in seine Ecke ging, beugte sich Soldier zu ihm, flüsterte ihm was ins Ohr, und Ray nickte kurz. Niemand wußte, was Soldier da sagte, aber sobald Ray wieder in den Ring ging, drosch er auf irgendeinen armen Teufel ein, als hätte der was mit seiner Frau angestellt. Ich hab jede Bewegung von Ray studiert, ich verehrte ihn. Als ich ihm einmal in diesem Sommer erzählte, daß ich vor allem seinetwegen mit dem Heroin aufgehört hatte, grinste er nur und lachte.

Ich hielt mich öfters in Sugar Rays Bar auf, oben in der Siebten Avenue in der Nähe der 122sten oder 123sten Straße. Ray war meistens da. Es trieben sich dort viele schrille Leute und wunderschöne Frauen rum, Boxer und richtige Top-Gangster. Alle standen großmäulig und wichtigtuerisch und aufgemotzt rum. Manchmal wurde Ray von einem anderen Boxer provoziert, dann schaute er sich den Burschen an und sagte: „Du zweifelst dran, daß ich heute noch der Champ bin? Tatsächlich? So, wie ich hier vor dir steh und mit dir rede? Willst du vielleicht 'ne kleine Kostprobe, gleich hier und jetzt?" Er stand da, kerzengerade, breitbeinig, die Hände vor dem Bauch gefaltet, wippte auf den Fersen vor und zurück, sah aus wie aus dem Ei gepellt, mit seiner nach hinten gelegten Dauerwelle, grinste, lächelte sein schiefes, großspuriges Lächeln, das er aufsetzte, wenn er jemand rausfordern wollte, irgendetwas klipp und klar zu sagen. Große Boxer testen jeden aus, genau wie große Künstler; sie müssen so sein. Sugar Ray war der Allergrößte, und das wußte er.

Er erzählte jedem, daß ich ein toller Musiker sei, der gerne Boxer wäre, und dann legte er mit seinem hohen Lachen los. Er war gern mit Musikern zusammen, weil er selber Schlagzeug spielte. Wenn Johnny Bratton kämpfte, kam Ray zu mir – er *wußte*, wie verrückt ich nach Johnny Bratton war – und fragte: „Was macht dein Junge wohl heute?"

„Macht er gegen wen?" fragte ich.

„Du weißt doch, Miles, was macht er in diesem Fight, zu dem er demnächst in den Ring steigt? Ich glaub, der Junge ist ein bißchen zu stark für ihn, hat ein bißchen zuviel Gewicht für einen Weltergewichtler wie Johnny." Johnny boxte damals gegen einen Typen im Mittelgewicht, einen Kanadier, gegen den Ray schon mal über zehn Runden gegangen war. Ray baute sich also in Boxerstellung vor mir auf, tänzelte hin und her, nahm die Schultern hoch, hielt seine Hände unten in der Leistengegend und schaute mir eiskalt lächelnd in die Augen. Dann sagte er: „Was meinst du, Miles? Willst du mir weismachen, daß er gewinnt?"

Natürlich *wußte* er, daß ich nichts auf Johnny kommen ließ, und daher sagte ich: „Klar, ich denke, er gewinnt!" Sugar lächelte immer noch eiskalt und sagte: „Gut, Miles, wir werden sehn, okay, wir werden sehn."

Aber als Johnny Bratton den Kanadier schon in der ersten Runde k. o. schlug, sagte ich: „Na, Ray, ich glaub, Johnny wußte ganz gut, was er macht, oder?"

„Yeah, sieht so aus. *Diesmal* jedenfalls. Aber wart ab, bis ich dran bin, da wird er nicht mehr so gut aussehn." Und als er Johnny dann *wirklich* geschlagen hatte, kam er zu mir, baute sich wie gewöhnlich vor mir auf, wippte auf den Absätzen und sagte mit seinem schiefen Lächeln: „Na, Miles, was sagst du nun zu deinem Freund?" Und dann lachte er dieses hohe, durchdringende Lachen, daß ich dachte, ihm bleibt die Luft weg.

Ich spreche so viel über Sugar Ray, weil er 1954 für mich – neben der Musik – die größte Rolle spielte. Ich verhielt mich wie er, weißt du, ich nahm sogar seine arrogante Haltung an.

Ray war kalt, er war der Beste, er war alles, was ich 1954 sein wollte. Als ich am Anfang nach New York kam, hatte ich mir Disziplin angewöhnt. Jetzt mußte ich nur den ganzen Weg bis zu dem Punkt zurückgehn, wo ich mich noch nicht selbst in dieser Scheiß-Drogenszene gefangen hatte. Und genau von dieser Zeit an ließ ich mir von niemandem mehr was sagen. Ich besorgte mir einen Soldier, wie Sugar Ray einen besaß; und wenn ich jemand zum Reden brauchte, war Gil Evans mein Mann. Außerdem beschloß ich, daß jeder, der mir nichts Wichtiges zu sagen hatte, von mir zu hören bekommen sollte: „Zum Teufel mit dir." Das brachte mich wieder auf den richtigen Weg.

1954 ging ich regelmäßig zum Boxtraining, um mich wieder in Form zu bringen, meinen Körper und meinen Verstand. Im Grunde genommen war die Form schon immer vorhanden, sie war auch schon vorhanden, bevor ich nach New York kam – und auch am Anfang, als ich hier lebte –, nur hatte ich sie 1949, nach der Zeit in Paris, verloren. Mir wurde auch klar, daß ein Mensch von Glück sagen kann, wenn er einen Soldier oder einen Gil Evans in seinem Leben hat, jemanden, der einem nahe genug steht und einen drauf stößt, wenn irgendwas nicht stimmt. Was hätte ich tun sollen, oder was wäre aus mir geworden, wenn ich nicht jemanden wie Gil gehabt hätte? Eigentlich war dieser Süchtige nie mein richtiges Ich. Nachdem ich also clean war, fand ich wieder zu mir selbst und versuchte, mich weiterzuentwickeln – das war letztendlich auch der Grund, warum ich nach New York gekommen war – um mich weiterzuentwickeln.

In diesem Sommer kam Juliette Gréco nach New York. Sie wollte mit den Produzenten reden, die das Buch *Zwischen Madrid und Paris* von Ernest Hemingway verfilmen wollten. Juliette sollte in dem Film mitspielen. Zu der Zeit war sie der größte weibliche Star in Frankreich – oder jedenfalls fast –, daher wohnte sie in einer Suite im Waldorf Astoria unten an der Park Avenue. Wir hatten uns seit 1949 nicht mehr gesehn, und inzwischen war viel passiert. Wir hatten uns ein paar Briefe geschrieben, uns manchmal über gegenseitige Freunde Grüße überbringen lassen, aber mehr nicht. Sie nahm Kontakt mit mir auf, und ich war gespannt, wie ich auf sie reagieren würde, und ich bin sicher, ihr ging's genauso. Ich hatte keine Ahnung, ob sie was über den Scheiß wußte, in dem ich gesteckt hatte, und ich war neugierig, ob meine Heroingeschichten bis nach Europa gedrungen waren.

Sie lud mich zu sich ein, und ich ging hin. Meine Gefühle waren zwiespältig, weil ich mich noch erinnerte, wie ich Paris damals verlassen hatte: mit Juliette im Kopf, im Herzen und im Blut. Sie war die erste Frau, die ich wirklich liebte, und unsere Trennung brach mir fast das Herz und ließ mich in einen Abgrund fallen, in die Sucht. Ich wußte, daß ich sie sehn wollte – sehn *mußte*. Aber für alle Fälle nahm ich einen Freund mit, den Schlagzeuger Art Taylor. Auf diese Weise wollte ich die Situation so gut es ging im Griff behalten.

Wir fuhren mit meinem kleinen, gebrauchten MG runter zum Waldorf und ließen den Motor aufheulen, als wir in die Garage einbogen. Mann, das hat die Weißen vielleicht aufgeregt; zwei komisch aussehende Nigger, die mit 'nem MG beim Waldorf vorfahren. Wir marschierten zum Empfang, und die gesamte Eingangshalle gafft, richtig? Wollen ihren Augen nicht trauen, daß da zwei Nigger am Empfang vom Waldorf stehen, die nicht zum Personal gehören. Ich fragte nach Juliette Gréco. Der Mann an der Rezeption fragte: „Juliette wer?" – mit einem Blick, als wäre irgendwas faul, so etwa, dieser Nigger muß verrückt sein. Ich wiederholte ihren Namen und sagte ihm, er soll oben durchrufen. Also machte er's, und während er wählte, warf er mir diesen „Das-darf-doch-nicht-wahr-sein"-Blick zu. Als sie ihm sagte, daß wir raufkommen könnten, dachte ich, der Arsch fällt auf der Stelle tot um.

Wir gehen also wieder quer durch die Empfangshalle, in der's jetzt still wie im Mausoleum ist, nehmen den Aufzug und gehn zu Juliettes Zimmer. Sie öffnet die Tür, fällt mir in die Arme und gibt mir diesen Wahnsinnskuß. Ich stelle ihr Art vor, der hinter mir steht und ziemlich geschockt aussieht, und merke, wie ihr die Freude aus dem Gesicht weicht. Ich *weiß* sofort, diesen Nigger will sie hier und jetzt nicht sehn. Sie ist richtig enttäuscht. Wir gehn also rein, und sie sieht umwerfend aus, schöner, als ich mich erinnern kann. Mein Herz rast, und ich versuche, meine Gefühle unter Kontrolle zu halten – deshalb verhalte ich mich eisig. Ich schlüpfe wieder in meine schwarze Zuhälterrolle, aber vor allem, weil ich unsicher bin.

Ich sag ihr: „Juliette, gib mir ein bißchen Geld, ich brauch unbedingt Geld!" Sie holt ihre Tasche, zieht ein paar Scheine raus und gibt sie mir. Dabei hat sie diesen entsetzten Ausdruck im Gesicht, als könnte sie nicht glauben, was da passiert. Ich nehm das Geld, lauf im Zimmer rum und schau sie eiskalt an – aber eigentlich will ich sie packen und lieben, habe aber Angst vor mir selbst, davor, mit meinen eigenen Gefühlen nicht zurechtzukommen.

Nach ungefähr fünfzehn Minuten sag ich ihr, daß ich noch was erledigen muß. Sie fragt mich, ob wir uns später nochmal treffen können und ob ich mit ihr nach Spanien gehe, wo sie den Film dreht. Ich antworte ihr, daß ich's mir überlegen werde und sie später anrufe. Ich glaube nicht, daß sie schon jemals so behandelt worden war; so viele Männer verehrten und begehrten sie, daß sie vermutlich alles bekommen konnte, was sie wollte. Als ich zur Tür rausging, fragte sie: „Miles, kommst du wirklich wieder?"

„Ah, Schlampe, halt's Maul; ich hab gesagt, daß ich später anrufe!" Aber innerlich hoffte ich, daß sie mich irgendwie zum Bleiben überreden würde. Der Schock über mein mieses Verhalten saß jedoch so tief, daß sie mich einfach gehn lassen mußte. Später rief ich sie an und sagte ihr, daß ich keine Zeit hätte, um mit ihr nach Spanien zu gehen, aber daß ich sie irgendwann mal in Frankreich besuchen würde. Sie wußte überhaupt nicht, was sie dazu sagen sollte, gab mir aber ihre Adresse und Telefonnummer, hängte ein, und das war's.

Zwei Jahre später kamen wir doch noch zusammen und hatten lange Zeit eine Liebesbeziehung. Ich erklärte ihr mein Verhalten damals im Waldorf, sie verstand es und verzieh mir, obwohl sie mir sagte, wie verwirrt und enttäuscht sie gewesen sei, als ich sie so behandelt hatte. In einem ihrer späteren Filme – ich glaube, es war ein Film von Jean Cocteau –, stellt sie ein Bild von mir auf ihren Nachttisch.

Seit der Zeit meiner Sucht hatte ich mich verändert; ich hatte mich in mich selbst zurückgezogen, um mich vor all dem zu schützen, was ich als feindlich empfand. Und manchmal konnte ich nicht mehr zwischen Freund und Feind unterscheiden, wie in Juliettes Fall. Oft nahm ich mir gar nicht die Zeit, darüber nachzudenken. Ich behandelte fast jeden so kalt. Auf diese Art schützte ich mich und ließ keinen an meine wirklichen Gefühle rankommen. Und für mich war das lange so in Ordnung.

An Heiligabend 1954 ging ich mit Milt Jackson, Thelonious Monk, Percy Heath und Kenny Clarke ins Studio. Wir nahmen draußen bei Rudy Van Gelder *Miles Davis and the Modern Jazz Giants* für Prestige auf.* Über diese Aufnahmesession schwirren viele Gerüchte durch die Gegend, über den Krach, den's angeblich zwischen Thelonious Monk und mir gegeben haben soll. Das meiste davon ist Bullshit und blödes Geschwätz, das irgendwelche Leute so lange wiederholten, bis es plötzlich als Wahrheit dastand. *Tatsächlich* passierte nur eins: Wir spielten alle großartig. Aber ich möchte trotzdem klarstellen, was bei dieser Session zwischen Monk und mir war.

Ich sagte ihm, daß er aussetzen soll – außer bei „Bemsha Swing", seinem eigenen Stück. Monk konnte nämlich einfach keine Bläser begleiten (die einzigen Bläser, die mit ihm zusammen einen guten Sound brachten, waren John Coltrane, Sonny Rollins und Charlie Rouse). Aber mit den meisten Bläsern kam Monk nicht besonders zurecht, und das galt vor allem für Trompeter. Um eine Trompete zum Scheinen zu bringen, muß man der Rhythmusgruppe richtig Dampf machen, und das war nicht Monks Ding. Ein Trompeter lebt von einer heißen Rhythmusgruppe, auch wenn er eine Ballade spielt. Er braucht diesen Kick, und an dem Punkt hat Monk meistens versagt. Ich sagte ihm also nur, er soll aussetzen, wenn ich spiele, weil ich nicht damit zurechtkam, wie er seine Akkordwechsel brachte. Ich wollte, daß die Rhythmusgruppe ohne Pianosound dahinschlendert. Zu der Zeit wollte ich der Musik mehr Raum zum Atmen geben – ein Konzept, das ich von Ahmad Jamal übernommen hatte. Wir nahmen sogar eins der Stücke auf, das er oft spielte und das ich liebte – „The Man I Love".

* Miles Davis: *Miles Davis and the Modern Jazz Giants* (Prestige 7150).

Monk klingt auf diesem Album wirklich gut und intensiv, genau wie ich ihn hören wollte. Ich sagte ihm, er soll erst dann einsetzen, nachdem ich eine Weile gespielt habe. Und das machte er. Es gab keinen Streit. Ich habe keine Ahnung, wer die Geschichte in die Welt gesetzt hat, daß Monk und ich uns fast geprügelt hätten.

Weißt du, Monk redete immer verrücktes Zeug und lief rum, als hätte er sie nicht mehr alle. Aber so war er eben, und wer ihn kannte, wußte Bescheid. Manchmal führte er vor Leuten Selbstgespräche und sagte einfach, was ihm gerade einfiel. Aber er war auch ein großer Schauspieler, der sich die Leute vom Leib hielt, indem er verrückt spielte. Vielleicht wurde er irgendwann mal auf diese Session angesprochen, und er erzählte irgendwas, einfach um den Typen zu verarschen. Ich weiß nur *soviel*: Monk war wie ein Baby. Er steckte voller Liebe, und ich *weiß*, daß er mich mochte, genau wie ich ihn. Er hätte sich nie mit mir geschlagen, selbst wenn ich ihm eine Woche lang das Leben schwergemacht hätte, denn dazu war er nicht der Typ. Monk hatte ein sanftes Wesen, sanft und wunderbar, aber er war stark wie ein Ochse. Und wenn ich Monk jemals ins Gesicht gesagt hätte, daß ich ihn zusammenschlage – was ich nie getan habe –, dann hätte man mich gleich abholen und in die Klapsmühle stecken können. Denn Monk hätte mich einfach an meinem kleinen Arsch gepackt und an die Wand geklatscht.

An diesem Tag spielten wir großartige Musik, und die Platte sollte ein Klassiker werden, genau wie „Walkin'" und „Blue'n' Boogie".

Bei der *Modern Jazz Giants*-Aufnahme verwirklichte ich zum ersten Mal meine Vorstellung, Raum zu schaffen, indem man auf das Klavier verzichtet und die Musiker dahinschlendern läßt. Später erweiterte ich dieses Konzept und benutzte es öfters; aber Ende 1954 war es noch nicht so ausgereift wie später.

1954 war ein großes Jahr für mich – *wie* groß, war mir zu der Zeit gar nicht klar. Ich war meine Sucht los, spielte besser als je zuvor, und ein paar der Platten, die in diesem Jahr veröffentlicht wurden, zum Beispiel *Birth of the Cool* und *Walkin'*, ließen alle – besonders die Musiker – aufhorchen und wieder Notiz von mir nehmen. Die Kritiker hinkten – wie immer – um ein paar Jahre hinterher, aber immerhin kauften die Leute wieder meine Platten. Das konnte ich schon daran sehn, daß Bob Weinstock mir um diese Zeit ungefähr dreitausend Dollar für meine nächsten Platten gab, das war mehr, als ich jemals von ihm bekommen hatte. Ich merkte, daß es vorangeht – unter meinen Bedingungen. Ich hatte mich nicht verkauft, um mir diese Anerkennung zu verschaffen. Und wenn ich's bis jetzt nicht getan hatte, dann würde ich es auch in Zukunft nicht tun.

Ich ging ziemlich optimistisch ins Jahr 1955. Und dann starb Bird im März, und das machte uns alle fertig. Jeder wußte, daß er in schlechter Verfassung war, daß er nicht mehr spielen konnte, fett war und nur noch besoffen und mit Drogen vollgepumpt rumlief; und jeder dachte, daß er es so nicht mehr lange machen würde. Aber es war trotzdem ein Schock, als er dann in der Wohnung der Baronin Pannonica de Koenigswarter starb. Ich hatte sie 1949 kennengelernt, als ich in Paris spielte. Sie liebte schwarze Musik, Mann, und ganz besonders Bird.

Was die Sache für mich noch schlimmer machte, war, daß ich zu der Zeit im Gefängnis in Rikers Island saß. Irene hatte mich hinter Gitter gebracht, weil ich meinen Unterhaltsverpflichtungen nicht nachgekommen war. Ich saß also im Gefängnis, als ich durch Harold Lovett – meinem späteren Anwalt und besten Freund – von Birds Tod erfuhr. Harold, der sich immer in der Musikszene aufhielt und damals der Anwalt von Max Roach war, kam nach Rikers Island, um mich rauszuholen. Jedenfalls war es ein richtiger Downer, als er mir erzählte, daß Bird tot ist. Ich war sowieso deprimiert, weil ich im Knast unter all diesen verrückten Arschlöchern saß – ausgerechnet in dem Moment, als alles so gut lief. Und obwohl ich wußte, daß Bird sehr krank war und durchhing, war es ein Schock, als er dann wirklich starb. Ich war nur drei Tage da draußen im Gefängnis, und genau da stirbt Bird.

Harold holte mich mit dem Geld raus, das er von Bob Weinstock bekommen hatte, und mit dem Vorschuß für einen Gig, den er mir unten in Philly verschaffte. Später erfuhr ich, daß Harold die ganze Strecke nach Philly und zurück gefahren war, um dieses Geld zu besorgen. Und das, obwohl er mich nicht mal richtig kannte. Als er in meine Zelle in Rikers Island kam, schaute ich ihn an, als würde ich ihn seit Jahren kennen, und sagte: „Yeah, ich wußte, daß du kommst. Ich wußte, daß du's bist." Ich glaube, er war enttäuscht, weil ich nicht mal überrascht war – aber, wie gesagt, ich konnte solche Dinge schon immer vorhersehen.

Wir setzten uns in seinen kastanienbraunen 1950er Chevrolet und fuhren direkt nach Harlem, in die Sportsman's Bar, den Club von Sugar Ray. Wir blieben eine Zeitlang dort, und ich merkte, daß mir dieser Typ gefiel, so, wie er mit Sugar Ray umging; ich sah, daß er ein heller Kopf war. Wir waren oft zusammen, und später übernahm er meine Geschäfte.

Nachdem Bird auf so elende Art gestorben war, versuchten viele, vom Heroin loszukommen, und das war gut so. Aber sein Tod machte mich einfach traurig, denn, Mann, er hätte noch so viel bringen können. Aber so ist das Leben. Bird war ein gieriger Motherfucker und wußte nie, wann er aufhören mußte. Und genau daran ging er zugrunde – an seiner Gier.

Eigentlich sollte Bird ein stilles Begräbnis im kleinen Kreis haben, zumindest plante das Chan. Ich wäre sowieso nicht hingegangen, weil ich Beerdigungen hasse; ich will mich an einen Menschen so erinnern, wie er im Leben war. Aber ich erfuhr, daß Doris – Olive Oyl – dazwischenkam und alles versaute, die ganze Sache in einen Zirkus verwandelte und Chan einfach von der Bildfläche drängte. Mann, das war eine lächerliche und traurige Scheiße, denn Bird hatte Olive Oyl seit Jahren nicht mal mehr gesehn. Und sie kommt daher, erhebt Ansprüche auf den Leichnam und organisiert eine wirklich riesige Trauerfeier in der Abyssinian Baptist Church oben in Harlem. Das war auch in Ordnung, denn es war die Kirche von Adam Clayton Powell. Aber dann wollte Doris auch noch, daß kein Jazz oder Blues gespielt wurde (genau wie später beim Begräbnis von Louis Armstrong). Nicht nur war da die schwachsinnige Musik, die sie vor Birds Leichnam spielten – Dizzy erzählte mir hinterher davon –, er lag auch noch im Nadelstreifenanzug mit Krawatte da, die ihm Doris gekauft hatte. Mann, sie haben Birds Begräbnis in einen Bullshit verwandelt. Vielleicht ist sein Körper deshalb fast aus dem Sarg gefallen, als einer der Sargträger ausrutschte. Mann, das war Birds Protest gegen diese peinliche Aufführung.

Dann verschifften sie seinen Körper zur Beisetzung nach Kansas City, einen Ort, den Bird haßte. Chan hatte ihm versprechen müssen, daß sie ihn niemals dort beerdigen läßt. Hinterher sagten alle, Birds Beerdigung sei einfach zuviel gewesen, er hätte in einem bronzenen Sarg unter einem Glasdeckel gelegen, der auch noch beleuchtet war. Ein Typ meinte, es hätte so ausgesehen, als wär Birds Kopf von einem Heiligenschein umgeben. Mann, dieser Scheiß hat 'ne ganze Reihe von Typen durchdrehn lassen, die ohnehin drauf schworen, daß Bird ein Gott war; dieser Mist setzte dem Ganzen noch die Krone auf.

Bird war tot, aber für mich mußte das Leben weitergehen. Im Juni 1955 nahm ich ein Quartett mit ins Studio, um meine nächste Platte für Bob Weinstock einzuspielen. Weil ich einen Pianisten wie Ahmad Jamal wollte, beschloß ich, Red Garland zu nehmen. Philly Joe hatte ihn mir 1953 bei der Session vorgestellt, bei der sich Bird Charlie Chan genannt hatte. Red hatte diesen leichten Anschlag, den ich auf dem Klavier haben wollte. Er stammte aus Texas und gefiel mir, weil er hip war und auch auf Boxen stand. Red wußte, daß ich Ahmad Jamal mochte und nach diesem Sound suchte. Bei dieser Session waren Philly Joe am Schlagzeug und Oscar Pettiford am Baß. Es wurde ein nettes kleines Album, das *Miles Davis Quartet*, und es zeigte deutlich, wie sehr mich Jamal damals beeinflußte.* „A Gal in Calico" und „Will You Still Be Mine" waren

* Miles Davis: *The Musings of Miles* (Prestige PRLP 7007).

beides Stücke, die Jamal oft spielte. Auf diesem Album ist Jamals melodisches Understatement, seine Unbeschwertheit herauszuhören. Die Leute haben recht, wenn sie vom großen Einfluß Jamals auf meine Musik sprechen; aber eins sollte man dabei nicht vergessen, daß ich dieses Feeling nämlich schon lange mochte und selber spielte – lange bevor ich von Ahmad Jamal überhaupt etwas gehört hatte. Er hat mich nur dazu gebracht, meine Musik wieder auf den Punkt zu konzentrieren, an dem ich schon früher war. Er führte mich lediglich zu mir selbst zurück.

Zu der Zeit war ich nicht besonders populär, aber das änderte sich 1955 nach dem Newport Jazz Festival. Es war das erste Festival, das Elaine und Louis Lorillard auf die Beine stellten. Sie holten sich George Wein als Produzenten. Für das erste Festival suchte George Count Basie, Louis Armstrong, Woody Herman und Dave Brubeck aus. Und dann stellte er noch eine All Star Band zusammen mit Zoot Sims, Gerry Mulligan, Monk, Percy Heath und Connie Kay; später kam ich noch dazu. Zuerst spielten sie ein paar Stücke ohne mich, und bei „Now's the Time", das Bird gewidmet war, stieg ich ein. Und dann kam Monks „'Round Midnight". Ich spielte mit Dämpfer, und alle flippten aus. Ich bekam eine lange, stehende Ovation. Als ich von der Bühne ging, schauten mich alle an, als wäre ich ein König oder sowas. Die Leute rannten hinter mir her und boten mir Plattenverträge an, und die Musiker behandelten mich wie einen Gott – und das alles wegen eines Solos, das mir früher viel Probleme bereitet hatte. Mann, das war irre. All die Leute zu sehen, die plötzlich aufstanden und mir applaudierten.

Am Abend gab's eine Riesenparty in dieser verdammten großen Villa. Wir gingen hin, und überall nur reiche Weiße. Ich saß in einer Ecke und kümmerte mich um nichts, als Elaine Lorillard, die das Festival organisierte, mit einem Haufen grinsender, alberner Weißer zu mir rüberkam und etwas in der Art sagte wie: „Oh, da sitzt der Junge, der so wunderschön gespielt hat. Wie heißt du?"

Sie steht also da und lächelt, als ob sie mir einen gottverdammten Gefallen getan hat, ja? Ich schau sie an und sage: „Fahr zur Hölle, und außerdem bin ich kein Junge! Mein Name ist Miles Davis, und das solltest du dir merken, falls du nochmal mit mir reden willst." Und dann ging ich weg und ließ alle völlig geschockt stehen. Ich wollte nicht gemein sein oder sowas, aber sie nannte mich einen „Jungen", und so einen Mist kann ich einfach nicht ausstehn.

Ich verschwand also mit Harold Lovett, mit dem ich auch gekommen war. Wir fuhren zusammen mit Monk nach New York, und auf dieser Fahrt gab es die einzige Auseinandersetzung, die ich jemals mit Monk hatte. Wir saßen im Wagen, und er sagte mir, ich hätte an diesem Abend „'Round Midnight" nicht richtig gespielt. Ich sagte, das könnte schon möglich sein, aber mir hätte die Art, wie er mich begleitet hat, auch nicht gefallen. Aber ich hätte ihm *das* schließlich auch nicht gesagt, also warum müsse er jetzt mit diesem Scheiß anfangen? Außerdem, sagte ich weiter, hätte es den Leuten sehr gut gefallen, sonst wären sie nicht aufgestanden und hätten so begeistert geklatscht. Dann sagte ich ihm, daß er offensichtlich eifersüchtig sei.

Natürlich meinte ich das nicht ernst. Aber er muß geglaubt haben, daß ich mich über ihn lustig mache und ihn auf den Arm nehme. Er ließ den Taxifahrer anhalten und stieg aus. Da ich wußte, wie stur Monk war – wenn er sich einmal was in den Kopf gesetzt hatte, dann war Schluß, dann ließ er sich nicht mehr davon abbringen –, sagte ich dem Fahrer: „Ach, scheiß auf den Motherfucker. Er ist verrückt. Laß uns fahren." Wir ließen Monk da stehen, wo die Fähren anlegen, und fuhren nach New York zurück. Als wir uns das nächste Mal trafen, war es so, als wäre der Scheiß nie passiert. Weißt du, Monk war manchmal einfach unglaublich merkwürdig. Aber wir haben den Vorfall nie mehr erwähnt.

Nach meinem Auftritt in Newport lief plötzlich alles wie von selbst. George Avakian, der Jazzproduzent von Columbia Records, wollte, daß ich einen Exklusiv-Vertrag unterschreibe. Ich sagte zu, weil mir Columbia 'ne ganze Menge Zugeständnisse machte, erzählte ihm aber nicht, daß ich einen langfristigen Vertrag mit Prestige Records hatte. Als er es rausbekam, versuchte er, mit Bob Weinstock einen Deal auszuhandeln, aber Bob wollte ziemlich viel Geld. Mann, ich muß zugeben, daß mir das alles ganz schön zu Kopf stieg. Diese Motherfucker redeten von Geld, *richtigem* Geld, die Sache wurde langsam interessant. Es war ein gutes Gefühl, wie die Leute mich plötzlich überall lobten, anstatt mich runterzumachen. Ich sollte eine Gruppe fürs Cafe Bohemia zusammentrommeln, einem heißen neuen Jazzclub unten in Greenwich Village. Diese positiven Reaktionen taten mir gut, wirklich gut.

Dann spielte ich bei einer Platte von Charlie Mingus für sein Debut Label mit.* Mingus galt zu der Zeit als einer der besten Bassisten. Außerdem war er auch ein großartiger Komponist. Aber irgendwas lief bei dieser Session nicht, nichts ging so richtig los, und so fehlte dem Ganzen das Feuer., Ich weiß nicht, woran es lag – vielleicht an den Arrangements –, aber irgendwas ging ganz entschieden daneben; obwohl Mingus Elvin Jones am Schlagzeug hatte und jeder *weiß*, daß dieser Motherfucker immer einheizt.

Vielleicht war ich bei Mingus' Session etwas unkonzentriert, denn ich probte gerade mit meiner eigenen Band, mit der ich im Cafe Bohemia auftreten wollte, einem Club in der Barrow Street, unten im Village. Sonny Rollins spielte Tenor, Red Garland Piano, Philly Joe Jones Schlagzeug, ich selber Trompete und Paul Chambers Baß. Paul war ein junger Bassist aus Detroit, von dem mir Jackie McLean erzählt hatte und der im George Wallington Quintet spielte. Er war erst seit ein paar Monaten in New York, hatte aber schon in der Band von J. J. Johnson und Kai Winding gespielt. Alle schwärmten von Paul. Als ich ihn hörte, *wußte* ich, daß er ein unglaublicher Typ ist.

Im Juli 1955 eröffneten wir im Bohemia, und es war immer brechend voll. Anschließend spielte dort Oscar Pettiford

---

* Miles Davis: *Blue Moods* (Debut DEB 120).

mit einem Quartett, in dem Julian „Cannonball" Adderley am Altsaxophon war. Ich ging oft mit Susan runter ins Bohemia, um mir Cannonball anzuhören, den damals noch keiner kannte. Cannonball spielte den Blues einfach wahnsinnig. Jedem war sofort klar, daß dieser großartige Typ einer der Besten war. Sogar die weißen Kritiker schwärmten von ihm, und alle Plattenfirmen waren hinter ihm her. Mann, er kam hoch wie eine Rakete.

Jedenfalls unterhielten wir uns oft, denn er war nicht nur ein unglaublicher Altsaxophonist, sondern dazu auch ein echt netter Kerl. Als plötzlich alle von ihm redeten und ihm die Plattenfirmen die Tür einrannten, klärte ich ihn über die einzelnen Leute auf und sagte ihm, wen er zum Teufel jagen soll. Ich empfahl ihm Alfred Lion, weil er ihm trauen konnte und weil er ihn im Studio in Ruhe ließ. Aber er hörte nicht auf mich. Ich erzählte ihm auch einiges über John Levy, der sein Manager wurde. Aber er unterschrieb bei Mercury-Emarcy, die ihm ständig Vorschriften machten. Letztendlich versaute sich Cannonball damit alles; er spielte kaum die Sachen, die er wollte oder die er wirklich beherrschte. Sie wußten mit seinem Talent einfach nichts anzufangen.

Cannonball stammte aus Florida und war Musiklehrer. Deshalb meinte er, über Musik könnte ihm keiner was erzählen. Ich war ein paar Jahre älter als er und schon viel länger in der New Yorker Musikszene. Ich wußte Sachen, die man auf keinem College lernen kann, schließlich hatte ich deshalb Juilliard abgebrochen. Aber Cannonball dachte damals, er wüßte alles, und als ich ihm sagte, daß er ein paar unsinnige Akkorde spielte – ich sagte ihm, er solle sie anders nehmen –, ignorierte er das einfach. Dabei hatte er inzwischen doch schon Sonny Rollins gehört, *wußte* also, daß ich die Sache genau traf. Trotzdem war mir gleich beim ersten Mal klar, daß ich ihn in meiner Band haben wollte. Aber Cannonball nahm seinen Lehrerjob in Florida wieder auf und kam erst ein paar Jahre später nach New York zurück.

Im August, nach dem Bohemia-Gig, ging ich wieder ins

Studio und machte eine Platte für Prestige.* Jackie McLean war am Alt, Milt Jackson am Vibraphon, Percy Heath am Baß, Art Taylor am Schlagzeug und Ray Bryant am Klavier, weil ich einen Bebop-Sound wollte. Jackie war bei dieser Session so high, daß er dauernd Angst hatte, er könnte nicht mehr spielen. Ich weiß nicht, was der Scheiß wieder sollte, aber nach dieser Aufnahme engagierte ich Jackie nie wieder.

Während wir dieses Album aufnahmen, passierte eine schreckliche Sache: Emmett Till, ein junger vierzehnjähriger schwarzer Junge aus Chicago, wurde in Mississippi von einer weißen Bande gelyncht, weil er eine weiße Frau angesprochen hatte. Sie warfen ihn einfach in den Fluß. Als sie ihn fanden und rauszogen, war er völlig aufgedunsen. Die Aufnahmen von ihm erschienen in allen Zeitungen. Mann, die Sache war entsetzlich und schockierte ganz New York. Mir drehte sich richtig der Magen um. Aber die Schwarzen konnten daran wieder einmal sehen, was sie für die meisten Weißen in diesem Land wert waren. Ich werde die Bilder von diesem kleinen Jungen mein Leben lang nicht vergessen.

Ich hatte ein paar Engagements in Clubs angenommen, die im September beginnen sollten. Aber kurz davor war Sonny Rollins plötzlich verschwunden. Angeblich sollte er in Chicago sein, aber dort konnte ich ihn nicht ausfindig machen. (Später erfuhr ich, daß er sich in Lexington angemeldet hatte, um endgültig vom Heroin wegzukommen.) Ich suchte verzweifelt einen Tenorsaxophonisten und probierte es mit John Gilmore, der beim Sun Ra Arkestra spielte. Er war nach Philadelphia gezogen, und Philly Joe hatte dort einige Male mit ihm gespielt und ihn mir empfohlen. Er kam zu ein paar Proben, aber irgendwie klappte es nicht, obwohl er ein höllisch guter Tenorsaxophonist ist. Er paßte einfach nicht in den Sound, den ich mir für meine Band vorstellte.

Und dann kam Philly Joe mit John Coltrane. Ich kannte Trane schon von dem Gig im Audubon vor einigen Jahren, aber

---

* Miles Davis and Milt Jackson: *Quintet/Sextet* (Prestige PRLP 7034).

damals hatte Sonny ihn einfach weggeblasen. Ich war also nicht gerade begeistert, als Philly erzählte, wen er mitbringen würde. Aber Trane war um ein ganzes Stück besser als an dem Abend, an dem Sonny ihm die Hölle heiß gemacht hatte. Am Anfang kamen wir nicht besonders gut miteinander klar, weil Trane dauernd blöd fragte, was er spielen soll und was nicht. Mann, wie ich das hasse; für mich war er ein professioneller Musiker, und ich erwarte von jedem, der mit mir spielt, daß er sich seinen eigenen Platz in der Musik sucht. Vielleicht haben daher mein Schweigen und meine bösen Blicke seine Lust vergehen lassen. Nach ein paar Proben sagte Trane, daß er wieder zurück müßte. Er ging nach Philly und spielte dort mit dem Organisten Jimmy Smith.

Das brachte uns in ziemliche Schwierigkeiten, weil für den Herbst eine Tour gebucht war. Ich hatte die Shaw Artists Corporation als Agenten engagiert, und sie beauftragten einen Typen namens Jack Whittemore, für mich zu arbeiten. Jack und ich wurden später gute Freunde, aber anfangs ließ ich ihn durch Harold Lovett scharf beobachten, denn ich fürchtete, er würde mich ausnutzen. Jack organisierte meine erste Tournee mit Coltrane in der Band, eine Tournee, die über Baltimore, Detroit, Chicago, St. Louis und wieder nach New York ins Cafe Bohemia gehn sollte.

Nachdem alle Termine gebucht waren, Sonny Rollins nicht zurückgekommen war und Trane wieder in Philly bei Jimmy Smith spielte, hatten wir plötzlich keinen Tenorsaxophonisten mehr. Also rief Philly Joe bei Trane an und bat ihn, mit uns zu kommen. Trane war der einzige, der alle Stücke kannte, deshalb brauchte ich ihn. Außerdem wußte ich, daß dieser Typ unglaublich war, daß er auf dem Tenor genau den Sound brachte, der meinen Ton hervorhob.

Wir erfuhren erst später, daß Trane eigentlich nur auf unsern Anruf gewartet hatte. Er hatte sich schon entschlossen, bei uns mitzuspielen, weil ihm unsere Musik besser gefiel als die von Jimmy Smith, und er spürte, daß er sich in meiner Band entwickeln konnte. Aber davon wußten wir nichts. Also ließ er

238

Philly Joe noch ein bißchen zappeln, bevor er zusagte und mit seiner Freundin Naima Grubbs nach Baltimore kam. Als wir uns dort trafen, heiratete er Naima, und wir waren seine Trauzeugen, die ganze Band, Mann. Die Band hielt immer zusammen, ob sie auf der Bühne stand oder nicht.

Jetzt spielte Trane Sax, Philly Joe Schlagzeug, Red Garland Piano, Paul Chambers Baß und ich Trompete. Und schneller als ich es mir vorstellen konnte spielten wir eine unglaubliche Musik. Sie war so wahnsinnig, daß mir nachts nach dem Konzert noch ein Schauer über den Körper lief, und ich glaube, dem Publikum ging es ähnlich. Mann, das Zeug, das wir spielten, war unheimlich, so unheimlich, daß ich mich oft kneifen mußte, um zu merken, daß ich nicht träumte. Kurz nachdem Trane und ich zusammenspielten, schrieb der Kritiker Whitney Balliett, daß Coltrane „einen rauhen, ungeschliffenen Ton hat, der Davis hervorhebt wie eine grobe Fassung einen feingeschliffenen Stein". Aber Trane war bald weitaus mehr. Er war selber ein Diamant, und ich wußte es. Und wer ihn hörte, wußte es auch.

KAPITEL 10

*C*oltrane und ich wurden durch diese Band zur Legende. All die großartigen Platten, die wir für Prestige und später für Columbia Records aufnahmen, verschafften mir endgültig einen Platz auf der musikalischen Landkarte. Aber durch die Gruppe wurde ich nicht nur berühmt, sie eröffnete mir auch den Weg zum großen Geld – zu mehr Geld, so wurde gesagt, als irgendein Jazzmusiker jemals verdient hat. Außerdem brachte sie mir großes Lob von den Kritikern ein, denn die meisten liebten diese Band. Sie waren vor allem von mir und Trane begeistert, aber auch die anderen wurden durch diese Gruppe zu Stars.

Wo wir auch spielten, die Clubs waren knallvoll, und die Leute standen in langen Schlangen draußen, egal, ob es regnete, schneite, kalt oder heiß war. Mann, das war irre. Und jeden Abend kam 'ne Menge Berühmtheiten, die uns hören wollten, Leute wie Frank Sinatra, Dorothy Kilgallen, Tony Bennett (er kam einen Abend auf die Bühne und sang mit der Band), Ava Gardner, Dorothy Dandridge, Lena Horne, Elizabeth Taylor, Marlon Brando, James Dean, Richard Burton, Sugar Ray Robinson – um nur ein paar zu nennen.

In dieser Zeit schien sich das Klima im gesamten Land zu verändern; bei Schwarzen wie Weißen entstand ein neues Gefühl, eine neue Stimmung. Martin Luther King führte diesen Bus-Boykott unten in Montgomery, Alabama, an, und viele Schwarze unterstützten ihn. Marian Anderson sang als erste Schwarze in der Metropolitan Opera. Arthur Mitchell tanzte als erster Schwarzer mit einer führenden weißen Ballettgruppe, dem New York City Ballet. Marlon Brando und James Dean waren die neuen Kinostars, sie standen für das rebellische Image des „angry young man", mit dem sie groß rauskamen. *Denn sie wissen nicht, was sie tun* war damals der große Film. Die Schwarzen und die Weißen kamen sich langsam näher, und selbst unter den Musikern hatte das „Onkel Tom"-Image allmählich ausgedient. Plötzlich wollten alle zornig, cool, hip und echt sophisticated sein. Der „Rebell" war jetzt „in", und da viele dieses Bild von mir hatten, wurde ich zum Medienstar. Außerdem war ich jung, sah gut aus und war immer gut angezogen.

Ich war rebellisch und schwarz, ein Unangepaßter, ich war cool und hip, zornig, sophisticated und ultra-clean, nenn's, wie du willst – ich stand für all diese Dinge und noch mehr. Aber die Anerkennung bekam ich nicht allein durch dieses Rebellen-Image, ich spielte schließlich auch wie der Teufel auf meinem Horn und hatte eine großartige Gruppe.

Unsere erste Tournee mit Coltrane Ende September 1955 fing wirklich gut an. Wir hingen rum, gingen zusammen essen und schauten uns in Detroit um. Für Paul Chambers und mich war es wie eine Heimkehr, denn er stammte aus Detroit, und ich hatte dort länger gelebt. Clarence, der Glücksspieler, kam jeden Abend mit seinen Jungs, um sich die Shows anzusehn. Detroit war Klasse. Danach spielten wir in der Sutherland Lounge an der South Side in Chicago, und hier ging's genausogut ab, weil ich viele Leute kannte. Meine Schwester, die dort lebte und als Lehrerin arbeitete, kam immer vorbei und brachte jedesmal viele Leute mit.

Der einzige echte Downer auf dieser ersten Tournee war, daß Paul Chambers plötzlich mit Doris Sydnor, Birds Ex-Frau, zusammen war. Sie hatten ein Zimmer im Sutherland Hotel. Ich sagte Paul, er soll mir dieses Flittchen vom Leib halten; er könnte machen, was er wollte, nur ich wollte mit ihr nichts zu tun haben, denn ich konnte nicht mal ihren Anblick ertragen. Also ließ er sich mit ihr nicht blicken. Ich glaube, er war ein bißchen enttäuscht, daß ich Doris nicht mochte. Wahrscheinlich bildete er sich ein, sie wäre eine große Errungenschaft, eine Feder auf seinem Hut, weil sie Birds Verflossene war. Aber, Mann, sie war einfach häßlich, und ich hab nie verstanden, was Bird an ihr fand – oder was einen gutaussehenden großen Jungen wie Paul an ihr reizte. Es muß irgendwas gewesen sein, was man auf den ersten Blick nicht sah. Vermutlich war sie 'ne große Nummer im Bett.

Von Chicago aus fuhren wir runter nach St. Louis und spielten im Peacock Alley. Du kannst dir gar nicht vorstellen, wie sauwohl ich mich gefühlt habe, und die andern auch. Es sah so aus, als wäre ganz East St. Louis rüber nach St. Louis gefahren, um mich in dieser Woche spielen zu hören. Alle Jungs, mit denen ich zur Schule gegangen war, kreuzten auf, es war irre.

Ich freute mich für meine Familie. Endlich konnten sie sehen, wie gut es mir ging, daß ich von den Drogen weg war, eine eigene Band hatte und ganz gut Geld machte. Man konnte meinen Eltern richtig ansehn, wie stolz sie auf mich waren, besonders, als ich ihnen von meinen Plattenverträgen mit Columbia erzählte. Columbia war für sie die große Welt, genau wie für mich. Jedenfalls lief in St. Louis einfach alles hervorragend – und das galt eigentlich für die ganze Tournee.

Viele hatten Sonny Rollins in der Band erwartet. Von Trane hatte in St. Louis noch keiner was gehört; einige waren richtig enttäuscht – bis er spielte. Aber dann flippten alle aus.

Als Sonny Rollins aus Lexington nach New York zurückkam, gehörte Trane fest zur Band. Er hatte Sonnys Platz eingenommen. Und zu der Zeit spielte Trane so wahnsinnig, daß sogar Sonny *seinen* Stil änderte – und er hatte einen großartigen Stil – und wieder anfing zu üben. Er soll sogar, wenigstens hat mir das jemand erzählt, ein paarmal zur Brooklyn Bridge rausgefahren sein, um dort in Ruhe zu üben.

Als wir wieder in New York waren, starteten wir im Cafe Bohemia. George Avakian von Columbia Records kam fast jeden Abend vorbei. Er liebte die Band und fand sie großartig, aber besonders mochte er die Art, wie Coltrane spielte. Ich weiß noch, wie er mir eines Abends sagte, daß Trane „mit jeder einzelnen Note, die er spielt, an Größe und Volumen zu gewinnen scheint", daß er „anscheinend jeden einzelnen Akkord an seine äußersten Grenzen treibt, hinaus in den Raum".

Aber so großartig Trane auch spielte, im Grunde genommen war es Philly Joe, der vielem erst das Feuer gab. Er *wußte* immer, was ich spielen würde; er ahnte im voraus, spürte, was ich dachte. Manchmal sagte ich ihm, daß er seine Licks nicht *mit* mir, sondern *nach* mir spielen sollte. Und diese Sache, die er brachte, nachdem ich etwas gespielt hatte – dieser „Rim Shot"* –, wurde als „Philly lick"** bekannt, durch ihn wurde Philly Joe berühmt, er machte ihn zur Nummer eins unter den Schlagzeugern. Danach sagten viele Jungs in anderen Bands zu ihren Schlagzeugern: „Mann, gib mir diesen Philly lick." Aber in meiner Musik war der Raum, den Philly ausfüllen konnte. Ich wußte, daß Philly Joe genau der Drummer war, den ich für meine Musik brauchte (sogar, als er nicht mehr bei mir spielte, suchte ich in jedem Schlagzeuger ein bißchen Philly Joe).

Philly Joe und Red Garland waren gleich alt, ungefähr drei Jahre älter als ich. Coltrane und ich waren im selben Jahr geboren. Paul Chambers mit seinen zwanzig Jahren war das Baby in der Gruppe, aber er spielte, als ob er sein Leben lang nichts anderes gemacht hätte. Und Red war genauso; er hatte diesen leichten Ahmad Jamal-Anschlag, noch ein bißchen Erroll Garner und dazu seinen eigenen Kram. Das Ganze paßte also haargenau zusammen.

Das Verblüffendste war, daß mir Columbia in diesem Jahr einen Vorschuß von über viertausend Dollar für meine erste Platte zahlte, plus dreißigtausend Dollar pro Jahr. Aber Prestige wollte mich nicht verlieren, nicht, nachdem sie zu mir gehalten hatten, als keiner mich haben wollte. Also mußte ich meinen Vertrag mit Prestige noch ein Jahr lang erfüllen. Irgendwie überredete George Avakian Bob Weinstock, daß wir in sechs Monaten mit den Aufnahmen beginnen könnten, allerdings unter der Bedingung, daß Columbia erst veröffentlichen durfte, wenn mein Ein-Jahres-Vertrag mit Prestige abgelaufen war. Ich schuldete Prestige vier Platten, die ich innerhalb eines Jahres aufnahm.

Ich wollte weg von Prestige, weil sie mir nichts zahlten – jedenfalls nicht das, was ich wert war. Sie hatten mich damals für ein Butterbrot gekauft, als ich noch ein Junkie gewesen war; aber sie hatten mir nie was zusätzlich gegeben. Als es sich

---

* *Rim Shot:* Schlag auf dem Metallrand der Trommel.
** *Lick:* Allgemein: Spielfiguren; meist bestimmte rhythmische Muster auf dem Schlagzeug.

rumsprach, daß ich bei Bob aufhöre, hielten mich viele für undankbar, weil er in einer Zeit Platten mit mir gemacht hatte, als kein anderer dazu bereit gewesen war. Aber ich mußte langsam an meine Zukunft denken, und so, wie ich die Sache sah, konnte ich das Geld von Columbia einfach nicht ausschlagen. Ich wäre ein Idiot gewesen, wenn ich abgelehnt hätte. Außerdem kam ohnehin alles vom weißen Mann, warum sollte ich auch nur einen Gedanken dran verschwenden, ob ich annehmen sollte, was ich damals kriegen konnte? Ich war Bob Weinstock dankbar für das, was er für mich getan hatte. Aber bei dem Geld und den Möglichkeiten, die Columbia mir boten, war's einfach Zeit, nach vorn zu schaun.

1956 zahlten die Clubbesitzer den Jazzmusikern noch genau die gleichen miserablen Gagen wie früher. Ich sagte also Jack Whittemore, daß wir mehr Geld wollten, weil wir ja schließlich die Clubs füllten. Zuerst sträubten sich die Clubbesitzer, aber dann gingen sie drauf ein. Außerdem erklärte ich Jack, daß ich nicht mehr diese Vierzig-zwanzig-Sets spielen wollte, die in den Clubs üblich waren. Man sollte mit dem Set zwanzig Minuten nach der vollen Stunde anfangen, vierzig Minuten spielen und dann nach zwanzig Minuten Pause mit dem nächsten Set beginnen. Manchmal kam man so auf vier oder fünf Sets pro Abend und war danach hundemüde. Das war ein Grund, warum viele Drogen nahmen – besonders Kokain –, denn solche Sets laugten einen einfach aus. In Philadelphia erklärte ich einmal einem Clubbesitzer, daß ich nur drei Sets spiele, mehr nicht. Zuerst wollte er nicht drauf eingehen, aber ich ließ ihm keine Wahl. Und als er sah, daß die Leute vorm Club Schlange standen, änderte er seine Meinung.

Zu der Zeit gab ich mal ein Konzert, für das ich so um die tausend Dollar bekommen sollte. Der Veranstalter war ein Typ namens Robert Reisner (er hat später ein Scheißbuch über Bird geschrieben). Nachdem die erste Show sofort ausverkauft war, wollte Reisner noch eine zweite anhängen. Dafür bot er Jack Whittemore fünfhundert Dollar. Ich sagte Jack, das käme gar nicht in Frage, weil das Haus wieder voll werden würde. Warum sollte ich mich also nochmal hinstellen und nun bloß für die Hälfte ins Horn blasen? Ich sagte Jack, er soll dem Typ ausrichten, daß er die Hälfte des Saals mit 'nem Seil absperren soll, wenn er mir nicht das ganze Geld geben will. Als die Veranstalter das erfuhren, rückten sie den Rest des Kuchens raus.

Das war die Art, wie die Veranstalter und Clubbesitzer damals mit Jazzmusikern umsprangen, besonders mit schwarzen. Aber jetzt, wo wir Geld machen konnten, egal, wo und wann wir spielten, gingen sie allmählich auf unsere Forderungen ein. Deshalb hatte ich auch den Ruf, ein harter Brocken zu sein. Ich bestand auf meinen Rechten und ließ mich nicht anscheißen. Harold Lovett erledigte viel von diesem Kram für mich, und Mann, er war eiskalt. Alle Clubbesitzer hatten Angst vor ihm. Harold bog 'ne Menge Mist zurecht, und daher weiß ich, wie wichtig ein guter Anwalt ist, dem man trauen und den man jederzeit anrufen kann. Und von da an hatte ich immer einen.

Einmal – es war 1959 – schlug ich Don Friedman k. o., einen Veranstalter, der mir hundert Dollar abziehn wollte, weil ich angeblich zu spät gekommen war, obwohl wir noch gar nicht dran gewesen waren. Ich rief Harold an. Harold war ein richtig lauter, nerviger Typ, deshalb schaffte er es, alle Angelegenheiten wieder in Ordnung zu bringen. Irgendwann sagte ich einen Gig in Toronto ab, weil dem Clubbesitzer Philly Joe Jones' Spielweise nicht gefiel und er von mir verlangte, daß ich ihn rausschmeiße. Trane und Paul Chambers waren schon unterwegs nach Toronto, und als sie dort ankamen, gab's nichts mehr zu spielen. Mann, sie waren stinksauer auf mich. Aber ich erklärte ihnen meine Gründe, und sie verstanden es.

Kurz nach diesem Vorfall in Toronto, im Februar oder März 1956, hatte ich meine erste Kehlkopfoperation, und ich löste die Band so lange auf, bis ich wieder gesund war. Ich mußte mir eine gutartige Geschwulst am Kehlkopf entfernen lassen, die mir schon seit einiger Zeit Probleme machte. Nachdem ich aus dem Krankenhaus war, lief mir ein Typ aus der Plattenbranche übern Weg. Er wollte mich zu irgendeinem Deal überreden. Während unsrer Unterhaltung wurde ich etwas lauter, um meinen Standpunkt klarzustellen, und dabei versaute ich mir die Stimme. Eigentlich sollte ich mindestens zehn Tage überhaupt nicht sprechen, und da stand ich plötzlich und redete nicht nur, ich redete sogar ziemlich laut. Nach diesem Vorfall konnte ich nur noch im Flüsterton reden, und das ist bis heute geblieben. Zuerst hemmte mich das ziemlich, aber mit der Zeit gewöhnte ich mich dran und fand mich damit ab.

Da ich erst im Mai wieder eine Platte für Prestige zu machen hatte, gönnte ich mir zum ersten Mal seit langem eine Pause. Ich hatte mir einen weißen Mercedes-Benz gekauft und war in die Zehnte Avenue, Nummer 881 in der Nähe der 57sten Straße, gezogen. Es war 'ne hübsche Bude, besonders für einen Junggesellen. Sie bestand aus einem riesigen Raum und einer Küche. John Lewis wohnte damals im selben Gebäude und Diahann Carroll und Monte Kay direkt gegenüber auf der andern Seite des Flurs. Ich verdiente ganz ordentlich, aber immer noch nicht so viel, wie ich meiner Meinung nach eigentlich verdienen müßte. Dave Brubeck machte zu der Zeit viel mehr Geld. Aber ich trug wieder scharfe Klamotten: Brooks-Brothers-Anzüge und italienische Maßanzüge. Ich weiß noch, wie ich eines Abends vorm Spiegel stand und so scharf aussah, daß ich selbst nur staunen konnte. Harold Lovett war grade da. Ich hatte an dem Abend einen Gig, und er wollte mitkommen. „Mann, in diesem blauen Anzug seh ich wahnsinnig aus", sagte ich zu ihm. Er nickte, und ich marschierte erhobenen Hauptes zur Tür. Ich war schon halb draußen, als Harold von hinten brüllte: „Hey, Miles, glaubst du eigentlich, daß sie dich im Bohemia ohne deine Trompete bewundern wollen?" Mann, mußte ich lachen, ich hatte vor Begeisterung über mich selbst mein Horn vergessen.

Zu der Zeit war ich mit Susan und ungefähr hundert andern Frauen zusammen, wenigstens kam's mir so vor. Aber Frances Taylor – die Tänzerin, die ich 1953 in Los Angeles kennengelernt hatte – ging mir nicht aus dem Kopf. Ich sah sie hin und wieder, aber sie war ständig unterwegs. Ich wußte, daß ich sie sehr mochte, aber sie war einfach nie lange da. Ich wartete nur auf den Moment, wo sie nach New York ziehen würde, denn das hatte sie vor.

Im Frühjahr 1956 machte ich eine Platte mit Sonny Rollins, Tommy Flanagan (er hatte bei der Session Geburtstag), Paul Chambers und Art Taylor.* Im Mai trommelte ich dann meine reguläre Band mit Trane, Red, Philly Joe und Paul zusammen, und wir nahmen eine weitere Session draußen bei Rudy Van Gelder für Prestige auf.** Ich erinnere mich gut an die Session, weil sie sehr lange dauerte und die Musik großartig war. Wir nahmen jeweils nur einen Take auf und spielten so wie bei unseren Gigs in Nachtclubs. Das war die Session, bei der Trane auf der Platte sagt „Kann ich mal den Bieröffner haben?" und dann Bob Weinstock fragt „Wie fandest du das, Bob?". Im nächsten Monat schlichen wir uns wieder für Columbia ins Studio und nahmen ein paar Stücke auf, die später auf meinem ersten Columbia-Album 'Round About Midnight erschienen.***

Vom Frühjahr bis Spätherbst 1956 spielten wir im Cafe Bohemia, und es war jeden Abend brechend voll. Ich verdiente jetzt so viel, daß ich den Unterhalt für die drei Kinder an Irene zahlen konnte, und damit hielt ich sie mir vom Hals. Durch meine Auftritte im Cafe Bohemia unten im Village kam ich mit völlig anderen Menschen in Berührung. Ich war jetzt nicht mehr dauernd in der Gesellschaft von Zuhältern und Gaunern, sondern lernte viele Künstler kennen – Schriftsteller, Maler, Schauspieler, Designer, Filmemacher und Tänzer. Plötzlich hörte ich von Leuten wie Allen Ginsberg, LeRoi Jones (heute Amiri Baraka), William Burroughs und Jack Kerouac.

Im Juni 1956 kam Clifford Brown zusammen mit dem Pianisten Richie Powell, Bud Powells jüngerem Bruder, bei einem Autounfall ums Leben. Mann, das war eine traurige Sache, daß Brownie und Richie so sterben mußten, wo beide noch so verdammt jung waren. Brownie war noch nicht mal sechsundzwanzig. Sein Tod machte Max Roach schwer zu schaffen, weil

* Miles Davis: *Collectors' Items* (Prestige PRLP 7044).
** Miles Davis: *Relaxin' with the Miles Davis Quintet* (Prestige PRLP 7166).
*** Miles Davis: *'Round About Midnight* (Columbia PC 8649).

er und Brownie eine wirklich großartige Band hatten. Max löste sie auf. Etwas in ihm ist damals zerbrochen, und ich finde, daß er danach nie wieder wie früher gespielt hat. Er und Brownie an der Trompete waren wie füreinander geschaffen: Sie spielten beide unheimlich schnell und heizten sich gegenseitig an. Max erzählte mir oft, wie gern er mit Brownie spielte. Sein Tod ging ihm wirklich an die Nieren, und er kam lange Zeit nicht drüber weg.

Unser monatelanges Gastspiel im Cafe Bohemia war fast beendet. Ende September gingen wir für Columbia ins Studio und nahmen „'Round Midnight", „Sweet Sue" und „All of You" auf.* Wenig später fuhr ich mit Trane, Red, Philly Joe und Paul zu Rudy Van Gelder, und wir machten in seinem Studio die letzte Aufnahme für Prestige. In einer einzigen langen Sitzung nahmen wir „My Funny Valentine", „If I Were a Bell" und alle andern Stücke auf, die auf den Prestige-Alben *Steamin'*, *Cookin'*, *Workin'* und *Relaxin'* erschienen.** Die Platten kamen Ende Oktober 1956 heraus. Die Musik bei beiden Sessions war großartig, und ich bin noch heute stolz drauf. Aber damit war mein Vertrag bei Prestige beendet. Es konnte weitergehn.

Inzwischen kannte ich mich ganz gut in der Musikszene aus und hatte erlebt, wie es andern großen Musikern ergangen war, Bird zum Beispiel. Eine grundlegende Sache hatte ich verstanden: Der Erfolg in dieser Branche hängt immer davon ab, wie viele Platten du verkaufst, wieviel Geld du den Leuten einbringst, die die Branche in der Hand haben. Du konntest ein brillanter Musiker sein, ein innovativer und wichtiger Künstler, es interessierte die Weißen, die am Hebel saßen, nicht, solange du nichts abgeworfen hast. Wer das große Geld machen wollte, mußte sich an den amerikanischen Mainstream halten, und der wurde in diesem Land von Columbia Records bedient und nicht von Prestige. Prestige machte großartige Platten, aber keinen Mainstream.

Als Musiker und als Künstler wollte ich immer so viele Leute

---

* Miles Davis: *'Round About Midnight* (Columbia PC 8649).
** Miles Davis: *Cookin'* (Prestige 7094); *Relaxin'* (Prestige 7129); *Workin'* (Prestige 7166); *Steamin'* (Prestige 7200).

wie möglich erreichen. Und dafür habe ich mich nie geschämt. Ich war nie der Meinung, daß der sogenannte „Jazz" nur für eine kleine Gemeinde bestimmt ist, als Museumsstück unter Glas, wie der ganze andere tote Kram, der einmal als Kunst gegolten hatte. Ich war immer der Ansicht, daß Jazz so viele Leute wie möglich erreichen müßte, genau wie die sogenannte populäre Musik, warum denn nicht? Ich vertrat nie die „Verkannt ist gut"-Theorie: Je weniger dich hören, desto besser bist du, weil das, was du machst, für 'ne Menge von Leuten einfach zu schwierig ist. Viele Jazzmusiker äußern sich so in der Öffentlichkeit; sie behaupten, daß sie ihre Kunst verraten müßten, um viele Leute zu erreichen. Aber insgeheim möchten sie natürlich auch ein möglichst großes Publikum ansprechen. Für mich existieren in der Musik keine Grenzen, durch die sie beengt und festgelegt ist, die ihre Kreativität einschränkt. Gute Musik ist gute Musik, egal, um welche Art von Musik es sich handelt. Ich hab Kategorisierungen schon immer gehaßt. Immer. Sie haben in der Musik nichts zu suchen.

Ich hatte nie, wirklich nie ein schlechtes Gewissen, daß meine Musik plötzlich bei vielen Leuten ankam. Denn das bedeutete nicht, daß sie weniger anspruchsvoll war als vieles, das eben nicht populär war. Meine Musik wurde nicht weniger wert oder schlechter, nur weil sie populär war. 1955 verschaffte mir Columbia den Zugang zu einem größeren Publikum, und als diese Tür sich öffnete, ging ich durch und schaute nie zurück. Ich wollte noch nie was anderes als Trompete spielen, Musik und Kunst schaffen und mich durch meine Musik mitteilen.

Selbstverständlich bedeutete mein Eintritt bei Columbia mehr Geld, aber was ist daran schlimm, wenn man für seine Arbeit bezahlt wird, gut bezahlt wird? Ich hab noch nie was von Armut, harten Zeiten und dem Blues gehalten. Das war nie mein Ziel. Ich kannte es schließlich aus der Zeit, als ich an der Nadel hing, und ich wollte es nie wieder erleben. Solange ich zu meinen Bedingungen von den Weißen bekommen konnte, was ich brauchte, ohne mich dabei an Leute zu verkaufen, die mich liebend gern ausgebeutet hätten, solange wollte ich das machen, was für mich richtig war. Mann, wenn du dein eigenes Ding schaffen willst, ist nicht mal der Himmel die Grenze.

Ungefähr um diese Zeit lernte ich eine Weiße kennen, die ich hier Nancy nennen will. Sie war ein erstklassiges Callgirl aus Texas und wohnte in einem irren Penthouse in Manhattan, mit Blick auf den Central Park. Ich lernte sie durch einen schwarzen Conferencier namens Carl Lee kennen, der im Cafe Bohemia arbeitete. Sie sah sehr gut aus, war ziemlich vorlaut und ließ sich von keinem was vorschreiben – mich eingeschlossen (obwohl ich von ihr fast immer das bekam, was ich wollte). Nancy war eine großartige Frau, und sie gehörte zu den Leuten, die mich endgültig von den Drogen wegbrachten.

Nancy arbeitete nie auf der Straße; ihre Kunden kamen aus den obersten Gesellschaftsschichten, sehr einflußreiche, meistens weiße Männer, deren Namen ich nicht nennen will. Sagen wir einfach, es waren ein paar der wichtigsten, mächtigsten und reichsten Männer dieses Landes. Sie mochten Nancy sehr, und nachdem ich sie kennengelernt hatte, verstand ich auch, warum. Sie war eine warme, zärtliche und sehr intelligente Person und sehr, sehr schön, sehr sexy, die Art von Frau, nach der die Männer lechzen. Im Bett war sie Spitze, so leidenschaftlich und gut, daß man fast zu heulen anfing. Sie liebte mich wirklich, und ich mußte nie einen Cent zahlen, wenn ich mit ihr zusammen war. Sie war eine gute Freundin und verstand mich immer. Sie stand zu hundertfünfzig Prozent hinter mir.

Sie half mir oft aus der Klemme. Wenn wir für irgendwelche Gelegenheitsjobs unterwegs waren und festsaßen, rief ich Nancy an, erzählte es ihr, und sie sagte: „Gut. Mach, daß du da wegkommst! Wieviel Geld brauchst du?" Und egal, wieviel es war, sie schickte es auf der Stelle.

Die letzten Aufnahmen für Prestige fanden im Oktober 1956 statt, und danach ging ich mit der Gruppe wieder ins Cafe Bohemia. Und dort lief ziemlich viel Mist zwischen mir und Coltrane ab. Das Ganze hatte sich schon länger angebahnt. Man konnte kaum mit ansehn, was Trane mit sich anstellte; er trank viel und war jetzt wirklich voll auf Heroin. Dauernd kam er zu spät und schlief auf der Bühne ein. Eines Abends war ich so wütend auf ihn, daß ich in der Garderobe auf ihn einschlug. Thelonious Monk war an dem Abend auch da; er war nach hinten gekommen, um hallo zu sagen, und bekam mit, was ich mit Trane machte. Als er sah, daß Trane sich überhaupt nicht wehrte und einfach nur wie ein großes Baby dasaß, platzte ihm der Kragen. „Mann", sagte er zu Trane, „wenn einer so wie du Saxophon spielt, braucht er sich sowas nicht bieten zu lassen; du kannst jederzeit bei mir spielen. Und du, Miles, du solltest ihn nicht so behandeln."

Ich war so sauer, daß es mir scheißegal war, was Monk erzählte, weil es ihn eigentlich überhaupt nichts anging. Ich feuerte Trane noch am selben Abend, und er fuhr wieder nach Philadelphia, um seine Sucht endgültig loszuwerden. Ich hatte ein schlechtes Gefühl dabei, ihn so gehn zu lassen, aber unter diesen Umständen sah ich keine andere Möglichkeit.

Ich ersetzte Coltrane durch Sonny Rollins und spielte die Woche im Cafe Bohemia zu Ende. Gleich danach löste ich die Band auf und flog nach Paris, wo ich – neben Lester Young – als Stargast auftreten sollte. Sie hatten eine All Star-Gruppe zusammengestellt, zu der das Modern Jazz Quartet und viele französische und deutsche Musiker gehörten. Wir spielten in Amsterdam, Zürich, Freiburg* und Paris.

In Paris traf ich mich wieder mit Juliette Gréco, die inzwischen ein richtig großer Cabaret- und Filmstar war. Zuerst zögerte sie, mich zu treffen – wegen der Art, wie ich sie das letzte Mal in New York behandelt hatte –, aber als ich ihr alles erklärte, verzieh sie mir, und wir verstanden uns wie beim ersten Mal. Natürlich trafen wir uns auch mit Jean-Paul Sartre und verbrachten gemeinsam eine schöne Zeit, saßen bei ihnen zu Hause oder in einem Straßencafé und unterhielten uns. Wir verständigten uns in einer Mischung aus gebrochenem Französisch, gebrochenem Englisch und Zeichensprache.

Nach dem Konzert in Paris zogen die meisten Musiker in den

* Miles Davis: *All Stars* (Unique Jazz UJ 14; vergr.).

Club St. Germain, einen hipen Musikschuppen am linken Seineufer. Ich ging mit Juliette hin, um Don Byas zu sehn, den großartigen schwarzen Saxophonisten, der an dem Abend dort auftrat. Ich glaube, alle Musiker des MJQ saßen bei uns und auch Kenny Clarke. Jedenfalls tauchten plötzlich Bud Powell und seine Frau, Buttercup, auf und setzten sich zu uns. Wir freuten uns alle, Bud, der endgültig nach Paris gezogen war, wiederzusehn; Bud und ich waren überglücklich, wir fielen uns in die Arme, und es war, als hätten sich zwei verlorengegangene Brüder endlich wiedergefunden. Nach ein paar Drinks sagte jemand, Bud würde jetzt spielen. Ich weiß noch, wie ich mich darüber freute, denn ich hatte Bud schon sehr, sehr lange nicht mehr gehört. Er setzte sich also ans Klavier und begann mit „Nice Work If You Can Get It".

Aber nach einem irrsinnig schnellen und tollen Anfang passierte irgendwas, und sein Spiel fiel einfach auseinander. Es war schrecklich. Ich war schockiert, genau wie alle andern. Keiner sagte was, jeder schaute den andern an, als könnte er's nicht fassen, was er hörte. Dann stand Bud auf, wischte sich mit einem weißen Taschentuch den Schweiß von der Stirn und verbeugte sich leicht. Wir klatschten alle, weil wir nicht wußten, was wir sonst tun sollten. Mann, es tat einem in der Seele weh, ihn so zu hören. Als Bud von der Bühne ging, stand Buttercup auf, umarmte ihn, und sie redeten kurz miteinander. Er sah wirklich traurig aus, so, als wüßte er, was abgelaufen war. Weißt du, Bud litt zu dieser Zeit an einer starken Schizophrenie, und er war nur noch ein Schatten von sich selbst. Buttercup holte ihn an unsern Tisch. Mann, jedem war's wahnsinnig peinlich, ihn so zu sehn, deshalb sagte keiner ein Wort. Wir hatten alle nur ein schwaches Lächeln auf dem Gesicht und wollten verstecken, was wir wirklich fühlten. Es herrschte absolutes Schweigen. Absolutes. Man konnte 'ne Feder auf den Boden fallen hören.

Schließlich sprang ich auf, ging zu Bud, umarmte ihn und sagte: „Bud, jetzt weißt du, daß du besser nicht spielst, wenn du so viel getrunken hast; jetzt weißt du's, oder?" Ich schaute ihm direkt in die Augen und sagte es ihm so laut, daß es die anderen auch hörten. Er nickte einfach und lächelte auf diese geheimnisvolle, entrückte Art, die Verrückte an sich haben. Dann setzte er sich. Buttercup stand immer noch, sie weinte beinahe, so dankbar war sie mir. Plötzlich redeten wieder alle, und es lief so weiter wie vorher. Aber weißt du, ich hätte es nicht fertiggebracht, gar nichts zu sagen. Mann, er war mein Freund und einer der größten Pianisten, bis er zusammengeschlagen und nach Bellevue gebracht worden war. Jetzt saß er in Paris, in einem fremden Land, unter Leuten, die vielleicht gar keine Ahnung hatten, was mit Bud los war – vielleicht interessierte es sie auch gar nicht – und ihn möglicherweise für einen versoffenen Arsch hielten. Mann, das war ein trauriger Anblick, Bud so zu sehen und zu hören. Ich werd's mein Leben lang nicht vergessen.

Im Dezember 1956 war ich wieder in New York, trommelte die Band zusammen, und wir gingen für zwei Monate auf Tournee. Wir spielten in Philadelphia, Chicago, St. Louis, Los Angeles und in San Francisco, wo wir zwei Wochen lang im Black Hawk auftraten.

Trane war wieder in der Band, obwohl er und Philly Joe mir im Herbst 1956 mit ihrem Junkie-Scheiß wirklich auf die Nerven gegangen waren. Entweder kamen sie zu spät, oder sie tauchten überhaupt nicht auf. Trane stand manchmal auf der Bühne und schlief total high ein. Er war gerade mit seiner Frau Naima von Philly nach New York gezogen, und hier kam er plötzlich an ziemlich starken Stoff ran. In New York wurde es schlimmer mit seiner Sucht, und zwar sehr schnell. Ich hielt Trane und den andern keine Moralpredigten, denn schließlich hatte ich es ja selbst durchgemacht und wußte, daß es eine Krankheit war, die man nur schwer los wird. Darum ging es mir gar nicht. Was mir allmählich nicht mehr paßte, war, daß sie zu spät kamen und auf der Bühne einschliefen; ich erklärte ihnen, daß ich das nicht mehr durchgehen lassen könnte.

Als Coltrane im Dezember 1956 wieder in der Band war, verdienten wir immerhin 1250 Dollar die Woche – und dafür pennten diese Typen auf der Bühne ein. So einen Scheiß konnte ich mir nicht leisten! Wenn die Leute das sahen, mußten sie natürlich denken, *ich* wäre auch wieder ein Junkie – schuldig wegen Mitwisserschaft. Dabei war ich völlig clean, außer manchmal, wenn ich ein bißchen kokste. Ich ging zum Boxtraining und hielt mich in Form, trank nicht viel, kümmerte mich ums Geschäft. Ich redete mit ihnen, versuchte ihnen zu erklären, was sie damit der Gruppe und sich selber antaten. Ich erzählte Trane, daß Plattenproduzenten vorbeikämen und sich überlegten, ihm einen Vertrag anzubieten, aber wenn sie ihn da oben schlafen sehn, würden sie die Finger davon lassen. Manchmal sah's so aus, als kapierte er, worum es ging, aber gleich danach spritzte er wieder und soff wie ein Loch.

Wenn es irgendein anderer Saxophonist gewesen wäre, hätte ich ihn schon nach kurzer Zeit gefeuert. Aber ich liebte Trane, wirklich, obwohl ich mit ihm nie so oft rumhing wie mit Philly Joe. Trane war ein spiritueller, ein wunderbarer Mensch, wirklich liebenswert. Man mußte ihn einfach mögen und sich um ihn kümmern. Ich dachte mir, jetzt verdient er mehr Geld als je zuvor, und wenn ich mit ihm rede, hört er bestimmt auf. Aber er hörte nicht auf. Und das kränkte mich. Später wurde mir klar, daß Philly Joe einen schlechten Einfluß auf ihn hatte. Als Trane anfangs den Scheiß nahm, ignorierte ich das, weil seine Musik so unglaublich war und er und Philly mir dauernd versprachen, mit den Drogen Schluß zu machen. Aber es wurde immer schlimmer. Manchmal wurde Philly Joe so schlecht auf der Bühne, daß er mir zuflüsterte: „Miles, spiel 'ne Ballade, ich muß gleich kotzen und will auf die Toilette." Dann verließ er die Bühne, ging zum Kotzen und kam zurück, als ob nichts gewesen wäre. Er brachte schon ein paar merkwürdige Sachen.

Ich erinnere mich noch an die Zeit, als Philly Joe und ich 1954 oder 1955 unterwegs waren und Gelegenheitsgigs spielten. Wir suchten uns Musiker in den jeweiligen Städten, und wenn wir tausend Dollar bekamen, traten wir auf. Zu der Zeit war ich clean. Einmal waren wir in Cleveland und wollten nach New York zurück. Philly Joe hatte sich zwei oder drei Stunden vorher 'ne Spritze gesetzt, und die Wirkung ging langsam zurück. Ich will am Flughafen die Tickets besorgen, und er wird schon ziemlich zappelig. Ich steh da und zähl dieser süßen, kleinen, weißen Puppe am Schalter das Geld vor und halte plötzlich einen gefälschten Schein in der Hand – wir nannten sie damals „lila Scheine". Ohne diesen Schein reicht das Geld für die Tickets nicht. Dieser verfluchte Veranstalter hatte uns einen falschen Schein angedreht. Ich schau Philly an, er sieht den Schein und weiß Bescheid. Also fängt er an, dem Mädchen zu erzählen, wie toll und hübsch sie ist, daß wir Musiker sind und furchtbar gern einen Song über sie schreiben würden, weil sie so nett ist. Sie soll uns doch ihren Namen sagen. Sie grinst von einem Ohr zum andern, und ich zögere keinen Moment, ihr das Geld zu geben. Sie zählt nicht mal nach, so ist sie damit beschäftigt, ihren Namen aufzuschreiben.

Wir bekommen die Tickets, und während wir auf dem Weg zum Flugzeug sind, rechnet sich Philly aus, wie lange wir nach New York brauchen, bis er an sein Dope kommt. Aber unterwegs wird das Flugzeug nach Washington, D.C., umgeleitet, weil New York eingeschneit ist. Philly kotzt schon auf der Toilette im Flugzeug. Als wir in Washington sind, wieder das gleiche: New York ist eingeschneit. Ich hol uns die Fahrgelderstattung, damit wir mit dem Zug nach New York zurückfahren können. Aber Philly kennt jemanden in D.C. und bittet mich, daß wir kurz bei dem Typen anhalten. Ich bin wirklich stinksauer. Aber Philly ist schon so fertig, daß er seine Schlagzeugkoffer nicht mehr tragen kann. Also schleppe ich meinen und seinen Krempel zu einem Taxi und verstauche mir dabei das Handgelenk. In der Zwischenzeit hat Philly schon wieder auf der Toilette gekotzt. Wir fahren durch den Schnee zum Haus des Dealers. Er ist nicht da, aber seine Frau kennt Philly, läßt uns rein, und er kotzt gleich wieder. Endlich kommt der Typ, und Philly kriegt seinen Stoff. Und ich mußte ihn bezahlen. Ich hatte für den Notfall immer etwas Extrageld, aber ich hatte Philly nie was davon erzählt, denn sonst hätte er es mir schon längst abgeschwatzt.

Schließlich erreichten wir doch noch den Zug nach New York. Aber ich war nicht nur stinksauer, dazu kam noch, daß ich das Gefühl hatte, als wär mein Handgelenk gebrochen. Als wir uns verabschiedeten, sagte ich zu Philly: „Mann, mach so ein Theater nicht nochmal mit mir, hörst du?" Er bekam meine zehn Finger ins Gesicht, und ich schaute ihn vernichtend an, während wir draußen vor der Penn Station im Schnee standen.

Aber Philly sagte mir mit seinem leidenden Gesichtsausdruck: „Miles, warum redest du so mit mir? Mann, ich bin doch dein Bruder. Ich liebe dich. Du weißt, wie es ist, wenn man unten ist! Außerdem solltest du nicht auf mich so sauer sein, sondern auf all diesen *Schnee*, Mann, deswegen stecken wir doch so in der Scheiße. Also, Mann, sei lieber auf Gott sauer anstatt auf mich, denn ich bin dein Bruder, der dich liebt."

Als ich das hörte, lachte ich mich halbtot. Es war so komisch, so scharf und hip. Trotzdem ging ich total geladen nach Hause und schwor mir, so einen Scheiß von jetzt an nicht mehr mitzumachen.

Irgendwas in der Art passierte immer mit Philly. Wenn wir auf Tournee waren, holte ich Philly Joe immer 'ne Stunde früher aus seinem Hotel ab und setzte mich einfach in die Vorhalle, um ihn bei seiner Abreise aus dem Hotel zu beobachten. Er versuchte jedesmal, am Empfang die Rechnung zu drücken, und das war einfach wahnsinnig komisch. Manchmal erzählte er dem Portier, daß die Matratze verbrannt war, und das sei schon bei seiner Ankunft so gewesen. Der Portier sagte dann so was wie: „Das kann schon sein, aber was ist mit der Frau, die Sie mit oben hatten?"

Dann sagte Joe: „Die ist nicht über Nacht geblieben, und außerdem wollte sie gar nicht zu mir."

„Aber sie hat Sie angerufen", antwortete der Portier.

„Sie rief mich an, um einen Mr. Chambers zu erreichen, der das Hotel aber schon verlassen hatte."

So ging's hin und her. „Die Dusche hat drei Tage lang nicht funktioniert" oder „Von den vier Lampen waren zwei kaputt" – alles mögliche. Aber er schaffte es jedesmal, die Rechnung für eine Woche um zwanzig oder dreißig Dollar zu drücken, und davon kaufte er sich Dope.

Einmal, ich glaube, es war in San Francisco, ließ er sich was anderes einfallen. Ich stehe in einem Café auf der anderen Straßenseite und sehe, wie Philly Joe seine Taschen und den anderen Mist aus dem Fenster in eine Seitenstraße wirft. Dann geht er runter und unterhält sich mit dem Portier. Ich stelle mich an die Tür und kriege mit, wie der Hotelangestellte ihm sagt, daß er bezahlen muß, weil er ihm das gleiche schon mal erzählt hat, und daß er nach oben gehn und Joes Sachen im Zimmer einschließen wird, bis er bezahlt hat. „Na schön", sagt Joe, er würde sich das Geld von einem Freund holen, der am andern Ende der Stadt wohnt. Er marschiert völlig empört aus dem Hotel, während der Angestellte raufgeht und das Zimmer abschließt. Sobald Joe draußen ist, rennt er in die Seitenstraße, packt seine Taschen und lacht sich schlapp.

Philly Joe war ein richtiger Fuchs. Wenn er Anwalt gewesen wäre und dazu noch weiß, wäre er wahrscheinlich Präsident der Vereinigten Staaten geworden, denn dazu muß man schnell reden und viel Dreck am Stecken haben. Auf Philly traf beides zu, und er hatte noch viel mehr auf Lager.

Aber bei Coltrane war das alles nicht so lustig. Über Joes Scheiß konnte man lachen. Trane konnte einem nur leid tun. Er spielte in Kleidern, die aussahen, als hätte er tagelang drin geschlafen, total zerknittert und schmutzig. Und wenn er auf der Bühne nicht einnickte, bohrte er in der Nase und aß manchmal die Popel. Er stand auch nicht auf Frauen wie Philly und ich. Er fuhr nur aufs Spielen ab, ging völlig in der Musik auf; er hätte nicht mal gemerkt, wenn eine nackte Frau direkt vor ihm gestanden hätte. So konzentriert war er beim Spielen. Philly Joe dagegen war ein Frauenheld. Er sah auffällig aus und war hip, und wenn wir auf der Bühne standen, wurde er fast genauso beachtet wie ich. Er war ein Charakter. Aber Trane war genau das Gegenteil; er lebte für die Musik. Und sonst nichts.

Aber Philly Joe und Trane waren nicht das einzige Deprimierende auf diesem Trip. Ich bekam 1250 Dollar die Woche, und das reichte einfach nicht für mich und die Band. Ich selber behielt davon vierhundert Dollar, den Rest teilte ich unter den andern auf. Aber bei dieser Tournee ließen sie ständig an der Bar anschreiben und überzogen ihre Gage (als ich Philly endgültig aus der Band warf, hatte er ungefähr dreißigtausend Dollar Schulden).

Und ich spiele und spiele und hab *nichts* vorzuzeigen. Komm in Schulden, obwohl die Clubs brechend voll sind und die Menschenschlangen um den ganzen Block rum stehn! Also sagte ich mir, scheiß drauf, wenn sie jetzt nicht das zahlen, was ich will, spiel ich nicht mehr mit. Ich telefonierte mit Jack Whittemore und sagte ihm, daß mir 1250 Dollar die Woche zu wenig sind. „Okay", sagte er, „aber diesmal mußt du noch, weil du einen Vertrag unterschrieben hast." Damit hatte er zwar recht, aber so wollte ich einfach nicht mehr weitermachen. Ich erklärte ihm, daß ich in Zukunft 2500 Dollar die Woche will, und wir haben uns durchgesetzt. 2500 Dollar war ziemlich viel für 'ne schwarze Band. Und viele Clubbesitzer waren deshalb sauer auf mich, aber trotzdem zahlten sie mir, was ich wollte.

Was das Anschreibenlassen an der Bar betraf, war Paul Chambers am schlimmsten. Jedesmal, wenn ich ihm seine Gage gab, brachte ich seine Rechnung an der Bar zur Sprache, aber er wollte nicht zahlen. Einmal mußte ich ihm eins aufs Maul geben, so wütend machte er mich. Paul war ein wirklich netter Kerl, aber er war einfach unreif.

Einmal, bei einer Tour nach Rochester, New York, trank Paul Zombies. Ich fragte ihn: „Warum trinkst du so einen Dreck? Warum säufst du so viel, Paul?"

„Ach, Mann, ich kann trinken, was ich will", antwortete er. „Ich kann zehn von den Dingern trinken, und es macht mir überhaupt nichts."

„Dann trink sie, ich bezahl sie", sagte ich. Und er: „Okay."

Er trinkt also fünf oder sechs davon und sagt: „Siehst du, macht mir überhaupt nichts." Danach gehn wir mit Philly Joe zu einem Italiener zum Essen. Wir bestellen uns Spaghetti, und

Paul kippt sich Hot Sauce drüber. Ich sag: „Mann, warum machst du das?"

„Weil ich Hot Sauce mag, darum", antwortet er.

Ich rede grade mit Philly Joe, als ich plötzlich so ein Krachen höre. Ich dreh mich um, und da liegt Paul mit dem Gesicht in den Spaghetti in seiner Sauce. Diese Zombies hatten ihm den Rest gegeben. Er war hinüber. Er hatte gedrückt, die Zombies getrunken, und das war zuviel. (So ist er 1969 gestorben: Drogen, zuviel Alkohol und alles bis zum Exzeß. Er war gerade Anfang Dreißig.)

Als wir im März 1957 nach New York zurückkamen, war die Kacke am Dampfen, und ich feuerte Trane und Joe endgültig. Trane spielte danach bei Monk im Five Spot, und Philly spielte überall mal. Er war inzwischen ein „Star". Als Ersatz für Trane kam Sonny Rollins wieder, und als Schlagzeuger holte ich Art Taylor. Es fiel mir schwer, Trane wieder rauszuschmeißen. Aber noch schwerer war's, Philly Joe ziehn zu lassen, denn wir waren die besten Freunde und hatten viel zusammen durchgestanden. Aber so, wie's aussah, hatte ich keine andere Wahl.

Während der letzten zwei Wochen im Cafe Bohemia – noch bevor ich Trane und Philly Joe rauswarf – passierte etwas, woran ich mich noch heute klar erinnere. Eines Abends kam Kenny Dorham vorbei und fragte, ob er bei uns einsteigen könnte. Kenny war ein höllisch guter Trompeter, mit einem phantastischen Stil. Ich mochte seinen Klang und seine Phrasierung. Und er war wirklich kreativ und phantasievoll, ein Künstler auf seinem Horn. Kenny fand nie die Beachtung, die er verdient hatte. Ich würde schließlich nicht irgendwen bei mir einsteigen lassen. Außerdem kannte ich ihn seit langem. Jedenfalls war's an diesem Abend voll wie immer. Nachdem ich mit meinem Solo durch war, stellte ich Kenny vor, er kam auf die Bühne und spielte wie der Teufel. Er stellte alles, was ich grade gespielt hatte, einfach in den Schatten. Ich war stinksauer, denn schließlich mag's keiner, wenn er bei seinem eigenen Gig ausgestochen wird. Ich ging zu Jackie McLean, der im Publikum saß, und fragte ihn: „Jackie, wie war ich heute?"

Ich weiß, daß Jackie mich und meine Musik liebt, er würde mich also nicht an der Nase rumführen. Er schaute mir direkt in die Augen und sagte: „Miles, Kenny hat heute abend so wunderbar gespielt, daß du nur wie dein eigenes Abziehbild geklungen hast."

Mann, mir reichte es total. Ich ging sofort nach Hause, ohne noch mit irgendjemandem zu reden. Es war der letzte Set. Ich hatte Kenny noch beobachtet, als er rausging, und er hatte dieses hundsgemeine Grinsen im Gesicht und ging, als wäre er drei Meter groß. Er *wußte*, was abgelaufen war – auch wenn's die Leute im Publikum nicht mitbekommen hatten. Er *und* ich wußten, was passiert war.

Am nächsten Abend kam er wieder, genau wie ich's mir vorgestellt hatte. Er wollte es noch mal versuchen, denn er wußte, daß ich vor dem tollsten und hipsten Publikum in der Stadt spielte. Er fragte mich, und diesmal ließ ich ihn zuerst spielen. Dann ging ich nach oben und zeigte es ihm. Weißt du, am Abend vorher hatte ich versucht, so ähnlichen Kram wie Kenny zu spielen, weil ich wollte, daß er sich gut fühlt. Und das wußte er. Aber am nächsten Abend ging's ihm an den Arsch. Er wußte gar nicht, wie ihm geschah. (Später, irgendwann in den sechziger Jahren, wiederholte sich das gleiche in San Francisco, und es endete wieder mit einem Unentschieden.) So lief das damals bei den Jam Sessions, die Leute wollten einen immer in Stücke zerlegen. Manchmal warst du Sieger, manchmal Verlierer, aber wenn du mit einem wie Kenny sowas hinter dir hattest, mußtest du was draus lernen, oder du warst unfähig. Du mußtest eine Lehre draus ziehn, auch wenn's manchmal peinliche Situationen geben konnte.

Im Mai 1957 ging ich mit Gil Evans ins Studio, und wir nahmen *Miles Ahead* auf.* Es war schön, wieder mit Gil zu arbeiten. Nach *Birth of the Cool* hatten wir uns gelegentlich gesehen und über ein weiteres Album gesprochen. Dabei entstand das Konzept für *Miles Ahead*. Wie immer war die Arbeit

---

* Miles Davis: *Miles Ahead. Miles Davis + 19* (Columbia CL 1041).

mit Gil sehr angenehm, weil er so gewissenhaft und kreativ war, außerdem konnte ich mich auf seine Arrangements absolut verlassen. Wir waren schon von Anfang an ein großartiges Team, aber bei *Miles Ahead* wurde mir richtig bewußt: Musikalisch gesehen, waren Gil und ich ein unvergleichliches Team. Diesmal verwendeten wir eine Big Band; Paul Chambers war dabei, aber der Rest waren hauptsächlich Studiomusiker. Nach der Veröffentlichung von *Miles Ahead* kam Dizzy eines Tages zu mir und bat mich um eine neue Platte. Er hatte seine so oft gespielt, daß sie nach drei Wochen kaputt war! Er sagte: „Es ist das Größte!" Mann, das war eins der schönsten Komplimente, das ich jemals gehört hatte, daß einer wie Dizzy sowas über meine Arbeit sagt.

Während der Aufnahmen zu *Miles Ahead* spielte ich im Cafe Bohemia. Sonny Rollins war am Tenor, Art Taylor am Schlagzeug, Paul Chambers am Baß und Red Garland am Klavier.* Anschließend tourten wir den ganzen Sommer über an der Ostküste und im Mittleren Westen. Aber als ich wieder in New York war, ging ich oft ins Five Spot und hörte mir Trane und Monk an. Trane hatte seinen „cold turkey" bei seiner Mutter unten in Philly gemacht und war clean. Mann, er spielte wahnsinnig und klang gut mit Monk. Monk hatte eine wirklich solide Gruppe mit Wilbur Ware am Baß und Shadow Wilson am Schlagzeug. Trane war der ideale Saxophonist für Monk. Mit seinen Akkordfolgen und Klängen ergänzte er Monks Klavierstil perfekt. Ich war stolz auf ihn, weil er endlich seine Sucht los war und regelmäßig bei den Gigs erschien. Und obwohl ich immer gern mit Sonny und Art Taylor in der Band spielte – für mich war's nie das gleiche wie mit Trane und Philly Joe. Die beiden fehlten mir.

Im September wechselte meine Besetzung wieder: Sonny ging weg, weil er seine eigene Gruppe gründen wollte, und nach einem Streit im Cafe Bohemia verließ mich auch Art Taylor. Art wußte, wie sehr ich Phillys Schlagzeugstil liebte. Da

* Miles Davis: *Miles Davis – John Coltrane – Sonny Rollins* (Ozone 18; vergr.).

Art ein unheimlich sensibler Kerl ist, versuchte ich ihm dauernd schonend beizubringen, wie er bestimmte Sachen spielen sollte. Ich wollte, daß er der Musik mehr Druck gibt. Ich deutete immer nur an, erwähnte die Hi-Hats, versuchte, mich irgendwie verständlich zu machen, und merkte, daß ich ihm damit auf die Nerven ging. Aber da ich Art mochte, war ich nicht so direkt, wie es sonst meine Art war. Ich redete um den heißen Brei rum.

So ging das einige Tage, bis ich dann, am vierten oder fünften Abend, die Geduld verlor. Im Publikum saßen wie immer viele Filmstars – an diesem Abend, glaube ich, Marlon Brando und Ava Gardner. Außerdem waren Arts Jungs aus Harlem da, um ihn zu hören. Der Set fing an, und nach meinem Solo stellte ich mich mit der Trompete unterm Arm direkt neben sein Hi-Hat, hörte wie immer zu und gab ihm ein paar Tips. Er beachtete mich überhaupt nicht. Er wird nervös, denn seine Jungs stehn da unten. Aber das ist mir scheißegal, weil ich will, daß er richtig spielt und nicht so laut aufs Becken haut, wie er's grade macht. Also sag ich ihm noch mal was zum Hi-Hat, und er schaut mich mit diesem „Verpiß dich, Miles"-Blick an. Darauf zische ich ihm zu: „Motherfucker, weißt du nicht, wie Philly diesen verdammten Break bringt!"

Art wurde so sauer, daß er mitten im Stück aufhörte, hinter den Drums aufstand und von der Bühne ging. Später, als der Set zu Ende war, kam er wieder, packte sein Schlagzeug zusammen und verschwand. Alle waren sprachlos, ich eingeschlossen. Am nächsten Abend saß Jimmy Cobb auf seinem Platz. Art und ich haben seitdem nie wieder über den Vorfall geredet. Wir haben ihn nicht mal erwähnt, obwohl wir uns seither noch oft gesehn haben.

In derselben Woche oder eine darauf feuerte ich Red Garland und holte mir Tommy Flanagan als Pianist. Philly kam wieder zurück, nachdem ich ihn drum gebeten hatte. Dann ersetzte ich Sonny durch Bob Jaspar, einen belgischen Saxophonisten, der mit meiner alten Freundin Blossom Dearie verheiratet war. Ich hatte auch Trane gefragt, ob er wieder in der Band spielen würde, aber er hatte ein paar Verpflichtungen bei Monk und konnte dort momentan nicht weg. Mit Cannonball Adderley hatte ich ebenfalls Kontakt aufgenommen. Er war wieder in New York, nachdem er den Sommer über eine Band gemeinsam mit seinem Bruder Nat, einem Kornettspieler, geführt hatte. Aber auch er konnte nicht sofort, sondern frühestens im Oktober. Also mußte ich mich mit Bobby Jaspar begnügen, bis ich Cannonball kriegen konnte. Bobby war ein sehr guter Musiker, aber er war einfach nicht der richtige für mich. Als Cannonball schließlich konnte, engagierte ich ihn im Oktober und ließ Bobby gehn.

Mir schwebte vor, die Gruppe von einem Quintett zu einem Sextett mit Trane und Cannonball am Saxophon zu erweitern. Mann, ich konnte die Musik schon im Kopf hören und wußte, daß sie in dieser Besetzung großartig klingen würde. In der Zwischenzeit ging ich mit der bestehenden Band – bei der Cannonball Alt spielte – auf eine Tour, die sich „Jazz for Moderns" nannte. Sie dauerte ungefähr einen Monat, und wir beendeten sie mit vielen anderen Gruppen in der Carnegie Hall.

Danach ging ich wieder nach Paris und trat einige Wochen als Gastsolist auf. Bei diesem Trip lernte ich durch Juliette Gréco den französischen Filmregisseur Louis Malle kennen. Er erzählte, daß er meine Musik schon immer gemocht hätte und ob ich nicht die Musik zu seinem neuen Film *Fahrstuhl zum Schafott* schreiben könnte. Ich sagte zu, und das Ganze war eine großartige Erfahrung, denn ich hatte noch nie eine Filmmusik geschrieben. Ich sah mir die ersten Kopien des Films an und skizzierte einige Ideen dazu. Da es um einen Mord ging und der Film als Thriller gedacht war, ließ ich die Musiker in einem alten, sehr düsteren, dunklen Gebäude spielen. Ich dachte, diese Umgebung würde der Musik Atmosphäre geben, und so war's auch. Die meisten waren von dem Ergebnis begeistert.*

Während ich in Paris die Filmmusik schrieb, spielte ich im Club St. Germain mit Kenny Clarke am Schlagzeug, Pierre

---

* Miles Davis: *Ascenseur pour l'échafaud* (Fontana 812107-1).

Michelot am Baß, Barney Wilen am Saxophon und René Urtreger am Klavier. Ich erinnere mich an diesen Gig, weil sich viele französische Kritiker darüber aufregten, daß ich auf der Bühne nicht redete und wie andere Musiker meine Stücke ansagte. Aber für mich spricht die Musik für sich selbst. Sie hielten mich für einen arroganten Typen, der sie ignorierte. Sie waren gewohnt, daß die schwarzen Musiker sich auf die Bühne stellten, grinsten und sich am Sack kratzten. Nur ein Kritiker hatte für meine Art Verständnis und machte mich deswegen nicht runter. Es war André Hodeir, den ich für einen der besten Musikkritiker hielt, dem ich bisher begegnet war. Trotzdem hat mich der ganze Mist nicht berührt, und ich machte weiter wie immer. Anscheinend störte es das Publikum auch nicht, denn der Club war jeden Abend brechend voll.

Ich war oft mit Juliette zusammen, und wir beschlossen, daß wir in Zukunft einfach nur Liebende und gute Freunde bleiben würden. Ihre Karriere spielte sich in Frankreich ab, und sie lebte gern dort, während mein Ding in den Staaten lief. Und obwohl ich nicht dauernd in Amerika sein wollte, dachte ich doch nie daran, nach Paris zu ziehn. Ich liebte Paris sehr, aber nur als Besucher, und ich hatte nicht das Gefühl, daß mich meine Musik dort vorwärtsbringen könnte oder würde. Außerdem hatte ich den Eindruck, daß die Musiker, die hier lebten, etwas von ihrer Energie und ihrer Schärfe verloren, etwas, das ihnen das Leben in den Staaten geben konnte. Ich bin mir nicht sicher, aber wahrscheinlich hängt das mit der Kultur zusammen, die einem vertraut ist, die man fühlen kann, in der man aufgewachsen ist. In Paris könnte ich nicht einfach losgehn und irgendwo einen schönen Blues hören. Ich könnte nicht, wie in New York, jeden Abend Leute wie Monk, Trane, Duke und Satchmo hören. Und obwohl es in Paris gute Musiker mit klassischer Ausbildung gab, hörten sie die Musik doch mit anderen Ohren. Aus all diesen Gründen wollte ich nicht in Paris leben, und Juliette verstand das.

Im Dezember 1957 kehrte ich nach New York zurück und hatte große Pläne. Red spielte wieder bei mir, nachdem ich ihn darum gebeten hatte. Als ich erfuhr, daß Monks Gig im Five Spot zu Ende ging, rief ich Trane an und sagte ihm, daß ich ihn haben wollte. Er sagte zu. Mann, wenn alles gutging, konnte jetzt musikalisch etwas richtig Großes abgehn. Ich war völlig sicher, ich spürte es in meinen Knochen. Und es ging ab. Es ging voll ab.

KAPITEL 11

D er Bebop war im Grunde genommen aus der Musik von kleinen Bands entstanden, von Louis Armstrong über Lester Young und Coleman Hawkins bis zu Dizzy und Bird. Und was im Jahr 1958 gespielt wurde, war wiederum aus dem Bebop hervorgegangen. *Birth of the Cool* bewegte sich zwar in eine etwas andere Richtung, aber diese Musik ließ sich hauptsächlich auf die Tradition Duke Ellingtons und Billy Strayhorns zurückführen; nur war *Birth* etwas „weißer", damit die Weißen es besser verdauen konnten. Meine anderen Platten wie *Walkin'* und *Blue 'n' Boogie* – die von den Kritikern als Hard Bop bezeichnet wurden – hatten ihre Wurzeln im Blues und enthielten ein paar Sachen von Bird und Dizzy. Es war großartige Musik, gut gespielt und alles, aber die musikalischen Ideen und Konzepte waren eigentlich nicht neu; es war nur etwas mehr Raum in der Musik.

Von all dem Kram, den ich bisher mit kleinen Gruppen gemacht hatte, kam die Musik auf *Modern Jazz Giants* meinen aktuellen Plänen am nächsten: dieser ausgedehnte Sound in „Bag's Groove", „The Man I Love" und „Swing Spring". Im Bebop war die Musik unheimlich dicht. Diz und Bird spielten 'ne Menge richtig schneller Noten und Changes, denn die beiden hörten nur so. Das war ihre Sprache: schnell, in den höheren Registern. Ihr Musikkonzept war eher *mehr* als *weniger*.

Ich selbst wollte mich auf weniger Noten beschränken, denn für meinen Geschmack spielten die meisten Musiker zuviel und zu lang (obwohl ich mich bei Trane damit abfand, weil er einfach so gut spielte und ich ihm unheimlich gern zuhörte). Aber eigentlich empfand ich Musik nicht in diese Richtung. Ich hörte sie in den mittleren und unteren Registern, genau wie Coltrane. Wir mußten etwas bringen, das darauf zugeschnitten war, was wir am besten konnten, etwas in unserer eigenen Sprache.

Die Musik in dieser neuen Gruppe sollte freier werden, modaler, sie sollte eher afrikanisch oder östlich klingen und weniger westlich. Ich wollte, daß meine Musiker über sich selbst hinauswuchsen. Es ist ganz einfach: Wenn man einem Musiker sagt, er soll etwas spielen, das außerhalb seines üblichen Repertoires liegt, kann er das auch – er muß nur umdenken. Er muß seine Phantasie einsetzen, muß kreativer, innovativer sein; er muß mehr riskieren. Er muß über das ihm Bekannte hinausspielen – weit hinausspielen –, und das führt ihn möglicherweise an einen Punkt, wo er noch nie war, an einen neuen Punkt, wo er sich plötzlich wiederfindet – und dann zu einem nächsten und so weiter! Er wird dann freier sein, auf neue Dinge vorbereitet sein, wird Dinge vorausahnen und wissen, daß was Neues dabei entsteht. Ich hab den Musikern in meiner Band immer gesagt, sie sollen das spielen, was sie *können*, und dann *darüber hinaus*. Dann ist alles möglich. So entstehen große Kunst und große Musik.

Man darf nicht vergessen, daß wir nicht mehr im Dezember 1944 lebten, sondern Ende 1957. Einiges hatte sich geändert, die Klänge waren anders, die Leute hörten die Musik nicht mehr so wie damals. Es war schon immer so: Jede Zeit hat ihren eigenen Stil, und der Stil der damaligen Zeit war der von Bird und Diz – es war ein großartiger Stil. Aber jetzt war die Zeit für etwas Neues gekommen.

Wenn es überhaupt eine Gruppe gab, die die Musik in eine völlig neue Richtung bringen konnte, dann war es diese Gruppe – das spürte ich. Ich hatte nicht die Zeit, darauf zu warten, bis wir uns aneinander gewöhnt hatten und jeder Musiker die Stärken und Schwächen des anderen kannte und sich darauf einstellte. Man braucht immer eine Zeitlang, um sich einzuspielen, deshalb ging ich mit jeder neuen Band erst auf Tour, bevor ich sie mit ins Studio nahm.

Meine Idee war, mit diesem Sextett fortzusetzen, was wir mit Trane, Red, Joe, Paul und mir bereits begonnen hatten; nur wollte ich zusätzlich noch die Blues-Stimme von Cannonball Adderley und dadurch das Ganze ausweiten. Ich konnte mir vorstellen, daß Cannonballs bluesiges Alto-Sax gegen das harmonische, akkordische Spiel von Trane, seine freiere Art der Improvisation, ein ganz neues Feeling, einen neuen Sound schaffen würde. Und dieser musikalischen Mischung wollte ich noch mehr Raum geben, indem ich das Konzept von Ahmad Jamal verwendete. Ich hörte schon, wie mein Trompetenton über diese Mischung hinwegfließt und sie durchschneidet. Wenn uns das richtig gelang, konnte eine unglaublich spannungsgeladene Musik entstehen.

Mit Ausnahme von Cannonball spielte die Gruppe seit über zwei Jahren zusammen. Aber schon eine Stimme mehr kann den Sound einer Band, den Rhythmus, das ganze Timing völlig verändern, selbst wenn alle seit ewigen Zeiten zusammenspielen. Es ist eine völlig neue Sache, ob du eine Stimme mehr oder weniger einsetzt.

Ende Dezember 1957, um die Weihnachtszeit, gingen wir auf Tour und spielten in der Sutherland Lounge in Chicago. Wenn ich es einrichten konnte, verbrachte ich Weihnachten immer in Chicago, damit ich mit meiner Familie zusammensein kann. Meistens treffen wir uns bei meiner Schwester Dorothy. Vernon, mein Bruder, kommt aus East St. Louis hoch, ebenso meine Kinder, die in St. Louis leben, und noch ein paar Jungs, mit denen ich aufgewachsen bin und die heute in Chicago wohnen.

Dann waren wir eine Woche lang zusammen, und es gab jede Menge zu essen und zu trinken. Weißt du, einfach feiern. Als das Sextett den ersten Abend im Sutherland spielte, tauchte mein alter Freund aus der High School auf, der Pianist Darnell. Er kam mit seinem Stadtbus den ganzen Weg von Peoria, Illinois, hergefahren und stellte sich damit drei Tage lang vor unser Hotel! Darnell kam jedesmal, wenn wir in Chicago spielten. Mein Freund Boonie besorgte mir dann die besten Barbecues in der Stadt, denn ich stammte schließlich aus East St. Louis, einer echten Barbecue-Stadt. Für mich geht nichts über die schwarze Küche.

Die Tournee schlug von Anfang an wie eine Bombe ein. BANG! Wir brachten den ganzen Laden zum Kochen, und es war klar, daß die Sache losgeht. An diesem ersten Abend in Chicago begannen wir mit einem Blues. Cannonball stand nur mit offenem Mund da und hörte zu, wie Trane seinen abgefahrenen Kram über den Blues spielte. Er fragte, was das eigentlich sein soll, und ich sagte ihm: „Ein Blues."

„Einen Blues, der so gespielt wird, hab ich noch nie gehört", antwortete er. Weißt du, bei Trane war's egal, wie oft er über ein Stück improvisierte, er spielte es jeden Abend anders. Nach dem Set sagte ich zu Trane, er soll Cannonball mit nach hinten nehmen und ihm zeigen, was er da macht. Er erklärte es ihm; aber wir hatten in dem Zwölf-Takte-Schema so viel ersetzt und verändert, daß man völlig verloren war, wenn man nicht gleich von Anfang an aufpaßte. Das, was Trane spielte, sagte mir Cannonball, *klang* wie ein Blues, aber eigentlich war's keiner. Das machte ihn fast verrückt, denn schließlich war Cannonball der Blues-Spieler.

Aber Cannonball kapierte schnell, ein Fingerschnippen, und schon hatte er die Sache drin. Er war wie ein Schwamm, saugte einfach alles auf. Was dieses Blues-Ding angeht, hätte ich ihm sagen müssen, daß Trane einfach so spielte – abgedreht –, denn Cannonball war der einzige in der Gruppe, der bisher nicht mit ihm gespielt hatte. Aber sobald Cannonball erst mal begriffen hatte, was ablief, war er auch schon mittendrin und spielte sich den Arsch ab. Er und Trane waren ganz unterschiedliche Bläser, aber beide waren überwältigend. Die Musiker in der Band mochten Cannonball vom ersten Moment an, denn er war ein umgänglicher, fröhlicher Typ, der immer lachte, richtig nett, ein Gentleman und so klug, wie man nur sein kann.

Nachdem er eine Zeitlang bei uns gespielt hatte, wurde der Sound dieser Band immer dicker, fast wie bei einer Frau, die zuviel Make-up auflegt. Es lief wie eine chemische Reaktion ab, wo jeder den anderen weitertrieb, und deshalb ging jeder über seine Grenzen hinaus. Trane spielte seinen merkwürdigen, großartigen Kram, Cannonball führte ihn in einer andern Richtung weiter, und ich legte meinen Sound genau dazwischen oder ließ ihn drüberfließen. Dann wieder spielte ich wirklich schnell oder ssssummte wie Freddie Webster. Das trieb Trane an, und er landete bei 'ner ganz andern Sache, genau wie Cannonball. Paul hielt die kreative Spannung zwischen den Bläsern zusammen, Red legte sein leichtes, hipes Zeug drunter, Philly Joe jagte alles voran und schickte uns wieder von vorn los mit diesen wahnsinnigen hip-de-dip Rim Shots, diesen „Philly licks". Mann, es war einfach zuviel.

Trane war der lauteste und schnellste Saxophonist, den ich je gehört hatte. Er konnte gleichzeitig richtig schnell und richtig laut spielen, und das ist ziemlich schwer. Meistens bremsen sich Saxophonisten selbst, wenn sie laut spielen. Ich hab viele erlebt, die sich damit alles versaut haben. Aber Trane hatte es drauf, er war phänomenal. Sobald er das Horn in den Mund nahm, war er wie besessen. Er war so leidenschaftlich und wild – und doch so still und sanft, wenn er nicht spielte. Ein liebenswerter Mensch.

Einmal jagte er mir richtig Angst ein. Wir waren in Kalifornien, und er wollte zum Zahnarzt, um sich einen Stiftzahn einsetzen zu lassen. Trane konnte zwei Noten gleichzeitig spielen, und ich dachte immer, das liegt an seiner Lücke. Ich dachte, der fehlende Zahn gibt ihm seinen Sound. Ich wurde fast panisch, als er mir das mit dem Zahnarzt erzählte. Ich sagte ihm, daß wir zur selben Zeit eine Probe hätten, und fragte ihn, ob er den Zahnarzttermin nicht verschieben könnte. „Nichts da, Mann", sagte er, „ich kann nicht zur Probe, ich geh zum Zahnarzt." Ich fragte ihn, welchen Zahnersatz er sich reinmachen läßt, und er sagte: „Einen festen." Also versuche ich ihn zu einem Herausnehmbaren zu überreden, den er jeden Abend vorm Spielen rausziehn kann. Er schaut mich an, als ob ich verrückt wäre. Dann geht er zum Zahnarzt, kommt zurück und grinst wie ein Klavier. Am Abend, bei dem Gig – ich glaube, es war im Blackhawk –, spiele ich mein erstes Solo, geh nach hinten zu Philly Joe und warte, daß Trane spielt. Ich bin den Tränen nahe, weil ich sicher bin, daß er sich ruiniert hat. Aber dann reißt er die Läufe runter wie immer, und, Mann, da war jemand vielleicht erleichtert!

Trane schrieb sich nie irgendwas auf. Er spielte einfach los. Bei den Proben und auf dem Weg zu unsern Gigs redeten wir viel über Musik. Ich zeigte ihm viel, er hörte genau zu und spielte es. Manchmal sagte ich: „Trane, hier sind ein paar Akkorde, aber spiel sie nicht, wie sie dastehn, verstehst du? Fang einfach in der Mitte an und denk dran, daß du sie in Terzen spielen kannst. Du hast also die Möglichkeit, achtzehn oder neunzehn verschiedene Sachen innerhalb von zwei Takten zu bringen." Trane saß mit großen Augen da und saugte alles auf. Er war ein Neuerer, und solchen Leuten muß man das Richtige mit auf den Weg geben. Deshalb sagte ich ihm, er soll mittendrin anfangen, denn er wußte, was damit gemeint war. Er wollte gefordert werden, und wenn man ihm den Scheiß nicht richtig vorsetzte, hörte er nicht zu. Aber Trane war der einzige, der Akkorde so spielen konnte, daß sie nicht mehr nach Akkorden klangen.

Nach den Gigs ging er in sein Hotelzimmer und übte, während alle andern rumzogen. Er konnte stundenlang üben, auch wenn er grade drei Sets hinter sich gebracht hatte. Später, im Jahr 1960, schenkte ich ihm ein Sopransaxophon, das ich von einer Frau in Paris, einer Antiquitätenhändlerin, bekommen hatte. Das änderte seinen Stil. Bevor er dieses Sopran hatte, spielte er wie Dexter Gordon, Eddie „Lockjaw" Davis, Sonny Stitt und Bird. Danach hatte er seinen eigenen, unvergleichlichen Sound. Er merkte, daß er auf dem Sopran leichter und schneller spielen konnte als auf dem Tenor. Und das turnte ihn richtig an. Er merkte auch, daß er mit dem Sopran besser denken und hören konnte. Nachdem er eine Zeitlang darauf spielte, erinnerte sein Sound fast an eine klagende, menschliche Stimme.

Aber sosehr ich Trane auch mochte, sobald wir nicht mehr auf der Bühne standen, hatten wir wegen unserer unterschiedlichen Lebensart kaum was miteinander zu tun. Früher lag's daran, daß er voll auf Heroin war und ich es gerade hinter mir hatte. Jetzt war er clean und ließ sich selten irgendwo sehn; er ging lieber zum Üben in sein Hotelzimmer. Er hatte seine

Musik schon immer sehr ernst genommen und viel geübt. Aber jetzt war es fast so, als hätte er eine Mission zu erfüllen. Er sagte mir oft, er hätte genug Mist gebaut, zuviel Zeit vergeudet und zuwenig an sein eigenes Leben, seine Familie und – vor allem – sein Spielen gedacht. Deshalb kümmerte er sich wirklich nur noch um seine Musik und seine musikalische Entwicklung. Er dachte an nichts anderes. Die Schönheit einer Frau ließ ihn kalt, denn er war schon von der Schönheit der Musik verführt worden, und außerdem war er seiner Frau treu. Ich hielt dagegen sofort Ausschau nach 'ner schönen Lady, mit der ich die Nacht verbringen konnte, sobald ich mit der Musik durch war. Wenn ich nicht mit irgendeiner Frau zusammen war, setzte ich mich zu Cannonball, und wir redeten oder hingen einfach rum. Philly und ich waren immer noch Freunde, aber er zog sich andauernd Dope rein, genau wie Paul und Red. Aber wir standen uns alle nahe und kamen wirklich gut klar.

Als wir wieder in New York waren, fragte mich Cannonball, ob ich bei einer Platte mitspielen würde, die er Blue Note zugesagt hatte. Ich tat ihm den Gefallen. Es war eine sehr schöne Platte, sie hieß *Somethin' Else*.* Ich wollte ebenfalls mit meiner Gruppe ins Studio, und im April nahmen wir das Album *Milestones* für Columbia auf.**

Auf dieser Platte komponierte ich zum ersten Mal in der modalen Form, besonders im Titelstück „Milestones". In der modalen Musik kannst du auf jedem Ton einer Tonleiter sieben Töne, also eine neue Skala, aufbauen. Du entwickelst aus jeder verminderten Note eine Tonleiter. Der Komponist und Arrangeur George Russell sagte immer, daß in der modalen Musik das C an der Stelle vom F steht. Das Klavier beginnt beim F, sagte er. Ich hab aus der modalen Spielweise gelernt, daß sie dich bei den Improvisationen nicht einschränkt. Man braucht sich um nichts zu kümmern, um keine Akkordwechsel, um

* Cannonball Adderley/Miles Davis: *Somethin' Else* (Blue Note ST 81595).
** Miles Davis: *Milestones* (Columbia CL 1193).

nichts. Man kann sich mehr auf die Melodieführung konzentrieren. Bei der modalen Form mußt du melodische Phantasie beweisen. Es ist ein Unterschied, ob du dein Zeug auf Akkorden aufbaust, dir nach zweiunddreißig Takten die Akkorde ausgehn und du nur noch in Variationen wiederholen kannst, was du gerade gespielt hast. Davon wollte ich wegkommen und mich mehr auf die melodische Seite konzentrieren. Und dafür bot mir die modale Spielweise ungeheure Möglichkeiten.

Eigentlich hatte mich eine Aufführung des Ballet Africaine aus Guinea auf die modale Spielweise gebracht. Frances Taylor, die jetzt in New York wohnte, nahm mich zu der Vorstellung mit. Ich war ihr zufällig auf der 52sten begegnet und war wirklich froh, sie wiederzusehn. Sie besuchte alle Tanzvorstellungen, und ich ging immer mit. Jedenfalls war ich völlig weg, als ich das Ballet Africaine sah, die Schritte und Luftsprünge und alles. Mann, es war überwältigend, als ich an diesem Abend zum ersten Mal das Daumenklavier hörte und dieses Lied dazu, während ein Typ tanzte. Es war wunderbar. Und ihr Rhythmus! Die Tänzer hatten einen unglaublichen Rhythmus. Ich zählte immer mit, während ich zuschaute. Sie waren wahnsinnig akrobatisch. Ein Trommler beobachtete sie, ihre Saltos und die anderen Verrenkungen, und wenn sie hochsprangen, spielte er sein DADADADAPOW! in diesem Wahnsinnsrhythmus. Er traf's genau, wenn sie wieder aufkamen. Und, Mann, er verpaßte nichts, keine Bewegung entging ihm. Bei den übrigen Trommlern war's genauso. Sie spielten 5/4-, 6/8- und 4/4-Rhythmen, es veränderte sich und brodelte unaufhörlich. Sie hatten dieses afrikanische Ding, dieses geheimnisvolle, innerliche. Mir war klar, daß ich das nicht durchs Zusehen lernen könnte, denn schließlich bin ich kein Afrikaner, aber es faszinierte mich. Ich wollte es nicht kopieren, aber ich machte mir ein Konzept daraus.

Nachdem Red Garland weggegangen war, suchte ich mir einen neuen Pianisten namens Bill Evans. Ich war nicht sauer auf Red, aber ich war an einem Punkt angelangt, wo er mir nichts mehr geben konnte. Ich brauchte einen Pianisten, der modal spielen konnte, und Bill Evans war der richtige Mann. Ich lernte ihn über George Russell kennen, der mit Bill zusammen studiert hatte. George kannte ich schon aus der Zeit, als ich öfters bei Gil in der 55sten Straße war, und er empfahl mir Bill.

Am Anfang, als Bill Evans – wir nannten ihn manchmal Moe – in die Band kam, war er unheimlich ruhig. Eines Tages wollte ich ihn einfach mal austesten und sagte zu ihm: „Bill, du weißt doch, was du in dieser Band zu tun hast, oder?"

Er schaute mich völlig entgeistert an, schüttelte den Kopf und antwortete: „Nein, Miles, was hab ich denn zu tun?"

„Bill", sagte ich, „du weißt doch, daß wir alle Brüder und so sind, daß wir alle am selben Strang ziehn, und daher hab ich mir für dich überlegt, daß du's mit uns allen treiben mußt, verstehst du? Du mußt die ganze Band ficken." Natürlich war's nur Spaß, aber Bill war ein ernster Typ, genau wie Trane.

Er dachte ungefähr eine Viertelstunde darüber nach, kam dann zu mir und sagte: „Miles, ich hab über das nachgedacht, was du mir gesagt hast, aber ich kann's nicht, ich kann's einfach nicht. Ich möchte, daß alle hier zufrieden und glücklich mit mir sind, aber das kann ich einfach nicht."

Ich schaute ihn an, lächelte und sagte: „Du bist mein Mann!" Und da merkte er, daß ich ihn verarscht hatte.

Bill wußte viel über klassische Musik, über Leute wie Rachmaninow und Ravel. Er brachte mich auch auf den italienischen Pianisten Arturo Michelangeli, den ich sofort liebte, als ich ihn zum ersten Mal hörte. Bill spielte mit diesem ruhigen, gleichmäßigen Feuer, das mir bei einem Pianisten so gefällt. Wenn er Klavier spielte, hatte man das Gefühl, als würde ein klarer Wasserfall aus kristallklaren Noten und glitzerndem Sprühnebel herabstürzen. Für Bills Stil änderte ich den Sound der Band erneut und suchte anfangs andere – weichere – Stücke aus. Bill spielte unter dem Rhythmus, und ich mochte das. Reds Spielweise hatte den Rhythmus getragen, aber Bill unterspielte ihn, und für die modale Form paßte Bill jetzt einfach besser. Ich mochte Red immer noch und spielte noch einige Male mit ihm, aber für mich paßte er am besten für dieses Ahmad Jamal-Ding. Bill beherrschte diesen Ahmad-Kram zwar auch, aber wenn er diesen Stil spielte, hörte es sich etwas wild an.

Im Frühjahr 1958 wechselten wir vom Cafe Bohemia, wo wir zwei Jahre lang gespielt hatten, ins Village Vanguard, einen Club, der einem Typen namens Max Gordon gehörte. Solange wir dort spielten, war das Haus voll, denn das Publikum vom Bohemia folgte uns ins Vanguard. Ich wechselte ins Vanguard, weil mir Max mehr zahlte als das Bohemia. Bevor ich anfing, mußte er mir tausend Dollar in bar als Vorschuß geben, sonst hätte ich nicht gespielt.

Aber das wichtigste Ereignis im Frühjahr 1958 war für mich, daß Frances Taylor wieder in mein Leben trat. Mann, sie war eine wunderbare Frau, und ich war einfach gern mit ihr zusammen. Ich trennte mich von allen andern Frauen und ging nur noch mit ihr. Wir paßten so gut zueinander – ich bin Zwilling und sie Waage. Für mich war sie fast zuviel. Sie war groß, wunderschön, mit honigbrauner, weicher und glatter Haut, sensibel, ein Künstlertyp. Eine elegante, geschmackvolle, anmutige Frau. Klingt nach ziemlich perfekt, oder? Aber sie war auch verdammt nahe dran. Jeder liebte sie. Von Marlon Brando weiß ich es und von Quincy Jones, der damals wieder in der Szene war. Frances und ich wohnten zusammen in meinem Appartement oben an der Zehnten Avenue, und sobald wir auf der Straße auftauchten, brach der Verkehr zusammen.

Ich tauschte meinen Mercedes-Benz gegen ein weißes Ferrari-Cabrio, das mich so um die achttausend Dollar kostete – für die damalige Zeit 'ne ganz schöne Stange Geld. Stell dir die Szene vor: Ich fahr mit ihr in diesem irren Auto durch die Stadt. Ein echter, schwarzer Motherfucker wie ich mit dieser atemberaubend schönen Frau! Wenn sie aus dem Wagen ausstieg, sah man einfach nur Beine. Sie hatte diese langen, prachtvollen Tänzerinnenbeine und bewegte sich in dieser typischen Tänzerinnenhaltung. Mann, es war unglaublich. Die Leute blieben stehn und kriegten den Mund nicht mehr zu.

Jedesmal, wenn ich mich in der Öffentlichkeit blicken ließ, sah ich scharf aus wie 'ne Rasierklinge, Frances ebenso. In der Übersee-Ausgabe von *Life* wurde ich sogar als Schwarzer beschrieben, der seinen Leuten nützlich war. Das war in Ordnung so. Ich hab mich immer gefragt, warum sie mich nicht so in unserer amerikanischen Ausgabe präsentiert haben.

Frances kam aus Chicago, und ich stammte ebenfalls aus dem Mittleren Westen, vielleicht war das der Grund, daß wir uns, ohne viel zu sagen, so gut verstanden. Außerdem war sie eine Schwarze, das vereinfachte die Sache auch, obwohl mir das bei meinen Frauen nie wichtig war. Wenn sie cool sind, sind sie eben cool, egal, welche Hautfarbe sie haben. Genauso halt ich's mit weißen Männern.

Frances war genau die Richtige für mich. Sie holte mich aus dem Nachtleben raus, machte mich ruhiger, und ich konzentrierte mich mehr auf meine Musik. Im Grunde genommen war ich ein Einzelgänger wie sie. Sie sagte immer: „Wir haben uns vier Jahre darauf vorbereitet, Miles, jetzt soll's auch funktionieren." Ich liebte Frances so sehr, daß ich zum ersten Mal in meinem Leben eifersüchtig war. Als sie einmal nach Hause kam und irgendwelchen Scheiß über den gutaussehenden Quincy Jones erzählte, schlug ich sie sogar. Bevor ich richtig zur Besinnung kam, hatte ich sie niedergeschlagen, und sie rannte splitternackt aus der Wohnung rüber zu Monte Kay und Diahann Carroll. Dort besorgte sie sich Klamotten, ging zu Gil Evans und verbrachte die Nacht dort, denn sie hatte Angst, daß ich bei Diahann und Monte die Tür eintrete und sie wieder prügle. Gil rief mich an und sagte mir, daß sie bei ihm sei und es ihr gut ginge. Danach erklärte ich ihr, daß sie den Namen Quincy Jones mir gegenüber nicht mehr in den Mund nehmen soll, und sie ließ es bleiben.

Wir hatten zwar unsere Auseinandersetzungen wie alle anderen Paare auch, aber ich hatte sie noch nie geschlagen – obwohl es nicht das letzte Mal sein sollte. Jedesmal, wenn ich handgreiflich wurde, hatte ich ein schlechtes Gewissen, denn meistens lag's nicht an ihr, sondern an meiner Eifersucht und meiner hitzigen Art. Weißt du, bevor ich Frances traf, wäre ich nie auf die Idee gekommen, daß ich eifersüchtig sein könnte. Vorher war's mir egal, was eine Frau sonst trieb. Es war mir egal, weil mich nur meine Musik interessierte. Plötzlich war's nicht mehr so, und das war neu für mich und nicht einfach zu verstehn.

Frances war ein Star und grade auf dem Weg zum Superstar, wahrscheinlich war sie die führende schwarze Tänzerin, als ich mit ihr zusammen war. Für das Musical *West Side Story* am Broadway erhielt sie die „Best Dancer"-Auszeichnung, und danach bekam sie alle möglichen Angebote. Aber ich brachte sie dazu, alles abzulehnen, denn ich wollte sie bei mir zu Hause haben. Ich ließ es auch nicht zu, daß sie bei der Verfilmung der *West Side Story* mitmachte, als Jerome Robbins sie persönlich fragte. Oder bei *Golden Boy* mit Sammy Davis jr., der sie ebenfalls persönlich ansprach, als wir in Philadelphia spielten. Die Vorauswahl sollte am nächsten Morgen stattfinden, und er bat sie vorbeizukommen. Am nächsten Tag, früh um acht Uhr, war ich mit Frances in meinem Ferrari auf der Fahrt nach New York. So sah meine Antwort aus.

Ich wollte sie *immer* um mich haben. Wir hatten deswegen oft Streit. Sie sagte immer, sie hätte ihre eigene Karriere, sie sei auch eine Künstlerin. Aber ich wollte mir einfach keinen Scheiß über irgendwas anhören, was uns trennen würde. Nach einiger Zeit sprach sie nicht mehr drüber und gab Leuten wie Diahann Carroll und Johnny Mathis Tanzunterricht. Das konnte sie meinetwegen tun, denn sie war abends immer bei mir.

Frances war schon einmal verheiratet und hatte einen kleinen Sohn, Jean-Pierre. Er lebte bei ihren Eltern, Maceo und Ellen, in Chicago, während sie ihre Karriere als Tänzerin verfolgte. Einmal rief ihr Vater aus Chicago an und wollte mit mir reden. Er schlich eine ganze Weile um den heißen Brei rum, bevor er zur Sache kam und mich fragte, wann ich Frances heirate. „Weißt du, Miles", sagte er, „für mich sieht die Sache so aus: Wenn du dich lange genug an irgendwas gewöhnst, damit gelebt und es probiert hast, dann weißt du, wie die Torte schmeckt, und kannst dir überlegen, ob du sie kaufen willst oder nicht. Also was ist mit dir und Frances, was habt ihr vor, wann wollt ihr heiraten?"

Ich mochte ihren Vater; er war ein netter Mann. Aber ich kannte seine Art, und wir redeten von Mann zu Mann. Er gehörte zu den Leuten, die sich Sorgen um ihre Töchter machen, das wußte ich, und sagte ihm deshalb: „Das geht dich gar nichts an, Maceo. Frances ist es egal, also was hast du damit zu tun, Mann? Wir sind schließlich erwachsen!"

Danach erwähnte er das Thema Heirat längere Zeit nicht mehr, aber immer mal wieder brachte er es doch zur Sprache, und ich gab ihm immer wieder die gleiche Antwort – bis wir dann später doch heirateten. Als ich Frances zum ersten Mal wiedertraf, tanzte sie in *Porgy and Bess* im City Center. Ich sah mir das Musical oft an, und dabei kam mir die Idee, die Musik für das *Porgy and Bess*-Album zu schreiben, das ich im Sommer 1958 mit Gil Evans aufnahm.* Frances hatte großen Einfluß auf mich, und da ich mir immer die Stücke ansah, in denen sie auftrat, interessierte ich mich immer mehr fürs Tanzen und fürs Theater. Ich schrieb sogar ein Stück für sie; es heißt „Fran Dance". Nach *Porgy and Bess* tanzte sie dann mit Sammy Davis jr. in *Mr. Wonderland*.

Inzwischen fingen die Leute an, von der „Miles Davis-Aura" zu reden. Ich weiß nicht, *wer* auf den Mist gekommen ist, aber es war überall zu hören. Sogar die Kritiker hackten nicht mehr auf mir rum und bezeichneten mich als „Charlie Parkers Nachfolger".

Bei der ersten wichtigen Sextett-Platte mit Bill Evans in der Band nahmen wir im Mai 1958 „Green Dolphin Street", „Stella by Starlight", „Love for Sale" und „Fran Dance" auf.** Philly Joe war nicht dabei, weil wir von seiner Drogen-Geschichte einfach die Nase voll hatten. Für ihn kam Jimmy Cobb, mit

---

* Miles Davis: *Porgy and Bess* (Columbia CS 8085).
** Miles Davis: *The Miles Davis Sextet and Quintet – Miles at Newport* (CBS 63417).

dem ich schon mal kurz im Cafe Bohemia gearbeitet hatte, als er für Art Taylor einsprang. Philly fehlte mir, aber ich wußte, daß ich mich auch gut an Jimmy gewöhnen konnte. Danach spielten wir einige Zeit im Vanguard und traten im Juli beim Newport Jazz Festival auf.

Nach dem Festival ging ich mit Gil Evans für *Porgy and Bess* ins Studio. Wir begannen Ende Juli und arbeiteten bis Mitte August. Wir verzichteten auf Trane und Cannon, da der Saxophonsatz sonst zu dominant gewesen wäre. Ich wollte einen schlichten Sound. Die beiden hatten einen zu persönlichen Stil, also suchte ich mir Jungs, die einen Allerwelts-Sound für Allerwelts-Songs drauf hatten. Auch Bill Evans war nicht dabei, weil wir kein Piano verwendeten. Ich setzte nur Paul und Jimmy Cobb ein, und für einige Sachen holte ich Philly Joe dazu. Der Rest waren hauptsächlich Studiomusiker. Einer von ihnen war der Tuba-Spieler Bill Barber, der schon bei *Birth of the Cool* mitgespielt hatte. Das war eine gute Entscheidung, weil ich an einigen Stellen dem Klang einer menschlichen Stimme nahekommen wollte. Es war nicht einfach, aber es gelang. Die Arrangements von Gil waren großartig. Für „I Loves You, Porgy" schrieb er nur eine Skala für mich. Keine Akkorde. Für die andere Stimme verwendete er zwei Akkorde, und das ließ mir in meiner Skalenpassage viel Raum und Freiheit.

Bill Evans hatte mich unter anderen auf Aram Chatschaturjan, einen russisch-armenischen Komponisten, aufmerksam gemacht. Was mich an ihm so faszinierte, war die Verwendung von ganz unterschiedlichen Tonleitern. Klassische Komponisten – oder zumindest einige von ihnen – schrieben schon lange in dieser Art, Jazzmusiker dagegen kaum. Von den Musikern bekam ich dauernd Stücke, die voller Akkorde steckten, aber dazu hatte ich momentan einfach keine Lust. Diese Musik war mir zu dick.

Jedenfalls beendeten wir die Aufnahmen für *Porgy and Bess*, fuhren hinterher nach Philadelphia und spielten im Showboat. Dort wollte ein Drogenfahnder Jimmy Cobb und Coltrane verhaften, aber beide waren clean. Während des Engagements machten sie sogar mir Ärger und suchten nach Drogen. Ich ließ meine Hose runter und sagte den Idioten, sie sollen in meinem Arsch nachschaun, weil sie sonst nirgendwo was finden. Mann, diese Bullen in Philadelphia waren 'ne Sorte für sich, dauernd waren sie hinter einem her; sie gehörten zu den korruptesten Arschlöchern auf diesem Planeten und waren auch noch rassistisch.

Aber in der Band tauchten langsam Probleme auf. Nach ungefähr sieben Monaten wollte Bill aufhören, denn er haßte das dauernde Unterwegssein und wollte was Eigenes auf die Beine stellen. Bei Cannonball war's genauso, er wollte seine alte Gruppe wieder zusammentrommeln, und sogar Coltrane dachte daran auszusteigen. Cannon gefiel die Rolle des Road Managers nicht, die Jungs auszuzahlen und so. Aber er war der ideale Mann dafür, und ich vertraute ihm. Außerdem gab ich ihm mehr Geld für diesen Job; nur ich selbst verdiente mehr als er. Ursprünglich wollte er ein Jahr in der Band spielen, und dieses Jahr lief im Oktober 1958 ab. Ich überredete ihn, noch länger dabeizubleiben. Er sagte zwar zu, aber Harold Lovett und ich mußten ganz schön auf ihn einreden, um ihn zu halten.

Bills Gründe, die Band zu verlassen, waren ernster und trafen mich sehr. Er mußte sich oft von irgendwelchen Schwarzen diesen Blödsinn vom „weißen Jungen" in der Band anhören. Da ich die Top-Gruppe im Jazz leitete und am meisten bezahlte, meinten viele Schwarze, ich müßte mir einen schwarzen Pianisten suchen. Ich weiß, daß dieser Mist Bill unter die Haut ging und ihm Unbehagen bereitete. Bill war sehr sensibel, und es brauchte nicht viel zu passieren, um ihn zu verunsichern. Andere wieder sagten, Bill spiele ihnen nicht schnell, nicht hart genug, er wäre zu gefühlvoll. Zu diesem ganzen Mist kamen, wie gesagt, noch der Streß mit dem Reisen und sein Wunsch, eine eigene Gruppe zu gründen, genau das, was auch Coltrane und Cannonball vorhatten.

Jeden Abend spielten wir das gleiche Programm, viele Standards oder meine Musik. Mir war klar, daß sie ihren eigenen Kram spielen und eine eigene musikalische Identität finden wollten. Das konnte ich ihnen nicht vorwerfen. Aber wir waren die beste Gruppe im Geschäft, es war *meine* Band, und deshalb wollte ich sie so lange wie möglich zusammenhalten. Solche Probleme gibt's nach einer bestimmten Zeit in allen Bands. Die Leute entwickeln sich nach und nach auseinander und müssen ihren eigenen Weg gehn. Genauso war es bei mir und Bird gewesen.

Bill verließ die Band im November 1958 und ging runter nach Louisiana zu seinem Bruder. Wenig später kam er zurück und gründete seine eigene Gruppe. Er holte sich den Bassisten Scott LaFaro und den Schlagzeuger Paul Motian, wurde mit dieser Gruppe sehr berühmt und gewann sogar einige Grammies. Bill war ein großer Pianist, aber meiner Meinung nach spielte er nie wieder so gut wie bei mir. Es ist merkwürdig: Viele weiße Musiker – nicht alle, aber die meisten –, die in einer schwarzen Gruppe groß rausgekommen sind, gehn weg und spielen nur noch mit weißen Typen, selbst wenn's ihnen bei den schwarzen Jungs ganz gutgegangen war. Bei Bill war es genauso. Ich will damit nicht sagen, daß er jederzeit bessere schwarze Musiker für Scott und Paul gefunden hätte, ich sage nur, was mir immer wieder aufgefallen ist.

Auf unserer nächsten Tour wurde Bill durch Red Garland ersetzt; er blieb drei Monate und spielte auch mit, als wir nach unserer Rückkehr in der Town Hall auftraten. Sogar Philly Joe war bei diesem Konzert dabei, weil Jimmy Cobb krank war. Es war 'ne echte Reunion. Aber inzwischen mußte ich Trane regelrecht bearbeiten, damit er noch blieb. Er gewann immer mehr an Selbstvertrauen und spielte besser als je zuvor. Er war glücklich, blieb viel zu Hause und wurde immer dicker. Ich zog ihn sogar öfters wegen seines Gewichts auf, aber über solche Dinge machte er sich keine Gedanken – weißt du, ob er zuviel wog oder welche Anzüge er trug oder sonstwas. Ihn interessierte nur die Musik und wie er spielte. Aber ich war schon in Sorge, weil er jetzt statt der Drogen Unmengen von Süßigkeiten futterte. Ich wollte ihm sogar einige meiner Sportgeräte verkaufen, damit er sein Gewicht runterkriegt.

Trane nannte mich den „Lehrer". Es fiel ihm nicht leicht, mir zu sagen, daß er gehn will. Ich erfuhr es erst durch andere Leute. Schließlich rückte er doch damit raus, und wir kamen zu folgendem Kompromiß: Harold Lovett sollte sein Manager werden und seine finanziellen Angelegenheiten regeln. Harold schloß für ihn einen Plattenvertrag mit Nesuhi Ertegun von Atlantic Records ab. Trane hatte bei Prestige ein paar Platten unter seinem eigenen Namen veröffentlicht, aber wie immer zahlte Bob Weinstock einfach zu wenig. Harold gründete einen Musikverlag auf Tranes Namen (den er bis zu seinem Tod, im Jahr 1967, behielt, und bis dahin blieb auch Harold Lovett sein Manager). Ich dachte, Trane hätte noch einiges über geschäftliche Dinge zu lernen und daß er deshalb jemanden braucht, auf den er sich verlassen kann. Damit mir Trane noch länger in der Band erhalten blieb, bat ich Jack Whittemore, meinen Agenten, die Termine für Tranes Gruppe dann zu buchen, wenn wir nicht spielten, und Jack machte es so. Anfang 1959 hatte Trane also eine gute Ausgangsposition, um eine eigene Karriere zu starten. Trane gründete seine eigene Gruppe und spielte nebenbei in meiner Band.

Cannonball machte das gleiche, also hatten wir 1959 drei Leader in der Band, und es wurde immer schwieriger. Trane holte sich Elvin Jones als Schlagzeuger – einen alten Freund von mir aus Detroit – und schwärmte andauernd von ihm; daß Elvin großartig ist, brauchte mir keiner zu sagen. Cannon spielte mit seinem Bruder Nat. Trane und Cannon wußten also, was sie wollten. Ich freute mich für sie, aber für mich war es schlecht, denn ich konnte mir an zehn Fingern abzählen, wann alles vorbei war. Ich müßte lügen, wenn ich sagen würde, daß mich das Ganze nicht traurig machte, denn ich spielte unheimlich gern mit der Band. Ich glaub, sie war die beste Combo aller Zeiten, zumindest die beste, die ich bis dahin gehört hatte.

Im Februar fand ich einen neuen Pianisten, Wynton Kelly. Damals war ich auch schon an Joe Zawinul interessiert, aber Wynton kam in die Band. Wynton stammte von Jamaica und hatte ganz kurz bei Dizzy gespielt. Ich mochte seine Spielweise, denn er war eine Mischung aus Red Garland und Bill Evans; er konnte fast alles. Aber das Größte war, wie er hinter einem Solisten spielte. Cannonball und Trane mochten ihn genauso wie ich.

Wynton schloß sich der Band an, bevor ich für die Aufnahme zu *Kind of Blue* ins Studio ging. Eigentlich hatte ich das Album noch für den Klavierstil von Bill Evans geplant, und Bill war auch bereit, bei der Platte mitzumachen. Daher spielt Wynton Kelly nur bei dem Stück „Freddie Freeloader" mit. Wir nahmen *Kind of Blue* bei zwei Sessions auf, einer im März und einer im April.* Dazwischen traten Gil Evans und ich mit einem großen Orchester in einer Fernsehshow auf und spielten dort zum größten Teil Musik von *Miles Ahead*.

Kind of Blue basierte auf dem modalen Konzept, das ich schon bei *Milestones* verwendete. Diesmal nahm ich einen anderen Sound mit rein, den ich aus den alten Zeiten in Erinnerung hatte, als ich mit meinem Cousin die dunkle Landstraße in Arkansas entlangging und wir diese wahnsinnigen Gospelsongs aus der Kirche hörten. Plötzlich erinnerte ich mich wieder an den Klang dieser Musik und was ich dabei empfunden hatte. Genau dieses Gefühl wollte ich einfangen. Dieses Gefühl war tief in mir, es lebte in meiner Phantasie – ich hatte es nur vergessen. Für diese Stimmung schrieb ich einen Blues, notierte mir fünf Takte, nahm sie auf und versuchte eine Art Laufgeräusch mit in den Sound zu mischen, denn das war die einzige Möglichkeit, den Klang des Daumenklaviers nachzuempfinden. Aber du schreibst ein Stück, dann nutzen es deine Jungs als Sprungbrett, und durch ihre Kreativität und Phantasie verwandeln sie's in etwas völlig anderes. Plötzlich kommst du irgendwo an, wo du gar nicht hinwolltest. Ich versuchte eine Sache und landete bei einer anderen.

Für *Kind of Blue* brachte ich nur einige Skizzen mit ins Studio, denn ich wollte die Spontaneität in der Musik erhalten. Ich hatte etwas Ähnliches vor wie das Ballet Africaine – dieses

* Miles Davis: *Kind of Blue* (Columbia CS 8163).

Wechselspiel zwischen den Tänzern und Trommlern und dem Daumenklavier. Es gab nur einen Take von jedem Stück, und das zeigt, wie hoch das Niveau der einzelnen Musiker war. Es war wunderschön. Hinterher behaupteten ein paar Leute, Bill wäre der Co-Komponist der Musik von *Kind of Blue* gewesen. Das stimmt nicht; das Konzept und die ganze Musik stammen von mir. Er machte mich lediglich auf einige klassische Komponisten wie zum Beispiel Ravel aufmerksam, die mich beeinflußten. Bill bekam die Musik zum ersten Mal zu sehen, als ich ihm und den andern Musikern eine Skizze im Studio gab. Es fanden nicht mal Proben statt – wir hatten in den letzten zwei Jahren ohnehin nur fünf- oder sechsmal geprobt –, denn schließlich hatte ich großartige Musiker in der Band, und nur so kann das Ganze funktionieren.

Ich ließ Bill auf *Kind of Blue* in einer Moll-Tonart spielen. Bill war ein Pianist, der mit einer Sache anfing und sie auch zu Ende brachte, aber er machte immer ein bißchen mehr draus. Unbewußt rechnete jeder damit, trotzdem entstand dadurch eine gewisse Spannung bei den übrigen, und das war gut. Da wir uns zu der Zeit mit Ravel (besonders seinem *Konzert in D-Dur für die linke Hand*) und Rachmaninow *(Konzert Nr. 4)* beschäftigten, steckte auch das alles mit drin. Wenn ich den Leuten erzähle, daß mir auf *Kind of Blue* nicht das gelungen ist, was ich eigentlich wollte, daß ich den Sound des afrikanischen Daumenklaviers nicht exakt getroffen habe, schaun sie mich an, als ob ich verrückt bin. Jeder hielt die Platte für ein Meisterwerk – und auch ich liebte sie –, daher glauben die meisten, ich würde ihnen was vormachen. Eigentlich wollte ich diesen Sound auf dem Album, besonders bei „All Blues" und „So What". Es ist mir einfach nicht gelungen.

Im Juli 1959 starb Billie Holiday. Ich kannte sie nicht sehr gut, und wir waren nicht oft zusammen. Billie mochte meinen Sohn Gregory, sie hielt ihn für einen schlauen Jungen. Mit ihrem Mann kam sie nicht besonders gut zurecht, denn ich weiß noch, wie sie mir einmal sagte: „Miles, ich hab ihm gesagt, er soll abhaun. Meinetwegen kann er das Haus haben, alles, er soll mich bloß in Ruhe lassen." Aber das war das einzige Mal, daß sie mir was Persönliches sagte. Sie erzählte mir, daß sie Männer wie Roy Campanella mochte, den früheren Fänger der Brooklyn Dodgers, denn dieser Typ von Mann hatte die sexuelle Kraft, die sie im Bett mochte. Sie stand auf kurze, stämmige Beine, auf runde Ärsche; diesen bulligen Typ. Soweit wir überhaupt drüber redeten, fuhr Billie richtig auf Sex ab, wenn ihr sexueller Drive nicht durch Dope oder Alkohol gelähmt war.

Zum letzten Mal sah ich sie, als sie ins Birdland kam, wo ich Anfang 1959 spielte. Sie bat mich um Geld für Heroin, und ich gab ihr, was ich hatte. Ich glaub, es waren so um die hundert Dollar. John, ihr Mann (ich hab seinen Nachnamen vergessen), hielt sie abhängig, damit er sie unter Kontrolle hatte. Er selber nahm Opium. Er lud mich ein paarmal ein, mich mit ihm aufs Sofa zu legen und Opium zu rauchen. Ich hab's immer abgelehnt, hab noch nie im Leben Opium geraucht. Er behielt sämtliche Drogen unter Verschluß und gab Billie nur dann was, wenn ihm grade danach war; das war seine Art, sie bei der Stange zu halten. John war einer dieser aalglatten Zuhältertypen aus Harlem, die für Geld alles machten.

„Miles", sagte Billie damals, „dieser Motherfucker ist wieder mal mit meinem ganzen Geld abgehaun. Kannst du mir was für einen Schuß leihen? Ich brauch so dringend was." Ich gab ihr, was ich hatte, weil sie wirklich schlecht aussah, abgewrackt, fertig, abgemagert im Gesicht und überall. Dünn. Mit hängenden Mundwinkeln. Sie kratzte sich dauernd. Früher war sie eine so attraktive Frau, aber jetzt hatte sie unheimlich viel Gewicht verloren, und ihr Gesicht war vom vielen Trinken aufgedunsen. Mann, sie tat mir echt leid.

Jedesmal, wenn ich sie besuchte, bat ich sie, „I Loves You, Porgy" zu singen, denn bei der Zeile „don't let him touch me with his hot hands" konnte man ihre Gefühle richtig spüren. Es war wunderschön und traurig. Alle liebten Billie.

Billie und Bird starben auf die gleiche Weise. Beide hatten Lungenentzündung. Einmal steckten sie Billie unten in Philadelphia über Nacht ins Gefängnis. Vielleicht auch ein paar

Tage, ich weiß nicht mehr. Jedenfalls saß sie im Gefängnis, schwitzte und fror gleichzeitig. Wenn du auf Entzug bist und dann nicht richtig behandelt wirst, kannst du sicher sein, daß du eine Lungenentzündung kriegst. Genau das passierte mit Billie und Bird. Und wenn du die dauernd mit dir rumschleppst – drückst, aufhörst, drückst, aufhörst –, geht sie irgendwann in deinen ganzen Körper über, und du stirbst. Es bringt dich einfach um, wie Billie und Bird; sie konnten nicht mehr. Wurden müde und gaben einfach den Schlüssel ab.

Davon abgesehen, ging es mir 1959 blendend. Das neue Sextett mit Wynton Kelly am Piano eröffnete im Birdland vor ausverkauftem Haus. Jeden Abend waren Leute wie Ava Gardner und Elizabeth Taylor im Publikum, die nach der Vorstellung in die Garderobe kamen und mich begrüßten. Ungefähr zwei Wochen nach der *Kind of Blue*-Session ging Coltrane ins Studio und nahm *Giant Steps* auf. Er brachte – wie ich bei *Kind of Blue* – nur ein paar Skizzen mit, die keiner der Musiker vorher gehört und gesehn hatte. Das war ein Kompliment für mich. Nach der Zeit im Birdland spielten wir als Stargäste im Apollo Theatre in Harlem; danach fuhren wir nach San Francisco und traten ungefähr drei Wochen lang im Blackhawk auf. Es war jeden Abend ausverkauft.

In San Francisco gab Trane dem Journalisten Russ Wilson ein Interview, in dem er sagte, daß er ernsthaft dran denke, die Gruppe zu verlassen. Am nächsten Tag stand es in der Zeitung. Und dann plauderte der Typ auch noch aus, wer Trane ersetzen würde: Jimmy Heath. Das stimmte zwar – Jimmy kam später für Trane –, aber meiner Meinung nach war es nicht Tranes Aufgabe, einem Schreiber zu erzählen, was ich ihm privat anvertraut hatte. Ich war stinksauer und sagte Trane, er soll sowas nicht noch mal machen. Hab ich ihm jemals einen Grund gegeben, so mit mir umzuspringen? Ich hatte alles für ihn getan, ihn wie meinen Bruder behandelt, und jetzt bringt er so einen Scheiß und erzählt einem Weißen, was ich vorhab. „Wenn du gehn willst", sagte ich zu ihm, „dann geh! Aber sag es mir zuerst, bevor du losrennst und überall rumposaunst, wer für dich kommt." Zu der Zeit wurde Trane von allen Seiten gelobt, und ich weiß, wie hart es für ihn war, nicht seinen eigenen Weg gehn zu können. Er entfernte sich immer mehr von der Gruppe. Im Sommer bei unserm Auftritt beim Playboy Jazz Festival in Chicago spielte er gar nicht, weil er andere Verpflichtungen hatte. Aber Cannonball, mit dem ich mich in den Soli abwechselte, spielte sich den Arsch ab. An diesem Tag, Anfang August, waren alle großartig, und in New York hieß es überall, daß wir auch ohne Trane einen tollen Sound hatten.

Ende August eröffneten wir wieder im Birdland; es gab nur Stehplätze. Pee Wee Marquette, der berühmte Liliputaner-Conférencier, das Maskottchen im Birdland, begrüßte jeden Abend Ava Gardner von der Bühne aus, sie warf ihm Kußhände zu, ging dann hinter die Bühne und küßte mich. Einmal kam Pee Wee und sagte, daß Ava nach hinten kommen und mit mir reden will. Also fragte ich Pee Wee: „Wozu denn, warum will sie mich sprechen?"

„Ich weiß nicht, aber sie sagte irgendwas, daß sie dich auf 'ne Party mitnehmen will."

„Okay, Pee Wee", sagte ich, „bring sie her."

Er kam mit ihr zurück, grinste übers ganze Gesicht und ließ mich mit ihr allein. Sie machte ein paar Scherze und nahm mich mit zu der Party. Es war ziemlich langweilig, daher stellte ich sie Jesse, einem großen schwarzen Kerl, vor, der rumsaß und dem schon beim bloßen Anblick von Ava Gardner einer abging. Sie war eine umwerfend schöne Frau, dunkel und sinnlich, mit einem wunderschönen vollen, weichen Mund. Mann, sie war 'ne heiße Nummer. „Ava", sagte ich, „küß ihn auf seine verdammte Wange, damit er endlich mit dem Glotzen aufhört; er kriegt ja gleich ein Baby." Sie küßte ihn also auf die Wange, und er fing gleich ein Gespräch an. Dann küßte sie mich und ließ ihn abblitzen. Wir gingen, und ich setzte sie irgendwo ab. Es war nichts zwischen uns. Sie war ein netter Mensch, wirklich nett, und wenn ich gewollt hätte, wäre was zwischen uns gelaufen. Ich weiß nicht, warum nichts passierte, aber so war's eben, auch wenn viele das Gegenteil behaupten.

Das einzige, was mich zu der Zeit nervte, war Trane. Er meckerte immer noch rum, weil er raus aus der Band wollte, aber wir hatten uns alle dran gewöhnt. Und dann passierte etwas, eine wirkliche Scheißsache, die mein ganzes Leben und meine Einstellung wieder veränderte, die mich wieder bitter und zynisch werden ließ. Und das in einer Zeit, in der ich mit den Veränderungen in diesem Land ganz zufrieden war.

Ich machte grade eine Radiosendung zum „Armed Forces Day", du weißt schon, „Voice of America" und der ganze Bullshit. Hinterher begleitete ich Judy, ein hübsches weißes Mädchen, nach draußen zum Taxi. Sie stieg ein, und ich blieb noch vorm Birdland stehn, klatschnaß, weil es eine heiße, dampfende, schwüle Augustnacht war. Plötzlich kam ein weißer Polizist auf mich zu und sagte, ich soll weitergehen. Durch mein Boxtraining war ich ganz gut in Form, also dachte ich mir, eigentlich sollte ich diesem Motherfucker gleich eine reinhaun, denn mir war klar, was er vorhatte. Statt dessen sagte ich: „Weitergehn? Warum? Ich arbeite hier. Da oben steht mein Name, Miles Davis." Und ich deutete auf die Markise, wo mein Name in Leuchtbuchstaben stand.

„Ist mir egal, wo du arbeitest", sagte er. „Ich hab gesagt, du sollst weitergehen. Wenn du nicht verschwindest, verhafte ich dich."

Ich sah ihm direkt und hart ins Gesicht und blieb stehn. Dann sagte er: „Du bist verhaftet!" Er griff nach seinen Handschellen und trat ein Stück zurück. Von Boxern wußte ich, daß du auf einen Typen, der dich schlagen will, *zugehn* mußt, dann siehst du genau, was er vorhat. An der Art, wie er sich bewegte, erkannte ich sofort, daß er wohl mal Boxer gewesen war. Ich ging also näher an ihn ran, damit er keine Möglichkeit hatte, mich am Kopf zu treffen. Er stolperte, sein ganzes Zeug fiel auf den Bürgersteig, und ich dachte mir: „Oh, Mist, jetzt denken die wahrscheinlich, du hast ihn angemacht oder sowas." Ich wartete, daß er seinen Kram vom Boden aufhob und mir die Handschellen anlegte. Ich trat noch ein Stück näher. Wie aus dem Nichts hatte sich plötzlich eine Menge um uns gesammelt, und da taucht dieser weiße Zivilbulle auf und schlägt mich BAM! an den Kopf. Ich wußte nicht mal, wo er herkam. Das Blut lief an meinem khakifarbenen Anzug runter. Dann erinnere ich mich noch, wie Dorothy Kilgallen mit diesem entsetzten Gesichtsausdruck herausstürzte und fragte: „Miles, was ist passiert?" Ich brachte kein Wort raus. Illinois Jacquet stand auch da.

Es gab fast einen Rassenkrawall. Die Polizisten kriegten Schiß und hatten es eilig, meinen Arsch da rauszuholen. Sie brachten mich ins 54. Polizeirevier, wo sie mich fotografierten, mit dem Blut und allem. Ich sitz also da und platze fast vor Wut, verstehst du? Und die sagen zu mir: „Du bist also das Großmaul, he?" Dann rempeln sie mich an, wollen mich provozieren, wahrscheinlich, damit sie mir wieder ein paar verpassen können. Aber ich sitze einfach nur da, schluck alles und beobachte jede ihrer Bewegungen.

Ich schau mich um und seh ein Plakat an der Wand, auf dem sie für Fortbildungsreisen nach Deutschland werben, wie für einen Urlaub. Und das vierzehn Jahre nach dem Krieg. In Deutschland sollen sie ihre Polizeischeiße lernen. Und dafür machen sie Werbung; wahrscheinlich lernen sie dort, wie man noch gemeiner werden kann, wie man das, was die Nazis mit den Juden gemacht haben, hier auf die Nigger anwenden kann. Ich konnte es nicht fassen – und sowas soll uns beschützen. Ich hab lediglich einer Freundin ein Taxi besorgt, sie war zufällig weiß, und das gefiel dem weißen Typen, dem Polizisten, gar nicht – ein Nigger und eine weiße Frau.

Ungefähr um drei Uhr nachts rief ich meinen Anwalt Harold Lovett an. Sie warfen mir Widerstand gegen die Staatsgewalt und tätlichen Angriff auf einen Polizeibeamten vor. *Mir!* Und ich hab überhaupt nichts gemacht! Aber es war schon so spät, daß Harold nichts mehr unternehmen konnte. Sie brachten mich ins Hauptquartier in der Centre Street, wo Harold am nächsten Morgen auftauchte.

Der Vorfall machte in den New Yorker Zeitungen Schlagzeilen, und sie wiederholten die Vorwürfe in den Überschriften.

Ein Foto wurde sogar berühmt. Es zeigt, wie ich mit einer Bandage um den Kopf (sie hatten mich ins Krankenhaus bringen müssen, um mich zu nähen) aus dem Gefängnis komme und Frances wie eine stolze Stute vor mir herschreitet.

Frances wurde fast hysterisch, als sie ins Polizeirevier kam und sah, wie ich zugerichtet war. Ich glaube, da wurde den Polizisten allmählich klar, daß sie einen Fehler gemacht hatten: Eine so schöne Frau, die wegen eines Niggers rumschreit. Und dann kam noch Dorothy Kilgallen vorbei und schrieb am nächsten Tag in ihrer Kolumne über die Sache. In ihrer Geschichte kam die Polizei sehr schlecht weg, und das war mir bei dem Rechtsstreit nützlich.

Diesen Bullshit mit dem Widerstand gegen die Staatsgewalt hätte ich mir in East St. Louis vorstellen können (bevor die Stadt ganz schwarz wurde), aber nicht hier in New York City, der angeblich schärfsten und hipsten Stadt der Welt. Aber ich hatte es wieder mal nur mit Weißen zu tun und dabei eins gelernt: Wenn das der Fall ist und du bist schwarz, gibt es keine Gerechtigkeit. Keine.

Bei der Verhandlung fragte mich der Staatsanwalt: „Als der Polizist sagte ,Sie sind verhaftet' und Sie ihn anschauten, was bedeutete dieser Blick?"

Harold Lovett, mein Anwalt, fragte: „Was soll das heißen, ,Was bedeutete dieser Blick'?" Damit wollten sie nur sagen, daß ich die Absicht hatte, den Polizisten zusammenzuschlagen. Meine Anwälte riefen mich nicht in den Zeugenstand, weil sie dachten, die weißen Richter und die weißen Geschworenen würden mein selbstbewußtes Auftreten als Arroganz auslegen. Aber sie dachten auch, daß mein hitziges Temperament mit mir durchgehn könnte. Dieser Vorfall hat mich für immer verändert; vermutlich wäre ich ohne ihn weniger bitter und zynisch geworden, als ich es jetzt bin. Die Richter brauchten zwei oder drei Monate, um die Anklage fallenzulassen und zu entscheiden, daß meine Verhaftung rechtswidrig gewesen war.

Später verklagte ich die Polizeidienststelle auf fünfhunderttausend Dollar Schadensersatz. Da Harold solche Verfahren nicht bearbeitete, besorgte er einen anderen Anwalt, der aber vergaß, den Antrag rechtzeitig einzureichen. Wir verloren die Klage, und ich war stinksauer, aber ich konnte nichts mehr dran ändern.

Die Polizei entzog mir meine Auftrittserlaubnis, und ich konnte eine Zeitlang nicht in New Yorker Clubs spielen. Meine Band hatte an dem Abend den letzten Set ohne mich zu Ende gebracht. Ich hörte dann, daß die Band wahnsinnig gut gewesen war und sie jedes Stück so gebracht hatten, wie sie's wahrscheinlich in ihrer eigenen Gruppe gespielt hätten. Cannonball und Trane sagten sogar die einzelnen Titel an, mir war also klar, daß der Laden fast explodierte. Ein paar Tage lang bestimmte dieser Scheiß die Schlagzeilen der New Yorker Zeitungen, dann wurde es ruhig. Es war gleich wieder vergessen. Aber viele Musiker und Leute, die Ahnung hatten – schwarze und weiße –, vergaßen es nicht und hielten mich für einen Helden, weil ich mich der Polizei entgegengestellt hatte.

Zu der Zeit verpaßten mir die Weißen das Image, daß ich ständig „zornig", „rassistisch" oder sonstwas wäre. Ich war nie rassistisch, aber das heißt doch nicht, daß ich mir von irgend jemandem was gefallen lasse, bloß weil er weiß ist. Ich grinste nicht, hüpfte nicht rum und bettelte nicht mit dem Finger im Arsch um Almosen – ich fühlte mich den Weißen nicht unterlegen. Ich lebte auch in Amerika und wollte alles bekommen, was ich haben konnte.

Ende September verließ Cannonball die Band, wir waren also wieder ein Quintett. Sein Ausstieg veränderte den Sound der Band, und wir spielten einige Zeit wieder wie früher, bevor wir die modale Sache machten. Da Wynton Kelly jeden Stil beherrschte, konnten wir in jede Richtung gehn. Aber ohne Cannons Altstimme als Teil des Gruppenklangs war ich in einer Sackgasse. Ich konnte den Sound der Band nicht mehr weiterentwickeln.

Ich brauchte einfach eine Pause. Ich war immer auf der Suche nach neuen Dingen in der Musik, nach Herausforderungen für meine musikalischen Ideen, und meistens fand ich sie.

Vielleicht hatte das was damit zu tun, daß ich früher allein lebte, dauernd unterwegs war, viel Musik hörte und immer im Mittelpunkt stand. Jetzt blieb ich oft mit Frances zu Hause, ging zu Dinnerparties, und wir lebten, wie Paare eben leben. Nur eine Sache mußte ich Ende 1959 noch unbedingt erledigen. Zusammen mit Gil Evans wollte ich ein Album machen, das wir *Sketches of Spain* nannten.*

Das Ganze fing damit an, daß ich 1959 in Los Angeles einen Freund von mir, Joe Montdragon, besuchte. Er war ein toller Studiobassist und lebte in San Fernando Valley. Joe kam aus Mexiko und war spanisch-indianischer Abstammung, ein sehr gutaussehender Typ. Er spielte mir das *Concierto de Aranjuez* des spanischen Komponisten Joaquin Rodrigo vor und sagte: „Miles, hör dir das an; das könntest du machen!" Ich sitz also da, hör zu, seh Joe an und denk mir, „verdammt, diese Melodien sind stark". Ich wußte sofort, daß ich daraus eine Platte machen mußte, denn das Thema ging mir nicht mehr aus dem Kopf. Als ich wieder in New York war, rief ich Gil an, und wir sprachen drüber. Ich gab ihm ein Exemplar der Platte, um zu hören, was man daraus machen könnte. Sie gefiel ihm auch, aber er meinte, für ein ganzes Album bräuchten wir ein paar weitere Stücke. Wir nahmen eine rhythmische Figur von einer Folkloreplatte mit peruanischer Musik. Daraus wurde „The Pan Piper". Und wir suchten noch „Saeta" aus, einen Marsch, den sie in Spanien am Karfreitag bei ihren Prozessionen spielen und dazu ihre frommen Lieder singen. Auf der Platte spielten die Trompeter den „Saeta" genauso, wie er in Spanien üblich ist.

Da Spanien vor mehr als tausend Jahren von Afrikanern, den Mauren, erobert worden war, lebten dort viele schwarze Mohammedaner. Besonders in Andalusien kann man überall afrikanische Einflüsse erkennen, in der Musik, der Architektur, der Kultur und im ganzen Volk. Daher war auch in der Musik dieses schwarze, afrikanische Ding zu spüren, in den Dudelsäcken, in den Trompeten, in den Trommeln.

* Miles Davis: *Sketches of Spain* (Columbia CS 8271).

Der „Saeta" ist ein andalusisches Lied und gehört zu den ältesten religiösen Gesängen Andalusiens. Es ist ein Lied ohne jede Begleitung, das die Leidensgeschichte Christi erzählt und während der Karwoche in Sevilla gesungen wird. Die Gläubigen ziehn in einer Prozession durch die Straßen. Sie halten unter einem Balkon, auf dem eine Frau steht, die dieses Lied singt. Ihre Stimme sollte ich auf der Trompete spielen. Der Gesang wird die ganze Zeit durch dumpfe Trommeln verstärkt. Danach geben Trompetenfanfaren das Signal, und die Prozession setzt sich wieder in Bewegung. Das Lied endet mit marschähnlichen Klängen, denn genau das passiert bei der Prozession – sie marschieren weiter, und die Frau bleibt schweigend auf dem Balkon zurück. Mein Spielen mußte gleichzeitig glücklich und traurig klingen, und das war ziemlich schwer.

Am schwierigsten bei *Sketches of Spain* waren die Teile, bei denen ich auf meiner Trompete den Gesang frei nachempfinden mußte. Denn das Lied, die einzelnen Wörter wurden von arabischen Skalen, von schwarzafrikanischen Tonleitern bestimmt, die sich ständig verändern, sich umkehren, dahinschlängeln und bewegen. Man fühlt sich wie in Marokko. Schwierig wurde es dadurch, weil ich das Ganze nur ein- oder zweimal spielen konnte. Wenn man nämlich ein solches Lied zu oft spielt, verliert man das Gefühl dafür.

Bei „Solea" war's ganz ähnlich, ich mußte die gleiche Stimmung auf der Trompete rüberbringen. „Solea" ist ein Lied über Einsamkeit, über Sehnsucht und Trauer; es ist eine Urform des Flamenco und kommt dem schwarzen Feeling im Blues sehr nahe. „Solea" stammt zwar aus Andalusien, hat aber auch afrikanische Wurzeln. Aber bis wir den ersten Ton aufnehmen konnten, hatte Gil noch einiges zu tun.

Zuerst mußte er den „Saeta" völlig neu instrumentieren, weil die Partitur und die einzelnen Stimmen so verdammt eng und dicht geschrieben waren. Es war alles bis auf den letzten Punkt festgelegt, so haargenau, daß man nicht mal Luft holen konnte. Gils Partitur war aus ganz kleinen Rhythmuseinheiten aufgebaut. Sie war so dicht, daß Bernie Glow, einer meiner weißen

Lieblingstrompeter, jedesmal knallrot anlief, wenn er diese mexikanische Melodie spielen wollte. Später erzählte er mir, daß es die schwierigste Passage seines Lebens gewesen war. Ich sagte Gil, daß er ein neues Arrangement schreiben soll, aber er fand alles in Ordnung und konnte nicht verstehn, warum Bernie so große Schwierigkeiten hatte.

Nun war Gil jemand, der es fertigbrachte, ganze zwei Wochen an acht Takten zu feilen. Dann ging er nochmal drüber und nochmal und nochmal. Und dann überlegte er sich's nochmal und fing von vorne an. Ich mußte ewig auf seine Sachen warten und ihm den Scheiß schließlich wegnehmen, weil er sich nie entscheiden konnte. Er war ein Perfektionist.

Wir hatten einen Fehler gemacht: Am Anfang der Aufnahmen hatten wir uns die falschen Trompeter geholt, sie waren nur klassisch ausgebildet. Und das war das Problem. Wir sagten ihnen, daß sie *nicht* so spielen sollen, wie es in der Partitur stand. Sie dachten, wir wären verrückt – besonders Gil. Sie konnten sich einfach nicht von dem Papierkram lösen. Sie schauten Gil an, als ob sie sich fragen würden: „Wovon zum Teufel redet der eigentlich? Das ist doch ein Concerto, oder nicht?"

Sie waren also sicher, daß wir nicht ganz dicht sind, weil wir von ihnen verlangten, „zu spielen, was nicht dasteht". Wir wollten, daß sie das Ganze zwar ablesen, aber gleichzeitig fühlen und spielen, aber das konnten sie nicht. Deshalb mußten wir die ersten Trompeter auswechseln, und Gil mußte das Arrangement nochmal schreiben. Unsere neuen Trompeter waren klassisch ausgebildet, aber sie konnten auch fühlen, was sie spielten. Eigentlich mußten sie nur ein paar kurze Marschteile bringen. Bernie lief bei dem neuen Arrangement zwar immer noch rot an, aber er, Ernie Royal, Taft Jordan und Louis Muccie spielten sich den Arsch ab, und alles lief bestens. Ich spielte auf dem Album Trompete und Flügelhorn.

Dann suchten wir die richtigen Drummer. Ich wollte diese kleinen, straffen Wirbel auf der Snare Drum, die so klingen, als ob man ein Blatt Papier zerreißt. Den Klang kannte ich noch von den Veiled Prophet Parades* in St. Louis mit diesen traditionellen Marschtrommlern. Sie klangen ein bißchen nach schottischer Musik. Aber es sind afrikanische Rhythmen, denn der Dudelsack stammt eigentlich aus Afrika. Wir brauchten also traditionell ausgebildete Schlagzeuger, die den Hintergrund für Jimmy Cobb an den Drums und Elvin Jones an den Percussions bilden sollten. Jimmy und Elvin spielten ihren normalen Kram, ihre Soli und alles, und dahinter die Trommler. Traditionelle Trommler können nicht improvisieren, sie haben keine musikalische Phantasie. Sie spielen nur, was man ihnen vor die Nase setzt – wie die meisten klassischen Musiker. Und die spielen nur, was dasteht, sonst nichts. Das ist klassische Musik. Sie können sich alles merken und haben die Fähigkeiten von Robotern. Wenn im klassischen Musikleben nicht ein Musiker wie der andere ist, wenn er nicht durch und durch Roboter ist, dann fallen die andern Roboter über ihn her, vor allem, wenn er schwarz ist. Damit hat sich's, das verstehn klassische Musiker unter klassischer Musik – Robotermusik. Und dafür werden sie von den Leuten gefeiert! Natürlich gibt es hervorragende klassische Musik von hervorragenden klassischen Komponisten – und man findet auch ein paar hervorragende Musiker unter ihnen, die allerdings zu Solisten werden müssen –, aber es bleibt immer noch Robotermusik. Und tief in sich drin wissen die meisten das auch, obwohl sie's in der Öffentlichkeit nie zugeben würden.

Bei *Sketches of Spain* mußten wir also einen Ausgleich schaffen zwischen den Musikern, die Noten lesen können und kein oder wenig Gefühl mitbringen, und den anderen, die mit Gefühl spielen. Am besten ist natürlich, wenn ein Musiker beides kann: eine Partitur lesen und sie beim Spielen empfinden. Wenn ich vom Blatt spiele, liegt weniger Gefühl in meiner Musik. Wenn ich dagegen nur hinhöre und dann spiele, steckt sie voller Gefühl. Bei *Sketches of Spain* fand ich raus, daß ich die Partitur zuerst ein paarmal lesen, hinterher ein paarmal hören mußte

---

* *Veiled Prophet Parades:* Festumzug, an dem nur reiche, weiße Bürger aus St. Louis teilnehmen dürfen; bei diesem Ereignis wird die Tochter eines dieser wohlhabenden Weißen zur Königin gekürt.

und sie erst *dann* spielen konnte. Zuerst mußte ich die Musik verstehn, und dann konnte ich sie spielen. Das ist offenbar gelungen, denn alle liebten die Platte.

Als wir die Aufnahmen für *Sketches of Spain* beendet hatten, war ich *völlig* leer. Meine Gefühle waren erschöpft, und nach diesen harten Stunden wollte ich mir die Musik nicht mal mehr anhören. Gil sagte: „Komm, wir hören uns die Tapes an." Und ich sagte: „Hör *du* sie dir an, ich hab keine Lust dazu." Erst ein Jahr später hörte ich sie mir an, und da war mein Kopf schon ganz woanders. Eigentlich hörte ich sie nur einmal wirklich genau, obwohl die Platte oft bei uns lief, denn Frances liebte sie sehr. Ich mochte sie auch und denke, daß alle gut waren, besonders Gil mit seinen wahnsinnigen Arrangements. Aber sie hatte keinen großen Einfluß auf meine spätere Musik.

Joaquin Rodrigo, dem Komponisten des *Concierto de Aranjuez*, gefiel die Platte nicht. Und er und sein *Concierto* waren doch vor allem der Grund, daß ich *Sketches of Spain* gemacht hatte. Ich sagte zu dem Typen, der mir das erzählte: „Laß uns mal abwarten. Vielleicht gefällt sie ihm, wenn die dicken Schecks aus den Tantiemen bei ihm ankommen." Aber ich hörte nie wieder was von ihm.

Von einer Frau erfuhr ich später, daß sie einem alten Stierkämpfer, der sich zurückgezogen hatte und Stiere für die Arena züchtete, die Platte vorspielte. Er konnte nicht glauben, daß sich ein Ausländer, ein Amerikaner – noch dazu ein schwarzer Amerikaner –, an diese Musik gewagt hatte, weil man dazu etwas von spanischer Kultur und Flamenco-Musik verstehn mußte. Sie spielte ihm die Platte vor, er saß da und hörte zu. Als die Musik zu Ende war, stand er auf, zog seinen Torero-Anzug an, nahm seinen Degen, ging raus, kämpfte und tötete zum ersten Mal, seitdem er sich zurückgezogen hatte, wieder einen Stier. Sie wollte wissen, warum er das gemacht hatte, und er erklärte ihr, die Musik hätte ihn so bewegt, daß er einfach hätte kämpfen müssen. Ich konnte die Geschichte kaum glauben, aber diese Frau schwor, daß es so gewesen war.

KAPITEL 12

*N*ach *Sketches of Spain* wollten Gil und ich eine Weile verstreichen lassen, bevor wir wieder ins Studio gingen. Es war jetzt Frühjahr 1960, und Norman Granz hatte mich und meine Band für eine Europa-Tournee gebucht. Es sollte eine ziemlich lange Tour sein, von März bis Ende April.*

Trane wollte eigentlich vor der Tournee aussteigen. Eines Nachts erhielt ich einen Anruf von einem jungen Tenorsaxophonisten – er hieß Wayne Shorter. Er sagte, er hätte von Trane erfahren, daß ich einen Tenorsaxophonisten bräuchte, und Trane würde ihn empfehlen. Ich war geschockt. Ich legte auf und konnte gerade noch sowas sagen wie: „Wenn ich einen Saxophonisten brauche, dann hol ich mir selbst einen."

Als ich Trane das nächste Mal sah, sagte ich: „Hör auf, irgendwelchen Leuten zu erzählen, sie sollen mich anrufen. Wenn du aufhören willst, dann hör auf. Aber kannst du nicht wenigstens warten, bis wir aus Europa zurück sind?" Wenn er jetzt gegangen wäre, hätte er mich wirklich hängenlassen, denn außer ihm kannte niemand die Songs. Schließlich kam er doch mit, aber während der ganzen Tournee blieb er für sich und schimpfte und maulte vor sich hin. Es war klar, daß er nach unserer Rückkehr die Gruppe verlassen würde. Aber bevor er ging, schenkte ich ihm das besagte Sopransaxophon, und gleich als er drauf spielte, konnte ich hören, wie revolutionär es sich auf seinen späteren Tenorstil auswirken würde. Ich sagte ihm oft im Scherz, daß er dieser Reise sein Sopransaxophon verdankt und er deshalb sein Leben lang in meiner Schuld stehn würde. Dann lachte er, bis ihm die Tränen kamen, und ich sagte: „Trane, ich mein es ernst." Er umarmte mich ganz fest und sagte: „Miles, du hast ja recht." Aber das war viel später, als

---

* Miles Davis & John Coltrane: *Live in Stockholm 1960* (Dragon DRLP 90/91). *Miles & Coltrane Quintet Live* (Unique Jazz UJ 19).

er seine eigene Band hatte, die einfach jeden mit ihrem Kram umhaute.

Gleich nachdem wir wieder in den Staaten waren, im Mai, verließ Trane die Gruppe und bekam ein Engagement in der Jazz Gallery. Im Sommer 1960 holte ich dann als Ersatz für Trane meinen alten Freund Jimmy Heath. Jimmy kam grade aus dem Gefängnis, wo er von 1955 bis 1959 wegen irgendwelcher Drogengeschichten gesessen hatte.

Trane und Jimmy kannten sich schon lange. So um 1948 spielte Trane in Jimmys Big Band in Philly, und danach gingen beide in Dizzys Band. Als Trane endgültig aufhörte, erzählte er mir, daß Jimmy gerade aus dem Knast war, wahrscheinlich einen Job brauchte und außerdem unsere Musik gut kannte.

Jimmy hatte 1953 auf meinem Album *Miles Davis All Stars* mitgespielt; aber inzwischen war meine Musik sehr viel weiter, und ich befürchtete, daß er nur schwer aus diesem Bebop-Ding rausfinden würde. Aber ich wollte ihm eine Chance geben, da ich – genau wie Trane – von Jimmys Stil schon immer begeistert war. Außerdem war er ein sehr hiper Kerl, witzig, anständig und sehr klug.

Ich rief ihn aus Kalifornien an und bat ihn einzusteigen. Er war sofort Feuer und Flamme, also schickte ich ihm ein Flugticket, damit er rüberkommen konnte.

Zuerst spielten wir im Jazz Serville Club in Hollywood. Als Jimmy ankam, zeigte ich ihm, was wir so machten, und ich sah sofort, daß er nicht die geringste Ahnung hatte. Ich meine, er kannte zwar modale Musik, aber er hatte sie eben vorher noch nie gespielt. Sie war ihm völlig neu. Er hatte bisher Stücke mit einem Haufen Akkorde gespielt, die sich immer auf die gleiche Weise auflösen. Dagegen verwendeten wir jetzt Skalen und modale Geschichten. Zuerst hatte Jimmy schwer zu kämpfen, um sich an unsere Stücke und die modale Spielweise zu gewöhnen. Aber nach 'ner Weile spürte ich, daß er locker wurde und in die Musik reinkam. Dann kehrten wir in den Osten zurück und spielten in French Lick, Indiana (diesem kleinen Drecksloch, aus dem der Basketballspieler Larry Bird stammt), im

Regal Theatre in Chicago und in noch ein paar anderen Städten.

Nach dieser Tour verließ uns Cannonball ebenfalls für immer, und Jimmy fuhr runter nach Philly, um seine Familie zu sehn, bevor wir in Chicago beim Playboy Festival auftraten. In Philly sagte ihm sein Bewährungshelfer, daß er sich nur im Umkreis von sechzig Meilen außerhalb von Philadelphia aufhalten darf. Das blockierte Jimmys Karriere für die nächsten Jahre. Er konnte nicht mal nach New York kommen und spielen, dabei war er doch während der ganzen Tour clean, kam zu allen Gigs, spielte und ging wieder zurück in sein Hotelzimmer. Zum ersten Mal in seinem Leben machte er endlich Geld, und dieser Bewährungshelfer, ein italienischer Bursche, legt sich quer. Mann, manchmal ist das Leben für 'n Arsch, besonders, wenn du schwarz bist.

Ich erinnere mich besonders an einen Abend in Philly, wo Jimmy und ich einen Zusammenstoß mit der Polizei hatten. Weißt du, Jimmy war auch ein Autonarr und fuhr damals, glaub ich, einen Triumph-Sportwagen. Jedenfalls machte ich mich in meinem Ferrari auf den Weg runter nach Philly – ich fuhr damit zu allen Jobs, wenn sie nicht gerade an der Westküste lagen. Ich holte Jimmy ab, und wir kreuzten durch die Gegend, redeten über Musik, und ich wollte ihm zeigen, wie schnell mein Ferrari läuft, auf der Broad Street, wo die Höchstgeschwindigkeit bei 25 Meilen liegt. Ich sagte Jimmy, daß wir in diesem Wagen alle Ampeln schaffen, bevor sie auf Rot oder Gelb wechseln. Ich schalte runter, der Wagen fährt etwa 55 Meilen die Stunde, ihm fallen fast die Augen aus dem Kopf, und wir rasen an all den verdammten Lichtern vorbei. Wir fahren wirklich schnell, bis wir zu einer Ampel kommen, die umschaltet und an der ich bremsen muß. Aber ich kenn meinen Wagen, weiß, daß die Bremsen nicht blockieren und daß wir auf den Punkt halten. Jimmy macht noch größere Augen, weil er denkt, daß wir bei Rot über die Ampel fahren. Ich bremse von 60 Meilen in der Stunde direkt auf Null, und Jimmy kann es einfach nicht glauben. Als wir halten, sitzen in einem Zivilwagen neben uns zwei weiße Drogenfahnder. Wir stehen direkt neben ihnen. Sie schauen zu uns rüber und sagen: „Verdammt noch mal, das sind ja Miles Davis und Jimmy Heath in dem verdammten Wagen." Wir müssen an den Straßenrand rüber, sie zeigen uns ihre Ausweise und sagen, wir sollen in ihren Wagen steigen. Wir schlucken es, denn ich möchte nicht, daß Jimmy Ärger kriegt, weil er noch Bewährung hat. Also gehn wir rüber, und sie filzen uns von oben bis unten, finden nichts und müssen uns ziehen lassen. Mann, das war verdammt nervig.

Weil ich auf Jimmy verzichten mußte, dachte ich an den anderen Typen, den Trane mir vorgeschlagen hatte – Wayne Shorter. Ich rief ihn an und fragte, ob er in die Band einsteigen will. Aber er war bei Art Blakey und seinen Jazz Messengers und konnte nicht. Also holte ich Sonny Stitt, der sowohl Alt als auch Tenor spielte. Er kam kurz vor der neuen Europa-Tournee zu uns. Der erste Stop war London.

Um diese Zeit erhielt ich noch eine schockierende Nachricht. Meine Mutter hatte Krebs. Sie war 1959, im Jahr davor, mit ihrem Mann, James Robinson, zurück nach East St. Louis gezogen. Bei 'ner Operation hatten die Ärzte herausgefunden, daß sie Krebs hat, und alle sorgten sich um sie. Aber als ich sie besuchte, sah sie gut aus, und ihre Stimme klang kräftig.

1960 kam ich zum ersten Mal nach London, und die Konzerte waren jeden Abend ausverkauft. Wir spielten in Sälen, die drei- bis achttausend Leute faßten. Frances war dabei, und sie brachte einfach jeden, der sie sah, um den Verstand. Mann, jeden Tag stand in den englischen Zeitungen, wie toll sie ist. Über Frances wurde genausoviel geredet wie über mich. Allerdings schrieben sie nur Positives über sie, während sie über mich richtig herfielen. Zuerst konnte ich das überhaupt nicht verstehen. Es hieß, daß ich arrogant sei, daß ich die Art nicht mochte, wie die Engländer reden, und mich von Leibwächtern beschützen ließe, wo in Wirklichkeit außer der Band nur Frances und Harold Lovett um mich waren. Außerdem sagten sie, daß ich Weiße nicht möge, all solchen Scheiß. Schließlich erklärte mir jemand, daß die englische Presse jeden so behandelt, der berühmt ist. Danach nahm ich's nicht mehr so ernst.

Über Schweden* und Paris ging's dann weiter in die Staaten, wo wir die Tour beendeten.

Im Jahr 1960 war viel los. Plötzlich tauchte zum Beispiel ein neuer, schwarzer Altsaxophonist namens Ornette Coleman auf, der nach New York gekommen war und die Jazzwelt völlig auf den Kopf stellte. Er machte alle fertig. Er spielte jeden Abend mit Don Cherry im Five Spot, und bald konnte man nicht mal mehr einen Platz bekommen. Cherrys Pocket-Trompete war aus Plastik, genau wie Ornettes Alt-Sax. Charlie Haden spielte am Baß und Billy Higgins am Schlagzeug. Ihre Musik wurde von allen als „Free Jazz" oder „Avantgarde" oder „New Thing" bezeichnet. Viele Prominente, die früher gekommen waren, um mich zu sehn – zum Beispiel Dorothy Kilgallen oder Leonard Bernstein (von dem gesagt wird, daß er eines Abends aufsprang und schrie: „Das ist die größte Sache, die dem Jazz je passiert ist!") –, wollten jetzt Ornette hören. Die Gruppe spielte fünf oder sechs Monate im Five Spot, und ich ging auch ein paarmal hin, um sie auszuchecken, und stieg sogar ab und zu ein.

Ich konnte mit jedem spielen, in jedem Stil. Sobald jemand einen bestimmten Stil bringt, kann ich mithalten und mich dem Stil anpassen, denn ich beherrsche alle Trompetenspielweisen. Und was Don Cherry machte, war auch nur ein Stil. Aber Ornette konnte damals nur auf eine Art spielen. Das wußte ich, nachdem ich ihnen ein paarmal zugehört hatte, also stieg ich einfach ein. Don hatte mich gefragt, ob ich Lust hätte. Er mochte mich gern und war ein netter Typ.

Aber Ornette ist ein ziemlich eifersüchtiger Vogel, Mann. Eifersüchtig auf den Erfolg von anderen Musikern. Keine Ahnung, warum, aber irgendwas stimmt bei ihm nicht. Er ist Saxophonist, nimmt aber einfach 'ne Trompete oder 'ne Geige in die Hand und glaubt, daß er die, ohne zu üben, spielen kann. Das ist respektlos gegenüber allen anderen guten Musikern, die diese Instrumente beherrschen. Und dann so belehrend dazusitzen, wenn er gar nicht weiß, wovon er redet, das ist einfach

* Miles Davis & Sonny Stitt: *Live in Stockholm 1960* (Dragon DRLP 129/130).

nicht cool, Mann. Die Violine ist okay, wenn du sie nur für Klangfarben verwenden willst. Dann kannst du dich auf ihr durchmogeln, auch wenn du gar nicht spielen kannst. Ich meine, keine Soli oder irgendsowas, nur hier und da ein paar Noten. Aber wenn du nicht Trompete spielen kannst, das klingt furchtbar. Leute, die sie wirklich beherrschen, kommen sogar mit einem kaputten Instrument klar. Du brauchst nur einen bestimmten Stil. Aber Ornette konnte mit der Trompete nichts anfangen, weil er keine Ahnung von dem Instrument hatte. Eigentlich ist er in Ordnung, aber er sollte nicht so verdammt eifersüchtig sein.

Menschlich mochte ich Ornette und Don sehr gern. Aber was an ihrem Spiel revolutionär sein sollte, konnte ich wirklich nicht entdecken, und das sagte ich auch. Trane war oft da und hörte ihnen zu, aber er äußerte sich nie. Viele Kritiker und jüngere Musiker gingen mir an die Gurgel, nachdem ich Ornette runtergemacht hatte; sie nannten mich „altmodisch" und solchen Scheiß. Aber ich mochte nun mal nicht, was sie spielten, vor allem nicht Don Cherry auf diesem kleinen Horn. Für mich sah es so aus, als würde er einen Haufen Noten spielen, dazu ein ernstes Gesicht machen, und die Leute schluckten es, weil sie alles schlucken, was sie nicht verstehn, wenn es nur richtig verkauft wird. Sie wollen hip sein, wollen bei jedem neuen Trend dabeisein, damit sie nicht alt aussehn. Vor allem Weiße sind so, besonders, wenn ein Schwarzer etwas tut, was sie nicht kapieren. Sie wollen nicht zugeben, daß ein Schwarzer was bringt, wovon sie keine Ahnung haben. Oder daß er möglicherweise ein bißchen oder sogar viel intelligenter ist als sie selbst. Sowas können sie sich nicht eingestehn, also rennen sie rum und reden dauernd davon, wie großartig das Neue ist, bis das nächste „New Thing" kommt, und dann das nächste, und dann das nächste. Genauso sah's aus, als Ornette auftauchte.

Nun, was Ornette ein paar Jahre später spielte, war hip, und das hab ich ihm auch gesagt. Aber was sie anfangs machten, war einfach nur spontanes Spielen, „Free Form", sich gegenseitig anheizen. Das ist okay, aber das gab's früher auch schon, nur fehlte bei ihnen jede Form oder Struktur, und das war letztlich das Wesentliche an ihrer Musik, nicht ihre Spielweise.

Zur selben Zeit oder etwas später erschien Cecil Taylor auf der Szene. Was Ornette und Don mit zwei Hörnern machten, spielte er auf dem Klavier. Ich hatte ihm gegenüber die gleichen Vorbehalte. Er war klassisch ausgebildet und technisch ausgezeichnet, aber ich mochte sein Konzept einfach nicht. Es waren nur viele Noten um der Noten willen; irgend jemand, der zeigen will, wieviel Technik er drauf hat. Ich weiß noch, daß mich eines Abends mal jemand zusammen mit Dizzy und Sarah Vaughan ins Birdland schleppte, damit wir uns Cecil Taylor anhören. Nach ein paar Minuten bin ich wieder abgehaun. Ich hab ihn nicht gehaßt oder sowas, auch heute nicht; ich mochte einfach nicht, was er spielte, das ist alles. (Irgend jemand erzählte mir mal, daß Cecil, als er gefragt wurde, ob er meine Spielweise mag, geantwortet hätte: „Für 'n Millionär spielt er ganz gut." Ganz schön witzig – bis dahin konnte ich mir nicht vorstellen, daß er Sinn für Humor hat.)

Irgendwann Anfang 1961 verließ Sonny Stitt die Band. Ich ersetzte ihn durch Hank Mobley, und im März gingen wir ins Studio, um *Someday My Prince Will Come* aufzunehmen.* Für drei oder vier Stücke holte ich Coltrane dazu und Philly Joe für eine Nummer. Aber ansonsten war die Band in der üblichen Besetzung: Wynton Kelly, Paul Chambers, Jimmy Cobb und Hank Mobley auf zwei oder drei Stücken. Schon auf *Porgy and Bess* und später auf *Sketches of Spain* hatte Teo Macero, mein Produzent, damit angefangen, Bandmaterial zu schneiden. Auf diesem Album ging er genauso vor. Wir nahmen einige Soli nachträglich auf, und Trane und ich spielten zusätzliche Hornpassagen. Das war eine interessante Arbeitsweise, die wir später oft verwendeten.

Bei *Someday My Prince Will Come* verlangte ich zum ersten Mal von Columbia, daß Bilder von schwarzen Frauen auf meine Plattenhüllen kommen, und so erschien Frances auf dem Co-

---

* Miles Davis Sextet: *Someday my Prince Will Come* (Columbia CS 8456).

ver. (Sie ist noch auf zwei weiteren Plattenhüllen zu sehen, danach kamen Betty Mabry auf *Filles de Kilimanjaro*, Cicely Tyson auf *Sorcerer* und Marguerite Eskridge auf *Miles Davis at the Fillmore*.) Ich meine, es war schließlich mein Album, ich war Frances' Prinz und hatte außerdem „Pfrancing" auf dieser LP für sie geschrieben. Als nächstes schaffte ich diese idiotischen Begleittexte ab, was ich schon lange vorhatte. Weißt du, für mich gab es niemanden, der irgendwas Vernünftiges über meine Platten sagen konnte. Mit gefiel es nie, wenn irgend jemand meine Musik beschreibt und erklären will, was ich eigentlich spiele. Die Musik spricht für sich selber.

Im April 1961 entschloß ich mich, nach Kalifornien rüberzufahren, um ein Engagement im Blackhawk in San Francisco anzunehmen. Ich hatte eine Zeitlang im Village Vanguard in New York gespielt, aber allmählich langweilte mich die Musik, weil ich mit Hank Mobleys Stil nicht zurechtkam. Es machte einfach keinen Spaß, mit Hank zu spielen; er konnte meine Phantasie nicht anregen. Gil und ich arbeiteten gelegentlich an einem Album für Columbia. Aber davon einmal abgesehen, schleppte sich alles dahin.

Um diese Zeit begann ich damit, ganz kurze Soli zu spielen und dann die Bühne zu verlassen. Die Leute beschwerten sich, weil sie mich spielen sehen wollten oder was auch immer sie von mir erwarteten. Inzwischen war ich ein „Star", und sie kamen nur, um mich zu beobachten, zu sehen, was ich anhatte, ob ich was sagen oder jemanden anmachen würde – als wäre ich 'ne Mißgeburt im Glaskäfig von einem verdammten Zoo. Mann, der Scheiß wurde langsam deprimierend. Zu der Zeit hatte ich außerdem ständig Schmerzen, weil meine Anämie die Arthritis in meinen Gelenken förderte, besonders in meinem linken Hüftgelenk. Mein Boxtraining schien auch nicht mehr zu helfen. Also entschloß ich mich, nach Kalifornien zu fahren, um ein bißchen abzukühlen; ich ging erst nach Chicago, von da nach St. Louis und dann weiter nach Kalifornien. Ich hatte einfach das Gefühl, daß ich Abwechslung brauche.

Columbia nahm unseren Auftritt im Blackhawk auf*, aber die ganzen Geräte gingen mir und den Jungs unheimlich auf die Nerven. Dauernd wurde am Sound rumgemacht, und das kann dein Timing völlig durcheinanderbringen. Ralph I. Gleason war auch da, ein Schreiber, den ich sehr gern mochte. Es war immer angenehm, sich mit ihm zu unterhalten. Er, Leonard Feather und Nat Hentoff waren die einzigen Musikkritiker, die nicht wie Idioten schrieben. Den Rest konnte man in den Sack stecken.

Als wir im April 1961 zurück nach New York kamen, hatten wir einen Job in der Carnegie Hall, auf den ich mich sehr freute.** Wir traten nämlich nicht nur mit der kleinen Gruppe auf, sondern hatten zusätzlich ein großes Orchester unter der Leitung von Gil Evans, mit dem wir vieles aus *Sketches of Spain* spielten.

Es war ein Abend mit großartiger Musik. Nur eine Sache störte das Ganze, als nämlich Max Roach mit einigen Demonstranten die Bühne besetzte. Mann, das brachte mich so aus der Fassung, daß ich nicht weiterspielen konnte. Es war ein Benefizkonzert für die African Relief Foundation, aber Max und seine Freunde hielten die Organisation für eine getarnte CIA-Gruppe oder zumindest für Befürworter des Kolonialismus in Afrika. Es störte mich überhaupt nicht, daß Max der Meinung war, diese Organisation sei nur ein Werkzeug der USA, weil sie nun mal fast ausschließlich aus Weißen bestand. Was mich aber störte, war, daß er die Musik auf diese Art zerstörte und sich mit diesen verdammten Schildern auf die Bühne setzte. Ich hatte gerade angefangen zu spielen, als er mit seinen Leuten kam, und es warf mich völlig aus der Bahn. Ich weiß nicht, warum er das gemacht hat. Nachdem ihn irgend jemand überredet hatte, die Bühne zu verlassen, ging ich zurück und spielte das Konzert zu Ende. Aber Max war wie mein Bruder, und er erklärte mir

---

* Miles Davis in Person: *Friday and Saturday Nights* (Columbia CS L 20).
** Miles Davis: *Miles Davis at Carnegie Hall* (Columbia CS 8612).
Miles Davis: *More Music from the Legendary Carnegie Hall Concert* (CBS 460064-1).

später, er habe nur gewollt, daß ich mir darüber im klaren bin, worauf ich mich einlasse. Ich fand, daß er es mir auf 'ne andere Art hätte sagen sollen, und das sah er ein.

Kurz nach diesem Vorfall hatten Max und ich einen zweiten Zusammenstoß. Wie gesagt, der Tod von Clifford Brown 1956 war ihm sehr nah gegangen, und danach fing er wieder zu trinken an. Wir sahen uns zu dieser Zeit kaum. Er hatte die Sängerin Abbey Lincoln geheiratet, und aus irgendeinem Grund dachte er, ich hätte irgendwas mit ihr, also wollte er aus Rache Frances vögeln. Sobald ich nicht zu Hause war, kam er vorbei, hämmerte an die Tür und verlangte, daß Frances ihn reinläßt. Eines Nachts tauchte er auf und versuchte, die Tür einzutreten; Frances hatte wirklich 'ne Heidenangst. Zuerst wollte ich's ihr gar nicht glauben, aber langsam dämmerte mir, daß sie mir die Wahrheit sagte. Ich setzte mich in den Wagen, machte mich auf die Suche nach Max und fand ihn in Sugar Rays Club oben in Harlem. Ich erklärte ihm, daß ich mit Abbey nichts anderes getan hätte, als ihr einmal die Haare zu schneiden. Irgend jemand hatte Max erzählt, ich hätte Abbey „gestutzt", und darunter verstand er was anderes. Als er trotzdem anfing, rumzubrüllen und mich zu würgen, schlug ich ihn einfach mit einem Aufwärtshaken k. o. Machte ihn auf der Stelle platt. Ich wollte schon ein- oder zweimal gehn, aber er ließ mich einfach nicht. Frances war auch dabei, und die Leute starrten uns an, als hätten wir den Verstand verloren.

Eigentlich war das eine verdammt traurige Scheiße. Das war nicht der wirkliche Max Roach, der mich in dem Club anbrüllte, genauso, wie der Junkie damals nicht der wirkliche Miles Davis gewesen war. Es war der Alkohol, der da aus Max sprach, und ich hatte nicht das Gefühl, daß ich den wirklichen Max k. o. schlug. Aber es tat mir trotzdem verdammt weh; ich ging nach Hause und weinte die ganze Nacht wie ein kleines Kind in Frances Armen. Es war eine der härtesten und aufreibendsten Situationen, die ich je durchgemacht habe. Nach 'ner Weile renkte sich das Ganze wieder ein, und Max und ich erwähnten den Abend so gut wie nie mehr.

1961 war für Frances und mich das große Jahr. An einem Abend, als Dinah Washington im Birdland auftrat, überraschte ich sie mit einem Saphirring, der in Toilettenpapier eingewickelt war. Sie war völlig außer sich. Ich blieb viel zu Hause und brachte Frances das Kochen bei, denn ich liebte gutes Essen und war es leid, ständig in Restaurants zu gehen. Ich beherrschte die französische Küche ziemlich gut und alle schwarzen amerikanischen Gerichte. Aber mein Favorit war ein Chili-Gericht, das ich „Miles' South Side Chicago Chili Mack" nannte. Es wurde mit Spaghetti, geriebenem Käse und gesalzenen Keksen serviert. Ich zeigte Frances, wie man es machte, und nach 'ner Weile kochte sie viel besser als ich.

Um diese Zeit zogen wir in eine umgebaute russisch-orthodoxe Kirche in der westlichen 77sten Straße, Nummer 312. Ich hatte das fünfstöckige Gebäude schon 1960 gekauft, aber wir konnten erst jetzt, nach der Renovierung, einziehen. Es lag drüben am Hudson River zwischen Riverside Drive und West End Avenue. Im Keller ließ ich einen Trainingsraum einrichten und ein Musikzimmer, in dem ich üben konnte, ohne andere Leute im Haus zu stören. Im ersten Stock lagen ein großes Wohnzimmer und eine große Küche, darüber die Schlafzimmer. In den zwei oberen Stockwerken waren kleine Appartements, die wir vermieteten. Wir brauchten das Haus, weil unsere Kinder inzwischen bei uns lebten; meine Tochter Cheryl, mein Sohn Miles IV und Gregory und der Sohn von Frances, Jean-Pierre. Es ging uns sehr gut zu dieser Zeit, und ich verdiente etwa 200 000 Dollar im Jahr. Ich hatte einiges Geld in Aktien investiert und studierte ständig die Börsenkurse in den Zeitungen.

Ich hatte meine Mutter nicht mehr oft gesehen, aber wenn, Mann, dann war sie einfach unschlagbar. Sie redete immer Klartext. Ich weiß noch, daß ich einmal in Chicago in der Sutherland Lounge spielte, und ein Typ namens Marc Crawford wollte einen großen Artikel über mich im *Ebony*-Magazin schreiben. Marc saß am Tisch mit mir, meiner Mutter, meiner Schwester Dorothy und ihrem Mann Vincent. Meine Mutter sagte: „Miles, du könntest wenigstens für das Publikum lächeln, wo du doch so gefeiert wirst. Sie klatschen doch, weil sie dich lieben und deine Musik so schön finden."

Ich sagte: „Was willst du? Daß ich den Onkel Tom spiele?"

Sie sah mich einen Augenblick vernichtend an und sagte: „Wenn ich jemals höre, daß du dich zum Tom machst, komme ich und bring dich eigenhändig um." Nun, alle andern am Tisch saßen einfach da und nahmen sie, wie sie ist. Aber Marc Crawfords Augen wurden größer als Orangen, und er wußte nicht, ob er das schreiben soll oder nicht. Aber so war meine Mutter, immer geradeaus.

Im Jahr 1961 wurde ich im *Down Beat* Poll wieder zum besten Trompeter und meine Band zur besten Combo gewählt. Tranes neue Gruppe mit Elvin Jones, McCoy Tyner und Jimmy Garrison wurde beste neue Combo und Trane bester Tenorsaxophonist und bester „New Star" auf dem Sopransaxophon. Es sah eigentlich alles ganz gut aus, bis auf meine Anämie. Sie brachte mich nicht um, aber sie machte mir ernsthafte Schwierigkeiten.

Zu meinen Konzerten kamen viele Schauspieler. Marlon Brando war jeden Abend im Birdland, um mich zu hören und um Frances anzustarren. Einmal saß er den ganzen Abend an ihrem Tisch, unterhielt sich mit ihr und grinste wie ein Schuljunge, während ich spielen mußte. Ava Gardner gehörte zu den Stammgästen im Birdland, und Richard Burton und Elizabeth Taylor kamen auch oft vorbei. Paul Newman schaute ebenfalls öfters rein; aber er wollte nicht nur die Musik hören, sondern auch meine Haltung studieren, weil er grade in dem Film *Paris Blues* einen Musiker spielen sollte. Wenn ich in Los Angeles auftrat, war Laurence Harvey oft da und parkte seinen weißen Rolls-Royce direkt vor dem Club, ich glaube, es war der It Club. Er gehörte einem Schwarzen namens John T. McClain, den wir immer John T. nannten. Sein Sohn, der ebenfalls John T. McClain heißt, ist heute einer der größten Plattenproduzenten und produziert Leute wie Janet Jackson für A & M Records.

In New York fühlte ich mich zu der Zeit sehr wohl. Coltrane kam oft vorbei, und wir machten ein bißchen Musik im Keller.

Auch Cannonball steckte hin und wieder seine Nase rein. Inzwischen hatte ich erfahren, daß Bill Evans auf Heroin war. Mir wurde richtig schlecht, Mann, weil ich ihn anfangs, als er noch damit herumexperimentierte, immer gewarnt hatte. Aber er ignorierte es einfach. Das traf mich sehr, denn er war ein so wunderbarer Musiker und mußte ausgerechnet zu einem Zeitpunkt süchtig werden, als alle anderen, sogar Sonny Rollins und Jackie McLean, sich wieder auf die Reihe kriegten.

Bills Einfluß war es zu verdanken, daß bei mir im Haus immer klassische Musik lief. Es schaffte eine beruhigende Arbeitsatmosphäre. Natürlich dachten alle, die vorbeischauten, daß nur Jazz vom Plattenteller kommt, aber zu der Zeit stand ich nicht drauf; manche waren sogar richtig schockiert, daß ich ständig klassische Musik hörte, Strawinski, Arturo Michelangeli, Rachmaninow, Isaac Stern. Frances mochte ebenfalls klassische Musik, und ich glaube, sie war ziemlich überrascht, als sie herausfand, daß mir diese Musik gefiel.

Am 21. Dezember 1960 heirateten Frances und ich. Sie ging los und kaufte sich einen Ehering, aber ich verzichtete darauf, weil ich nichts davon halte. Es war das erste Mal, daß ich offiziell geheiratet hatte.

Aber so gut es privat auch lief, mit der Musik wollte es während dieser Zeit nicht richtig vorangehen. Hank Mobley verließ 1961 die Band, und ich ersetzte ihn durch einen Typen namens Rocky Boyd, aber auch das funktionierte nicht. Wie gesagt, zu dieser Zeit war ich für viele Leute ein „Star". 1961 erschien im *Ebony* ein Sieben-Seiten-Artikel über mich, mit Fotos von mir, meiner Familie und meinen Freunden, aber auch mit Bildern von meinen Eltern draußen auf der Schweinefarm meines Vaters. Es war 'ne große Geschichte, die mein Ansehen bei den Schwarzen enorm steigerte. Aber eigentlich ließ es mich kalt, weil musikalisch nichts los war – und das deprimierte mich. Ich trank wieder mehr als früher und nahm schmerzstillende Mittel gegen die Anämie ein. Und wegen meiner Depressionen war ich auch wieder mehr auf Koks.

1962 waren J. J. Johnson und Sonny Rollins frei, also stellte ich ein wirklich gutes Sextett mit Wynton Kelly, Paul Chambers und Jimmy Cobb zusammen, und wir gingen auf Tour. Es war Mitte Mai, und weil wir in Chicago spielten, fuhren wir über East St. Louis, um meinen Vater zu besuchen. Es ging ihm nicht sehr gut. Frances war auch mit dabei, weil sie ihre Eltern in Chicago sehen wollte.

Ein paar Jahre zuvor war mein Vater in seinem Wagen mit einem Zug zusammengeprallt. Ich glaube, es war 1960, an einem dieser unbeschrankten Bahnübergänge auf dem Land. Von diesem Unfall erholte er sich nie mehr. In der Gegend, wo es passierte, wurden keine Schwarzen von den Krankenwagen der Weißen transportiert, also mußte er warten, bis er von der schwarzen Ambulanz ins Krankenhaus gebracht wurde. Da es nicht allzu schlimm aussah, erzählte es mir niemand. Außerdem war ich auf Tour, und sie wollten mich nicht beunruhigen. Als ich ihn zufällig eine Woche nach dem Unfall anrief und fragte, wie's ihm geht, sagte er: „Oh, ich bin mit einem Zug zusammengestoßen." Er sagte es einfach so, als wäre es überhaupt nichts.

Ich sagte: „Was? Was ist passiert?"

„Nichts. Ich bin von einem Zug erwischt worden. Sie haben mich untersucht und gesagt, daß ich in Ordnung bin."

Danach konnte er nichts mehr aufheben, ohne daß ihm die Hände zitterten. Er griff nach einem Gegenstand, aber er schaffte es einfach nicht. Seine Frau erzählte mir, daß es immer schlimmer würde. Also brachte ich ihn nach New York und ließ ihn von einem Neurologen untersuchen, aber er konnte nichts feststellen. Mein Vater war jetzt wie ein angeschlagener Boxer; er ließ sich von keinem helfen. Als ich ihm einmal etwas holen wollte, sagte er: „Merkst du nicht, wenn jemand deine Hilfe nicht haben will?" Er konnte nicht mehr gerade gehn, und er konnte nicht mehr arbeiten. Als ich 1962 vorbeikam, sah er genauso aus wie beim letzten Mal, er zitterte und wehrte sich gegen jede Hilfe. Dabei konnte er sich doch selbst kaum helfen. Aber er war ein stolzer Mann und erzählte mir ständig, daß er das alles überwinden und bald wieder arbeiten würde.

Wir wollten grade nach Kansas City aufbrechen, als er mir einen Brief gab. Ich reichte ihn an Frances weiter, umarmte ihn, und wir fuhren los. Den Brief vergaß ich völlig. Etwa drei Tage später, als wir in Kansas City spielten, kam J. J. zu mir und sagte: „Setz dich mal hin."

„Was willst du?" fragte ich. Ich merkte, daß irgendwas nicht in Ordnung war, weil er mich so traurig ansah. Ich setzte mich etwas irritiert hin. „Dein Vater ist grade gestorben, Mann. Sie haben im Club angerufen und es dem Manager gesagt; dein Vater ist gestorben." Ich sah ihn nur völlig geschockt an und sagte: „Nein, Scheiße! Oh, verdammt, Mann!" Ich werde es nie vergessen, ich sagte einfach: „Nein, Scheiße!" Ich weiß nicht, was in dem Moment mit mir passierte; ich weinte nicht oder so was. Irgendwie war ich nur taub, wahrscheinlich konnte ich es nicht glauben.

Dann erinnerte ich mich an den Brief. Ich ging zurück ins Hotelzimmer, und Frances gab ihn mir. „In ein paar Tagen, wenn du dies liest", schrieb mein Vater, „werde ich tot sein, also paß gut auf dich auf, Miles. Ich hab dich wirklich geliebt, und du hast mich sehr stolz gemacht." Mann, ich war völlig fertig. Ich weinte, weinte lange und heftig. Ich war auf mich selbst wütend, weil ich den Brief erst jetzt gelesen hatte. Ich fühlte mich wirklich schlecht, richtig schuldig. Ich war so verdammt frustriert, weil ich meinem Vater nicht helfen konnte und er mir in all den Jahren doch immer geholfen hatte. An seiner Handschrift konnte ich sehen, wie krank er war, alles war so schief und zittrig. Ich las den Brief immer und immer wieder. Er war sechzig Jahre alt, als er starb, aber irgendwie dachte ich, er würde ewig leben, weil er immer für mich dagewesen war. Ich wußte, daß ich einen großen Vater hatte, ich meine, einen wunderbaren Vater, und er mußte schon riesig sein, um mir auf diese Art mitzuteilen, daß er sterben würde. Im Geist zogen jetzt alle Bilder meines letzten Besuches in mir vorüber. Er hatte nicht gut ausgesehen, und ich erinnerte mich, daß er diesen gewissen Blick hatte, den Leute vom Land, besonders religiöse Menschen, oft in ihren Augen haben, wenn irgendwas nicht in

Ordnung ist. Und genau diesen Blick hatte er, als ich mich verabschiedete, diesen traurigen Blick, der sagen wollte: „Ich werde dich wahrscheinlich nie wiedersehen." Aber ich hatte es nicht verstanden, und das machte mich noch trauriger, noch schuldiger. In dem einen Moment, wo mein Vater mich am meisten gebraucht hatte, enttäuschte ich ihn. Wenn ich doch nur aufgepaßt hätte! Ich kannte diesen Blick, ich hatte ihn schon oft gesehen, auch bei Bird, als ich ihn zum letzten Mal traf.

Das Begräbnis meines Vaters im Mai 1962 war eins der größten, wenn nicht *das* größte, das ein Schwarzer in East St. Louis jemals bekommen hatte. Es fand in der neuen Turnhalle der Lincoln High School statt. Mann, es war proppenvoll. Die Leute kamen von überall angereist, all die Ärzte, Zahnärzte und Anwälte, die er kannte, Freunde aus Afrika, mit denen er an der Universität gewesen war, und viele reiche Weiße. Die meisten hatte ich seit Jahren nicht mehr gesehn. Ich saß mit meiner Familie in der vordersten Reihe. Die erste Trauer war vorüber, es war also nicht mehr so schmerzhaft und traurig, dazusitzen und ihn noch ein letztes Mal zu betrachten. Es war fast, als würde er in dem Sarg schlafen. Mein Bruder Vernon, der verrückter ist, als ich es jemals sein könnte, fing an, über irgendeine Frau Witze zu reißen. „Miles", sagte er, „guck dir die Schlampe da drüben an, wie sie ihren fetten Arsch verstekken will." Ich sah rüber, und es stimmte, ich brach fast zusammen, ich starb fast vor Lachen. Mann, dieser Nigger ist verrückt. Aber irgendwie beruhigte er alle durch sein Verhalten, und ich wurde erst wieder richtig traurig, als sie meinen Vater draußen auf dem Friedhof begruben. Als sie ihn in die Erde legten, wußte ich, daß ich ihn – seinen Körper – zum letzten Mal auf dieser Erde gesehn hatte. Danach sollte ich ihn nur noch auf Bildern oder in meinen Gedanken sehn.

Ich kehrte nach New York zurück und versuchte zu arbeiten, um nicht ständig an meinen Vater denken zu müssen. Wir spielten im Vanguard und in ein paar Städten an der Ostküste. Abends trat ich in Clubs auf, und tagsüber verbrachte ich viel

Zeit in Sporthallen. Und dann nahm ich im Juli *Quiet Nights* mit Gil Evans auf, aber ich empfand absolut nichts für die Musik auf diesem Album. Ich stand einfach nicht mehr hinter diesen Sachen. Wir versuchten irgendwelchen Bossa Nova-Unsinn auf Platte zu pressen.*

Dann kam Columbia auf die glorreiche Idee, ein Weihnachtsalbum aufzunehmen, und sie besorgten diesen albernen Sänger namens Bob Dorough. Gil übernahm die Arrangements. Wir hatten Wayne Shorter am Tenor, Frank Rehak an der Posaune, Willie Bobo spielte Bongos, und im August nahmen wir das Ganze auf. Je weniger Worte wir darüber verlieren, desto besser. Aber wenigstens spielte ich jetzt zum ersten Mal mit Wayne Shorter, dessen Stil ich wirklich mochte.**

Quiet Nights war für Gil und mich einfach ein Schuß in den Ofen. Wir hatten unsere ganze Energie unnütz verschwendet, und dabei wollten wir's bewenden lassen. Natürlich veröffentlichte Columbia das Album trotzdem, weil es Geld bringen sollte, aber wenn es nach Gil und mir gegangen wäre, dann wären die Tapes auf ewig in die Tresore gewandert. Ich war dermaßen sauer, daß ich danach lange Zeit kein Wort mehr mit Teo Macero redete. Er ruinierte alles auf dieser Platte, meckerte an den Partituren rum, stand allen im Weg und erzählte jedem, was er spielen sollte. Hätte er bloß seinen Arsch in der Aufnahmekabine gelassen und uns einen guten Sound gegeben, anstatt überall rumzunerven. Nach dieser Platte wollte ich, daß sie ihn feuern. Ich rief Goddard Lieberson an, den Präsidenten von Columbia, aber als er mich dann fragte, ob ich Teo wirklich loswerden wollte, konnte ich es ihm doch nicht antun.

Noch vor der letzten Session für *Quiet Nights* erklärte ich mich zu einem Interview mit dem *Playboy* bereit. Marc Crawford, der schon die Story für *Ebony* geschrieben hatte, stellte mich dem Journalisten Alex Haley vor. Eigentlich wollte ich nicht, und Alex fragte: „Warum nicht?"

* Miles Davis: *Quiet Nights* (Columbia CS 8906).
** Miles Davis: *Facets* (CBS 62637; franz.).

Ich sagte ihm: „Das ist 'ne Zeitschrift für Weiße. Die Weißen wollen meistens rausfinden, was du denkst. Und danach verbraten sie deine eigenen Ideen und heimsen selber das Lob dafür ein." Ein anderer Grund, warum ich eigentlich keine Lust dazu hatte, war, daß im *Playboy* nie schwarze, braune oder asiatische Frauen abgebildet waren. „Die haben nur blonde Frauen mit großen Titten und flachen Ärschen oder gar keinen Ärschen", sagte ich ihm. „Wer zum Teufel will sich ständig sowas ansehn? Schwarze Typen stehen auf große Ärsche, verstehst du? Außerdem küssen wir gerne, und weiße Frauen haben keinen Mund zum Küssen." Wir redeten ein bißchen miteinander, und Alex kam sogar mit runter in die Sporthalle, stieg mit in den Ring und steckte ein paar Gerade an den Kopf ein. *Das* beeindruckte mich. Also sagte ich ihm: „Hör mal, Mann, wenn ich dir alles erzähle, warum machen die mich nicht zum Teilhaber der Firma?" Das geht nicht, meinte er; und schließlich sagte ich ihm, daß ich mich darauf einlasse, wenn sie ihm 2500 Dollar geben. Sie willigten ein, und so bekamen sie ihr Interview.

Aber was dabei rauskam, gefiel mir gar nicht. Obwohl es sich gut las, war einiges von Alex erfunden. In dem Artikel erzählte er von dem kleinen, farbigen Trompetenspieler – von mir –, der im Wettbewerb um den besten Trompeter in Illinois immer gegen seinen weißen Konkurrenten verlor. Damals war ich in der High School bei einem Wettbewerb für die All State Music Band. Alex schrieb, das hätte ich nie verkraftet. Totaler Quatsch! Es stimmte einfach nicht. Vielleicht verlor ich, aber ich hatte es weggesteckt, weil ich *wußte*, daß ich besser war; und das wußte der weiße Junge auch. Wo steckt *der* heute eigentlich? Ich mochte nicht, daß Alex immer alles aufbauschte. Er ist ein guter Schreiber, aber viel zu dramatisch. Später wurde mir klar, daß das einfach sein Schreibstil ist, aber als er die Geschichte über mich machte, wußte ich es noch nicht.

Im Dezember 1962 hatten wir gerade in Chicago gespielt – ich, Wynton, Paul, J. J. und Jimmy Cobb; bei einem Gig kam Jimmy Heath für Sonny Rollins, der wieder üben und eine eigene Band gründen wollte. Es war um die Zeit, als man

Sonny angeblich oben auf der Brooklyn Bridge üben hören konnte. Außer Jimmy Cobb redeten alle davon, die Band zu verlassen; sie wollten entweder mehr Geld verdienen oder ihre eigene Musik spielen. Die Rhythmusgruppe plante, mit Wynton Kelly als Leader im Trio zu arbeiten, und J. J. überlegte, in der Nähe von L. A. zu bleiben, weil er dort als Studiomusiker mehr Geld verdienen und bei seiner Familie sein konnte. Es blieben also nur noch Jimmy Cobb und ich übrig, und das reichte nicht ganz für 'ne Band.

Anfang 1963 mußte ich Konzerte in Philadelphia, Detroit und St. Louis absagen, und das kostete mich über 25 000 Dollar, weil die Veranstalter ihre Auslagen einklagten. Als ich in San Francisco im Blackhawk spielen sollte, entschloß ich mich, Paul und Wynton nicht mitzunehmen. Ich hatte Ärger mit ihnen, weil sie mehr Geld und ihre eigene Musik spielen wollten. Sie sagten, sie hätten es satt, nur meine Stücke zu bringen, wollten was Neues machen. Inzwischen waren sie sehr gefragt. Aber eigentlich lag's daran, daß Wynton selbständig sein wollte, ein Leader, und nach den fünf Jahren bei mir glaubte er, dafür reif zu sein. Vermutlich waren sie's leid, jetzt, wo alle andern gegangen waren, weiter von mir abhängig zu sein.

Die Leute vom Blackhawk gaben mir eine Woche Zeit, um eine neue Band zusammenzutrommeln. Jimmy Cobb war der einzige aus der alten Besetzung, aber nach ein paar Tagen im Blackhawk ging er ebenfalls weg, um sich Wynton und Paul anzuschließen.

Ich hatte jetzt eine ganz neue Band. Eigentlich wollte ich von vorne anfangen und holte mir deshalb den Saxophonisten George Coleman, den Coltrane mir empfohlen hatte. Ich fragte Coleman, mit wem er gern arbeiten würde, und er schlug Frank Strozier am Alt und Harold Mabern am Klavier vor. Jetzt fehlte mir nur noch ein Bassist, und ich erinnerte mich an Ron Carter. Ich hatte ihn 1958 in Rochester, New York, kennengelernt, als er nach einer Show hinter die Bühne kam; er kannte Paul Chambers aus Detroit, wo er aufgewachsen war. Ron hatte an

315

der Eastman School of Music Baß studiert. Ein paar Jahre später trafen wir ihn in Toronto, und ich weiß noch, daß er oft mit Paul über unsere Musik redete. Damals fingen wir gerade mit den modalen Geschichten auf *Kind of Blue* an. Nach seinem Examen kam er nach New York und spielte mit Art Farmer im Quartett von Jim Hall.

Paul hatte mir schon erzählt, daß Ron ein toller Bassist ist. Und nachdem klar war, daß er weggeht, hörte ich mir Ron an und war sofort begeistert. Ich bat ihn, in meine Band einzusteigen, aber er hatte noch Verpflichtungen bei Art. Ron meinte, daß er nur kommt, wenn Art einverstanden ist. Eigentlich wollte Art ihn nicht gehen lassen, aber schließlich stimmte er doch zu.

Bevor ich New York veließ, setzte ich noch Vorspieltermine für die Band an, und plötzlich hatte ich lauter Memphis-Musiker – Coleman, Strozier und Mabern. Ron mußte nicht vorspielen, denn ich wußte, was er kann, aber er probte mit uns. Und dann hatte ich diesen kleinen, siebzehnjährigen Schlagzeuger gehört, der mit Jackie McLean arbeitete. Er hieß Tony Williams, und es zog mir regelrecht die Schuhe aus, so irre war er. Ich wollte, daß er sofort mit mir nach Kalifornien kommt, aber er mußte noch seine Verpflichtungen bei Jackie McLean erfüllen. Aber nach diesen Jobs, erklärte er mir, hätte er Jackies Segen, um bei mir einzusteigen. Wie schon gesagt, Trompeter brauchen große Schlagzeuger, und ich konnte sofort hören, daß Tony einer der größten Schlagzeuger würde, der je hinter einem Set gesessen hat. Er war meine erste Wahl, und Frank Butler aus L.A. war nur ein Fill-in, bis Tony kam.

Wir spielten im Blackhawk, und für 'ne neue Gruppe lief alles ziemlich gut, obwohl ich sofort merkte, daß Mabern und Strozier nicht die Spieler waren, die ich suchte. Sie waren sehr gute Musiker, aber sie gehörten einfach in eine andere Art von Band. Danach spielten wir unten in L.A., in John T.'s It Club, und dort entschloß ich mich, wieder Aufnahmen zu machen. Ich nahm für Mabern am Klavier Victor Feldman, einen großartigen englischen Pianisten, der auch Vibraphon und Schlagzeug spielte. Bei der Session nahmen wir zwei seiner Titel auf: „Seven Steps to Heaven" und „Joshua". Ich wollte, daß er in die Band einsteigt, aber mit seiner Studioarbeit in L.A. machte er ein Vermögen, und bei mir hätte er nur Geld verloren. Ich kam also nach New York zurück und suchte immer noch nach einem Pianisten, und schließlich fand ich ihn – in Herbie Hancock.

Ich hatte Herbie Hancock schon vor einem Jahr kennengelernt, als ihn der Trompeter Donald Byrd mit zu mir brachte. Er war gerade in Donalds Band eingestiegen. Ich bat ihn, etwas auf meinem Klavier zu spielen, und sah sofort, daß er wirklich was konnte. Als ich jetzt einen neuen Pianisten brauchte, dachte ich sofort an Herbie und rief ihn an. Ich lud Tony Williams und Ron Carter dazu ein, weil ich sehn wollte, wie Herbie dazu paßt.

Sie kamen vorbei und spielten einige Zeit täglich zusammen. Ich hörte es mir auf der Gegensprechanlage an, die überall in meinem Haus installiert war. Mann, sie klangen einfach zu gut. Am dritten oder vierten Tag ging ich nach unten und spielte ein bißchen mit. Dann sagte ich Herbie, er sollte uns am nächsten Tag im Studio treffen. Wir beendeten gerade *Seven Steps to Heaven*, und Herbie fragte: „Heißt das also, daß ich in der Band bin?"

„Du machst doch die Platte mit uns, oder nicht?" sagte ich.

Ich wußte sofort, daß wird 'ne Höllenband. Zum ersten Mal seit langem spürte ich wieder diese innere Erregung, denn wenn sie schon nach ein paar Tagen so gut klangen, wie würden sie dann erst in ein paar Monaten spielen? Mann, ich konnte den Kram schon richtig knallen hören.

Wir stellten *Seven Steps to Heaven** fertig, ich rief Jack Whittemore an und sagte, er soll uns für den Rest des Sommers so viele Jobs wie möglich besorgen. Das neue Album war im Mai 1963 im Kasten, und wir fuhren zu unserem ersten Gig ins Showboat nach Philadelphia. Ich weiß noch, daß Jimmy Heath im Publikum saß. Da mir seine Meinung wichtig war, ging ich nach meinem Solo runter und fragte ihn, was er von der Band

---

* Miles Davis: *Seven Steps to Heaven* (Columbia CS 8851).

hält. „Mann, die sind phantastisch, aber ich möchte nicht jeden Abend mit ihnen spielen, Miles. Diese Motherfucker setzen jeden unter Strom." Genau das dachte ich auch, nur fand ich es wunderbar, mit ihnen zu spielen. Mann, sie kapierten alles blitzschnell. Und er hatte recht, sie waren phantastisch. Danach spielten wir in Newport, Chicago, St. Louis* und noch einigen anderen Orten.

Nach ein paar Wochen flogen wir rüber nach Antibes, in Südfrankreich, in der Nähe von Nizza, wo wir auf dem Festival auftraten.** Wir haben da drüben einfach alle umgehauen. Von Tony hatte noch niemand was gehört, obwohl sich die Franzosen was drauf einbilden, daß sie immer genau Bescheid wissen, was im Jazz abläuft. Tony brachte jeden zum Rasen. Er legte einfach ein Riesenfeuer unter die Band. Er machte mich dermaßen an, daß ich meine Schmerzen in den Gelenken vergaß, die mir vorher so viel zu schaffen machten. Allmählich dämmerte mir, daß Tony und diese Gruppe alles spielen konnten, was sie wollten. Tony war der Kern, um den die Band ihren Sound legte. Es war einfach zuviel, Mann.

Tony brachte mich auch dazu, bei Auftritten wieder „Milestones" zu spielen, denn er liebte die Melodie. Kurz nach seinem Einstieg in die Band sagte er mal, *Milestones* wäre „das definitive Jazzalbum aller Zeiten" und daß es „den Geist aller Jazzmusiker in sich trägt". Ich war so verblüfft, daß ich nur noch sagen konnte: „Nein, echt?" Und dann sagte er, daß meine Musik die erste war, in die er sich „verliebt" hatte. Ich liebte ihn wie einen Sohn. Tony spielte mit dem Sound, den er hörte, richtig hip und auf den Punkt. Jeden Abend änderte er seine Spielweise und brachte für jeden Klang ein anderes Tempo. Wer mit Tony Williams spielte, mußte wirklich aufpassen, und zwar genau aufpassen, sonst war er draußen und sofort verloren.

Nach dem Auftritt in Antibes fuhren wir zurück in die Staaten

---

* Miles Davis: *Miles in St. Louis* (VGM Records 0003).
** Miles Davis: *Miles Davis in Europe* (Columbia CS 8993).

zum Monterey Jazz Festival in Nordkalifornien. Dort stieg Tony bei zwei älteren Musikern mit ein: Elmer Snowden, ein Gitarrist von Ende Sechzig, und Pops Foster, ein siebzigjähriger Bassist. Ihr Schlagzeuger war einfach nicht aufgetaucht. Also spielte er mit diesen beiden Burschen, die ihm völlig unbekannt waren, deren Musik er nicht mal kannte, und fegte Pops und Elmer und das ganze Festival weg. So heiß war dieser kleine Motherfucker. Nachdem er mit ihnen durch war, ging er mit uns auf die Bühne und zeigte erst recht, wo's langgeht. Und das alles von einem Siebzehnjährigen, dessen Namen Anfang des Jahres noch niemand kannte. Allerdings sagten jetzt schon jede Menge Leute, daß Tony der größte Schlagzeuger aller Zeiten werden könnte. Und ich will dir eins sagen: Tony hatte das Potential, und es gibt niemanden, der jemals so gut mit mir zusammengespielt hat wie Tony. Das war schon fast beängstigend. Aber andererseits waren Ron Carter, Herbie Hancock und George Coleman auch nicht gerade von Pappe, und ich wußte, daß ich da 'ne wirklich gute Sache hatte.

Ich blieb eine Weile in Kalifornien, weil ich mit Gil Evans eine Theatermusik schrieb. Das Stück hieß *Time of the Barracuda*, und Laurence Harvey spielte die Hauptrolle. Es sollte in Los Angeles aufgeführt werden, also wohnten Gil und ich im Château Marmont in West-Hollywood. Laurence kam öfters vorbei, um sich unsere Musik anzuhören. Er war schon immer ein großer Fan von mir, kam in jedes Konzert, wenn ich in Los Angeles spielte, und war ganz versessen darauf, daß ich diese Musik schreibe. Umgekehrt bewunderte ich ihn auch und war deshalb von der Idee ganz angetan. Wir beendeten die Musik, aber das Stück kam leider nicht zustande, weil es irgendwelche Streitigkeiten zwischen Laurence und ein paar Leuten gab; ich erfuhr nie, was eigentlich los war. Wir wurden für unsere Arbeit bezahlt, und Columbia nahm das Ganze auf, brachte es aber nie raus. Wahrscheinlich liegt's noch irgendwo in ihren Tresoren. Ich war mit der Musik ganz zufrieden. Wir hatten ein großes Orchester, und Irving Townsend war der Produzent. Ich vermute, daß die Gewerkschaft lieber 'ne Live-Band im Orchestergraben sehen wollte, anstatt irgendwelche Musik vom Band. Nach dieser Sache arbeiteten Gil und ich nur noch selten zusammen. Wir blieben zwar gute Freunde, aber musikalisch ging ich mit dieser neuen Band einfach in eine andere Richtung.

Im August 1963 starb James Robinson, der Mann meiner Mutter, in East St. Louis. Ich ging nicht zur Beerdigung, weil das nicht unbedingt meine Sache ist, aber ich telefonierte mit meiner Mutter, und sie hörte sich nicht besonders gut an. Wie gesagt, sie hatte Krebs, und ihr Zustand schien sich nicht zu bessern. Der Tod ihres Mannes war noch ein zusätzlicher Schlag. Ein Jahr zuvor war mein Vater gestorben, und dieser traurige Mist ging ihr im Kopf rum, als ich mit ihr redete. Eigentlich war meine Mutter eine wirklich starke Frau, aber jetzt machte ich mir zum ersten Mal wirklich Sorgen um sie. Es war nicht einfach für mich, weil ich nicht der Typ bin, der sich um andere sorgt, also versuchte ich, es zu verdrängen. Und dann passierte noch einiges, was mich wieder ablenkte.

Ich gewann wieder einen *Down Beat* Poll als Trompeter, und meine neue Band lag in der Gruppenkategorie als zweite hinter Monks Band. Ich wollte erst mal nicht mehr ins Studio, weil ich immer noch sauer auf Teo Macero war, der *Quiet Nights* so furchtbar ruiniert hatte, und weil ich die Studioarbeit satt hatte und mehr live spielen wollte. Ich fand schon immer, daß Musiker live besser spielen, und dieser Studioscheiß langweilte mich allmählich.

Im Februar 1964 hatte ich ein Benefizkonzert für Bürgerrechtsbewegungen eingeplant, die von der NAACP, dem Congress of Racial Equality (CORE) und dem Student Nonviolent Coordinating Committee (SNCC) gesponsort wurden. Es war auf dem Höhepunkt der Bürgerrechts-Ära, und die „Black Consciousness"-Bewegung wurde immer stärker. Das Konzert sollte in der Philharmonic Hall stattfinden, und Columbia wollte es mitschneiden*.

---

* Miles Davis: *'Four' & More* (CBS PC 9253).
  Miles Davis: *My Funny Valentine* (CBS PC 9106).

An dem Abend bliesen wir einfach das Dach vom Saal. Es war der reinste Wahnsinn, wie wir alle spielten. Ich meine, wirklich alle. Die meisten Stücke spielten wir rasend schnell, und es gab nicht einen einzigen Patzer. George Coleman war noch nie so gut wie an diesem Abend. Aber es lag eine kreative Spannung in der Luft, von der das Publikum nichts wissen konnte. Erst mal hatte die Band einige Zeit nicht mehr zusammengespielt, weil alle mit eigenen Sachen beschäftigt waren. Außerdem war's ein Benefizkonzert, und ein paar Jungs waren nicht sehr begeistert, daß sie kein Geld kriegten. Ein Musiker sagte mir: „Hör mal, gib mir mein Geld, und ich spende soviel, wie ich für richtig halte; aber ich möchte kein Benefiz spielen, Miles, ich verdiene einfach nicht soviel wie du." (Ich will seinen Namen nicht nennen, weil er einen guten Ruf hat und ich ihm keinen Ärger machen will, zudem ist er auch ein sehr netter Typ.) Diese Diskussion ging hin und her. Schließlich wollten doch alle spielen, aber nur dieses eine Mal. Als wir auf die Bühne kamen, war jeder auf den anderen sauer, und wahrscheinlich erzeugte dieser Ärger eine Spannung und ein Feuer, das sich bei jedem in der Musik niederschlug.

Etwa zwei Wochen nach dem Konzert, am letzten Februartag, rief mein Bruder Vernon mitten in der Nacht an und erzählte Frances, daß meine Mutter im Barnes Hospital in St. Louis gestorben war. Frances sagte es mir, als ich morgens nach Hause kam. Ich wußte, daß sie meine Mutter ins Krankenhaus gebracht hatten, und wollte sie besuchen, aber ich hatte keine Ahnung, daß es so ernst war. Verdammt, es war wieder passiert. Zuerst hatte ich den Brief meines Vaters nicht gelesen, als er ihn mir gab, und jetzt hatte ich meine Mutter nicht besucht, bevor sie starb.

Frances und ich wollten nach East St. Louis zur Beerdigung fliegen. Das Flugzeug war schon auf der Rollbahn, aber es machte wieder kehrt, weil der Pilot irgendwas überprüfen mußte. Ich stieg einfach wieder aus und ging nach Hause. Der Pilot sagte irgendwas von Maschinenproblemen, und in solchen Dingen bin ich abergläubisch. Daß das Flugzeug mit einem

Maschinenschaden umdrehte, war für mich das Zeichen, daß ich nicht fliegen sollte.

Frances erschien allein bei der Beerdigung, die in der St. Luke's AME Church in East St. Louis stattfand. Ich ging einfach nach Hause und weinte die ganze Nacht, weinte, bis mir fast schlecht war. Natürlich wunderten sich viele, daß ich nicht zur Beerdigung meiner Mutter kam; einige verstehn es wahrscheinlich bis heute nicht und dachten, daß mir meine Mutter egal wäre. Aber ich liebte sie, habe 'ne Menge von ihr gelernt und vermisse sie. Erst als sie tot war, merkte ich, wie sehr ich meine Mutter liebte. Manchmal, wenn ich allein im Haus bin, fühle ich ihre Gegenwart wie einen warmen Wind im Zimmer, der mit mir redet und mich umgibt. Ich glaube, ihr Geist wacht auch heute noch über mich. Sie versteht, warum ich nicht zum Begräbnis gekommen bin. Ich werde immer ein Bild von ihr in mir tragen, das stark und schön ist. So will ich sie sehn.

Mittlerweile lief es zwischen Frances und mir immer schlechter. Sie wollte ein Kind, aber ich wollte keins mehr, und darüber stritten wir uns oft. Und dadurch kamen wir auf anderen Mist und wurden handgreiflich. Außerdem hatte ich Schmerzen von meiner Anämie, und so trank ich wieder mehr und kokste häufig. Diese Kombination macht dich sehr reizbar, denn das Koks hält dich wach, und sobald du diesen Zustand mit Alkohol ausgleichen willst, endest du in einem furchtbaren Kater und bist noch gereizter. Frances war, wie gesagt, die einzige Frau, bei der ich eifersüchtig war. Und die Eifersucht, die Drogen und der Alkohol brachten mich sogar so weit, daß ich sie beschuldigte, sie hätte was mit einer Tänzerin, einer lesbischen Freundin von ihr. Sie sah mich einfach an, als hätte ich den Verstand verloren, was zu der Zeit wohl auch stimmte. Aber ich wußte es nicht; ich hielt mich für völlig normal und obendrein für den Größten.

Ich wollte nirgendwohin, nicht mal zu Leuten wie Julie und Harry Belafonte, die wir gut kannten und die direkt um die Ecke wohnten. Ich hatte auch keine Lust, Diahann Carroll zu sehen, und wenn Frances hinwollte, sagte ich ihr, sie soll Roscoe Lee Browne, den großen Schauspieler, oder Harold Melvin, einen Top-Friseur, mitnehmen. Also gingen sie mit ihr aus. Weil ich nicht tanzte, vertrug ich es auch nicht, daß sie mit anderen tanzt – lauter solche idiotische Scheiße. Ich erinnere mich noch an einen Abend in einem Pariser Nachtclub, als Frances mit einem französischen Komiker tanzte. Ich ließ sie einfach auf der Tanzfläche stehn und ging zurück ins Hotel. Weißt du, ich bin ein Zwilling und kann in einem Augenblick wirklich nett sein und im nächsten plötzlich ganz anders. Ich weiß nicht, warum ich so bin, ich bin es einfach, und das akzeptiere ich. Wenn es richtig schlimm wurde, mußte Frances zu Harry und Julie Belafonte gehen, bis ich mich beruhigt hatte.

Und dann riefen noch jede Menge Frauen bei uns zu Hause an. Wenn Frances mithörte, während ich mit einer sprach, regte ich mich darüber auf, und es gab heftige Auseinandersetzungen. Irgendwie hatte ich mich langsam in das „Phantom der Oper" verwandelt. Unter unserm Haus war ein Tunnel, und da unten schlich ich rum, völlig paranoid, wie ein Wahnsinniger. Ich war ein Wrack, und es wurde schlimmer. Es kamen merkwürdige Leute ins Haus, die mir Koks lieferten, und das gefiel Frances überhaupt nicht.

Meine Kinder müssen gemerkt haben, was los war. Cheryl, meine Tochter, ging zur Columbia University, und Gregory versuchte zu boxen. Gregory war ein sehr guter Boxer, und ich hatte ihm 'ne Menge beigebracht. Er vergötterte mich, wollte wie ich sein und sogar Trompete spielen. Aber ich sagte ihm ständig, daß er sein eigenes Ding machen muß. Ich ließ auch nicht zu, daß er Profiboxer wurde, weil ich nicht wollte, daß er sich verletzt. Boxen war zwar meine Leidenschaft, aber ich glaube, für Gregory stellte ich mir was Besseres vor, obwohl keiner von uns beiden wußte, was. Später ging er nach Vietnam. Warum der Junge das gemacht hat, weiß ich nicht. Aber er war der Meinung, er bräuchte Disziplin. Er sah zu der Zeit in seinem Leben keinen Sinn. Little Miles war noch zu jung, um die Spannungen zwischen mir und Frances zu bemerken. Aber die anderen Kinder wußten Bescheid und waren deswegen ziemlich bedrückt. Sie mochten Frances sehr gern, obwohl sie nicht ihre richtige Mutter war; aber sie hatte sie immer sehr gut behandelt. Aber irgendwie dachte ich, Frances und ich würden alles wieder hinkriegen.

Als George Coleman kündigte, brach auch noch in der Band die Hölle los. Tony Williams mochte Georges Spielweise noch nie, und die Richtung, in der sich die Band bewegte, hing von Tony ab. George *wußte*, daß Tony nicht auf seinen Stil stand. Wenn ich nach einem Solo zu Tony ging, sagte er manchmal: „Schaff George da vorne weg." Er mochte ihn nicht, weil George alles fast perfekt spielte, und solche Saxophonisten konnte er nun mal nicht leiden. Tony mochte es, wenn Musiker Fehler machten, wenn sie zum Beispiel in der falschen Tonart spielten. George hielt sich aber einfach an die Akkorde. Er war ein Wahnsinnsmusiker, aber Tony stand nicht auf ihn. Tony wollte jemanden, der neue und andere Dinge erreichen will, wie Ornette Coleman. Ornettes Quartett war seine Lieblingsband. Und Coltrane liebte er auch. Ich glaube, es war Tony, der eines Abends Archie Shepp mit in das Village Vanguard brachte und einsteigen ließ. Aber er war so schrecklich, daß ich einfach die Bühne verließ. Er konnte nicht spielen, und ich wollte nicht mit dieser Knalltüte da oben rumstehn.

Außerdem war George unzufrieden, weil die Jungs oft als Quartett spielen mußten, da ich wegen meiner Schmerzen in der Hüfte nicht zu den Jobs erscheinen konnte. Er beschwerte sich oft darüber, wie frei Herbie, Tony und Ron loslegten, wenn ich nicht dabei war. Sobald ich nicht erschien, wollten sie einfach nicht traditionell spielen, und da stand George im Weg. Er konnte zwar auch frei spielen, er wollte nur einfach nicht und zog das Traditionelle vor.

Vielleicht sollte ich noch mal die Geschichte klären, nach der ich angeblich Eric Dolphy in die Band holen wollte, als George Coleman ging. Eric war ein prima Kerl, aber ich mochte seinen Stil nicht. Er konnte spielen, nur nicht nach *meinem* Geschmack. Viele Leute *liebten* ihn, Trane zum Beispiel oder

Herbie, Ron und Tony. Tony brachte zwar Erics Namen auf, aber ich spielte nicht mal mit dem Gedanken, ihn zu nehmen. In Wirklichkeit wollte Tony Sam Rivers haben, weil er ihn aus Boston kannte. Tony versuchte immer, Leute reinzubringen, die er kannte. Als Eric Dolphy 1964 starb, mußte ich viel Kritik einstecken, weil ich in einem Blindfold-Test mit Leonard Feather im *Down Beat* mit den Worten zitiert wurde, Eric spielte, „als stünde jemand auf seinem Fuß". Die Ausgabe erschien ungefähr zu der Zeit, als er starb, und alle hielten mich deshalb für gefühllos. Dabei hatte ich es schon Monate vorher gesagt.

Meine erste Wahl als Ersatzmann für George war Wayne Shorter. Aber Art hatte ihn gerade zum musikalischen Leiter der Jazz Messengers gemacht, und er konnte nicht weg. Also engagierten wir Sam Rivers. Dann gaben wir einige Konzerte in Tokio und Osaka.* Es war meine erste Japanreise, und Frances kam mit, weil sie sich für japanisches Essen und japanische Kultur interessierte. Ich werde meine Ankunft in Japan nie vergessen. Da der Flug nach Japan höllisch lang ist, nahm ich Koks und Schlaftabletten mit und pfiff mir beides ein. Als ich immer noch nicht schlafen konnte, trank ich auch noch. Wir kamen an, und es waren irrsinnig viele Leute am Flughafen, die uns begrüßen wollten. Wir steigen aus dem Flugzeug, und alle sagen: „Willkommen in Japan, Miles Davis." Und ich kotzte ihnen alles vor die Füße. Aber sie zuckten nicht mal mit der Wimper. Sie besorgten mir Medikamente, sie brachten mich wieder auf die Beine und behandelten mich wie einen König. Mann, das war wunderbar, und seitdem liebe und respektiere ich die Japaner. Ein wunderbares Volk. Sie haben mich immer großartig behandelt, und die Konzerte waren ein Riesenerfolg.

Als ich zurück in die Staaten kam, waren meine Schmerzen verschwunden. Und dann erhielt ich endlich die phantastische Nachricht, auf die ich gewartet hatte: Wayne Shorter hatte die Jazz Messengers verlassen. Ich war grade in Los Angeles, rief

* Miles Davis: *Miles in Tokyo* (CBS Sony SOPL 162).

gleich Jack Whittemore an und sagte ihm, er soll sich bei Wayne melden. Den übrigen in der Band sagte ich ebenfalls, daß sie ihn anrufen sollen, denn sie liebten seine Spielweise genauso wie ich. Also bekam er all diese Anrufe und wurde von jedem angefleht, in die Band einzusteigen. Als er mich endlich anrief, sagte ich ihm, er soll rüberkommen. Um ganz sicherzugehn, schickte ich dem Vogel ein Erste-Klasse-Ticket, damit er stilvoll reisen konnte; ich wollte ihn unbedingt haben. Und als er endlich eintraf, ging die Musik wirklich los. Unser erster Gig sollte in der Hollywood Bowl sein. Ich war wirklich glücklich, daß Wayne dabei war, denn jetzt war die Zeit für große Musik. Und die kam; sehr bald.

KAPITEL 13

Es veränderte sich einiges im Land, und das wirklich schnell. Und auch die Musik war 1964 nicht mehr die gleiche wie vorher.

Viele sagten, der Jazz sei tot, und machten dafür den Free Jazz verantwortlich, Musiker wie Archie Shepp, Albert Ayler und Cecil Taylor. Es hieß, die Melodien wären verschwunden, der Free Jazz wäre nicht lyrisch, und man könnte nicht mal mitsummen. Nun will ich nicht behaupten, daß es diesen Musikern nicht ernst mit ihrer Sache war. Aber die Leute wandten sich ab. Coltrane war immer noch voll dabei, genau wie Monk; sie waren noch immer sehr beliebt. Aber dieses abgefahrene Free Jazz-Ding (das sogar Coltrane kurz vor seinem Tod spielte) war nicht das, was die meisten hören wollten.

Noch ein paar Jahre zuvor zählten wir mit unserer Musik zur Avantgarde, waren richtig populär und hatten ein großes Publikum. Damit war in dem Moment Schluß, als die Kritiker – die weißen Kritiker – den Free Jazz entdeckten, ihn hochjubelten und pushten. Um diese Zeit verlor der Jazz sein breites Publikum.

Statt dessen hörte jetzt viele Rockmusik – die Beatles, Elvis Presley, Little Richard, Chuck Berry, Jerry Lee Lewis, Bob Dylan; der Motown Sound war der letzte Schrei – mit Stevie Wonder, Smokey Robinson, den Supremes. James Brown wurde auch langsam eine heiße Sache. Ich glaube, viele weiße Musikkritiker pushten den Free Jazz mit einer bestimmten Absicht: Sie fanden, daß Leute wie ich zu populär und zu einflußreich im Musikgeschäft wurden. Denen wollten sie irgendwie die Flügel stutzen. Sie liebten zwar *Kind of Blue*, diese melodische, lyrische Musik, aber die Popularität und der Einfluß, die wir unter anderem mit solchen Platten gewannen, machte ihnen Angst.

Und plötzlich nahm der Rock 'n' Roll Platz eins in den Medien ein (ein paar Jahre später war es der Hard Rock). Weißer

Rock 'n' Roll, der vom schwarzen Rhythm and Blues, von Leuten wie Little Richard und Chuck Berry oder vom Motown Sound geklaut war. Überall hörte man nur noch weiße Popmusik. Noch bis vor kurzem war die sogenannte „white American popular music" völlig bedeutungslos gewesen. Aber jetzt, wo sie bei den Schwarzen klauten, hatten sie einen halbwegs neuen Sound, einen gewissen Dreh, ein bißchen Schwung, eine lahmarschige Hipness. Trotzdem blieb das Ganze bieder und ging nicht los. Und da die Leute den Jazz jetzt für unmelodisch und unharmonisch hielten, brachen für viele ernsthafte Musiker harte Zeiten an.

Viele Jazzclubs machten dicht, und so verließen einige Jazzmusiker das Land und gingen nach Europa. Red Garland beklagte sich, daß man nirgends mehr spielen kann, und kehrte wieder nach Dallas, Texas, zurück. Wynton Kelly war überraschend gestorben, und Paul Chambers war schon so gut wie tot. Ich glaube noch heute, daß Ornette Coleman, Cecil Taylor, John Coltrane und den anderen Free Jazzern nie richtig klargewesen ist, wie sie von den weißen Kritikern benutzt wurden.

Mir persönlich gefiel das meiste überhaupt nicht, nicht mal die Musik von Trane; ich fand ihn in den ersten zwei, drei Jahren meiner Band besser. Jetzt hatte man den Eindruck, als ob er nur noch für sich spielt und nicht für die Gruppe. Aber für mich entsteht Musik nur innerhalb einer Gruppe.

Jedenfalls reagierte die Öffentlichkeit auf die Musik meiner neuen Band bestenfalls noch mit Gleichgültigkeit, obwohl die Konzerte voll waren und die Platten sich gut verkauften. Aber das lag eher daran, daß ich 'ne Berühmtheit war. Die Leute wollten diesen berüchtigten schwarzen Rebellen sehen, dem alles zuzutrauen war. Einige kamen immer noch wegen der Musik, manche kamen aus anderen Gründen, und trotzdem gefiel ihnen, was sie hörten – aber die Mehrheit war einfach gleichgültig. Wir spielten eine Musik, die immer auf der Suche war, aber die Zeiten hatten sich geändert. Die Leute wollten tanzen.

Man darf nicht vergessen, daß es die Qualitäten der Musiker

sind, die eine Band groß machen. Nur mit begabten, guten Musikern, die bereit sind, hart zu arbeiten, sich zu bemühen und *zusammen*zuspielen, läßt sich 'ne große Band auf die Beine stellen. Trane spielte die letzten Jahre in meiner Band für sich allein. Wenn das passiert, geht der Zauber einer Band verloren, und den Musikern, die früher unheimlich gern zusammenspielten, wird alles egal. Und dann bricht die Band auseinander, und die Musik klingt schal.

Wayne Shorter, Herbie Hancock, Ron Carter und Tony Williams waren großartige Musiker, ich wußte, daß sie als Gruppe, als musikalische Einheit funktionieren. Eine gute Band verlangt von jedem Opfer und Kompromisse; ohne das geht nichts. Mit diesen vier schien das möglich, und ich hatte recht. Du brauchst die richtigen Jungs, um die richtigen Sachen zur richtigen Zeit zu spielen, dann landest du einen Volltreffer; das ist alles.

In dieser Band verkörperte ich die Inspiration, die Erfahrung und die verbindende Form, Tony das Feuer und den kreativen Funken; Wayne war der Ideenmensch, ein Künstler, wenn es darum ging, unsere musikalischen Ideen in ein Konzept umzusetzen. Ron und Herbie waren die Angelpunkte. Sie waren alle sehr jung und konnten von mir lernen, aber genauso lernte ich auch durch sie dazu, über das New Thing, den Free Jazz. Wenn du ein großer Musiker bist und bleiben willst, mußt du für das Neue, für das, was gerade passiert, offen sein. Du mußt es aufnehmen können, wenn du weiterwachsen und dich durch deine Musik mitteilen willst. Kreativität und Genius haben in keiner künstlerischen Ausdrucksform etwas mit Alter zu tun; entweder man hat's, oder man hat's nicht, sowas kommt nicht mit dem Alter. Mir war klar, daß wir was Neues machen mußten, denn ich spielte mit großartigen jungen Musikern, die mit ihren Fingern einen anderen Puls fühlten.

Ursprünglich kam Wayne aus der Free Jazz-Ecke, aber die Jahre bei Art Blakey und seine dortige Funktion als musikalischer Leiter hatten ihn wieder mehr geformt. Er wollte freier als bei Art spielen, aber auch nicht völlig abgedreht. Wayne war immer jemand, der *mit* der Form experimentierte. Daher paßt er einfach perfekt in meine Vorstellungen für die Zukunft.

Wayne war damals der einzige, der so komponierte wie Bird, der einzige, weil er genau auf dem Beat schrieb. Lucky Thompson sagte jedesmal: „Verdammt noch mal, der Junge kann Musik schreiben!" Als Wayne in die Band kam, passierte viel mehr, entwickelte sich alles viel schneller, weil er ein echter Komponist ist. Er schreibt die Parts für jeden genauso, wie sie klingen sollen. Ich änderte nur manchmal ein paar Sachen. Er traute wenigen Leuten die richtige Interpretation seiner Musik zu, deshalb brachte er immer die ganze Partitur mit, und jeder kopierte sich seinen Teil heraus. Das war ihm lieber, als die Melodien und die Changes durchzugehn und sich mit uns durch die Musik zu pfriemeln.

Wayne war neugierig, er experimentierte gern mit musikalischen Regeln. Wenn sie nicht paßten, setzte er sich drüber weg, aber mit musikalischem Gefühl; er wußte, daß Freiheit in der Musik das Wissen um ihre Regeln voraussetzt, um sie sich dann nach eigenem Geschmack und Bedürfnis zurechtzubiegen. Wayne lebte in seiner eigenen Welt und kreiste um seinen eigenen Planeten. Die übrigen Musiker in der Band standen auf der Erde. In meiner Band hatte Wayne mehr Freiheit als bei Art Blakey; bei mir entwickelte sich der Komponist in ihm. Das meine ich, wenn ich sage, daß er der Kopf der Band war, der musikalische Katalysator.

Beim Spiel mit dieser Gruppe lernte ich jeden Abend was Neues dazu. Ein Grund war Tony Williams, der *das* moderne Schlagzeug spielte. Er hörte sich eine Platte an und konnte sich hinterher an alles erinnern, jedes Solo, alles. Er war der einzige in der Band, der mir jemals sagte: „Mann, warum übst du nicht!" Ich verpaßte manchmal Noten, weil ich mich anstrengen mußte, hinter seinem jungen Arsch herzuspielen. Er brachte mich also wieder ans Üben, denn ich hatte damit aufgehört und es nicht mal gemerkt. Aber, Mann, eins laß dir gesagt sein: Es gibt nur einen Tony Williams am Schlagzeug. Es gab vor ihm und nach ihm keinen, der an ihn rankam. Er war einfach ein

Motherfucker. Tony spielte vor dem Beat, nur einen Tick davor, und das verlieh allem ein bißchen Schärfe; er spielte polyrhythmisch. Er war eine Kreuzung aus Art Blakey und Philly Joe Jones, Roy Haynes und Max Roach. Sie waren seine Idole, und er hatte von jedem ein bißchen was. Aber was rauskam, war absolut sein eigener Stil. Ich brachte ihn dazu, das Hi-Hat zu verwenden und mit dem Fuß zu spielen. Er hatte oft Max und Roy zugehört, und Max benutzt nie den Fuß. (Die einzigen Drummer, die damals so spielten, waren Tony, Alphonse Mouzon und Jack DeJohnette.)

Ron spielte nur das, was er hörte; so gesehen, war er weniger musikalisch als Tony. Er kannte sich nicht so mit musikalischen Formen aus wie Tony und Herbie Hancock, aber dafür hatte er diesen Pep, den Wayne und Herbie brauchten. Tony und Herbie hielten beim Spielen immer Blickkontakt, aber als Rhythmuseinheit hätten sie's ohne Ron nie geschafft. Ron brauchte manchmal vier oder fünf Tage, bis er was drin hatte, aber dann – dann zogst du besser den Kopf ein. Denn dieser Motherfucker präsentierte dir was, und wenn du nicht voll da warst und dir den Arsch abgespielt hast, bist du nicht mehr mitgekommen und hast *wirklich* alt ausgesehn. Und dafür waren unsere Egos zu groß. Tony bestimmte das Tempo, und Herbie war wie ein Schwamm. Man konnte alles spielen, er saugte es einfach auf. Einmal sagte ich ihm, daß seine Akkorde zu üppig sind, und er antwortete: „Mann, manchmal weiß ich gar nicht, was ich spielen soll.“

„Dann spiel doch einfach nichts, Herbie. Weißt du, laß es sein; du mußt nicht dauernd spielen!“ Er war wie jemand, der – nur weil eine Flasche dasteht – trinkt und trinkt, bis sie leer ist. Anfangs spielte und spielte und spielte er, nur, weil er es konnte und weil ihm die Ideen nie ausgingen und er eben gern spielte. Mann, der Arsch ließ die Finger nicht von den Tasten, so daß ich oft zu ihm hinging und so tat, als ob ich ihm die Hände abschneiden will.

Am Anfang erklärte ich Herbie: „Du steckst zu viele Noten in die Akkorde. Der Akkord muß nicht ausgewalzt werden, genausowenig wie der Sound. Laß die Noten da unten in Ruhe, denn Ron spielt die Tiefen." Viel mehr mußte ich ihm nicht sagen, außer, daß er manchmal langsamer spielen und nicht zuviel reinbringen sollte. Ab und zu sollte man lieber mal aussetzen, auch wenn man die ganze Nacht dasitzt. Man muß nicht spielen, bloß weil man achtundachtzig Tasten vor sich hat. Diesen Scheiß haben Gitarristen und Pianisten drauf; sie spielen immer zuviel, und man muß sie wieder zurückholen. Bis zu dem Zeitpunkt hatte ich nur einen einzigen Gitarristen gehört, den ich mochte: Charlie Christian. Er spielte die E-Gitarre wie ein Horn und beeinflußte meinen Trompetenstil. Oscar Pettiford spielte so ähnlich Baß wie Charlie Christian Gitarre, und er übertrug dieses Konzept aufs moderne Baß-Spiel. Seit Oscar Pettiford und Jimmy Blanton aufgetaucht sind, klingt der Baß wie 'ne Gitarre. Charlie Christian beeinflußte meinen Trompetenansatz, den von Dizzy Gillespie und Chet Baker, und auch in der Phrasierung von Frank Sinatra und Nat „King" Cole hört man Charlie Christian.

Ich selber brauchte nichts mehr für die Band zu schreiben; ich gab den Kompositionen lediglich den letzten Schliff. Wayne schrieb irgendwas, gab's mir und ging weg. Er sagte nur: „Hier, Mr. Davis, ich hab ein paar neue Songs geschrieben." Mr. Davis! Ich schaute mir den Kram an, und es war wahnsinnig. Wenn wir unterwegs waren, passierte es oft, daß einer dieser irren jungen Typen an meine Tür im Hotel klopfte und mit einem Stapel Noten von neuen Stücken dastand. Sie gaben sie mir und gingen gleich wieder, als ob sie Angst hätten. Und ich dachte mir: „Wovor, verdammt noch mal, haben diese Motherfucker eigentlich Angst, wo sie doch so irre sind?"

Normalerweise denken Komponisten schon an die Soli, wenn sie Stücke schreiben. Das war bei diesen Jungs anders. Ihre Stücke waren eher fürs Ensemblespiel geschrieben, für bestimmte Klangfarben und Klangmischungen. Wenn du zum Beispiel den ersten Teil im 8/8-Takt spielst, marschierst du hinterher durch die Akkorde. Ich drehte das Ganze um und ließ Herbie oft überhaupt keine Akkorde spielen, sondern nur in den mittleren Registern improvisieren, während der Baß ihn stützte. Und das Zeug klang verteufelt gut, weil Herbie der richtige Mann dafür war. Weißt du, Herbie war der nächste Schritt nach Bud Powell und Thelonious Monk, und bisher hab ich keinen gehört, der ihm folgen könnte.

Eins der wichtigsten Dinge bei 'ner guten Band ist das Vertrauen der Musiker zueinander; man muß das Gefühl haben, daß sie alles können und so spielen, wie's verlangt wird. Zu Tony, Herbie und Ron hatte ich dieses Vertrauen. Es kam daher, daß wir nicht jeden Abend spielten und die Musik daher frischer blieb. Außerdem verstanden sie sich auf und hinter der Bühne, und das bedeutet viel. Ron wartete beispielsweise ab, was Herbie und Tony machten, dann war er selber soweit und stieg auf die beiden ein. Schließlich gab Ron was vor, Herbie und Tony hielten es fest, und Wayne und ich wußten, was los war. Wayne schaute immer wie ein Engel, aber wenn er sein Horn ansetzte, wurde er zu einem irren Monster. Nach einiger Zeit konnten sie gegenseitig ihre Gedanken lesen.

Gleich von Anfang an, als wir in der Hollywood Bowl auftraten, spielten wir wahnsinnig, und es wurde immer besser. Ein toller Klang entsteht nicht von einer Sekunde auf die andere. Das Ganze passiert langsam, wie eine Osmose. Wenn fünf Leute in der Band spielen, haben vielleicht zunächst nur zwei die Musik richtig gefressen. Das hören die übrigen und fragen sich: „Wie? Was war das?" Dann greifen sie auf, was die ersten zwei gespielt haben, und plötzlich steckt es in allen.

Mann, ich liebte diese Band. Auch wenn wir einen Song ein Jahr lang immer wieder spielten, wurde am Ende ein völlig neues Stück daraus. Sobald ich mit Tony spielte, diesem kleinen Genie, mußte ich mich jedesmal auf was anderes einstellen. Und so war's mit der gesamten Band. Jeden Abend spielten wir die alten Stücke, als ob sie neu wären.

Meine Musik mit der alten Band war mir langsam auf die Nerven gegangen. Es war wie mit einem Paar Lieblingsschuhe, die man immerzu trägt, bis man sie nicht mehr sehn kann. Das *einzig* Gute an Ornette Coleman war, daß seine musikalischen

Ideen und Melodien an keine Stilrichtung gebunden waren, und diese Art von Unabhängigkeit setzt sich in spontane Kreativität um. Ich habe einen fast perfekten Sinn für melodische Ordnung. Als ich mich ernsthafter mit Ornette und seinen Theorien beschäftigte – besonders, als Tony in der Band war und wir viel über Ornette redeten –, fand ich folgendes raus: Wenn ich eine Note auf meiner Trompete blies, spielte ich in Wirklichkeit vier, und außerdem übertrug ich die Struktur von Gitarrensoli auf meine Trompetenstimme. Mit Tony schob ich den Backbeat des Schlagzeugs in den Vordergrund, wie in der afrikanischen Musik. Genau zu der Zeit versuchten die Weißen in ihrer westlichen Musik den Rhythmus zu unterdrücken, und zwar, weil er für sie zu sehr mit Afrika und ethnischen Untertönen zu tun hatte. Aber Rhythmus ist wie Atmen. Und das lernte ich allmählich in dieser Gruppe, das war der Weg in die Zukunft.

Persönlich stand mir Ron am nächsten, denn einmal war er der Zahlmeister in der Band, und dann fuhr er immer mit mir, wenn wir irgendwo ein Konzert hatten. Ich glaube, er war der einzige in der Band, der meine Mutter noch sah, bevor sie starb. Ron lernte alle meine früheren Schulfreunde aus East St. Louis kennen, von denen einige inzwischen zu den Großen in der Unterwelt gehören.

Auf der Bühne stand ich meistens bei Ron, denn ich wollte hören, was er spielt. Früher stellte ich mich neben den Drummer, aber um Tony brauchte ich mir keine Sorgen zu machen, er war nicht zu überhören; das gleiche galt für Herbie. Aber damals hatten sie oft noch keine Verstärker, und daher ging Rons Sound manchmal unter. Ich stellte mich aber auch zu ihm, weil ich ihn aufbauen wollte, denn über mich, Wayne, Herbie und Tony wurde dauernd geredet, aber kaum über ihn, und das regte Ron ziemlich auf.

Mit dieser Gruppe ging ich in vier Jahren sechsmal ins Studio: *E.S.P.* (1965), *Miles Smiles* (1966), *Sorcerer* (1967), *Nefertiti* (1967), *Miles in the Sky* (1968) und *Filles de Kilimanjaro* (1968). Wir nahmen viel mehr auf, als bisher veröffentlicht wurde (ein paar Sachen erschienen später auf *Directions* und *Circle in the Round*). Außerdem existieren einige Live-Mitschnitte, die Columbia vermutlich erst dann ausgraben wird, wenn sie am meisten Geld bringen – nach meinem Tod.

Mein Repertoire bei unseren Auftritten zog die Band langsam runter. Die Leute wollten die Stücke von meinen früheren Alben hören: „Milestones“, „'Round Midnight“, „My Funny Valentine“, „Kind of Blue“; deshalb kamen sie in die Konzerte. Aber die Band wollte ihre eigenen Stücke spielen; das war ein wunder Punkt, daß wir sie nie live brachten. Ich konnte das ganz gut verstehn, nach der ganzen Arbeit mit so großen Stücken wie „Kilimanjaro“, „Gingerbread Boy“, „Footprints“, „Circle in the Round“ und „Nefertiti“. Aber das Komische dabei war, daß wir in unseren Konzerten die alten Stücke immer schneller spielten. Nach 'ner Zeit erreichten wir wirklich die Geschwindigkeitsgrenze, man konnte sie nicht mehr schneller bringen. Anstatt unsere neuen Stücke, die nur auf Platte erschienen, live weiterzuentwickeln, nahmen wir die alten Songs und spielten sie in unserem neuen Sound.

Die Band wurde gut bezahlt, 1964 waren es ungefähr hundert Dollar die Nacht, und als wir uns auflösten, hundertfünfzig bis zweihundert Dollar pro Abend. Ich verdiente mehr Geld als alle andern im Geschäft und zahlte auch meinen Musikern mehr. Für die Aufnahmesitzungen kriegten sie auch nicht wenig, und außerdem konnten sie sich einen großen Namen machen, weil sie bei mir spielten. Ich will nicht angeben, aber so war es eben. Jemand spielt mit mir und wird dann selbst Leader – einen anderen Weg gibt es nicht. Das war zwar schmeichelhaft für mich, aber es war nicht unbedingt das, worauf ich aus war. Aber ich hatte keine Probleme mit dieser Rolle.

Die einzige, ziemlich komische Schwierigkeit mit der Band lag darin, daß Tony anfangs noch zu jung war, um in Clubs zu spielen. Überall, wo wir auftraten, mußte ein Teil abgetrennt werden, wo sich die Jüngeren aufhalten und alkoholfreie Getränke kaufen konnten. Ich brachte Tony so weit, daß er sich einen Schnurrbart wachsen ließ, und einmal schlug ich vor, er soll sich 'ne Zigarre in den Mund stecken. Trotzdem buchten uns viele Clubs nicht, weil er minderjährig war.

Tony war der Mittelpunkt der Band. Er liebte es, wenn jeder ein bißchen freier spielte, deshalb stand er so auf Sam Rivers. Es gefiel ihm, wenn Musiker ihre Grenzen überschritten, und es störte ihn nicht, wenn einer Fehler machte, solange er nicht nur seinen Kram stur durchzog. In der Beziehung waren Tony und ich uns sehr ähnlich.

Herbie war ein Elektronikfreak. Wenn wir unterwegs waren, kaufte er sich ständig elektronisches Zeug. Er wollte alles aufnehmen und brachte immer einen Kassettenrecorder mit. Herbie kam öfters zu spät, nicht viel – und es hatte zumindest nichts mit Drogen zu tun –, aber er kam immer erst, wenn ich beim zweiten Takt unserer ersten Nummer war. Ich warf dem Arsch einen strengen Blick zu, aber der legt sich erst mal unter das gottverdammte Piano und schließt seinen Kassettenrecorder an, um alles aufzunehmen. Als er endlich fertig ist, sind wir zu drei Vierteln mit dem Stück durch, und er hat noch nichts gespielt. Daher fehlt bei vielen Live-Aufnahmen am Anfang das Klavier. Es wurden immer Witze darüber gerissen, ob Herbie nun zu spät kommt oder nicht.

Einmal hatte sich Tony einen neuen Kassettenrecorder gekauft und zeigte ihn überall rum. Herbie erklärte ihm sofort, wie das Ding funktioniert. Tony war höllisch sauer, denn er wollte uns den Recorder selber vorführen. Wenn Tony auf jemanden wütend war, begleitete er ihn bei seinem Solo einfach nicht. Also sagte ich zu Ron: „Paß auf, heute abend muß Herbie sein Solo ohne Tony spielen." Und Tony ließ Herbie bei seinem Solo auch wirklich einfach abblitzen und rührte keinen Finger. Herbie schaute immer zu Tony rüber und wunderte sich, was los war, aber der guckte Löcher in die Luft und ließ Herbie hängen. Tony regte sich auch öfters über Wayne auf, der manchmal besoffen auf der Bühne stand und seinen Einsatz oder sein Solo verpaßte; dann hörte Tony einfach zu spielen auf. Aber so war er. Wenn du ihn geärgert hast, war nichts aus ihm rauszuholen. Sobald dann ein anderer dran war, stieg er wieder ein und machte weiter.

Eines Abends spielten wir im Village Vanguard, und Max Gordon, der Besitzer, bat mich, eine Sängerin zu begleiten. Ich sagte ihm, daß ich nicht einfach eine Sängerin begleite, aber er könnte Herbie fragen, ich hätte nichts dagegen, wenn er es machen will. Herbie, Tony und Ron begleiteten sie also, und es gefiel den Leuten. Ich fragte Max dann, wie sie eigentlich hieß, und er sagte: „Sie heißt Barbra Streisand und kommt bestimmt ganz groß raus." Wenn ich sie heute irgendwo sehe, denke ich immer ‚verdammt' und muß den Kopf schütteln.

1964 gaben Frances und ich in unserm Haus eine Party für Robert Kennedy; er bewarb sich als Senator für New York, und Buddy Gist, ein Freund von uns, hatte uns darum gebeten. Es waren alle möglichen Leute auf der Party – Bob Dylan, Lena Horne, Quincy Jones, Leonard Bernstein –, aber ich kann mich bis heute nicht erinnern, Kennedy selbst getroffen zu haben. Aber angeblich soll er dagewesen sein.

Ganz sicher bin ich mir aber, daß ich zu der Zeit den Schriftsteller James Baldwin kennenlernte. Marc Crawford brachte ihn einmal mit. Ich weiß noch, daß ich sehr viel Respekt vor ihm hatte, weil er wirklich heavy war und diese ganzen großen Bücher geschrieben hat. Ich wußte also überhaupt nicht, was ich zu ihm sagen sollte. Später stellte sich raus, daß es ihm umgekehrt genauso gegangen war. Aber wir mochten uns auf der Stelle. Er war ein zurückhaltender Mensch, genau wie ich. Damit meine ich eine Art von Zurückhaltung, die du bei Künstlern findest, die sich nicht von jedem die Zeit stehlen lassen. Das spürte ich bei ihm. Und jetzt stand ich mit James Baldwin in meinem verdammten Haus. Ich kannte seine Bücher und liebte und achtete seine Gedanken. Wir lernten uns näher kennen, faßten Vertrauen zueinander, und Jimmy und ich wurden richtig dicke Freunde. Jedesmal, wenn ich in Südfrankreich, in Antibes, spielte, verbrachte ich ein oder zwei Tage in Jimmys Haus in St.-Paul-de-Vence. Wir saßen in seinem großen, wunderschönen Haus rum, erzählten uns alle möglichen Geschichten und ruhten unsere Ärsche aus. Dann gingen wir in seinen Weingarten und legten uns wieder hin. Er fehlt mir heute, wenn ich in Südfrankreich bin. Jimmy war ein großartiger Mann.

Meine Ehe mit Frances war zu der Zeit ein einziges Chaos. Teilweise lag es daran, daß ich kaum zu Hause war, lange Tourneen machte, und der lange Aufenthalt in Los Angeles, wo ich *Seven Steps to Heaven* aufnahm, war für unsere Beziehung auch nicht grade förderlich. Unsere Probleme entstanden durch die Drogen, den Alkohol und all die andern Frauen, die ich nebenbei noch traf. Frances hatte auch zu trinken angefangen, und unsere Auseinandersetzungen wurden richtig schrecklich. Ich ging jetzt oft in Nachtclubs, wo alle bis zum Umfallen vollgekokst waren, und das haßte sie. Manchmal blieb ich ein paar Tage weg, ohne zu Hause anzurufen. Frances machte sich Sorgen um mich, sie wurde zu einem richtigen Nervenbündel. Wenn ich dann nach Hause kam, war ich so müde und ausgelaugt, daß ich beim Essen einschlief. Weihnachten 1964 waren wir auf eine Party bei den Belafontes eingeladen, und ich saß da und sprach mit niemandem. Ich war high und einfach gereizt, weil ich dort rumsitzen mußte. Das verletzte Frances sehr, denn Julie war eine ihrer besten Freundinnen.

Sie fing an, ihre eigenen Sachen zu machen, ging mit ihren Freunden weg und verfolgte ihre eigenen Interessen. Ich konnte es ihr nicht übelnehmen. Ich glaube, wir waren mittlerweile einfach lange genug verheiratet. Das Bild auf dem Album *E.S.P*, wo ich sie von unten ansehe, wurde in unserem Garten aufgenommen, ungefähr eine Woche, bevor sie mich endgültig verließ. Zu der Zeit bildete ich mir immer ein, daß irgend jemand im Haus wäre. Ich durchsuchte die Toiletten, schaute unter den Betten nach, und außer Frances verschreckte ich alle, weil ich ständig auf der Suche nach dieser eingebildeten Person war. Ich steh also völlig durchgedreht mit einem Schlachtermesser da und nehme Frances mit in den Keller, damit wir zusammen diese Halluzination suchen. Sie stellt sich genauso verrückt wie ich und sagt: „Ja, Miles, es ist jemand im Haus; laß uns die Polizei rufen." Die Polizei kam, durchsuchte das Haus und schaute mich an, als ob ich verrückt wäre. Sofort nach dieser Geschichte verließ Frances das Haus und quartierte sich bei einer Freundin ein.

Ich überredete sie, wieder zurückzukommen, und die lärmigen Streitereien begannen von vorne. Die Kinder wußten auch nicht, was sie tun sollten, blieben in ihren Zimmern und weinten. Ich glaube, das Ganze hat Gregory und Miles IV sehr geschadet, denn es war schwer für sie, damit fertig zu werden; Cheryl ist die einzige von den dreien, die den ganzen Bullshit heil überstanden hat, aber ich weiß, daß sogar *sie* ein paar Narben davongetragen hat.

Nach unserem letzten Streit, als ich eine Bierflasche durch den Raum schmiß und ihr sagte, daß das Essen auf dem Tisch zu stehn hat, wenn ich nach Hause komme, ging sie zu Freunden. Ich hatte keine Ahnung, wo sie sich aufhielt, bis ich aus den Medien erfuhr, daß sie mit Marlon Brando ausging. Ich fand heraus, daß sie bei der Sängerin Nancy Wilson und deren Mann in Kalifornien wohnte. Schließlich rief ich sie an und sagte ihr, daß ich komme und sie abhole. In dem Moment, wo ich auflegte, wurde mir klar, wie schlecht ich sie behandelt hatte und daß es vorbei war. Es gab nichts mehr zu sagen. Aber eins weiß ich: Frances war die beste Frau, die ich jemals hatte, und wer immer sie bekommt, kann froh darüber sein. Heute weiß ich es – ich wünschte, ich hätte es damals gewußt.

Im April 1965 wurde ich operiert, und sie ersetzten ein Hüftgelenk durch ein Stück Knochen aus meinem Schienbein. Aber es funktionierte nicht, und ich wurde im August erneut operiert. Diesmal setzten sie ein Plastikgelenk ein. Meine Musiker waren inzwischen sehr bekannt und hatten deshalb keine Probleme, Jobs zu finden, während ich zu Hause blieb, mich erholte und mir die Aufstände in Watts im Fernsehen ansah.

Ich setzte bis November 1965 aus. Dann spielte ich im Village Vanguard. Reggie Workman war am Baß, weil Ron – der sich ab und zu diesen Scheiß erlaubte – eine Verpflichtung bei einem anderen nicht absagen konnte oder wollte. Es war ein großartiges Comeback, und die Musik kam gut an. Im Dezember gingen wir auf Tournee und traten in Philly und Chicago auf, wo wir im Plugged Nickel spielten. Dort nahm Columbia eine Platte auf, bei der Teo Macero wieder als Produzent mitmachte. Columbia besitzt noch ein paar unveröffentlichte Tapes von diesem Konzert. Ron war wieder dabei, und alle spielten, als wären wir nie getrennt gewesen.* Im Jahr 1965 war die Musik so „free" wie nie zuvor; es sah aus, als gäb's nur noch Free Jazz. Das hatte richtig Fuß gefaßt.

Im Januar 1966 bekam ich eine Leberinfektion und mußte bis März liegen. Dann ging ich mit der Band im Westen der Staaten auf Tournee. Ron Carter konnte wieder nicht, also nahm ich Richard Davis mit. Wir spielten oft in Colleges, und ich fand diese Auftritte weniger anstrengend. Die Clubszene ging mir langsam auf die Nerven – immer dieselben Räume, dieselben Leute und die ganze Sauferei. Durch die Leberentzündung mußte ich auf einiges verzichten, aber nicht auf alles, jedenfalls noch nicht. Schließlich spielten wir beim Newport Jazz Festival, und danach, im November, nahm ich *Miles Smiles* auf. Und auf dieser Platte ziehn wir wirklich ab.**

1966 oder 1967 begegnete ich Cicely Tyson im Riverside Park. Ich kannte sie aus der TV-Serie „East Side/West Side" mit George C. Scott in der Hauptrolle, wo sie eine Sekretärin spielte. Irgendwie beeindruckte sie mich, weil sie ihr Haar im Afro-Look trug und immer sehr klug wirkte, wenn sie auftrat. Sie hatte eine eigene Art von Schönheit, eine, die man normalerweise bei schwarzen Frauen im Fernsehen nicht sieht; sie machte einen stolzen Eindruck und besaß eine interessante Ausstrahlung. Als ich sie zum ersten Mal traf, sagte sie etwas, und ich antwortete so drauf, daß sie's wiederholen mußte. Sie zeigte mir durch einen Blick, daß sie wußte, sie sollte es wiederholen, damit ich ihre gespitzten Lippen noch mal sehen konnte. Sie kam aus Harlem, aber ihre Eltern stammten von den

---

* Miles Davis: *Live at the Plugged Nickel, Chicago* (CBS Sony 25 AP 1).
  Miles Davis: *Live at the Plugged Nickel Vol. II* (CBS Sony 25 AP 291).
  Miles Davis: *Cookin' at the Plugged Nickel* (Columbia CJ 40645).
** Miles Davis: *Miles Smiles* (Columbia CS 9401).

Westindischen Inseln, und das merkt man, denn sie ist stolz auf ihre afrikanische Herkunft.

Ich lernte sie kennen, als ich mit Corky McCoy, einem befreundeten Künstler, im Riverside Park spazierenging. Cicely saß auf einer Parkbank, und als sie mich sah, stand sie auf. Ich hatte sie ein- oder zweimal mit Diahann Carroll oder Diana Sands getroffen, ich weiß nicht mehr. Ich stellte sie Corky vor, denn ich dachte, die beiden könnten sich mögen. Nachdem Frances weg war, wollte ich mit Frauen nichts mehr zu tun haben, mich interessierten nur noch die Leute in meiner Band und ein paar Freunde. Aber Cicely sah Corky nicht mal an, sondern mich, weil sie wußte, daß ich nicht mehr mit Frances zusammen war. Dann sagte sie: „Bist du jeden Tag hier?"

„Yeah", sagte ich. Ich konnte an ihrem Blick erkennen, daß sie interessiert war, aber ich wollte mich mit keiner Frau rumärgern, auch nicht mit Cicely. Dann erklärte ich ihr, daß ich doch nicht jeden Tag in den Park komme, sondern nur an Donnerstagen.

„Um welche Zeit?" fragte sie. Sie hatte Corky immer noch keines Blickes gewürdigt. „Oh, shit", dachte ich, sagte ihr aber, wann ich komme. Wenn ich nach dieser Begegnung in den Park ging, war sie immer schon da oder kam gerade. Dann gab sie mir ihre Adresse, und wir gingen miteinander aus. Aber weil ich sie nett fand und nicht an der Nase rumführen wollte, sagte ich ihr gleich; „Cicely, da läuft nichts; bei mir ist nichts. Ich hab keine Gefühle. Ich weiß, daß du mich magst und daß du gern eine engere Beziehung mit mir hättest, aber zur Zeit bin ich innen drin total leer, und ich kann nichts dran ändern." Aber Cicely war geduldig und hartnäckig, und so kam eins zum andern, denn Cicely ist der Typ von Frau, der dich zwar langsam, aber dann mit Haut und Haaren erobert. Zuerst gingen wir nur aus und amüsierten uns. Wir schliefen lange nicht miteinander. Sie half mir, mit den harten Sachen aufzuhören, und ich trank 'ne Zeitlang nur noch Bier. Sie paßte einfach auf mich auf. Und allmählich steckte sie völlig in mir und auch in meinen Geschäften (aber sie selber ließ sich nie in die Karten blicken). Bei *Sorcerer*, 1967, tauchte ihr Gesicht auf dem Cover auf, und wer bis dahin nicht gewußt hatte, daß wir ein Duo waren, wußte es jetzt.

Seit 1967 war Joe Henderson in der Band, weil ich mit zwei Tenorsaxophonen experimentierte. Zu dieser Zeit begann ich auch damit, die Pausen zwischen den Stücken wegzulassen und von einem Stück direkt ins nächste überzugehen. Meine Musik bestand aus einer Abfolge von Skalen, und deshalb wollte ich die Stimmung nicht durch Einschnitte und Pausen zerstören. Meine Konzerte glichen immer mehr musikalischen Suiten, und das gab uns mehr Raum zu improvisieren. Viele Leute schluckten diese Entwicklung, aber andere hielten es für super-radikal und dachten, ich wäre jetzt endgültig übergeschnappt.

Im April machte ich einige Gigs in Kalifornien – wieder ohne Ron Carter und mit Richard Davis. In Berkeley spielten wir unseren durchgehenden Set vor zehntausend Leuten, und alle flippten aus. Ich war selber verblüfft, als sogar im *Down Beat* eine begeisterte Kritik erschien.

Nach Berkeley traten wir in Los Angeles auf, und hier übernahm Buster Williams den Platz von Richard Davis. Mein Freund Hampton Hawes aus Los Angeles hatte mich auf ihn aufmerksam gemacht. Im Both And Club in San Francisco ersetzte Hampton Herbie Hancock bei einigen Stücken am Klavier. Hampton war ein verrückter, toller Bursche, der als Pianist nie die Beachtung fand, die er verdient gehabt hätte. Wir waren Freunde, bis er 1977 starb. Im Mai 1967 kehrten wir nach New York zurück und nahmen *Sorcerer* auf.* Wenig später kam Ron Carter wieder, und wir gingen für *Nefertiti* drei Tage ins Studio.** Bei diesem Album setzte ich mein eigenes Bild aufs Cover. Erst durch *Nefertiti* wurde allen klar, daß Wayne Shorter ein großer Komponist war. Im selben Monat fand eine weitere Aufnahmesession statt, bei der wir die eine Seite des Albums *Water Babies**** produzierten; die zweite Seite füllte

* Miles Davis: *Sorcerer* (Columbia CS 9532).
** Miles Davis: *Nefertiti* (Columbia CS 9594).
*** Miles Davis: *Water Babies* (Columbia PS 34396).

Columbia mit einer späteren Session, und die Platte wurde erst 1976 veröffentlicht.

Im Juli 1967 starb Coltrane. Sein Tod schockte jeden und kam für alle völlig unerwartet. Als ich ihn das letzte Mal traf, hatte er stark zugenommen und sah nicht besonders gut aus. Ich wußte auch, daß er nicht mehr oft in der Öffentlichkeit spielte. Aber daß er so krank war – oder überhaupt krank –, hatte ich nicht geahnt. Ich glaube, es wußten überhaupt nur sehr wenige. Bei unserer letzten Begegnung redeten wir noch darüber, weil es mir selber nicht gutging. Er sagte keinen Ton davon, daß er krank war. Trane war ein verschlossener Mensch, und soweit ich weiß, ging er erst einen Tag vor seinem Tod ins Krankenhaus. Er starb am 17. Juli 1967 an Leberzirrhose.

In Tranes Musik der letzten zwei oder drei Jahre fanden viele Schwarze, besonders junge schwarze Intellektuelle und Revolutionäre, all das wieder, was sie bewegte: das Feuer, die Leidenschaft, den Zorn, den Ärger, die Rebellion und die Liebe. Coltrane drückte mit Musik aus, was H. Rap Brown, Stokeley Carmichael, die Black Panthers und Huey Newton mit Worten sagten und die Last Poets und Amiri Baraka in ihren Gedichten empfanden. Für sie war er der Fackelträger im Jazz, er hatte meinen Platz eingenommen. Er spielte ihre Gefühle und das, was sie durch ihre Proteste ausdrücken wollten – „Burn, Baby, Burn". Für viele junge Schwarze war es eine Revolution – mit Afrofrisuren, Black Power, Dashikis und erhobenen Fäusten. Coltrane war ihr Symbol, ihr Stolz – ihr schöner, schwarzer, revolutionärer Stolz. Noch wenige Jahre zuvor stand ich dafür, jetzt war er es, und für mich war das in Ordnung.

Viele intellektuelle und revolutionäre Weiße und Asiaten empfanden ihn genauso. Selbst als seine Musik auf *A Love Supreme* – es war fast ein Gebet – in eine eher religiöse Richtung ging, erreichte und beeinflußte er Pazifisten, Hippies und solche Leute. Angeblich spielte er bei vielen Love-ins, die bei den Weißen in Kalifornien der letzte Schrei waren. Seine Musik wurde von ganz verschiedenen Leuten angenommen, das war sehr schön, und ich war stolz auf ihn, auch wenn ich seine frühere Musik lieber mochte. Auch ihm gefiel sie teilweise besser, wie er mir einmal erzählte. Aber Trane war auf der Suche, und sein Weg führte ihn immer weiter hinaus; er konnte nicht zurück, auch wenn er es vielleicht wollte.

Nach Coltranes Tod war die Avantgarde verwirrt, sie hatte ihre Leitfigur verloren. Es war ähnlich wie damals, als Bird starb, der vielen Bebop-Musikern die Richtung gewiesen hatte, obwohl er selbst lange Zeit richtungslos gewesen war. Es gab zwar noch Ornette Coleman, an dem sich jetzt einige orientierten. Doch für die meisten war Trane die Fackel. Und es sah so aus, als würde auch die Musik, für die er stand, mit ihm sterben. Auch wenn seine Schüler versuchten, seine Botschaft weiterzutragen, sie erreichte ein immer kleiner werdendes Publikum.

Wie damals bei Bird erfuhr ich durch Harold Lovett von Tranes Tod. Es machte mich sehr traurig, denn Trane war nicht nur ein großer Musiker, er war auch ein freundlicher und spiritueller Mensch, den ich liebte. Er fehlt mir, sein Geist, seine schöpferische Phantasie und sein suchender, innovativer Ansatz. Wie Bird war er ein Genie, gierig nach dem Leben und seiner Kunst – nach Drogen, Alkohol und Musik –, und das brachte ihn letztendlich um. Aber er hat uns seine Musik hinterlassen, und wir können alle davon lernen.

Es war eine Zeit, in der alles im Aufbruch war, alles. Musik, Politik, Rassentrennung, alles. Keiner wußte so richtig, wohin die Reise ging; alle waren verwirrt – sogar viele Kritiker und Musiker, die mit ihrer scheinbaren Freiheit wenig anfangen konnten. Sein Tod verstörte viele, weil er sie alle beeinflußt hatte. Sogar Duke Ellington wandte sich immer stärker religiösen Themen zu – wie Trane mit *A Love Supreme*. 1965 schrieb Duke das Stück „In the Beginning God" und führte es in vielen Kirchen der Vereinigten Staaten und Europas auf.

Nach Tranes Tod, den ganzen August über, spielten Dizzy Gillespie und ich mit unseren Bands im Village Gate. Die Leute standen in Schlangen um den Block. Sugar Ray Robinson kam mit Archie Moore vorbei, dem großen alten Champion aus St. Louis. Als ich sie entdeckte, bat ich Dizzy, sie auf der Bühne vorzustellen, aber er meinte, *ich* sei schließlich der Boxfan und sollte es gefälligst selber machen. Aber ich konnte sowas einfach nicht, also übernahm es Dizzy. Unsere Musik war das Stadtgespräch von New York.

Hier lernte ich auch Hugh Masekela kennen, diesen ausgezeichneten Trompeter aus Südafrika. Er lebte seit kurzem in den Staaten, und es lief ganz gut für ihn. Er war mit Dizzy befreundet, der ihn unterstützt hatte, als er die Musikschule in New York besuchte. Ich erinnere mich noch an eine Nacht, als wir nach Harlem fuhren und er voller Ehrfurcht neben mir im Auto saß. Er erzählte mir, daß ich für ihn und andere Schwarze in Südafrika ein Held sei, weil ich mich damals, vor dem Birdland, der Polizei widersetzt hatte. Ich war überrascht, daß die Sache sogar drüben in Afrika bekannt war. Sogar damals schon spielte Hugh seine eigene Trompete, seinen eigenen Sound. Ich hielt ihn für gut, obwohl er die amerikanische schwarze Musik nicht allzugut drauf hatte. Jedesmal, wenn ich ihn traf, ermunterte ich ihn, seinen eigenen Weg weiterzugehen, anstatt zu versuchen, sich unserem Stil anzupassen.

Nach dem Auftritt mit Dizzy im Village Gate tourte ich für den Rest des Jahres 1967 durch die Vereinigten Staaten und Europa. Es war eine Mammut-Tour mit einer Show, die George Wein als Newport Jazz Festival in Europa verkaufte. Aber es waren zu viele Gruppen, und nach 'ner Zeit nervte das Ganze nur noch. Neben Thelonious Monk, Sarah Vaughan und Archie Shepp trat ein Haufen anderer Musiker auf. (Ich spielte sogar ein paarmal mit Archie, weil Tony Williams mich darum bat, aber ich konnte immer noch nichts mit seiner Spielweise anfangen.) In Spanien kam es schließlich zu diesem Riesenkrach mit George Wein, wir stritten uns um Geld. Ich mag George, und ich kenne ihn seit Jahren, aber wir hatten regelmäßig unsere Meinungsverschiedenheiten, weil mir einiges an ihm nicht paßt. George ist in Ordnung, er ist meistens cool und hat viel für die Musik und die Musiker getan, er hat auch anständig bezahlt. Aber manchmal baut er einfach Scheiß.

Sobald wir wieder in New York waren, ging ich mit Gil Evans

– der ein paar Sachen arrangierte – und der Band ins Studio.*
Diesmal holte ich einen jungen Gitarristen namens Joe Beck
dazu. Ich bewegte mich langsam in Richtung Gitarrensound
und hörte viel James Brown, weil es mir gefiel, wie er die
Gitarre einsetzte. Ich mochte den Blues schon immer, ich spielte
ihn gern, hörte jetzt Muddy Waters und B. B. King und wollte
diese Stimmung in meine Musik einbauen. Ich hatte viel von
Herbie, Tony, Wayne und Ron gelernt und mir alles einverleibt,
was ich in den mittlerweile drei Jahren unserer Zusammenarbeit von ihnen aufschnappen konnte. Jetzt wollte ich anders an
meine Musik herangehen, mußte etwas verändern, ich wußte
nur noch nicht, was. Ich wollte wissen, wie sich elektrische
Instrumente auf meine Musik auswirken. Jedesmal, wenn ich
in Chicago oder Michigan war und Muddy Waters auftrat, hörte
ich ihn mir an und wußte, daß ich irgendwas davon in meiner
Musik wiederfinden wollte. Weißt du, diesen billigen „Ein-
Dollar-fünfzig"-Schlagzeugsound, die Mundharmonikas und
den Zwei-Akkorde-Blues. Dorthin mußte ich wieder zurück,
denn unsere Musik wurde einfach zu abstrakt. Für 'ne gewisse
Zeit war das okay, aber jetzt wollte ich wieder zu dem Sound
finden, aus dem ich ursprünglich kam.

Bei dieser Aufnahmesession verwendeten wir zum ersten Mal
das elektrische Klavier. Ich hatte Joe Zawinul mit seinem E-
Piano in Cannonball Adderleys Band gehört und liebte diesen
Sound; für mich lag darin die Zukunft. Aber mein Interesse an
elektrischen Instrumenten sollte wenig später der Grund für die
Auflösung der Band sein und mich zu einer neuen Art von
Musik bringen.

Joe Beck spielte gut, aber nicht so, wie es meinen Vorstellungen entsprach. Nachdem wir zunächst mit dem regulären Quintett Aufnahmen machten, holte ich für einige Sessions im
Januar, Februar und März 1968 einen anderen Gitarristen
dazu: George Benson. George spielte bei „Paraphernalia" mit,

* Miles Davis: *Circle in the Round* (Columbia KC2 36278).
  Miles Davis: *Directions* (Columbia KC 36472).

einem Stück, das im selben Jahr auf *Miles in the Sky* erschien.*
Die übrigen Stücke kamen später raus.

Ich wollte die Baßlinie verstärken. Also veränderten wir sie,
indem wir ein elektrisches Klavier verwendeten und Herbie die
Baßlinie und die Akkorde zusammen mit dem Gitarristen und
dem Bassisten in der gleichen Lage spielte. Damit erreichten
wir einen volleren Sound, als man ihn normalerweise von einer
fünfköpfigen Band erwartet. Mit dieser Klangkombination ging
ich in die Richtung, die von den Kritikern später als „Fusion"
(Rock-Jazz) bezeichnet wurde. Ich stand am Anfang einer ungewöhnlichen, neuen Stilrichtung.

Ungefähr um diese Zeit sollten Gil und ich für Columbia eine
Jazzversion der Filmmusik von *Doctor Doolittle* machen. Weißt
du, weil *Porgy and Bess* mein bestverkauftes Album war, muß
sich irgendein wirklich dummes Arschloch bei denen gedacht
haben, daß dieses *Doctor Doolittle* ebenfalls ein großer Renner
wird. Nachdem ich mir den Scheiß angehört hatte, sagte ich:
„Kommt nicht in die Tüte."

Mit Gil und der Band fuhren wir hinterher nach Berkeley,
Kalifornien, holten uns eine Big Band und gaben dort ein
Konzert. Columbia nahm es live auf, aber die Tapes liegen
immer noch in ihren Tresoren rum. Kurz bevor wir losfuhren,
Anfang April, wurde Martin Luther King jr. in Memphis ermordet. Wieder wurde das Land von Gewalt erschüttert. King hatte
den Friedensnobelpreis gewonnen, er war ein großer Führer
und ein wunderbarer Mensch, aber ich konnte nie was mit
seiner gewaltlosen „Halt-die-andere-Wange-hin"-Philosophie
anfangen. Trotzdem, daß er so umgebracht wurde, so brutal –
wie Gandhi –, war eine gottverdammte Schande. Er war sowas
wie ein Heiliger Amerikas, den die Weißen schon allein deshalb
umgebracht hätten, weil er seine Botschaft nicht mehr ausschließlich an Schwarze richtete, sondern auch über den Viet-
namkrieg, Arbeitslosigkeit und andere Probleme redete. Als
er starb, wendete er sich an alle, und das gefiel den Mächtigen

* Miles Davis: *Miles in the Sky* (Columbia CS 9628).

nicht. Hätte er sich nur an die Schwarzen gehalten, wär's in Ordnung gewesen. Aber er machte das gleiche wie Malcolm X, und deshalb mußte auch er sterben. Da bin ich sicher.

Mit Cicely und mir lief's nicht besonders gut. Wir trennten uns, weil ich eine schöne, junge Sängerin und Songschreiberin, Betty Mabry, kennengelernt hatte. Ihr Bild ist auf dem Cover von *Filles de Kilimanjaro**. Der Song „Mademoiselle Mabry" auf dieser Platte ist ihr gewidmet. Mann, ich war wieder richtig verliebt und hatte ein gutes Gefühl mit Betty Mabry. Sie war dreiundzwanzig, als ich sie kennenlernte, und stammte aus Pittsburgh. Im Februar 1968 war meine Scheidung mit Frances durch, und Betty und ich heirateten im September, während die Gruppe einen Gig im Plugged Nickel spielte. Die Hochzeit fand in Gary, Indiana, statt, und mein Bruder und meine Schwester waren Trauzeugen.

Betty hatte großen Einfluß auf mein privates und musikalisches Leben. Sie brachte mich mit der Musik von Jimi Hendrix – auch mit ihm persönlich – und anderen schwarzen Rockmusikern zusammen; sie kannte Sly Stone und all diese Jungs. Wenn Betty heute singen würde, wäre sie sowas wie Madonna; oder ein weiblicher Prince. Genau da stand sie, als sie zu singen anfing – als Betty Davis. Sie war eben ihrer Zeit voraus. Die Ehe dauerte zwar nur ein Jahr, aber es war ein Jahr voller Überraschungen und neuer Eindrücke, in dem ich meinen zukünftigen Weg absteckte – musikalisch und privat.

* Miles Davis: *Filles de Kilimanjaro* (Columbia CS 9750).

348

*D*as Jahr 1968 brachte wieder unheimlich viele Veränderungen. Aber das Aufregendste passierte in der Musik, es war unglaublich. Es führte mich in die Zukunft und hin zu *In a Silent Way*.

Zu den musikalischen Neuheiten gehörte zum Beispiel Charles Lloyd. In seiner besten Zeit hatte er Jack DeJohnette und den jungen Pianisten Keith Jarrett in der Band, und obwohl Charles Lloyd der Leader war, brachten Keith und Jack den Schwung rein. Sie spielten eine Mischung aus Jazz und Rock, eine sehr rhythmische Musik. Charles war nie ein besonders guter Musiker, aber er hatte einen leichten und fließenden Sound auf dem Saxophon, der sich gut mit dem verband, was Keith und Jack drunterlegten. Seine Musik war ein paar Jahre lang sehr populär, und die Leute wurden plötzlich hellhörig. Ende 1967 oder Anfang 1968 spielten unsere Bands im selben Programm im Village Gate, und, Mann, es war brechend voll. Jack hatte schon mal in meiner Band als Ersatzmann für Tony gespielt, ich kannte ihn, und wenn er mit Charles Lloyds Band in der Stadt war, hörte ich ihn mir jedesmal an. Charles warf mir öfters vor, ich würde nur hingehn, um ihm seine Musiker abzuwerben. Er verschwand bald wieder von der Szene, aber in seiner heißen Zeit machte er viel Geld.

Aber am meisten interessierte mich 1968 die Musik von James Brown, von Jimi Hendrix und einer neuen Gruppe, die grade mit ihrem Hit „Dance to the Music" rausgekommen war – Sly and the Family Stone mit Sly Stewart aus San Francisco. Seine Musik war absolut irre und funky. Aber zuerst kam Jimi Hendrix, auf den mich Betty Mabry brachte.

Ich lernte Jimi durch seinen Manager kennen, der mich anrief und fragte, ob ich Jimi ein bißchen was über meine Musik erzählen wollte. Jimi mochte die Sachen, die ich auf *Kind of Blue* spielte, und wollte mehr Jazzelemente in seine eigene Musik reinbringen. Ihm gefielen die „Sheets of sound" von Coltrane*, und sein Gitarrenstil war ganz ähnlich. Außerdem meinte er, daß in meinem Trompetenspiel Gitarrenanklänge zu hören seien. So kamen wir zusammen. Betty stand sehr auf seine Musik – und, das fand ich später heraus, auch auf seinen Körper –, und daher kam er öfters vorbei.

Er war ein wirklich netter Junge, ruhig, aber leidenschaftlich; ganz anders, als er meistens beschrieben wurde. Er war das genaue Gegenteil von dem wilden, verrückten Image, das er auf der Bühne produzierte. Irgendwann 1969 gab Betty für ihn eine Party in meinem Haus an der 77sten Straße. Ich selber mußte an diesem Abend ins Aufnahmestudio, aber ich ließ ihm ein paar Kompositionen da, über die wir später reden wollten. (Hinterher schrieben ein paar Leute, daß ich nicht aufgetaucht sei, weil ich keine Party für einen anderen Mann in meinem eigenen Haus wollte. Nichts als Bullshit.)

Als ich Jimi vom Studio aus anrief und mit ihm über die Musik reden wollte, stellte sich heraus, daß er keine Noten lesen konnte. Aber deshalb schätzte ich ihn nicht weniger, denn das hatte er mit vielen anderen großen Musikern gemeinsam. Er war ein großartiger Musiker, ein Naturtalent – ein Autodidakt. Was er hörte, nahm er sofort in sich auf, und zwar schnell. Wenn wir miteinander redeten und ich ihm theoretisches Zeug erklärte wie: „Weißt du, Jimi, bei den erniedrigten Akkorden mußt du...", bekam er diesen verlorenen Gesichtsausdruck, und ich sagte: „Okay, okay, ich hab's wieder vergessen." Dann spielte ich es ihm auf dem Klavier oder dem Horn vor, und mit seinem unglaublichen Gehör für Musik hatte er es sofort drin. Oder ich spielte ihm eine Platte von mir oder Trane vor und erklärte ihm, was wir da machten. Und diese Sachen baute er in seine Musik ein. Das war irre. Wir beeinflußten uns gegenseitig, und nur so entsteht große Musik.

Aber Jimi hatte auch was vom Hillbilly, von der Country

---

* *Sheets of sound:* Ein vom Jazzkritiker Ira Gitler geprägter Ausdruck für die Spielweise Coltranes. Durch extrem schnelle Akkordbrechungen und Skalen werden „Klangflächen" erzeugt, in denen man die Einzeltöne kaum mehr wahrnehmen kann.

Music in sich. Deshalb spielten auch diese beiden Engländer in seiner Band, denn viele weiße englische Musiker mochten amerikanischen Hillbilly. Aber am besten gefiel mir sein Sound mit Buddy Miles am Schlagzeug und Billy Cox am Baß. Er spielte diesen indischen Kram oder diese hübschen kleinen Melodien, die er auf seiner Gitarre verdoppelte. Diesen Stil liebte ich. Aber mit diesen englischen Jungs spielte er immer im 6/8-Takt, und das klang für mich nach Hillbilly. Was wirklich in ihm steckte, zeigte er mit Buddy und Billy in der Band of Gypsies. Bei den Plattenfirmen und den Weißen war er natürlich mit den weißen Jungs in seiner Band beliebter. Aber Jimi Hendrix kam vom Blues – genau wie ich –, und deshalb verstanden wir uns auf der Stelle. Er war ein großer Bluesgitarrist. Er und Sly waren echte Musikernaturen, beide spielten, was sie hörten.

Diese Richtung wollte ich einschlagen. Zunächst mußte ich mich selber mit dem vertraut machen, was ich spielen wollte. Danach mußte ich die richtigen Musiker finden. Es war ein Prozeß, in dessen Verlauf ich mit verschiedenen Leuten spielte und dabei meinen Weg absteckte. Ich verbrachte viel Zeit damit, mir bestimmte Musiker anzuhören und zu sehn, was sie konnten und was in ihnen steckte. Dann wählte ich aus, wer zu mir passen würde, und strich die anderen. Eigentlich streichen sich die Leute selbst, wenn musikalisch nichts passiert – zumindest sollte das so sein.

Ende 1968 löste sich die Band auf. Wir spielten zwar noch Gigs und gaben gemeinsam Konzerte – wenigstens Herbie, Wayne, Tony und ich –, aber letztendlich war's gelaufen, als Ron endgültig Schluß machte, weil er keinen E-Baß spielen wollte. Herbie hatte bereits „Watermelon Man" aufgenommen und wollte eine eigene Gruppe gründen. Tony hatte ähnliche Pläne. Beide verließen zum Jahresende die Band, nur Wayne blieb noch einige Jahre.

Bands bleiben nie für immer zusammen, und obwohl ich sie nicht gern ziehen ließ, war es doch höchste Zeit für uns alle, eigene Wege zu gehn. Wir trennten uns mit guten Gefühlen – und mehr kann man nicht verlangen.

Die Veränderungen in meiner Band fingen schon im Juli 1968 an, als an die Stelle von Ron Carter am Baß Miroslav Vitous trat, ein junger tschechischer Musiker. Ron war zwar noch bei Plattenaufnahmen dabei, aber nicht, wenn die reguläre Band in Clubs spielte. Miroslav war nur ein vorübergehender Ersatz, bis dann Dave Holland kam. Dave hatte ich bei einem Konzert in England gehört, und er war wahnsinnig gut. Da ich wußte, daß Ron gehn wollte, redete ich mit Dave, aber er hatte noch andere Verpflichtungen. Als er mit ihnen durch war, rief ich im Juli in London an und sagte ihm noch mal, er solle sich der Band anschließen. Er kam rüber und machte seinen ersten Gig mit uns im Count Basie's Club oben in Harlem. Ich war an einem E-Bassisten interessiert, weil ich diesen Sound in der Band wollte. Aber ich war immer noch auf der Suche nach jemandem, der dieses Instrument wirklich spielen wollte, denn ob Dave endgültig zum E-Baß wechseln würde, wußte ich nicht. Erst mal nahm er bei unseren Gigs den Platz von Ron ein, und die nächste Hürde konnten wir nehmen, wenn's soweit war.

Bei einigen Studiosessions in diesem Jahr hatte ich Chick Corea und Joe Zawinul am Klavier dazugeholt, ich spielte also mit drei Pianisten – Herbie, Joe und Chick. Ein paarmal setzte ich auch zwei Bässe ein, Ron und Dave. Tony Williams wurde manchmal durch Jack DeJohnette ersetzt. Und außerdem vermerkte ich auf meinen Plattencovern „Directions in Music by Miles Davis", damit keine Mißverständnisse aufkamen, *wer* die künstlerische Aufsicht führte. Nach der Sache mit Teo Macero bei *Quiet Nights* wollte ich über alles, was von mir auf Platte erschien, die Kontrolle haben. Für meinen neuen Sound wollte ich einen klaren Begriff, und „Directions in Music by Miles Davis" beseitigte alle Zweifel.

Joe Zawinul hatte bei „Mercy, Mercy, Mercy" mit Cannonball Adderley auf dem elektrischen Piano gespielt, und der Sound gefiel mir so sehr, daß ich ihn in der Band haben wollte. Chick Corea saß am Fender-Rhodes-Piano, als er bei mir anfing, genau wie Herbie Hancock, der sich sofort damit anfreundete. Herbie stand sowieso auf elektronische Spielereien, daher bewegte er sich auf dem Fender-Piano wie der Fisch im Wasser. Am Anfang war Chick sich allerdings nicht sicher, ob er das Fender überhaupt mochte, aber ich *brachte* ihn dazu. Es paßte ihm zunächst gar nicht, daß ich ihm sein Instrument vorschrieb, bis er es schließlich drauf hatte. Danach liebte er es fast und machte sich sogar einen Namen damit.

Das Fender-Piano hat einen einzigartigen Sound. Man erkennt ihn immer. Ich liebe die Klangtexturen in Gil Evans' Musik, und jetzt wollte ich diesen Gil-Evans-Sound mit einer kleinen Band bringen. Und dazu brauchte ich ein Instrument wie den Synthesizer, das die verschiedensten Klänge produziert. Mit der Baßlinie ließen sich die gleichen Klangfarben erzeugen, die in Gils Arrangements für seine Big Bands zu hören waren. Wenn wir dazu Harmonien auf dem Synthesizer drüberlegten, würde der Sound unserer Band noch voller. Wenn du den Baß verdoppelst, funktioniert es einfach besser als mit einem normalen Piano. Nachdem ich mir das einmal klargemacht hatte und sah, wie es sich auf die Musik auswirkte, brauchte ich kein Klavier mehr. Das hatte überhaupt nichts damit zu tun, daß ich auf Teufel komm raus in die elektrische Musik wollte, wie das einige behauptet haben. Was ich wollte, war einfach der Sound eines Fender-Pianos, und den brachte man mit einem normalen Klavier nicht zustande. Das gleiche gilt für den E-Baß; er steuerte einen Klang zu meiner Musik bei, den der Kontrabaß nicht hergab. Musiker sollten die Instrumente spielen, die ihre Zeit am besten widerspiegeln, sie sollten die aktuelle Technik für ihre Musik nutzen. Ständig verkünden all diese Puristen, daß die elektrischen Instrumente die Musik ruinieren. Aber Musik ist nur durch schlechte Musik zu ruinieren und nicht durch die Instrumente, auf denen sie gespielt wird. Ich finde nichts Schlimmes an elektrischen Instrumenten, solange es großartige Musiker gibt, die sie richtig spielen können.

Nachdem Herbie im August 1968 die Band verließ, ersetzte ihn Chick Corea. Ich kam durch Tony Williams auf ihn, denn beide stammten aus Boston. Chick hatte mit Stan Getz gearbeitet, und zu der Zeit, als ich ihn fragte, ob er bei mir einsteigen will, spielte er grade bei Sarah Vaughan. Als Jack DeJohnette im Januar 1969 endgültig Tony am Schlagzeug ablöste, war die Band – außer mir und Wayne – völlig neu. (Obwohl Herbie und Tony weiterhin bei meinen Platten dabei waren.)

Im Februar 1969 ging ich mit Wayne, Chick, Herbie, Dave, Tony (statt Jack DeJohnette) und Joe Zawinul ins Studio. Ich holte mir einen Gitarristen dazu, einen jungen Engländer namens John McLaughlin, der in die Staaten gekommen war, um in Tonys neuer Band Lifetime zu spielen (mit Larry Young an der Orgel). Dave Holland hatte mich und Tony in England mit John bekannt gemacht, ich hörte mir ein Tape von ihm an und ging in den Club von Count Basie, als John dort mit Tony spielte. Er war höllisch gut, und ich fragte ihn, ob er bei den Aufnahmen mitmachen würde. John erzählte mir, daß er meine Musik schon seit langem hörte und nun richtig aufgeregt sei, mit einem seiner Idole ins Studio zu gehn. Also sagte ich ihm: „Bleib ruhig und spiel wie im Count Basie's, dann ist alles okay." Und so lief's.

Es war die *In a Silent Way*-Session.* Ich hatte Joe Zawinul gebeten, ein paar seiner Kompositionen mitzubringen, weil mir seine Sachen sehr gut gefielen. Ein Stück hieß „In a Silent Way", und es wurde die Titelmelodie der Platte (die beiden anderen Stücke sind von mir). Schon in den Aufnahmesessions im November 1968 hatte ich zwei Stücke von Joe – „Ascent" und „Directions" – aufgenommen.** In dieser November-Session läßt sich bereits an Stücken wie „Splash" erkennen***, daß ich mich auf einen rhythmischeren Blues-Funk-Sound zubewege.)

Wir veränderten Joes Vorlage von „In a Silent Way", dünnten sie aus und verwendeten nur die Melodie als Basis. Ich wollte einen rockigeren Sound. Bei den Proben hatten wir die ursprüngliche Fassung von Joe geübt, aber für meinen Geschmack war sie zu sehr mit Akkorden vollgestopft. Trotzdem

* Miles Davis: *In a Silent Way* (Columbia CS 9875).
** Miles Davis: *Directions* (Columbia KC 36472).
*** Miles Davis: *Circle in the Round* (Columbia KC2 36278).

354

konnte ich raushören, daß Joes Melodie – die in dem restlichen Durcheinander völlig unterging – wirklich wunderschön war. Bei der Aufnahme schmiß ich einfach die Akkordteile raus und sagte allen, sie sollten nur die Melodie spielen. Die Musiker waren über diese Arbeitsweise ziemlich erstaunt, aber mir fiel wieder ein, daß es bei *Kind of Blue* auch so funktioniert hatte. Große Musiker können mit solchen Situationen umgehen und über das hinausspielen, was vorhanden ist und was sie sich zutrauen. Genauso lief es bei *In a Silent Way*, und die Musik wurde lebendig und wunderschön.

Joe war nie davon begeistert, was ich aus seiner Komposition gemacht habe, vermutlich gefällt es ihm heute immer noch nicht. Aber nur das Ergebnis zählt. Heute wird Joes Stück von vielen als Klassiker angesehn, als Anfang der Fusion-Musik. Aber vermutlich hätte das Stück nie diese Bedeutung erhalten, wenn ich es nicht verändert hätte. *In a Silent Way* war ein Stück Teamarbeit von Joe und mir. Manche Musiker mögen meine Arbeitsweise nicht und haben das Gefühl, für sie bliebe nicht genug Anerkennung. Aber ich hab immer versucht, die Leute rauszustellen, die was für mich getan haben. Hinterher liefen einige Leute sauer rum, weil ich das Lob für das Arrangement von *In a Silent Way* einsteckte, aber *ich* arrangierte nun mal die Musik, indem ich sie so veränderte, wie sie dann auf der Platte zu hören war.

Nach der Arbeit an *In a Silent Way* gingen wir bis August 1969 auf Tournee; in meiner regulären Band spielten jetzt Wayne, Dave, Chick und Jack DeJohnette. Mann, ich wünschte, man hätte Live-Konzerte dieser Band aufgenommen, denn sie haute jeden um. Chick Corea und ein paar andere Leute machten ein paar Aufnahmen von unseren Auftritten, aber Columbia hat die verdammte Sache auf der ganzen Linie verschlafen.

1969 gingen Rock- und Funk-Platten weg wie warme Semmeln, und durch Woodstock wurde das absolut klar. Über vierhunderttausend Menschen waren bei dem Konzert. Solche Massen lassen jeden durchdrehn, besonders die Leute aus der

Plattenindustrie. Sie haben nur noch eins im Kopf: „Wie können wir so viele Platten an so viele Leute loswerden? Wenn's uns bis jetzt nicht gelungen ist, wie können wir's in Zukunft schaffen?"

Diese Atmosphäre herrschte in den Plattenfirmen. Gleichzeitig füllten die Leute Riesenstadien, um ihre Stars persönlich zu hören und zu sehen. Und die Jazzmusik schien auszutrocknen wie die Trauben am Stock – zumindest, was Plattenverkaufszahlen und Live-Auftritte anging. Zum ersten Mal seit langer Zeit spielte ich nicht mehr vor vollen Häusern. In Europa waren meine Konzerte zwar immer ausverkauft, aber in den Vereinigten Staaten spielten wir 1969 oft in halbleeren Clubs. Für mich war das ein Zeichen. Verglich man die Verkaufszahlen meiner LPs mit denen von Bob Dylan und Sly Stone, konnte man schon nicht mal mehr von Konkurrenz reden. Ihr Umsatz war utopisch. Clive Davis, der Präsident von Columbia Records, nahm 1968 Blood, Sweat and Tears und 1969 Chicago unter Vertrag. Er wollte Columbia auf Erfolgskurs bringen und an all die jungen Plattenkäufer rankommen. Nach Startschwierigkeiten kamen wir gut miteinander klar, denn er denkt eher als Künstler und weniger als harter Geschäftsmann. Er hatte ein gutes Gespür für Entwicklungen; ich hielt ihn für einen großartigen Mann.

Er redete öfters mit mir darüber, daß ich doch versuchen sollte, meinen Stil zu verändern und damit den Markt der jüngeren Käufer zu erreichen. Eine Möglichkeit sah er darin, daß ich dort auftrat, wo dieses neue Publikum zu finden war, zum Beispiel im Fillmore. Als wir das erste Mal darüber sprachen, war ich stinksauer, weil ich dachte, er macht *mich* und alles, was ich bisher für Columbia getan hatte, runter. Ich sagte ihm, daß ich mir 'ne neue Plattenfirma suche, und legte einfach auf. Eine Zeitlang wollte ich zu Motown Records wechseln, weil mir ihre Sachen gefielen, und ich dachte, daß sie mehr Verständnis für meine Musik aufbringen würden. Aber Columbia gab mich nicht frei. Wir stritten uns eine Zeitlang, es ging hin und her, bis sich schließlich alles wieder beruhigte und wir uns einigten.

Was Clive überhaupt nicht paßte, war meine Vereinbarung mit Columbia, die mir erlaubte, Vorschüsse auf die Tantiemen zu kassieren; wann immer ich also Geld brauchte, rief ich bei Columbia an und kriegte meinen Vorschuß. Clive fand, daß ich für diese Extra-Behandlung dem Unternehmen zuwenig Geld einspielte. Wenn ich's mir heute überlege, hatte er vielleicht sogar recht, aber nur von der absolut geschäftlichen Seite her, nicht von der künstlerischen. Von meinem Standpunkt aus mußte Columbia einhalten, was sie mir versprochen hatten. Ich hatte von jedem Album ungefähr sechzigtausend Platten ver- kauft – was ihnen früher gereicht hatte; jetzt fanden sie, daß das nicht genug war, um mir weiterhin Geld vorzuschießen.

Columbia wollte nicht einsehen, daß ich mich nicht als Museumsstück verkaufen lassen wollte und nicht bereit war, mich auf ihre sogenannte Klassikerliste setzen zu lassen. Ich wußte, wo meine musikalische Zukunft lag, und dahin wollte ich mich bewegen, so, wie ich es immer gemacht hatte. Und das nicht, weil Columbia bessere Verkaufszahlen sehen wollte, und auch nicht, um ihren jungen weißen Plattenkunden zu gefallen: Ich machte das Ganze für mich, für meine Vorstellungen, meine Bedürfnisse und meine Musik. *Ich* wollte den Kurs ändern, *mußte* ihn ändern, damit ich weiter an meine Musik glauben und sie lieben konnte.

So war die Beziehung zu Columbia, als ich im August 1969 für die Aufnahmen zu *Bitches Brew* ins Studio ging.* Ich hatte mir eine Menge Rockmusik und Funk angehört, wie zum Beispiel Joe Zawinuls und Cannonballs „Country Joe and the Preacher". Ich hatte ein bißchen experimentiert und einige einfache Akkordwechsel für drei Pianos geschrieben. Einfaches Zeug, und es war ganz merkwürdig, denn beim Komponie- ren mußte ich immer an Strawinski und seine Rückkehr zur einfachen Form denken. Angenommen, wir spielten einen Ak- kord auf dem Beat und eine Baßlinie. Je häufiger wir das wiederholten, desto unterschiedlicher klang es. Oder einen

* Miles Davis: *Bitches Brew* (Columbia PS 34396).

Akkord, eine Pause, vielleicht noch einen Akkord – es veränderte sich beim Spielen immer wieder. Mit dieser Arbeitsweise hatten wir schon bei den Studiosessions 1968 mit Chick, Joe und Herbie angefangen und sie bei *In a Silent Way* fortgesetzt. Dann dachte ich an was Größeres, an ein ganzes Gerüst für ein Stück. Ich schrieb einen Akkkord auf zwei Beats, und die Musiker ließen zwei Beats weg, also eins, zwei, drei, da-dum, verstehst du? Der Akzent lag auf dem vierten Beat. Jedenfalls erklärte ich den Musikern, daß sie jede Freiheit hätten, spielen könnten, was sie hörten, nur müßte das Ganze als Akkord kommen.

Auf diese Weise arbeiteten wir bei den Proben, und dann gingen wir im August für drei Tage in das Columbia-Studio an der 52sten Straße. Ich brachte die Skizzen mit, die bisher keiner kannte, wie damals bei *Kind of Blue* und *In a Silent Way*. Wir arbeiteten von morgens bis abends, und ich hatte Teo Macero gesagt – er produzierte die Platte –, daß er die Tapes einfach laufen lassen und alles aufnehmen soll, *alles*, ohne uns zu unterbrechen und Fragen zu stellen. „Bleib nur im Tonraum und kümmer dich um den Sound", sagte ich ihm. Und er hielt sich dran, ging uns nicht ein einziges Mal auf die Nerven und nahm alles auf, und zwar wirklich gut.

Wir fingen an, und ich führte die Musiker – wie ein Dirigent. Manchmal schrieb ich für jemanden eine kleine Passage oder erklärte ihm, daß ich seine Stimme anders hörte, und die Musik wuchs, wurde immer besser. Sie war luftig und gleichzeitig dicht. Sie schien lässig, war aber gleichzeitig konzentriert, jeder war für die verschiedenen Möglichkeiten offen, die die Musik plötzlich bot. Manchmal hörte ich etwas, das wir ausdehnen oder einschränken mußten. Diese Aufnahmesession war also die Entwicklung eines schöpferischen Prozesses, eine lebendige Komposition. Es war wie eine Fuge oder ein Motiv, die wir als Sprungbrett benutzten. Wenn wir die Musik bis an einen gewissen Punkt entwickelt hatten, ließ ich einen bestimmten Musiker etwas dazu spielen, wie Benny Maupin auf der Baßklarinette. Manchmal wünsche ich mir, wir hätten die Session auf Video aufgenommen, denn ich hätte mir gern angesehn, was da abging, wie eine Zeitlupenwiederholung beim Football oder Basketball. Manchmal ließ ich Teo die Bänder zurückfahren, um mir alles noch mal anzuhören. Wenn ich an 'ner bestimmten Stelle was anderes haben wollte, spielte ein Musiker was Neues ein.

Mann, diese Aufnahmesession war wahnsinnig, und soweit ich mich erinnere, gab es keine Probleme. Es war eine Jam Session wie in den alten Bebop-Zeiten im Minton's. Und jeder war selber überrascht, wenn er nachts aus dem Studio ging.

Einige Leute haben hinterher geschrieben, *Bitches Brew* sei eine Idee von Clive Davis und Teo Macero gewesen. Das ist eine Lüge, weil beide mit dem Ganzen nicht das geringste zu tun haben. Die Platte bedeutete den Durchbruch für ein vorwärtsweisendes Konzept. Deshalb wollten wieder ein paar Weiße die Lorbeeren anderen Weißen, die sie gar nicht verdienten, zuschieben. Wieder sollte die Geschichte neu, von ihrem Standpunkt aus, geschrieben werden – wie immer.

Die Musik auf *Bitches Brew* hätte man nie für ein Orchester schreiben können. Ich notierte nur Bruchstücke, aber nicht, weil ich nicht wußte, was ich wollte; vielmehr war mir klar, daß meine Vorstellungen aus einem Prozeß wachsen müßten und nicht aus irgendwelchem vorarrangierten Scheiß. Diese Session war reine Improvisation, und das macht den Jazz so aufregend. Wenn sich das Wetter ändert, siehst du die Dinge anders; auch ein Musiker spielt dann anders, besonders, wenn man ihm nicht nur fertige Sachen vorsetzt. Die Haltung eines Musikers *ist* die Musik, die er spielt. Wenn man zum Beispiel in Kalifornien ist, draußen am Strand, hört man die Stille und den Klang der Wellen, die sich am Ufer brechen. Der Sound von New York sind Autohupen und schreiende Menschen auf den Straßen. In Kalifornien hört man kaum einen Menschen auf der Straße reden. Kalifornien ist sanft, es ist Sonnenschein und Körperbewegung und schöne Frauen am Strand, die ihre Wahnsinnskörper, ihre hübschen langen Beine zeigen. Die Leute dort sind gebräunt, weil sie sich immer draußen in der Sonne bewegen.

Die Menschen in New York gehen auch raus, aber das ist was anderes, es bleibt eher eine innere Sache. Kalifornien hat was mit Weite zu tun, und die Musik, die von dort kommt, strahlt diesen offenen Raum und die Freeways aus, alles Momente, die der Musik fehlen, die aus New York kommt. Die Musik aus New York ist normalerweise intensiver und hat mehr Energie.

Nach *Bitches Brew* brachte mich Clive Davis mit Bill Graham zusammen, dem Besitzer des Fillmore in San Francisco und des Fillmore East im Zentrum von New York. Bill schlug vor, daß ich zuerst in San Francisco gemeinsam mit den Grateful Dead auftreten sollte.* Dieses Konzert öffnete mir richtig die Augen, denn an dem Abend waren ungefähr fünftausend Menschen da. Es waren meist junge weiße Hippies, die kaum was oder überhaupt nichts von mir gehört hatten. Wir spielten als Vorgruppe von Grateful Dead, aber vor uns trat noch eine andere Band auf. Es waren viele Weiße da, verträumt und high, die anfangs rumliefen und sich unterhielten. Aber nach 'ner Zeit wurden sie still und konzentrierten sich auf die Musik. Wir spielten ein bißchen was in Richtung von *Sketches of Spain*, dann machten wir mit *Bitches Brew* weiter, und dabei flippten sie wirklich aus. Nach diesem Konzert kamen immer viele junge Weiße zu meinen Gigs in San Francisco.

Danach holte uns Bill mit Laura Nyro ins Fillmore East in New York. Aber zuvor organisierte Bill noch einen Auftritt in Tanglewood mit Carlos Santana und einer Gruppe, die sich Voices of East Harlem nannte. Ich erinnere mich noch an diesen Gig, weil ich mit meinem Lamborghini hinfuhr und etwas zu spät dran war. Ich mußte eine dreckige Straße entlangfahren, um zu dem Open-air-Konzert zu kommen. Ich hielt in einer Staubwolke an, und Bill wartete schon völlig entnervt auf mich. Ich trug einen langen Leopardenmantel, und als ich ausstieg, starrte Bill mich an, als ob er jeden Moment auf mich losgehen will. Also sagte ich ihm: „Was ist los, Bill? Hast du

---

* Miles Davis: *Black Beauty. Miles Davis at Fillmore West* (CBS-Sony SOPI 39–40).

gedacht, daß ein anderer aussteigt?" Jetzt konnte er nur noch lachen.

Mit diesen Gigs gewann ich wieder ein größeres Publikum. Wir spielten vor ganz unterschiedlichen Leuten. Das Publikum, das eigentlich Laura Nyro oder die Grateful Dead hören wollte, vermischte sich mit anderen, die meinetwegen kamen. Eigentlich war es so für alle gut.

Bill und ich verstanden uns, aber wir hatten auch unsere Auseinandersetzungen, denn Bill ist ein verdammt harter Geschäftsmann, und ich laß mir auch nicht viel sagen. Es gab also einige Reibereien. Ich weiß noch, wie ich einmal 1970 im Fillmore East als Vorgruppe für diesen Armleuchter Steve Miller auftreten sollte.* Crosby, Stills, Nash and Young standen auch im Programm, aber die waren wenigstens etwas besser. Jedenfalls war Steve Miller eine große Null, und ich war sauer, daß ich für diesen miesen Motherfucker als Vorgruppe spielen sollte, nur weil er eine oder zwei armselige Platten gemacht hatte. Also kam ich zu spät, und *er* mußte zuerst auf die Bühne. Als wir schließlich eintrafen und spielten, besorgten wir's dem ganzen verdammten Laden, und alle waren begeistert, sogar Bill!

Das ging einige Abende so, und jedesmal redete Bill irgendwelchen Scheiß von „Respektlosigkeit einem Künstler gegenüber". Am letzten Abend kam ich wieder zu spät. Schon als ich auftauchte, sah ich, daß Bill vor Wut kochte, denn er wartete nicht wie sonst drinnen auf mich, sondern er stand *vor* dem Fillmore. Er kam mir gleich mit seinem Bullshit von wegen „respektlos Steve gegenüber". Ich sah ihn ganz cool an und sagte: „Hey, Baby, genau wie an allen anderen Abenden, kapiert? Du *weißt* genau, daß es immer super gelaufen ist." Darauf konnte er nichts mehr sagen, denn schließlich hatten wir den Laden aufgemischt.

Nach diesen Auftritten wurde mir klar, daß die meisten Rockmusiker keine Ahnung von Musik hatten. Sie hatten sie nicht studiert, beherrschten nur einen Stil – ganz zu schweigen

---

* Miles Davis: *Miles Davis at Fillmore* (Columbia KG 30038).

vom Notenlesen. Trotzdem waren sie populär und verkauften jede Menge Platten, weil sie den Leuten den Sound boten, den die hören wollten. Also dachte ich mir, wenn sie das schafften – diese Massen von Leuten zu erreichen und diese vielen Platten zu verkaufen, ohne überhaupt zu wissen, was sie da machten –, dann schaffe ich das auch, nur besser. Denn ich spielte lieber in größeren Sälen als dauernd in Nachtclubs. Man konnte damit nicht nur mehr verdienen und ein größeres Publikum erreichen, man ersparte sich damit auch all die Nervereien in den kleinen verrauchten Clubs.

Wenn ich's mir heute überlege, hat Bill Graham mit diesen Konzerten einiges in der Musik bewegt. Er hat möglich gemacht, daß ganz verschiedene Leute ganz verschiedene Musik zu hören kriegten, die sie sich normalerweise nicht angehört hätten. Ich hatte allerdings erst wieder 1986 (oder 1987) mit ihm zu tun, als wir ein paar Konzerte für Amnesty International gaben.

Ungefähr um diese Zeit lernte ich Richard Pryor kennen, einen jungen schwarzen Komiker, der bei ein paar unserer Konzerte die Eröffnungsnummer machte. Mann, er war ein lustiger Typ. Er war noch nicht sehr bekannt, aber ich wußte, daß er ein großer Star wird. Ich spürte es in meinen Knochen. Als ich unsere Band fürs Village Gate buchte, engagierte ich Richard, bezahlte ihn aus meiner eigenen Tasche und produzierte die ganze Sache. Wir traten an zwei Wochenenden auf, und die Band und Richard brachten die Leute zum Rasen. Richard eröffnete, danach kam ein Sitarspieler mit indischer Musik, und dann spielte meine Band. Das Ganze war ein voller Erfolg, und ich verdiente sogar noch was an der Sache. Richard und ich wurden gute Freunde, wir gingen danach oft zusammen weg, wurden high und hatten unsern Spaß. Viele Komiker sind hinter der Bühne richtige Langweiler, aber Richard – und Redd Foxx – war auf und hinter der Bühne gleich gut drauf. Wenn wir auf Tournee gingen, wohnte Richards Frau in meinem Haus, da die beiden damals keine feste Wohnung hatten.

Mit meiner Musik entwickelte sich alles bestens, nur um

362

meine Beziehung zu Betty stand es nicht besonders. Sie fing an, mich zu belügen, und wollte dauernd an mein Geld. Während ich auf Tournee war, unterschrieb sie irgendwelchen Mist, weißt du, ging mit Freunden ins Hotel und setzte meinen Namen auf die Rechnungen. Sie machte mir viel Ärger. Zu der Zeit soff mein Anwalt Harold Lovett ziemlich viel, und daher kamen wir nicht mehr so oft zusammen. Er verbockte viel, aber ich hielt an ihm fest, weil er zu mir gestanden hatte, als alle andern mich aufgegeben hatten. Aber jetzt ging mir sein Scheiß allmählich auf die Nerven. Er hatte Betty noch nie gemocht und meinte immer, ich sei nur mit ihr zusammen, weil sie wie Frances aussah. Das stimmte, besonders, wenn man sie aus 'nem bestimmten Blickwinkel sah. Für ihn hatte Betty keine Klasse und wollte mich nur ausnutzen – wie sich herausstellte, hatte er recht, ausnahmsweise.

Im Spätsommer 1969 war ich auf Europatournee und traf Bill Cosby, den ich seit einiger Zeit kannte, und seine Frau Camille zufällig in Antibes. Er kam mit Camille in mein Konzert, und hinterher waren wir zusammen in einem Club. Bill und Camille gingen auf die Tanzfläche, wo Betty völlig high mit irgendeinem Franzosen rumtobte. Camille trug einen wunderschönen Spitzenoverall mit Löchern wie bei einem Basketballnetz. Betty tanzte wie wild über die ganze Fläche, landete mit ihren hohen Absätzen in den Löchern von Camilles Overall und zerrte wie verrückt daran. Sie merkte es 'ne ganze Zeitlang überhaupt nicht, bis sie zu sich kam und sich entschuldigte. Ich sagte Bill, daß ich den Overall bezahle, aber davon wollten die beiden nichts wissen, weil sie es für ein Versehen hielten und ihnen das Ganze für Betty leid tat. Aber *ich* wußte, daß Betty in dem Moment viel zu sehr die Kontrolle über sich verloren hatte, und mir war dieser Scheiß höllisch peinlich.

Weißt du, Betty war einfach zu jung und stürmisch für meine Vorstellungen von einer Frau. Ich war an coole, hipe, elegante Frauen wie Frances oder Cicely gewöhnt, die sich in allen möglichen Situationen richtig benehmen. Aber Betty war zügellos – wenn auch unglaublich talentiert –, eine Rockerfrau, ein

Straßentyp, die an andere Sachen gewöhnt war. Sie war rauh und nur auf Sex aus, aber das wußte ich nicht, als ich sie kennenlernte – und falls ich es damals wußte, hab ich's vermutlich ignoriert. Solchen Mist brachte sie dauernd, und allmählich hatte ich die Schnauze voll.

Nachdem wir uns von Bill und Camille verabschiedet hatten, fuhren wir nach London zu Sammy Davis jr., der dort grade mit *Golden Boy* Premiere hatte. Ich traf Paul Robeson, den ich jedesmal besuchte, wenn ich in London war. Wir gingen oft mit Leuten aus, die wirklich Klasse besaßen, aber Betty fühlte sich in dieser Gesellschaft nicht wohl. Sie stand auf Rock-Typen, und das ist okay. Aber ich hatte eben auch viele gute Freunde, die keine Musiker waren. Betty konnte mit ihnen überhaupt nichts anfangen, und deshalb entfernten wir uns voneinander.

Als wir wieder in New York waren, lief mir ein wunderschönes spanisches Mädchen über den Weg, das mit mir ins Bett wollte. Wir gingen zu ihr, und sie erzählte, daß Betty was mit ihrem Freund hätte. Ich fragte sie, wer ihr Freund ist, und sie sagte: „Jimi Hendrix." Sie war eine blonde Schönheit, zog sich aus und hatte einen Körper, den sich keiner entgehen läßt. Aber ich sagte ihr: „Wenn Betty mit Jimi Hendrix ficken will, ist das ihr Ding. *Damit* hab' ich absolut nichts zu tun, und das hat auch überhaupt nichts mit dir und mir zu tun." Wenn Betty ihren Typ hatte, meinte sie daraufhin, dann wollte sie eben was mit mir haben.

„Nicht mit mir", antwortete ich. „Aus solchen Gründen geh ich mit niemandem ins Bett. Wenn du mit mir ficken willst, dann, weil *du* es willst, und nicht, weil's Betty mit Jimi treibt."

Sie zog sich wieder an, und wir unterhielten uns. Mann, was ich ihr da sagte, machte sie völlig fertig. Denn so toll, wie sie aussah, war sie daran gewöhnt, daß die Männer ihr zu Füßen lagen. Aber so was machte ich nicht mit. Daß jemand gut aussieht, bedeutet mir erst mal gar nichts, noch nie; und ich hatte immer schöne Frauen. Um mich richtig auf eine Frau einzulassen, muß sie auch was im Kopf haben und nicht nur an ihre Schönheit denken.

364

Aber danach ging's mit Betty und mir nur noch abwärts. Ich erzählte ihr, was ich über sie und Jimi wußte, und sagte ihr, daß *ich* die Scheidung will. „Quatsch", meinte sie, „das ist doch nicht dein Ernst, so schön, wie ich bin! Du weißt genau, daß du so 'n gutes Stück wie mich nicht aufgeben wirst."

„Ach, wirklich? Ich laß mich von dir scheiden, du Flittchen. Die Papiere sind schon fertig, und du unterschreibst besser, wenn dir dein Arsch lieb ist!" Sie unterschrieb, und das war das Ende.

Wir trennten uns 1969, aber da es schon seit längerem schlecht bei uns lief, traf ich mich seit einiger Zeit mit zwei schönen, wunderbaren Frauen, die großen Einfluß auf mein Leben hatten: Marguerite Eskridge und Jackie Battle. Beide waren spirituelle Frauen, interessierten sich für gesunde Ernährung und solche Dinge; sie waren ruhig, aber stark und selbstbewußt. Zudem sahen sie in mir nicht nur den Star, sondern auch den Menschen. So schön Betty äußerlich war, ihr fehlte jedes Selbstvertrauen. Sie war ein erstklassiges Groupie mit vielen Talenten, glaubte aber selber nicht an ihre Fähigkeiten. Jackie und Marguerite kannten solche Probleme nicht, und so fühlte ich mich wohl bei ihnen.

Marguerite sah ich Anfang 1969 zum ersten Mal in einem New Yorker Nachtclub, entweder im Village Gate oder im Village Vanguard. Sie saß bei einem meiner Konzerte im Publikum, und ich ließ ihr ausrichten, daß ich sie auf einen Drink einladen möchte. Marguerite war eine der schönsten Frauen, die ich je gesehen hatte, und ich ging dann oft mit ihr aus. Aber sie wollte mich für sich allein haben, und daher mußte ich meine Beziehung mit Jackie vor ihr geheimhalten. Marguerite und ich waren mit Unterbrechungen ungefähr vier Jahre lang zusammen. Für einige Zeit bewohnte sie ein Appartement in meinem Haus an der westlichen 77sten Straße. Aber eigentlich mochte sie das Musikerleben nicht, die Clubs, den Alkohol und die Drogen; es war ihr zu hektisch. Marguerite war ein schweigsamer Typ und außerdem Vegetarierin. Sie stammte wie Betty aus Pittsburgh, und, Mann, aus dieser Stadt kommen wirklich tolle Frauen. Als ich sie kennenlernte, war sie vierundzwanzig, eine unglaublich schöne Frau, weißt du, brauner Teint, groß, mit glatter Haut und wunderschönen Augen und Haaren. Einem großartigen Körper. Sie ist die Mutter von Erin, meinem jüngsten Sohn.

Marguerite war auch dabei, als im Oktober 1969 diese Sache in Brooklyn passierte. Nach einem Auftritt im Blue Coronet Club fuhr ich sie zu ihrer Wohnung. Wir saßen in meinem Wagen vor ihrem Haus, redeten ein bißchen und küßten uns – du weißt schon, was Verliebte eben so machen –, als ein anderer Wagen mit drei schwarzen Kerlen drin neben uns auftauchte. Zuerst dachte ich mir nichts dabei, glaubte, es sind vielleicht Leute, die grade die Show gesehen hatten und „hallo" sagen wollten. Doch dann hörte ich Schüsse und spürte einen Stich in meiner linken Seite. Der Typ muß ungefähr fünf Kugeln auf mich abgefeuert haben, aber ich hatte einen weit geschnittenen Lederanzug an. Ohne diese Lederjacke und die stabile Tür meines Ferraris hätte ich es nicht überlebt. Ich war so schockiert, daß ich nicht mal Angst spürte. Zum Glück wurde Marguerite nicht getroffen, aber sie war zu Tode erschrocken.

Wir liefen ins Haus und riefen die Polizei. Zwei weiße Typen kamen, die *meinen* Wagen untersuchten, obwohl ich derjenige war, auf den man geschossen hatte. Dann fanden sie ein bißchen Marihuana im Wagen, nahmen Marguerite und mich fest und brachten uns auf die Wache. Aber sie mußten uns laufen lassen, weil sie keine Beweise hatten.

Jeder, der mich kennt, *weiß*, daß ich Marihuana nicht ausstehn kann. Da wollte mir also jemand einen ganzen Haufen Mist anhängen. Es paßte ihnen nicht, daß ein Schwarzer in einem teuren ausländischen Wagen mit einer wunderschönen Frau saß. Wahrscheinlich sahen sie in meiner Akte, daß ich Musiker war und früher Probleme mit Drogen gehabt hatte, und jetzt wollten sie mir auf Teufel komm raus was anhängen. Vielleicht bedeutete das gute Werbung für sie, wenn sie einen berühmten Nigger festnahmen. Aber *ich* hatte sie schließlich gerufen, und wenn ich tatsächlich Drogen bei mir gehabt hätte,

hätte ich sie verschwinden lassen, bevor die Polizei kam. *So blöd bin ich schließlich denn doch nicht.*

Ich setzte eine Belohnung von fünftausend Dollar aus. Ein paar Wochen später saß ich in einer Bar in Harlem, als ein Typ auf mich zukam und mir erzählte, daß der Kerl, der die Schüsse auf mich abgegeben hatte, selber erschossen worden war. Ich kannte weder den Namen des Typen, der mir das erzählte, noch wollte er mir sagen, wer der Tote war. Jedenfalls sah ich den Burschen nie wieder. Später erfuhr ich, daß es einigen schwarzen Veranstaltern in Brooklyn nicht paßte, daß ich meine Geschäfte nur noch mit Weißen machte. Das war angeblich der Grund, warum man auf mich geschossen hatte.

Natürlich kann ich verstehn, wenn Schwarze ein bißchen mitverdienen wollen. Aber mit mir redeten sie nicht darüber, und dann kommt irgendein Typ und will mich für was abknallen, von dem ich keine Ahnung habe. Mann, manchmal ist das Leben beschissen. Nach dieser Sache trug ich immer einen Schlagring bei mir, bis ich ein Jahr später in Manhattan am südlichen Central Park festgenommen wurde, weil ich keine Versicherungsmarke an meinem Wagen hatte und mir der Schlagring aus der Tasche fiel, als mich die Polizei durchsuchte. Zugegeben, ich hatte weder 'ne Versicherungsmarke noch 'ne Zulassung für den Wagen. Aber das hatten die Cops bestimmt nicht von der andern Straßenseite aus erkennen können, als sie kehrtmachten, um mich zu kontrollieren.

Es war wieder das gleiche: Ich saß in meinem roten Ferrari vor dem Plaza Hotel, hatte einen Turban auf, trug Schlangenlederhosen und einen Schaffellmantel und hatte eine richtig gutaussehende Frau neben mir – ich glaube, es war wieder Marguerite. Wahrscheinlich hielten mich die zwei Cops für einen Drogendealer und kamen deshalb zurück. Hätte ein Weißer in diesem Ferrari gesessen, wären sie ihren Geschäften nachgegangen – kaum nötig, das zu erwähnen.

Jackie Battle war ebenfalls eine ganz spezielle Frau. Sie kam aus Baltimore und war neunzehn oder zwanzig, als ich sie kennenlernte. Ich traf sie im Gebäude der Vereinten Nationen, wo sie als Sekretärin für einen meiner Bekannten arbeitete. Ich sah sie bei vielen Konzerten, weil sie wirklich auf Musik stand und selbst künstlerisch begabt war: Sie war Malerin, Grafikerin und Designerin. Und sie war wunderschön: groß, mit hellbrauner Haut, mit einem herrlichen Lächeln und einem Karma, wie ich es noch nie erlebt hatte. Sie war sehr sanft, freundlich und ruhig, aber in dieser Hülle steckte eine sehr starke Persönlichkeit, die ihren Wert kannte; Jackie war sehr reif für ihr Alter. Aber es war nicht ihre Schönheit, weshalb ich sie so liebte und respektierte, es war ihr Kopf. Sie hatte eine ganz besondere Art, die Welt zu sehen. Und sie kümmerte sich wirklich um mich, als ich vom Koks beinahe verrückt war. Einmal waren wir in Phoenix, wo mir ein Arzt unheimlich viel Koks gab, Mann, pures Koks. Ich nahm es rund um die Uhr und ging zu meinem Konzert. Als ich zurückkam, lag Jackie vollgepumpt mit Schlaftabletten da, kurz vorm Wegnicken. Weißt du, Jackie hielt nichts vom High-Werden, sie hatte nichts mit Drogen am Hut. Nachdem sie wieder in Ordnung war, fragte ich sie: „Jackie, warum hast du meine ganzen Schlaftabletten geschluckt? Du hättest dich umbringen können!"

Mit Tränen in den Augen antwortete sie: „Wenn du dich mit all dem Koks und all den andern Sachen umbringst, dann will ich wenigstens vor dir tot sein. Deshalb hab ich sie genommen. Denn wenn du so weitermachst, wirst du bald sterben, und ohne dich will ich nicht leben." Mann, das schaffte mich. Dann erinnerte ich mich an das Koks, ging ins Bad zu meinem Versteck, aber es war verschwunden. Ich fragte sie, wo das Koks sei, und sie sagte, sie hätte es die Toilette hinuntergespült. Nun, auch *das* schaffte mich. Mann, sie war schon was Besonderes.

Jackies Familie lebte in New York, und ich lernte sie gut kennen, ihre Mutter Dorothea und ihren Bruder Todd „Mickes" Merchant, ein sehr guter Künstler, der einige Bilder für mich gemalt hat. Manchmal rief ich Jackies Mutter an und bat sie, mir Gumboschoten* zu machen – sie ist eine hervorragende

---

* *Gumboschoten:* dicke Okrasuppe.

53

54

Philly Joe Jones (53) spielte auf dem Album *Milestones* Schlagzeug (54), und das Quintett war wirklich gut. Ich wußte, daß uns was Besonderes gelungen war, als ich die Aufnahme hörte. Die anderen Mitglieder des Quintetts waren neben Trane der Bassist Paul Chambers (55) und Red Garland am Klavier (56).

55

56

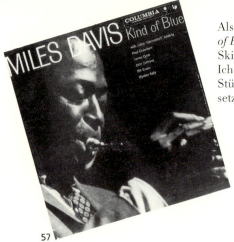

Als wir mit den Aufnahmen für *Kind of Blue* begannen, hatte ich nur Skizzen für die Musik im Kopf. Ich komponierte kein einziges Stück aus, weil ich auf Spontaneität setzte.

57

58

Im Herbst 1956 gingen wir ins Studio und produzierten „'Round Midnight". Dieser Song erschien auf dem Album *'Round about Midnight* (58).

Charlie Mingus war einer der besten Bassisten und ein großartiger Komponist. Außerdem nahm er kein Blatt vor den Mund (59).

59

60

Ein weißer Polizist sagte mir vor dem Birdland, ich solle von der Straße verschwinden.
Ich weigerte mich und holte mir dafür einen
blutigen Kopf und Arrest wegen Wider-
stands gegen die Staatsgewalt.

61

Beim Verlassen des Gefängnisses, neben mir
Frances und Harold Lovett.

63

62

Das „Concierto de Aranjuez" von Joaquin
Rodrigo regte mich zu dem Album
Sketches of Spain an, das Gil Evans
und ich zusammen machten.
Gil war der einzige, der meine
musikalischen Ideen perfekt
umsetzen konnte (s. Abb. 102).

64

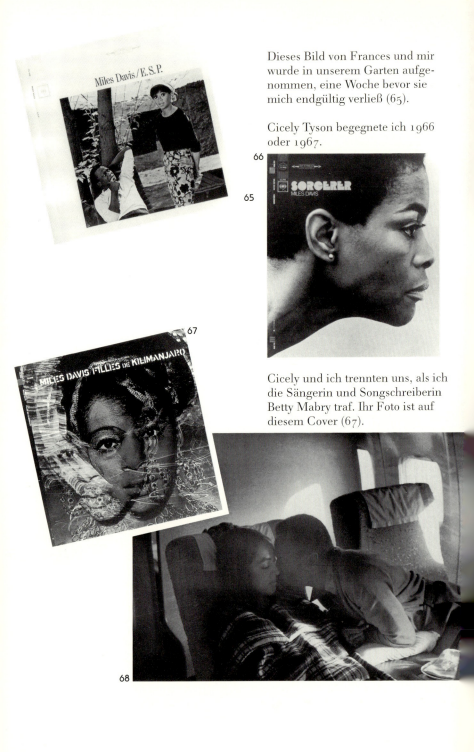

Dieses Bild von Frances und mir
wurde in unserem Garten aufgenommen, eine Woche bevor sie
mich endgültig verließ (65).

Cicely Tyson begegnete ich 1966
oder 1967.

Cicely und ich trennten uns, als ich
die Sängerin und Songschreiberin
Betty Mabry traf. Ihr Foto ist auf
diesem Cover (67).

69

Art Blakey und ich spielten zusammen und machten auch einige gemeinsame Platten. Viele Musiker in meiner Band waren in Arts Gruppe gewesen, bevor sie zu mir kamen (69).

70

Ornette Coleman tauchte so um 1960 auf und stellte die Jazz-Welt auf den Kopf. Ich habe mit Ornette gespielt und glaube nicht, daß er so richtig hip war, vor allem als er ohne jede Ausbildung begann, Trompete zu spielen.

71

Clive Davis war der Boß von Columbia Records. Nach einem eher schwierigen Start kamen wir gut miteinander aus, weil er wie ein Künstler dachte.

Teo Macero wurde mein Produzent bei Columbia (72).

72

73

75

74

Mein zweites großes Quintett:
Herbie Hancock (73) und
Ron Carter (74) waren die tragend
Säulen der Band. Wayne Shorter (
war der „Denker", der viele unsere
musikalischen Ideen formulierte.
Tony Williams (76) war das Feuer
der zündende Funke.

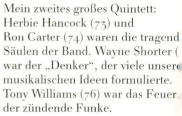

76

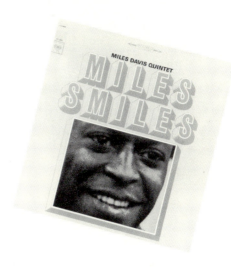

Wir produzierten *Miles Smiles* 1966.
Auf dieser Platte zogen wir musikalisch wirklich auf und davon.

Die Band auf der Bühne im Shelly's
Manne-Hole in Los Angeles.

Musik, die mich 1968 wirklich beeindruckte, machten
Jim Hendrix (79), James Brown (80) und Sly Stone (81).
In dieser Zeit bewegte sich mein Sound in Richtung
Gitarre.

82

Chick Chorea begann
bei mir Fender Rhodes-
Piano zu spielen.

84

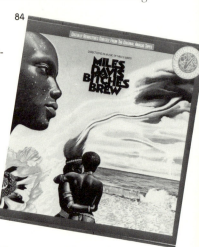

83

Keith Jarrett und Chick
spielten in meiner Band
E-Piano. Keith haßte
elektrische Instrumente,
bevor er zu mir kam.

Was wir auf *Bitches Brew* auf die
Beine stellten, war reine Improvisation – das, was den Jazz so aufregend
macht. Die Platte verkaufte sich besser als je ein Jazz-Album zuvor.

Joe Zawinul spielte in
meiner Band E-Piano.

Jack DeJohnette pro-
duzierte einen Groove,
den ich unheimlich
gern mochte.

Als wir 1969 ins Studio
gingen, war John
McLaughlin dabei.

85   86   87

Betty Mabry hatte großen Einfluß sowohl auf mein Privatleben als auch auf meine Musik. Sie half mir auch dabei, ein neues Outfit zu entwickeln.

88

Jimi Hendrix' Tod traf mich, weil er so jung starb und noch soviel vor sich hatte. Ich ging mit Betty und einer ihrer Freundinnen zu seiner Beerdigung, obwohl ich das normalerweise hasse.

89

Mit der Musik von Sly Stone und James Brown im Kopf ging ich ins Studio, um *On the Corner* aufzunehmen (90).

90

Als ich mich von der Bühne zurückgezogen hatte, half mir Al Foster dabei, den Kontakt zur Musikszene nicht zu verlieren (91).

91

Meinem Neffen Vincent Wilburn schenkte ich, als er sieben war, ein Schlagzeug, und daraus wurde eine große Liebe.

92

Nach meiner fast
fünfjährigen Spiel-
pause war Bill Evans
einer der Musiker,
mit denen ich eine
neue Band formierte.

Gegen Ende dieser Phase
kehrte Cicely Tyson wieder in
mein Liebesleben zurück.

Jim Rose war einer der wenigen, die ich
während meiner „Schweigephase" regelmäßig sah.

George Butler brachte mich dazu, ins Studio zurückzukehren.
Danach wurde er mein Produzent bei Columbia.

97

Cicely und die Leute von Columbia
organisierten 1983 in der Radio Music Hall eine Feier für mich (97,98).
Bill Cosby (99) war der Gastgeber
und verlieh mir im Auftrag des Rek-
tors der Fisk University einen Ehren-
titel. Mein Sohn Erin (100) kam in
dieser Nacht mit hinter die Bühne.

98

100

99

Elwood Buchanan, mein erster bedeutender Lehrer an der Lincoln Highschool in St. Louis, nahm
ebenfalls an dieser Feier teil.

Gil Evans, hier bei einem Konzert in Hamburg 1985, war bis zu seinem
Tod im Jahr 1988 mein bester und wichtigster Freund – menschlich
und musikalisch.

103

Ich verbrachte immer mehr Zeit mit Malen und Zeichnen. Ich bin davon genauso besessen wie von der Musik und allem, was mir wirklich wichtig ist.

104

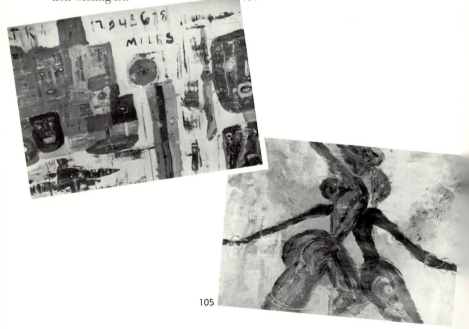

105

Joseph Foley McCreary, „Foley",
hatte einen fetzigen, rockigen Ton
in seiner Musik. Marcus Miller
hatte ihn mir empfohlen.

Ich spiele gern mit jungen Musikern. Ich möchte kreativ und wandlungsfähig bleiben.
Die Musik steht nie still …

Dizzy Gillespie, hier 1981 aufgenommen,
und Max Roach (Frankfurt 1979) waren Freunde
und musikalische Begleiter vom Beginn
meiner Karriere bis heute.

108

109

Große Musiker sind wie große Kämpfer. Sie entwickeln ein höheres, intuitives Verständnis für die Theorie, die sich in ihrem Kopf abspielt. Ich fühle mich heute kreativer denn je, und ich spüre, wie ich immer stärker werde.

Köchin –, und die brachte sie mir dann ins Haus. Die Familie hielt wirklich zusammen, und jeder ist auf seine Art was Besonderes. Als ich anfing mit Jackie auszugehn, fragte mich ihr Bruder: „Nigga, was zum Teufel willst du von meiner Schwester?"

Und ich sagte ihm: „Was zum Teufel meinst du damit, was ich von deiner Schwester will? Was will denn jeder Mann von 'ner schönen netten Frau?" – „Okay, Mann", sagte er, „aber bau keinen Scheiß, und sei anständig zu meiner Schwester, verstehst du, denn mich interessiert es einen Dreck, wie berühmt du bist; wenn du sie mies behandelst, kriegst du's mit mir zu tun."

Nach meiner Trennung von Betty war ich also mit zwei schönen jungen spirituellen Frauen zusammen, Jackie und Marguerite. Eigentlich war es schade, daß ich beide zur selben Zeit kannte. Wer weiß, was passiert wäre, wenn ich mich nur einer ganz gewidmet hätte. Aber ich halt nicht viel von Spekulationen.

Mit meiner Gruppe hatte ich eine Abmachung getroffen, daß keiner seine Freundin mit auf Tour nimmt, denn das lenkt bloß ab. Da ich aber selber *meine* Frauen immer mitnahm, gab es allmählich Probleme. Wayne, Chick und Jack wollten ihre Ladies auch bei sich haben. Trotzdem, es war *meine* Band, und ich legte die Spielregeln fest. Ihre Frauen hätten mich ja nicht gestört, wenn sie die Jungs nicht vom Spielen abgehalten hätten; aber genau das taten sie.

Kurz bevor wir nach Kalifornien fuhren, rief mich Jack an und sagte, daß er seine Frau Lydia mitnimmt, die im achten Monat schwanger war. Zuerst wollte er mich überreden, die Tour ganz abzusagen, da Lydia jeden Tag mit dem Baby rechnete und er bei der Geburt dabeisein wollte. Aber das konnte ich nicht, also wollte er Lydia mitnehmen. Das Problem bei der Sache war, daß Jack anders spielte, sobald Lydia in der Nähe war. Er stylte sich zurecht, weil er hip aussehen wollte, und spielte nicht wie sonst. Wir stritten uns, und Jack drohte, bei der Tour auszusteigen. Schließlich gab ich nach und sagte, er könnte sie meinetwegen vorne auf sein verdammtes Schlagzeug setzen, wenn er das unbedingt wollte. Wir stritten uns sogar noch im Flugzeug nach Kalifornien. Als Jackie, meine Freundin, sich auf Jacks und Lydias Seite schlug, drohte ich ihr, *sie* auch nach Hause zu schicken. Aber Jackie blieb bei ihrer Meinung, weil sie sich von niemandem einschüchtern ließ. Schließlich fand ich mich damit ab.

Nachdem wir beim Monterey Jazz Festival und in San Francisco aufgetreten waren, kamen wir nach Los Angeles, wo wir in Shelly's Manne-Hole spielten. Plötzlich ist auch Anna Maria da, Waynes Freundin. Und dann taucht Jane Mandy auf, Chicks Freundin. Jack grinst ständig, und ich weiß genau, daß er nur noch eins im Kopf hat, hip zu sein. Ich liebe seinen Stil, aber sobald Frauen auftauchen, spielt er nur noch fürs Publikum statt für die Band. Aber davon wollte er nichts hören.

Die ersten beiden Abende war Lydia immer hinter der Bühne. Sie ist ebenfalls eine Künstlerin, sogar eine gute, und ein wirklich netter Mensch. Ich mochte sie sehr. Aber sobald sie hinter die Bühne kam, war Jack wie umgewandelt – spielte nur noch Mist. Am dritten Abend saß sie wieder bei der Bühne. Ich ging runter ins Publikum und ließ über Shelly Manne ausrichten, daß wir nicht spielen, wenn Lydia nicht verschwindet.

Draußen stehn die Leute wieder mal Schlange, und Shelly wird nervös. Aber mir geht's um die Musik, die wir heute abend nicht spielen werden, weil Lydia da ist und Jack dann nur noch hip statt gut spielt. Jack ist stinksauer und glaubt, ich zerstöre seine Familie, und jetzt kommt es ganz dick. Inzwischen grinst die gesamte Band – einschließlich Shelly –, der schließlich zu mir kommt, vor mir niederkniet und mich anfleht: „Bitte, spiel, Miles. Bitte, spiel." Jetzt fand ich das Ganze auch nur noch komisch, ich ging auf die Bühne, und wir fingen an. Jack spielte sich an diesem Abend den Arsch ab. Wahrscheinlich wollte er mir zeigen, daß ich im Unrecht war. Nach diesem Vorfall konnten meine Musiker ihre Frauen mitbringen, solange das ihr Spiel nicht beeinflußte. Mit Keith Jarrett in der Band erlebte ich später den gleichen Scheiß. Sobald seine Frau dabei war, spielte er irgendwelchen Mist, den er für hip hielt, und er und seine Lady schauten sich dabei an, als gäbe es nichts anderes auf der Welt. Aber für mich spielte Keith dann nur süßlichen Scheiß, und das mußte ich ihm erst mal klarmachen. Danach hörte er damit auf.

Zu der Zeit veränderte sich vieles bei mir, besonders meine Kleidung. Ständig arbeitete ich in verräucherten Clubs, wo der Qualm in meinen Anzügen hängenblieb. Zudem zogen sich jetzt alle etwas lockerer an, zumindest die Rockmusiker, und das beeinflußte mich vermutlich. Alle fuhren auf die schwarze Sache ab, auf das neue schwarze Selbstbewußtsein, deshalb trug man jetzt afrikanische und indische Kleider. Ich zog mir Dashikis und weite Gewänder an, trug indische Kopfbedeckungen von Hernando, einem Typen aus Argentinien, der einen Laden im Greenwich Village hatte. Dort kaufte auch Jimi Hendrix seine Klamotten. Den coolen Brooks-Brothers-Look ließ ich hinter mir und stieg auf das um, was zeitgemäßer war. Ich merkte, daß ich mich so besser auf der Bühne bewegen und meinen Standort verändern konnte, denn auf jeder Bühne gibt es bestimmte Stellen, wo die Musik und der Sound besonders gut zu hören sind. Und solche Stellen wollte ich finden.

KAPITEL 15

D ie Arbeit an *In a Silent Way* stand für mich am Beginn einer großen kreativen Phase. Diese Platte brachte viele musikalische Ideen in mir hervor, die in den kommenden fünf Jahren aus mir herausströmten. In diesem Zeitraum ging ich ungefähr fünfzehnmal ins Studio und stellte rund zehn Platten fertig. Aber es war jedesmal eine andere Musik, und das bereitete den Kritikern einige Probleme. Kritiker packen dich gern in 'ne Schublade, ordnen dich irgendwo in ihren Köpfen ein, damit sie dich jederzeit griffbereit haben. Große Veränderungen mögen sie nicht, denn das bedeutet, daß du ihnen Arbeit machst. Als sich meine Musik so häufig und schnell wandelte, putzten mich viele runter, weil sie nicht kapierten, was ich machte. Aber da mir Kritiker noch nie wichtig waren, machte ich einfach damit weiter, was ich schon immer wollte: mich als Musiker zu entwickeln.

Im Herbst 1969 stieg Wayne Shorter aus, und ich löste die Band vorübergehend auf, um mir neue Musiker zu suchen. Ich ersetzte Wayne durch Steve Grossman, einen jungen weißen Saxophonisten aus Brooklyn. Wayne hatte mir rechtzeitig gesagt, daß er weggeht, daher konnte ich Steve Grossman schon im November mit ins Studio nehmen und mir anhören, wie er zu dem Sound der Band paßt.* Außerdem holte ich mir Airto Moreira, einen brasilianischen Percussionisten aus Brooklyn. Airto lebte seit einigen Jahren in den Staaten und hatte mit Joe Zawinul in Cannonball Adderleys Band gespielt. Er war großartig, und nach seinem Ausscheiden verwendete ich immer wieder Percussionisten, da ich merkte, daß sie den Sound meiner Band bereicherten. Am Anfang spielte Airto zu laut und hörte nicht genau, was in der Musik passierte. Ich sagte ihm, er soll das Geknalle lassen und einfach mehr hinhören. Dann

---

* Miles Davis: *Big Fun* (Columbia PC 32866).

spielte er eine Zeitlang zuwenig, und ich mußte ihn auffordern, wieder etwas mehr zu spielen. Doch dann fing er an, genauer zuzuhören, und er setzte an den richtigen Stellen ein.

In den folgenden fünf Jahren verwendete ich viele verschiedene Musiker auf meinen Platten (genau wie in meiner regulären Band), weil ich ständig auf der Suche nach der jeweils besten Kombination für die dazu passende Musik war. Es waren so viele, daß ich die meisten aus den Augen verlor, aber ich hatte einige Stammmusiker: Wayne Shorter (auch dann noch, als er die Band verlassen hatte), Gary Bartz, Steve Grossman, Airto Moreira, Mtume Heath, Bennie Maupin, John McLaughlin, Sonny Sharrock, Chick Corea, Herbie Hancock, Keith Jarrett, Larry Young und Joe Zawinul am Piano und an den Keyboards; Harvey Brooks, Dave Holland, Ron Carter und Michael Henderson am Baß; Billy Cobham und Jack DeJohnette am Schlagzeug; und drei indische Musiker – Khalil Balakrishna, Bihari Shrama und Badal Roy. Ich stellte diese Musiker in allen möglichen Kombinationen zusammen, manche spielten häufiger, manche nur einmal. In der Musikwelt wurden sie als „Miles' Stock Company Players" bekannt.

Genauso schnell wie die Musiker wechselte der Sound meiner Musik. Ich suchte immer noch nach einer ganz bestimmten Besetzung für den Sound, den ich mir vorstellte. Jack DeJohnette zum Beispiel erzeugte mir diesen gewissen, tiefen Groove, über den ich so gern meine Melodien legte, während mir Billy Cobham einen rockähnlichen Sound lieferte. Wenn Dave Holland Kontrabaß spielte, mußte ich anders drüberspielen als bei Harvey Brooks mit seinem E-Baß-Sound. Das gleiche galt für Chick, Herbie, Joe, Keith und Larry. Die Plattenaufnahmen aus dieser Zeit waren nichts anderes als Dokumente der Musik, die aus meinem Kopf strömte.

Im Jahr 1970 spielte ich bei 'ner Grammy-Verleihung, die im Fernsehen übertragen wurde. Nach meinem Auftritt rannte Merv Griffin, der Gastgeber, zu mir rüber, packte mich am Handgelenk und quatschte irgendeinen schwachsinnigen Bullshit. Mann, war das peinlich. Ich war kurz davor, diesem albernen Schwätzer eine reinzuhaun – live. Wie die meisten Talkmaster im Fernsehen verzapfte er nur Unsinn, denn eigentlich haben sie nichts zu sagen und wissen nicht mal – oder wollen es nicht wissen –, wovon sie reden. Sie labern nur, um die Zeit bis zum nächsten Gast auszufüllen. Mir gefällt dieses Theater nicht, und danach trat ich nur noch bei einigen Talkshows von Johnny Carson, Dick Cavett und Steve Allen auf. Steve war der einzige von den dreien, der ein bißchen Ahnung von meiner Musik hatte – zumindest spielte er selbst Klavier und stellte ein paar schlaue Fragen.

Bei Johnny Carson und Dick Cavett hatte ich nicht den Eindruck, daß sie wußten, worauf es mir ankommt – beides nette Kerle, aber von Musik hatten sie offenbar keine Ahnung. Die meisten Talkmaster waren daran gewöhnt, mit ein paar müden alten Weißen zu plaudern, die kein Mensch kannte. Meine Musik war ihnen zu hoch, weil ihre Ohren auf der Wellenlänge von Lawrence Welk empfingen. Ein Schwarzer tauchte in solchen Talk-Shows nur auf, wenn er grinste und sich zum Clown machte – wie Louis Armstrong. Ich liebte Louis als Trompeter, aber ich haßte die Grinserei, die er vor diesen schlappen Weißen abzog. Mann, ich wurde richtig wütend, wenn ich ihn so sah, denn eigentlich war Louis hip, hatte ein schwarzes Bewußtsein und war ein netter Mann. Aber die Leute kennen nur den schwarzen Grinser von der Mattscheibe.

Ich überlegte mir, daß man diesen Arschlöchern nur die traurige Wahrheit sagen konnte, aber ich *wußte*, daß sie die bestimmt nicht hören wollten. Also lehnte ich die meisten Angebote ab. Sogar Steve Allens Show wurde mir mit der Zeit zu weiß und zu albern, um mich noch drauf einzulassen. Bei Steve machte ich nur noch mit, weil er ein anständiger Kerl war. Aber nach 'ner Zeit lehnte ich alle Shows dieser Art ab, auch die von Steve, weil er mir nur den Gewerkschaftstarif zahlen wollte. Bei Columbia regten sie sich darüber auf, denn sie sahen in diesem Fernsehkram eine Werbemöglichkeit für meine Platten.

1970 kam mein Sohn Gregory aus Vietnam zurück. Er war ein anderer Mensch. Von da an kostete er mich viel Nerven,

Kopfschmerzen und Geld. Er zog in eines meiner leerstehenden Appartements an der 77sten Straße, aber er hatte dauernd Ärger. Gregory und sein Bruder Miles IV bereiteten mir 'ne Menge Probleme, und obwohl ich beide liebe, kann ich nur sagen, sie sind für mich eine große Enttäuschung. Nur meine Tochter Cheryl war in Ordnung. Sie studierte an der Columbia Universität, ging zurück nach St. Louis, machte mich zum Großvater und ist heute Lehrerin. Kinder können eine große Enttäuschung für ihre Eltern sein, und für mich waren das meine zwei ältesten Söhne. Vielleicht waren sie auch von mir enttäuscht, als sie mit ansahen, welchen Scheiß ich mit Frances anstellte. Aber egal, was war, sie müssen mit ihrem eigenen Leben zurechtkommen, dabei kann ihnen niemand helfen. Gregory war ein guter Boxer und gewann in der Armee einige Meistertitel. Ich verhinderte, daß er Boxer wurde, und das war ein Fehler von mir. Heute kann ich nur sagen, es tut mir leid, und ich hoffe, daß beide ihr Leben auf die Reihe kriegen.

In dieser Zeit verdiente ich jährlich zwischen dreihundert-fünfzigtausend und vierhunderttausend Dollar – aus Aktien, Platten, Tantiemen und Gagen. Ich hatte die ersten zwei Stock-werke meines Hauses von Lance Hay, einem Freund aus Los Angeles, renovieren lassen. Es gab nur noch Bögen und Kreise, ich wollte alles rund und ohne Ecken, mit wenig Möbeln haben. Er hatte das Badezimmer in schwarzem Marmor ausgelegt, mit einer versenkten Badewanne und einer bogenförmigen Decke mit Gips-Stalaktiten. Als Fenster setzte er ein Bullauge ein. Mann, es sah irre aus, und ich ließ ihn gleich das ganze Haus ausstatten. Die Küche war zylindrisch, holzgetäfelt und eben-falls mit Marmor ausgelegt. Überall waren Bögen, wie sie in südlichen Ländern üblich sind, und Steinfußböden mit blauen Teppichen. Ich fühlte mich wie an einem Ort am Mittelmeer, nicht wie in New York. Wenn sich jemand darüber wunderte, sagte ich: „Ich wollte einfach nicht mehr in einem George-Washington-Haus wohnen." Mein Haus sollte Wendeltreppen haben. Vermutlich entstand das Stück „Circle in the Round" aus diesem Konzept.

375

Im Frühling nahm ich das *Jack-Johnson*-Album auf, den Soundtrack zu dem Film über das Leben dieses Boxers.* Ursprünglich hatte ich bei der Musik den Drummer Buddy Miles im Kopf, aber er wollte nicht. Als ich die Stücke schrieb, ging ich oft ins Gleason's Gym, um mit Bobby McQuillen zu trainieren. Er war Muslim geworden und nannte sich jetzt Robert Allah. Mir schwebte bei der Musik eine typische Boxerbewegung vor, der Shuffle, bei dem dieses schlurfende Geräusch entsteht. Es hört sich beinahe wie Tanzschritte an oder wie der Klang eines Zuges. Tatsächlich kam es mir vor, als wäre ich in einem Zug, der mit achtzig Meilen in der Stunde fährt, und ich höre dabei diesen immergleichen Rhythmus der Räder auf den Gleisen, diesen plop-plop, plop-plop, plop-plop-Sound. Diese Vorstellung von einem fahrenden Zug verband sich für mich mit großen Boxern wie Joe Louis oder Jack Johnson. Wenn ein Schwergewichtler auf dich zugeht, dann ist das wie ein Zug.

Beim Komponieren dieser Musik tauchten weitere Fragen auf: Ist die Musik schwarz genug? Hat sie einen schwarzen Rhythmus? Würde Jack Johnson dazu tanzen? Ich wußte, daß Jack Johnson gerne feierte, sich amüsierte und tanzte. Jedenfalls paßte die Musik perfekt zum Film; aber als das Album erschien, begruben sie's gleich wieder. Keine Promotion. Das lag vermutlich daran, daß wir Musik machten, zu der man tanzen konnte und die in vielem der weißen Rockmusik ähnlich war. Und das gefiel ihnen nicht – ein schwarzer Jazzmusiker, der so spielt. Die Kritiker wußten nicht, was sie damit anfangen sollten, also strich Columbia die Werbung. Viele Rockmusiker hörten sich die Platte an, sagten in der Öffentlichkeit keinen Ton drüber und kamen dann zu mir und meinten, sie liebten diese Platte. Anfang 1970 nahm ich „Duran" auf und dachte, ich hätte einen Hit, aber Columbia brachte es erst 1981 raus.** Das Stück war nach Roberto Duran benannt, dem großen Box-Champion aus Panama.

* Miles Davis: *A Tribute to Jack Johnson* (Columbia KC 30455).
** Miles Davis: *Directions* (Columbia KC 36472).

376

Chick Corea und Keith Jarrett spielten seit dem Sommer E-Klavier, und was sie brachten, war zum Ausrasten, obwohl sie erst seit drei oder vier Monaten zusammen in meiner regulären Band waren. Keith hatte seine eigene Gruppe, aber wir kamen uns nie in die Quere, weil er seine Termine so legte, daß er in beiden Bands spielen konnte. Chick war nicht sehr begeistert von der Idee, zwei Pianos zu verwenden, aber mir persönlich sagte er nie was. Und Keith kannte ich schon länger und wußte, was er bringen konnte. Bevor er zu mir kam, haßte er elektrische Instrumente, aber das änderte sich in meiner Band. Außerdem lernte er bei mir, in verschiedenen Stilen zu spielen, und wurde dadurch flexibler.

Ich wollte an die Musik anknüpfen, mit der ich aufgewachsen bin, diesen schmutzigen Roadhouse-Sound, dieses harte Honky-Tonk-Ding, zu dem die Leute am Freitag- und Samstagabend tanzen.* Aber meine Musiker spielten von Haus aus Jazz, und das war neu für sie. Solche Dinge brauchen Zeit, verstehst du, man lernt nicht über Nacht was Neues. Es muß sich erst setzen, dir ins Blut gehn, bevor du's richtig bringst. Aber sie würden es schaffen, da machte ich mir keine Sorgen.

In diesem Sommer nahm ich an der Feier zum siebzigsten Geburtstag von Louis Armstrong teil. Die Plattenfirma Flying Dutchman wollte, daß ich mit ein paar anderen Musikern einen Song aufnehme, der an Pops' Geburtstag erscheinen sollte. Ich sang also mit Ornette Coleman, Eddie Condon, Bobby Hackett und Dizzy.** Normalerweise lehnte ich so was ab, aber es war für Pops, und er war einfach ein wunderbarer Typ. Es gibt nichts auf der Trompete, was nicht von ihm stammt, nicht mal im modernen Jazz. Ich kann mich nicht erinnern, daß er irgendwann mal schlecht war. Niemals. Nicht ein einziges Mal. Er spielte immer auf dem Beat, mit unglaublich viel Gefühl. Ich liebte es, wie er spielte und sang. Wir kannten uns nicht näher; ich hatte ihn nur einige Male getroffen, einmal bei 'ner großen Gesellschaft und

---

* Miles Davis: *Get up with it* (Columbia KG 33236).
** „We shall overcome" auf: *Louis Armstrong and His Friends* (Flying Dutchman, FD-Amsterdam, AMS 12009).

einmal, als er nach einem Konzert zu mir kam und sagte, daß ihm meine Musik gefällt. Mann, war ich stolz, als ich das aus seinem Mund hörte. Allerdings gefiel mir weniger, wie er in den Medien dargestellt wurde – als Dauergrinser. Außerdem sagte er einiges über moderne Musik, was ich überhaupt nicht richtig fand. Er machte viele moderne Musiker runter. Damals sagte ich: „Pops war selbst mal ein Pionier, also sollte er jetzt nicht auf anderen rumhacken." Im Jahr darauf, 1971, starb Louis Armstrong, und seine Frau organisierte diese Scheiß-Beerdigung für ihn. Sie ließ keinen einzigen Jazzmusiker spielen, obwohl Pops gesagt hatte, er möchte ein Begräbnis im New-Orleans-Stil. Seiner Frau gefiel das nicht, also machte sie es auf die weiße Art. Mann, es war eine Schande.

Im Juni 1970 begannen wir mit der Aufnahme für *Live-Evil.*[*] Es sollte eine Art Erweiterung von *Bitches Brew* werden, obwohl schließlich was anderes dabei rauskam. Ich lernte dabei, wie ich mit der Trompete über dem elektrischen Sound spielen mußte, es war also eine wichtige Erfahrung für mich. Zum Beispiel liefert das Fender-Piano eine weiche Unterlage für die Trompete; das ist wichtig, weil die Trompete an sich diesen metallischen, schneidenden Klang hat. Deshalb läßt Dizzy seinen Drummer mehr als zwanzig Metallteilchen am großen Becken befestigen, die jedesmal vibrieren, wenn der Drummer schlägt; und dieses Vibrieren füllt den Raum zwischen dem Becken und Dizzys Trompete. Das Fender-Piano erfüllt die gleiche Funktion, nur noch besser, denn sobald man auf einem elektrischen Instrument einen Akkord anschlägt, klingt er absolut sauber und klar.

Bei *Live-Evil* strebte ich die gleichen Klangstrukturen wie bei *Bitches Brew* an, nur etwas ausgereifter. Jack DeJohnette spielte bei „What I Say" diesen Schlagzeugrhythmus, diese kleine rhythmische Figur, die er während des ganzen Stücks durchziehn sollte. Ich wollte, daß diese Figur alles enthält, aber sie mußte auch Feuer haben. Für mich war dieses Stück der

[*] Miles Davis: *Live-Evil* (Columbia KC 30954).

Grundstein für das Album, es enthielt die Stimmung und den Rhythmus, die ich wollte. Bei dieser Platte passierte etwas Komisches: Ich hörte plötzlich Sachen in den oberen Registern. Bei „What I Say" spielte ich viele hohe Noten auf der Trompete, die ich normalerweise nicht brachte, weil ich sie nicht hörte. Aber nachdem ich meine neue Musik spielte, hatte sich das geändert.

In dieser Zeit war ich so häufig im Studio, daß ich mich an Einzelheiten kaum erinnere, die Bilder verschwimmen. Nur eins weiß ich noch: Bei *Live-Evil* drehten wir meinen Namen um und benannten zwei Stücke so: „Sivad" und „Selim". „Evil" ist die Umkehrung von „Live", und einige Aufnahmen waren auch live – aus dem Cellar Door in Washington, D.C. Das Prinzip der Umkehrung bestimmte das Konzept des Albums: gut und böse, hell und dunkel, bodenständig und abstrakt, leben und sterben. Genau das wollte ich auch mit den beiden Bildern auf der Vorder- und Rückseite ausdrücken, eines stellt Geburt und Liebe dar, das andere das Böse und eine Todesahnung.

Inzwischen verkaufte sich *Bitches Brew* schneller als jede meiner übrigen Platten; es wurde zur meistverkauften Schallplatte der Jazzgeschichte. Alle waren überrascht, weil auch viele junge Rockfans zu den Käufern gehörten. Den ganzen Sommer über tourte ich mit Carlos Santana und spielte im selben Programm wie er. Mann, dieser Motherfucker kann sich den Arsch abspielen. Ich liebte seine Musik und mag ihn auch als Mensch sehr gern. Wir lernten uns richtig gut kennen und blieben seit jenem Sommer in Kontakt. Außerdem waren wir beide bei Columbia unter Vertrag. Es war okay, daß ich für Carlos mit meiner Band als Vorgruppe spielte, weil ich seine Musik mochte, und sogar wenn wir nicht zusammenspielten, ging ich in seine Konzerte. Um diese Zeit nahm er sein Album *Abraxas* auf, und ich schaute oft im Studio vorbei und hörte zu. Irgendwann erzählte er mir, daß er von mir gelernt hatte, wie man Ruhe und Stille in der Musik verwendet.

Im August 1970 trat ich beim Isle-of-Wight-Festival in England auf.* Eigentlich sollte es zum „Woodstock-Nachfolger" werden, deshalb luden sie all diese Rock- und Funkgruppen ein wie Jimi Hendrix, Sly and the Family Stone und einen Haufen weißer Rockbands. Die Leute kamen aus allen Ländern angereist, um sich dieses Konzert auf einer riesigen Farm an der Südküste Englands anzuhören; angeblich sollen es dreihundertfünfzigtausend Leute gewesen sein. Ich hatte noch nie vor so vielen Menschen gespielt. In der Zeit war meine Musik hauptsächlich von Percussion und Rhythmus bestimmt. Den Leuten gefiel das anscheinend, besonders die wirklich rhythmischen Sachen. Einige Kritiker nannten mich wieder abweisend, aber das war mir egal; ich bin mein ganzes Leben lang so gewesen.

Auch Jimi Hendrix trat dort auf. Wir wollten uns nach dem Konzert in London treffen, um über ein Projekt zu reden. Wir standen schon mal kurz davor, gemeinsam eine Platte einzuspielen, mit Alan Douglas als Produzent, aber irgendwie stimmte das Geld nicht, oder wir waren beide zu beschäftigt. Wir hatten oft in meinem Haus gejammt, und jetzt dachten wir, es wäre an der Zeit für 'ne gemeinsame Sache. Aber wir kamen zu spät nach London, da die Straßen nach dem Konzert völlig verstopft waren; Jimi war nicht mehr da. Daraufhin fuhr ich nach Frankreich, spielte ein paar Gigs und kehrte nach New York zurück. Gil Evans rief mich schließlich an und erzählte mir, daß er sich mit Jimi treffen würde, und ob ich Lust hätte, mitzumachen. Wir warteten also auf Jimis Ankunft, bis wir erfuhren, daß er in London gestorben war, an seinem Erbrochenen erstickt. Mann, das ist ein jämmerlicher Abgang. Ich hab nie verstanden, warum ihn nie jemand vor dieser Mischung aus Alkohol und Schlaftabletten gewarnt hat. Dieser Scheiß ist tödlich und hatte schon Dorothy Dandridge, Marilyn Monroe, Tommy Dorsey und meine gute Freundin Dorothy Kilgallen umgebracht. Jimis Tod erschütterte mich, weil er noch so jung war und noch so viel vor sich hatte. Deshalb beschloß ich, zu

* Miles Davis: *Isle of Wight* (CBS 4504721).

seinem Begräbnis in Seattle zu gehn, obwohl ich so was hasse. Aber es war eine solche Qual, daß ich mir hinterher schwor, nie wieder zu einer Beerdigung zu gehn – ich hab es seither auch nicht getan.

Der weiße Prediger wußte nicht mal Jimis richtigen Namen und sprach ihn ständig falsch aus. Es war so gottverdammt peinlich. Dazu hatte der Motherfucker keinen Schimmer, wer Jimi eigentlich gewesen war, was er eigentlich geleistet hatte. Es war schrecklich zu sehn, wie eine so große Persönlichkeit derartig mißhandelt wird, nachdem sie so viel für die Musik getan hat.

Kurz nach Jimis Begräbnis verließen Chick Corea und Dave Holland die Band, und ich holte mir Michael Henderson am Baß. Michael hatte bei Stevie Wonder und mit Aretha Franklin gespielt. Er kannte die Baßfiguren, die ich haben wollte, und ich war richtig glücklich, ihn in der Band zu haben. Aber bevor er endgültig kam, spielte Miroslav Vitous ein paar Gigs als Ersatz für Dave. Gary Bartz ersetzte schließlich Steve Grossman, und ich hatte plötzlich wieder eine vollständig neue Band.

Ich verzichtete jetzt immer mehr auf Soli in meiner Musik und bewegte mich in Richtung Ensemblespiel, wie die Funk- und Rockbands. Eigentlich wollte ich John McLaughlin an der Gitarre, aber er fühlte sich in Tony Williams' Gruppe Lifetime wohl. Nur zu dem Gig im Washingtoner Cellar Door konnte ich ihn bewegen, die Tapes kamen später auf das *Live-Evil*-Album. Ich verwendete jetzt oft das Wah-Wah-Pedal, weil ich an den Sound rankommen wollte, den Jimi damit auf seiner Gitarre zustande brachte. Mein Trompetensound erinnerte zwar schon immer an den einer Gitarre, aber durch das Wah-Wah wurde dieser Effekt noch verstärkt. Zu dieser Zeit gab es plötzlich überall Fusion-Gruppen: Weather Report mit Wayne Shorter und Joe Zawinul; Chick Coreas Return to Forever; Herbie Hancocks Mwandishi; und wenig später gründete John McLaughlin das Mahavishnu Orchestra. Alle machten jetzt auf Love und Peace. Sogar ich ließ 'ne Zeitlang die Finger von Alkohol und Drogen, achtete auf meine Ernährung und paßte mehr auf mich auf. Ich wollte auch mit dem Rauchen Schluß machen, aber das fiel mir schwerer als alles andere.

1971 wurde ich vom *Down Beat* zum Jazzmusiker des Jahres und zum besten Trompeter gewählt; meine Band wurde Gruppe des Jahres. Mir selber bedeuten solche Dinge nicht viel, aber ich weiß, welche Rolle sie in einer Karriere spielen. Versteh mich nicht falsch, natürlich war ich glücklich darüber, aber so was ist mir einfach nicht wichtig.

Anfang 1971 verließ Airto Moreira meine Band, und ich holte mir Mtume, den Sohn von Jimmy Heath, an die Percussions. Wir setzten einige Zeit mit Plattenaufnahmen aus und tourten erst mal, weil sich jede Band erst aneinander gewöhnen sollte, bevor sie ins Studio geht.

Mtume war ein richtiger Historik-Freak. Wir unterhielten uns oft, ich erzählte ihm Geschichten aus der alten Zeit, und er brachte mir vieles über afrikanische Geschichte bei. Da kannte er sich wirklich gut aus. Außerdem litt Mtume – wie ich – an Schlaflosigkeit. Manchmal rief ich ihn um vier Uhr morgens an und konnte sicher sein, daß er wach war. Ich weiß noch, wie Mtume 1975 wegen einer Knieoperation im Krankenhaus lag. Ich sagte ihm, daß wir auf Tour gehn und er raus muß. Aber er wußte nicht, ob es klappen würde. Daraufhin ließ ich ihn mit einer Limousine abholen, wir setzten uns in ein Flugzeug nach Jamaica und schwammen und trainierten ungefähr zehn Tage lang. Ich hatte ihm versprochen, daß ich ihn auf Jamaica wieder gesund pflegen würde. Ich kannte dort einen Heiler, der mir bei meiner Hüftgeschichte mit Massagen und Kräutern geholfen hatte. Er brachte Mtume ebenfalls wieder auf die Beine, und so konnte er unsere Gigs spielen. Für mich war Mtume wie ein Sohn, denn ich hatte ihn von Kindheit an heranwachsen sehen.

Nach Jimis Tod bekam ich mit, daß er unter den jungen Schwarzen kaum bekannt war – obwohl er ein so großartiger Musiker war und *ich* seine Musik sehr liebte. Aber mit seiner weißen Rockmusik war er für die schwarzen Kids zu weit weg. Sie wollten Sly Stone, James Brown, Aretha Franklin und all die andern schwarzen, großen Motown-Gruppen. Nachdem ich jetzt oft in riesigen Konzerthallen vor weißen Rock-Kids gespielt hatte, überlegte ich mir, wie ich mit meiner Musik die schwarzen Jugendlichen erreichen könnte. Sie standen auf Funk, auf Musik, nach der sie tanzen konnten. Es dauerte eine Zeitlang, bis ich mir dieses Konzept zurechtgelegt hatte, aber mit der neuen Band wollte ich es versuchen.

Jack DeJohnette und Keith Jarrett verließen mich ungefähr zur selben Zeit, Ende 1971. Jack war ein Drummer, der einen bestimmten Groove wahnsinnig rüberbrachte, aber er wollte auch was anderes, freier spielen, ein Leader sein, *seine* Musik machen, und deshalb ging er. Dagegen suchte ich jetzt einen Schlagzeuger, der bestimmte Funkrhythmen spielen konnte, genau wie die übrigen Musiker in der Band. Ich wollte weg von diesem freien Kram und hin zum Funk-Groove. Ich versuchte es mit Leon Ndugu Chancler (er war in den achtziger Jahren bei Michael Jackson und Stevie Wonder). Chancler kam im Sommer 1971 mit nach Europa, aber irgendwie klappte es mit ihm nicht. Gary Bartz, Keith und Jack waren bis zum heutigen Tag die letzten reinen Jazzmusiker, die ich in meinen Bands hatte. Nachdem sie weggingen, holte ich meine Musiker nur noch aus Funk-Bands; das war mein neuer Weg.

Am Ende des Jahres 1971 machte mir meine Hüfte wieder zu schaffen. Eigentlich war es ein gutes Jahr für mich, aber irgendwie fehlte allem die Linie. Zudem hatte ich in einem Interview Columbia Records als rassistisches Unternehmen bezeichnet. Schließlich waren sie ja wirklich nur daran interessiert, weiße Musik zu pushen. Die Columbia-Leute waren stinksauer, aber ich hatte meinen Vertrag für die nächsten drei Jahre mit ihnen schon erneuert; ich sollte dreihunderttausend Dollar kriegen, das heißt pro Jahr hunderttausend plus Tantiemen. Ich wollte einfach, daß sie die schwarze Musik genauso pushen wie die weiße Rockmusik oder diesen stinklangweiligen Hillbilly-Scheiß. Bevor Aretha Franklin zu Atlantic wechselte, war sie – Anfang der sechziger Jahre – bei Columbia, aber sie konnten nichts mit ihr anfangen. Als sie von Columbia wegging, wurde sie ein großer Star, und das hätte sie auch dort werden können.

In dem Interview legte ich nur die Fakten auf den Tisch, und darüber regten sie sich auf. Scheiß drauf! Mir ging's darum, daß sie an solchen Dingen was änderten, aber sie taten es nicht.

Ich wollte einen schwarzen Sound entwickeln mit rhythmischem Kram, mit Funk und weniger weißem Rock. Inzwischen hatte ich Sly kennengelernt. Er gab mir eins seiner Alben, und es gefiel mir. Die Leute von Columbia – denen auch Epic gehörte, das Label, bei dem Sly war – wollten, daß ich ihn dazu bewege, schneller zu arbeiten. Aber Sly hatte seine eigene Art, Musik aufzunehmen. Er ließ sich hauptsächlich von den Leuten aus seiner Band inspirieren, und deshalb eignete sich seine Musik eher für Live-Auftritte als fürs Studio. Nachdem Sly groß rausgekommen war, hingen unheimlich viele Leute in seinem Haus und bei seinen Aufnahmesessions rum. Ich ging ein paarmal hin, und es wimmelte von Mädchen und Bodyguards mit Knarren, die furchterregend aussahen. Und es gab reichlich Koks. Ich sagte ihm, daß ich in dem Stil nicht mit ihm arbeiten könnte, und Columbia gegenüber erklärte ich, daß ich ihn auch nicht dazu bringen könnte, schneller aufzunehmen.

Aber als ich Sly zum ersten Mal hörte, spielte ich gleich zwei oder drei seiner Platten kaputt, „Dance to the Music", „Stand" und „Everybody Is a Star". Ich sagte zu dem Kritiker Ralph Gleason: „Mann, hör dir das an. Wenn du einen Promoter kennst, dann sag ihm, er soll sich Sly schnell an Land ziehn, denn er ist Spitze, Ralph." Das war noch, bevor Sly groß rauskam. Danach schrieb er noch ein paar gute Sachen, aber dann war's aus; das Koks hatte ihn fertiggemacht.

Mit Sly Stone und James Brown im Kopf ging ich im Juni 1972 ins Studio, um *On the Corner* aufzunehmen.* Es war die Zeit, in der sich jeder „out street" anzog, gelbe Schuhe mit Plateausohlen, neongelb, versteht sich; Taschentücher als Halstücher, Stirnbänder, Lederwesten und so was. Die schwarzen Frauen trugen knallenge Kleider, die ihre dicken Hintern weit raussтehen ließen. Jeder hörte Sly und James Brown, wollte

---

* Miles Davis: *On the Corner* (Columbia KC 31906).

aber gleichzeitig so cool wie ich sein. Ich war mein eigenes Model, hatte ein bißchen was von Sly, James Brown und den Last Poets. Ich hätte gerne mal ein Video von Leuten – besonders den Schwarzen – aufgenommen, die in ein Konzert gingen und all diese Klamotten anhatten. Ich wollte die verschiedenen Outfits sehen und die Frauen, die ihre riesigen Wahnsinnsärsche verstecken wollten und sie irgendwo reinzwängten.

Inzwischen hatte ich mich mit den musikalischen Theorien von Karlheinz Stockhausen und Paul Buckmaster beschäftigt. Buckmaster war ein englischer Komponist, den ich 1969 in London kennengelernt hatte. Ich mochte die Art, wie Stockhausen und Buckmaster Rhythmus und Raum verwendeten. Über beide wußte ich Bescheid, als ich *On the Corner* aufnahm, und Paul war sogar während der Aufnahmen dabei. Paul stand auf Bach, also beschäftigte ich mich in dieser Zeit auch mit Bach. Mir fiel ein, daß Ornette Coleman drei oder vier Melodielinien unabhängig voneinander spielte und daß Bach genauso komponiert hatte. Wir machten es ähnlich, und es klang wirklich funky und knallhart. Der Musik auf *On the Corner* konnte man keinen Stempel aufdrücken; die Leute bezeichneten sie zwar als Funk, aber nur, weil ihnen nichts Besseres einfiel. Im Grunde genommen war es eine Mischung aus Konzepten, die auf Paul Buckmaster, Sly Stone, James Brown und Stockhausen zurückgingen; einiges hatte ich aus Ornettes Musik übernommen, und einiges kam von mir. Die Musik hatte mit Raum zu tun, bestand aus assoziativen Verbindungen musikalischer Ideen, die um einen rhythmischen Kern und sich wiederholende Baßlinien kreisten. Bei dieser Musik konnte man mit jedem Fußwippen eine andere Baßlinie hervorzaubern.

Zu der Zeit wollte ich nicht mehr in kleinen Clubs spielen, und mit dieser neuen Art von Musik konnte man sich dort auch nicht hören lassen. Das aufwendige elektronische Equipment und der Sound waren nicht dafür geeignet. Andererseits hatte ich jedoch bemerkt, daß in den großen Sälen akustische Instrumente völlig untergingen. Die musikalische Phrasierung, die dazugehörige Begleitung und die Feinheiten eines Klaviers waren innerhalb einer großen Gruppe einfach nicht mehr rauszuhören. Inzwischen war das Publikum an verstärkte Instrumente gewöhnt, und daher waren die Ohren mit dem differenzierten Klang von akustischen Instrumenten überfordert. Die Bläser spielten jetzt alles in höheren Lagen; Plastik setzte sich durch, und Plastik hat einen anderen Sound. Die Musik verändert sich ständig und spiegelt die Zeit, in der sie entsteht, wider. Heute ist sie elektrisch, weil die Ohren der Leute darauf eingestimmt sind. Der Sound ist höher, das ist alles.

Ich entschied mich für die reine Technik (Yamaha stellte mir 1973 einen Teil des Equipments). Davor hatte ich mir ein billiges Soundsystem gekauft, das zwar für die kleinen Clubs ausreichte, aber nicht für die großen Hallen; damit konnte keiner den anderen hören. Und zudem wurde der Sound immer höher, weil die Leute die Musik so besser empfinden konnten. (Vielleicht kehrt mit Prince der tiefe Sound zurück. Er verdoppelt den Keyboard-Baß durch den normalen Baß und erhält dadurch einen tiefen, schweren Klang in seiner Musik, und trotzdem kannst du keine einzelne Baßlinie raushören. Marcus Miller macht es genauso.)

Zuerst hatte ich einen Fender-Baß in der Band, dann kam ein E-Piano dazu, und dagegen mußte ich mit meiner Trompete anspielen. Also verstärkte ich meine Trompete über ein Mikrofon und benutzte das Wah-Wah, um mich einem Gitarrensound anzunähern. Die Kritiker meinten, man könnte meinen Ton nicht mehr erkennen. Aber ich sagte: „Zum Teufel mit ihnen." Wenn ich nicht für den Drummer spiele, spielt er auch nicht für mich. Wenn er mich nicht hört, kann er auch nicht für mich spielen. Dadurch kam ich auf meine rhythmische Spielweise. Ich spielte gegen alles an.

Als ich meine Trompetenstimme diesem neuen Rhythmus entgegensetzte – die Synthesizer, die Gitarren und den ganzen Kram –, mußte ich mich selber erst daran gewöhnen. Zunächst fehlte mir das Gefühl dafür, weil mir noch die alten Sachen, die ich mit Bird und Trane gespielt hatte, näherlagen. Es war ein langsamer Prozeß. Man hört nicht von heute auf morgen mit einer gewohnten Sache auf. Am Anfang hört man nicht mal den Sound. Das braucht Zeit. Und wenn man ihn hört, ist es wie eine Flut, eine sanfte Flut. Bei dieser neuen Musik spielte ich plötzlich vier oder fünf Minuten – was ziemlich lang ist –, ohne daß ich's überhaupt bemerkte. Aber man braucht nicht in die Trompete zu schmettern, weil der Verstärker da ist. Und je sanfter eine verstärkte Trompete gespielt wird, desto intensiver ist ihr Eigenklang. Es ist wie beim Mischen von Farben: Zu viele Farben ergeben nur Matsch. Eine verstärkte Trompete klingt nicht gut, wenn sie zu schnell gespielt wird. Deshalb lernte ich jetzt, mich auf kurze, zweitaktige Phrasen zu beschränken. Es war aufregend, weil ich das während des Spielens merkte, genau wie vor einiger Zeit mit Herbie, Wayne, Ron und Tony. Nur kam es diesmal von mir, und damit fühlte ich mich gut.

Schließlich ersetzte ich Jack DeJohnette am Schlagzeug durch Al Foster. Er war mir im Cellar Club in der 95sten Straße in Manhattan aufgefallen, wo ich meinen alten Freund Howard Johnson besuchen wollte. Bei Howard kaufte ich früher meine Kleidung, und jetzt war er Besitzer dieses Clubs mit Restaurant. Ich ging oft zum Essen hin, weil er die besten Brathühnchen der Welt macht (auch heute noch). Eines Abends hatte Howard eine Band mit dem Bassisten Earl Mays als Leader, der früher bei Dizzy gespielt hatte. Es war eine wahnsinnig gute, kleine Band, und Al Foster saß am Schlagzeug. Er war umwerfend mit seinem Groove und seinen messerscharfen Einsätzen. Genau das suchte ich. Ich fragte ihn, ob er zu mir kommen wollte, und er sagte zu. Aber zuvor bat ich Columbia, die Band im Cellar aufzunehmen. Teo Macero produzierte das Ganze, und vermutlich liegen die Tapes neben meinem ganzen Kram im Tresor bei Columbia.

Al Foster war bei den Aufnahmen zu *Big Fun* zum ersten Mal dabei. Er legte das Fundament, auf dem jeder aufbauen konnte, und dann hielt er den Groove bis in alle Ewigkeit durch. Al war Buddy Miles sehr ähnlich, und genauso stellte ich mir einen Drummer vor. Billy Hart gefiel mir zwar auch, aber Al Foster hatte einfach alles, was ein Drummer haben muß.

Mit *On the Corner* und *Big Fun* versuchte ich, junge Schwarze zu erreichen. Schließlich kauften sie die Platten und gingen in die Konzerte – und ich wollte mir ein neues Publikum schaffen. Nach *Bitches Brew* kamen junge Weiße in meine Konzerte, und nun stellte ich mir vor, daß es gut wäre, wenn sie alle gemeinsam meine Musik hören und auf den Groove abfahren.

Um diese Zeit verließ Gary Bartz die Band, und zwischen 1972 und Mitte 1975 verwendete ich abwechselnd Carlos Garnett, Sonny Fortune und Dave Liebman als Saxophonisten in meiner regulären Band. Und diese jungen Typen behandelten mich wie Gott oder ihren Vater.

Im Juni hatte ich einen weiteren Zusammenstoß mit der Polizei. Es ging um eine meiner Mieterinnen – eine Weiße –, mit der ich eine Auseinandersetzung hatte. Zuerst stritt sie sich mit Jackie Battle, bis ich ihr sagte, sie soll sich um ihren eigenen verdammten Dreck kümmern. Das Ganze wurde so laut, daß die Polizei kam und *mich* in meinem eigenen Haus verhaftete. Wäre es eine schwarze Frau gewesen, wäre nichts passiert. Schließlich war sie es, die den ganzen Scheiß angefangen und rumgeschrien hatte. Die Polizei behauptete, ich hätte sie geschlagen, aber da sie's nicht beweisen konnten, mußten sie mich laufen lassen. Später entschuldigte sich die Frau für den ganzen Ärger, den sie mir bereitet hatte. Aber wenn du in diesem Land als Schwarzer mit 'ner weißen Frau aneinandergerätst, hast du keine Chance, daß du recht bekommst – es ist eine Schande. Vielleicht sollten sie sich endlich mal Polizisten mit mehr Gerechtigkeitsgefühl suchen, denn der Job ist zu wichtig, um irgendwelche weißen Rassisten mit 'ner Knarre und 'ner Tötungslizenz durch die Gegend laufen zu lassen.

Dieser Vorfall erinnerte mich an eine andere Geschichte. Als ich in mein Haus in der westlichen 77sten Straße einzog, engagierte ich einen weißen Typen, der ein paar Arbeiten im Haus erledigen sollte. Ich machte ihm die Tür auf, und er fragte: „Wo ist der Besitzer?" Weißt du, ich steh da, völlig clean und alles, und er fragt, ob er den Besitzer sprechen kann. Er kam überhaupt nicht auf die Idee, daß ein Haus in diesem

Viertel einem Schwarzen gehören könnte. Aber wenn du schwarz bist, kriegst du's von allen Seiten.

1971 legte ich mich mit den Leuten vom Grammy Award an, weil ich sagte, daß die meisten Auszeichnungen an Weiße gehn, die ihren Scheiß von Schwarzen kopieren, und daß das Preisgericht lahmarschige Imitationen der echten Musik vorzieht. Ich schlug vor, daß sie den schwarzen Künstlern Mammy Awards geben sollten. Gebt den Musikern ihre Auszeichnungen, damit sie sie gleich im Fernsehen zerfetzen können. Live. Ich haßte das, wie sie schwarze Musiker mißachteten, indem sie ihren weißen Jungs – die sich wie Schwarze aufführten – die Grammys zuschoben. Dieser Mist zermürbt einen und ist nervig, aber sobald du was dazu sagst, werden sie sauer. Du sollst ihren Scheiß immer nur hinnehmen, die Zähne zusammenbeißen, schön brav bleiben und den Schmerz aushalten – und in der Zwischenzeit stecken sie das ganze Geld und den Ruhm ein. Viele Weiße haben schon eine seltsame Denkweise. Seltsam und tödlich.

Anfang des Jahres hatte ich eine Gallensteinoperation. Außerdem trennte ich mich zu der Zeit von Marguerite Eskridge. Sie kam mit meinem Lebensrhythmus nicht zurecht, und es paßte ihr nicht, daß ich mit andern Frauen ausging. Aber vor allem störte es sie, dauernd rumzusitzen und auf mich zu warten. Ich weiß noch, wie wir einmal im Flugzeug nach Italien saßen und sie plötzlich zu weinen anfing. Ich fragte, was los ist, und sie sagte: „Für dich bin ich wie ein Bandmitglied, aber ich halt das nicht aus. Ich kann nicht dauernd springen, wenn du mit dem Finger schnippst. Das ist mir zuviel."

Mann, Marguerite war so irrsinnig schön, daß ihr die Leute überall nachliefen, ob in Europa oder sonstwo. Sie ging gern ins Museum, und einmal – es war, glaube ich, in Holland – gafften sie die Leute an, egal, wo sie stand. Sie fühlte sich dann unwohl, obwohl sie früher Model war, sie mochte das einfach nicht. Marguerite war ein ganz besonderer Mensch, und ich werde sie nie vergessen. Bei unserer Trennung sagte sie mir, ich könnte sie jederzeit anrufen, wenn ich etwas brauche, und sie würde kommen. Sie konnte bloß nicht mehr diesen ganzen Scheiß und all die Leute um mich herum ertragen. Als wir das letzte Mal miteinander schliefen, wurde sie mit unserem Sohn Erin schwanger. Ich wollte bei ihr bleiben, nachdem sie's mir gesagt hatte, aber sie hatte sich entschieden. Sie bekam Erin und zog sich einfach von mir zurück. Wir trafen uns gelegentlich, aber sie führte jetzt ein Leben nach ihren Vorstellungen. Ich respektierte das. Später ging sie mit unserem Sohn Erin nach Colorado Springs, wo sie heute noch lebt.

Nachdem mit Marguerite Schluß war, wurden Jackie Battle und ich fast so was wie ein Team. Ich ging zwar immer noch mit andern Frauen aus, aber meistens war ich bei ihr. Wir hatten eine großartige Beziehung. Sie war fast ein Stück von mir, so nahe standen wir uns. Dieses Gefühl hatte ich bisher nur mit Frances erlebt. Sie machte viel mit mir durch, das weiß ich, denn ich war kein einfacher Typ. Ständig versuchte sie, mich vom Koks wegzubringen, dann hörte ich vielleicht auch 'ne Zeitlang auf, fing dann aber bald wieder von vorne an. Mann, manchmal drehte ich so durch, wenn ich Koks nahm oder noch sieben oder acht Tuinal-Tabletten (Beruhigungsmittel) schluckte, daß ich Stimmen hörte und anfing, unter Teppichen, Sofas und in den Heizkörpern rumzusuchen. Ich hätte jedesmal schwören können, daß Leute im Haus sind.

Mit diesem Verhalten machte ich Jackie ganz verrückt. Und besonders schlimm war es, wenn mir das Koks ausging. Einmal dachte ich, sie hätte welches in ihrer Handtasche versteckt. Ich nahm sie, fand eine Packung Woolite-Trockenseife und riß sie auf, weil ich ganz sicher war, daß dieses weiße Pulver Kokain war. Ich probierte das Zeug, und es war Seife. Ich schämte mich wirklich danach.

Im Oktober 1972 fuhr ich meinen Wagen auf dem Westside Highway zu Schrott. An dem Abend kamen wir von einer Tour zurück, und alle waren müde. Obwohl ich eine Schlaftablette genommen hatte, konnte ich nicht einschlafen. Ich wollte mit Jackie noch in irgendeinen Nachtclub in Harlem, aber sie hatte keine Lust und blieb zu Hause. Jedenfalls schlief ich hinterm

Steuer ein, knallte mit meinem Lamborghini gegen eine Verkehrsinsel und brach mir beide Knöchel. Sie riefen Jackie an, und als sie im Krankenhaus eintraf, kriegte sie fast einen Nervenzusammenbruch.

Während ich im Krankenhaus lag, kam meine Schwester aus Chicago und räumte mit Jackie das Haus auf. Dabei fanden sie diese Polaroids von Frauen, die alles mögliche miteinander trieben. Ich schaute eben gern zu, wenn sich's Frauen gegenseitig besorgten; aber ich überredete sie nie dazu. Sie wollten mir einen Gefallen tun, und manchmal schenkten sie mir die Bilder, damit ich sie mir ansehn konnte. Diese Fotos schockierten Jackie und Dorothy doch ziemlich. *Ich* war allerdings darüber schockiert, daß sie in mein Haus gingen und in meinen privaten Sachen rumstöberten.

Wahrscheinlich trug auch dieser Vorfall dazu bei, daß Jackie langsam die Nase voll hatte. Dazu kam noch, daß ständig Frauen anriefen. Außerdem wohnte Marguerite noch in einem der oberen Appartements und paßte aufs Haus auf, wenn Jackie mich auf Tourneen begleitete. Ich lag drei Monate im Krankenhaus, und als ich nach Hause kam, ging ich auf Krücken, und dadurch wurde meine Hüfte wieder schlimmer.

Jackie stellte mich vor die Wahl: sie oder die Drogen. Ich entschied mich für sie, aber nur kurze Zeit. Dann war da wieder dieses große Bedürfnis. Ich kann mich noch erinnern, daß mich Jackie einmal auf die Veranda hinter meinem Haus brachte. Es war ein schöner Herbsttag, nicht zu kalt, nicht zu warm. Ich lag auf einem verstellbaren Krankenbett, und Jackie hatte sich auch 'ne Liege rausgeholt und schlief neben mir. Dorothy lag oben in ihrem Zimmer. Und plötzlich mußte ich unbedingt Koks haben. Ich packte meine Krücken und rief einen Freund an, der mich abholte. Als ich zurückkam, waren Jackie und meine Schwester schon fast durchgedreht, weil beide gleich vermutet hatten, daß ich mir wieder Drogen besorgt hatte. Sie waren stinkwütend. Dorothy blieb, denn sie ist meine Schwester; aber Jackie ging in ihr Appartement zurück, das sie nie aufgegeben hatte, und hängte den Hörer aus, damit ich sie nicht anrufen konnte. Als ich sie endlich erreichte und bat zurückzukommen, sagte sie nein. Und wenn Jackie „nein" sagte, dann meinte sie „nein". Ich wußte, daß es vorbei war, und ich war unglaublich traurig. Ich hatte Jackie einen Ring meiner Mutter geschenkt und schickte Dorothy bei ihr vorbei, um ihn abzuholen.

Jackie wußte immer, was richtig für mich war. Ohne sie wurde es dunkel um mich. In den nächsten zwei Jahren lebte ich mit Koks rund um die Uhr, ohne Unterbrechung, und ich hatte ständig starke Schmerzen. Ich ging jetzt oft mit Sherry „Peaches" Brewer aus. Sie kam aus Chicago und spielte in dem Broadway-Musical *Hello Dolly* mit Pearl Bailey und Cab Calloway. Sie war eine sehr gute Schauspielerin und dazu ein sehr netter Mensch. Dann war ich oft mit Sheila Anderson zusammen, einem Model. Aber eigentlich zog ich mich immer mehr in mich selbst zurück.

Um diese Zeit verdiente ich ungefähr eine halbe Million Dollar im Jahr, aber davon ging viel für meinen Lebensstil drauf, besonders für Koks. Irgendwie verschwamm nach diesem Autounfall alles um mich herum.

On the Corner erschien 1972, aber Columbia tat nichts dafür, und deshalb lief das Album nicht so, wie wir uns das alle vorgestellt hatten. Die Musik war für ein junges schwarzes Publikum gedacht, aber es wurde wie jedes andere weiße Jazzalbum behandelt, mit der gleichen Art von Werbung, in den üblichen Jazz-Radiosendern. Die schwarzen Kids hörten ihre R & B-Programme und ein paar Rocksender, Columbia dagegen vermarktete es als Album für altgediente Jazzfreaks, die nichts mit dem anfangen konnten, was ich machte. Es war reine Zeitverschwendung, ihnen dieses Album vorzuspielen, denn sie wollten meine *alte* Musik, die ich längst hinter mir hatte. *On the Corner* gefiel ihnen nicht, aber damit hatte ich auch gar nicht gerechnet, schließlich war es nicht für sie gemacht. Aber diese Sache war nur ein weiterer wunder Punkt in meiner Beziehung zu Columbia, die Probleme häuften sich wirklich. Ein Jahr später brachte Herbie Hancock *Headhunters* raus. Die Platte verkaufte sich irre gut, und bei Columbia sagten sie: „Ach so, *das* hat Miles gemeint!" Aber für *On the Corner* war es schon zu spät, und daß ich mir jetzt ansehn mußte, wie *Headhunters* wegging, das gab mir den Rest.

Während ich mich von meinem Autounfall erholte, beschäftigte ich mich weiter mit der Musik von Stockhausen. Immer mehr setzte sich bei mir die Vorstellung fest, daß die Aufführung meiner Musik ein kreativer Prozeß ist. Meine Kompositionen waren schon lange Zeit kreisförmig angelegt, und durch Stockhausen wurde mir jetzt klar, daß ich nie wieder zu dem alten Acht-Takte-Schema zurückkehren will, denn meine Stücke sind nie zu Ende; sie können immer weitergehn.* Manche Leute meinten, daß ich einfach zuviel wollte, zu viele neue Dinge ausprobierte. Ihrer Meinung nach sollte ich da bleiben, wo ich war, meine Entwicklung und meine Experimentierphasen stoppen. Aber bei mir läuft das nicht. Nur weil ich jetzt, im Jahr 1973, siebenundvierzig war, hieß das noch lange nicht, daß ich mich in einen Schaukelstuhl setze und mit dem Denken aufhöre. Wenn ich mich selber noch als *kreativen* Künstler ernst nehmen wollte, mußte ich das tun, was ich vorhatte.

Stockhausen regte mich dazu an, Musik als einen Prozeß von Addition und Subtraktion zu betrachten. Genau wie ein „Ja" nur nach einem „Nein" Sinn bekommt. Ich experimentierte viel. Beispielsweise sagte ich meiner Band, sie soll den Rhythmus spielen, ihn halten und auf nichts reagieren, was passiert; das Reagieren wollte ich übernehmen. Irgendwie wurde ich so fast zu einem Leadsänger in der Band, und dieses Vorrecht hatte ich mir verdient. Die Kritiker gingen mir auf die Nerven, wenn sie meinten, daß ich daneben war, unbedingt jung sein wollte und gar nicht mehr wüßte, was ich täte, daß ich wie Jimi Hendrix, Sly Stone oder James Brown sein möchte.

Mit Mtume Heath und Pete Cosey in der Band verschwanden beinahe auch noch die letzten europäischen Feinheiten. Wir konzentrierten uns jetzt auf afrikanische Musik, auf einen

* Miles Davis: *Miles Davis in Concert* (Columbia KG 32092).

schweren afrikanisch-amerikanischen Groove, bei dem das Schwergewicht auf Schlagzeug und Rhythmus und nicht auf einzelnen Soli lag. Schon seit der Begegnung mit Jimi Hendrix wollte ich diesen Gitarrensound, der dich immer tiefer in den Blues zieht. Aber da ich keinen Jimi oder B. B. King kriegen konnte, mußte ich mich mit dem nächstbesten Gitarristen zufriedengeben, und die meisten waren damals weiß. Weiße Gitarristen haben das Spielen mit der Rhythmusgitarre nicht so drauf wie die schwarzen Jungs, aber ich fand nicht einen Schwarzen, der wirklich gut war und nicht schon seine eigene Band hatte. (Das änderte sich erst mit meinem jetzigen Gitarristen Foley McCreary.) Ich probierte es mit Reggie Lucas (er ist heute ein großer Plattenproduzent, unter anderem für Madonna), Pete Cosey (der mit seinem Gitarrenspiel Jimi Hendrix und Muddy Waters nahekam) und Dominique Gaumont, einem afrikanischen Gitarristen.

Mit dieser Band versuchte ich, einen Akkord vollkommen auszuschöpfen, einen einzigen Akkord in einem Stück, und alle sollten sich erst mal auf diese kleinen, einfachen Sachen wie Rhythmus beschränken. Wir nahmen einen Akkord und bearbeiteten ihn fünf Minuten lang, mit Variationen, Gegenrhythmen, solchen Sachen. Al Foster spielte beispielsweise im 4/4-, Mtume im 6/8- oder 7/4-Takt, während der Gitarrist in einem völlig anderen Rhythmus begleitete. Auf diese Weise holten wir reichlich komplizierten Kram aus einem Akkord raus. Musik ist reine Mathematik, verstehst du? Man zählt den Beat, die Zeit. Und während ich über, unter oder zwischen allem spielte, waren der Pianist und der Bassist ganz woanders. Jeder mußte auf den andern achten. Pete gab mir diesen Jimi-Hendrix- und Muddy-Waters-Sound, Dominique den afrikanischen Rhythmus. Vermutlich wäre es eine echt gute Band geworden, wenn wir zusammengeblieben wären.* Aber es ging nicht, meine Krankheit kam dazwischen.

---

* Miles Davis: *Dark Magus* (CBS-Sony 40AP 741–2).
Miles Davis: *Agharta* (CBS 88159).
Miles Davis: *Pangea* (CBS-Sony 50PZ 96–97).

1974 überlegte ich ernsthaft, mich aus dem Musikleben zurückzuziehen. Ich war in Brasilien, in São Paulo, hatte viel Wodka getrunken und Marihuana geraucht – was ich sonst nie tat, aber ich war so gut drauf, und sie hatten mir erzählt, das Gras sei wirklich erstklassig. Dazu schluckte ich Percodan und kokste reichlich. Als ich in mein Hotel zurückkam, dachte ich, ich hätte einen Herzanfall. Ich rief unten an, und sie schickten mir einen Arzt hoch, der mich ins Krankenhaus brachte. Die Band hatte Angst, und alle dachten, ich würde sterben. Ich selber glaubte auch, das war's. Jim Rose, mein Road Manager, erzählte allen, ich hätte wahrscheinlich bloß Herzflattern von all den Drogen und wäre am nächsten Tag wieder okay, und so war's auch. Das Konzert am Abend mußte zwar ausfallen, aber es wurde einen Tag später nachgeholt. Ich spielte wie der Teufel, und alle waren völlig weg, so gut war ich.

Keiner konnte es glauben. Einen Tag sah ich aus wie eine wandelnde Leiche, und am nächsten spielte ich mir den Arsch ab. Die müssen mich genauso angestaunt haben wie ich damals Bird. Und ich hatte bei dem Ganzen noch einen Riesenspaß mit den vielen Brasilianerinnen, die dauernd um mich rumschwirrten. Im Bett waren sie wunderbar, sie liebten den Sex.

Als wir aus Brasilien zurück waren, machten wir eine Tour mit der Band von Herbie Hancock. Herbie hatte einen echten Volltreffer mit seiner Platte gelandet, und die schwarzen Kids standen auf ihn. Wir traten als seine Vorgruppe auf, aber tief im Innern stank mir das ganz gewaltig. Bei dem Konzert an der Hofstra University auf Long Island in New York kam Herbie in meine Garderobe, um hallo zu sagen. Herbie ist einer der nettesten Menschen der Welt, ich liebe ihn, aber trotzdem sagte ich ihm, daß die Garderobe für jeden „off limits" ist, der nicht zur Band gehört. Als ich später drüber nachdachte, wurde mir klar, daß ich einfach wütend war, weil ich für einen meiner Ex-Begleitmusiker eröffnen mußte. Aber Herbie hatte Verständnis dafür, und später bereinigten wir das Ganze.

Ich spielte die gesamte Tour mit Herbie, und es war ein voller Erfolg. Das Publikum bestand zum größten Teil aus jungen

Schwarzen, und das gefiel mir. Genau das wollte ich, und endlich hatte ich es geschafft. Meine Band war zu der Zeit wirklich heiß und intensiv. Aber meine Hüfte war im Arsch, und das spielen über den Verstärker ging mir langsam auf die Nerven. Mich machte einfach alles krank, nicht nur mein Körper.

Wir spielten in New York und einer Reihe anderer Städte, bis wir nach St. Louis kamen. Auf der Party nach diesem Konzert tauchte Irene auf. Sie fing an, mich vor meiner Familie, meinen Freunden und den Musikern runterzumachen. Mir stiegen die Tränen in die Augen. Ich weiß noch, daß alle mit einem Gesicht dasaßen, als ob sie nur drauf warteten, daß ich Irene eine reinhaue. Aber das brachte ich nicht fertig, weil ich wußte, woher ihr Schmerz kam. Unsere beiden Söhne waren eine einzige Enttäuschung, und das machte sie mir zum Vorwurf. Obwohl es mir peinlich war, es auf diese Art zu hören, mußte ich ihr doch in manchem recht geben. Ich heulte, denn ich mußte zugeben, daß ich an vielem schuld war. Es tat mir wirklich weh.

Kurz nach diesem Zusammenstoß mit Irene in St. Louis klappte ich zusammen, und sie brachten mich ins Homer G. Phillips Hospital. Ich hatte ein böses, blutendes Geschwür, und Dr. Weathers, ein Freund von mir, flickte mich wieder zusammen. Es kam von dem vielen Alkohol, den Tabletten und Drogen. Schon bevor ich in St. Louis war, spuckte ich oft Blut, machte mir aber keine Gedanken darüber. Schließlich war ich in letzter Zeit in einigen Krankenhäusern schon fast Stammgast geworden. Kurz zuvor hatte ich mir Knoten vom Kehlkopf entfernen lassen – und jetzt lag ich wieder flach. Eigentlich sollten wir am nächsten Tag in Chicago spielen, aber wir mußten absagen.

Im Sommer 1975 dachte ich ernsthaft ans Aufhören. Ich spielte noch beim Newport Jazz Festival und beim Schaefer Music Festival im Central Park. Hinterher ging es mir so schlecht, daß ich ein Konzert in Miami absagte. Die Musiker und die Anlage waren schon dort, und deshalb wollten uns die

Veranstalter sogar verklagen. Gleich danach beschloß ich aufzuhören. Meine Band bestand damals aus Al Foster am Schlagzeug, Pete Cosey und Reggie Lucas an der Gitarre, Michael Henderson am Baß, Sam Morrison (der grade für Sonny Fortune gekommen war) am Saxophon und Mtume an den Percussions. Ich spielte noch zusätzlich Keyboards.

Ich hörte vor allem aus gesundheitlichen Gründen auf, aber eigentlich war ich auch den ganzen Bullshit leid, den ich in all den langen Jahren durchgemacht hatte. Als Künstler war ich ausgelaugt, müde. Musikalisch hatte ich nichts mehr zu sagen. Ich brauchte eine Pause, und die nahm ich mir jetzt; es war die erste, seitdem ich professionell Musik machte. Ich dachte, wenn's mir körperlich wieder besser ginge, würde ich mich auch seelisch wieder besser fühlen. Mir reichte es, dauernd in Krankenhäusern zu liegen und auf der Bühne rumzuhumpeln. Ich konnte das Mitleid in den Augen der Leute erkennen, wenn sie mich sahen, und das hatte ich seit meiner Junkie-Zeit nicht mehr erlebt. Das wollte ich nicht. Ich legte das beiseite, was mir im Leben am liebsten war – meine Musik –, bis ich alles wieder auf die Reihe gekriegt hatte.

Zuerst dachte ich, ich bräuchte vielleicht sechs Monate, aber je länger ich aussetzte, desto unsicherer wurde ich, ob ich überhaupt jemals zurückkommen würde. Und je länger ich wegblieb, desto tiefer versank ich in eine Welt, die genauso düster war wie damals meine Junkie-Welt. Noch einmal mußte ich einen langen, qualvollen Weg gehn, bis ich wieder zur Gesundheit und zum Licht fand. Letztendlich dauerte es fast sechs Jahre, und sogar danach zweifelte ich noch, ob es eine echte Rückkehr sein würde.

KAPITEL 16

Von 1975 bis Anfang 1980 rührte ich mein Horn nicht an; über vier Jahre rührte ich es nicht ein einziges Mal an. Manchmal ging ich dran vorbei, schaute es an und überlegte, ob ich's vielleicht doch probieren sollte. Aber nach einiger Zeit ließ ich sogar das bleiben. Es verschwand einfach aus meinen Gedanken, weil ich mit anderen Dingen beschäftigt war; Dingen, die zum größten Teil nicht gut für mich waren. Aber ich hab' sie nun mal gemacht, und wenn ich's mir heute überlege, bereue ich sie nicht.

Seit meinem zwölften oder dreizehnten Lebensjahr war ich ununterbrochen mit Musik beschäftigt. Musik war das einzige, woran ich dachte, wofür ich lebte und was ich wirklich liebte. Sechsunddreißig oder siebenunddreißig lange Jahre war ich von ihr besessen, und jetzt, mit neunundvierzig, brauchte ich Abstand zu ihr, brauchte ich neue Perspektiven, um noch mal ganz von vorne anzufangen und mein Leben wieder auf die Reihe zu kriegen. Ich wollte Musik machen, aber anders als bisher. Außerdem wollte ich *nur noch* in großen Hallen spielen anstatt in kleinen Jazzclubs, weil meine Musik und was dazugehörte, darüber hinausgewachsen waren.

Meine Gesundheit spielte dabei auch eine Rolle. Mir fiel es immer schwerer, pausenlos auf der Bühne zu stehn, weil meine Hüfte nicht besser wurde. Ich haßte es, auf der Bühne rumzuhumpeln, mit diesen Schmerzen und den ganzen Drogen im Körper. Es war eine Qual. Ich bin sehr stolz auf mich, mein Äußeres und die Art, wie ich nach außen hin auftrete. Ich mochte meinen körperlichen Zustand nicht, genausowenig wie das Mitleid, mit dem die Leute mich ansahen. Ich haßte diesen Scheiß, Mann.

Ich konnte keine zwei Wochen mehr in einem Club spielen, ohne zwischendurch ins Krankenhaus zu müssen. Das viele Trinken, das dauernde Koksen und das nächtelange Ficken.

Das bringst du nicht alles gleichzeitig, schon gar nicht, wenn du dabei noch musikalisch kreativ sein willst. Du mußt dich für das eine oder andere entscheiden. Artie Shaw sagte mir einmal: „Miles, du kannst dein drittes Konzert nicht im Liegen spielen." Damit meinte er, daß man nicht zwei Konzerte geben und nebenbei noch alles mögliche machen kann. Wenn man nämlich jeden Abend in einem anderen Club spielt, kann man sein drittes Konzert bald im Bett spielen, weil es einen einfach kaputtmacht. Nach 'ner Zeit ist diese Fickerei nichts anderes mehr als ein Haufen Titten, Ärsche und Mösen. Das Gefühl geht dabei flöten, weil ich sowieso alles, was ich fühle, in die Musik stecke. Der einzige Grund, warum ich nicht ständig besoffen herumgetorkelt bin, war der, daß mir der Scheiß beim Spielen aus den Poren rauskam. Ich vertrug viel und wurde nie betrunken, aber dafür mußte ich mich am nächsten Tag immer genau um zwölf Uhr mittags übergeben. Manchmal kam Tony Williams vormittags vorbei, und um fünf vor zwölf sagte er dann: „Okay, Miles, du hast noch exakt fünf Minuten, dann geht's ans Kotzen." Dann verließ er das Zimmer, ich ging ins Bad und kotzte genau um zwölf.

Und dann kam noch die geschäftliche Seite dazu, die ja auch knallhart, anstrengend und rassistisch ist. Mir paßte es gar nicht, wie ich von den Leuten bei Columbia und den Clubbesitzern behandelt wurde. Die Plattenfirmen pushten nach wie vor lieber ihren weißen Scheiß als irgendwelche schwarze Musik, obwohl sie *wußten*, daß alles von den Schwarzen geklaut war. Aber das war ihnen egal. Damals waren alle Plattenfirmen nur daran interessiert, viel Geld zu machen und ihre sogenannten schwarzen Stars auf den Musikplantagen zu halten, damit uns ihre weißen Stars bequem ausnehmen konnten. Das machte mich noch mehr krank, als ich sowieso schon war, es machte mich im Kopf krank, und deshalb stieg ich einfach aus.

Ich hatte mein Geld ganz gut angelegt, und Columbia zahlte noch ein paar Jahre weiter, während ich aus dem Musikgeschäft war. Wir hatten einen Deal, durch den ich an ihr Label gebunden war, und außerdem kam immer noch einigermaßen Geld von den Tantiemen rein. In den siebziger Jahren hatte ich mit Columbia vereinbart, daß ich Platten lieferte und dafür über 'ne Million Dollar plus Tantiemen kriegte. Außerdem kannte ich ein paar reiche weiße Ladies, die dafür sorgten, daß es mir nicht an Geld fehlte. Meine Hauptbeschäftigung in den vier oder fünf Jahren, in denen ich aus der Musik raus war, bestand darin, jede Menge Koks zu nehmen (eine Zeitlang für rund 500 Dollar am Tag) und alle Frauen zu ficken, die ich in mein Haus kriegte. Ich war auch tablettensüchtig, nach Percodan und Seconal zum Beispiel, und ich trank viel, vor allem Heineken-Bier und Cognac. Meistens schnupfte ich Koks, aber manchmal spritzte ich mir auch 'ne Mischung aus Koks und Heroin ins Bein; das Ganze nennt sich Speedball, und genau das brachte John Belushi um. Ich war nicht allzuoft weg, und wenn, ging ich in die Nachtclubs von Harlem, wo ich einfach weiter high wurde. Ich lebte von einem Tag auf den anderen.

Ich bin bestimmt kein Weltmeister im Aufräumen und Putzen, weil ich so was einfach nie machen mußte. Früher erledigte das entweder meine Mutter oder meine Schwester, und später hatten wir ein Mädchen. Was meine Körperhygiene angeht, da war ich immer sauber, aber den anderen Scheiß habe ich nie gelernt, und – ganz ehrlich gesagt –, ich dachte auch gar nicht dran. Die Mädchen, die ich nach meiner Trennung von Frances, Cicely, Betty, Marguerite und Jackie hatte, kamen einfach nicht mehr, vermutlich wegen meines verrückten Verhaltens. Wahrscheinlich hatten sie Angst, mit mir allein zu sein. Von Zeit zu Zeit kam mal ein Mädchen, aber ich konnte keine halten, weil's ein Schweinejob war, hinter mir herzuputzen. Das Haus war 'ne Müllhalde, das Geschirr stapelte sich in der Spüle, überall lagen Kleider rum, Zeitungen und Zeitschriften auf dem Fußboden, Bierflaschen, Abfall und alles mögliche. Die Kakerlaken hatten ihre Freude. Manchmal bekam ich jemanden zum Aufräumen, oder eine meiner Freundinnen übernahm die Sache, aber meistens war das Haus dreckig und richtig dunkel und düster wie ein Kerker. Es kümmerte mich einen Dreck, weil ich mir keine Gedanken drüber machte, außer in meinen sehr seltenen nüchternen Momenten.

Ich wurde ein Einsiedler, der kaum noch rausging. Meine einzigen Verbindungen zur Außenwelt waren vor allem der Fernseher – der rund um die Uhr lief –, Zeitungen und Magazine. Manchmal erfuhr ich das Neueste von ein paar alten Freunden, die kurz vorbeikamen und sehn wollten, ob alles in Ordnung war – Max Roach, Jack DeJohnette, Jackie Battle, Al Foster, Gil Evans, Dizzy Gillespie, Herbie Hancock, Ron Carter, Tony Williams, Philly Joe Jones, Richard Pryor und Cicely Tyson. Ich erfuhr viel durch sie, aber manchmal ließ ich nicht mal sie rein.

In dieser Zeit wechselte ich wieder meine Manager. Ich engagierte Mark Rothbaum, der 'ne Zeitlang für Neil Reshen, meinen früheren Manager, gearbeitet hatte. Später wurde er der Manager von Willie Nelson. Mein Road Manager, Jim Rose, kam auch öfter vorbei. Aber der Mensch, der am häufigsten bei mir war und alles für mich erledigte, war ein junger schwarzer Typ, Eric Engles, den ich über seine Mutter kannte. Eric blieb in diesen Jahren des Schweigens fast immer bei mir. Wenn nicht eine meiner Freundinnen kochte oder ich selber, rannte Eric zum Cellar, das meinem Freund Howard Johnson gehörte, und holte mir ein gebratenes Hühnchen. Ich war froh, daß ich Eric hatte, denn es gab Zeiten, in denen ich sechs Monate oder länger das Haus nicht verließ.

Meine alten Freunde waren schockiert, wenn sie sahen, wie ich lebte. Aber keiner sagte was. Wahrscheinlich hatten sie Angst, daß ich sie sonst vor die Tür setzte, was durchaus möglich war. Nach einiger Zeit gaben es viele meiner Musikerfreunde auf, vorbeizukommen, weil ich sie oft gar nicht reinließ. Sie hatten den ganzen Scheiß satt und kamen eben einfach nicht mehr. Sex und Drogen nahmen jetzt rund um die Uhr den Platz in meinem Leben ein, der früher nur der Musik gehört hatte.

In dieser Zeit hatte ich so viele Frauen, daß ich die meisten aus den Augen verloren habe und mich nicht mal an ihre

Namen erinnern kann. Wenn sie mir heute auf der Straße begegnen, würde ich sie wahrscheinlich nicht erkennen. Sie waren eine Nacht da und am nächsten Tag verschwunden, das war's. Die meisten sind nur noch ein Schleier. Cicely Tyson trat gegen Ende meiner Schweigejahre wieder in mein Liebesleben, obwohl sie eigentlich immer 'ne Freundin war und wir uns öfter trafen. Jackie Battle kam ebenfalls vorbei, um zu sehn, wie's mir geht, aber wir liebten uns nicht mehr, wir waren nur richtig gute Freunde.

Ich war damals an dem interessiert, was manche Leute als perversen Sex bezeichnen, du weißt schon, wenn man's mit mehr als einer Frau im Bett treibt. Manchmal beobachtete ich sie auch nur, wie sie sich's selber machten. Ich hatte das gern und brauch deswegen nicht zu lügen. Es gab mir einen gewissen Kitzel – und genau das brauchte ich damals.

Wahrscheinlich denken jetzt manche Leute, die das lesen, daß ich ein Frauenhasser war oder verrückt oder beides – das ist mir schon klar. Aber ich haßte die Frauen nicht; ich liebte sie, wahrscheinlich sogar zu sehr. Ich war unheimlich gern mit ihnen zusammen – und bin's heute noch – und machte das, was sich insgeheim viele Männer mit schönen Frauen erträumen. Für diese Männer bleibt's ein Traum, 'ne Art von Phantasie, die in meinem Leben Wirklichkeit wurde. Und auch viele Frauen mögen solche Sachen, wie mit mehreren gutaussehenden Männern – oder Frauen – ins Bett zu gehn und alles zu machen, was sie sich jemals in ihren geheimen Phantasien vorgestellt haben. Ich hab nur meiner Phantasie nachgegeben und nur meine geheimsten Wünsche erfüllt, sonst nichts. Ich hab's privat gemacht und niemanden dabei verletzt. Und den Frauen, mit denen ich zusammen war, gefiel's genausogut wie mir – wenn nicht noch besser.

Mir ist klar, daß so was abgelehnt wird, zumal in einem sexuell so konservativen Land wie den Vereinigten Staaten. Ich weiß, daß die meisten das als Sünde empfinden, aber ich seh's anders. Ich hatte meinen Spaß, und darum muß ich nichts bereuen. Ich hab auch kein schlechtes Gewissen. Ich gebe zu, daß vielleicht das viele Kokain was damit zu tun hatte, denn wenn du gutes Koks schnupfst, braucht dein Sextrieb Befriedigung. Nach 'ner Zeit wurde alles Routine und Langeweile, aber erst, nachdem ich's oft genug gemacht hatte.

Viele Leute dachten, ich hätte meinen Verstand verloren oder wäre zumindest kurz davor. Sogar meine Familie hatte Zweifel. Die Beziehung zu meinen Söhnen – die nie so war, wie sie hätte sein sollen – war auf einem Tiefpunkt, besonders zu Gregory, der sich jetzt Rahman nannte. Dauernd machte er mir irgendwelche Sorgen, wurde verhaftet, war in Unfälle verwickelt und war einfach ein Nervbolzen. Ich wußte, daß er mich liebt und eigentlich wie ich sein wollte. Er versuchte sich im Trompetespielen, aber er spielte so schlecht, daß es einfach grauenvoll war, ihm zuzuhören. Ich schrie ihn immer an, er soll damit aufhören. Wir hatten viele Auseinandersetzungen, und mir ist klar, daß ich mit meinem Drogenkonsum kein besonders gutes Vorbild für ihn war. Ich war kein guter Vater, aber das war eben nicht mein Ding, noch nie.

Im Jahr 1978 wanderte ich wieder wegen ausbleibender Unterhaltszahlungen ins Gefängnis. Diesmal hatte mich Marguerite dorthin gebracht, weil ich ihr kein Geld für Erin gab. Es kostete mich zehntausend Dollar, wieder rauszukommen, und seitdem hab ich versucht, meine Zahlungspflichten zu erfüllen. In den letzten paar Jahren war Erin immer bei mir und reiste mit mir, ich hab also jetzt die volle Verantwortung für ihn.

Immer, wenn ich kein Koks hatte, war ich gereizt, und mir ging alles auf die Nerven. Ich konnte es nicht aushalten. In dieser Zeit hörte ich keine Musik und las nichts. Also schnupfte ich Koks, hatte bald genug davon, weil ich schlafen wollte, und nahm 'ne Schlaftablette. Aber sogar dann konnte ich nicht schlafen, also ging ich um vier Uhr morgens los und strich wie ein Werwolf oder Dracula durch die Straßen. Ich ging in irgendeinen Laden, kokste wieder und war von den schlichten Typen genervt, die da rumhingen. Also ging ich wieder, nahm irgendein Flittchen mit nach Hause, schnupfte noch was und schluckte wieder 'ne Schlaftablette.

Ich war entweder ganz oben oder ganz unten. Eigentlich war ich vier Menschen, denn als Zwilling bin ich ja schon zwei. Zwei ohne Koks und zwei mit Koks. Ich war vier verschiedene Menschen; zwei davon hatten ein Gewissen, die anderen beiden nicht. Wenn ich in den Spiegel schaute, sah ich einen ganzen Film, einen Horrorfilm. Im Spiegel sah ich immer diese vier Gesichter. Ich halluzinierte dauernd, sah Dinge, die gar nicht da waren, hörte Geräusche, die's nicht gab. Vier Tage ohne Schlaf und nur mit diesen Drogen, und du bist soweit.

Ich stellte damals merkwürdige Sachen an, zu viele, um sie alle aufzuzählen. Aber ein paar will ich doch erzählen. Ich erinnere mich an einen Tag, an dem ich von dem ganzen Koksen und Wachbleiben richtig auf Paranoia war. Ich fuhr mit meinem Ferrari die West End Avenue rauf und kam an einem Streifenwagen vorbei. Die Polizisten kannten mich – in meinem Viertel kannten mich alle Polizisten – und sagten irgendwas zu mir. Ungefähr zwei Blocks weiter kriegte ich plötzlich Paranoia und bildete mir ein, daß da 'ne Verschwörung gegen mich im Gang ist, um mich wegen Drogen festzunehmen. Ich seh nach unten in die Ablage an der Tür und entdecke dieses weiße Pulver. Ich nahm nie Koks mit, wenn ich aus dem Haus ging. Es war Winter und schneite, und im Auto lag ein bißchen Schnee. Aber das war mir nicht klar; ich dachte, irgend jemand hätte mir Koks ins Auto geschmuggelt, damit man mich verhaften kann. Ich geriet in Panik, hielt das Auto mitten auf der Straße an, rannte in ein Gebäude an der West End Avenue und suchte den Portier, aber er war nicht da. Ich stürzte zum Aufzug, stieg ein, fuhr in den siebten Stock und versteckte mich in einer Putzkammer. Ich blieb stundenlang da drin, während in meinem Ferrari auf der West End Avenue die Schlüssel steckten. Nach 'ner Zeit wurde ich wieder klar. Der Wagen stand immer noch da, wo ich ihn verlassen hatte.

So was Ähnliches passierte mir noch mal, nur war noch 'ne Frau im Fahrstuhl. Ich bildete mir ein, ich säße in meinem Ferrari, und sagte also zu ihr: „Du Luder, was willst du in meinem gottverdammten Ferrari!" Dann schlug ich sie und rannte aus dem Gebäude. Zu solchem komischen, kranken Scheiß bringen dich die Drogen. Sie rief die Polizei, ich wurde festgenommen und mußte für ein paar Tage in die Idioten-station vom Roosevelt Hospital, bevor sie mich rausließen.

Ein anderes Mal ging ich zu 'ner weißen Frau, 'ner Dealerin. Wenn grade niemand bei mir war, rannte ich selbst zu ihrer Wohnung rüber, um mir was zu holen. Einmal hatte ich kein Geld dabei, und so fragte ich sie, ob ich's ihr später geben könnte. Bisher hatte ich immer gleich gezahlt, und ich kaufte sehr viel bei ihr. Aber sie sagte: „Kein Geld, kein Kokain, Miles." Ich versuchte, sie zu überreden, aber sie ließ nicht mit sich handeln. Da ruft der Portier von unten an und sagt, daß ihr Freund auf dem Weg nach oben ist. Ich frag sie noch mal, aber sie will nicht. Also leg ich mich auf ihr Bett und zieh mich langsam aus. Natürlich kannte ihr Freund meinen Ruf als Frauenaufreißer, was würde er also denken, wenn er mich so auf ihrem Bett sieht? Jetzt bittet sie mich zu gehn, richtig? Aber ich lieg nur da, in der einen Hand halt ich meinen Schwanz, die andre halt ich für das Dope hin. Ich grinse dabei, weil ich weiß, daß sie's mir gleich gibt. Und sie gibt mir's. Auf meinem Weg nach draußen verflucht sie mich hundertmal, und als sich die Fahrstuhltür öffnet und ihr Freund an mir vorbei-geht, schaut er mich irgendwie so komisch an, du weißt schon, als ob er fragen will: „Hat dieser Nigger was mit meiner Alten gehabt oder nicht?" Danach hab ich mich nie wieder dort blicken lassen.

Nach 'ner Zeit wurde der ganze Scheiß langweilig. Ich war es satt, dauernd auf Droge zu sein. Wenn du ständig so high bist, fangen die Leute an, dich auszunutzen. Ich dachte nie ans Sterben, wie das angeblich Leute tun, die viel koksen. Keiner meiner alten Freunde kam noch vorbei, außer Max und Dizzy, die öfter nachsahen, wie's mir geht. Mir fehlten die Jungs, meine alten Jungs, die alten Zeiten, unsere Musik. Einmal hing ich überall im Haus die Bilder von Bird, Trane, Dizzy, Max, meinen alten Freunden, auf.

So um 1978 rief mich George Butler öfter an und kam auch

vorbei. Er war früher bei Blue Notes Records, aber zu der Zeit bei Columbia. Seitdem ich aus dem Geschäft war, hatte es einige Veränderungen bei Columbia gegeben. Clive Davis war nicht mehr da. Walter Yetnikoff war jetzt Geschäftsführer, und Bruce Lundvall hatte die sogenannte Jazzabteilung unter sich. Es waren noch ein paar Alte da, die schon dort waren, bevor ich mich zurückzog, zum Beispiel Teo Macero und ein paar andere. Als George ihnen erzählte, daß er mich überreden will, wieder Platten zu machen, sagten die meisten, daß es sinnlos wäre. Niemand glaubte, daß ich jemals wieder spielen würde. Aber George nahm's auf sich, mich zum Comeback zu überreden. Es war nicht leicht für ihn. Am Anfang war ich ihm gegenüber so gleichgültig, daß er gedacht haben muß, es würde nie klappen. Aber er war so verdammt hartnäckig und freundlich, wenn er anrief oder bei mir war. Manchmal saßen wir nur rum, sahen fern und redeten kein Wort.

Eigentlich war er überhaupt nicht mein Typ, er war völlig anders als die Leute, mit denen ich mich jahrelang rumgetrieben hatte. George ist konservativ und hat einen Dr. in Musik. Er war ein Akademikertyp, zurückhaltend, ausgeglichen. Aber er war schwarz, und mir schien er ehrlich. Außerdem liebte er die Musik sehr, die ich früher gemacht hatte.

Manchmal redeten wir und kamen darauf zu sprechen, wann ich wieder mit dem Spielen anfangen wollte. Zuerst wollte ich nichts davon hören, aber je öfter er kam, desto mehr dachte ich drüber nach. Und dann, eines Tages, klimperte ich ein paar Akkorde auf dem Klavier. Es war ein tolles Gefühl! Ich dachte jetzt immer häufiger an Musik.

Zur selben Zeit besuchte mich Cicely Tyson öfter. Sie hatte zwar schon immer mal kurz vorbeigeschaut, aber jetzt kam sie häufiger. Uns verband dieses richtig enge, spirituelle Ding. Irgendwie weiß sie, wenn's mir nicht allzu gut geht, wenn ich krank bin oder so. Jedesmal, wenn ich krank war, tauchte sie auf, weil sie spürte, daß irgendwas mit mir nicht in Ordnung war. Als man damals in Brooklyn auf mich geschossen hatte, sagte sie, sie hätte sofort gewußt, daß mir irgendwas passiert war. Ich sagte mir oft, wenn ich nach Betty überhaupt noch mal heirate, dann Cicely. Plötzlich kam sie dauernd, und ich machte mit den anderen Frauengeschichten Schluß. Sie half mir, dieses ganze Volk aus meinem Haus zu schaffen; irgendwie beschützte sie mich, achtete drauf, daß ich die richtigen Sachen aß und nicht so viel trank. Sie half mir auch, vom Kokain wegzukommen. Sie gab mir gesundes Essen, viel Gemüse und Säfte. Dann brachte sie mich auf Akupunktur, damit meine Hüfte wieder in Ordnung kommt. Plötzlich konnte ich klarer denken, und von da an dachte ich wirklich wieder ernsthaft an Musik.

Durch Cicely wurde mir auch klar, daß ich eine süchtige Persönlichkeit habe und mit Drogen wohl nie normal umgehen kann. Ich verstand das, kokste aber trotzdem hier und da mal. Wenigstens schränkte ich das Ganze mit ihrer Hilfe ein. Ich trank jetzt Rum mit Coke statt Cognac, aber die Heinekens wurden noch nicht abgeschafft. Cicely gewöhnte mir sogar das Rauchen ab, weil Zigaretten auch Drogen sind, wie sie mir erklärte. Sie wollte mich nicht mehr küssen, wenn ich nicht aufhörte, also hörte ich auf.

Ein anderer wichtiger Grund für mein Comeback in der Musik war mein Neffe Vincent Wilburn, der Sohn meiner Schwester. Als Vincent ungefähr sieben war, hatte ich ihm ein Schlagzeug geschenkt, und er war richtig verrückt danach. Mit neun durfte er einmal in Chicago in meiner Band mitspielen. Für ein Kind hörte er sich sogar schon damals gut an. Nach der High School besuchte er das Chicago Conservatory of Music. Es war ihm also schon beinahe sein ganzes Leben lang ernst mit der Musik.

Dorothy beschwerte sich immer darüber, daß er dauernd mit seinen Freunden unten im Keller war und spielte. Ich sagte ihr, sie soll ihn einfach in Ruhe lassen, denn ich war früher genauso. Manchmal rief ich an, und er spielte mir übers Telefon was vor. Er konnte schon immer spielen. Aber ich gab ihm Ratschläge, was er besser machen und was er bleiben lassen sollte. Als ich dann diese vier Jahre nicht spielte, kam Vincent nach New York und lebte in meiner Nähe. Er bat mich ständig, ihm was vorzuspielen, ihm dies oder jenes zu zeigen. Ich sagte immer: „Nein, Vincent, ich hab keine Lust." Aber er gab nicht nach. „Onkel Miles" – er sagte immer „Onkel Miles" zu mir, sogar noch, als er in meiner Band spielte –, „warum spielst du nicht?" Manchmal ging er mir mit diesem Scheiß auf die Nerven. Aber durch ihn wurde ich immer an Musik erinnert, und daher wartete ich richtig auf seine Besuche.

Es war die Hölle, von all diesen Drogen wegzukommen, aber es gelang mir schließlich, weil ich einen starken Willen entwickle, wenn ich mir was vorgenommen habe. Nur dadurch konnte ich überleben. Ich muß das von meiner Mutter und meinem Vater mitbekommen haben. Ich hatte jetzt eine Pause gehabt und 'ne Menge Spaß – aber auch Schmerz und Elend –, jetzt war ich soweit, wieder zur Musik zurückzukehren und zu sehen, was ich da aufgegeben hatte. Ich wußte, daß es noch da war, zumindest spürte ich's noch in mir, als hätte ich mit der Musik nie aufgehört. Aber ganz sicher war ich mir nicht. Ich vertraute auf mein Können und meinen Willen voranzukommen. Während dieser Jahre sagten sogar einige, man hätte mich vergessen. Ein paar Leute schrieben mich einfach ab. Aber auf so einen Scheiß hab ich noch nie was gegeben.

Ich glaubte wirklich an mich und meine Fähigkeit, in der Musik was zu bewegen. Ich denke nie, daß ich irgendwas nicht schaffe, schon gar nicht, wenn's um Musik geht. Ich *wußte*, daß ich jederzeit mein Horn wieder in die Hand nehmen kann, denn es gehört genauso zu mir wie meine Augen und Hände. Natürlich war mir klar, daß ich Zeit brauchte, um wirklich wieder dahin zu kommen, wo ich vorher gewesen war. Durch meine lange Pause hatte ich meine Embouchure verloren. Auch das würde seine Zeit brauchen. Aber als ich George Butler Anfang 1980 anrief, war ich wieder bereit.

KAPITEL 17

Als ich beschloß, wieder zurückzukehren und Musik zu machen, hatte ich erst mal keine Band. Für den Anfang waren da nur Al Foster am Schlagzeug und Pete Cosey an der Gitarre. Al und ich hatten oft über die Art Musik geredet, wie ich sie spielen wollte. Sie war die ganze Zeit in meinem Kopf, aber jetzt mußte ich sie von einer Band gespielt hören, um zu erfahren, ob sie wirklich so klang. Eins war klar: Ich mußte in eine andere Richtung, konnte aber nicht dort weitermachen, wo ich 1975 aufgehört hatte. Zu der wirklich alten Musik konnte ich aber auch nicht zurückgehn. Ich wußte immer noch nicht, wen ich in die Band holen sollte, weil ich lange keine Musik gehört hatte und nicht wußte, wer überhaupt auf der Szene war und spielen konnte. Irgendwie erschien mir das alles wie ein Rätsel, aber eigentlich machte ich mir deswegen keine Sorgen, weil sich solche Sachen meist von selbst ergeben. Ich erklärte George Butler, daß ich zunächst ein paar Proben ansetzen wollte, um zu sehn, was so läuft. George sollte mein Produzent bei Columbia sein. Mit Teo Macero war ich durch. Ich sagte ihnen, daß ich nur mit George arbeiten würde, und damit waren sie einverstanden. Außerdem versprach mir George, sich nicht in meine Studioarbeit einzumischen; er vertraute meinem musikalischen Urteil und Geschmack. Ich freute mich, wieder ins Studio zu gehn, und wir legten für Frühjahr 1980 einen Termin fest.

Ich war noch an einen Vertrag aus dem Jahr 1976 gebunden, wollte aber einen neuen aushandeln; doch dazu waren sie nicht bereit. Denn obwohl wir einen Studiotermin festgesetzt hatten, bezweifelten viele, daß ich auftauchen würde. Es hatten in den vergangenen Jahren schon ganz andere Leute versucht, mich für dieses oder jenes Projekt ins Studio zu holen, aber nach einiger Zeit reagierte ich einfach nicht mehr, also gaben sie's auf. Für diese Leute bedeutete ein Vertrag mit meinem Namen noch lange nicht, daß ich mich daran halte und auftauche. Sie wollten abwarten, und erst wenn sie mich mit ihren eigenen Augen im Studio sehn, *dann* würden sie's glauben. George hatte fast ein Jahr gebraucht, um mich zur Rückkehr zu bewegen.

Als ich mich endlich entschlossen hatte, brachte George Butler Columbia dazu, mir einen Yamaha-Flügel zu schenken; sie schickten ihn einfach an meine Adresse in der westlichen 77sten Straße. Es war ein wunderschönes Instrument, und ich suchte mir darauf oft meine Stücke zusammen. Aber das Komische daran war, daß ich in der Band gar kein akustisches Klavier mehr benutzen wollte. Ich hatte nicht mal einen Pianisten. Aber ich wußte dies Geschenk zu schätzen, denn es war ein wunderschöner Flügel.

Im April kam mein Neffe Vincent Wilburn mit seinen Freunden aus Chicago: Randy Hall, Robert Irving und Felton Crews. Sie wollten mit mir spielen und blieben bis Juni, nachdem *The Man with the Horn* aufgenommen worden war.* Auf ein paar Stücken spielt Vincent Schlagzeug. Bill Evans, der später festes Mitglied in meiner Band wurde, spielte Saxophon. Dave Liebman hatte ihn mir empfohlen. Er war Bills früherer Lehrer, und als er mir sagte, Bill könnte spielen, ließ ich ihn vorbeikommen. Ich hab mich immer auf Empfehlungen von Musikern verlassen, die ich respektiere, besonders, wenn sie schon mit mir gespielt haben; denn sie wissen, was ich will und erwarte.

Wir holten uns die Sängerin Angela Bofill als zweite Stimme neben Randy Hall, der zusammen mit Robert Irving den Titelsong „The Man with the Horn" und ein weiteres Stück schrieb. Die übrigen Stücke für dieses Album komponierte ich und widmete drei Songs Frauen, die ich kannte: „Aida", „Ursula" und „Back Seat Betty", ein Stück für Betty Mabry. Das Feeling in diesen Stücken sagt alles. Nachdem alles vorbereitet war, gab ich nach und ließ Teo Macero wieder mitarbeiten, ich glaube sogar, er war es, der Barry Finnerty und Sammy Figueroa dazuholte; Barry spielte Gitarre und Sammy Percussion. Ich kannte

---

* Miles Davis: *The Man with the Horn* (CBS 84708).

die beiden überhaupt nicht und hatte Sammy nur auf einem Album von Chaka Khan gehört – ich liebe die Musik von Chaka Khan –, und mir gefiel ganz gut, was er da machte. Teo rief ihn also an. Als Sammy das erste Mal im Studio war, kam er zu mir und wollte mit mir reden. Ich sagte ihm nur: „Spiel, rede nicht rum." Er sagte, er muß sein Schlagzeug stimmen. Ich sagte ihm noch mal, daß er spielen soll. „Aber Miles", meinte er, „mein Schlagzeug hört sich schrecklich an, wenn's nicht anständig gestimmt ist, deshalb spiel ich so nicht." Ich sagte ihm: „Motherfucker, spiel jetzt lieber!" Das machte er, und ich engagierte ihn.

Meine Chops waren nicht in bester Verfassung, weil ich so lange nicht gespielt hatte, daher verwendete ich ein Wah-Wah-Pedal. Eines Tages versteckte jemand mein Wah-Wah – vermutlich war es Sammy, weil er mich immer dazu bringen wollte, drauf zu verzichten. Am Anfang war ich sauer, aber nachdem ich eine Zeitlang ohne Wah-Wah gespielt hatte, gewöhnte ich mich wieder daran.

Durch diese Band fühlte ich wieder Musik in mir. Als ich mich zurückgezogen hatte, gingen mir nie irgendwelche Melodien durch den Kopf, denn ich erlaubte mir einfach nicht, an Musik zu denken. Aber nachdem ich mit den Jungs im Studio war, kamen die Melodien zurück, und das war ein gutes Gefühl. Und obwohl ich meine Trompete fast fünf Jahre nicht angerührt hatte, merkte ich, daß ich mich nie von ihr verabschiedet hatte. Es war noch alles da, der ganze Kram, den ich in all den Jahren gelernt hatte; das Instrument war noch immer ein Teil von mir. Ich mußte nur meine Technik, meine Embouchure auf den alten Stand bringen, das war das einzige, woran ich arbeiten mußte.

Nach den Aufnahmen war mir klar, daß ich aus Vincents Clique nur ihn selber und Bobby Irving in meiner regulären Band brauchen konnte. Ich hörte mir die Aufnahmen an und wußte, daß wir für ein ganzes Album noch was anderes haben mußten, eine andere Art von Musik. Trotz der vielen Stunden im Studio kamen nur zwei Songs von diesen Sessions auf die

Platte. Nicht, daß es schlechte Musiker gewesen wären; sie waren gut. Aber um *meinen* Vorstellungen gerecht zu werden, fehlte einfach noch was. Deshalb rief ich den Schlagzeuger Al Foster an, und Bill Evans holte Marcus Miller dazu. Aus der alten Besetzung behielt ich Sammy Figueroa, Barry Finnerty und Bill Evans. Wir fingen in meinem Haus mit den Proben an.

Die Proben liefen richtig gut, und jeder spielte nach meinen Vorstellungen. Nur mit Barry Finnerty gab's Probleme, als wir das letzte Stück für die Platte probten. Eines Abends spielte Barry diesen Scheiß auf seiner Gitarre, den ich nicht ausstehn kann. Ich sagte ihm also, er soll damit aufhören, aber er spielte weiter, wie er wollte. Nachdem sich das ein paarmal wiederholte, sagte ich ihm, er soll rausgehn und dort für sich selber spielen und dann wieder reinkommen und das spielen, was *ich* will. Nun ist Barry ein sehr guter Musiker, aber er ist auch ein sturer Kerl, der's nicht ausstehn kann, wenn ihm jemand Vorschriften macht. Nach einer Weile kam er wieder rein, wir fingen von vorn an, und er spielte wieder das gleiche. Ich sagte ihm, er soll ganz aufhören. Ich ging in die Küche, holte eine Flasche Heineken und kippte ihm das Bier übern Kopf. Er regte sich furchtbar darüber auf und meinte, er hätte einen Schlag kriegen können, weil er elektrische Gitarre spielt. Ich sagte nur noch: „Hör auf mit dem Scheiß; ich hab dir gesagt, du sollst diesen Akkord nicht spielen, Motherfucker, und damit meine ich: *nicht* spielen. Und wenn du ihn unbedingt spielen *mußt*, dann mach's auf der anderen Straßenseite, wie ich's dir gesagt habe." Danach wurde er richtig kleinlaut. Am nächsten Tag spielte Mike Stern Gitarre. Er war der andere Gitarrist auf *The Man with the Horn**, und er blieb in meiner Band.

Abgesehen von den Percussions, war ich mit der Band zufrieden. Deshalb ersetzte ich Sammy durch Mino Cinelu, einen Percussionisten von Martinique. Mino war eine richtige Primadonna, mit heller Haut und Lockenhaar, und er hielt sich für einen Frauenhelden. Aber weil er gut spielte, nahm ich eben

---

* Miles Davis: *The Man with the Horn* (CBS 84708).

seinen albernen Scheiß in Kauf. Ich traf ihn im Mikell's, einem Club in New York, in dem ich öfter rumhing. Der Club wird von Mike und Pat Mikell geführt. Er liegt an der Columbus Avenue und 97sten Straße, und sie bringen dort immer phantastische Musik, besonders an den Wochenenden. Musikalisch war im Mikell's alles möglich. An einem Abend kam Stevie Wonder rein und spielte mit Hugh Masekela bis in den frühen Morgen. Wenn Sly Stone in der Stadt war, stieg er ebenfalls bei Hugh ein. Im Mikell's fiel mir übrigens auch der Gitarrist Carnell Dupree zum ersten Mal auf. Er hat dann bei meiner Platte *Get Up With It* mitgemacht, die Duke Ellington gewidmet ist. Er spielte damals mit einer sehr guten Gruppe namens Stuff. Im Mai 1981 hörte ich Mino zum ersten Mal mit der Gruppe Civily Jordan and Folk im Mikell's. Und als Mino in meine Gruppe kam, nahm alles Form an: Ich konnte schon absehn, daß daraus eine höllisch gute Band werden würde.

Im Sommer war Bill Evans, mein früherer Pianist, gestorben. Sein Tod machte mich wirklich traurig, weil er ein Junkie geworden war und daran starb. Im Jahr vor Bills Tod war Charlie Mingus gestorben, viele meiner Freunde waren also nicht mehr da. Manchmal kam's mir vor, als wären wir nur noch ein paar Leute aus den alten Zeiten. Aber ich wollte nicht an die alten Zeiten denken, denn ich glaube, man muß die Vergangenheit vergessen, wenn man jung bleiben will.

Ich nahm immer noch Drogen, obwohl ich's ziemlich reduziert hatte. Am liebsten turnte ich mich mit Champagner, Bier, Cognac und Kokain an. Das waren meine Lieblingsdrogen. Aber ich konnte mir ausrechnen, daß ich eines Tages mit allem aufhören mußte, denn mein Arzt hatte mir gesagt, daß ich neben all meinen anderen Defekten auch noch Diabetes hatte. Für Diabetiker ist Alkohol tabu. Es war nur noch 'ne Frage der Zeit, wann ich mit allem Schluß machen mußte. Und obwohl ich's vom Kopf her einsah, war ich gefühlsmäßig noch nicht drauf eingestellt.

Im Frühjahr 1981 war ich wieder soweit, um aufzutreten. Ich war soweit und meine Band auch. Ich rief also meinen Manager

413

Mark Rothbaum an und sagte ihm, er solle mit Freddie Taylor reden, einem Veranstalter oben in Boston, der uns dann für das Kix buchte, einen kleinen Club in der Nähe der Cambridge-Universität. Außerdem sollten wir am ersten Wochenende im Juli beim Newport Jazz Festival von George Wein auftreten. Der Gig im Kix, der über vier Tage im Juni ging, bot also 'ne gute Möglichkeit zum Warmspielen. Wir mußten noch eine Road Group zusammenstellen; vor meiner Pause hatte ich eine gute Crew mit Jungs wie Jim Rose und Chris Murphy. Wenn du auf Tournee gehst, sind gute Roadies fast genauso wichtig wie 'ne gute Band, denn die Jungs kümmern sich um den ganzen alltäglichen Scheiß, an den die Musiker nicht denken. Jim war der beste Road Manager, den ich jemals hatte. Er kam auch ein paarmal vorbei, als ich mich zurückgezogen hatte, aber irgendwann verloren wir uns aus den Augen. Mann, ich war riesig erleichtert, als er sagte, daß er wieder zurückkommt. Chris Murphy arbeitete auch wieder mit. Als ich die beiden langhaarigen Jungs wiedersah, mußte ich sie umarmen – ich war einfach glücklich.

Ich hatte mir ein nagelneues kanariengelbes 308 GTSI Ferrari-Sport-Coupé mit Targa-Verdeck gekauft. Zu unserem Gig nach Boston nahm ich Jim Rose im Ferrari mit, während Chris den Lastwagen mit dem Equipment fuhr. Jim und ich besorgten uns vorher noch ein bißchen Koks. Aber irgendwie merkte ich, daß mein Interesse dran nachließ, denn als wir in Boston waren, verschenkte ich meins, und später lehnte ich sogar ab, als mir was angeboten wurde. Jetzt wußte ich, daß ich den Kampf gewinnen würde.

Die übrige Band flog nach Boston, aber ich wollte, daß mich alle sehen, wie ich mit meinem neuen Ferrari zur Arbeit komme. Und selbst wenn ich direkt gegenüber vom Club gewohnt und nur über die Straße gemußt hätte, wollte ich doch alle *wissen* lassen, daß ich wirklich wieder da war. Ein bißchen Showbiz schadet keinem.

Ich hatte Marcus Miller, Mike Stern, Bill Evans, Al Foster und Mino Cinelu in meiner Band, und wir kamen gut miteinander klar. Am ersten Abend standen die Leute Schlange, aber viele wollten einfach nur sehen, ob ich tatsächlich auftauche. Und als ich dann erschien, war der Club gerammelt voll. Mann, die Leute heulten, als sie mich sahen und ich zu spielen anfing. Das war irre. An einem Abend war ein behinderter schwarzer Typ im Rollstuhl da. Ich schätze, er war um die fünfunddreißig, aber genau kann ich's wirklich nicht sagen. Ich spielte einen Blues, und er saß direkt vor der Bühne. Ich spielte den Blues für ihn, denn er *wußte*, was Blues bedeutet. Während meines Solos schaute ich ihm in die Augen, und er weinte. Er streckte seinen dürren, zittrigen Arm hoch und berührte mit seiner wackelnden Hand meine Trompete, als ob er sie – und mich – segnen wollte. Mann, ich verlor fast den Faden und wäre beinahe selber zusammengebrochen und hätte zu heulen angefangen. Ich wollte den Typen kennenlernen, aber als ich nach draußen ging, hatten sie ihn schon weggebracht. Eigentlich bin ich nie scharf drauf, Leute zu treffen, die ich gar nicht kenne – Männer schon gar nicht–, aber diesem Typen hätte ich gern gesagt, wieviel mir seine Geste bedeutet hat. Sie konnte nur aus einem wissenden Herzen kommen. Ich wollte ihm dafür danken, weil er mir, nach allem, was ich durchgemacht hatte, viel gegeben hatte. Es war fast so, als ob er mir gesagt hätte, es ist alles in Ordnung, du spielt genauso schön und stark wie immer. Das brauchte ich, genau das brauchte ich in dem Moment, um weiterzumachen.

Ich glaube, wir bekamen in den vier Tagen in Boston 15 000 Dollar pro Abend, 'ne ganz hübsche Summe für einen Club mit ungefähr 425 Sitzplätzen. Wir gaben zwei Konzerte am Abend, und der Club verdiente auch noch was dran. Danach spielten wir beim Newport Jazz Festival in der Avery Fisher Hall in New York City. Viele Kritiker fanden uns schlecht und sagten, ich hätte noch nicht lange genug wieder gespielt. Aber andrerseits war's für viele Leute in Ordnung, und damit glich sich's wieder aus. Die Newport-Sache brachte uns 90 000 Dollar für zwei Shows. Beide waren ausverkauft, und damit waren alle zufrieden. Im September ging ich nach Japan, und dort zahlten sie mir 700 000 Dollar für acht Shows, plus Transportkosten, Essen und Hotel. Es war ein toller Trip. Wir spielten gut, und die Japaner waren von unsrer Musik begeistert.

Im Herbst 1981 brachte Columbia *The Man with the Horn* raus. Aber obwohl sich die Platte gut verkaufte, kam die Musik bei den Kritikern im großen und ganzen nicht an. Angeblich spielte ich schwach und war „nur noch ein Schatten früherer Tage". Aber mir war klar, daß es 'ne Zeitlang brauchte, bis meine Chops wieder in Ordnung waren. Mit jedem Tag, an dem ich spielte, wurden sie besser, und ich übte regelmäßig. Columbia schickte immer ein Team mit, um meine Live-Auftritte aufzunehmen, weil sie dachten, ich würde nicht allzulange dabeibleiben. Mir war's recht. Ich wußte, daß ich mich nicht zur Ruhe setze, solange ich noch atmen kann. Es ging mir viel besser als früher, obwohl das nicht viel besagte.

Cicely Tyson wohnte fast den ganzen Sommer über bei mir in New York. Sie besaß ein Haus in Malibu, Kalifornien, direkt am Wasser; außerdem eins in Gurney's, einem Urlaubsort draußen in Montauk, Long Island. Cicely war inzwischen ein großer Star. Sie hatte viele Filme und viel Geld gemacht und war wahrscheinlich berühmter als ich. Aber ich hatte auch einen kleinen Anteil dran; in dem Film *Die Geschichte der Jane Pittmann* aus dem Jahr 1974 spricht sie in meinem Ton, sie macht meine Stimme nach, *meine* Sprechweise – von mir hat sie diese Filmstimme.

Am Thanksgiving Day 1981 wurden Cicely und ich von Andrew Young in Massachusetts, im Haus von Bill Cosby, getraut. Neben Max Roach waren Dizzy Gillespie, mein Manager Mark Rothbaum und noch ein paar andere Leute da. Es war 'ne tolle Feier, aber wenn du dir die Hochzeitsbilder ansiehst, kannst du leicht erkennen, daß ich richtig krank war. Ich war fahl im Gesicht wie ein Halbtoter. Cicely bemerkte es. Ich sagte ihr, daß ich mich fühle, als ob ich jeden Moment tot umfalle. Im Sommer hatte ich mir Dope ins Bein gespritzt, und seitdem war's aus. Wenn ich in New York war, ging ich ein paarmal in der Woche zu Dr. Phillip Wilson ins New York

Hospital zur Therapie; außerdem war ich bei einem Dr. Chin in Behandlung, den mir Cicely empfohlen hatte. Bei Dr. Wilson machte ich eine Physiotherapie, bei dem andern bekam ich Kräuter und Akupunktur. Ich rauchte immer noch drei bis vier Schachteln Zigaretten pro Tag, bis Dr. Wilson einmal fragte, ob ich eigentlich leben möchte. Ich sagte: „Yeah, natürlich will ich leben." – „Gut, Miles", sagte er. „Wenn du's wirklich willst, mußt du von dem ganzen Scheiß die Finger lassen, einschließlich der Zigaretten." Er sagte es immer wieder, aber ich machte weiter wie bisher.

Schon fünf Tage nach unserer Hochzeit ging ich mit 'ner Frau ins Bett, die ich schon länger kannte, denn mit Cicely lief dieses Sex-Ding nicht mehr. Ich respektierte sie als Frau, und sie war ein guter Freund für mich, aber ich brauchte genauso dieses Sex-Ding, und das fand ich bei ihr nicht. Also holte ich's mir woanders. Im Januar ging Cicely für irgendeinen Film des State Department nach Afrika. Kaum war sie weg, übertrieb ich's gleich wieder mit dem Trinken. Inzwischen nahm ich zwar kein Kokain mehr, dafür trank ich jetzt Unmengen Bier. Zu dieser Zeit wurde meine rechte Hand durch einen Schlaganfall gelähmt. Für mich war's ein Schlaganfall, manche Leute sagten, es wäre das „Flitterwochen-Syndrom", das angeblich auftritt, wenn man beim Einschlafen jemanden umarmt und durch den Druck auf den Arm und die Hand die Blutzirkulation abgeschnürt und der Nerv abgetötet wird. Ich weiß nicht genau, wie's eigentlich passiert ist, nur daß ich eines Nachts, als Cicely weg war, nach einer Zigarette greifen wollte und daß meine Finger und meine Hand steif waren und ich sie nicht mehr bewegen konnte. Ich sagte: „Was zum Teufel ist 'n jetzt los?!" Ich konnte meine Hand schließen, aber nicht mehr öffnen. Ich hatte eine Heidenangst. Später sagte Cicely, sie hätte es sogar in Afrika gespürt, daß irgendwas nicht stimmt. Und tatsächlich klingelte das Telefon, und sie fragte, was nicht in Ordnung ist. Ich erzählte ihr, daß ich meine Hand und meine Finger nicht bewegen kann, und sie meinte, das würde sich nach einem Schlaganfall anhören, und kam gleich zurück.

417

Eigentlich hätte ich wissen müssen, daß irgendwas faul ist, weil's mir schon länger nicht gutging und beim Pinkeln Blut in meinem Urin war. Auf einem Rückflug von Japan hatte ich mir eine leichte Lungenentzündung geholt; ich mußte einen ganzen Tag und eine ganze Nacht fliegen, weil ich einen Auftritt in der Fernsehshow „Saturday Night Live" hatte. Mir ging's so schlecht, daß ich wahrscheinlich nicht mehr hochgekommen wäre, wenn ich mich erst mal hingesetzt hätte. Die ganze Show über lief ich wie ein Irrer hin und her, egal, ob ich spielte oder nicht; ich bewegte mich die ganze Zeit. Vermutlich haben alle gedacht, ich bin nicht ganz dicht, aber ich hab nur versucht, mich zusammenzureißen, und das war für mich die einzige Möglichkeit. Gleich nach dieser Fernsehshow spürte ich dieses taube Gefühl in meiner Hand und in meinen Fingern. Schon da hätte ich was unternehmen müssen, was ich natürlich nicht getan habe. Nach diesem Schlaganfall − oder was immer es auch war − und den Warnungen des Doktors hörte ich auf die „cold turkey-Methode" mit allem auf, genau wie ich's damals mit dem Heroin gemacht hatte. Hörte mit einem Schlag auf.

Das war 1982. Mein Arzt sagte mir, daß ich jederzeit wieder einen Schlaganfall bekommen kann, falls ich in den nächsten sechs Monaten Sex hätte. Das war hart, denn ein Steifer fragt nicht nach der Zeit; und mir geht's mit dem Sex auch so. Und wenn du nicht gleich hingehst und es auf der Stelle machst, bringst du's nicht mehr. Aber ich mußte es bleiben lassen, und Cicely sagte: „Wenn du's lassen willst, dann warte ich eben." Also wartete sie sechs Monate.

Durch das Ganze war ich ziemlich geschwächt und konnte nicht spielen. Ich hatte noch nicht mal die Kraft, um grade zu pinkeln. Der Urin lief mir immer am Bein runter. Dr. Chin gab mir Kräuter, die mich, so sagte er, innerhalb von sechs Monaten von innen her reinigen würden. Als ich mit diesen Kräutern anfing, kam aller möglicher Scheiß aus mir raus; Schleim, einfach alles. Dr. Chin sagte noch, daß ich, wenn ich die Kräuter sechs Monate lang nehme, wieder Lust auf Sex hätte. Ich dachte mir „Bullshit". Aber er hatte recht, denn gleich nachdem die sechs Monate vorbei waren, spürte ich wieder diesen Drang. Irgendwie verlor ich durch die ganze Geschichte fast alle Haare, und das machte mich echt ganz schön fertig, denn wenn's um mein Aussehen geht, war ich schon immer eitel.

Nach dem Schlaganfall mußte ich fast ein Vierteljahr lang drei- bis viermal in der Woche ins New York Hospital, um eine Physiotherapie zu machen. Jim Rose fuhr mich immer hin. Mann, das war die schlimmste Sache, die mir jemals passiert war, denn als ich die ganze Zeit mit der verbundenen Hand und den steifen Fingern rumlief, dachte ich, daß ich nie mehr spielen kann. Zumindest schlich sich diese Vorstellung manchmal in meine Gedanken. Das war schlimmer als der Tod; zu leben, wenn der Verstand arbeitet, und nicht das spielen zu können, was im Kopf war. Aber nachdem ich 'ne Zeitlang die Kräuter genommen und die Therapie gemacht hatte, nicht geraucht und getrunken, gutes Essen zu mir genommen, mich viel ausgeruht und Perrierwasser statt Bier und Likör getrunken hatte, kam plötzlich wieder Leben in meine Finger. Ich ging wieder, wie früher, jeden Tag schwimmen, und dadurch verbesserten sich meine Lungenkapazität und meine Kondition wieder. Ich konnte spüren, daß es langsam aufwärtsging und ich wieder kräftiger wurde.

Im April 1982 holte ich die Band wieder für eine Europa-Tournee zusammen, die im Mai stattfinden sollte. Ich sah aus wie eine Leiche auf Urlaub. Ich war unglaublich dünn und hatte fast kein Haar mehr; es standen nur noch ein paar Strähnen in die Höhe. Ich kämmte sie nach hinten und legte mir ein damit fest verwobenes Haarteil zu. Oft war ich so schwach, daß ich mich beim Spielen hinsetzen mußte. An manchen Tagen ging's gut, und an anderen Tagen hätte ich mich am liebsten ins Flugzeug gesetzt und wäre wieder nach Hause geflogen. Aber die Band spielte immer besser zusammen. Wenn's mir gutging, lief ich auf der Bühne hin und her und spielte in das drahtlose Mikrofon, das am Trichter meiner Trompete befestigt war. An den Keyboards setzte ich mich allerdings immer auf einen Stuhl. Obwohl ich schrecklich krank aussah, fühlte ich mich in Wirklichkeit so stark wie schon lange nicht mehr. Ich hatte viel Gewicht verloren, weil ich eine Fisch- und Gemüsediät machte, die nicht dick macht. Deshalb sah ich so schwach aus.

Obwohl ich ziemlich krank war, gelang es uns, irgendwelche Geschichten über meinen Schlaganfall aus den Zeitungen und von den Medien rauszuhalten. Keiner wußte von dem Problem, bis Leonard Feather einige Monate später ein Interview veröffentlichte, in dem ich ihm erzählt hatte, daß ich meine Hand nicht bewegen konnte. Aber als das Interview erschien, hatten wir unsere Europa-Tournee schon hinter uns.

Mein größtes Problem auf dieser Tournee waren Cicely und eine Freundin von ihr: Mann, für die Roadies waren die zwei mit ihrem Primadonna-Bullshit, „Bring mir dies", „Hol mir das", ein richtiger Stachel im Arsch. Sie kauften Klamotten, als gäb's kein Morgen mehr. Während ich, die Band und die Road Crew nicht mehr als jeweils zwei Koffer hatten, brachten es Cicely und ihre Freundin bald auf achtzehn. Das wurde allmählich lächerlich. Chris und Jim, meine zwei Hauptroadies, mußten mit Mark Allison und Ron Larmann (den beiden anderen Roadies) ihren eigenen Scheiß *und* den von Cicely und ihrer Freundin schleppen. Jim und Chris waren richtig sauer. Ich kassierte fünfundzwanzigtausend Dollar pro Abend, und Jim und Chris wurden für ihre Arbeit echt gut bezahlt. Aber für die Art, wie sie von Cicely und ihrer Freundin behandelt wurden, reichte das Geld wirklich nicht. Jim und Chris wagten nicht, sich über Cicely zu beschweren, weil sie dachten, daß ich dann explodieren würde, da Cicely schließlich meine Frau war. Vielleicht hätte ich tatsächlich so reagiert, keine Ahnung.

Seitdem Cicely ein Star war, hatte sie sich verändert. Sie wollte alles, machte vielen Leuten das Leben schwer und behandelte manche, als wären sie der letzte Dreck. Ich weiß, daß ich in der Beziehung auch keinen besonders guten Ruf habe, aber ich mach niemanden an, nur weil ich denke, ich bin berühmt und kann's mir erlauben. Aber genau mit solchem Scheiß fing Cicely an, als sie ein Star war; alle hatten unter ihr zu leiden. Sie behandelte die Roadies wie ihre Diener.

Cicely ging mir allmählich total auf die Nerven, also sagte ich in Rom zu Jim, daß ich ein eigenes Zimmer haben will. Die drei Tage in Rom wohnte ich woanders, und Cicely wußte nicht, wo. Nach den drei Tagen und dem Konzert durfte sie wieder bei uns wohnen. Ich hatte ihr klargemacht, daß ich mich erholen mußte.

In Paris hatte ich schon einmal 'ne kurze Pause von Cicely gemacht und mich von Jim Rose zu Juliette Gréco bringen lassen. Wir sind immer noch gute Freunde, und ich treffe sie gern, wenn ich in Paris bin. Wir erzählten uns einfach, was wir so machten, und redeten über die alten Zeiten. Es tat gut, sie zu sehen, es tat immer gut.

Auf diesem Europatrip fing ich zu zeichnen an. Zuerst waren es nur ein paar hingekritzelte Figuren. Im Sommer letzten Jahres hatte Cicely mir ein paar Skizzenblöcke gekauft, aber ich hatte sie nicht oft benutzt. Aber wenn ich jetzt grade nicht mit Musik und Spielen beschäftigt war, dachte ich öfter ans Zeichnen und Malen. Anfangs erfüllte es eher einen therapeutischen Zweck, ich hatte jetzt einfach viel mehr Leerlauf, wo ich nicht mehr rauchte, trank oder schnupfte. Ich mußte mich dauernd beschäftigen, um nicht an diese Sachen zu denken.

Als ich nach meinem jahrelangen Rückzug wieder in der Musikszene auftauchte, war genau das passiert, was ich schon lange geahnt hatte. Die Gitarre war zum wichtigsten Instrument geworden. Das lag einmal an der Popmusik und dann an den Kids, die wirklich auf dieses Instrument abfuhren. Außerdem konnte man singen und sich dazu selbst begleiten. Die jungen Musiker spielten hauptsächlich E-Gitarre, E-Baß oder E-Piano, schrieben Popsongs oder wurden nur Sänger. In diese Richtung gingen die schwarzen Kids, die musikalisch was drauf hatten, und daran konnte keiner was ändern.

Immer weniger schwarze Musiker spielten Jazz, und ich wußte, warum: Jazz wurde langsam Musik fürs Museum. Und daran tragen viele Kritiker und Musiker die Schuld. Wer will schon vor seiner Zeit tot sein, mit einundzwanzig oder so? Doch genau das passierte dem, der zum Jazz ging. Jedenfalls sah's für mich so aus. Doch das hätte nur verhindert werden können, wenn man irgendwie die jüngeren Leute erreicht hätte; und das war nicht der Fall. Die meisten Jazzgruppen hörte ich mir erst gar nicht mehr an, weil sie immer noch dieselben musikalischen Licks brachten, die wir schon damals mit Bird gespielt hatten; die und vielleicht noch ein paar Sachen von Coltrane oder Ornette. Dieser Scheiß langweilte allmählich. Die Jazzmusiker fielen den Kritikern zum Opfer, von denen die meisten sowieso zu faul sind, sich in eine neue zeitgenössische musikalische Ausdrucksweise und Sprache einzuarbeiten. Das riecht ihnen nach zuviel Arbeit, also machen sie's lieber bei jeder Gelegenheit runter. Dumme, unsensible Kritiker haben schon oft große Musik und ihre Musiker kaputtgemacht, Musiker, die einfach nicht so entschieden wie ich gesagt haben: „Ihr könnt mich alle mal."

Obwohl sich in der Jazz-Szene anscheinend nichts mehr tat, kamen doch ein paar gute, junge Musiker nach, zum Beispiel Lester Bowie und die Marsalis-Brüder, Wynton und Branford. Jeder sagte, Wynton sei einer der besten Trompeter seit langem. Ich glaube, er war damals in der Band von Art Blakey, genau wie Branford, sein älterer Bruder, der Saxophon spielte. Es muß so um 1981 gewesen sein, als ich zum ersten Mal von den beiden hörte. Ich hatte keine Ahnung, was mit Freddie Hubbard passiert war, den ich für einen großen Nachwuchstrompeter hielt. Viele gute Trompeter waren jetzt von der Szene verschwunden: Lee Morgan wurde ermordet, Booker Little war genauso jung wie Clifford Brown gestorben, und Woody Shaw war in den Drogen versackt und fand deshalb nie die Anerkennung, die er meiner Meinung nach verdient hätte. Dann gab es angeblich einige großartige Jungs wie Jon Faddis oder Olu Dara, ein Musiker aus Mississippi, aber ich hab sie nie spielen hören. Zu den Großen gehörte natürlich immer noch Dizzy, genau wie Hugh Masekela, Art Farmer und ein paar andere Typen.

Einige neue Entwicklungen in der Musik waren ganz interessant, aber das meiste passierte in der weißen Rockmusik. Ein Teil der Fusion-Musik war okay, besonders der Kram von

Weather Report, Stanley Clarke und ein paar andern Jungs. Aber ich sah noch mehr Raum für neue musikalische Ausdrucksformen. Was zum Beispiel in der Rap-Musik ablief, war ganz vielversprechend, aber damit war's noch nicht soweit. Und dann gab es noch Prince. Zum ersten Mal hörte ich ihn 1982, zur Zeit meiner Europa-Tournee, es war die aufregendste Musik in diesem Jahr. Da machte einer etwas völlig anderes, und ich nahm mir vor, ihn nicht aus den Augen zu verlieren.

Im Frühling 1982 kamen wir nach New York zurück und tourten den Sommer über durch die Staaten und durch Kanada. Durch das ständige Spielen wurden meine Technik, mein Sound und mein Klang wieder hörbar stärker. Es lief alles besser, als ich dachte. Ich nahm mir sogar kurz frei und fuhr mit Cicely nach Lima in Peru, wo sie in der Jury für die Miß-Universum-Wahlen saß. Drei oder vier Tage machte ich nichts außer Schwimmen und am Hotel-Pool rumliegen, ausruhen und guten Fisch essen. Allmählich sah ich wieder wie früher aus, nur das verdammte Haar wollte nicht mehr wachsen, und das stank mir gewaltig.

Im Spätsommer 1982 erschien *We Want Miles**. Die meisten Stücke auf dem Album waren Live-Aufnahmen von unserer ersten Tournee im Jahr 1981. Im Herbst nahmen wir *Star People*** auf (ich glaube, es waren die letzten Alben, bei denen ich mit Teo Macero zusammenarbeitete). Bei dieser Session spielten wir „Come and Get It" ein, die Eröffnungsnummer bei unseren Live-Auftritten, und „Star on Cicely", nach einem Arrangement von Gil Evans. Das Titelstück „Star People" ist ein langer Blues; und ich finde meine Soli hier wirklich gelungen.

Bei den letzten Stücken für *Star People*, die wir Ende 1982/ Anfang 1983 aufnahmen, spielte John Scofield Gitarre, und ich behielt ihn dann gleich in der Band. John machte seinen ersten Gig mit uns Ende des Jahres in New Haven, Connecticut, und

---

* Miles Davis: *We Want Miles* (CBS 88579).
** Miles Davis: *Star People* (CBS 25395).

spielte auch Silvester 1982 beim Felt Forum im Madison Square Garden mit. Wir teilten uns diesen Gig mit Roberta Flack. Mir gefielen die Finessen in John Scofields Spielweise. John war, genau wie Mike Stern, eine Empfehlung meines Saxophonisten Bill Evans. Ich hatte den Eindruck, daß zwei Gitarristen mit unterschiedlichen Stilen der Musik mehr Dynamik und kreative Spannung geben könnten. Außerdem dachte ich, daß Mike von John ein bißchen Understatement lernen könnte. Mike Stern war eher Rock-orientiert; mit John Scofield in der Band konnte ich jetzt wieder öfter einen Blues spielen. Der Blues mit einem leichten Jazz-Touch war Johns Ding.

Zur selben Zeit, als John sich der Band anschloß, verließ mich Marcus Miller. Es tat mir sehr weh, weil Marcus mein bester Bassist seit sehr langer Zeit gewesen war. Außerdem war er ein lustiger Kerl, der 'ne gute Stimmung in die Band brachte. Seine Nähe war einfach angenehm, er war reif und ein wirklich toller Musiker. Dieser Motherfucker beherrschte vier oder fünf Instrumente – Gitarre, Baß, Saxophon und noch ein paar andere. Als einer der besten Studiomusiker in den Vereinigten Staaten war Marcus sehr gefragt. Eigentlich war's ein Verlustgeschäft für ihn, bei mir mitzuspielen, da er zudem als Produzent und Komponist viel mehr verdienen konnte.

Ungefähr zu dieser Zeit wechselte ich meine Manager. Nach einem Streit feuerte ich Max Rothbaum und engagierte auf Cicelys Rat ein paar jüdische Typen aus Philadelphia, die Blank-Brüder, Lester und Jerry, dazu Bob, den Sohn von Lester, der auch bei ihnen mitarbeitete. Aber eigentlich war ich immer gern mit Mark Rothbaum unterwegs. 1982 hatte er mich und Cicely nach Las Vegas mitgenommen und mir Willie Nelson und dessen Frau Connie vorgestellt. Mark managt Willie, aber auch Emmylou Harris, Kris Kristofferson und noch ein paar andere Stars. Wir verbrachten eine schöne Zeit in Las Vegas, und ich lernte Willie Nelson näher kennen. Er war ein bodenständiger Typ und immer cool mir gegenüber. Außerdem mochte ich die Art, wie er sang, schon immer.

Im Frühjahr 1983 tourte die Band wieder durch Europa.

Chris Murphy, mein Roadie, stieg in Turin aus, weil er Cicely nicht länger ertragen konnte. Jetzt, wo die Blanks die Geschäfte führten, wollten sie uns auf ihre Art durch die Tournee knausern und ließen uns um jeden Cent feilschen. Aber bei 'ner Tournee braucht man Bargeld, wenn alles reibungslos laufen soll, und das hielten sie zurück. Schon da merkte ich, daß ich wahrscheinlich einen großen Fehler gemacht hatte. Die Blanks erwiesen sich als richtige Horrorshow, sie konnten uns kaum Termine verschaffen. Während des geamten Jahres 1983 buchten sie – neben einer Japan-Tournee im Mai – lediglich ein paar Termine in Europa. So unfähig waren sie.

Cicely und ich wohnten jetzt in der westlichen 70sten Straße, Nr. 315, weil mein Haus in der westlichen 77sten von Grund auf renoviert wurde; dann zogen wir nach Malibu, Kalifornien, wo sie ihr Haus am Strand hatte. Ich steckte viel Geld in die Renovierung, damit es so würde, wie Cicely es haben wollte. Aber als Ironie der Geschichte mußte ich am Ende das Haus auf Druck der Blank-Brüder verkaufen, weil ich ihnen Geld schuldete. Ich denke, daß Cicely in Wirklichkeit deshalb so hinter der Renovierung des New Yorker Hauses her war, weil sie dort einen neuen Anfang machen wollte, ohne dabei dauernd an die vielen Frauen erinnert zu werden, die vor ihr dort gewesen waren. Aber daß mein Haus so ausgemistet und renoviert wurde, stank mir 'ne Zeitlang ganz schön.

Zumindest unsere Musik war erfreulich. Die Jungs in der Band spielten wirklich gut, und die Stimmung war immer super. Für Marcus Miller spielte Tom Barney ein oder zwei Monate am Baß. Dann ersetzte ich ihn durch Darryl Jones aus Chicago, der gerade neunzehn war. Mein einziges Problem mit den Jungs war, daß sie die Kritiken lasen, in denen stand, unsere Musik würde nicht richtig abgehn. Es waren Musiker, die sich einen Namen machen wollten und dachten, sie spielten mit jemandem, auf den alle standen. Sie erwarteten, daß die Kritiker unsre Musik großartig fanden. Das war nicht der Fall, und das beunruhigte sie. Ich mußte ihnen klarmachen, wie die Kritiker zu mir standen – zumindest ein paar.

Auf der Bühne verständigte ich mich mit den Musikern, indem ich ihnen bestimmte Blicke zuwarf. Dieser Blick sagte ihnen, daß sie anders spielen sollten, als sie's grade machten, und nach 'ner Weile stimmte die Musik tatsächlich. Ich hörte jedem einzelnen beim Spielen zu. Ich hör auch heute ständig hin, und sobald irgendwas nur leicht danebenliegt, krieg ich es sofort mit und versuch es noch während des Auftritts zu korrigieren. Genau das passiert, wenn ich mit dem Rücken zum Publikum stehe – ich kann nicht noch gleichzeitig mit den Leuten reden und rumalbern. Außerdem spricht die Musik zu ihnen. Ein hipes und waches Publikum spürt, wenn die Musik gut ist und losgeht. Und wenn das der Fall ist, dann stimmt der Groove, und man kann's genießen.

Aus meiner neuen Band stand mir Al Foster am nächsten, denn er war am längsten dabei. Er war ein wirklich spiritueller, angenehmer Mensch. Al war es auch, der mich musikalisch auf dem laufenden hielt, als ich mich zurückgezogen hatte. Wir sahen uns damals fast täglich, und ich vertraute ihm wirklich. Ich kann mich nur schwer bei Leuten entspannen, die ich nicht gut kenne, und selbst wenn ich schon länger mit ihnen zu tun gehabt habe, ist es schwierig für mich, ihnen zu vertrauen. Vielleicht hat das etwas mit der Gegend zu tun, in der ich groß geworden bin. Die Leute aus East St. Louis und Umgebung werden nicht so schnell mit Fremden warm. Wenn sie mit dir lachen und reden, zeigen sie dir nur eine Maske; sie wollen dich erst mal auschecken. Das ist vermutlich eine Mentalität, die man nur auf dem Land findet. Leute aus ländlichen Gegenden sind skeptisch, das ist bei mir genauso, egal, wie sophisticated ich inzwischen geworden bin. Meine besten Freunde sind meistens die Musiker aus meiner aktuellen Band, das war auch mit den Jungs so, die ich jetzt hatte. Ich mochte Bill Evans und Darryl Jones (und Marcus Miller, bevor er wegging). Ich mochte auch John Scofield und Mike Stern, obwohl ich ihn ziehn lassen mußte. Wir standen uns nahe, alle; wir waren eine Front gegen die Welt der Kritiker.

We Want Miles gewann 1982 einen Grammy, und im *Jazz*

Forum wurde ich zum Jazz-Musiker des Jahres gewählt. Wir spielten auf einigen Festivals in Japan und Kanada, und ab Sommer 1983 fingen wir mit den Aufnahmen für *Decoy** an, die wir mit ein paar Live-Stücken mischten. Für die Session im Studio holte ich Branford Marsalis am Sopransaxophon und Robert Irving (der schon bei *The Man with the Horn* mitspielte) am Synthesizer, ein Instrument, das ich in Zukunft verwenden wollte. Gil Evans übernahm einige Arrangements. Eigentlich hätte ich Branford gern in meiner Band gesehn, aber er konnte nicht, weil er Verpflichtungen bei seinem Bruder Wynton hatte. Ich kannte Branford von einem Gig in St. Louis. Ich glaube, er spielte mit Herbie Hancock, Wynton, Tony Williams und Ron Carter in 'ner Band, die sich Reunion nannte. Es gefiel mir, was er brachte, und ich fragte ihn, ob er ein paar Aufnahmen mit mir machen könnte.

Im Herbst 1983 gab ich einige Konzerte in Europa. Die Tournee war ziemlich außergewöhnlich, weil die Leute sich wahnsinnig freuten, mich zu sehen, und wirklich auf die Musik abfuhren. Ich erinnere mich noch ganz besonders an ein Konzert in Warschau. Wir mußten nicht mal durch den Zoll gehn, sie winkten uns einfach durch. Alle trugen „We Want Miles"-Buttons. Juri Andropow, der sowjetische KP-Generalsekretär, stellte mir seine private Limousine (oder ein ähnliches Auto) zur Verfügung, die mich in Warschau überall hinbringen sollte, wohin ich wollte. Sie erzählten mir, daß er meine Musik unheimlich mochte und mich für einen der größten Musiker aller Zeiten hielt. Ich erfuhr auch, daß er eigentlich zu meinem Konzert kommen wollte, aber zu krank war. Er ließ mir seine persönlichen Grüße überbringen, wünschte mir einen erfolgreichen Auftritt und bedauerte, daß er nicht dabeisein konnte. Ich wohnte im besten Hotel in Warschau und wurde wie ein König behandelt. Als das Konzert zu Ende war, standen die Leute, jubelten und wünschten mir im Chor, daß ich hundert Jahre alt werde. Mann, war das irre!

---

* Miles Davis: *Decoy* (CBS 25951).

KAPITEL 18

Als ich wieder zurück in den Staaten war, hatte Cicely mit den Leuten von Columbia eine Feier für mich organisiert. Sie fand im November 1983 in der Radio City Musik Hall statt unter dem Titel „Miles Ahead: A Tribute to an American Music Legend". Die Black Music Association trat als Co-Produzent auf. Bill Cosby fungierte als Gastgeber für diesen Abend, an dem alle möglichen Musiker mitwirkten: Herbie Hancock, J. J. Johnson, Ron Carter, George Benson, Jackie McLean, Tony Williams, Philly Joe Jones und ein Haufen anderer. Sie hatten sogar 'ne All Star Band unter der Leitung von Quincy Jones, die einige von Gil Evans' Arrangements für *Porgy and Bess* und *Sketches of Spain* in der Bearbeitung von Slide Hampton spielten. Der Präsident der Fisk University verlieh mir die Ehrendoktorwürde für Musik.

So weit war alles ganz cool, und ich konnte es richtig genießen. Aber dann sollte ich 'ne Rede halten, und mir fiel nichts anderes ein als „Danke schön". Ich glaube, darüber ärgerten sich einige Leute, die mich für undankbar hielten, aber das stimmte nicht. Mir liegen lange Reden nun mal nicht, das ist nicht mein Ding. Ich sagte, was ich für richtig hielt, und das kam aus ehrlichem Herzen. Zuvor hatte ich einen halbstündigen Set mit meiner Band gespielt. Eigentlich wollten sie, daß ich zusammen mit ein paar von den alten Jungs auftrat, aber das brachte ich nicht; ich glaube nicht an die Vergangenheit. Es war ein wunderschöner Abend, und ich war glücklich, daß sie mich so ehrten. Aber gleich danach wurde ich krank und mußte mich wieder an der Hüfte operieren lassen. Und dann bekam ich eine Lungenentzündung und war wieder für sechs Monate lahmgelegt.

Als ich wieder gesund war, gaben wir die üblichen Konzerte. *Decoy* gewann zur selben Zeit einen Grammy für das beste Album des Jahres, und Al Foster verließ vorübergehend die

Band, weil ihm dieser funky Backbeat, den ich haben wollte, nicht mehr paßte. Al war immer gegen die Rock-Sache. Für ihn holte ich meinen Neffen Vincent Wilburn ans Schlagzeug, denn das war genau sein Ding. Es fiel mir unheimlich schwer, Al ziehn zu lassen, weil wir uns so nahestanden, aber bei mir kommt die Musik an erster Stelle. Auf dem nächsten Album *You're Under Arrest*, 1985, spielten Al und Vincent abwechselnd. Vincent kam im März 1985 in meine Band, gleich nachdem Al endgültig gegangen war, und blieb ungefähr zwei Jahre bei mir.

Im November 1984 erhielt ich den Sonning-Preis für mein musikalisches Lebenswerk. Der Preis wird in Dänemark verliehen, und ich war der erste Jazzmusiker und der erste Schwarze, der ihn bekam. Normalerweise werden mit ihm klassische Musiker ausgezeichnet wie Leonard Bernstein, Aaron Copland und Isaac Stern, die ihn schon gewonnen hatten. Ich war glücklich und fühlte mich sehr geehrt. Daraufhin sollte ich eine Platte mit den besten dänischen Jazzmusikern machen, und so flog ich im Februar 1985 noch mal rüber, um mit 'ner Big Band aufzunehmen. Die Stücke wurden von dem dänischen Komponisten Palle Mikkelborg geschrieben und waren eine Mischung aus orchestraler und elektronischer Musik. Ich nahm Vincent mit, um einen bestimmten Schlagzeug-Sound zu haben. John McLaughlin spielte Gitarre und Marilyn Mazur Percussion. Zuerst wollte Columbia das Album rausbringen, aber dann ließen sie mich hängen, und ich mußte mir das Geld von der Nationalen Stiftung für die Förderung der Künste besorgen, damit ich das Album überhaupt fertigstellen konnte; es wurde später unter dem Titel *Aura* veröffentlicht.*

Das war der Anfang vom Ende meiner Beziehungen zu Columbia. Das und die Art, wie George Butler mich und Wynton Marsalis behandelte. Ich mochte Wynton wirklich, als ich ihn kennenlernte. Und auch heute noch ist er ein netter junger Mann, nur etwas verwirrt. Er war ein echt guter klassi-

* Miles Davis: *Aura* (CBS 463351-1).

scher Musiker und auf der Trompete technisch perfekt. Aber ein großer Jazzmusiker braucht mehr als das, er braucht Gefühl, muß das Leben kennen, und beides lehrt einem nur das Leben selbst, die Erfahrung. Meiner Meinung nach fehlte ihm das immer. Aber ich war nie eifersüchtig auf ihn oder sowas. Verdammt noch mal, Mann, er hätte schließlich mein Sohn sein können, und ich wollte das Beste für ihn.

Aber je berühmter er wurde, desto häufiger verbreitete er gemeine, respektlose Geschichten über mich, Sachen, die ich nie über irgendeinen Musiker gesagt hätte, der mich beeinflußt und den ich geachtet hätte. Ich hab viele Musiker abgelehnt und daraus nie einen Hehl gemacht – schon gar nicht, wenn ich sie nicht ausstehen konnte –, aber ich hab nie jemanden runtergemacht, der mich so beeinflußt hatte wie ich Wynton. Als er begann, in der Presse gegen mich zu hetzen, war ich zuerst nur überrascht, aber dann wurde ich sauer.

George Butler war der Produzent von uns beiden, und irgendwie war ihm die Musik von Wynton wichtiger als meine. George stand auf diesen klassischen Mist, und er drängte Wynton, mehr in der Richtung aufzunehmen. Wynton wurde überall massiv gefeatured, weil er klassische Musik spielte. Er gewann *alle* Auszeichnungen – in der klassischen Kategorie wie im Jazz. Viele Leute dachten, daß ich deshalb eifersüchtig bin. Aber ich war nicht eifersüchtig; nur spielte er meiner Meinung nach nicht so gut, wie alle behaupteten.

Die Presse versuchte, Wynton gegen mich auszuspielen. Mit ihm wurde ich verglichen, nie aber mit 'nem weißen Trompeter wie Chuck Mangione. Es lief wie bei Richard Pryor, Eddie Murphy und Bill Cosby, die auch immer in einem Atemzug genannt werden. Sie würden sie nie in Konkurrenz zu jemandem wie Robin Williams oder irgendeinem andern Weißen setzen. Als Bill Cosby anfangs die vielen Auszeichnungen für seine TV-Shows gewann, hätte man bei den Preisverleihungen 'ne Stecknadel fallen hören können, denn die meisten Fernsehsender hatten ihn vorher abgelehnt. Die Weißen wollen Schwarze sehen, die auf den Knien kriechen und Onkel Tom spielen. Oder aber sie wollen, daß sich die Schwarzen untereinander zerfleischen, wie bei Wynton und mir.

Die Weißen loben also Wynton für sein klassisches Spiel, und das ist in Ordnung. Aber dann gehen sie auch noch her und stellen ihn im Jazz *über* Dizzy und mich, wo er doch selber weiß, daß er nicht mal die Noten umblättern könnte bei dem Zeug, was wir früher gespielt haben, und auch nicht bei dem, was wir noch bringen werden. Das Schlimme daran ist, daß Wynton auf den ganzen Scheiß hört und den Leuten glaubt. Wenn er damit nicht aufhört, versauen sie ihn endgültig. Sie haben ihn sogar schon so weit, daß er die Musik seines eigenen Bruders runtermacht. Daran kannst du sehn, welcher Mist da abläuft, wenn du bedenkst, wie gut Branford Marsalis spielen kann.

Sie ließen Wynton irgendwelche europäische Musik spielen, altes, totes Zeug. Warum nimmt er keine schwarzen, amerikanischen Komponisten und gibt ihnen ein Forum? Wenn die Plattenfirmen schon wollen, daß schwarze Jungs klassisches Zeug bringen, warum stellen sie dann nicht statt diesem alten Scheiß ein paar schwarze klassische Komponisten raus oder meinetwegen auch junge weiße. Ich sag nicht, daß diese Musik schlecht ist, aber es ist eben immer und immer und immer wieder dasselbe. Wynton spielt ihren toten Mist, Sachen, die jeder kann. Du mußt einfach nur üben, üben, üben. Ich hab ihm gesagt, ich würd mich nicht verbeugen, um diese Musik zu spielen, und daß sie froh sein können, ein Talent wie ihn gefunden zu haben, das ihnen diesen einschläfernden Scheiß spielt.

Eigentlich hätte Wynton es besser wissen müssen, nachdem er mitgekriegt hat, wie sie mich und alle übrigen Jungs vor ihm behandelt haben, wie sie uns erst mal nach oben bringen, um uns dann bei der ersten falschen Note runterzumachen. Wynton verleugnet sich selbst und spielt ihren Scheiß, aber damit vertut er Zeit, denn er muß noch vieles übers Improvisieren lernen. Ich seh nicht ein, warum unsere Musik nicht genauso geschätzt wird wie die europäische klassische Musik. Beethoven ist schon lange tot, und sie reden immer noch über ihn, lehren und spielen seine Musik. Warum reden sie nicht über Bird, Trane, Monk, Duke, Count, Fletcher Henderson oder Louis Armstrong? Scheiße, *diese* Musik ist klassisch. Wir sind alle Amerikaner, und früher oder später müssen die Weißen sich damit abfinden und alle großen Dinge anerkennen, die die Schwarzen hier gebracht haben.

Sie werden einsehen müssen, daß wir an die Dinge anders rangehen. Unsere Musik ist am Freitag anders als am Samstag. Unser Essen ist anders. Die meisten Schwarzen setzen sich nicht hin und lauschen Billy Graham oder diesen anderen verknöcherten Predigern, die verdammt wie Ronald Reagan klingen. Wir stehen nicht auf solchen Scheiß, und auch Wynton nicht, jedenfalls nicht wirklich. Aber sie brachten ihn so weit, daß er glaubt, das ist es, das ist hip. Aber das ist es nicht, zumindest nicht für mich.

Ende 1984, Anfang 1985 nahm ich *You're Under Arrest* auf.* Es war meine letzte offizielle Platte für Columbia. Bob Berg ersetzte Bill Evans am Saxophon, Steve Thornton war für Mino Cinelu dabei, und Vincent Wilburn, mein Neffe, spielte für Al Foster am Schlagzeug. Sting taucht auf dem Album als Stimme des französischen Polizisten auf. Darryl Jones war grade mit ihm im Studio und fragte mich, ob er ihn mal mit rüberbringen könnte. Sting ist ein netter Kerl, obwohl ich zu der Zeit noch nicht wußte, daß er Darryl als Bassisten für seine Band engagieren wollte.

Die Idee für *You're Under Arrest* entstand aus den Problemen, die Schwarze überall mit der Polizei haben. Sobald ich in Kalifornien durch die Gegend fahre, kriege ich Ärger mit der Polizei. Es gefällt ihnen einfach nicht, daß ich in einem gelben 60 000-Dollar-Ferrari spazierenfahre. Es gefällt ihnen auch nicht, daß ich – ein Schwarzer – in einem Haus direkt am Strand von Malibu wohne. *You're Under Arrest* handelt davon, daß du eingesperrt bist, weil du zur Straßenszene gehörst, daß du politisch isoliert wirst. Es reicht nicht, daß du mit dem

---

* Miles Davis: *You're Under Arrest* (CBS 26447).

Horror eines atomaren Holocausts leben mußt – du sollst auch spirituell begrenzt werden. Die atomare Bedrohung ist eine Scheißsache, mit der wir täglich zu tun haben, genau wie die Umweltverschmutzung, der du nicht entkommst. Verschmutzte Seen, Meere, Flüsse; verschmutzter Boden, Bäume, Fische, alles.

Weißt du, sie zerstören einfach alles, weil sie so verdammt gierig sind. Ich rede von den Weißen, die überall auf der Welt gleich sind. Sie zerstören die Ozonschicht, drohen jedem mit ihren Bomben, wollen ständig die Sachen der andern Leute und lassen ihre Armeen einmarschieren, wenn sich jemand weigert. Alles, was sie tun und was sie schon immer getan haben, ist schamlos, erbärmlich und gefährlich, weil jeder dadurch bedroht ist. Daher produzierte ich mit dem Synthesizer auf „Then There Were None" die Geräusche eines Flammeninfernos und von heulendem Wind – eine atomare Explosion. Und dagegen setze ich meine einsame Trompete – das Wimmern eines Babys oder das verzweifelte Weinen eines Menschen, der die Katastrophe überlebt hat. Daher auch diese dröhnenden, traurigen Glocken. Sie läuten den Toten. Dazu nahm ich den Countdown „5, 4, 3, 2,..." mit rein, und am Ende der Platte hörst du meine Stimme: „Ron, du solltest einfach den *anderen* Knopf drücken."

You're Under Arrest war wirklich erfolgreich; im Lauf von ein paar Wochen verkauften sich mehr als hunderttausend Alben. Aber was bei Columbia ablief, gefiel mir nicht. Und als sich die Gelegenheit bot, zu Warner Bros. Records zu wechseln, sagte ich meinem Manager, David Franklin, daß er zugreifen soll. Er arbeitete auch für Cicely, sie hatte ihn mir empfohlen. Ich war fest entschlossen, in Zukunft nur noch einen Schwarzen meine Geschäfte führen zu lassen. Aber David baute bei den Verhandlungen mit Warners Mist; er machte zu viele Zugeständnisse und gab zum Beispiel all meine Veröffentlichungsrechte an sie ab. Warner Bros. zahlten uns viel Geld, sie legten 'ne siebenstellige Summe nur dafür hin, daß wir unterschrieben. Aber daß ich meine Verlagsrechte abgeben mußte, paßte mir überhaupt

nicht. Deshalb tauchen auch auf meinen neuen Platten keine
Stücke mehr von mir auf. Warner Bros. hätten nämlich die
Rechte daran, nicht ich; und solange dieser Punkt nicht neu
verhandelt ist, wird man weiterhin die Songs von andern Leuten auf meinen Alben hören.

Von 1984 bis 1986 tourte ich in der ganzen Welt rum. Es
passierte nichts Neues, nur viel Musik, die ich in Städten
spielte, wo ich schon sehr, sehr oft gewesen war. Die Spannung
war raus. Es wird alles zur Routine, und nur die Musik hält dich
noch aufrecht. Wenn die Musik cool ist, läßt sich alles andere
leichter ertragen. Wenn sie's nicht ist, dann kann's hart werden,
denn 'ne lange Tournee ist manchmal ermüdend und langweilig. Aber ich bin dran gewöhnt. Seitdem ich mich intensiv mit
Malen beschäftige, verbringe ich unterwegs viel Zeit in Mu-
seen. Ich besuche Maler, Bildhauer und kaufe viel Kunst. Das
ist relativ neu für mich, aber es gefällt mir, und ich habe das
Geld, mir Kunst aus aller Welt zu kaufen. Inzwischen wächst
meine Sammlung mit internationalen Stücken, die ich zu einem Teil in meinem Haus in Malibu, zum anderen in meinem
New Yorker Appartement aufbewahre.

Ich zeichne und male immer häufiger. Wenn ich zu Hause
bin, beschäftige ich mich täglich mehrere Stunden damit; aber
auch wenn ich unterwegs bin, zeichne ich. Es beruhigt mich,
und ich finde es einfach wunderschön, wenn ich sehe, was aus
meiner Phantasie entsteht. Für mich ist es eine Form von
Therapie, die meine Gedanken auf positive Art beschäftigt,
wenn ich keine Musik mache. Ich bin richtig besessen, wenn ich
male, es ist wie mit der Musik und allen andern Dingen, die mir
wichtig sind. Gute Filme zum Beispiel, die ich mir so oft wie
möglich ansehe.

Ich hab noch nie viele Bücher gelesen, dazu fehlte mir immer
die Zeit. Dafür lese ich alle Magazine und Zeitungen, die ich in
die Hände kriege. Daraus beziehe ich meine Informationen.
Außerdem seh ich mir ganz gern CNN an, den Nachrichtensen-
der. Aber beim Lesen bleibe ich immer skeptisch, weil ich vielen
Schreibern einfach nicht traue; die meisten sind nicht ehrlich,

besonders die Journalisten. Mann, die denken sich alles mögliche aus, um 'ne gute Story rauszuschlagen. Dieses Mißtrauen gegenüber Schreibern kommt vermutlich daher, daß ich wenig Journalisten getroffen habe, die ich sympathisch fand; die meisten haben Lügen über mich verbreitet. Außerdem sind die meisten Weiße. Ich mag Dichter und ein paar Schriftsteller. Und ich liebte die Gedichte der Schwarzen aus den sechziger Jahren – The Last Poets oder LeRoi Jones (Amiri Baraka) –, denn sie beschrieben die Wahrheit, obwohl ich viele Leute kenne, schwarze und weiße, die damals und heute nicht zugeben wollen, daß es die Wahrheit ist. Aber es stimmte, und jeder, der weiß, was in diesem Land vorgeht, und es mit der Wahrheit hält, kann das nicht abstreiten.

Aus dieser Zeit ist mir noch ein Trip nach Japan in Erinnerung – ich glaube, es war 1985 –, wo ich unterwegs in Anchorage, Alaska, krank wurde. Wir kamen grade aus Frankreich, und dort hatte ich Unmengen von Süßigkeiten gegessen, was mir eigentlich aus gesundheitlichen Gründen verboten ist. Bei gutem Gebäck bin ich nicht zu bremsen, und für mich sind die Franzosen darin unübertroffen. Wir hatten also grade dieses Konzert in Frankreich hinter uns, flogen nach Japan, und ich saß vor diesen ganzen Köstlichkeiten. Ich bin Diabetiker und weiß natürlich, daß ich so was nicht tun sollte, aber manchmal kann ich eben einfach nicht widerstehn; ich bin ein obsessiver Mensch. In Anchorage machten wir eine Zwischenlandung, und da erlitt ich einen Insulinschock. Die Symptome sind die gleichen wie bei einem Junkie: Man ist schlapp, döst vor sich hin und schläft ein. Jim Rose brachte mich dort gleich ins Krankenhaus, denn er kennt meinen Gesundheitszustand in- und auswendig und paßt wie ein Luchs auf mich auf. Die Japan Airlines wollten mich nicht eher an Bord lassen, bis ich wieder in Ordnung war.

Das machte mir ganz schön Angst, daher fing ich an, mir täglich Insulinspritzen zu geben. Seitdem hab ich in bestimmten Ländern dauernd Probleme bei der Einreise, weil die Beamten denken, ich benutze meine Insulinspritzen für Heroin

435

oder irgend 'ne andere Droge. In Rom mußte ich mal ganz deutlich werden, weil mir die Einreisetypen Schwierigkeiten wegen meiner Spritzen und der übrigen Medikamente machten, die ich für meine verschiedenen Krankheiten nehme. Ich verfluchte jeden einzeln. Diabetes ist eine sehr ernste Sache, an der du sterben kannst, ich muß also aufpassen, was ich esse. Je älter man wird, desto schlimmer werden die Krankheiten; die Bauchspeicheldrüse geht langsam kaputt, und der Krebs lauert überall. Die Durchblutung in den Armen, Beinen und Zehen funktioniert nicht mehr richtig, dabei hab ich sowieso schon einen schlechten Kreislauf, besonders in meinen Beinen, die ohnehin unvorstellbar dünn sind. Oft hatten sie in Krankenhäusern und bei Ärzten Probleme, mir Blut an Armen oder Beinen abzunehmen. Sie konnten keine Venen finden, weil die zum Teil seit meiner Junkie-Zeit kaputt waren und außerdem meine Arme und Beine so dünn sind. Sie stachen einfach überall rein, bis ihnen Jim Rose eines Tages sagte: „Probiert's an seinen Füßen, versucht, ob ihr da Blut rausholen könnt." Es klappte, und seitdem holen sie's da raus.

Mann, mein Körper ist mit Narben übersät, nur das Gesicht nicht. Mein Gesicht ist immer noch in Ordnung. Scheiße, ich schau in den Spiegel und sag mir: „Miles, du bist ein flotter Motherfucker!" Im Ernst, an meinem Gesicht ist nichts auszusetzen, ich hab es noch nie liften lassen. Aber sonst habe ich überall Narben, und Freunde, die mich näher kennen, sagen immer, ich würde damit angeben. Schon möglich. Für mich sind sie wie Medaillen, Ehrenabzeichen, sie erzählen meine Überlebensgeschiche, die Geschiche, wie ich aus üblem Scheiß rausgekommen bin, aus schrecklicher Not und trotzdem immer wieder aufgestanden bin und das Beste draus gemacht habe. Ich weiß schon, warum ich auf meine Narben stolz sein kann. Sie erinnern mich daran, daß ich mich nie hab unterkriegen lassen, daß man siegen kann, wenn man nur den nötigen Willen, das Herz und die Seele dazu hat.

1985 verbrachten Cicely und ich viel Zeit draußen in Malibu, zuerst in 'ner Hütte, die ihr gehörte, und dann in 'nem Haus, das ich kaufte. Es lag direkt am Meer und hatte einen Privatstrand. Das warme Klima tat meiner Hüfte gut, und außerdem kam ich in Kalifornien eher zur Ruhe; es war nicht so hektisch wie in New York City. Ich feuerte die Blank-Brüder als Manager und ließ sie nicht mehr an mein Geld ran. In New York wohnten wir immer bei Cicely, in ihrem Appartement im vierzehnten Stock an der Fünften Avenue an der 79sten Straße, mit Blick auf den Central Park. David Franklin managte uns jetzt beide, Peter Shukat war seit 1975 mein Rechtsanwalt, und Steve Ratner arbeitete als mein persönlicher Buchhalter und Geschäftsführer. Jim Rose blieb weiter mein Road Manager.

Aber trotzdem verschlechterte sich 1985 die Beziehung zwischen Cicely und mir. Es kam nicht ganz unerwartet, sondern es waren viele verschiedene, kleine Dinge, die sich mit der Zeit anhäuften. Es gab sogar Anzeichen, daß es auch spirituell nicht mehr allzugut lief.

Cicely und ich hätten vor allem nie heiraten sollen, weil sie mich sexuell eigentlich nie so reizte, weißt du; wahrscheinlich wär's besser gewesen, wir wären einfach Freunde geblieben. Aber sie bestand auf der Heirat, und Cicely ist eine sehr hartnäckige und sture Frau, die meistens bekommt, was sie will. Was mich wirklich an Cicely störte, waren ihre dauernden Versuche, mein Leben zu kontrollieren, zum Beispiel, wen ich traf, mit wem ich befreundet war, wer mich besuchte und so. Außerdem ärgerte es mich, wie sie mit meinen Geschenken umging. Ich kaufte ihr oft Armbänder, Uhren und Ringe, weißt du, hübschen Schmuck, Kleider und andere Sachen. Aber später fand ich raus, daß sie meine teuren Geschenke umtauschte und sich einfach das Geld geben ließ. Und dann merkte ich, daß auch andere Leute ihren Scheiß bis oben hin satt hatten.

Eines Tages, im Jahr 1985, kam ein Päckchen in unserem Haus in Malibu an. Es war für Cicely, und als sie's aufmachte, lag ein blutiger Dolch drin. Uns blieb beiden die Luft weg. Irgendwie machte es mir Angst, und ich wollte wissen, was das zu bedeuten hatte. Sie sagte nichts, nur, daß sie sich drum kümmern würde. In dem Paket lag ein Zettel, aber sie gab ihn mir nie zu lesen und erzählte mir auch nicht, was draufstand. Das Ganze ist mir noch heute ein Rätsel. Aber egal, was dahintersteckte, es war kein gutes Zeichen. Da sie's nie wieder erwähnte, fühlte ich mich nach diesem Vorfall in ihrer Nähe ziemlich komisch.

Cicely war grundsätzlich auf jede Frau eifersüchtig, die ihren Platz in meinem Leben einnehmen könnte. Und obwohl sie viele Filmangebote ablehnte, um in meiner Nähe zu sein, entfernte ich mich immer weiter von ihr. In Cicely stecken zwei Frauen, die eine ist nett, die andere völlig daneben. Sie lud zum Beispiel dauernd ihre Freunde ein, aber meine sollten nicht vorbeikommen. Und sie kannte wirklich ein paar Leute, die ich nicht ausstehen konnte. Einmal stritten wir uns über einen ganz bestimmten Freund, und ich verprügelte sie nach Strich und Faden. Sie rief die Bullen, rannte in den Keller und versteckte sich. Die Polizei kam und fragte, wo sie ist. „Sie muß irgendwo hier sein", sagte ich. „Schaut mal im Keller nach." Der Bulle ging in den Keller, kam zurück und sagte: „Miles, da unten ist nur 'ne Frau, die nicht mit mir reden will. Sie sagt keinen Ton."

„Das ist sie", sagte ich, „und sie spielt grade die größte Rolle ihres Lebens." Der Bulle sagte, er verstehe schon – sie sähe ja auch nicht verletzt oder nach sonstwas aus. „Sie ist nicht schwer verletzt, ich hab ihr nur eine runtergehaun", sagte ich.

„Okay, Miles", antwortete der Bulle, „du weißt, wir müssen der Sache nachgehn, wenn wir solche Anrufe kriegen."

„Na gut, aber wenn sie mir den Arsch versohlt, kommt ihr dann auch mit euren Kanonen an?" fragte ich ihn.

Sie lachten nur und zogen wieder ab. Dann ging ich runter zu Cicely und erklärte ihr: „Ich hab dir gesagt, du sollst deinem Freund ausrichten, daß er hier nicht mehr anrufen soll. Und wenn du's nicht machst, tu ich's eben." Sie rannte zum Telefon, wählte die Nummer und sagte ihm: „Miles will, daß ich nicht mehr mit dir rede." Bevor ich nachdenken konnte, knallte ich ihr schon wieder eine. Danach ließ sie solchen Scheiß bleiben. *Richtig* schlimm wurde die Sache mit Cicely wegen einer an-

438

dern Frau, 'ner weißen Frau, mit der ich nur befreundet war. Ich hatte sie 1984 kennengelernt, als ich im Fahrstuhl zu unserer Wohnung hochfuhr. Ich kam mit der Frau ins Gespräch, und wir wurden Freunde. Das war's. Wenn ich ihr begegnete, sagte ich „Hallo" und unterhielt mich immer kurz mit ihr. Aber Cicely wurde allmählich eifersüchtig auf sie. Schließlich fiel sie einmal am hellen Tag über die Frau her und schlug sie zusammen. Die Frau hatte sogar ihren siebenjährigen Sohn dabei. Cicely bildete sich ein, daß ich was mit ihr hätte; davon war sie überzeugt. Aber es war absolut nichts.

Einige Zeit später, 1986, spielte ich mit B. B. King im Beacon Theatre in New York. Kurz vor dem Konzert hatten Cicely und ich einen Streit, sie sprang mich von hinten an und riß mir mein Haargewebe vom Kopf. Da reichte es mir. Wir blieben zwar noch zusammen und gingen danach sogar aus, aber wenn ich's mir heute noch mal recht überlege, war das eigentlich das Ende. Der Scheiß wurde so verrückt, daß irgend jemand – ich vermute, es war Cicely –, den *National Enquirer* anrief und erzählte, daß ich 'ne Affäre mit der Frau hätte, die Cicely kurz zuvor zusammengeschlagen hatte. Der *Enquirer* meldete sich bei meiner Freundin, aber sie weigerte sich, mit ihnen zu reden. Cicely rief sogar selber bei der Frau an und tat so, als wäre sie 'ne Reporterin vom *Enquirer*. Mann, war das krank! Wenig später mußte Cicely für Dreharbeiten nach Afrika, und außerdem war sie von 1985 bis 1986 Vorsitzende des Kinderhilfswerks der Vereinten Nationen. Bei ihrer Rückkehr schenkte ich ihr einen Rolls-Royce. Sie konnte es kaum fassen, als er geliefert wurde, und dachte, jemand erlaubt sich einen Scherz mit ihr.

Cicely spielte in ihren Film- und Fernsehrollen oft eine Aktivistin oder so was Ähnliches, eine Frau, die sich sehr um die Schwarzen kümmert. Aber sie ist nichts von dem. Am liebsten sitzt sie bei Weißen rum und hört sich deren Weisheiten an und glaubt fast jedes Wort, das sie ihr erzählen.

Nach diesen Vorfällen sagte ich ihr einfach, sie soll mich in Ruhe lassen und ihren eigenen Weg gehen. Wir haben uns danach noch einige Male getroffen, einmal mit Sammy Davis jr.

und seiner Frau Altovise bei einer von Sammys Las-Vegas-Aufführungen. Bei dieser Vorstellung traf ich meine erste Frau Frances wieder. Sie sah gut wie immer aus, und als sie an unsern Tisch kam und uns begrüßte, versank Cicely sofort in eine ihrer wirklich schrecklichen Stimmungen. Die Situation war total gespannt. Frances spürt so was sofort, deshalb blieb sie nur kurz. Am nächsten Abend sah ich sie bei einem Empfang nach einem Konzert von Harry Belafonte wieder. Ich erzählte ihr, daß ich Cicely im letzten Monat, wenn ich überhaupt mit ihr geredet hatte, immer „Frances" genannt hatte, 'ne Art Freudsche Fehlleistung. Frances ging mir nicht aus dem Kopf. Als ich das sagte, schauten alle betroffen.

Cicely und ich waren am Ende, und vermutlich überlegte ich mir zu der Zeit nicht mehr groß, was ich zu ihr sagte. Sie hatte mir genug Kummer gemacht. Und wenn ich auf mein Leben zurückblicke, war Frances sowieso die beste Frau, die ich jemals hatte. Es war ein Fehler, daß ich mich von ihr getrennt hatte. Heute weiß ich es. Sie und Jackie Battle waren die besten Frauen, die ich in diesen verrückten alten Tagen hatte. Cicely zählte nicht dazu, trotz der Tatsache, daß sie mir irgendwie das Leben gerettet hat. Aber das gibt ihr nicht das Recht, mein Leben zu kontrollieren. Da lag sie bei mir falsch.

Einmal – 1984 oder 1985 – gingen Cicely und ich auf 'ne Party. Leontyne Price war da, sie stellte sich zu uns, und wir unterhielten uns ein bißchen. Ich hatte Leontyne schon ziemlich lange nicht mehr gesehen, aber ich war immer ein Fan von ihr, weil sie meiner Meinung nach die größte Sängerin aller Zeiten ist, die größte Opernsängerin aller Zeiten. Sie konnte alles mit ihrer Stimme. Leontyne ist fast schon zum Fürchten gut. Außerdem spielt sie Klavier, singt und spricht alle möglichen Sprachen. Mann, als Künstlerin liebe ich sie. Und wenn sie *Tosca* singt! Ich hab sogar zwei ihrer Platten kaputtgespielt. Nun, *Tosca* wäre nichts für *mich*, aber ich liebte die Art, wie Leontyne es brachte. Manchmal fragte ich mich, wie sie wohl als Jazzsängerin geklungen hätte. Sie sollte für jeden Musiker – schwarz oder weiß – eine Inspiration sein. Für mich ist sie es.

440

Jedenfalls hatten wir auf dieser Party 'ne Zeitlang geredet, als Leontyne sich zu Cicely drehte und sagte: „Mädchen, du hast den Preis gewonnen. Ich war jahrelang hinter diesem Motherfucker her!" Verstehst du, Leontyne ist einfach so direkt. Ziert sich nicht und sagt, was sie denkt. Das liebe ich an ihr, denn ich bin genauso. Als Leontyne das sagte, lächelte Cicely nur und wußte nicht, was sie antworten sollte. Ich vermute, Cicely hat nicht mal kapiert, daß mit dem „Preis" ich gemeint war.

Nachdem Darryl Jones 1985 mit Sting das *Dream of the Blue Turtles*-Album aufgenommen hatte, verließ er meine Band. Danach arbeitete er in Paris mit Sting an dem Film *Bring on the Night* und spielte abwechselnd Gigs mit mir und Sting. Während unserer Europa-Tournee im Sommer 1985 fragte ich Darryl einmal, was er tun würde, wenn wir beide zur selben Zeit einen Gig hätten. Er sagte, er wüßte es nicht. Also meinte ich, er sollte besser mal drüber nachdenken, weil es eines Tages bestimmt passieren würde. Natürlich konnte ich verstehn, daß Darryl überlegte, ob er gehn soll, denn Sting zahlte viel, viel mehr, als ich mir leisten konnte. Mir kam es wie ein Déjà-vu-Erlebnis vor, verstehst du, weil es haargenauso ablief wie bei mir früher, wenn *ich* einen Musiker wollte. Jetzt passierte mir das gleiche. Als wir im August 1985 in Tokio spielten, erklärte mir John Scofield, daß dies seine letzte Tournee mit mir sei, und jetzt durfte ich auch noch abwarten, bis Darryl absprang. Als ich in Tokio grade auf dem Weg in mein Hotelzimmer war, sah mich Darryl und sagte: „Hey, Chief (viele meiner Musiker nannten mich ‚Chief'), die Kopfhörer von deinem Walkman schleifen am Boden!"

Ich schnappte mir die Kopfhörer, drehte mich um und sagte zu Darryl: „Na und? Du bist nicht mehr bei uns, was geht's dich also an? Geh doch und erzähl deinem neuen Leader Sting so einen Scheiß!" Ich nahm's Darryl übel, daß er ans Weggehn dachte, denn ich mochte seine Art zu spielen wirklich und wußte, daß er zu Sting gehn würde; ich spürte es so richtig in meinen Knochen. Ich sah, wie ihn mein Verhalten traf. Darryl war fast sowas wie ein Sohn für mich geworden, weißt du, denn er und Vincent, mein Neffe, waren dicke Freunde. Es tat mir eben weh, daß er wegen Sting aussteigen wollte. Vom Verstand und vom Finanziellen her konnte ich es einsehen. Aber gefühlsmäßig kam ich in dem Moment nicht damit klar, deshalb reagierte ich so hart. Später schaute er in meinem Zimmer vorbei, wir redeten lange, und ich begriff, was in ihm vorging. Als er rausging, stand ich auf und sagte: „Hey, Darryl, ich versteh dich, Mann. Gott segne dich und alles, was du tust, Mann, denn ich liebe dich, und ich liebe, wie du spielst."

Bevor meine Beziehung zu Cicely endgültig zu Ende war, gab sie im Mai '86 'ne große Geburtstagsparty zu meinem sechzigsten Geburtstag. Sie organisierte das Ganze auf einer Yacht in Marina del Ray, Kalifornien, und es war wirklich 'ne Überraschung. Ich wußte überhaupt nichts davon, bis ich dort ankam und die ganzen Leute sah: Quincy Jones, Eddi Murphy, Camille Cosby, Whoopi Goldberg, Herbie Hancock, Herb Alpert, Billy Dee Williams und seine Frau, Roscoe Lee Browne, Leonard Feather, Monte Kay, Roxie Roker, Lola Falana, Altovise, die Frau von Sammy Davis, Tom Bradley, den Bürgermeister von Los Angeles (der mich zum Ehrenbürger der Stadt ernannte), und Maxine Waters, einen Politiker in Kalifornien, der aus St. Louis stammt. Mein Manager David Franklin war auch da und viele andere Leute wie Mo Ostin, der Vorsitzende von Warner Bros. Records. Mein Bruder und meine Schwester waren dabei und meine Tochter Cheryl.

Das Schönste an dieser Party war ein Geschenk von Cicely, ein Bild meines Vaters, meiner Mutter und meines Großvaters, das Artis Lane gemalt hatte. Das rührte mich wirklich und brachte mich ihr wieder eine Zeitlang näher. Dieses Bild war eine nette Idee von Cicely, da ich nur wenige Fotos von meinen Eltern besitze. Was sie mir damit gegeben hat, das werde ich immer schätzen und in Ehren halten. Und diese Party, die eine riesige Überraschung war. Das *Jet*-Magazin brachte das Ganze als Titelstory raus und machte es groß mit allen möglichen Bildern auf. Ich glaube, diese Geburtstagsparty war der Grund dafür, daß Cicely und ich noch 'ne Weile zusammenblieben.

Mein erstes Album für Warner Bros. im Jahr 1986 hieß *Tutu*, nach Bischof Desmond Tutu, dem Nobelpreisträger.* Der Song „Full Nelson" ist nach Nelson Mandela benannt. Zuerst wollten wir das Album *Perfect Way* nennen, aber Tommy LiPuma, mein neuer Produzent bei Warner's, mochte den Titel nicht, daher kamen sie mit *Tutu* an, und das gefiel mir sehr. Anfangs war's mir egal, wie die Platte heißen sollte, aber als ich *Tutu* hörte, sagte ich, yeah, das kommt gut. Es war das erste Album, auf dem ich eng mit Marcus Miller zusammenarbeitete. Wir begannen mit einem Stück, das mir der Pianist George Duke geschickt hatte. Aber wir verwendeten Georges Musik schließlich doch nicht, sondern Marcus hörte sie sich nur an und schrieb sie um. Dann wollte ich, daß Marcus noch was schreibt, aber es gefiel mir nicht, und so ging es hin und her, bis wir was hatten, mit dem wir beide zufrieden waren.

Für *Tutu* legten wir uns auf keine bestimmten Stücke im voraus fest; wir bestimmten nur die Tonart, in der ein Song aufgenommen werden sollte. Marcus schrieb fast die ganze Musik auf *Tutu*, ich sagte ihm lediglich, was ich haben wollte, zum Beispiel hier einen Ensembleteil, dort vielleicht vier Takte. Marcus mußte ich nie viel erklären, weil er wußte, was mir gefällt. Er nahm einfach ein paar Tracks auf, ich kam irgendwann dazu und spielte drüber. Er und Tommy LiPuma blieben nächtelang auf und machten die Bänder fertig. Zuerst programmierten sie die Schlagzeugrhythmen, dann die Baßdrums, mit noch zwei oder drei anderen Rhythmen vermischt, und danach die Keyboards.

Irgendwann brachte Marcus Jason Miles mit, dieses Genie im Synthesizer-Programmieren. Er fing an, mit der Musik zu arbeiten, veränderte ein paar Dinge, und es wurde immer besser – das Ganze war eine echte Teamleistung. Auch George Duke arrangierte einiges für *Tutu*. Danach kamen die übrigen Musiker, wie Adam Holzman am Synthesizer, Steve Reid an den Percussions, Omar Hakim am Schlagzeug und an den

* Miles Davis: *Tutu* (WEA 925490-1).

443

Percussions, Bernard Wright am Synthesizer, auf einigen Stük-
ken spielte Paulinho da Costa an den Percussions, Michael
Urbaniak war an der elektrischen Geige, ich an der Trompete
und Marcus Miller an der Baßgitarre.

Mit der Zeit merkte ich, daß es zu anstrengend ist, wenn ich
mit der ganzen Band ins Studio gehe. Es gibt immer einen
Musiker – vielleicht sogar mehrere –, der an dem Tag nicht gut
drauf ist. Damit muß man erst mal umgehn können; denn wenn
nur ein oder zwei Musiker daneben sind, bringen sie alle
andern aus dem Konzept. Oder vielleicht wollen sie grade nicht
in dem Stil spielen, den du im Kopf hast oder für die Platte
brauchst, und dann wird's auch problematisch. Musik ist für
mich eine Sache des Stils, und wenn jemand einfach nicht
hinkriegt, was du von ihm verlangst und brauchst, fühlt er sich
unwohl und wird unsicher. Du mußt ihm klarmachen, was er
spielen soll, mußt es ihm vor allen anderen zeigen, und das
vertragen viele Musiker nicht. Das hält auf. Die alte Methode,
mit der wir früher aufnahmen, ist einfach zu aufreibend und
kostet zuviel Zeit. Manche Leute sagen, daß ihnen bei den
heutigen Aufnahmesessions die Spontaneität und der zündende
Funke fehlen, die früher entstanden, wenn 'ne ganze Band im
Studio war. Vielleicht ist was dran, keine Ahnung. Ich weiß nur,
daß die neue Aufnahmetechnik alles erleichtert. Wenn ein
Musiker wirklich professionell ist, wird er sich der Arbeitsweise
im Studio anpassen und genau das bringen, was du willst; er
wird zu der Musik vom Band genauso spielen wie mit 'ner
normalen Gruppe. Verstehst du, der Motherfucker kann doch
hören, was da vom Band kommt, oder? Und das ist das einzig
Wichtige im Ensemblespiel: hören, was die andern machen,
und dazu oder dagegen anspielen.

Das Ganze ist eine Stilfrage und hängt davon ab, was du oder
der Produzent auf die Platte bringen willst. Tommy LiPuma ist
ein großartiger Produzent für die Sachen, die *er* auf Platte
hören will. Aber ich mag es roh, live, geil, erdig, richtigen
Hinterhofscheiß, und das ist nicht so unbedingt seine Sache.
Und bevor ich, die Band und Tommy im Studio dauernd

aneinandergeraten, weil ich Musik aufnehmen will, die mir gefällt, Tommy aber nicht, arbeiten wir lieber anders. Wir spielen die Tracks auf Band, Marcus und ich oder irgend jemand, den wir für geeignet halten. Meistens setze ich Marcus bei allen Instrumenten ein, weil dieser Motherfucker so gut wie alles beherrscht: Gitarre, Baß, Saxophon, Klavier, und oft sitzt er auch noch mit Jason Miles an den Synthesizern. Mann, im Studio arbeitet Marcus so konzentriert, daß es schon fast unheimlich ist. Ich habe bisher noch niemanden kennengelernt, der so aufmerksam arbeitet. Er macht nie Fehler und kann Tag und Nacht an 'ner Sache sitzen, ohne an Konzentration zu verlieren. Er reißt alle mit und ist immer gut drauf, lacht über deine Geschichten und Scherze und bleibt immer locker. Und die Platte wird trotzdem fertig.

Tommy LiPuma ist ganz ähnlich. Er ist Italiener und leidenschaftlicher Kunstsammler. Aber stell ihm nur 'ne Pasta und 'ne große Weinflasche hin, und er arbeitet wie ein Geisteskranker. Im Studio ist er unheimlich konzentriert, aber auch – wie Marcus – immer guter Laune; er bringt dich dazu, dein verdammtes Solo tausendmal zu wiederholen, und du machst es eben, weil es für die Platte so am besten ist und weil sie einfach tolle Typen sind. Plötzlich merkst du gar nicht mehr, wie müde du bist, bis du am nächsten Tag deinen Arsch nicht aus dem Bett hochkriegst; dann verfluchst du diese Motherfucker.

Aber ich mag Marcus auch, weil er ein unglaublich netter Kerl ist. Vor seiner Hochzeit rief er mich an und fragte mich, was er machen soll, weil er so nervös ist. Ich empfahl ihm ein Glas Orangensaft und ein paar Liegestütze, und wenn er davon nicht ruhig würde, sollte er das Ganze wiederholen. Mann, er kriegte so einen Lachanfall, daß ihm der Hörer aus der Hand fiel. Aber er befolgte meinen Rat und erzählte später, daß es funktioniert hätte.

Eigentlich sollte ein Song von Prince auf *Tutu* erscheinen, aber als wir ihm ein Tape schickten, meinte er, daß sein Stück nicht dazu paßte. Prince stellt – wie ich – hohe musikalische Ansprüche. Deshalb zog er seinen Song für das Album zurück und wartet, daß wir vielleicht mal später was anderes machen. Da Prince ebenfalls bei Warner Bros. unter Vertrag ist, erfuhr ich über diese Leute, daß er meine Musik liebt und ich eines seiner musikalischen Vorbilder bin. Das ehrt mich, und darüber freue ich mich.

Als mein Bassist Darryl mit Sting auf Tour ging, ersetzte ich ihn zuerst durch Angus Thomas und dann durch Felton Crews. Für John Scofield kamen Mike Stern und später Robben Ford an der Gitarre. Wenn Darryl in New York war, rief er mich immer an, und endlich, im Oktober 1986, kurz vor meinem Auftritt in der Dick Cavett Show, sagte er, daß er wieder frei sei. Ich fragte ihn, warum er nicht einfach zurückkommt und bei mir einsteigt, und das tat er. Robben Ford blieb nicht allzu lang in der Band. Und dann schickte mir Marcus Miller ein Tape von einem Gitarristen namens Joseph Foley McCreary. Er nennt sich selber nur Foley und stammt aus Cincinnati. Ich hörte sofort, daß er genau der Typ war, den ich suchte, und außerdem ist er ein Schwarzer. Seine Gitarre klang noch etwas roh, aber ich konnte mir vorstellen, daß sich das geben würde. Im August 1985 holten wir Marilyn Mazur an die Percussions. Sie war mir zum ersten Mal in Dänemark aufgefallen, als ich den Sonning-Preis gewonnen hatte und die Aufnahmen mit Palle Mikkelborg für das Album *Aura* machte. Ich nahm sie zusätzlich mit rein und behielt Steven Thornton an den Percussions, weil er mir diesen afrikanischen Sound gab, den ich so mochte. Im Herbst 1986 bestand die Band aus Bob Berg am Tenorsaxophon, Darryl Jones war wieder am Baß, Robben Ford an der Gitarre, Adam Holzman und Robert Irving an den Keyboards, Marilyn Mazur und Steve Thornton an den Percussions, Vince Wilburn am Schlagzeug und ich an der Trompete.

Mit dieser Band spielte ich im Sommer 1986 beim Amnesty International Concert im Giants Stadium in den Meadowlands in New Jersey. Am Tag zuvor waren wir beim Playboy Jazz Festival in Los Angeles aufgetreten und erst um elf Uhr abends auf die Bühne gegangen. In Newark kamen wir am frühen Morgen an, und es war niemand da, der uns abholte. Also ließen wir uns in 'ner Limousine und 'nem Kleinbus in die Hotels fahren. Es hatte den ganzen Vormittag geregnet, und alles war klatschnaß. Mann, aber auf dem Gelände war was los. Bill Graham organisierte die Bühnenaufbauten und den ganzen Scheiß. Sie hatten eine Drehbühne, bei der eine Gruppe vorne spielt, während die andere hinten aufbaut. Theoretisch funktioniert sowas, wenn alles cool ist und es nicht geregnet hat. Aber jedesmal, wenn wir die Anlage aufbauen wollten, wehte der Wind das Wasser vom Bühnendach runter, und Jim Rose und seine Crew hatten einfach keine Chance, die Anlage aufzustellen. Bill Graham schrie Jim an, er solle endlich anfangen, bis ihm jemand das Wasser zeigte, das dauernd vom Dach kam. Dann kapierte er, was los war.

Es war wie im Irrenhaus; das Konzert wurde weltweit im Fernsehen übertragen. Und wir hatten nicht mal 'nen Soundcheck. Aber irgendwie lief trotzdem alles gut. Ich glaube, Santana trat mit uns auf, und danach spielten wir einen Zwanzig-Minuten-Set.

Nach unserm Auftritt kamen all diese weißen Rock-Koryphäen zu mir, und wir unterhielten uns kurz. Die Jungs von U2 und Police, Peter Gabriel, Ruben Blades. Alle möglichen Leute. Einige wirkten ängstlich, und irgend jemand erzählte mir, daß ein paar regelrecht Angst vor mir gehabt hätten, weil ich als unfreundlicher Mensch und Einzelgänger galt. Ich fand das Ganze gut und war glücklich, ein paar Musiker kennenzulernen, die ich bisher noch nicht getroffen hatte.

Es lief noch einiges in diesem Jahr. Ich kam in das „Great Performances"-Programm von PBS, einer 90-Minuten-Show, die im ganzen Land ausgestrahlt wurde. Fernsehteams begleiteten mich und filmten das Konzert beim New Orleans Jazz and Heritage Festival. Dazu gab ich ihnen 'ne Menge Interviews. Eigentlich sollten wir auch 'ne Tanznummer bringen, an der ich mit George Faison gearbeitet hatte, aber daraus wurde nichts. Außerdem schrieb ich zu der Zeit die Filmmusik zu *Street Smart*, einem Film mit Christopher Reeve – der auch Superman gespielt hat – und dem großen schwarzen Schauspieler

447

Morgan Freeman. An dieser Musik arbeitete ich Ende 1986 und Anfang 1987.

Und noch etwas passierte 1986, das ich erwähnen sollte: der Vorfall zwischen mir und Wynton Marsalis. Es war bei einem Festival in Vancouver in Kanada, bei dem wir beide auftraten. Wir spielten im Freien, in diesem brechend vollen Amphitheater. Wynton stand erst am nächsten Abend auf dem Programm. Ich spiel also, und es geht richtig gut los. Plötzlich spüre ich die Gegenwart eines anderen Menschen, eine Körperbewegung; ich sehe, daß die Menge nicht sicher ist, ob sie jubeln oder die Luft anhalten soll. Während ich noch versuche weiterzuspielen, flüstert mir plötzlich Wynton ins Ohr: „Sie haben mir gesagt, ich soll auf die Bühne gehn!"

Ich war so sauer, daß er diesen beschissenen Scheiß brachte, und sage nur: „Mann, verpiß dich!" Er schaute mich ziemlich geschockt an, weil ich so wütend war. Danach sagte ich noch: „Mann, was zum Teufel suchst du hier? Hau hier ab!" Dann unterbrach ich die Band. Wir spielten nämlich gerade einen Set aus zusammenhängenden Stücken, und ich wollte den Musikern grade ihre Einsätze geben, als Wynton auftauchte. Wir hatten keinen Platz für ihn. Wynton beherrscht unseren Stil nicht, und wir hätten einiges ändern müssen, wenn er mitgespielt hätte.

Daß Wynton mir gegenüber sowas brachte, zeigte mir wieder, daß er nicht die Spur von Respekt für seine Lehrer empfindet. Er entschuldigte sich nie für den Scheiß, den er über mich erzählt hat. Ich bin nicht so eng mit ihm befreundet wie mit Dizzy oder Max. Sowas wäre zwischen Dizzy und mir unvorstellbar. Wir würden sowas vorher unter uns abklären. Wynton glaubt, daß es in der Musik darum geht, den andern von der Bühne zu blasen. Aber Musik hat nichts mit Konkurrenz zu tun, sondern mit Kooperation, Dinge gemeinsam zu machen, sich einzufügen. Das hat absolut nichts mit Konkurrenz zu tun, jedenfalls nicht für mich. Ich finde, so 'ne Haltung hat in der Musik nichts zu suchen.

Ich fand schon Ornette Coleman anmaßend und respektlos,

als ich ihn zum ersten Mal Trompete und Geige spielen hörte, denn eigentlich beherrschte er keines der beiden Instrumente. Für Leute wie mich und Dizzy war es eine Beleidigung. Ich würde mich bestimmt nicht auf die Bühne stellen und Saxophon spielen, wenn ich's gar nicht kann.

Früher, in den alten Tagen, fanden dauernd Jam Sessions unter den großen Trompetern wie Fat Girl, Dizzy und uns allen statt. Nun, das ist vorbei, die Zeiten haben sich geändert. Für uns alle ist es nicht mehr so wie früher. Yeah, natürlich wollten wir uns ausstechen, aber wir kannten uns auch gut und mochten uns wirklich. Das war auch an dem Abend so, als Kenny Dorham mich im Cafe Bohemia weggeblasen hat und ich es ihm am nächsten Abend heimzahlte. Hinter dieser Art von Konkurrenz steckte viel Liebe und Respekt.

Aber das ist bei Wynton anders, und heute sind ihm die meisten jungen Musiker darin ähnlich. Sie wollen sofort zu Stars werden. Sie wollen ihren, wie sie's nennen, eigenen Stil. Dabei machen diese jungen Typen nichts anderes, als den Kram von Leuten nachzuspielen und die Läufe und Tempi zu kopieren, die andere entwickelt haben. Vielleicht gibt es ein paar junge Musiker, die ihren eigenen Stil gefunden haben. Kenny Garrett, mein Altsaxophonist, ist zum Beispiel einer davon.

1986 machte ich noch 'ne andere interessante Erfahrung. Ich spielte in einer Folge von „Miami Vice" einen Zuhälter und Drogenhändler. Während der Dreharbeiten fragte mich jemand, wie ich mich als Schauspieler fühle, und ich sagte: „Als Schwarzer bist du immer Schauspieler." Und das stimmt. In diesem Land spielen die Schwarzen jeden Tag irgendwelche Rollen, damit sie durchkommen. Wenn den Weißen klar wäre, was in den Köpfen der meisten Schwarzen vorgeht, hätten sie eine Todesangst. Aber die Schwarzen haben nicht die Macht, den Mund aufzumachen, also setzen sie Masken auf und leisten großartige Schauspielarbeit, damit sie den verdammten Tag überstehn.

Es war keine schwere Rolle. Ich wußte aus eigener Erfahrung, wie man einen Zuhälter spielt. Don Johnson und Phillip Michael Thomas, die beiden Hauptdarsteller, sagten mir immer: „Mann, da ist doch nichts dabei, das Ganze ist doch nichts als Theater, Miles. Nichts als Theater. Geh so an die Sache ran." Das tat ich, und die Zuhälterrolle war leicht, weil in jedem Mann was davon steckt.

Trotzdem spielte ich nicht gern einen Zuhälter. Mir gefiel die Vorstellung nicht, daß ich damit genau einige Klischees bestärkte, die viele Weiße ohnehin von schwarzen Männern mit sich rumtragen. Im Grunde genommen hatte ich weniger einen Zuhälter vor Augen, sondern einen Geschäftsmann, eine Art männliche Puffmutter. Cicely meinte sogar, daß ihr meine Schauspielerei gefiel, daß sie mich gut fand, und darauf war ich stolz, denn auf ihr Urteil als Schauspielerin und Künstlerin gebe ich viel.

Ich drehte auch einen Werbefilm für Honda, und mit diesem einen Werbespot wurde ich bekannter als mit allem, was ich je zuvor gemacht hatte. Nach „Miami Vice" und der Honda-Werbung sprachen mich Leute auf der Straße an, die noch nie was von mir gehört hatten, schwarze und weiße, puertoricanische und asiatische Kids, sogar Leute, die nicht mal wußten, daß ich Musiker war. Mann, ist das nicht verrückt? Du machst dein Leben lang Musik, bringst den Leuten viel Spaß, bist in der ganzen Welt bekannt, und plötzlich stellst du fest, daß du nur in einem Werbespot auftreten mußt, und schon bist du in den Köpfen der Leute eine feste Größe. In diesem Land brauchst du heute nur ins Fernsehen zu kommen, und du bist bekannter und beliebter als jeder, der ein bedeutendes Bild malt, große Musik macht, ein großes Buch schreibt oder ein großer Tänzer ist. Die Leute redeten mich schon mit „Mr. Tyson" an oder sagten: „Ich weiß, wer Sie sind. Sie sind der Typ, der mit Cicely Tyson verheiratet ist!" Und das meinten sie völlig ernst. Daraus zog ich für mich den Schluß, daß jede miese, untalentierte Figur, die im Fernsehen oder im Film auftaucht, mehr anerkannt und respektiert wird als ein Genie, das nicht auf der Leinwand erscheint.

450

Ende des Jahres trat ich überall in den Vereinigten Staaten und Europa bei den üblichen Festivals auf. *Tutu* verkaufte sich gut, und ich war zufrieden. Das Album kam bei vielen an, sogar bei einigen Kritikern und alten Fans, die seit Jahren auf mir rumhackten. Ich konnte beruhigt ins nächste Jahr gehen, obwohl ich für den Gitarristen Garth Webber einen Ersatz suchen mußte (Robben Ford war schon vorher ausgestiegen, weil er heiratete und 'ne eigene Platte machen wollte; er hatte mir Garth Webber empfohlen). Mino Cinelu wollte, nachdem er die Band verlassen hatte, wieder zurückkommen, und ich beschloß, ihn anstelle von Steve Thornton zu nehmen. Auch Bob Berg verließ die Band, weil ihm nicht paßte, daß ich noch einen Saxophonisten, Gary Thomas, engagierte, mit dem er sich den Job teilen sollte. Aber eigentlich war's nicht schlecht, daß er ging, weil ich mir jetzt Kenny Garrett für Flöte, Alt- und Sopransaxophon holen konnte. Kenny hatte vorher bei Art Blakey gespielt, und ich hörte gleich, daß er ein großartiger junger Musiker ist.

Was mir jetzt noch fehlte, war ein Gitarrist, wie ich ihn mir vorstellte; aber ich war mir sicher, daß ich ihn oder sie irgendwo auftreiben würde. Außerdem war ich immer noch nicht mit meinem Neffen Vincent zufrieden – meinem Schlagzeuger. Er konnte nie das Tempo halten, und wenn ich irgendwas bei einem Schlagzeuger nicht ausstehen kann, ist es das. Ich versuchte es ihm jeden Abend von neuem zu erklären. Er bemühte sich sehr und tat sein Bestes, aber ich wollte keine Entschuldigungen, ich wollte, daß er das Tempo hält. Besonders unangenehm war die Situation, weil er mein Neffe und für mich wie mein eigener Sohn war. Ich kannte ihn sein ganzes Leben lang, hatte ihm sein erstes Schlagzeug geschenkt und liebte ihn wirklich. Die Situation war also schwierig, und ich konnte nur hoffen, daß sich alles von selbst lösen würde – und zwar zum Guten für uns beide.

KAPITEL 19

Das Jahr 1987 begann mit Cicely und einer Party in Washington. Cicely war von Präsident Reagan und seiner Frau Nancy eingeladen worden. Es war eine Feier im Kennedy Center, bei der Ray Charles und ein paar andere Prominente einen Preis für ihr musikalisches Lebenswerk erhalten sollten. Cicely und ich wollten mit Ray feiern, denn er war ein langjähriger Freund, und ich liebte seine Musik. Nur aus diesem Grund ging ich hin; denn eigentlich konnte ich mit dieser Art von politischem Mist noch nie was anfangen.

Zuerst gab's ein Dinner im Weißen Haus mit dem Präsidenten und Außenminister George Shultz. Ich wünschte dem Präsidenten viel Glück mit seiner Politik, und er antwortete: „Danke, Miles, das werde ich brauchen." Er ist ein ganz netter Kerl, wenigstens privat, und ich glaube, er hat sein Möglichstes getan. Mann, er ist eben ein Politiker, der eher rechts orientiert ist. Andere tendieren eben nach links. Die meisten Politiker nehmen das Land sowieso aus. Mir ist es egal, ob einer Republikaner oder Demokrat ist; sie nehmen alle mit, was sie kriegen können. Um das amerikanische Volk kümmert sich doch ohnehin keiner von ihnen. Sie sind nur damit beschäftigt, reich zu werden, genau wie alle anderen gierigen Typen.

Reagan war freundlich, er respektierte uns. Aber eigentlich ist Nancy die Charmante, ich fand sie wirklich warmherzig. Sie begrüßte mich herzlich, ich küßte ihr die Hand – und das gefiel ihr. Dann trafen wir Vizepräsident George Bush und seine Frau, und der küßte ich nicht die Hand. Cicely fragte mich, warum ich Barbara Bushs Hand nicht geküßt hätte, und ich sagte ihr, daß ich sie für Georges Mutter gehalten hatte. Cicely sah mich an, als ob ich verrückt wäre. Aber ich kenne diese Leute nicht, genausowenig wie sie mich. Cicely ist da auf dem laufenden, es ist ihr wichtig. Zum Teufel, da verleihen diese Leute Ray einen Preis, und die meisten wußten nicht mal, wer er ist.

Wir fuhren mit einer Limousine zu dem Dinner ins Weiße Haus – ich, Willie Mays, Cicely, die Witwe von Fred Astaire und Fred MacMurray mit seiner Frau. Als wir im Wagen saßen, meinte eine dieser weißen Frauen: „Miles, der Chauffeur sagt, daß ihm gefällt, wie du singst, und daß er alle deine Platten hat." Ich war stinksauer, sah Cicely an und zischte ihr zu: „Schleppst du mich hierher, damit man mich so beleidigt?" Sie sagte nichts und starrte mit ihrem Plastikgrinsen geradeaus.

Billy Dee Williams saß auch mit uns im Wagen, und er, Willie und ich fingen an, ein bißchen blöd rumzureden, verstehst du, was Schwarze eben so bringen. Das war nun wiederum Cicely peinlich. Fred MacMurray sitzt vorne, er ist wirklich sehr krank und kann kaum gehen. Die beiden Frauen sitzen mit uns hinten. Plötzlich wendet sich eine Frau an mich und sagt: „Miles, deine Mammy ist sicher sehr stolz darauf, daß du jetzt den Präsidenten triffst?"

Es wurde still, totenstill. Jeder überlegte, „warum hat sie das ausgerechnet zu Miles gesagt"? Und jeder wartete drauf, daß ich über diese alte Schnepfe herfalle.

„Hör mal", sagte ich zu ihr, „meine Mutter ist verdammt noch mal keine Mammy, verstehst du das? Dies Wort ist schon lange aus der Welt, kein Mensch benutzt es mehr. Außerdem war meine Mutter bedeutend eleganter und feiner, als du's jemals sein kannst. Und mein Vater war Arzt. Sag sowas also nicht noch einmal zu 'nem Schwarzen, hast du mich verstanden?" Meine Stimme blieb ganz ruhig, als ich ihr das sagte. Aber sie kapierte schon, wie es gemeint war, weil ich ihr direkt in ihre verdammten Augen sah, und wenn Blicke töten könnten, wäre sie hingewesen. Aber sie kapierte es und entschuldigte sich. Danach schwieg ich.

Beim Dinner des Außenministers saß ich am Tisch mit Joan, der Frau des früheren Vizepräsidenten Mondale, Jerry Lewis, irgendeinem Antiquitätenhändler und der Frau von David Brinkley, einer wirklich netten, süßen Frau, die wußte, was lief. Ich trug eine scharfe, lange, schwarze Weste von dem japanischen Designer Kohshin Satoh. Auf dem Rücken war eine rote

Schlange in so weiße Ziermünzen eingearbeitet. Außerdem trug ich zwei andere Westen von Kohshin, eine aus rotem, eine aus weißem Wollstoff, und dazu hatte ich eine schwarze, abgewetzte Lederhose an. Als ich zum Pinkeln auf die Toilette ging, standen die Typen aneinandergereiht in ihrem langweiligen alten Scheiß da. Ich war einfach zuviel für sie. Nur einer sagte, daß er mein Outfit toll fände, und wollte wissen, wer es gemacht hätte. Ich sagte es ihm, und er ging zufrieden weg, aber der Rest von diesen verklemmten Weißen war stinkwütend.

Bei der ganzen Feier waren vielleicht zehn, höchstens zwanzig Schwarze dabei, Quincy Jones eingeschlossen. Clarence Avon war noch mit seiner Frau da und Lena Horne.

An meinem Tisch saß die Frau eines Politikers und redete dummes Zeug über Jazz. „Unterstützen wir diese Kunstform eigentlich, nur weil sie aus unserem Land kommt? Ist es denn überhaupt Kunst in ihrer reinsten Form? Oder sind wir abgestumpft und ignorieren den Jazz an sich, weil er von hier, von den Schwarzen, und nicht aus Europa kommt?"

Das sagte sie aus heiterem Himmel. Ich mag solche Fragen nicht, weil meistens Leute sie stellen, die sich als intelligent verkaufen wollen, sich aber eigentlich einen Dreck dafür interessieren. Ich schaute sie an und sagte: „Was soll das? Jazz-Stündchen, oder was? Warum fragen Sie mich so 'n Scheiß."

Sie antwortete: „Nun, Sie sind doch ein Jazzmusiker, oder?"

Und ich: „Ich bin Musiker, sonst nichts."

„Gut, dann sind Sie Musiker, machen Musik und ..."

„Wollen Sie *wirklich* wissen, warum der Jazz in diesem Land nicht anerkannt wird?"

„Ja, ich würde es gern wissen", antwortete sie.

„Jazz wird in diesem Land ignoriert, weil die Weißen immer gewinnen müssen. Die weißen Leute wollen, genau wie Sie, daß immer andere Weiße vorn liegen, aber beim Jazz und Blues schaffen sie das nicht, weil beides von den Schwarzen kommt. Die Weißen in Europa schätzen unsere Musik, denn sie wissen, von wem sie stammt, und sie gestehen uns das zu. Aber die meisten weißen Amerikaner tun das nicht."

454

Sie sah mich an, wurde knallrot und sagte dann: „Was haben Sie eigentlich Wichtiges in Ihrem Leben gemacht? Warum sind Sie denn eigentlich hier?"

Mann, ich hasse das Gequatsche von diesen Ignoranten, die gern hip sein wollen und einen in Situationen bringen, wo man Klartext mit ihnen reden muß. Aber sie wollte es so. Also sagte ich: „Nun, immerhin habe ich in der Musik fünf- oder sechsmal grundlegend was verändert, wahrscheinlich bin ich deshalb hier. Außerdem halte ich nichts davon, nur Stücke von Weißen zu spielen." Ich schaute sie eisig an und sagte noch: „Jetzt erzählen Sie mir doch mal, was Sie Wichtiges gemacht haben, außer, daß Sie weiß sind, was für mich überhaupt nichts bedeutet. Sagen Sie mir, warum Sie hier sitzen?"

Ihre Mundwinkel zuckten und zitterten. Sie brachte kein Wort raus, so wütend war sie. Die Luft war vom Schweigen so dick, daß man sie mit 'nem Messer schneiden konnte. Und da saß diese Frau, die angeblich aus der obersten Gesellschaft kam, und redete wie eine Blöde. Mann, war das deprimierend.

Ray Charles saß oben neben Präsident Reagan, und der schaute hilflos in die Gegend. Er tat mir leid. Es war einfach nur peinlich.

Das war eine der traurigsten Sachen, die ich je mitgemacht hatte. Ich hatte ein verdammt beschissenes Gefühl da unten in Washington, es war so peinlich, weil die Weißen, die unser Land führen, rein überhaupt nichts von den Schwarzen verstehen und auch gar nichts wissen wollen! Es war so eine erbärmliche Situation, in die ich da gebracht wurde, daß ich irgendwelchen blinden Weißen was erzählen sollte, die eigentlich gar nichts wissen wollten, sich aber gezwungen fühlten, so schwachsinnige Fragen zu stellen. Warum soll ich durch die Ignoranz von irgendeinem Motherfucker Magenschmerzen kriegen? Sie sollten doch erst mal in einen Laden gehn und sich 'ne Platte von den Leuten kaufen, die sie auszeichnen und nach Washington einladen wollen. Sie könnten sich aus Büchern informieren. Aber das ist zuviel verlangt, genauso, wie's zuviel verlangt ist, daß sie uns den Respekt entgegenbringen, den wir verdienen. Da bleiben sie lieber dumm und geben mir und anderen Schwarzen Scheißgefühle durch ihre Ignoranz. Und der Präsident sitzt da und weiß nicht, was er sagen soll. Mann, irgendein Typ hätte ihm doch ein paar witzige Sätze aufschreiben können, damit er was zu sagen hat. Aber in den Kreisen gibt es niemanden, der hip ist. Nur ein Haufen bemitleidenswerter Armleuchter mit Plastikgrinsen und förmlichem Getue.

Als wir weggingen, sagte ich zu Cicely: „Mach das nicht noch mal. Bring mich in deinem ganzen, verdammten Leben nicht noch ein einziges Mal mit diesem weißen Volk zusammen. Lieber krieg ich einen Herzinfarkt bei irgendwelchem andern Scheiß als bei so 'ner traurigen Veranstaltung. Lieber setz ich meinen Ferrari an einen Baum." Sie sagte keinen Ton. Aber Mann, ich werde nie ihr Bild vergessen, als Ray dem Chor dieser blinden und tauben Kinder von der Ray-Charles-Schule in Florida zuhörte, und sie heulte, während die Weißen sie anglotzten und überlegten, ob sie jetzt auch heulen oder wenigstens so tun sollten. Als ich das sah, flüsterte ich Cicely zu: „Wir haun sofort ab, wenn der Scheiß hier vorbei ist. Du kannst damit umgehn, ich nicht." Nach dieser Sache wußte ich, daß es vorbei war zwischen uns. Ich wollte nichts mehr mit ihr zu tun haben. Seitdem lebten wir getrennt.

Irgendwann später im Jahr 1987 trennte ich mich von meinem Manager David Franklin, weil ich mich seinetwegen mit Jim Rose, meinem Road Manager, in die Haare gekriegt hatte. Jim holte immer das Geld nach unsern Gigs ab. Nach einem Auftritt in Washington fragte ich ihn danach, und er sagte, er hätte es dem Assistenten von David Franklin unten in Atlanta gegeben. Also sagte ich zu Jim: „Zum Teufel mit ihnen, es ist mein Geld, also gib's gefälligst mir." Ich mußte das loswerden, weil in letzter Zeit ein paar merkwürdige Sachen mit meinem Geld passiert waren. Aber Jim weigerte sich, und deshalb kriegte er einen an den Kopf. Danach arbeitete er nicht mehr für mich, und ich holte mir Gordon Meltzer als Road Manager. Ich war unglücklich darüber, daß es zwischen mir und Jim so weit kommen mußte, weil er mit mir durch dick und dünn gegangen war. Aber ich hatte mir ein Appartement am südlichen Central Park und noch ein paar andere Sachen gekauft und paßte jetzt wirklich auf, was mit meinem Geld passierte.

Schließlich feuerte ich David, und Peter Shukat wurde mein Manager und Anwalt. Ich hatte genau das Problem, das viele Leute haben, die ganz gut verdienen: Plötzlich bist du von Leuten abhängig, die dein Geld verwalten. Und das Ganze passierte grade dann, als ich mich endgültig von Cicely trennte.

Als ich Cicely und David Franklin los war, ging's mir gleich viel besser. Marcus Miller und ich arbeiteten an der Filmmusik für *Siesta*, einen Film, der in Spanien spielt, mit Ellen Barkin und Jodie Foster in den Hauptrollen.* Die Musik sollte etwas von *Sketches of Spain* haben, und ich bat Marcus, sich eine Musik mit dieser Stimmung auszudenken. In der Zwischenzeit gewann *Tutu* einen Grammy, und natürlich freute ich mich darüber. 1987 traten wir bei den üblichen Festivals und Konzerten in den Vereinigten Staaten, Europa, Südamerika und im Fernen Osten auf – Japan und jetzt auch China. Wir hatten auch Auftritte in Australien und Neuseeland.

Am deutlichsten ist mir ein Konzert in Erinnerung geblieben, das wir im Juli 1987 in Oslo gaben. Als wir in Oslo landeten, wartete ein ganzer Schwarm von Reportern auf mich. Auf dem Weg zum Flughafengebäude tauchte plötzlich ein Typ auf und sagte: „Entschuldigen Sie, Mr. Davis, aber wir haben einen Wagen für Sie. Sie brauchen nicht durch den Zoll." Er deutete nach vorn, und da parkte diese ellenlange, weiße Limousine, die längste, die ich je gesehn habe. Ich stieg ein, und wir fuhren direkt von der Rollbahn in die Stadt. Auf diese Art werden in Norwegen normalerweise nur führende Persönlichkeiten, Präsidenten, Premierminister, Könige und Königinnen behandelt, erzählte mir hinterher der Festivalchef. „Und Miles Davis", fügte er hinzu. Mann, der Tag war gelaufen. Was blieb mir anderes übrig, als mir abends den Arsch abzuspielen?

In Europa werde ich meistens so behandelt – wie eine Maje-

* Miles Davis/Marcus Miller: *Siesta* (Warner Bros. Records 25655-1).

457

stät. Und dann kann man eigentlich nur noch besser spielen. Das gleiche gilt für Brasilien, Japan, China, Australien, Neuseeland. Nur die Vereinigten Staaten machen da eine Ausnahme. Und das liegt eben daran, daß ich schwarz bin und keine Kompromisse eingehe.

Eine der schmerzlichsten Sachen in diesem Jahr war, daß ich mich von meinem Neffen Vincent trennen mußte. Mir war schon lange klar, daß es einmal soweit kommen würde, weil er einfach immer das Tempo verschleppte. Ich erklärte ihm alles mögliche, gab ihm Tapes zum Reinhören, aber er brachte es nicht. Es traf mich, daß ich es ihm sagen mußte, aber es ging schließlich um die Musik. Ich wartete ein paar Tage, nachdem ich es ihm klargemacht hatte, dann rief ich Dorothy an und erklärte ihr, daß Vincent nicht mehr in meiner Band ist. Sie wußte noch nichts davon. Dann sagte ich ihr, daß ich nach Chicago komme und dort spiele. „Schön, Miles", sagte sie, „du könntest ihn wenigstens hier mitspielen lassen, wegen seiner ganzen Freunde; sonst ist es peinlich für ihn."

„Dorothy, solche Freundschaften haben nichts mit Musik zu tun. Ich hab Vincent jahrelang gesagt, was er tun soll, aber er macht es nicht, also mußte er gehn. Tut mir leid."

Dann kam Dorothys Mann, Vincent sen., mit dem ich seit Jahren befreundet bin, ans Telefon und bat mich, Vincent noch eine Chance zu geben. „Nein, ich kann nicht", sagte ich zu ihm. Schließlich fragte ich Dorothy noch, ob sie zu meinem Konzert käme, und sie meinte, daß sie vermutlich mit Vincent zu Hause bliebe. „Na schön, dann laß es bleiben", war meine Antwort.

„Dann häng doch ein; ich hab dich nicht angerufen, sondern du mich", sagte sie.

Vincent ging im März, und ich holte mir Ricky Wellman, einen großartigen Schlagzeuger aus Washington, D.C. Ich hatte ihn auf einer Platte mit einer Gruppe namens Chuck Brown and the Soul Searchers gehört und fand ihn interessant. Ich ließ ihn durch Mike Warren, meinen Privatsekretär, anrufen, und Ricky wollte in meiner Band spielen. Daraufhin schickte ich ihm ein Tape, zu dem er üben sollte, und so kamen wir zusammen. Ricky hatte lange Zeit Go-Go-Musik gespielt; aber er war genau derjenige, den ich in der Band haben wollte.

Ich liebe diese Band, die ich 1987 zusammenhatte. Weißt du, dieses ganze verschlungene Gewebe: Ricky ließ sich von Mino Cinelu anheizen, Darryl Jones legte sein Zeug drunter und gab dem ganzen Boden, Adam Holzman und Robert Irving machten ihr Ding auf den Synthesizern, und ich und Kenny Garrett (manchmal war Gary Thomas am Tenorsax) flochten unsere Stimmen dazwischen, während Foley, mein neuer Gittarist, diesen irren Blues-Rock-Funk reinbrachte – er spielte ganz ähnlich wie Jimi Hendrix. Die Jungs waren großartig, und ich hatte endlich den Gitarristen gefunden, nach dem ich so lange gesucht hatte. Von Anfang an konnte sich jeder in der Band mit dem anderen verständigen. Die Band war okay, gesundheitlich ging's mir gut – mein Leben war also wieder in Ordnung.

Die wichtigste Musik im Jahr 1987 kam für mich von Prince, Larry Blackmons Cameo und der karibischen Gruppe Kassav. Ich liebte, was sie machten. Aber vor allem stand ich auf Prince, und als ich ihn gehört hatte, wollte ich irgendwann mal mit ihm spielen. Prince kommt aus der James Brown-Schule, und den liebe ich wegen seiner großartigen Rhythmen. Während Cameo mich an Sly Stone erinnert, ist Prince wie James Brown, nur hat er noch was von Marvin Gay, Jimi Hendrix, Sly und sogar was von Little Richard. Er ist eine Mischung aus all diesen Jungs und Duke Ellington. Es gibt sogar was an ihm, das mich an Charlie Chaplin und Michael Jackson erinnert, dessen Bühnenshow ich sehr bewundere. Prince kann einfach alles: komponieren, singen, produzieren, Musik machen, schauspielern, drehen und Regie führen, und er kann – wie Michael Jackson – wirklich tanzen.

Beide sind Motherfucker, aber als musikalisches Allroundtalent gefällt mir Prince besser. In seiner Musik kommt noch diese religiöse Sache dazu. Er beherrscht sowohl Gitarre wie auch Klavier – und beides sehr gut. Aber das Besondere an ihm ist dieses Kirchending und die Orgel. Und das ist 'ne schwarze Sache und keine weiße. Für Schwule *ist* Prince die Kirche. Er ist die Musik für Leute, die abends nach zehn oder elf weggehn. Er kommt auf dem Beat rein und spielt auf den Punkt. Ich glaube, wenn Prince Liebe macht, hört er Drums statt Ravel. Und deshalb ist er kein weißer Typ. Seine Musik ist neu und hat zugleich Tradition, sie spiegelt das Ende der achtziger Jahre wider. Wenn er so weitermacht wie bisher, bin ich sicher, daß Prince der Duke Ellington unserer Zeit wird.

An Silvester 1987 lud mich Prince nach Minneapolis ein, um vielleicht mal ein oder zwei Songs mit mir zu spielen. Ich fuhr mit Foley hin. Und, Mann, Prince hat dort einen Wahnsinnsgebäudekomplex stehn mit Aufnahmestudios für Musik und Drehmöglichkeiten für Filme und einem Appartement, in dem ich wohnte. Prince gab damals ein Konzert für die Obdachlosen von Minneapolis, und wer kommen wollte, mußte zweihundert Dollar zahlen. Es fand in seinen Paisley Park Studios statt, und es war brechend voll. Um Mitternacht sang Prince „Auld Lang Syne", er bat mich einzusteigen, und das Ganze wurde aufgenommen.

Prince hat eine nette, schüchterne Art, aber er ist gleichzeitig ein kleines Genie. Er weiß in jeder Beziehung, was er kann und was nicht. Er geht jedem ins Blut, weil er alle Sehnsüchte befriedigt; er hat so was Schwüles, wie ein Zuhälter und 'ne Nutte in einer Person, dieses Transvestitending. Eigentlich müßte jeder unter achtzehn aus dem Zimmer gehn, wenn Prince mit dieser hohen, durchdringenden Mädchenstimme über Frauen und Sex singt. Wenn ich zu jemandem „Fuck you" sage, ist er kurz davor, die Polizei zu rufen. Aber wenn es Prince mit seiner Mädchenstimme sagt, finden es alle süß. Außerdem taucht er nicht dauernd in der Öffentlichkeit auf; für viele ist er deshalb ein Rätsel. Genau wie ich und Michael Jackson. Prince ist wirklich wie sein Name, Mann, ein Prinz in Person, wenn man in näher kennt.

Ich war beinahe schockiert, als er mir sagte, daß er eine ganze Platte mit mir machen und vielleicht auch unsere Bands zusammenbringen will. Ich weiß nicht, wann und ob's soweit kommt, aber es ist 'ne aufregende Idee für eine Tournee.

460

Prince war auch bei der Party zu meinem 62. Geburtstag, die ich in einem New Yorker Restaurant gab. Die Leute von Cameo waren da, Hugh Masekela, George Wine, Nick Ashford und Valerie Simpson, Marcus Miller, Jasmine Guy und die Jungs aus meiner Band; Peter, mein Anwalt und Manager; Gordon, mein Road Manager, und Michael, mein Diener. Es war eine schöne Party.

1988 war für mich ein gutes Jahr, mit einer Ausnahme: Gil Evans, mein bester und ältester Freund, starb im März an einer Bauchfellentzündung. Ich wußte, daß Gil krank war, denn er konnte schon seit einiger Zeit kaum noch hören oder sehen. Er war nach Mexiko gefahren, weil er hoffte, dort jemanden zu finden, der ihm helfen könnte. Aber uns beiden war klar, daß er sterben wird, wir redeten einfach nie drüber. Einen Tag vor seinem Tod rief ich seine Frau Anita an und fragte: „Wo zum Teufel steckt Gil?" Sie sagte mir, daß er mit seinem Sohn in Mexiko ist und dieses und jenes macht. Einen Tag darauf rief sie mich an und sagte, Gil sei tot. Mann, er hinterließ eine große Lücke.

Aber eine Woche nach seinem Tod unterhielt ich mich mit ihm. Ich war in New York, in meinem Appartement, saß auf meinem Bett und betrachtete eine Fotografie von ihm, die gegenüber auf dem Tisch am Fenster stand. Die Lichter tanzten durch die Fensterscheiben. Plötzlich kam mir eine Frage an Gil in den Kopf. „Gil", sagte ich, „warum bist du auf diese Art gestorben, unten in Mexiko?" Und er antwortete: „Es war nur so möglich, Miles. Ich mußte nach Mexiko, um zu sterben." Es war Gil, denn ich kenne seine Stimme, und es war sein Geist, der zu mir sprach.

Gil war als Freund und als Musiker wirklich wichtig für mich, denn wir hatten die gleiche Auffassung von Musik. Er mochte alle Stilrichtungen, ob es ethnisch geprägte Musik war oder Rhythmen von Naturvölkern. Wir redeten oft jahrelang über bestimmte Projekte, und gerade zwei Monate vor seinem Tod hatte er mich angerufen, um mit mir über 'ne Sache zu reden, die wir schon vor ungefähr zwanzig Jahren machen wollten. Ich glaube, es war was mit *Tosca*. Gil war mein bester Freund, aber organisatorisch kriegte er seinen Kram nie auf die Reihe. Er brauchte für alles ungeheuer lange. Gil hätte in irgendeinem andern Land leben sollen. Dann hätte er sicher die Anerkennung als großer nationaler Künstler gefunden, die er verdient hat, und er wäre mit öffentlichen Geldern gefördert worden. Vielleicht in Kopenhagen. Zu Lebzeiten besaß er nie das Geld, das er für seine Pläne gebraucht hätte. Außerdem mußte er sein Haus unterhalten und seinen Sohn unterstützen, der übrigens nach mir benannt ist. Irgendwo hatte er noch fünf oder sechs meiner Songs rumliegen, die er arrangieren wollte. Für mich ist Gil nicht tot.

Natürlich vermisse ich ihn, aber nicht so, wie andere jemanden vermissen. Inzwischen sind so viele Leute tot, die mir nahestanden, und daher ist mir diese Art zu trauern verlorengegangen. Zur Hölle, kurz vor Gil starb James Baldwin, und jedesmal, wenn ich in Südfrankreich bin, will ich bei Jimmy vorbeischaun. Dann fällt mir ein, daß er tot ist. Nein, ich werde mich an Gil und Jimmy nicht als Tote erinnern, meine Gedanken funktionieren anders. Ich werde sie vermissen, aber in meinem Kopf lebt Gil immer noch, genau wie Jimmy, Trane, Bud, Monk, Bird, Mingus, Red, Paul, Wynton und all diese großartigen Typen, die nicht mehr hier sind. Meine besten Freunde sind tot. Aber ich höre sie, kann sie zu mir holen.

Mann, Gil war ein außergewöhnlicher Mensch. Einmal erzählte ich ihm, daß Cicely mir dauernd Vorwürfe machte, weil ich mit andern Frauen ausgehe. Er schrieb irgendwas auf ein Stück Papier, reichte es mir und sagte: „Gib ihr das." Als sie's gelesen hatte, hörte sie mit dem Ganzen auf. Weißt du, was er aufgeschrieben hatte? „Auch wenn du mich liebst, gehöre ich dir nicht. Und auch wenn ich dich liebe, gehörst du mir nicht." Gil war ein Freund, ich konnte zu ihm gehn, er verstand mich wirklich und liebte mich so, wie ich bin.

1988 kam *Siesta* gleichzeitig mit dem Film raus, aber der verschwand sofort wieder aus den Kinos; er war noch nicht mal richtig angelaufen, da war er schon wieder angesetzt. Fast genauso lief es mit dem anderen Film *Street Smart*, für den ich die Musik schrieb, nur stand er etwas länger auf dem Programm als *Siesta* und bekam sehr gute Kritiken; sogar die Musik gefiel den Leuten. Aber *Siesta* wurde richtig verramscht, obwohl alle die Musik mochten, die Marcus und ich dafür komponierten.

Aber 1988 erlebte ich auch was Wunderschönes: Am 13. November wurde ich im Alhambra-Palast in Granada zum Ritter geschlagen und in den Orden der „Malteser-Ritter" aufgenommen. Neben mir erhielten drei Afrikaner und ein portugiesischer Arzt die Ordensweihe. Was es mit dem Orden genau auf sich hat, weiß ich nicht – das muß ich gestehen. Aber mir wurde gesagt, daß ich als Mitglied für dreißig oder vierzig Länder kein Visum benötige. Angeblich wurde ich für diese Ehre ausgewählt, weil ich was Besonderes bin, ein Genie. Das einzige, was sie dafür verlangen, ist, daß ich keine Vorurteile gegen andere habe und das fortsetze, was ich bisher getan habe. Und das heißt, einen Beitrag zu der einzigen kulturellen Errungenschaft Amerikas zu leisten, die auf der ganzen Welt zu Hause ist – zum Jazz oder, wie ich's lieber nenne, zur schwarzen Musik.

Am Tag der Auszeichnung war ich so krank, daß ich die Feier kaum durchstand. Ich hatte eine „verschleppte" Lungenentzündung oder Bronchopneumonie. Das legte mich ein paar Monate lang flach und zwang mich, meine gesamte Wintertournee Anfang 1989 abzusagen. Das kostete mich allein über 'ne Million Dollar. Drei Wochen lang lag ich im Krankenhaus von Santa Monica, Kalifornien. Überall hatten sie Schläuche und Nadeln in mich reingesteckt, in meine Nase, in meine Arme, und jeder, der ins Zimmer kam, mußte eine Maske wegen der Infektionsgefahr tragen. Ich war sicher ziemlich krank, aber ich hatte nicht AIDS, wie dieses Scheiß-Klatschblatt *The Star* behauptete. Mann, was die mir angetan haben, war furchtbar. Es hätte meine Karriere zerstören, mein Leben ruinieren können. Ich explodierte fast vor Wut, als ich von der Story erfuhr. Natürlich stimmte kein Wort davon, aber das wußten die Leute nicht, und viele glaubten den Mist.

Als ich im März aus dem Krankenhaus entlassen wurde, kamen meine Schwester Dorothy, mein Bruder Vernon und mein Neffe Vince zu mir nach Malibu und kümmerten sich um mich. Dorothy half mir wieder auf die Beine. Meine Freundin war auch da, wir ritten oft und machten lange Spaziergänge. Ich war bald wieder fit genug, um auf Tournee zu gehn, so gut wie neu.

Wenig später, am 8. Juni, erhielt ich in einer Feierstunde im Metropolitan Museum of Art in New York den State Governor's Arts-Preis der Stadt für das Jahr 1989. Der Gouverneur Mario Cuomo überreichte ihn mir und elf anderen Leuten und Organisationen. Ich war sehr stolz, erneut geehrt zu werden.

Ungefähr zur selben Zeit erschien *Amandla*, mein drittes Warner-Album.* Die Kritiken waren genausogut wie die Verkaufszahlen. Und Columbia kündigte für den September 1989 die Veröffentlichung von *Aura* an, eine Platte, die ich schon vor vier Jahren gemacht hatte. Inzwischen war ich musikalisch ganz woanders, denn schließlich passiert immer was Neues. Aber *Aura* ist ein sehr gutes Album. Ich halte es sogar für ein Meisterwerk und bin gespannt, wie es ankommt, besonders jetzt, vier Jahre nach der Aufnahme.

Wenn ich heute arbeite, dann mit großer Konzentration, und mein Körper funktioniert dabei wie eine Antenne. Das hilft mir auch beim Malen. Ich male täglich fünf bis sechs Stunden, übe noch einige Stunden und komponiere auch viel. Die Malerei fasziniert mich, und ich hatte schon mehrere Einzelausstellungen: 1987 einige in New York und 1988 verschiedene in Deutschland, Spanien und Japan. Und die Leute kaufen meine Bilder, die immerhin um die fünfzehntausend Dollar kosten. Bei der Ausstellung in Madrid wurden sämtliche Bilder verkauft, in Deutschland und Japan fast alle.

Heute schreibe ich Sachen für die Band, die wir nicht aufnehmen. In Kalifornien kenne ich einen großartigen Komponisten, John Bigham. Er ist Gitarrist, ein junger Schwarzer, ungefähr

---

* Miles Davis: *Amandla* (WEA 925873-1).

dreiundzwanzig und schreibt wunderschöne funkige Songs. Normalerweise arbeitet er mit dem Computer, und wenn er mir den Scheiß mit all diesen technischen Ausdrücken erklären will, komm ich nicht mehr mit. Aber er weiß nie, wie er seine Stücke beenden soll. Deshalb hab ich ihm gesagt: „John, mach dir darüber keine Sorgen; schick's mir, und ich mach es fertig." Er hat keine Ahnung von Instrumentierung, aber er hört einfach unglaubliche Klänge. Dauernd erklärt er mir, daß er den ganzen Kram, Instrumentierung und so weiter, lernen will, aber ich beruhige ihn immer und sage, es reicht, wenn *ich* das beherrsche. Ich fürchte wirklich, daß seine natürliche Begabung verlorengeht, wenn er das lernt. Denn das passiert manchmal tatsächlich, verstehst du? Jungs wie Jimi Hendrix, Sly oder Prince hätten ihre Sachen vielleicht nie so bringen können, wenn sie über den theoretischen Kram Bescheid wüßten; das hätte ihnen nur im Weg gestanden.

Was meine Musik angeht, versuche ich ständig, Neues zu hören. Einmal fragte ich Prince: „Wo ist eigentlich die Baßlinie in diesem Stück?"

„Miles", antwortete er, „ich schreib keine Baßlinie, weil sie nur stört. Und wenn du jemals bei mir eine hörst, dann schmeiß ich den Bassisten raus." Er sagte mir, daß er das keinem andern erzählen würde, aber bei mir wüßte er, daß ich's verstehe, weil er in meiner Musik schon häufiger das gleiche Konzept entdeckt hätte. Sobald ich eine Idee für ein Stück habe, setze ich mich damit gleich an den Synthesizer. Ich notiere mir alle möglichen musikalischen Figuren, wenn mir was auffällt oder ich irgendwas höre. Ich entwickle mich als Künstler ständig weiter, und ich möchte, daß sich das nie ändert.

1988 mußte ich meinen Bassisten Darryl Jones fallenlassen. Er agierte immer dramatischer und brachte zuviel Showbiz in meine Band. Dauernd mußte er irgendwas verstellen, er zerriß die Saiten an seinem Baß, damit er sich produzieren konnte, und schaute, als ob jeden Moment was passieren würde. Er war ein Schauspieler, nachdem er von Sting, von diesen Rock 'n' Roll-Massenveranstaltungen zurückkam – das ist doch alles nur

Showbusineß. Ich liebte Daryl wirklich, er ist ein netter, hiper Kerl. Aber er spielte nicht mehr so, wie ich wollte. Als Ersatz für Darryl holte ich mir einen Typen namens Benjamin Rietveld von Hawaii. Auch Mino Cinelu verließ die Band und ging zu Sting. Zunächst ersetzte ich ihn durch den Percussionisten Rudy Bird, dann kehrte Marilyn Mazur zurück, und ich entließ Rudy. Heute habe ich Munyungo Jackson als regulären Percussionisten. Ein anderer Neuzugang in meiner Band ist Kei Akagi an den Keyboards. Kenny Garrett spielt immer noch Saxophon, Ricky Wellman Schlagzeug, Adam Holzman Keyboards und Foley Lead-Baß.

Ich bemühe mich ständig, meine Kreativität in Schwung zu halten. Ich würde gern mal ein ganzes Stück schreiben, vielleicht ein Musical. Ich hab sogar ein bißchen mit Rap-Songs herumexperimentiert, denn in dieser Musik stecken ein paar wirklich schwere Rhythmen. Angeblich soll Max Roach gesagt haben, daß sich der nächste Charlie Parker aus dem Rap entwickeln könnte. Manchmal gehn einem die Melodien einfach nicht aus dem Kopf. Wenn ich zum Beispiel die Sachen von Kassav höre, einer karibischen Gruppe; sie spielen eine Musik, die als Zouk* bezeichnet wird. Es ist 'ne großartige Gruppe, und sie haben sogar eine Reihe von Stücken der Musik auf *Amandla* beeinflußt (Amandla bedeutet in der Zulu-Sprache „Freiheit").

Der einzige Downer im Jahr 1988 – abgesehen von meinem Krankenhausaufenthalt wegen der Lungenentzündung – war die Scheidung von Cicely. Als wir heirateten, nahmen wir uns vor, daß wir uns bei 'ner Trennung anständig verhalten wollten, daß jeder von uns sein eigenes Geld verdient und wir unsere Karrieren unabhängig voneinander machen. Cicely hat ihr Wort gebrochen. Sie hätte nicht auf diese Art Anwälte auf mich anzusetzen brauchen, die mir alle möglichen Scheidungspapiere aufhalsten, egal, wo ich grade war. Es war 'ne ganz schöne

---

* *Zouk:* musikalische Stilrichtung, die vor zehn Jahren von der Gruppe Kassav kreiert wurde. Eine Mischung aus Cadence, Merengue, Calypso, Salsa und Funk.

Belastung, der Sache aus dem Weg zu gehn, bis ich wieder gesund war. Man hätte die Angelegenheit auf etwas freundschaftlichere Weise erledigen können. Aber jetzt ist alles vorbei, die Eigentumsvereinbarung wurde 1988 unterzeichnet, die Scheidung kam 1989 durch, und ich bin wirklich sehr froh darüber. Jetzt kann ich mich endlich wieder mit anderen Frauen beschäftigen.

Inzwischen hab ich 'ne andere Frau kennengelernt, mit der ich mich sehr wohl fühle. Sie ist viel jünger als ich, über zwanzig Jahre. Wir gehn nicht oft aus, weil ich nicht will, daß sie dem Bullshit ausgesetzt wird, den Frauen ertragen müssen, wenn sie mit mir zusammen waren. Ich will auch ihren Namen nicht nennen, unsere Beziehung soll aus der Öffentlichkeit rausgehalten werden. Aber sie ist eine nette, liebevolle Frau, die mich so liebt, wie ich bin. Wir verstehen uns ausgezeichnet, obwohl sie sich darüber im klaren ist, daß sie mich nicht besitzt und ich andere Frauen treffe, wenn ich will. Vor ein paar Jahren, bei einem Konzert in Israel, lernte ich eine andere Frau kennen. Sie ist eine sehr begabte Bildhauerin, und wir treffen uns ab und zu, wenn sie in den Staaten ist. Ich mag sie sehr, obwohl wir uns nicht so nahestehen; aber ich bin vor allem an meiner Freundin in New York interessiert.

Wenn ich mir heute Jazzmusiker anhöre, die immer noch die gleichen Licks wie damals spielen, tun sie mir richtig leid. Weißt du, es ist so ähnlich, wie wenn man mit 'nem wirklich alten Menschen ins Bett geht, einem, der richtig nach Alter riecht. Natürlich zieh ich damit nicht über alte Leute her. Schließlich werde ich ja selbst auch nicht jünger. Aber ehrlich will ich trotzdem sein, und das ist nun mal das Bild, das mir dabei kommt. Die meisten Leute aus meiner Generation stehn zum Beispiel auf alte, muffige Möbel. Ich dagegen mag glattes High-Tech-Zeug, den Memphis-Stil; vieles davon kommt aus Italien. Verwegene Farben und lange, glatte, klare Linien. Ich mag kein Durcheinander oder einen Haufen Möbel, mir gefällt der moderne Kram. Ich muß immer vorn mitmischen, so bin ich nun mal, und so war ich schon immer.

Ich liebe Herausforderungen und neue Dinge; das gibt mir neue Energie. Aber die Musik ist für mich fast immer schon ein Heilmittel gewesen, etwas Spirituelles. Wenn die Band gut spielt und ich gesundheitlich in Ordnung bin, ist meine Stimmung oben. Und ich lerne noch jeden Tag dazu; von Prince und Cameo zum Beispiel. Ich mag die Live-Shows von Cameo. Wenn sie auf der Bühne stehn, fangen sie langsam an, aber dann, in der Mitte ihrer Show, muß man aufpassen, denn plötzlich kommt ihre Musik unglaublich in Fahrt und hebt richtig ab. Schon mit fünfzehn hab ich gelernt, daß 'ne Show einen Eröffnungs-, einen Mittel- und einen Schlußteil haben muß. Wenn du dieses Prinzip verstanden hast, wird deine Show vom Anfang bis zum Ende ein einziger Höhepunkt sein. Dann kriegst du die Note eins für den Anfang, für die Mitte und für das Ende; natürlich mußt du jeweils die Stimmungen wechseln, aber du bist hundertprozentig dabei.

Durch Cameo kam ich drauf, wie man die anderen Musiker herausstellt. Genau das habe ich in meine Auftritte übernommen. Wir fangen an, und zuerst spiele ich, dann kommt die Band und schließlich wieder ich. Dann spielt Benny Baß, hinterher Foley Gitarre, und er bringt durch seinen Funk-Blues-Rock-Touch ein anderes Feeling rüber. Nach den ersten paar Stücken spielen wir „Human Nature", und das Grundtempo verändert sich. Eigentlich setzt das den Schlußpunkt des ersten Sets. Aber wir machen was aus diesem Song, denn von da an geht's nur noch aufwärts, mit Groove. Als Darryl Jones in der Band war und sein echt tolles Zeug spielte, trieben wir uns oft gegenseitig an. Heute mach ich das mit Benny, obwohl er meistens die Basis legt – das beherrscht der Knabe tatsächlich perfekt. Und dann wechseln wir uns in den Soli ab.

Vor vielen Jahren erklärte Billy Eckstine mir und einem Sänger mal, daß man in den Applaus hineinspazieren muß, wenn die Leue echt begeistert sind. Er sagte zu diesem Sänger: „Warte nicht, bis alles verebbt ist." Genau das tue ich heute, ich spaziere in den Beifall rein. Bei meinen Konzerten beginne ich schon mit dem nächsten Stück, während die Leute noch applaudieren. Und wenn man dabei mal einen schlechten Start erwischt, hören sie's gar nicht, weil sie klatschen. Damit kommt man voll rein, und so, wie wir unsere Live-Konzerte aufbauen, läuft es gut. Es gefällt den Leuten, und die sind das Barometer für die Musik, nicht die Kritiker. Die Leute. Sie haben keine Hintergedanken, keine bösen Absichten. Schließlich haben sie ihr Geld hingelegt, um dich zu sehn. Und wenn ihnen nicht gefällt, was du machst, dann lassen sie's dich schnell spüren. Ganz schnell.

KAPITEL 20

D ie Leute fragen mich oft, in welche Richtung die Musik heute
geht. Ich glaube, sie wird kurzatmiger. Jeder, der seine Ohren
aufsperrt, kann das hören. Musik verändert sich immer. Die
Zeiten ändern sich, die Technik, das Material, aus dem die
Dinge hergestellt werden – zum Beispiel Autos aus Plastik
anstelle von Autos aus Stahl. Wenn du heute einen Unfall hörst,
klingt das anders als in den vierziger oder fünfziger Jahren, wo
nur Blech auf Blech gekracht ist. Neue Instrumente wie Synthesizer und das ganze Zeug verändern alles. In den alten Zeiten
waren die Instrumente hauptsächlich aus Holz, später aus Metall, und heute sind sie aus Kunststoff. Keine Ahnung, was als
nächstes kommt, aber es wird wieder was anderes sein, das weiß
ich. Die schlechtesten Musiker sind nicht mal fähig, die heutige
Musik zu *hören*, und daher können sie sie auch nicht spielen.
Erst als ich damals anfing, in den oberen Registern zu hören,
konnte ich auch höher spielen. Davor konnte ich nur in den
mittleren und unteren Registern hören, daher spielte ich in
diesen Lagen. Das gleiche gilt für ältere Musiker, die sich in der
modernen Musik versuchen. Eine Zeitlang gehörte ich auch zu
ihnen, bis Tony, Herbie, Ron und Wayne in meine Band kamen.
Durch sie begann ich anders zu hören, und dafür bin ich ihnen
dankbar.

Ich glaube, Prince weist mit seiner Musik in die Zukunft, er
und ein paar Leute aus Afrika und der Karibik, zum Beispiel
Fela aus Nigeria und die Gruppe Kassav von den Westindischen
Inseln. Von ihnen wurden viele weiße Bands und Musiker stark
beeinflußt, die Talking Heads zum Beispiel, Sting, Madonna
oder Paul Simon. Auch aus Brasilien kommen gute Sachen.
Eigenartigerweise spielt sich diese Musikszene zum großen Teil
in der Gegend von Paris ab, weil sich 'ne ganze Reihe afrikani-
scher und karibischer Musiker – besonders aus französisch-
sprachigen Ländern – dort aufhalten. Englisch sprechende

Künstler gehn nach London. Vor kurzem erzählte mir jemand, daß Prince überlegt, einen Teil seiner Produktion in die Gegend von Paris zu verlegen, damit er näher am aktuellen Geschehen ist. Deshalb ist er heute einer der wichtigsten Musiker, die den Weg in die Zukunft andeuten. Musik kennt schon lange keine Grenzen mehr, und das hat Prince kapiert.

Für mich sind viele alte Jazzmusiker faule Arschlöcher, die sich jeder Veränderung widersetzen und an der Tradition festhalten, weil sie zu bequem sind, was anderes zu probieren. Sie hören auf die Kritiker, und die erzählen ihnen, sie sollen da bleiben, wo sie sind, denn das gefällt *denen*. Die Kritiker sind genauso faul. Sie bemühen sich erst gar nicht, andere, neue Musik zu verstehen. Die alten Musiker bleiben also, wo sie sind, und werden zu Museumsstücken unter Glas, geschützt, leicht verständlich; sie wiederholen ihren müden alten Scheiß immer und immer wieder. Dann rennen sie rum und jammern, daß die Musik und die Tradition durch die elektronischen Instrumente und die elektronische Klangerzeugung zerstört werden. Nun, ich bin nicht so, genausowenig wie es Bird war, Trane, Sonny Rollins, Duke oder jeder, der was Neues schaffen will. Im Bebop ging's um Veränderung und Weiterentwicklung, nicht um Stillstand und Sicherheit. Das Leben ist ein Abenteuer und eine Herausforderung. Ich kann's verstehn, wenn irgend jemand zu mir kommt und mich fragt, ob ich nicht sowas wie „My Funny Valentine" spielen könnte, weil das vielleicht mal lief, als er mit seiner Freundin fickte und die Musik sie beide hochbrachte. Aber heute sage ich den Leuten, sie sollen sich die Platte kaufen. *Ich* bin inzwischen ganz woanders, denn schließlich muß ich das leben, was für mich am besten ist und nicht für irgendwelche anderen.

Die Leute in meinem Alter, die mich hören wollen „wie in den guten alten Zeiten", kaufen nicht mal mehr meine Platten. Wenn ich darauf angewiesen wäre, daß *sie* meine Platten kaufen – auch wenn sie darauf zu hören kriegten, was sie wollen –, wäre ich schon längst verhungert und hätte mir dazu noch den Zugang zu den Leuten verbaut, die *wirklich* Platten kaufen:

471

Und das sind die Jungen. Und selbst wenn ich die alten Stücke bringen wollte, würde ich niemanden finden, der so spielen kann wie wir damals. Die wenigen, die noch leben, haben ihre eigenen Bands und spielen, was *sie* wollen. Selbstverständlich würden die das nicht aufgeben, nur um in meiner Band zu sein, mit mir als Leader.

George Wein wollte einmal, daß ich Herbie, Ron und Wayne für 'ne Tour zurückhole. Aber ich sagte ihm, das ginge nicht, weil einfach zu viele Probleme auftauchen würden, wenn sie plötzlich wieder zu Begleitmusikern würden. Die Tour hätte bestimmt viel Geld gebracht, aber was soll's? Musik hat nicht nur was mit Geld machen zu tun, sondern mit Gefühl, besonders unsere Musik.

Nehmen wir zum Beispiel jemand wie Palle Mikkelborg aus Dänemark, mit dem ich das *Aura*-Album aufgenommen hab. Wenn du 'ne Zeitlang da drüben bei ihm rumhängst, wird dein Ohr für alles offen. Es war wie bei Gil Evans. Was Gil vor seinem Tod für das Album von Sting gemacht hat, ist ein Wahnsinn, wenigstens für Sting. Erinnerst du dich noch an den *Playboy*-Jazz-Poll, nachdem Sting mit Gil diese Platte rausgebracht hatte? Die Leser – zum größten Teil Weiße – wählten Sting mit seiner Band zur besten Jazzgruppe des Jahres. Ist das nicht ein Hammer? Eine schwarze Gruppe, die vom, sagen wir, Fusion-Jazz zum Rock übergeht, würde diese Anerkennung nie bekommen. Kein Weißer würde sie auch nur zum besten Hundefänger des Jahres wählen. Aber bei Sting ist das möglich. Sein letztes Album war echt heiß, aber außer Sting sticht eigentlich kein anderer Musiker groß hervor – und er ist kein Jazzmusiker. Sting schreibt einen Song mit einem Text, und dann weißt du, was du zu denken hast. Aber bei 'ner Instrumentalkomposition kannst du denken, was du willst. Du mußt schließlich auch nicht den *Playboy* lesen, um zu erfahren, in welcher Stellung du ein Mädchen lieben kannst. Sowas machen faule Leute. In der Popmusik geht's hauptsächlich um „Baby, I love you. Come here and give it to me". Platten mit solchen Texten gibt es millionenfach. So entstehn Klischees, und dann gehn die Leute hin und kopieren sie und tun damit nichts anderes, als Klischees zu wiederholen. Mit all den Platten im Kopf wird es immer schwerer, sich ins Aufnahmestudio zu stellen und was Eigenes zu bringen.

Mit der Musik, die Trane in seinen letzten Jahren spielte, kann ich nichts anfangen. Nachdem er meine Gruppe verlassen hatte, hörte ich mir seine Platten nicht mehr an, denn er wiederholte immer nur den Kram, mit dem er bei mir begonnen hatte. Seine erste Gruppe mit Elvin Jones, McCoy Tyner und Jimmy Garrison war okay. Dann wurden sie ihr eigenes Klischee, und außer Elvin und Trane brachte keiner was. McCoy hämmerte nur noch wie verrückt auf dem kleinen Flügel rum, und ich fand das nicht besonders hip. Verstehst du, Typen wie Bill Evans, Herbie Hancock und George Duke beherrschen dieses Instrument. Aber Trane und seine Jungs blieben im modalen Schema stecken, und das hatte ich längst hinter mir. McCoy verlor mit der Zeit seinen Anschlag. Er wurde monoton und war genauso langweilig wie Trane, wenn man sich hinsetzte und ihm zu lange zuhörte. Nach 'ner Weile konnte ich nichts mehr in der Musik hören oder finden. Und Jimmy Garrison gefiel mir auch nicht. Aber viele Leute mochten es, und das ist cool. Ich fand *nur* cool, was Elvin und Trane im Duett spielten. Aber das ist nur meine Meinung; ich kann mich auch täuschen.

Heute ist der Sound völlig anders als zu der Zeit, als ich mit der Musik anfing. Heute gibt es Echokammern und diesen Scheiß. In dem Film *Lethal Weapon* mit Danny Glover und Mel Gibson sind einige Szenen an einem Ort gedreht, bei dem alles aus Metall ist. Also gewöhnt man sich an das Metallgeräusch. Die Jungs aus der Karibik schreiben ihre Musik für Steel Drums und solches Zeug. Zudem verändern die Synthesizer alles von Grund auf, ob das den Puristen unter den Musikern gefällt oder nicht. Das wird so bleiben, und du kannst entweder mitmischen oder es sein lassen. Ich hab mich fürs Mitmischen entschieden, denn Leben bedeutete schon immer Veränderung. Leute, die sich nicht verändern, bleiben Folkmusiker, spielen

473

fürs Museum und für die Provinz. Musik und Sound sind international geworden, und es bringt überhaupt nichts, sich in den Kokon zurückzuziehn, in dem man mal steckte. Ein Mann kann nicht in den Schoß seiner Mutter zurück.

Musik hat was mit Timing und Rhythmus zu tun. Selbst wenn's was Chinesisches ist, es klingt immer gut, solange alles am richtigen Platz ist. Auch wenn die Leute in meiner Musik oft das Komplizierte sehn wollen, mir gefällt das Einfache. So höre ich meine Musik, selbst wenn sie den Leuten kompliziert erscheint.

Ich liebe Schlagzeuger. Max Roach brachte mir 'ne Menge übers Schlagzeug bei, als wir damals mit Bird zusammenspielten und viel unterwegs waren. Von ihm lernte ich, daß der Schlagzeuger den Rhythmus, den Groove beschützen muß, und das kann er nur, indem er einen Beat zwischen die Beat schlägt: „Bang, bang, sha-bang, sha-bang." Das „sha" zwischen dem „bang" ist der Beat im Beat, und dieses kleine „sha" macht den Extra-Groove aus. Wenn ein Schlagzeuger das nicht beherrscht, ist der Groove weg. Und, Mann, das ist tödlich.

Ein Musiker und Künstler wie Marcus Miller ist genau der Typ, der heute gefragt ist. Er kann alles spielen und ist für alles offen. Er versteht sogar, daß du im Studio nicht unbedingt einen Drummer brauchst. Du programmierst die Drum Machine, und wenn du willst, läßt du einen Schlagzeuger spielen. Ich finde die Drum Machine gut, weil du sie überall einsetzen kannst – sie hält immer das Tempo. Die meisten Drummer neigen dazu, das Tempo zu verschleppen oder zu beschleunigen, und damit können sie dir alles versauen. Dieses Problem gibt's mit der Drum Machine nicht. Aber ich brauche auch einen tollen Drummer wie Ricky Wellman, der alles in Gang hält. Wenn wir live spielen, verändern sich die einzelnen Passagen innerhalb der Stücke ständig, und wenn ein Drummer darauf flexibel reagieren kann, wird das Ganze lebendiger. Bei Konzerten mußt du die Leute bei der Stange halten, und dafür ist ein guter Schlagzeuger besser als eine Drum Machine.

Mein musikalisches Gehör war schon immer eine besondere

Gabe. Ich weiß nicht, woher es kommt, es ist einfach da, und ich frage nicht, warum. Ich kann zum Beispiel hören, wenn ein einziger Beat stolpert, genauso wie ich höre, wenn Prince auf 'ne Maschine verzichtet und selbst am Schlagzeug sitzt. Ich konnte das schon immer. Weißt du, ich kann ein bestimmtes Tempo vorgeben, mich schlafen legen, wieder aufwachen und genau im selben Tempo weitermachen wie vorher. Bei solchen Sachen hab ich nie an mir gezweifelt. Denn sobald das Tempo nicht stimmt, hört bei mir alles auf. Oder auch, wenn ein Toningenieur einen schlechten Schnitt auf dem Band macht, erstarre ich zu Eis, denn ich höre es auf der Stelle.

Für mich geht's in der Musik und im Leben nur um Stil. Wenn du reich wirken willst, trägst du bestimmte Sachen, ein bestimmtes Paar Schuhe oder ein Hemd oder einen Mantel. Genauso lassen sich durch einen Musikstil bestimmte Gefühle in den Menschen erzeugen; du spielst einen gewissen Stil, und das entsprechende Gefühl entsteht. Das ist alles. Für mich ist es daher gut, vor ganz unterschiedlichem Publikum zu spielen, denn daraus hole ich mir Anregungen, die ich in Musik umsetze. Es gibt ein paar Länder, wo ich noch nie gespielt habe, es aber noch möchte. Afrika und Mexiko zum Beispiel. Ich würde dort sehr gern auftreten, und eines Tages werd ich's auch tun.

Außerhalb der Vereinigten Staaten spiele ich anders, denn die Leute behandeln mich anders, mit viel Respekt. Das weiß ich zu schätzen, und sie können es an meiner Musik hören. Ich möchte ihnen das gleiche gute Gefühl geben, das ich von ihnen bekomme. Am liebsten spiele ich in Paris, Rio, Oslo, Japan, Italien und Polen. In den Vereinigten Staaten trete ich ganz gern in New York, Chicago, Los Angeles und der Gegend von San Francisco auf. Die Leute dort sind ganz erträglich, auch wenn sie mich manchmal aufregen, weil sie nicht mit mir umgehen können.

Als ich mich für einige Jahre zurückzog, sagten viele: „Miles hat aufgehört, was sollen wir jetzt machen?" Meiner Meinung nach hat diese Ratlosigkeit der Leute was mit 'ner Sache zu tun, die Dizzy einmal so ausdrückte: „Schau dir Miles an und die

Musiker, die mit ihm gespielt haben. Miles zieht Leader groß, und zwar viele." Und ich glaube, das stimmt. Vielen Musikern hab ich die Richtung gezeigt. Aber ich empfand es nicht als Belastung, den Vorläufer, sozusagen den Weichensteller zu spielen. Außerdem war ich nie allein. Ich trug nicht die ganze Last. Es gab noch andere wie Trane und Ornette. Sogar in meinen eigenen Bands war ich nie allein, nie. Es gab Philly Joe und Trane. Philly Joe bestimmte das Tempo und riß Paul Cambers mit; Red Garland sagte *mir* immer, welche Balladen er spielen wollte, nicht umgekehrt. Und Trane saß nur da und sagte gar nichts, sondern spielte wie ein Irrer. Er machte nie viel Worte. In der Beziehung war er wie Bird. Beide nahmen ihr Horn in die Hand und redeten damit. In der Band mit Herbie, Tony, Ron und Wayne legte Tony alles vor – und wir folgten ihm. Jeder schrieb Stücke für die Band, und manchmal schrieben wir gemeinsam was. Aber mit Tony im Rücken wurde das Tempo nie verschleppt; es wurde höchstens schneller, und der Rhythmus stimmte trotzdem. In der Band mit Keith Jarrett und Jack DeJohnette bestimmten die beiden den Sound und die Rhythmen. Sie veränderten die Musik, und daraus entwickelte sich von selbst etwas Neues. Kein anderer könnte solche Musik machen, weil ihm Keith und Jack dazu fehlen. Dasselbe galt für alle andern Bands, die ich hatte.

Aber das war meine Begabung, verstehst du, die Fähigkeit, bestimmte Jungs zu finden und damit 'ne chemische Reaktion in Gang zu setzen, die sich von selbst weiterträgt; sie spielen zu lassen, was sie können, und darüber hinaus. Wenn ich mir Musiker suchte, wußte ich nie genau, welcher Sound dabei rauskommt. Wichtig ist nur, daß sie intelligent und kreativ sind, denn dann hebt die Musik wirklich ab.

Trane hatte seinen ganz eigenen Stil, genau wie Bird und Diz, und auch ich möchte nur wie ich selbst klingen. Ich will nur ich sein, in jeder Beziehung. Ich habe ein so ausgeprägtes Gefühl für musikalische Phrasierungen, daß ich, wenn ich mich wohl fühle, mit der jeweiligen Stimmung völlig im Einklang sein kann. Dann bin ich die Phrasierung. Ich spiele auf meine Art, und dann versuche ich, darüber hinauszugehen. Das schwerste Stück, das ich jemals gespielt habe, war „I Loves You, Porgy", weil ich mit der Trompete wie eine menschliche Stimme klingen mußte. Ich sehe Farben und Dinge beim Spielen. Mein Sound ist stark durch Elwood Buchanan beeinflußt, meinem Lehrer an der High School. Ich liebte sogar, wie er sein Horn hielt. Manche Leute sagen, mein Sound gleicht einer menschlichen Stimme, und so sollte er auch klingen.

Die besten Ideen für meine Kompositionen kommen mir nachts. Bei Duke Ellington war das genauso. Tagsüber schlief er, und nachts schrieb er. Nachts ist alles ruhig; die wenigen Geräusche von draußen kannst du aussperren und dich konzentrieren. Deshalb komponiere ich in Kalifornien besser als in New York. Es ist so still da draußen; ich lebe am Meer. Zur Zeit ist das jedenfalls so.

Für mich sind große Musiker wie große Boxer, die instinktiv reagieren. Sie haben ein anderes, höheres Theoriebewußtsein, genauso wie afrikanische Musiker. Aber wir sind nicht in Afrika und spielen nicht nur monotone Gesänge. Wir gehen theoretischer an die Musik ran und legen zum Beispiel verminderte Akkorde unter diese Gesänge. Dadurch gewinnen sie an Klangvolumen, hören sich voller an, und wir verstehen die Musik besser. Heute ist das alles einfacher, weil die Leute in den letzten zwanzig Jahren großartige Musik unterschiedlichster Stilrichtungen hören konnten: von Coltrane, mir, Herbie Hancock, James Brown, Sly, Jimi Hendrix, Prince, Strawinski, Bernstein. Und dann gibt es wieder Leute wie Harry Parch und John Cage. Die Musik von John Cage klingt nach splitterndem Glas oder nach fallenden Gegenständen. Viele Leute stehen darauf. Heute ist das Publikum also für alles offen. Und wer Martha Graham verdauen kann und das, was sie 1948 mit Cage an der Juilliard School gemacht hat – dort habe ich die beiden erlebt –, ist durch nichts mehr zu verblüffen.

Aber auch heute noch sind es die Schwarzen, die zeigen, wo's langgeht – mit Breakdance, Hip-Hop und Rap. Mann, sogar in der Werbung verwenden sie Musik, die hip ist, und setzen manchmal Gospelsongs ein. Das Komische dabei ist, daß sie diesen Scheiß von Weißen singen lassen und ihm damit die Schärfe nehmen. Sie kopieren unsere Haltung, unsern Gesang und unsere Musik. Die schwarzen Künstler sind dadurch gezwungen, ständig was anderes zu machen. Die Leute in Europa, Japan und Brasilien lassen sich durch diese weißen Abziehbilder nicht täuschen. Das passiert nur den blöden Amerikanern.

Heute reise ich nicht mehr so viel wie früher, obwohl ich gern unterwegs bin, weil ich dabei die verschiedensten Leute und Kulturkreise kennenlerne. Eine Sache ist mir aufgefallen: Schwarze und Japaner sind sich in vielem ähnlich. Beide lachen gern. Beide sind nicht so verklemmt wie die Weißen. Aber wenn ein Schwarzer lacht, halten ihn die Weißen gleich für einen Onkel Tom. Das passiert den Japanern nicht, denn sie haben Geld und Macht.

Aus Japan kommen auch die tollsten Frauen – und aus Brasilien und Äthiopien. Und mit toll meine ich eine Kombination aus Schönheit, Weiblichkeit und Intelligenz, die Art, wie sie sich benehmen, ihre Körperhaltung und ihr Respekt vor den Männern. Sie respektieren uns und wollen nicht wie wir sein – jedenfalls hab ich es so erfahren. Die meisten Amerikanerinnen können, so scheint's, nicht mit Männern umgehen, das gilt besonders für viele ältere schwarze Frauen. Egal, was du für sie tust, sie wollen mit dir konkurrieren. Vielleicht hängt es mit der Gehirnwäsche zusammen, der sie in diesem Land ausgesetzt sind und die ihnen eingetrichtert hat, daß nur Frauen mit langem, blondem, glattem Haar schön sind. Das stimmt natürlich nicht. Aber das trifft hauptsächlich nur auf ältere schwarze Frauen zu, die den weißen Schönheitsideal-Bullshit gefressen haben. Die jüngeren, die ich getroffen habe, sind wirklich hip und haben damit keine Probleme. Obwohl viele schwarze Frauen von ihren Männern wie eine Queen behandelt werden, bilden sie sich ein, daß ihre Männer weiße Frauen wollen und begehren. Das bringt sie völlig durcheinander. Weiße Frauen dagegen verstehn es eher, mit Männern umzugehn, weil sie diese Komplexe nicht mit sich rumschleppen. Ich weiß, daß jetzt viele schwarze Frauen sauer sein werden, aber das ist meine Meinung.

Weißt du, viele schwarze Frauen sehen sich als Lehrerin oder Mutter, wenn's um einen Mann geht. Sie müssen ihn unter Kontrolle halten. In meinem Leben gab's nur eine schwarze Frau, die anders war: Frances. Nicht ein einziges Mal in unseren gemeinsamen sieben Jahren verhielt sie sich so. Sie war cool und mußte sich mit niemandem vergleichen, weil sie ein starkes Selbstbewußtsein hatte. Sie wußte, daß sie schön und feminin ist und die Männer bei ihrem Anblick ausflippen, und daher konnte sie mit ihnen umgehen. Als Tänzerin hatte Frances großes Vertrauen in ihren Körper; sie wußte, daß sie bloß auf die Straße zu gehn brauchte, und schon brach der Verkehr zusammen. Außerdem hatte sie wie die meisten Künstlerinnen einen weiteren und tieferen Horizont.

Aber schwarze Frauen in höheren Positionen, die kein Selbstbewußtsein besitzen, sind eine Qual. Sie fühlen sich dauernd in Konkurrenz zu jemandem und müssen irgendwelchen beschissenen Mist von sich geben. Wenn dich ein Mann blöd anmacht, kannst du dich wehren, körperlich. Bei 'ner Frau ist das anders. Du kannst sie nicht einfach verprügeln, wenn sie dich wütend macht. Also mußt du drüber weggehen. Aber wenn du bei 'ner neunmalklugen, konkurrierenden Eule allzuoft klein beigibst, hängt sie dir bald nur noch keifend im Gesicht und kommandiert dich rum. Dann drehst du durch und schlägst vielleicht zu. Ich war oft in solchen Situationen mit weiblichen Kommandeuren, und bei einigen konnte ich mich nicht mehr zurückhalten. Aber ich hab kein gutes Gefühl, wenn ich eine Frau schlage. Heute versuche ich, solchen Situationen aus dem Weg zu gehen.

Die meisten Afrikanerinnen, die ich kennengelernt habe, sind anders als schwarze Amerikanerinnen; sie verstehn sich besser auf den Umgang mit Männern. Ganz besonders liebe ich die richtig schwarzen Afrikanerinnen aus Äthiopien und dem Sudan. Sie haben diese hohen Backenknochen und geraden

Nasen, Gesichter, die ich auch oft in meinen Zeichnungen und Skizzen verwende. Iman, das afrikanische Model, ist ein solcher Typ. Sie ist schön, elegant und anmutig. Dann gibt es noch die andere Art von Schönheit bei schwarzen Frauen, der Typ mit vollen Lippen, großen Augen und einer Kopfform wie bei Cicely. Privat hatte Cicely einen Blick, den man im Film nie zu sehen kriegt, besonders wenn sie zornig war oder ich wütend auf sie wurde. Es war richtig sinnlich. Ich tat oft so, als wär ich sauer, damit ich diesen Ausdruck in ihrem Gesicht sehen konnte. Ich liebte ihn.

Mein Frauentyp muß eine bestimmte Haltung und Vertrauen in den eigenen Körper besitzen – wie eine Tänzerin. Das gewisse Etwas liegt in der Art, wie sie geht, wie sie Dinge anfaßt und sich anzieht. Ich sehe sowas auf den ersten Blick. Sie muß Sex ausstrahlen, was Elektrisierendes, das ich sofort spüre. Manchmal erkennt man es am Mund wie bei Jacqueline Bisset. Ihr steht diese Ausstrahlung ins Gesicht geschrieben, und auch Cicely hatte sie früher mal für mich. Sobald ich das bemerke, geht ein Gefühl durch meinen Magen. Es ist wie eine Flut, als hätte man grade eine Prise Koks geschnupft, eine riesige Prise. Es ist das Vorgefühl auf das, was kommt, das mich so anmacht. Es ist fast so schön wie ein Orgasmus. Es gibt nichts Vergleichbares.

Ich liebe Frauen. Mir mußte nie jemand helfen, eine Frau zu finden, damit hatte ich nie Probleme. Ich bin einfach gern mit ihnen zusammen, unterhalt mich und sowas. Aber ich hab nie mit der Freundin eines Musikers rumgemacht. Nie. Auch nicht, wenn sie noch nicht lange mit ihm zusammen war. Schließlich weißt du nie, ob du einen Musiker später mal engagierst, und du willst einfach vermeiden, daß die Musik wegen solchem Scheiß drunter leidet. Aber alle anderen Frauen sind Freiwild – außer guten Freundinnen.

Männern gegenüber sind die amerikanischen Frauen am verwegensten. Wenn du ihnen gefällst, gehn sie direkt auf dich zu und machen dich an. Besonders, wenn du so berühmt bist wie ich. Sie gehn einfach drauflos und genieren sich nicht. Aber mir nimmt sowas jede Lust. Sie wollen nur meine Pressebilder ficken und an mein Bankkonto rankommen, damit ich ihnen Geschenke und alles mögliche kaufe. Früher bin ich ein paarmal drauf reingefallen, aber heute rieche ich sowas schon meilenweit gegen den Wind. Ich fange nichts mit Frauen an, die mich anmachen, das stößt mich ab. Ich möchte wenigstens das *Gefühl* haben, daß ich der Aufreißer bin.

Die weißen Amerikaner halten sich für die größte Gottesgabe der Welt. Was in ihren Köpfen abläuft, macht einen krank und traurig, es ist so rückschrittlich, dumm und respektlos. Nur weil sie weiß sind, bilden sie sich ein, sie können sich jederzeit in deine Angelegenheiten einmischen. Im Flugzeug ist mir das besonders häufig aufgefallen, dort springen sie dir direkt ins Gesicht. Ich fliege erster Klasse, und wer mich nicht erkennt, fragt sich, was ich da zu suchen habe. Also schaun sie mich komisch an. Einmal stand eine weiße Frau vor mir. Sie glotzte mich blöd an, und ich fragte sie, ob ich auf irgendwas sitze, das ihr gehört. Sie lächelte verkniffen und ließ mich in Ruhe. Natürlich gibt's auch Weiße, die nicht so sind und cool bleiben. Aber die größten Idioten sind Schwarze, die den Weißen all diese Lügen abkaufen; sie können einem richtig leid tun.

Amerika ist ein wirklich rassistisches Land, so rassistisch, daß es schon erbärmlich ist. Es ist genau wie in Südafrika, nur etwas gepflegter; der Rassismus ist nicht so augenfällig. Aber ich hatte schon immer eine Antenne für den Rassismus, ich kann ihn riechen, ich spüre ihn, egal, hinter welcher Fassade er sich versteckt. Meine Art reizt viele Weiße, besonders die Männer. Wenn sie aus der Rolle fallen und ich ihnen dann die Meinung sage, werden sie noch wütender. Aber hier in den Staaten denken sie, mit einem Schwarzen können sie jeden Scheiß anstellen.

Schau dir bloß unsere Kids an, besonders die schwarzen, die wirklich schlimme Drogenprobleme haben. Das liegt meiner Meinung nach auch daran, daß sie ihr geistiges Erbe nicht kennen. Es ist eine Schande, wie die Schwarzen und ihr Beitrag zu dieser Gesellschaft im eigenen Land abgetan werden. Jedes Kind sollte wissen, daß die Musik, die unsere Vorfahren aus Afrika mitbrachten – und die hier verändert und weiterentwikkelt wurde –, der einzige eigenständige Beitrag Amerikas zur Kultur ist. Deshalb sollten sie den Kids in den Schulen was über Jazz und afrikanische Musik beibringen und nicht nur europäischen („klassischen") Kram lehren.

Wenn Kinder nichts über ihre Geschichte lernen, dann bleibt ihnen die Schule egal. Sie halten sich lieber an Dope oder an Crack, weil sich sowieso keiner drum kümmert. Außerdem sehen sie, daß man mit Dealen leicht an Geld kommt, und schon sind sie auf dem Weg in die Unterwelt. Ich kenn das Ganze aus meiner eigenen Drogenzeit; ich versteh diese Kids und weiß, wie sie denken. Viele rutschen in die kriminelle Szene ab, weil ihnen klar ist, daß sie von den Weißen keine Fairneß zu erwarten haben. Ihre einzige Chance, viel Geld zu machen und aus ihrem Scheiß rauszukommen, ist der Sport oder die Musik. Entertainment, Sport oder der Untergrund. Deshalb schätze ich Bill Cosby so sehr: Er macht das Richtige und ist ein echtes Vorbild, indem er schwarze Kunst kauft und schwarze Colleges unterstützt. Ich wünschte mir, daß viel mehr reiche Schwarze seinem Beispiel folgen und einen Verlag oder eine Plattenfirma gründen, wo Schwarze arbeiten können und mit diesem weißen Bullshit-Image von den schwarzen Amerikanern aufgeräumt wird. Das ist dringend notwendig.

In Europa und Japan wird die Kultur der Schwarzen respektiert. Dort versteht man sie. Aber bevor man in Amerika die richtige Sache fördert, wird eher ein Weißer wie Elvis Presley gepusht, der nur die Kopie des Schwarzen ist. Sie stecken ihr Geld in die Promotion und Publicity von weißen Rockgruppen und schmeißen ihnen die Auszeichnungen als Belohnung dafür hinterher, daß sie schwarze Künstler kopieren. Aber okay, schließlich weiß jeder, daß alles mit Chuck Berry anfing und nicht mit Elvis. Jeder weiß auch, daß Duke Ellington der „King of Jazz" war und nicht Paul Whiteman. Alle wissen das. Aber das wirst du in keinem Geschichtsbuch nachlesen können, solange wir nicht die Macht haben, unsere eigene Geschichte zu schreiben. Und das wird keiner für uns machen, wenn wir's nicht selber in die Hand nehmen.

Ich erinnere mich noch daran, als der Komiker Milton Berle mal ins Three Deuces kam, um mich spielen zu hören. Es muß 1948 gewesen sein, als ich in Birds Band war. Jedenfalls saß Berle da, und einer fragte ihn, wie ihm die Band und die Musik gefallen. Er lachte, drehte sich zu den weißen Leuten um, mit denen er am Tisch saß, und sagte, wir seien „Kopfjäger", also verdammte Wilde. Er fand das lustig und die übrigen auch, denn sie lachten über uns. Ich hab das nie vergessen. Ungefähr fünfundzwanzig Jahre später sah ich Berle im Flugzeug, wir saßen beide in der ersten Klasse. Ich ging zu ihm und stellte mich vor. „Milton, mein Name ist Miles Davis, und ich bin Musiker."

Er lächelte sofort und sagte: „O ja, ich weiß. Ich liebe deine Musik wirklich." Er freute sich anscheinend, daß ich auf ihn zugegangen war.

Dann sagte ich: „Milton, vor ein paar Jahren hast du mir und den Leuten in der Band was angetan, das ich nie vergessen habe. Ich hab mir immer vorgenommen, daß ich dir mal sage, was an dem Abend in mir vorgegangen ist." Jetzt schaute er mich etwas komisch an, denn er wußte nicht, wovon ich rede. Aber mir kam die Wut von damals wieder hoch, und das muß er mir angesehen haben. Ich erzählte ihm, was er damals gesagt hatte und wie alle über uns lachten. Er wurde rot, denn es war ihm peinlich, und er hatte es wahrscheinlich vergessen. Dann sagte ich noch: „Mir hat es überhaupt nicht gefallen, wie du uns damals bezeichnet hast, Milton, und den andern in der Band auch nicht."

Er sah völlig zerknirscht aus und meinte: „Es tut mir sehr, sehr leid."

Und ich antwortete: „Das weiß ich. Aber es tut dir erst jetzt leid, nachdem ich's dir gesagt habe. Damals war's dir egal." Dann drehte ich mich um, ging zu meinem Platz zurück, setzte mich hin und redete kein Wort mehr mit ihm.

Genau das ist das Problem. In einem Moment lachen dich die Weißen aus – das gilt auch für viele Schwarze –, dann drehen sie sich um und sagen dir im nächsten Moment, daß sie dich lieben. Mit solchem Scheiß versuchen sie, die Leute gegeneinander auszuspielen und dadurch zu gewinnen. Aber ich hab ein gutes Gedächtnis für das, was sie mit uns in diesem Land gemacht haben. Die Juden erinnern die Welt auch ständig daran, was die Deutschen ihnen angetan haben. Genauso müssen die Schwarzen immer daran erinnern, was in den Vereinigten Staaten passierte oder, wie James Baldwin mir einmal sagte, in diesen „noch zu Vereinigenden Staaten". Wir müssen uns vor dieser „Teile-und-herrsche"-Strategie in acht nehmen, mit der uns die Weißen jahrelang unserem wirklichen Selbst entfremdet und unsrer echten inneren Kraft beraubt haben. Ich weiß, daß keiner mehr sowas hören will, aber die Schwarzen müssen es trotzdem immer wieder sagen, müssen diesen Leuten ihre Forderungen ins Gesicht schreien, bis sich irgendwas ändert. Wir müssen es ihnen – wie die Juden – immer wieder zeigen und sagen. Sie müssen einfach wissen und kapieren, was sie die ganzen Jahre über und auch heute noch an uns verbrechen. Wir müssen *ihnen* klarmachen, daß *wir sie durchschauen* und nicht eher zufrieden sind, bis sie damit aufhören.

In meinem Leben ist nichts unmöglich. Wenn ich morgens aufwache und den ersten Lichtstrahl sehe, fängt meine Zukunft an. Dann bin ich dankbar und kann's kaum erwarten aufzustehn, weil was Neues auf mich wartet. Ich muß jeden Tag kreativ sein. Die Musik ist ein Segen und ein Fluch. Aber ich liebe sie und möchte mit niemandem tauschen.

Die Musik lag immer wie ein Fluch auf mir, denn ich mußte einfach spielen. In meinem Leben stand und steht sie an erster Stelle. Allerdings habe ich eine Art Frieden mit meinen musikalischen Dämonen geschlossen, und so gehe ich jetzt alles ruhiger an. Vermutlich hat mir die Malerei dabei sehr geholfen. Die Dämonen sind immer noch da, aber inzwischen kenne ich sie und weiß, wann sie Futter brauchen. Die meisten Sachen habe ich also unter Kontrolle.

Ich bereue wenig und habe kaum Schuldgefühle. Und über die Dinge, die ich bereue, möchte ich nicht reden. Heute kann ich entspannter mit mir und anderen Leuten umgehn. Ich bin freundlicher geworden, obwohl ich immer noch mißtrauisch bin. Aber nicht mehr so wie früher, ich bin auch nicht mehr so feindselig. Trotzdem ziehe ich es vor, allein zu sein, und bin nicht gern unter Menschen, die ich nicht kenne. Aber ich mache die Leute nicht mehr wie früher sofort zur Schnecke oder beschimpfe sie. Verdammt, bei den Konzerten stelle ich sogar die Mitglieder meiner Band vor und rede ein bißchen mit dem Publikum.

Ich will meine Ruhe haben, aber für berühmte Leute wie mich ist es teuer, sich 'ne Privatsphäre zu erhalten. Es ist wirklich sehr schwer, und ich muß einfach Geld verdienen, damit ich mein Privatleben führen kann. Für Ruhm muß man zahlen – geistig, spirituell und mit *echtem* Geld.

Ich habe den Ruf, daß man nur schwer mit mir auskommt. Aber die Leute, die mich wirklich kennen, wissen, daß das nicht stimmt, denn wir kommen gut miteinander klar. Aber ich will nicht ständig im Mittelpunkt stehen. Ich erledige das, was zu erledigen ist, und damit hat sich's. Ich habe ein paar gute Freunde wie Max Roach, Richard Pryor, Quincy Jones, Bill Cosby, Prince, meinen Neffen Vincent und noch einige Leute. Gil Evans war mein bester Freund. Auch zu den Musikern in meiner Band habe ich ein freundschaftliches Verhältnis, genau wie zu meinen Pferden draußen in Malibu. Aber am besten kennen mich die Jungs, mit denen ich in East St. Louis aufgewachsen bin, auch wenn ich sie kaum noch sehe. Ich denke an sie, und wenn wir uns treffen, ist es, als hätten wir uns nie getrennt. Sie reden mit mir, als hätte ich sie gestern besucht.

Diese Jungs können mir alles über meine Musik sagen, und ich höre ihnen eher zu als jedem Kritiker. Sie verstehn, was ich machen möchte und worauf ich raus will. Als Clark Terry zu mir kam – den ich für einen meiner besten Freunde halte – und mir sagte, daß ich Scheiß spiele, Mann, das nahm ich ernst. Ich nahm's mir zu Herzen. Das gleiche gilt für Dizzy, meinen

Mentor und einen meiner engsten Freunde. Wenn er mir irgendwas über meine Musik erzählte, hörte ich genau zu. Zu meinen guten Freunden braucht keiner was Schlechtes über mich zu sagen, denn da hören die gar nicht hin. Ich bin genauso; ich laß mir keinen üblen Scheiß über jemanden erzählen, den ich gut kenne.

Ich geh nicht mehr oft aus, eigentlich kaum noch. Das habe ich hinter mir. Manchmal kommen Leute vorbei und wollen sich mit mir fotografieren lassen. Scheiß drauf. Genau deswegen können berühmte Menschen kein Privatleben führen, sie werden dauernd belästigt. Deshalb gehe ich auch nicht mehr gern aus. Aber sobald ich draußen bei meinen Pferden bin oder mich mit Freunden treffe, werde ich ruhig und mache mir keine Gedanken mehr drüber. Eins meiner Pferde heißt Kara, eins Kind of Blue und das dritte Gemini. Gemini hat einen wachen Geist, weil er arabisches Blut in sich hat. Ihn reite ich am liebsten. Aber eigentlich tut er mir einen Gefallen damit, denn ich kann immer noch nicht besonders gut reiten, und das spürt er. Wenn ich also was falsch mache, schaut er mich an, als ob er sagen wollte: „Was zum Teufel sucht dieser Motherfucker schon wieder auf meinem Rücken? Weiß er nicht, daß ich ein Profi bin?" Aber ich mag Tiere, ich versteh sie und sie mich. Aber Menschen? Menschen sind merkwürdig.

Ich bin ein Mensch, der instinktiv reagiert, der bestimmte Dinge in Leuten sieht, die andere nicht sehen. Ich höre Dinge, die andere weder hören noch für wichtig halten, bis sie diese Dinge dann viele Jahre später selber hören und sehen. Aber dann bin ich schon ganz woanders und hab längst vergessen, was ihnen jetzt auffällt. Ich bleibe immer auf dem laufenden, weil ich unwichtiges Zeug hinter mir lassen kann. Mir ist egal, was andere Leute gerade für wichtig halten. Das ist ihre Sache. Ich hab meine eigene Meinung und vertraue meinen Augen und Ohren, wenn es um mich und meine Sachen geht.

Musik war mein ganzes Leben, und die Musiker, die ich gekannt und geliebt habe, die mich geprägt haben, sind zu meiner Familie geworden. Meine Verwandtschaft ist zwar auch meine Familie wegen der gemeinsamen Eltern, Cousinen, Tanten, Schwestern oder Brüdern. Aber meine eigentliche Familie sind Leute, die mit meinem Beruf zu tun haben – andere Künstler, Musiker, Dichter, Maler, Tänzer und Schriftsteller –, nur Kritiker nicht. Die meisten Leute hinterlassen nach dem Tod ihr gesamtes Vermögen ihren Verwandten. Davon halte ich nicht viel. Wenn man was hinterläßt, dann denjenigen, die einem geholfen haben. Wenn das Blutsverwandte sind, gut, aber wenn nicht, sollte man ihnen auch nichts geben. Weißt du, ich würde vielleicht Dizzy oder Max was vererben oder jemandem in der Richtung, vielleicht einigen Freundinnen, die mich öfters unterstützt haben. Ich möchte nicht, daß jemand nach meinem Tod irgendeine Cousine in Louisiana oder sonstwo ausfindig macht und ihr mein Geld gibt – nur weil das gleiche Blut in uns fließt. Scheiß auf sowas!

Ich möchte mit Leuten teilen, die mir geholfen haben, meine Probleme durchzustehn, die meine Kreativität gefördert haben – und ich hatte einige wirklich kreative Phasen in meinem Leben. Die erste ging von 1945 bis 1949. Dann, nach meiner Drogenzeit, kam eine musikalisch verdammt fruchtbare Zeit, von 1954 bis 1960. Und auch 1964 bis 1968 war nicht allzu schlecht, obwohl ich damals sehr von Tonys, Waynes und Herbies musikalischen Ideen profitiert habe. Ähnlich lief es in der Zeit von *Bitches Brew* und *Live-Evil*; es war eine Kombination aus Leuten und Einflüssen – Joe Zawinul, Paul Buckmaster und andere –, ich brachte nur alle zusammen und schrieb ein paar Sachen. Aber heute erlebe ich meine kreativste Phase, denn ich male, komponiere und verarbeite alles, was ich bisher gemacht habe.

Ich glaube an die persönliche Spiritualität und an Geister. Schon immer. Ich glaube, daß meine Mutter und mein Vater mich besuchen. Und alle Musiker, die ich gekannt habe und die bereits tot sind. Wenn du mit großen Musikern gearbeitet hast, sind sie immer ein Teil von dir – Leute wie Max Roach, Sonny Rollins, John Coltrane, Bird, Diz, Jack DeJohnette, Philly Joe. Und je älter ich werde, desto stärker vermisse ich die, die gestorben sind: Monk, Mingus, Freddie Webster und Fat Girl. Wenn ich an sie denke, könnte ich verrückt werden, deshalb versuche ich es zu vermeiden. Aber ihre Geister sind in mir, also leben sie noch und teilen sich durch mich anderen mit. Alles, was ich von ihnen gelernt habe, steckt in mir. Musik hat was mit Spiritualität, mit Geist und Gefühl zu tun. Und für mich lebt ihre Musik noch, verstehst du? Was wir gemeinsam gespielt haben, das muß irgendwo in der Luft schweben, denn dorthin haben wir's geblasen, und dieser Scheiß war magisch und spirituell.

Der Zwang, Musik zu spielen und zu komponieren, ist heute bei mir noch viel stärker als am Anfang meiner Karriere. Ich spüre ihn noch intensiver. Es ist ein Fluch. Mann, es macht mich wahnsinnig, wenn ich ein Stück Musik vergesse und ich mich unbedingt daran erinnern will. Ich bin davon besessen, gehe ins Bett, denke drüber nach, stehe auf und denke immer noch drüber nach. Es verschwindet nie. Und ich bin glücklich, daß mir diese Gabe geblieben ist; ich fühle mich wirklich gesegnet.

Ich spüre eine gewaltige Kreativität in mir, und ich habe das Gefühl, als ob ich immer stärker werde. Ich mache täglich Gymnastik und ernähre mich gesund, jedenfalls meistens. Nur bei den typisch schwarzen Gerichten werde ich schwach, bei Barbecues, gebratenen Hühnchen und Innereien; weißt du, Sachen, die ich eigentlich nicht essen sollte; süßen Potato Pie, Schweinefüße, solches Zeug. Aber ich trinke und rauche nicht, nehme keine Drogen mehr – außer denen, die mir mein Arzt für meine Zuckerkrankheit verschreibt. Es geht mir gut, weil ich mich noch nie so kreativ gefühlt habe. Das Beste liegt, glaube ich, noch vor mir. Prince sagt, du mußt es „auf der Eins halten", wenn er über den Beat redet, und wie man die Musik und den Rhythmus bringt. Das trifft's genau, Bruder. Ich werde weiterhin versuchen, meine Musik auf der Eins zu halten, jeden Tag, an dem ich noch spiele. Auf der Eins halten. Später.

DANK

*D*ie Autoren möchten vielen, vielen Leuten danken, die ihre Zeit und ihr Wissen zu diesem Buch beisteuerten und es damit erst möglich machten. Hugh Masekela; Max Roach; Peter Shukat; Gordon Meltzer; Herbie Hancock; Wayne Shorter; Ron Carter; Tony Williams; Gil Evans; Dr. Bill Cosby; Jimmy Heath; Sonny Rollins; Ricky Wellman; Kenny Garrett; Jim Rose; Darryl Jones; Vince Wilburn, jr.; Vince Wilburn, sen.; Dorothy Davis Wilburn; Frances Taylor Davis; Eugene Redmond; Millard Curtis; Frank Gully; Mr. und Mrs. Red Bonner; Edna Gardner; Bernard Hassell; Bob Holman; Gary Giddins; Jon Stevens; Risasi; Yvonne Smith; Jason Miles; Milt Jackson; Pat Mikell; Howard Johnson; Dizzy Gillespie; Anthony Barboza; Spin magazine; Bob Guccione, jr.; Bart Bull; Rudy Langlais; Art Farmer; Marcus Miller; Branford Marsalis; Dr. George Butler; Sandra Trim-DaCosta; Verta Mae Grosvenor; David Franklin; Michael Warren; Michael Elam; Judith Mallen; Eric Engles; Raleigh McDonald; Olu Dara; Hamiett Bluiet; Lester Bowie; Dr. Leo Maitland; Eddie Randle, sen.; Roscoe Lee Browne; Freddie Birth; Elwood Buchanan; Jackie Battle; Charles Duckworth; Adam Holzman; George Hudson; James Baldwin; David Baldwin; Gloria Baldwin; Oliver Jackson; Joe Rudolph; Ferris Jackson; Deborah Kirk; Kwaku Lynn; Mtume; Monique Clesca; Odette Chikel; Jo Jo; Walter und Teresa Gordon; Charles Quincy Troupe; Evelyn Rice; Gilles Larrain; Ishmael Reed; Lena Sherrod; George Tisch; Pat Cruz; The Studio Museum of Harlem; Mammie Anderson; Craig Harris; Amiri Baraka; Donald Harrison; Terence Blanchard; Benjamin Rietveld; Kei Akagi; Joseph Foley McCreary; Mickey Bass; Steve Cannon; Peter Bradley; George Coleman; Jack DeJohnette; Sammy Figueroa; Marc Crawford; John Stubblefield; Greg Edwards; Alfred „Junie" McNair; Thomas Medina; George Faison; James Finney; Robben Ford; Nelson George; Bill Graham; Mark Rothbaum;Lionel Hampton; Beaver Harris; Mr. und Mrs. Lee Konitz; Tommy LiPuma; Harold Lovett; Ron Milner; Herb Boyd; Jackie McLean; Steve Rowland; Steve Ratner; Arthur und Cynthia Richardson; Billie Allen; Chip Stern; Dr. Donald Suggs; Milan Simich; Clark Terry; Arthur Taylor; Alvin „Laffy" Ward; Terrie Williams; Sim Copans; Joe Overstreet; Ornette Coleman; Rev. Calvin Butts; C. Vernon Mason; James Brown; Adger Cowans; Susan DeSandes; Clayton Riley; Leonard Fraser; Paula Giddings; John Hicks; Keith Jarrett; Ted Johans; Patti LaBelle; Stewart Levine; Sterling Plumpp; Lynell Hemphill; Fred Hudson; Leon Thomas; Dr. Clyde Taylor; Chinua Achebe; Derek Walcott; August Wilson; Rita Dove; Danny Glover; Terry McMillen; Nikki Giovanni; Asaki Bomani; Judge Bruce Wright; Ed Williams; Abbey Lincoln (Aminata Moseka); K. Curtis Lyle; Davis Kuhn; Jack Chambers; Eric Nisenson; Ian Carr – und viele andere. Es sind zu viele, um sie hier alle zu nennen, sie haben jedoch mit Informationen bei der Entstehung dieses Buches geholfen.

Besonderer Dank gilt der Agentin von Quincy Troupe, Marie Dutton Brown, die unschätzbare Hilfe leistete und das Manuskript sorgfältig prüfte, sowie ihrem Assistenten B. J. Ashanti, der die Arbeit an diesem sehr komplizierten Buchprojekt koordinierte. Die Autoren danken auch Mabusha Masekela, dem Neffen von Hugh, der das Manuskript an einem Abend in einem Zug durchlas und nützliche Informationen und hilfreiche Kritik beisteuerte. Die Autoren bedanken sich auch bei den Leuten von Simon and Schuster, vor allem bei Julia Knickerbocker, Karen Weitzman, Virgina Clark und ihren großartigen und immer ermutigenden Lektoren, Bob Bender und Malaika Adero, die die Idee für dieses Buch zu Simon and Schuster brachten. Wir danken außerdem Fay Bellamy, Pamela Williams und Cynthia Simmons, die die extrem schwierige Aufgabe übernahmen, die Tonbänder der Interviews zu schreiben. Am Ende geht unser Dank an Margaret Porter Troupe, die das Manuskript mehrfach las und die Autoren mit treffender Kritik und großer moralischer Unterstützung versorgte.

ANHANG

*B*ei den Platten, die nicht unter Miles Davis' Namen veröffentlicht wurden, werden nur die Stücke angeführt, auf denen er mitwirkt. Vor allem bei den Einspielungen mit Charlie Parker fehlen die Hinweise auf die jeweilige Plattenseite, da die Titel auf zahlreichen Wiederveröffentlichungen in anderen Zusammenstellungen auftauchen. Zudem wurden auch Alben mit aufgenommen, die vergriffen bzw. auf kleinen Labeln erschienen sind, sofern sie von Miles Davis im Text erwähnt werden.

24. April 1945, 14. August 1947
MILES DAVIS
FIRST MILES
(A) That's The Stuff You Got To Watch (3 takes) / Pointless Mama Blues / Deep Sea Blues / Bring It On Home (3 takes) (B) Milestones (3 takes) / Little Willie Leaps (3 takes) / Half Nelson (2 takes) / Sippin' At Bells (4 takes)
(A) Rubberlegs Williams & Orchestra featuring Herbie Fields: Miles Davis (tp) Herbie Fields (as, ts, cl), Teddy Brannon (p), Leonard Gaskin (b), Eddie Nicholson (dr), Rubberlegs Williams (voc) (B) Miles Davis All Stars: Miles Davis (tp), Charlie Parker (as), John Lewis (p), Nelson Boyd (b), Max Roach (dr)
Savoy SJL 1196

26. November 1945
CHARLIE PARKER
THE COMPLETE CHARLIE PARKER
VOL. 1
Billie's bounce / Billie's Bounce / Billie's Bounce / Warming Up A

Riff / Billie's Bounce / Now's The Time / Now's The Time / Now's The Time / Now's The Time / Thriving On A Riff / Thriving On A Riff / Thriving On A Riff / Meandering / Ko Ko / Ko Ko
Charlie Parker's Reboppers: Charlie Parker (as), Miles Davis (tp), Dizzy Gillespie (p, tp auf Ko Ko), Sadik Hakim (p, auf Ko Ko, Thriving On A Riff), Curly Russell (b), Max Roach (dr) (On Ko Ko + Meandering: Miles Davis out)
BYG 529 129

Februar/März 1946
CHARLIE PARKER
BIRD WITH MILES AND DIZZY
Blue'n Boogie / Anthropology / Ornithology / Billie's Bounce / All the Things You Are
Charlie Parker Quintett: Charlie Parker (as), Miles Davis (tp), Joe Albany (p), Addison Farmer (b), Chuck Thompson (dr)
Finale Club, Los Angeles
Queen Q 017

493

(Auch auf „Yardbird In Lotusland –
Featuring Charlie Parker" Spotlite
SPJ 123)

28. März 1946
CHARLIE PARKER
CHARLIE PARKER ON DIAL VOL. 1
Moose The Mooche / Moose The
Mooche / Moose The Mooche /
Yardbird Suite / Yardbird Suite /
Ornithology / Ornithology / Orni-
thology / The Famous Alto Break /
Night In Tunisia / Night In Tunisia
*Charlie Parker Septet: Charlie Par-
ker (as), Miles Davis (tp), Lucky
Thompson (ts), Dodo Marmarosa
(p), Arvin Garrison (g, nicht auf
„Moose The Mooche"), Vic
McMillan (b), Roy Porter (dr)*
Spotlite 101

1946
BARON MINGUS PRESENTS HIS
SYMPHONIC AIRS
(A) He's Gone
(B) The Story Of Love
*Besetzung unbekannt, wahrschein-
lich: Miles Davis, Vern Carlson (tp),
Henry Coker (tb), Boots Mussuli (as),
Lucky Thompson (ts), Herb Carol
(bs), Buddy Colette (ts, fl), Buzz
Wheeler (p), Charles Mingus (b),
Warren Thompson (dr), Herb Gayle
(voc)*
Fentone 2002 (Schellack)

5. Oktober 1946
BILLY ECKSTINE AND HIS
ORCHESTRA
MR. B AND THE BAND – THE SAVOY
SESSIONS
Oo Bop Sh'bam / Oo Bop Sh'bam /
In The Still Of The Night

*Hobart Dotson, Leonard Hawkins,
Miles Davis, King Kolax (tp), Walter
Knox, Chips Outcalt, Gerry Valen-
tine (tb), Sonny Stitt, John Cobbs
(as), Gene Ammons, Arthur Sam-
mons (ts), Cecil Payne (bs), Linton
Garner (p), Connie Wainwright (g),
Tommy Potter (b), Art Blakey (dr),
Billy Eckstine (voc.)*
Savoy SJL 2214

18. Oktober 1946
MILES DAVIS
BOPPIN' THE BLUES
Don't Sing Me The Blues (take
1+2) / I've Always Got The Blues
(take 1+2+3) / Don't Explain To
Me Baby (take 1+2+3+4) / Baby,
Won't You Make Up Your Mind
(take 1+2+3)
*Miles Davis (tp), Gene Ammons (ts),
Connie Wainwright (g), Linton Gar-
ner (p), Tommy Potter (b), Art Blakey
(dr), Ann Baker (voc), Earl Coleman
(voc)*
Radio Recorders, Hollywood
Black Lion BLLP 60102
CD: Black Lion BLCD 760102

März 1947
ILLINOIS JACQUET AND HIS
ORCHESTRA
THE ALADDIN SESSIONS
You Left Me Alone / Big Dog / For
Europeans Only / Jivin' With Jack
The Bellboy
*Marion Hazel, Miles Davis, Fats Na-
varro, Joe Newman (tp), Gus Chap-
pel, Ted Kelly, Eli Robinson, Dickie
Wells (tb), Ray Perry, Jimmy Powell
(as), Illinois Jacquet, Big Nick Nicho-
las (ts), Leo Parker (bs), Bill Doggett
(p), Al Lucas (b), Shadow Wilson (dr)*

494

(Leonard Feather replaces Doggett on: Big Dog)
Aladdin 06882269

8. Mai 1947
CHARLIE PARKER
THE COMPLETE CHARLIE PARKER
VOL. 2
Donna Lee / Donna Lee / Donna Lee / Chasing The Bird / Chasing The Bird
Charlie Parker All Stars: Charlie Parker (as), Miles Davis (tp), Bud Powell (p), Tommy Potter (b), Max Roach (dr)
BYG 529 130 Jazz Masters Series

8. Mai 1947, 14. August 1947
CHARLIE PARKER
THE COMPLETE CHARLIE PARKER
VOL. 3
Cheryl / Cheryl / Buzzy / Buzzy / Buzzy / Buzzy / Buzzy
Charlie Parker All Stars: Charlie Parker (as), Miles Davis (tp), Bud Powell (p), Tommy Potter (b), Max Roach (dr)
Milestones / Milestones / Little Willie Leaps / Little Willie Leaps / Little Willie Leaps / Half Nelson / Half Nelson / Sippin' At Bells / Sippin' At Bells / Sippin' At Bells
Miles Davis All Stars: Miles Davis (tp), Charlie Parker (as), John Lewis (p), Nelson Boyd (b), Max Roach (dr)
BYG 529 131

28. Oktober 1947
CHARLIE PARKER
CHARLIE PARKER ON DIAL VOL. 4
Dexterity / Dexterity / Bongo Bop / Bongo Bop / Dewey Square / Dewey Square / Dewey Square / The Hym /

The Hym / Bird Of Paradise / Bird Of Paradise / Bird Of Paradise / Embraceable You / Embraceable You
Charlie Parker Quintet: Charlie Parker (as), Miles Davis (tp), Duke Jordan (p), Tommy Potter (b), Max Roach (dr)
Spotlite 104

28. März 1946, 4. November 1947
CHARLIE PARKER
CHARLIE PARKER ON DIAL VOL. 5
Moose The Mooche
Charlie Parker Septet: Charlie Parker (as), Miles Davis (tp), Lucky Thompson (ts), Dodo Marmarosa (p), Vic McMillan (b), Roy Porter (dr)
Bird Feathers / Klact-oveeseds-tene / Scrapple From The Apple / Scrapple From The Apple / My Old Flame / Out Of Nowhere / Out Of Nowhere / Out Of Nowhere / Don't Blame Me
Charlie Parker Quintet: Charlie Parker (as), Miles Davis (tp), Duke Jordan (p), Tommy Potter (b), Max Roach (dr)
Spotlite 105

17. Dezember 1947
CHARLIE PARKER
CHARLIE PARKER ON DIAL VOL. 6
Drifting On A Reed / Drifting On A Reed / Drifting On A Reed / Quasimodo / Quasimodo / Charlie's Wig / Charlie's Wig / Charlie's Wig / Bongo Beep / Bongo Beep / Crazeology / Crazeology / Crazeology / Crazeology / How Deep Is The Ocean / How Deep Is The Ocean
Charlie Parker Sextet: Charlie Parker (as), Miles Davis (tp), J. J. John-

son (tb), *Duke Jordan (p), Tommy Potter (b), Max Roach (dr)*
Spotlite 106

Frühjahr oder Herbst 1948
CHARLIE PARKER
BIRD'S EYES
LAST UNISSUED, VOL. 1
Big Foot / 52nd Street Theme / How High The Moon / 52nd Street Theme / Indiana / Out Of Nowhere / Fine And Dandy / All The Things You Are / Bird Of Paradise
Charlie Parker (as), Miles Davis (tp), Duke Jordan (p), Tommy Potter (b), Max Roach (dr)
Three Deuces, New York
Philology 214W5

Frühjahr 1948
CHARLIE PARKER
BIRD ON 52ND STREET
Theme / Shaw 'Nuff / Out Of Nowhere / Hot House / This Time The Dream's On Me / Night in Tunisia / My Old Flame / 52nd Street Theme / The Way You Look Tonight / Out Of Nowhere / Chasin' The Bird / This Time The Dream's On Me / Dizzy Atmosphere / How High The Moon / Theme
Miles Davis (tp), Charlie Parker (as), Duke Jordan (p), Tommy Potter (b), Max Roach (dr)
Onyx Club, New York
Original Jazz Classics OJC 114

21. Dezember 1947, 18. September 1948
CHARLIE PARKER
THE COMPLETE CHARLIE PARKER
VOL. 4
Another Hair-do / Another Hair-do / Another Hair-do / Bluebird / Bluebird / Klaunstance / Bird Gets The Worm / Bird Gets The Worm
Charlie Parker All Stars: / Charlie Parker (as), Miles Davis (tp), Duke Jordan (p), Tommy Potter (b), Max Roach (dr)
Barbados / Barbados / Barbados / Ah-leu-cha / Ah-leu-cha / Constellation / Constellation / Constellation / Constellation
Charlie Parker All Stars: Charlie Parker (as), Miles Davis (tp), John Lewis (p), Curly Russell (b), Max Roach (dr)
BYG 529 132

4. und 18. September 1948
MILES DAVIS & HIS TUBA BAND
PRE-BIRTH OF THE COOL
(A) Why Do I Love You / Godchild / S'il vous plaît / Moon Dreams 1 / Hallucinations (Budo) 1 (B) Darn That Dream / Move / Moon Dreams 2 / Hallucinations (Budo) 2
Miles Davis (tp), Mike Zwerin (tb), Bill Barber (tuba), Junior Collins (fr-horn), Lee Konitz (as), Gerry Mulligan (bs), John Lewis (p), Al McKibbon (b), Max Roach (dr), Kenneth Hagood (voc)
Royal Roost, New York
Cicala Jazz Live BLJ 8003

24. September 1948
CHARLIE PARKER
THE COMPLETE CHARLIE PARKER
VOL. 5
Perhaps / Perhaps / Perhaps / Perhaps / Perhaps / Perhaps / Marmaduke / Marmaduke / Marmaduke / Marmaduke / Marmaduke / Mar-

496

maduke / Steeplechase / Merry-Go-Round / Merry-Go-Round
Charlie Parker All Stars: Charlie Parker (as), Miles Davis (tp), John Lewis (p), Curly Russell (b), Max Roach (dr)
BYG 529 133

25. September 1948, 30. Juni 1950
MILES DAVIS VOL. 1
Broadway Theme / Half Nelson / You Go To My Head / Chasin' The Bird
Miles Davis (tp), Lee Konitz (as), John Lewis (p), Curly Russell (b), Max Roach (dr), Kenny Hagood (voc)
Royal Roost, New York
Hot House / Embraceable You
Miles Davis (tp), J. J. Johnson (tb), Brew Moore (ts), Walter Bishop (p), Curly Russell (b), Art Blakey (dr)
Birdland, New York
Session 101

4. (?) September 1948, 11./12./18. Dezember 1948
CHARLIE PARKER
BIRD AT THE ROOST – THE SAVOY YEARS THE COMPLETE ROYAL ROOST PERFORMANCES, VOL. 1
52nd Street Theme / Ko Ko
Charlie Parker (as), Miles Davis (tp), Tadd Dameron (p), Curly Russell (b), Max Roach (dr)
Groovin' High / Big Foot / Ornithology / Slow Boat To China / Hot House / Salt Peanuts / Chasin' The Bird / Out Of Nowhere / How High The Moon
Charlie Parker (as), Miles Davis (tp), Al Haig (p), Tommy Potter (b), Max Roach (dr)
Royal Roost, New York

RCA Savoy 70541

3. Januar 1949
DIZZY GILLESPIE
DIZZY GILLESPIE VOL. 1/2
(1946–1949)
Overtime / Victory Ball
The Metronome All Stars: Dizzy Gillespie, Miles Davis, Fats Navarro (tp), J. J. Johnson, Kai Winding (tb), Buddy De Franco (cl), Charlie Parker (as), Charlie Ventura (ts), Ernie Caceres (bs), Lennie Tristano (p), Billy Bauer (g), Eddie Safranski (b), Shelley Manne (dr), Pete Rugolo (arr, dir)
RCA Jazz Tribune PM 42408

21. Januar 1949, 22. April 1949, 9. März 1950
BIRTH OF THE COOL
MILES DAVIS
(A) Move / Jeru / Moon Dreams / Venus de Milo / Budo / Deception
(B) Darn That Dream / Godchild / Boplicity / Rocker / Israel / Rouge
A, B: Miles Davis (tp), Bill Barber (tuba), Lee Konitz (as), Gerry Mulligan (bs)
A 1, 2, 5, B 2: Kai Winding (tb), Junior Collins (tuba), Al Haig (p), Joe Shulman (b), Max Roach (dr)
A 4, B 3, 5, 6: Jay Jay Johnson (tb), Sandy Siegelstein (fr-horn), John Lewis (p), Nelson Boyd (b), Kenny Clarke (dr)
A 3, 6, B 1, 4: Jay Jay Johnson (tb), Gunther Schuller (fr-horn), John Lewis (p), Al McKibbon (b), Max Roach (dr), Kenneth Hagood (voc)
Capitol ECJ-70056 (Japan)
CD: CP 32-5181 (Japan)

19. und 26. Februar 1949
TADD DAMERON BIG TEN — ROYAL
ROOST JAM
Focus / April In Paris / Good Bait /
Webb's Delight / Miles / Casbah
Miles Davis (tp), Kai Winding (tb),
Sahib Shihab (as), Benjamin Lundy
(ts), Cecil Payne (bs), Tadd Dameron
(p), John Collins (g), Curly Russell
(b), Kenny Clarke (dr), Carlos Vidal
(bongo)
Royal Roost, New York
Beppo 503

21. April 1949
BEBOP PROFESSORS
John's Delight / What's New / Hea-
ven's Doors Are Open Wide / Focus
Tadd Dameron And His Orchestra:
Miles Davis (tp), J. J. Johnson (tb),
Sahib Shihab (as), Benjamin Lundy
(ts), Cecil Payne (bs), Tadd Dameron
(p), John Collins (g), Curly Russell
(b), Kenny Clarke (dr), Carlos Vidal
(bgo), Kay Penton (voc)
(Sampler: Rest ohne Miles Davis)
Capitol ECJ 50073 (Japan)

8., 9., 12., 14. und 15. Mai 1949
THE MILES DAVIS/TADD DAMERON
QUINTET IN PARIS
FESTIVAL INTERNATIONAL DE JAZZ
MAY 1949
(A) Rifftide / Good Bait / Don't
Blame Me / Lady Bird
(B) Wah Hoo / Allen's Alley / Em-
braceable You / Ornithology / All
The Things You Are
Miles Davis (tp), James Moody (ts),
Tadd Dameron (p), Barney Spieler
(b), Kenny Clarke (dr)
Salle Pleyel, Paris
Columbia JC 34804

CD: CBS 32 DP-722 (Japan)

15. Mai 1949
CHARLIE PARKER
BIRD IN PARIS
Blues (Farewell Blues)
Charlie Parker Jam Session: Aime
Birelli, Bill Coleman, Miles Davis,
Hot Lips Page, Kenny Dorham (tp),
Big Chief Russell Moore (tb), Hubert
Rostaing (cl), Pierre Braslavsky, Sid-
ney Bechet (ss), Charlie Parker (as),
Don Byas, James Moody (ts), Al Haig
(p), Hazy Osterwald (vib), Jean
„Toots" Thielemans (g), Tommy Pot-
ter (b), Max Roach (dr)
Salle Pleyel, Paris
Spotlite SPJ 118 (Cicala BLJ 8024)

ca. 1950
CHARLIE PARKER
BIRTH OF THE BEBOP
BIRD ON TENOR 1943
Billie's Bounce / Caravan / Drifting
On A Reed
Charlie Parker (as), Miles Davis (tp),
? (p), ? (b), Roy Haynes (dr)
Hotel Diplomat, New York
Stash Records ST-260

10. Februar 1950
VERY SPECIAL CONCERT — MILES DAVIS
SEXTET FEATURING STAN GETZ
Conception / Ray's Idea / Max Is
Making Wax / Woody'n You
Miles Davis (tp), J. J. Johnson (tb),
Stan Getz (ts), Tadd Dameron (p),
Gene Ramey (b) or Tommy Potter
(b), Max Roach (dr)
Broadcast, WNYC Studio,
New York
Ozone 1

18. Mai 1950
SARAH VAUGHAN WITH THE MILES DA-
VIS ALL STARS
Nice Work If You Can Get It / Come
Rain Or Come Shine / Mean To Me
/ It Might As Well Be Spring / Good
Night My Love / Ain't Misbehavin'
Sarah Vaughan With Jimmy Jones
Band: Miles Davis (tp), Bennie
Green (tb), Tony Scott (cl), Budd
Johnson (ts), Jimmy Jones (p), Fred-
die Greene (g) or Mundell Lowe (g),
Billy Taylor (b), J. C. Heard (dr),
Sarah Vaughan (voc)
CBS Sony SONP 50228

30. Juni 1950
MILES DAVIS AT BIRDLAND
Hot House / Embraceable You /
Eronel (Overturia) / 52nd Street
Theme 1 / 52nd Street Theme 2 /
Wee (Rambunctious Rambling) /
Chubbie's Blues
Miles Davis (tp), J. J. Johnson (tb),
Brew Moore (ts), Walter Bishop (p),
Curly Russell (b), Art Blakey (dr)
Birdland, New York
Cicala BLJ 8023

17. Januar 1951
CHARLIE PARKER
BIRD ON VERVE, VOL. 5
The Magnificent Charlie Parker
(1951)
Au Privave / Au Privave / She Rote /
She Rote / K. C. Blues / Star Eyes
Charlie Parker And His Orchestra:
Charlie Parker (as), Miles Davis (tp),
Walter Bishop (p), Teddy Kotick (b),
Max Roach (dr)
Verve 817 446-1

17. Januar 1951, 19. Februar 1953
MILES DAVIS AND HORNS
(A) Morpheus / Down / Blue Room
/ Whispering
(B) Tasty Pudding / Willie The Wai-
ler / Floppy / For Adults Only
A: Miles Davis (tp), Sonny Rollins
(ts), Benny Green (tb), John Lewis
(p), Percy Heath (b), Roy Haynes (dr)
B: Miles Davis (tp), Al Cohn, Zoot
Sims (ts), Sonny Truitt (tb), John
Lewis (p), Leonard Gaskin (b),
Kenny Clarke (dr)
Prestige PRLP 7025
OJC 053

17. Januar 1951
SONNY ROLLINS
FIRST RECORDINGS
I Know
Sonny Rollins Quartet: Sonny Rol-
lins (ts), Miles Davis (p), Percy Heath
(b), Roy Haynes (dr)
Bellaphon BJS 4057

8. März 1951
EZZ-THETIC
LEE KONITZ & MILES DAVIS
TEDDY CHARLES & JIMMY RANEY
(A) Odjenar / Hi Beck / Yesterdays /
Ezz-Thetic (+ Lee Konitz Duo)
Lee Konitz (as), Miles Davis (tp),
Billy Bauer (g), Sal Mosca (p), Ar-
nold Fishkin (b), Max Roach (dr)
Prestige NJ 8295

2. Juni 1951, 29. September 1951
MILES DAVIS AT BIRDLAND 1951
Move (Moo) / Half Nelson / Down
(Mick's Blues)
Miles Davis (tp), J. J. Johnson (tb),
Sonny Rollins (ts), Kenny Drew (p),
Tommy Potter (b), Art Blakey (dr)

499

Birdland, New York
Move (Mod) / The Squirrel / Lady Bird
Miles Davis (tp), Eddie Lockjaw Davis (ts), Big „Nick" Nicholas (ts), Billy Taylor (p), Charles Mingus (b), Art Blakey (dr)
Birdland, New York
Ozone 7 (entspricht Beppo 501 bzw. Session 102)

5. Oktober 1951
DIGGIN'
WITH THE MILES DAVIS SEXTET
(A) Dig / It's Only A Paper Moon / Denial
(B) Bluing / Out Of The Blue
Miles Davis (tp), Sonny Rollins (ts), Jackie McLean (as), Walter Bishop (p), Tommy Potter (b), Art Blakey (dr)
Prestige PRLP 7012 / OJC-005
CD: OJC · CD-005-2

Frühling 1952
JIMMY FORREST / MILES DAVIS
LIVE AT THE BARREL VOL. 1/2
(A) Ray's Idea / A Night In Tunisia
(B) Wee Dot / What's New
(C) Perdido / All The Things You Are / Our Delight
(D) Lady Bird / Oh Lady Be Good
Jimmy Forrest (ts), Miles Davis (tp), Charles Fox (p), Johnny Hixon (b), Oscar Oldham (dr), unknown conga player
Barrelhouse, St. Louis
Prestige P-7858/P-7860

2./3. Mai 1952
MILES DAVIS AND HIS ALL STARS
Wee Dot / The Chase / It Could Happen To You / Opmet (Evans) / Evans / Confirmation

Miles Davis (tp), Don Elliott (mellophone, vib), Jackie McLean (as), Gil Coggins (p), Connie Henry (b), Connie Kay (dr)
Birdland, New York
Ozone 8

9. Mai 1952, 20. April 1953, 6. März 1954
MILES DAVIS, VOL. 1/2
(A) Tempus Fugit / Kelo / Enigma / Ray's Idea / How Deep Is The Ocean / C.T.A. 2
(B) Dear Old Stockholm / Chance It / Yesterdays / Donna 2 / C.T.A. / Woody'n You
(C) Take-Off / Weirdo / Woody'n You / I Waited For You / Ray's Idea 2 / Donna
(D) Well You Needn't / The Leap / Lazy Susan / Tempus Fugit 2 / It Never Entered My Mind
A 1, 2, 3, 4, 6, B 5, C 4, 5, D 4: Miles Davis (tp), J. J. Johnson (tb), Jimmy Heath (ts), Gil Coggins (p), Percy Heath (b), Art Blakey (dr)
A 5, B 1, 2, 3, 4, 6, C 3, 6: Miles Davis (tp), J. J. Johnson (tb), Jackie McLean (as), Gil Coggins (p), Oscar Pettiford (b), Kenny Clarke (dr)
C 1, 2, D 1, 2, 3, 5: Miles Davis (tp), Horace Silver (p), Percy Heath (b), Art Blakey (dr)
Blue Note BLP-1501/BLP-1502

19. Mai 1953, 15. März 1954, 3. April 1954
MILES DAVIS
BLUE HAZE
(A) I'll Remember April / Four / That Old Devil Moon / Smooch
(B) Blue Haze / When Lights Are Low / Tune Up / Miles Ahead

A 1: *Miles Davis (tp), Davey Schild-kraut (as), Horace Silver (p), Percy Heath (b), Kenny Clarke (dr)*
A 2, 3, B 1: *Miles Davis (tp), Horace Silver (p), Percy Heath (b), Art Bla-key (dr)*
A 4: *Miles Davis (tp), Charles Min-gus (p), Percy Heath (b), Max Roach (dr)*
B 2, 3, 4: *Miles Davis (tp), John Lewis (p), Percy Heath (b), Max Roach (dr)*
Prestige PRLP 7054

13. September 1953
AT LAST!
MILES DAVIS AND THE LIGHTHOUSE
ALL STARS
(A) Infinity Promenade / 'Round Midnight
(B) Night In Tunisia / Drum Con-versation / At Last
Miles Davis, Rolf Ericson, Chet Ba-ker (tp), Bud Shank (as), Bob Cooper (ts), Lorraine Geller (p), Howard Rumsey (b), Max Roach (dr)
Lighthouse, Los Angeles
Contemporary / Boplicity COP 001

3. und 29. April 1954
MILES DAVIS ALL STARS
WALKIN'
(A) Walkin' / Blue'n Boogie
(B) Solar / You Don't Know What Love Is / Love Me Or Leave Me
A: Miles Davis (tp), J. J. Johnson (tb), Lucky Thompson (ts), Horace Silver (p), Percy Heath (b), Kenny Clarke (dr)
B: Miles Davis (tp), Davey Schild-kraut (as), Horace Silver (p), Percy Heath (b), Kenny Clarke (dr)
Prestige PRLP 7076 / OJC-213

CD: OJC · CD 213-02

29. Juni 1954, 24. Dezember 1954
BAG'S GROOVE
MILES DAVIS
(A) Bag's Groove 1 / Bag's Groove 2
(B) Airegin / Oleo / But Not For Me 2 / Doxy / But Not For Me 1
A: Miles Davis (tp), Milt Jackson (vib), Thelonious Monk (p), Percy Heath (b), Kenny Clarke (dr)
B: Miles Davis (tp), Sonny Rollins (ts), Horace Silver (p), Percy Heath (b), Kenny Clarke (dr)
Prestige PRLP 7109 / OJC 245
CD: OJC · CD 245-02

24. Dezember 1954, 26. Oktober 1956
MILES DAVIS
AND THE MODERN JAZZ GIANTS
(A) The Man I Love 2 / Swing Spring
(B) 'Round About Midnight / Bemsha Swing / The Man I Love 1
A, B: Miles Davis (tp), Milt Jackson (vib), Thelonious Monk (p), Percy Heath (b), Kenny Clarke (dr)
B 1: Miles Davis (tp), John Coltrane (ts), Red Garland (p), Paul Chambers (b), Philly Joe Jones (dr)
Prestige PRLP 7150 / Neu P 7650

7. Juni 1955
THE MUSINGS OF MILES
(A) Will You Still Be Mine / I See Your Face Before Me / I Didn't
(B) A Gal In Calico / A Night In Tunisia / Green Haze
Miles Davis (tp), Red Garland (p), Oscar Pettiford (b), Philly Joe Jones (dr)
Prestige PRLP 7007 / OJC 004

9. Juli 1955
MILES DAVIS – BLUE MOODS
(A) Nature Boy / Alone Together
(B) There's No You / Easy Living
Miles Davis (tp), Britt Woodman (tb),
Teddy Charles (vib), Charles Mingus
(b), Elvin Jones (dr)
Debut DEB 120 / OJC 043

5. August 1955
MILES DAVIS AND MILT JACKSON
QUINTET / SEXTET
(A) Dr. Jackle / Bitty Ditty
(B) Minor March / Blues Changes
Miles Davis (tp), Jackie McLean (as),
Milt Jackson (vib), Ray Bryant (p),
Percy Heath (b), Art Taylor (dr)
Prestige PRLP 7034 / OJC 012

Sommer 1955
MILES DAVIS
WITH THE HI-HAT ALL STARS
Recorded Live At The „Hi-Hat"
Boston
(A) Dig / Darn That Dream / Jump-
ing With Symphony Sid / Ray's Idea
/ Nice Work If You Can Get It / Wee
Dot
(B) Tune Up / Alone Together / Well
You Needn't / Jumping With Sym-
phony Sid / Night In Tunisia
Miles Davis (tp), Jay Migliori (ts), Al
Walcott (p), Jimmy Woode (b), Jimmy
Zitano (dr)
Fresh Sound Records, FSR-302

16. November 1955
MILES
(A) Just Squeeze Me / No Greater
Love / How Am I To Know
(B) S'posin / Miles' Theme / Stable-
mates
Miles Davis (tp), John Coltrane (ts),

Red Garland (p), Paul Chambers (b),
Philly Joe Jones (dr)
Prestige PRLP 7014 / OJC 006

30. Januar 1953, 16. März 1956
MILES DAVIS – COLLECTORS' ITEMS
(A) The Serpent's Tooth 1 / The
Serpent's Tooth 2 / 'Round About
Midnight / Compulsion
(B) No Line / Vierd Blues / In Your
Own Street Way
A: Miles Davis (tp), Sonny Rollins,
Charlie „Chan" Parker (ts), Walter
Bishop (p), Percy Heath (b), Philly
Joe Jones (dr)
B: Miles Davis (tp), Sonny Rollins
(ts), Tommy Flanagan (p), Paul
Chambers (b), Art Taylor (dr)
Prestige PRLP 7044 / OJC-071
CD: OJC · CD 071-02

11. Mai 1956, 26. Oktober 1956
WORKIN'
WITH THE MILES DAVIS QUINTET
(A) It Never Entered My Mind /
Four / In Your Own Sweet Way /
The Theme 1
(B) Trane's Blues / Ahmad's Blues /
Half Nelson / The Theme 2
Miles Davis (tp), John Coltrane (ts),
Red Garland (p), Paul Chambers (b),
Philly Joe Jones (dr)
Prestige PRLP 7166 / OJC-296
CD: OJC · CD 296-02

11. Mai 1956, 26. Oktober 1956
RELAXIN'
WITH THE MILES DAVIS QUINTET
(A) If I Were A Bell / Your Are My
Everything / I Could Write A Book
(B) Oleo / It Could Happen To You /
Woody'n You
Miles Davis (tp), John Coltrane (ts),

Red Garland (p), Paul Chambers (b),
Philly Joe Jones (dr)
Prestige PRLP 7129 / OJC-190
CD: OJC · CD 190-02

11. Mai 1956, 26. Oktober 1956
STEAMIN'
WITH THE MILES DAVIS QUINTET
(A) Surrey With The Fringe On Top
/ Salt Peanuts / Something I
Dreamed Last Night
(B) Diane / Well You Needn't /
When I Fall In Love
Miles Davis (tp), John Coltrane (ts),
Red Garland (p), Paul Chambers (b),
Philly Joe Jones (dr)
Prestige PRLP 7200 / P 7580

26. Oktober 1956
COOKIN'
WITH THE MILES DAVIS QUINTET
(A) My Funny Valentine / Blues By
Five
(B) Airegin / Medley: Tune Up –
When Lights Are Low
Miles Davis (tp), John Coltrane (ts),
Red Garland (p), Paul Chambers (b),
Philly Joe Jones (dr)
Prestige PRLP 7094 / OJC-128
CD: OJC · CD 128-02

27. Oktober 1955, 5. Juli 1956,
10. September 1956
'ROUND ABOUT MIDNIGHT
MILES DAVIS
(A) 'Round Midnight / Ah-Leu-
Cha / All Of You
(B) Bye Bye Blackbird / Tadd's De-
light / Dear Old Stockholm
Miles Davis (tp), John Coltrane (ts),
Red Garland (p), Paul Chambers (b),
Philly Joe Jones (dr)
Columbia PC 8649

CD: CBS CD 62 232

November 1956 (Freiburg)
MILES DAVIS
Lester Leaps In
Miles Davis (tp), Lester Young (ts),
Milt Jackson (vib), John Lewis (p),
Percy Heath (b), Connie Kay (dr),
Kurt Edelhagen Big Band
Tune Up / What's New
Miles Davis (tp), René Urtreger (p),
Pierre Michelot (b), Christian Garros
(dr)
Unique Jazz UJ 14

5.–27. Mai 1957
MILES AHEAD
MILES DAVIS + 19
(A) Springsville / The Maids Of Ca-
diz / The Duke / My Ship / Miles
Ahead
(B) Blues For Pablo / New Rhumba
/ The Meaning Of The Blues / La-
ment / I Don't Wanna Be Kissed
Miles Davis and the Gil Evans Or-
chestra
Miles Davis (flh), Bernie Glow, Ernie
Royal, Louis Mucci, Taft Jordan,
John Carisi (tp), Frank Rehak,
Jimmy Cleveland, Joe Bennett (tb),
Tom Mitchell (btb), Willie Ruff, Tony
Miranda (fr-h), Bill Barber (tuba),
Lee Konitz (as), Romeo Penque, Sid
Cooper, Edwin Caine (woodwinds),
Danny Bank (b-cl), Wynton Kelly
(p), Paul Chambers (b), Art Taylor
(dr)
Columbia CL 1041
CBS PC 8633
CD: CK-40837-2 (USA)

16. Mai 1953, 13. Juli 1957,
17. Mai 1958
MILES DAVIS
MILES TONES
(A) Bye Bye Blackbird / Rollin' And
Blowin' / I Got Rhythm
(B) Four Squared / Bye Bye Black-
bird / It Never Entered My Mind /
Four Plus One More
*A 1–2, B 1: Miles Davis (tp), John
Coltrane (ts), Bill Evans (p), Paul
Chambers (b), Philly Joe Jones (dr)
Aufgenommen vermutlich 17. Mai
1958, Cafe Bohemia, N. Y.
A 3: Miles Davis (tp), Sahib Shihab
(bs), Wade Legge (p), Lou Hackney
(b), Al Jones (dr), Candido (cga), Joe
Carroll (voc)*
Aufgenommen vermutlich 16. Mai
1953, Birdland, N. Y.
*B 2–4: Miles Davis (tp), Sonny Rol-
lins (ts), Red Garland (p), Paul
Chambers (b), Art Taylor (dr)*
Aufgenommen vermutlich 13. Juli
1957, Café Bohemia, N. Y.
Jazz Bird Records JAZ-2005

4. Dezember 1957
ASCENSEUR POUR L'ÉCHAFAUD
MILES DAVIS
(A) Générique / L'assassinat de Ca-
rala / Sur l'autoroute / Julien dans
l'ascenseur / Florence sur les
Champs-Élysées / Diner au motel /
Evasion de Julien / Visite du vigile /
Au bar du petit bac / Chez le photo-
graphe du motel
(B) + Art Blakey's Jazz Messengers
*Miles Davis (tp), Barney Wilen (ts),
René Urtreger (p), Pierre Michelot
(b), Kenny Clarke (dr)*
Mercury 6444 701
Fontana 812 107-1

504

CD: Philips 822 566-2 (USA)

4. und 5. Dezember 1957
MILES DAVIS
ASCENSEUR POUR L'ÉCHAFAUD
(A) Générique / L'assassinat de Ca-
rala / Sur l'autoroute / Julien dans
l'ascenseur / Florence Sur Les
Champs-Élysées / Diner Au Motel /
Evasion De Julien / Visite Du Vigile
/ Au Bar Du Petit Bac / Chez Le
Photographe Du Motel
(B) Nuit Sur Les Champs-Élysées
(2 takes) / Final (2 takes) / Le Petit
Bal (take 1) / Séquence Voiture
(take 1)
Poste Parisien, Paris
*Miles Davis (tp), Barney Wilen (ts),
René Urtreger (p), Pierre Michelot
(b), Kenny Clarke (dr)*
Fontana 836 305-1

8. Dezember 1957
MILES IN AMSTERDAM
(A) Woody'n You / Bag's Groove /
What's New / But Not For Me /
A Night In Tunisia
(B) Four / Walkin' / Well, You
Needn't / 'Round Midnight / Lady
Bird
*Miles Davis (tp), Barney Wilen (ts),
René Urtreger (p), Pierre Michelot
(b), Kenny Clarke (dr)*
Celluloid CEL 6445/46

4. Februar und 4. März 1958
MILESTONES . . . MILES DAVIS
(A) Dr. Jackle / Sid's Ahead / Two
Bass Hit
(B) Miles / Billy Boy / Straight, No
Chaser
*Miles Davis (tp), Julian Cannonball
Adderley (as), John Coltrane (ts), Red*

Garland (p), Paul Chambers (b),
Philly Joe Jones (dr)
Columbia CL 1193
CBS PC 9428
CD: CK-40837-2 (USA)

9. März 1958
SOMETHIN' ELSE
(A) Autumn Leaves / Love For Sale
(B) Somethin' Else / One For
Daddy-O / Dancing In The Dark
Miles Davis (tp), Julian Cannonball
Adderley (as), Hank Jones (p), Sam
Jones (b), Art Blakey (dr)
(B 3: without Davis)
Blue Note ST 81595
CD: Blue Note CDP 7 46338-2

17. Mai 1958, 2. April 1959
MILES DAVIS & JOHN COLTRANE
LIVE IN NEW YORK
Bye, Bye, Blackbird / Four / It Never
Entered My Mind / Walkin' / Miles
/ So What
1, 2, 4, 5: Miles Davis (tp), John
Coltrane (ts), Bill Evans (p), Paul
Chambers (b), Philly Joe Jones (dr)
17. Mai 1958 Cafe Bohemia, New
York
6: Miles Davis (tp), John Coltrane
(ts), Wynton Kelly (p), Paul Cham-
bers (b), Jimmy Cobb (dr) & Gil
Evans Orchester
2. April 1959 (TV)
CD, Bandstand EXCD 1501
(Japan)

3. Juli 1958
MILES & MONK AT NEWPORT
(A) Ah-Leu-Cha / Straight, No
Chaser / Fran-Dance / Two Bass
Hit
(B) + Thelonious Monk Quartet

Miles Davis (tp), Julian Adderley
(as), John Coltrane (ts), Bill Evans
(p), Paul Chambers (b), Jimmy Cobb
(dr)
Newport Jazz Festival
Columbia CS 8978

26. Mai 1958, 3. Juli 1958,
21. April 1961
THE MILES DAVIS SEXTET AND
QUINTET — MILES AT NEWPORT
(A) Ah-Leu-Cha / Straight, No
Chaser / Fran-Dance / Two Bass
Hit
(B) On Green Dolphin Street /
Fran-Dance / Stella By Starlight /
On Green Dolphin Street
A, B 1–3: Miles Davis (tp), Julian
Cannonball Adderley (as), John Col-
trane (ts), Bill Evans (p), Paul Cham-
bers (b), Jimmy Cobb (dr)
B 4: Miles Davis (tp), Hank Mobley
(ts), Wynton Kelly (p), Paul Cham-
bers (b), Jimmy Cobb (dr)
(A) Freedbody Park, Newport
CBS 63417

22. und 29. Juli / 4. und 8. August
1958
MILES DAVIS — PORGY AND BESS
(A) The Buzzard Song / Bess, You Is
My Woman Now / Gone / Gone,
Gone, Gone / Summertime / Bess,
Oh Where's My Bess
(B) Prayer / Fisherman, Strawberry
And Devil Crab / My Man's Gone
Now / It Ain't Necessarily So / Here
Come De Honey Man / I Loves You
Porgy / There's A Boat That's Leav-
ing Soon For New York
Miles Davis and the Gil Evans Or-
chestra
Columbia CS 8085

CD: CK-40647-2 (USA)

9. September 1958
JAZZ AT THE PLAZA
THE MILES DAVIS SEXTET
(A) Jazz At The Plaza / My Funny
Valentine
(B) If I Were A Bell / Oleo
Miles Davis (tp, fl-h), Julian Can-
nonball Adderley (as), John Coltrane
(ts), Bill Evans (p), Paul Chambers
(b), Jimmy Cobb (dr)
Plaza Hotel, New York
Columbia PC 32470

2. März 1959, 22. April 1959
MILES DAVIS – KIND OF BLUE
(A) So What / Freddie Freeloader /
Blue In Green
(B) All Blues / Flamenco Sketches
A, B: Miles Davis (tp), John Coltrane
(ts), Julian Cannonball Adderley
(as), Bill Evans (p), Paul Chambers
(b), Jimmy Cobb (dr)
A 2: Wynton Kelly (p) replaces
Evans
A 3: Adderley out
Columbia CS 8163
CBS 40579 / CBS 32109
CD: CK-40579-2 (USA)

13. Juli 1957, 2. April 1959
MILES DAVIS – JOHN COLTRANE –
SONNY ROLLINS
Four (Roy's Romp) / Bye Bye Black-
bird
Miles Davis (tp), Sonny Rollins (ts),
Red Garland (p), Paul Chambers (b),
Art Taylor (dr)
Cafe Bohemia, New York
So What / Blues For Pablo / The
Duke / New Rhumba
Miles Davis (tp), John Coltrane (ts,

as), Wynton Kelly (p), Paul Cham-
bers (b), Jimmy Cobb (dr) + Gil
Evans And His Orchestra
TV Recording, New York
Ozone 18

VIDEO
aus „Miles Davis & John Coltrane
Live in New York":
2. April 1959
THE SOUND OF MILES DAVIS
So What / The Duke / Blues For
Pablo / New Rhumba
Miles Davis (tp), John Coltrane (ts,
as), Wynton Kelly (p), Paul Cham-
bers (b), Jimmy Cobb (dr)
Video Jazz, Kay Production, Tape-
B&W-1959-USA, 021 KJ

20. November 1959, 10., 11. März
1960
MILES
SKETCHES OF SPAIN
(A) Concierto de Aranjuez / Will O'
The Wisp
(B) The Pan Piper / Saeta / Solea
Miles Davis and the Gil Evans Or-
chestra
A 1: Miles Davis (fl-h, tp), Bernie
Glow, Ernie Royal, Louis Mucci,
Taft Jordan (tp), Frank Rehak, Dick
Hixon (tb), John Barrows, Jim Buf-
fington, Earl Chapin (fr-h), Jay
McAllister (tuba), Albert Block, Ed-
die Caine, Harold Feldman (wood-
winds), Danny Bank (b-cl), Paul
Chambers (b), Jimmy Cobb (dr), El-
vin Jones (perc), Janet Putnam
(harp), Gil Evans (arr, cond)
A 2, B 1–3: Johnny Coles (tp), Joe
Singer, Tony Miranda (fr-h), Bill
Barber (tuba), Romeo Penque
(woodwinds), Jack Knitzer (basoon)

506

replace Mucci, Jordan, Barrows
Chapin, McAllister and Caine
(B 1–3 Louis Mucci added)
Columbia CS 8271 / CBS 32 023
CD: CK-40578-2 (USA)

22. März 1960
MILES DAVIS & JOHN COLTRANE
LIVE IN STOCKHOLM 1960
(A) So What / On Green Dolphin
Street
(B) All Blues / The Theme / Col-
trane Interview, Part I
(C) Coltrane Interview, Part II / So
What
(D) Fran-Dance / Walkin' / The
Theme
Miles Davis (tp), John Coltrane (ts),
Wynton Kelly (p), Paul Chambers
(b), Jimmy Cobb (dr)
Dragon DRLP 90/91
CD: A.V.I. 2 CD: 2004

9. April 1960
MILES & COLTRANE QUINTET „LIVE"
(A) On Green Dolphin Street / Wal-
kin' / The Theme
(B) So What / 'Round About Mid-
night
Miles Davis (tp), John Coltrane (ts),
Wynton Kelly (p), Paul Chambers
(b), Jimmy Cobb (dr)
Kurhaus, Scheveningen
Unique Jazz UJ 19

13. Oktober 1960
MILES DAVIS & SONNY STITT
LIVE IN STOCKHOLM 1960
(A) On Green Dolphin Street /
'Round Midnight / The Theme
(B) All Blues / The Theme / All Of
You (C) Walkin' / Autumn Leaves /
The Theme

(D) If I Were A Bell / No Blues / The
Theme
Miles Davis (tp), Sonny Stitt (as, ts),
Wynton Kelly (p), Paul Chambers
(b), Jimmy Cobb (dr)
Koncerthuset, Stockholm
Dragon DRLP 129/130
CD: Diw/Dragon Diw-309-10

7., 20. und 21. März 1961
MILES DAVIS SEXTET
SOMEDAY MY PRINCE WILL COME
(A) Someday My Prince Will Come
/ Old Folks / Pfrancing
(B) Drad-Dog / Teo / I Thought
About You
Miles Davis (tp), Hank Mobley (ts),
Wynton Kelly (p), Paul Chambers
(b), Jimmy Cobb (dr)
A 1, B 2: add John Coltrane (ts)
Columbia CS 8456

21. und 22. April 1961
FRIDAY AND SATURDAY NIGHTS
MILES DAVIS IN PERSON
AT THE BLACKHAWK
SAN FRANCISCO
(A) Walkin' / Bye Bye Blackbird
(B) All Of You / No Blues / Bye Bye /
Love, I've Found You
(C) Well You Needn't / Fran-Dance
/ So What
(D) Oleo / If I Were A Bell / Neo
Miles Davis (tp), Hank Mobley (ts),
Wynton Kelly (p), Paul Chambers
(b), Jimmy Cobb (dr)
Columbia C2L20

19. Mai 1961
MILES DAVIS AT CARNEGIE HALL
(A) So What / Spring Is Here / No
Blues
(B) Oleo / Someday My Prince Will

Come / The Meaning Of The Blues
/ Lament / New Rhumba
*Miles Davis (tp, fl-h), Hank Mobley
(ts), Wynton Kelly (p), Paul Cham-
bers (b), Jimmy Cobb (dr) with Gil
Evans and his 21-piece Orchestra*
Carnegie Hall, New York
Columbia CS 8612
CD: CBS CD 85554

19. Mai 1961
MILES DAVIS LIVE
MORE MUSIC FROM THE LEGENDARY
CARNEGIE HALL CONCERT
(A) Concierto de Aranjuez
(B) Teo / Walkin' / I Thought About
You
*Miles Davis (tp, fl-h), Hank Mobley
(ts), Wynton Kelly (p), Paul Cham-
bers (b), Jimmy Cobb (dr) with Gil
Evans and his 21-piece Orchestra*
Carnegie Hall, New York
CBS 460064-1
CD: CK-40609 (USA)

27. Juli 1962, 13. August 1962,
6. November 1962, 17. April 1963
MILES DAVIS – QUIET NIGHTS
(A) Song 2 / Once Upon A Som-
mertime / Aos Pes Da Cruz / Song 1
(B) Wait Till You See Her / Corco-
vado / Summer Night
*A, B 1–2: Miles Davis and the Gil
Evans Orchestra
B 3: Miles Davis (tp), George Cole-
man (ts), Victor Feldman (p), Ron
Carter (b), Frank Butler (dr)*
Columbia CS 8906
CD: CBS CD 85556

16. April 1963, 14. Mai 1963
MILES DAVIS
SEVEN STEPS TO HEAVEN
(A) Basin Street Blues / Seven Steps
To Heaven / I Fall In Love Too
Easily
(B) So Near, So Far / Baby Wont't
You Please Come Home / Joshua
*A 1, 3, B 2: Miles Davis (tp), Victor
Feldman (p), Ron Carter (b), Frank
Butler (dr)
A 2, B 1, 3: Miles Davis (tp), George
Coleman (ts), Herbie Hancock (p),
Ron Carter (b), Tony Williams (dr)*
Columbia CS 8851

1955–1962
BASIC MILES
THE CLASSIC PERFORMANCES
OF MILES DAVIS
(A) Budo / Stella By Starlight /
Sweet Sue / Little Melonae / Miles
Ahead
(B) On Green Dolphin Street /
'Round Midnight / Fran-Dance /
Devil My Care
*A 1, 3, 4, B 2: Miles Davis (tp), John
Coltrane (ts), Red Garland (p), Paul
Chambers (b), Philly Joe Jones (dr)
(1955/56)
A 2, B 1, 3: Miles Davis (tp), Julian
Cannonball Adderley (as), John
Coltrane (ts), Bill Evans (p),
Paul Chambers (b), Jimmy Cobb (dr)
(26. 5. 1958)
A 5: Miles Davis (fl-h) and Gil Evans
and his Orchestra (10. 5. 1957)
B 5: Miles Davis (tp), Frank Rehak
(tb), Wayne Shorter (ts), Paul Cham-
bers (b), Jimmy Cobb (dr), William
Correa (bongos) (23. 8. 1962)*
Columbia PC 32025

1956–1958
MILES DAVIS
FACETS
(A) Devil May Care / Blue Xmas /
Budo / Sweet Sue / Three Little
Feelings
(B) Jitterbug Waltz / 'Round Mid-
night / Wild Man Blues / Django /
Poem For Brass
A 1, 2, 3, 4: vgl. Basic Miles (A 1 bzw.
A 2)
A 2: add Bob Dorough (voc)
(21. 8. 1962)
A 5: Miles Davis (tp, fl-h) and 10-
piece Orchestra conducted by Gun-
ther Schuller & John Lewis (comp,
arr) (Oktober 1956)
B 5: same as A 5, J. J. Johnson (tb,
comp, arr) replaces Lewis (Oktober
1956)
B 1, 2, 3, 4: Miles Davis (tp), Michel
Legrand (arr, cond), Phil Woods (as),
John Coltrane (ts), Jerome Richard-
son (bs, cl), Herbie Mann (fl), Betty
Glamann (harp), Eddie Costa (vib),
Barry Galbraith (g), Bill Evans (p),
Paul Chambers (b), Kenny Dennis
(dr) (25. Juni 1958)
CBS 62637 (französische CBS)
CD: Philips 830074-2

·Juni 1963
MILES IN ST. LOUIS
(A) I Thought About You / All Blues
(B) Seven Steps To Heaven
Miles Davis (tp), George Coleman
(ts), Herbie Hancock (p), Ron Carter
(b), Tony Williams (dr)
Jazz Villa, St. Louis
VGM-Records 0003

26.–29. Juli 1963
MILES DAVIS IN EUROPE
(A) Introduction / Autumn Leaves /
Milestones / Joshua
(B) All Of You / Walkin'
Miles Davis (tp), George Coleman
(ts), Herbie Hancock (p), Ron Carter
(b), Tony Williams (dr)
Pinede Gould, Juan-les-Pins
Columbia CS 8993
CD: CBS 62390

12. Februar 1964
MILES DAVIS
„FOUR" & MORE
RECORDED LIVE IN CONCERT
(A) So What / Walkin' / Joshua / Go
Go (Theme)
(B) Four / Seven Steps To Heaven /
There Is No Greater Love / Go Go
(Theme)
Miles Davis (tp), George Coleman
(ts), Herbie Hancock (p), Ron Carter
(b), Tony Williams (dr)
Philharmonic Hall, New York
CBS PC 9253

12. Februar 1964
MY FUNNY VALENTINE
MILES DAVIS IN CONCERT
(A) My Funny Valentine / All Of
You / Stella By Starlight / All Blues /
I Thought About You
Besetzung wie oben
Philharmonic Hall, New York
CBS PC 9106
CD: CBS CD 85558

14. Juli 1964
MILES IN TOKYO
MILES DAVIS LIVE IN CONCERT
(A) Introduction / If I Were A Bell /
My Funny Valentine

(B) So What / Walkin' / All Of You /
Theme
Miles Davis (tp), Sam Rivers (ts),
Herbie Hancock (p), Ron Carter (b),
Tony Williams (dr)
Kohseinenkin, Tokio
CBS-Sony SOPL 162

25. September 1964
MILES IN BERLIN
(A) Milestones / Autumn Leaves
(B) So What / Walkin' / Theme
Miles Davis (tp), Wayne Shorter (ts),
Herbie Hancock (p), Ron Carter (b),
Tony Williams (dr)
Philharmonie, Berlin
CBS S 62976 / CBS 62104
CD: CBS CD 62976

21./22. Januar 1965
MILES DAVIS
E.S.P.
(A) E.S.P. / Eighty-One / Little One
/ R. J.
(B) Agitation / Iris / Mood
Miles Davis (tp), Wayne Shorter (ts),
Herbie Hancock (p), Ron Carter (b),
Tony Williams (dr)
Columbia CS 9150
CD: CBS 32 DP-722 (Japan)

22./23. Dezember 1965
MILES DAVIS LIVE
AT THE PLUGGED NICKEL, CHICAGO
(A) Walkin' / Agitation
(B) On Green Dolphin Street / So
What / Theme
Miles Davis (tp), Wayne Shorter (ts),
Herbie Hancock (p), Ron Carter (b),
Tony Williams (dr)
CBS Sony 25 AP 1

MILES DAVIS LIVE
AT THE PLUGGED NICKEL VOL. 2
(A) 'Round About Midnight / Stella
By Starlight
(B) All Blues / Yesterdays / Theme
Miles Davis (tp), Wayne Shorter (ts),
Herbie Hancock (p), Ron Carter (b),
Tony Williams (dr)
CBS Sony 25 AP 291
CD: CBS 32 CP-723 (Japan)

MILES DAVIS
COOKIN' AT THE PLUGGED NICKEL
(A) If I Were A Bell / Stella By
Starlight
(B) Walkin' / Miles
Besetzung wie oben
Plugged Nickel, Chicago
Columbia CJ 40645
CD: CK-40645-2 (USA)

24./25. Oktober 1966
MILES DAVIS QUINTET
MILES SMILES
(A) Orbits / Circle / Footprints
(B) Dolores / Freedom Jazz Dance /
Gingerbread Boy
Miles Davis (tp), Wayne Shorter (ts),
Herbie Hancock (p), Ron Carter (b),
Tony Williams (dr)
Columbia CS 9401
CD: CBS 32 DP-724 (Japan)

16., 17. und 24. Mai 1967
SORCERER
MILES DAVIS
(A) Prince Of Darkness / Pee Wee /
Masqalero / The Sorcerer
(B) Limbo / Vonetta / Nothing Like
You
A, B 1–2: Miles Davis (tp), Wayne
Shorter (ts), Herbie Hancock (p), Ron
Carter (b), Tony Williams (dr)

B 3: Miles Davis (tp), Frank Rehak (tb), Wayne Shorter (ts), Paul Chambers (b), Jimmy Cobb (dr), Bob Dorough (voc) (21. 8. 1962)
Columbia CS 9532 / CBS 21143
CD: CBS 32 DP-725 (Japan)

7., 22. und 23. Juni 1967, 19. Juli 1967
NEFERTITI
MILES DAVIS
(A) Nefertiti / Fall / Hand Jive
(B) Madness / Riot / Pinocchio
Miles Davis (tp), Wayne Shorter (ts), Herbie Hancock (p), Ron Carter (b), Tony Williams (dr)
Columbia CS 9594
CD: CBS 32 DP-726 (Japan)

16. Januar 1968, 15./16. und 17. Mai 1968
MILES DAVIS
MILES IN THE SKY
(A) Stuff / Paraphernalia
(B) Black Comedy / Country Son
Miles Davis (tp), Wayne Shorter (ts), Herbie Hancock (p, el-p), Ron Carter (b), Tony Williams (dr)
A 2: add George Benson (g)
Columbia CS 9628
CD: CBS 32 DP-728 (Japan)

19.–21. Juni 1968, 24. September 1968
MILES DAVIS
FILLES DE KILIMANJARO
(A) Frelon Brun / Toute de Suite / Petits Machins
(B) Filles de Kilimanjaro / Mademoiselle Mabry
Miles Davis (tp), Wayne Shorter (ts), Herbie Hancock (p, el-p), Ron Carter (b, el-b), Tony Williams (dr)

A 1, B 2: Chick Corea (el-p) and Dave Holland (el-b) replace Hancock and Carter
Columbia CS 9750
CD: CBS 32 DP-729 (Japan)

Juni/Juli 1967, November 1968
MILES DAVIS / WATER BABIES
(A) Water Babies / Capricorn / Sweet Pea
(B) Two Faced / Dual Mr. Tillman Anthony
Miles Davis (tp), Wayne Shorter (ts), Herbie Hancock (p), Ron Carter (b), Tony Williams (dr)
B: add Chick Corea (el-p), Dave Holland (el-b)
Columbia PS 34396
CD: CBS 32 DP-727 (Japan)

18. Februar 1969
MILES DAVIS / IN A SILENT WAY
(A) Shhh-Peaceful
(B) In A Silent Way / It's About Time
Miles Davis (tp), Wayne Shorter (ss), Herbie Hancock (el-p), Chick Corea (el-p), Joe Zawinul (el-p, org), John McLaughlin (el-g), Dave Holland (b), Tony Williams (dr)
Columbia CS 9875 / CBS CJ 40580
CD: CK-40580-2 (USA)
CD: CBS 32 DP-730 (Japan)

1969
MILES DAVIS QUINTET
DOUBLE IMAGE
(A) Double Image (Part 1)
(B) Double Image (Part 2)
(C) Gemini (Part 1)
(D) Gemini (Part 2)
Miles Davis (tp), Wayne Shorter (ts),

Chick Corea (p), Dave Holland (b),
Jack DeJohnette (dr)
Live in Paris
Moon Records MLP 010/11-1

19.–21. August 1969
MILES DAVIS / BITCHES BREW
(A) Pharaoh's Dance
(B) Bitches Brew
(C) Spanish Key / John McLaugh-
lin
(D) Miles Runs The Voodoo Down /
Sanctuary
Miles Davis (tp), Wayne Shorter (ts),
Benny Maupin (b-cl), Chick Corea
(el-p), John McLaughlin (el-g), Har-
vey Brooks (el-b), Dave Holland (el-
b), Lenny White (dr), Charles Alias
(dr), Jack DeJohnette (dr), Jim Riley
(dr). A, B, C 1, D 2: add Joe Zawinul
(el-p)
A, C, D 1: add Larry Young (el-p)
Columbia GP 26 / CBS 60 236
CD: CBS 60236-2

7. April 1970
MILES DAVIS
A TRIBUTE TO JACK JOHNSON
(A) Right Off
(B) Yesternow
A, B: Miles Davis (tp), Steve Gross-
man (ss), Herbie Hancock (org), John
McLaughlin (el-g), Michael Hender-
son (el-b), Billy Cobham (dr)
B: add Sonny Sharrock (el-g)
Columbia KC 30455 / CBS 70089
CD: CBS 32 DP-709 (Japan)

1955–1970
MILES DAVIS
CIRCLE IN THE ROUND
(A) Two Bass Hit / Love For Sale /
Blues No 2

(B) Circle In The Round
(C) Teo's Bag / Side Car 1 / Side
Car 2 / Splash
(D) Santuary / Guinnevere
A 1: Miles Davis (tp), John Coltrane
(ts), Red Garland (p), Paul Chambers
(b), Philly Joe Jones (dr)
(27. 10. 1955)
A 2: Miles Davis (tp), Julian Can-
nonball Adderley (as), John Coltrane
(ts), Bill Evans (p), Paul Chambers
(b), Jimmy Cobb (dr) (26. 5. 1958)
A 3: Miles Davis (tp), Hank Mobley
(ts), Wynton Kelly (p), Paul Cham-
bers (b), Philly Joe Jone (dr)
(21. 3. 1961)
B: Miles Davis (tp), Wayne Shorter
(ts), Joe Beck (g), Herbie Hancock (p,
celeste), Ron Carter (b), Tony Wil-
liams (dr) (4. 12. 1967)
C 1, 2: same as B, Joe Beck out (16. 1.
und 13. 2. 1968)
C 3, D 1: same as B, George Benson
(g) replaces Beck (13./15. 2. 1968)
C 4: Miles Davis (tp), Wayne Shorter
(ts), Herbie Hancock, Chick Corea
(el-p), Joe Zawinul (p), Dave Hol-
land (b), Tony Williams (dr)
(25. 11. 1968)
D 2: Miles Davis (tp), Bennie Mau-
pin (b-cl), Wayne Shorter (ss, ts),
Chick Corea, Joe Zawinul (key-
boards), Dave Holland (b), Harvey
Brooks (el-b), Jack DeJohnette, Billy
Cobham (dr), Airto Moreira (perc),
Khalil Balakrishna (sitar)
(27. 1. 1970)
Columbia KC2 36278

1961–1970
MILES DAVIS
DIRECTIONS
(A) Song Of Our Country / 'Round

Midnight / So Near, So Far 2 /
Limbo
(B) Water On The Pond / Fun /
Directions 1 / Directions 2
(C) Ascent / Duran
(D) Konda / Willie Nelson
A 1: Miles Davis (tp) with Gil Evans
and his Orchestra (11. 3. 1960)
A 2: Miles Davis (tp), Hank Mobley
(ts), Wynton Kelly (p), Paul Cham-
bers (b), Jimmy Cobb (dr)
(22. 4. 1961)
A 3: Miles Davis (tp), George Cole-
man (ts), Victor Feldman (p), Ron
Carter (b), Frank Butler (dr)
(16. 4. 1963)
A 4: Miles Davis (tp), Wayne Shorter
(ts), Herbie Hancock (p), Buster Wil-
liams (b), Tony Williams (dr)
(9. 5. 1967)
B 1: as A 4 Ron Carter (b) replaces
Williams; add Joe Beck (el-g)
(28. 12. 1967)
B 2: as A 4 Ron Carter (b) replaces
Williams (11. 1. 1968)
B 3, 4, C 1: Miles Davis (tp), Wayne
Shorter (ss), Herbie Hancock, Chick
Corea, Joe Zawinul (keyboards),
Dave Holland (el-b), Jack DeJoh-
nette (dr) (27. 11. 1968)
C 2: Miles Davis (tp), Benny Maupin
(b-cl), Wayne Shorter (ss), John
McLaughlin (el-g), Dave Holland
(el-b), Billy Cobham (dr) (17. 2. 1970)
D 1: Miles Davis (tp), Keith Jarrett
(p), Airto Moreira (perc), John
McLaughlin (el-g) (21. 5. 1970)
D 2: Miles Davis (tp), Steve Gross-
man (ss), John McLaughlin (el-g),
Dave Holland (el-b), Jack DeJoh-
nette (d) (27. 2. 1970)
Columbia KC 36472

10. April 1970
BLACK BEAUTY
MILES DAVIS AT FILLMORE WEST
(A) Black Beauty 1
(B) Black Beauty 2
(C) Black Beauty 3
(D) Black Beauty 4
Miles Davis (tp), Steve Grossman
(ss), Chick Corea (el-p), Michael
Henderson (el-b), Jack DeJohnette
(dr), Airto Moreira (perc)
Fillmore West, San Francisco
CBS-Sony SOPI 39-40
CD: CBS 50 DP-710-1 (Japan)

17.–20. Juni 1970
MILES DAVIS AT FILLMORE
(A) Wednesday Miles
(B) Thursday Miles
(C) Friday Miles
(D) Saturday Miles
Miles Davis (tp), Steve Grossman
(ts), Chick Corea (el-p), Keith Jarrett
(org), Dave Holland (el-b), Jack De-
Johnette (dr), Airto Moreira (perc)
Fillmore East, New York
Columbia KG 30038
CD: CBS 50 DP-714-5 (Japan)

29. August 1970/1969–1973
MILES DAVIS
ISLE OF WIGHT
(A) Call It Anything
(B) Great Expectation / The Little
Blue Frog / Molester (I) / Molester
(II) / Holly-Wuud / Big Fun
A: Miles Davis (tp), Gary Bartz (as),
Chick Corea, Keith Jarrett (key-
boards), Dave Holland (el-b), Jack
DeJohnette (dr), Airto Moreira (perc)
(29. August 1970)
B 1–6: Miles Davis (tp) mit wechseln-
den Besetzungen (1969–1973)

513

CBS 4504721

18. Dezember 1970, 3. und 7. Juni
1970, 6. Februar 1970
MILES DAVIS
LIVE-EVIL
(A) Sivad / Little Church / Medley:
Gemini – Double Image
(B) What I Say / Nem Um Talvez
(C) Selim / Funky Tonk
(C) Inamorata
*A 1, B 1, C 2, D: Miles Davis (tp),
Gary Bartz (ss, as), Keith Jarrett
(keyboards), John McLaughlin (el-
g), Michael Henderson (el-b), Jack
DeJohnette (dr), Airto Moreira (perc)
A 2: Miles Davis (tp), Steve Gross-
man (ss), Keith Jarrett, Chick Corea,
Herbie Hancock (keyboards), John
McLaughlin (el-g), Hermeto Pascoal
(el-p, whistling), Dave Holland (el-
b), Jack DeJohnette (dr), Airto Mo-
reira (perc)
A 3: Miles Davis (tp), Wayne Shorter
(ss, ts), Joe Zawinul, Chick Corea
(keyboards), Dave Holland (el-b),
Billy Cobham (dr), Airto Moreira
(perc), Khalil Balakrishna (el-sitar)
B 2, C 1: Miles Davis (tp), Steve
Grossman (ss), Keith Jarrett, Chick
Corea, Herbie Hancock (keyboards),
Ron Carter (el-b), Jack DeJohnette
(dr), Airto Moreira (perc), Hermeto
Pascoal (voc)*
Columbia KC 30954
CD: CBS 50 DP-707-8 (Japan)

19. November 1969, 27. Januar
1970, 30. März 1970, 12. Juni 1972
MILES DAVIS
BIG FUN
(A) Great Expectations
(B) Ife

(C) Go Ahead John
(D) Lonely Fire
*A: Miles Davis (tp), Bennie Maupin
(b-cl), Steve Grossman (ss), John
McLaughlin (el-g), Herbie Hancock,
Chick Corea (el-p), Ron Carter (b),
Harvey Brooks (el-b), Billy Cobham
(dr), Airto Moreira (perc), Khalil Ba-
lakrishna (el-sitar), Bihari Sharma
(tamboura)
B: Miles Davis (tp), Bennie Maupin
(fl, cl), Sonny Fortune (ss, fl), Lonnie
„Liston" Smith, Harold I. Williams
(keyboards), Michael Henderson (el-
b), Al Foster, William Hart (dr),
M'tume (perc), Badal Roy (tabla)
C: Miles Davis (tp), Steve Grossman
(saxes), John McLaughlin (el-g),
Dave Holland (el-b), Jack DeJoh-
nette (dr)
D: Miles Davis (tp), Bennie Maupin
(b-cl), Wayne Shorter (ss, ts), Chick
Corea (el-p), Joe Zawinul (el-p, far-
fisa), Dave Holland (b), Harvey
Brooks (el-b), Billy Cobham, Jack
DeJohnette (dr), Airto Moreira (perc),
Khalil Balakrishna (el-sitar, tam-
boura)*
Columbia PC 32866
CD: CBS 50 DP-705-6 (Japan)

6. und 12. Juni 1972
MILES DAVIS
ON THE CORNER
(A) On The Corner / New York Girl
/ Thinkin' One Thing And Doin'
Another / Vote For Miles / Black
Satin
(B) One And One / Helen Butte /
Mr. Freedom X
*Miles Davis (tp), Dave Liebman (ss),
Bennie Maupin (b-cl), Herbie Han-
cock, Chick Corea, Harold Williams*

(keyboards), John McLaughlin (el-g), Colin Walcott (sitar), Michael Henderson (el-b), Jack DeJohnette (dr), Billy Hart (dr, perc), Don Alias (perc), M'tume (perc), Badal Roy (tabla)
A 5, B: Carlos Garnett (ss) replaces Liebman
Columbia KC 31906
CD: CBS 32 DP-716 (Japan)

29. September 1972
MILES DAVIS IN CONCERT
(A) Miles Davis In Concert Pt. 1
(B) Miles Davis In Concert Pt. 2
(C) Miles Davis In Concert Pt. 3
(D) Miles Davis In Concert Pt. 4
Miles Davis (tp), Carlos Garnett (ss), Cedric Lawson (keyboards), Reggie Lucas (el-g), Khalil Balakrishna (el-sitar), Al Foster (dr), M'tume (perc), Badal Roy (tabla), Michael Henderson (el-b)
Philharmonic Hall, New York
Columbia KG 32092
CD: CBS 50 DP-717-8 (Japan)

1970–1974
GET UP WITH IT
MILES DAVIS
(A) He Loved Him Madly
(B) Maiysha / Honky Tonk / Rated X
(C) Calypso Frelimo
(D) Red China Blues / M'tume / Billy Preston
A: Miles Davis (tp, org), Dave Liebman (fl), Reggie Lucas, Peter Cosey, Dominique Gaumont (el-g), Michael Henderson (el-b), Al Foster (dr), M'tume (perc, conga) (Mai 1974)
B 1: as A except Sonny Fortune (fl) replaces Liebman (19. 6. 1974)

B 2: Miles Davis (tp), Steve Grossman (ss), Keith Jarrett, Herbie Hancock (keyboards), John McLaughlin (el-g), Michael Henderson (el-b), Billy Cobham (dr), Airto Moreira (perc) (ca. April 1970)
B 3, D 3: Miles Davis (org), Carlos Garnett (ss), Cedris Lawson (keyboards), Reggie Lucas (el-g), Michael Henderson (el-b), Al Foster (dr), Khalil Balakrishna (el-sitar), Badal Roy (tabla) (6. 10. 1972)
C: Miles Davis (keyboards), Dave Liebman (fl), John Stubblefield (ss), Pete Cosey, Reggie Lucas (el-g), Michael Henderson (el-b), Al Foster (dr), M'tume (perc, conga) (ca. Sept. 1973)
D 1: Miles Davis (tp), Wally Chambers (harm), Cornell Dupree (el-g), Michael Henderson (el-b), Bernard Purdie, Al Foster (dr), M'tume (perc) & horn-section (ca. Januar 1974)
D 2: as A except Sonny Fortune (fl) replaces Liebman, Gaumont out (20. 6. 1974)
Columbia KG 33236 / CBS 88092
CD: CBS 50 DP-712-3 (Japan)

30. März 1974
MILES DAVIS
DARK MAGUS
(A) Dark Magus – Moja
(B) Dark Magus – Wili
(C) Dark Magus – Tatu
(D) Dark Magus – Nne
Miles Davis (tp, org), Dave Liebman (ts, ss), Azar Lawrence (ts), Pete Cosey (el-g), Reggie Lucas (el-g), Dominique Gaumont (el-g), Michael Henderson (el-b), Al Foster (dr), M'tume (perc)
Carnegie Hall, New York

CSB-Sony 40AP 741-2 (Japan)
CD: CBS 50 DP-719-20 (Japan)

1. Februar 1975
MILES DAVIS
AGHARTA
(A) Prelude 1
(B) Prelude 2 – Maiysha
(C) Interlude
(D) Theme From Jack Johnson
Columbia AS 214
CBS 88159

MILES DAVIS
PANGAEA
(A) Zimbabwe 1
(B) Zimbabwe 2
(C) Gondwana 1
(D) Gondwana 2
Miles Davis (tp), Sonny Fortune (ss,
as, fl), Pete Cosey (el-g, synth, perc),
Reggie Lucas (el-g), Michael Hen-
derson (el-b), Al Foster (dr), M'tume
(congas, perc, water-d, rhythm-box)
Festival Hall, Osaka
CBS-Sony SOPZ 96-97 (Japan)
CD: CBS 50 DP-239-40 (Japan)

Sommer 1980 / Frühjahr 1981
MILES DAVIS
THE MAN WITH THE HORN
(A) Fat Time / Back Seat Betty /
Shout
(B) Aida / The Man With The Horn
/ Ursula
A 1, 2, B 1, 3: Miles Davis (tp), Bill
Evans (ss), Barry Finnerty (el-g),
Marcus Miller (el-b), Al Foster (dr),
Sammy Figueroa (perc)
A 1: Mike Stern (el-g)
A 3, B 2: Miles Davis (tp, el-p), Bill
Evans (saxes, woodwinds), Robert Ir-
ving (keyboards), Randy Hall (el-g,

voc), Felton Crews (el-b), Vince Wil-
burn (dr), Sammy Figueroa (perc)
Columbia FC 36790 / CBS 32751
CD: CBS 84708

27. Juni 1981, 5. Juli 1981, 4. Okto-
ber 1981
WE WANT MILES
(A) Jean Pierre 1 / Back Seat Betty
(B) Fast Track / Jean Pierre 2
(C) My Man's Gone Now
(D) Kix
Miles Davis (tp, keyboards), Bill
Evans (ss, ts), Mike Stern (el-g), Mar-
cus Miller (el-b), Al Foster (dr), Mino
Cinelu (perc)
Live at Kix, Boston / Avery
Fisher Hall, New York / Tokio
Columbia C2 38005 / CBS 88579

September 1982 / Januar 1983
MILES DAVIS
STAR PEOPLE
(A) Come Get It / It Gets Better /
Speak
(B) Star People / U'n'l / Star On
Cicely
A, B: Miles Davis (tp, keyboards),
Bill Evans (ss, ts), John Scofield,
Mike Stern (el-g), Marcus Miller (el-
b), Al Foster (dr), Mino Cinelu (perc)
A 2, 3: Tom Barney (el-b) replaces
Miller
Columbia FC 38657 / CBS 25395
CD: CBS 25 395-2

Juli 1983 / Anfang 1984
MILES DAVIS
DECOY
(A) Decoy / Robot 415 / Code M. D.
/ Freaky Deaky
(B) What It Is / That's Right / That's
What Happened

Miles Davis (tp, keyboards), Bran-
ford Marsalis (ss), John Scofield (el-
g), Robert Irving (keyboards), Darryl
„The Munch" Jones (el-b), Al Foster
(dr), Minu Cinelu (perc)
B 1, B 3: Bill Evans (ss) replaces
Marsalis
Columbia FC 38991 / CBS 25951
CD: CBS 25951-2

Winter 1984/85
MILES DAVIS
YOU'R UNDER ARREST
(A) One Phone Call-Street Scenes /
Human Nature / MD 1 – Some-
thing's On Your Mind – MD 2 / Ms.
Morrisine / Katia Prelude
(B) Katia / Time after Time / You're
Under Arrest / Medley: Jean Pierre
– You're Under Arrest – Then
There Were None
A 1: Miles Davis (tp, synth), Bob Berg
(ss), Robert Irving III (synth, org),
John Scofield (g), Darryl Jones (b),
Steve Thornton (perc), Al Foster (dr),
Sting (french voice), Marek Olko
(polish voice)
A 2, 3: as A 1 except Vince Wilburn
(dr) replaces Al Foster, Bob Berg out,
voices out
A 4, 5, B 1: as A 2, 3 except John
McLaughlin (g) replaces John Sco-
field
B 2: as A 1 except Berg out, voices out
B 3: as A 1 except Scofield out, voices
out
B 4: as A 1 except voices out
CBS 26447
CD: CBS CD-26447 (USA)

Februar/März 1985
MILES DAVIS
AURA
(A) Intro / White / Yello
(B) Orange / Red
(C) Green / Blue / Electric Red
(D) Indigo / Violet
Miles Davis (tp), John McLaughlin
(g), Vince Wilburn (el-dr), Thomas
Clausen, Ole Koch-Hansen, Kenneth
Knudsen (keyboards), Bjarne Roupé
(g), Bo Stief (fender-b), Niels Hen-
ning Oersted Pedersen (b), Lennart
Gruvstedt (dr), Marilyn Mazur,
Ethan Weisgaard (perc), Niels Eje
(oboe), Lilian Toernquist (harp), Eva
Thaysen (voc), Benny Rosenfeld,
Palle Bolvig, Jens Winther, Perry
Knudsen Indrees Sulieman (tp, fl-
horn), Vincent Nilsson, Ture Larsen
(tb), Ole Kurt Jensen (b-tb), Axel
Windfeld (b-tb, tuba), Jesper Thilo,
Per Carsten, Uffe Karskov, Bent
Jaedig, Flemming Madsen (sax,
woodwinds), Palle Mikkelborg (tp,
fl-horn)
CBS 463351-1

1955–1985
MILES DAVIS
THE CBS YEARS 1955–1985
Blues:
(A) Générique (from Ascenseur
pour l'échafaud) / All Blues (from
Kind Of Blue) / Eighty-One (from
E. S. P.) / Blues For Pablo (from
Miles Ahead)
(B) Summertime (from Porgy And
Bess) / Straight, No Chaser (from
Miles And Monk At Newport) /
Footprints (from Miles Smiles) /
Florence Sur Les Champs-Élysées
(from Ascenseur Pour L'Échafaud)

Standards:
(A) I Thought About You (from The Antibes Jazz Festival) / Someday My Prince Will Come (from Someday My Prince Will Come) / Bye Bye Blackbird (from 'Round About Midnight)
(B) My Funny Valentine (from My Funny Valentine) / Love For Sale (from Circle in The Round)
Originals:
(A) Budo (from Basic Miles) / Filles De Kilimanjaro (from Filles De Kilimanjaro) / Miles (from Milestones) / Fran-Dance (from Basic Miles)
(B) Seven Steps To Heaven (from Seven Steps To Heaven) / Flamenco Sketches (from Kind Of Blue) / So What (from Carnegie Hall)
Moods:
(A) Water Babies (from Water Babies) / Saeta (from Sketches Of Spain) / Masqalero (from Sorcerer) / Pinocchio (from Nefertiti)
(B) Summer Night (from Quiet Nights) / Fall (from Nefertiti) / It's About That Time (from In A Silent Way)
Electric:
(A) Sivad (from Live-Evil) / What It Is (from Decoy) / Ms. Morrisine (from You're Under Arrest) / Shout (from The Man With The Horn) / Honky Tonk (from Get Up With It)
(B) Star On Cicely (from Star People) / Thinkin' One Thing And Doin' Another (from On The Corner) / Miles Runs The Voodoo Down (from Bitches Brew)
(Wiederveröffentlichungen der Originalaufnahmen, mit Ausnahme von:

– I Thought About You (31. Juli 1963 – unveröffentlicht)
– Flamenco Sketches (22. April 1959 alternate take)
– Pinocchio (19. Juli 1967 alternate take)
– Someday My Prince Will Come (20. 3. 1961 alternate take)
CBS 463246-1

1985
SUN CITY
ARTISTS UNITED AGAINST APARTHEID
(A) Sun City / No More Apartheid / Revolutionary Situation
(B) Sun City (Version II) / Let Me See Your I. D. / The Struggle Continues / Silver And Gold
B 2: Miles Davis (tp) und viele andere
B 3: Miles Davis (tp), Stanley Jordan (el-g), Herbie Hanrock (p), Richard Scher (keyboards), Ron Carter (b), Tony Williams (dr), Sonny Okosuns (talking-dr)
EMI 064 24 0467 1

Frühjahr 1986
MILES DAVIS – TUTU
(A) Tutu / Tomaas / Portia / Splatch
(B) Backyard Ritual / Perfect Way / Don't Lose Your Mind / Full Nelson
Miles Davis (tp), Marcus Miller (el-b), (div. synth), (ts, ss, cl, b-cl), (dr), (drum-machine) & add. synth.-programming
on „Splatch" Adam Holzman (synth. & synth.-program.)
on „Tomaas" Omar Hakim (dr & perc)
on „Don't Lose Your Mind" Michael Urbaniak (el-v)
on „Tutu", „Portia", „Splatch" &

„Backyard Ritual" Paulinho da Costa (perc)
All instruments other than perc, b-g. & tp on „Backyard Ritual": George Duke
on „Backyard Ritual" Marcus Miller (el-b)
WEA 925 490-1
CD: WEA 925 490-2

1987
MILES DAVIS / MARCUS MILLER
MUSIC FROM SIESTA
(A) Lost In Madrid I / Siesta / Kitt's Kiss / Lost In Madrid II / Theme for Augustine / Wind / Seduction / Kiss / Submission / Lost In Madrid III
(B) Conchita / Lament / Lost In Madrid IV / Rat Dance / The Cali / Claire / Lost In Madrid V / Afterglow / Los Feliz
Miles Davis (tp), all other instruments Marcus Miller, Jason Miles (synthesizer programming)
A 2: John Scofield (acoustic-g), Omar Hakim (dr)
B 6: Earl Klugh (classical-g)
B 9: James Walker (fl)
Warner Brothers Records 25655-1
CD: 25655-2

1989
MILES DAVIS
AMANDLA
(A) Catémbe / Cobra / Big Time / Hannibal
(B) Jo-Jo / Amandla / Jilli / Mr. Pastorius

A 1: Miles Davis (tp), Marcus Miller (b, keyboards, dr, g, b-cl, ss), Kenny Garrett (as), Don Alias and Mino Cinelo (perc)
A 2: Miles Davis (tp), George Duke (keyb, synclavier), Kenny Garrett (ss), Marcus Miller (b, keyb, b-cl), Michael Landau (g), Joey De Francesco (keyb)
A 3: Miles Davis (tp), Marcus Miller (b, keyb, b-cl, ss), Kenny Garrett (as), Ricky Wellman (dr), Foley (g), Jean-Paul Bourelly (g), Don Alias (perc)
A 4: Miles Davis (tp), Marcus Miller (b, keyb, b-cl, blues-g), Kenny Garrett (as), Omar Hakim (dr), Foley (g), Paulinho Da Costa (perc)
B 1: Miles Davis (tp), Marcus Miller (b, keyb), Kenny Garrett (as), Rick Margitza (ts), Jean-Paul Bourelly (g), Paulinho Da Costa (perc)
B 2: Miles Davis (tp), Marcus Miller (b, keyb), Joe Sample (p), Kenny Garrett (as), Omar Hakim (dr), Don Alias and Bashiri Johnson (perc)
B 3: Miles Davis (tp), Kenny Garrett (as), Foley (g), John Bigham (g, keyb, dr-progr), Ricky Wellman (dr), Marcus Miller (b, keyb, g, b-cl), Billy ‚Spaceman' Patterson (wah-wah g)
B 4: Miles Davis (tp), Marcus Miller (b, keyb, b-cl), Al Foster (dr)
All Synthesizer Programming: Jason Miles
WEA 925 873-1
CD: WEA 925 873-2

524